JN409649

초연결 스마트 사회의

인터넷 윤리

최진탁 · 문희경 · 김주리 · 한성국 공저

머리말

인간은 사회적 동물입니다. 인간은 독립된 개체로 존재하지만, 존재의 참된 의미는 사회적 관계 속에서 있습니다. 원만한 사회적 관계를 형성하고 소통과 교류를 통해 안락한 사회 생활을 영유하기 위해서는 무엇보다도 더불어 사는 윤리 의식이 필요합니다. 윤리는 인간다운 생활을 위한 인류 공동체의 덕목이라고 할 수 있습니다.

인간은 시대에 적합한 윤리관을 꾸준하게 정립하여 왔습니다. 아리스토텔레스는 윤리학을 저술하여 윤리의 근본 이념을 체계화하였고, 공자를 비롯한 수많은 성현들은 삼강오륜과 같은 실천적 윤리를 제시하였습니다. 이러한 윤리 이념은 인간의 사회 생활에 지표가 되었고, 인류 사회 발전에 커다란 기여를 하였습니다. 윤리는 인간을 인간답게 만들고 안락하고 평안한 사회 생활을 위한 정신적 지주가 되었습니다.

인터넷과 정보통신 기술의 비약적인 발전으로 인류는 전혀 다른 새로운 사회에서 생활하게 되었습니다. 인터넷이 웹 기술과 결합하여 거대한 정보 공간을 형성하고, 원하는 정보 서비스를 언제 어디서든지 제공하는 유비쿼터스 서비스가 현실이 되고 있습니다. 인터넷 쇼핑, 인터넷 뱅킹이 보편화되었고, 시간과 공간의 제약을 넘어 유명 대학 강의 수강할 수 있는 무크(MOOC)가 확산되고 있습니다. 팟캐스트, 영화, 음악, 게임, 웹툰 등을 문화 서비스를 이용하여 품격있는 문화 생활을 영위할 수 있게 되었습니다. 소셜 네트워크 서비스는 소통의 혁신을 가져 왔으며, 스마트폰이 등장하면서 스마트 워치, 스마트 안경 등 다양한 웨어러블 스마트 기기가 출현하여, 상상을 초월하는 스마트 서비스로 스마트 사회가 열리고 있습니다. 가전제품, 승용차, 도로, 건물, 동식물 등 세상에 존재하는 모든 사물이 인터넷으로 연결되는 사물인터넷으로, 인간-사물-공간-정보-서비스를 상호 유기적으로 연결하는 지능화된 네트워킹을 형성하여 만물이 소통하는 혁신적인 초연결 사회를 만들어 가고 있습니다.

인터넷과 정보통신 기술에 기반한 초연결 사회의 도래로 인하여, 현실 공간의 생활보다 인터넷 공간에서 생활하는 시간이 더 많아졌습니다. 인터넷 공간은 현실 공간과는 차별화되는 독특한 특성이 있어, 인터넷 공간에서의 생활에는 또 다른 윤리가 요구되고 있고 있습니다. 인터넷 사이버 공간, 유비쿼터스 공간, 사물인터넷 공간 등 독특한 형태의 새로운 생활 공간은, 현실 공간과는 다른 차원에서 의식과 행동에 새로운 가치관을 요구하고 있습니다. 초연결 스마트 사회에서 우리가 당면하고 있는 인간의 주체성, 의식과 인지, 가치관, 행동 강령 등에 대해 인터넷 윤리에서 통합적으로 논의하여 왔습니다. 인터넷 공간의 생활은 현실 생활에도 지대한 영향을 미치고 있어, 인터넷 윤리의 확립이 시급하게 요청되고 있습니다.

인터넷 윤리는 급속하게 확산된 인터넷 정보기술에 의해 야기된 제반 사회 문제에 대하여 도덕적, 윤리적 접근을 통해 지식정보시대의 초연결 스마트 사회의 기틀을 확고히 하는데 큰 기여를 하였습니다. 클린 인터넷, 인터넷 중독 예방, 사이버 폭력 근절 등 사회 문제에 대하여도 인터넷 윤리가 커다란 성과를 만들었습니다. 그러나, 지금까지의 인터넷 윤리는 인터넷 정보기술과 서비스의 부작용 대응과 역기능 치유에 초점을 두었습니다. 이제는 이러한 소극적 윤리 관점을 넘어서 초연결 스마트 사회에 요구되는 인간 본연의 가치관과 윤리적 덕목 등 원천적, 본질적인 윤리 관점이 요구되고 있기도 합니다.

인터넷 윤리의 중요성이 부각되면서 여러 좋은 서적이 출판되었습니다. 인터넷 정보기술이 워낙 급속하게 혁신되고 있어 기존의 인터넷 윤리 서적으로는 새로운 현상들을 이해하는 데는 미흡한 바가 있어, 본서를 집필하게 되었습니다. 본서에서는 다음 4가지 사항을 심도 있게 고려하였습니다. 첫째, 그 동안 진화 발전한 인터넷 정보기술을 고려하였습니다. 스마트 모바일 컴퓨팅, 소셜 미디어, 웨어러블 컴퓨팅, 빅데이터 기술, 사물인터넷 등 급속하게 확산되고 있는 신기술에 내재된 윤리 문제도 고찰하였습니다. 최신 자료와 사례를 반영하여 현실 속의 실제 윤리 문제를 다루었습니다. 둘째, 실감할 수 있도록 사례 중심으로 설명하였습니다. 실제로 발생한 사례의 윤리 고찰을 통해서 다양한 관점을 이해할 수 있도록 하였습니다. 통계와 현황 자료를 활용하여 실제 상황을 이해하는데 도움이 되도록 하였습니다. 셋째, 윤리적 쟁점을 스스로 생각해 볼 수 있도록 하였습니다. 윤리는 학습보다는 자각이 더 효과적일 수가 있습니다. 스스로 다양한 윤리적 관점을 살펴 올바른 가치관을 정립할 수 있도록 하였습니다. 마지막으로 기존의 인터넷 윤리 서적과 연계하여 내용에 부족함이 없도록 하였고, 인터넷 윤리 자격(IEQ) 시험 등에도 참고가 될 수 있도록 하였습니다. 대학의 교양 교과목으로 부족함이 없도록 내용과 수준을 조절하였습니다.

인터넷 정보기술은 단순히 정보 서비스를 제공하는 것을 넘어서 사물인터넷 사이버 공간, 초연결 스마트 사회의 새로운 영토를 확장해 가고 있습니다. 인터넷 정보기술이 가져온 신대륙은 아직도 미개척지로서 가치관의 혼란과 무절제한 행동의 부작용으로 신음하고 있습니다. 이러한 현상을 기술적으로 해결하는 것은 불가능한 문제입니다. 인터넷 정보기술의 발전도 중요하지만, 인간다운 인성과 도덕성으로 초연결 스마트 사회를 아름답게 가꾸어 나갈 정신적 지주인 인터넷 윤리의 확립이 무엇보다도 중요합니다. 우리는 윤리가 결여된 기술이 종종 흉기로 변하는 것을 보아 왔습니다. 인터넷 윤리로 인터넷 정보기술에 인간다운 정신을 불어 넣어 주어야 할 때입니다. 본서가 인터넷 윤리를 확산하고, 인터넷 정보기술에 활기찬 생기를 주는데 도움이 되기를 기대합니다.

목 차

제5장 불법 유해정보 유통과 인터넷 윤리_171

제6장 인터넷 중독_203

제7장 사이버 범죄와 인터넷 윤리_249

제8장 개인정보 보호_291

제1장 인터넷 윤리의 이해

인류가 오늘의 문명 사회를 실현하는 데는 다양한 원동력이 필요하였습니다. 과학 기술이 중추적 역할을 하였지만, 근본적으로 윤리적 삶을 추구하는 인간의 본성도 지대한 역할을 하였습니다. 인류 사회가 제도와 시스템에 의하여 움직이지만, 그런 제도와 시스템의 기초가 되는 것은 윤리라 할 수 있습니다. 윤리적 삶을 지향하고자 하는 인간의 욕구에 의해 사회가 유지되고 발전되어 왔다고 할 것입니다.

윤리는 개인의 행위가 선한가, 악한가 또는 정의인가, 부정인가를 판단하는 기준으로 요약할 수 있습니다. 또한, 사회학적 관점에서는 윤리를 사회 구성원에게 관습적으로 내재된 도덕적 기풍으로 생각하기도 합니다. 일반적으로 윤리는 도덕과 유사한 것으로 이해되지만, 도덕은 개인을 중심으로 하여 생각되는 것인데 반하여, 윤리는 어디까지나 사회에 있어서 개인 행동의 판단 기준이 되는 것입니다. 윤리가 인간의 사회 활동의 규범이 되므로, 윤리는 사회를 움직이는 동력이라 할 수 있을 것입니다.

윤리의 사회적 특성으로 인하여, 사회의 진화 발전과 더불어 윤리에도 많은 변화가 있었습니다. 예를 들어, 고대 사회에서는 노예제도가 윤리적으로 문제가 되지 않았지만, 현대 사회에서는 비윤리적 범죄 행위인 것입니다. 사회 발전에 따라 새로운 윤리관이 필요함을 알 수가 있습니다.

우리는 지식정보 사회에 살고 있습니다. 지식정보 사회는 이전 사회와는 형태나 내용에서 전혀 수준이 다른 사회임을 실감하고 있습니다. 인터넷 쇼핑, 소셜 네트워크, 스마트 시티, 웨어러블 컴퓨터 등 이전 사회에서는 볼 수 없었던 새로운 사회가 보편화 되고 있습니다. 사회의 패러다임이 이처럼 급속하게 변화함에 따라, 사회생활의 원동력이 되고 있는 윤리의 패러다임도 변화하고 있습니다. 특히, 정보기술의 진화 발전으로 인하여 정보 생활에서 새로운 윤리 의식이 요구되고 있습니다. 우리는 이러한 윤리를 통칭해서 인터넷 윤리(Internet Ethics)라고 합니다. 이 장에서는 인터넷 윤리의 기초 개념에 대하여 생각해 보겠습니다.

인간은 왜 윤리적으로 살아야 하는지 인간과 윤리적 삶에 대하여 살펴보겠습니다. 나아가서 윤리학에 대하여 보다 심층적으로 고찰해 보겠습니다. 앞서 설명한 것처럼, 지식정보 사회에서는 새로운 인터넷 윤리가 요청되고 있습니다. 인터넷 윤리의 배경, 발전 과정, 그리고 기능과 원리에 대하여 알아보도록 하겠습니다.

1.1 인간은 왜 윤리적으로 살아야 하는가?

인간은 사회적 동물입니다. 사회를 떠나서는 살기가 어렵습니다. 사회는 이념이 다르고 행동이 다른 각양각색의 사람들로 구성이 됩니다. 이질적인 사람들과 원만한 사회생활을 유지하기 위해서는 준수해야 할 규칙과 사회 활동의 원칙이 있어야 합니다. 그렇지 않으면 사회는 혼란의 소용돌이가 되고 결국에는 자멸하게 될 것입니다. 사회가 유지, 발전되어 온 것은 규칙과 원칙이 있었기 때문에 가능하였고, 이런 것을 총칭하여 윤리(ethics)라고 합니다.

윤리는 사회 시스템과 밀접하게 연관되어 있기 때문에 사회마다 요구되는 윤리가 있었고, 사회 발전에 따라 윤리도 변화되어 왔습니다. 어떤 사회에서는 노예를 상품처럼 팔고 사는 것이 윤리적으로 아무런 문제가 되지 않았습니다. 그러나 현대 사회에서는 비윤리적일 뿐만 아니라 범죄 행위가 됩니다. 어떤 시대에는 의사가 치료비가 없는 환자의 진료를 거부해도 문제가 되지 않았지만, 현대 사회에서는 의사의 윤리와 관련하여 사회적 문제를 야기하게 됩니다. 윤리는 이처럼 인간과 사회와의 관계에 의하여 설정되므로 사회 변천에 따라 지속적으로 변화되어 왔습니다.

우리는 고도로 발달한 정보기술이 주도하는 지식정보 사회에 살고 있습니다. 인터넷, 소셜 네트워크, 스마트폰 등 새로운 정보기술에 이전 시대와는 전혀 다른 사회를 만들어 가고 있습니다. 이전 시대에 적용되던 윤리도 변화된 지식정보 사회에 적합하도록 변화되어야 할 것입니다. 시대가 바뀌고 사회가 변하면, 윤리도 이에 따라 변화해야 합니다.

1.1.1 윤리란 무엇인가?

인간이 사회생활을 함으로서 필요하게 된 윤리는 인간의 삶에 있어서 필수 불가결한 요소가 되고 있습니다. 윤리(倫理)라는 말을 문자대로 풀이하면 사회 속에서 사람이 지켜야 할 도리나 이치가 됩니다. 사람 혹은 사회 집단이 다른 사람이나 집단에 대하여 직간접적으로 해를 끼치지 않도록 스스로 행동을 규제하는 원칙으로 사람과 사람 사이의 관계, 즉 사회적 인간관계의 도리를 윤리라 하겠습니다. 대표적인 예로 삼강오륜(三綱五倫)이 있습니다. 삼강오륜에서는 5가지 윤리 규범을 정의하고 있습니다.

- 父子有親(부자유친): 어버이와 자식 사이에는 친함이 있어야 한다.
- 君臣有義(군신유의): 임금과 신하 사이에는 의로움이 있어야 한다.
- 夫婦有別(부부유별): 부부 사이에는 구별이 있어야 한다.
- 長幼有序(장유유서): 어른과 아이 사이에는 차례와 질서가 있어야 한다.
- 朋友有信(붕우유신): 친구 사이에는 믿음이 있어야 한다.

이처럼 윤리는 부모와 자식, 임금과 신하, 남편과 아내, 어른과 아이, 친구 등 사회 구성원간에 지켜야 할 도리를 구체적으로 정의한 것입니다. 그러므로 윤리는 사회에 있어서 개인 행동의 판단 기준이 됩니다. 사회적으로 인식된 윤리를 준수하는 윤리적 인간이 되어야 쾌적하고 안락한 사회생활을 영위할 수 있습니다. 윤리적 인간이란 살아감에 있어서 옳고 그른 것을 분명히 구분하여, 옳다고 판단한 것에 따라서 사는 것을 의미합니다. 그렇다고 해서, 개인의 호감이나 신조로 단순히 이것이 좋다거나 저것은 나쁘다고 판정하는 것이 아니고, 사회적 합의와 동의에 기초하여 합리적으로 판단할 때 윤리로서 설득력을 갖게 됩니다.

인간다운 삶의 영위를 위해서는 올바른 윤리관을 확립하여야 하므로, 삶의 도덕 차원을 다루는 윤리는 고대 그리스 시대부터 철학의 가장 중요한 문제의 하나로 많은 연구가 진행되어 왔습니다. 윤리의 개념은 인간의 행동을 규제하는 유사한 개념들과 혼용되기도 하지만 엄밀한 차이가 존재합니다.

윤리(ethics): 사회의 구성원으로 실생활에서 마땅히 준수하여야 할 사회적 규범을 말합니다. 예를 들어, 신문 기자는 제보자의 신원을 어떠한 경우에도 발설해서는 안됩니다. 설령, 신문 기자가 제보자의 신원을 노출하였다고 해도 법적으로 처벌할 수 없지만, 신문기자는 양심의 가책과 사회적 비난을 피할 수가 없을 것입니다.

도덕(moral): 인간으로서 행하여야 할 바람직한 행동 규범으로 인간 스스로가 자각하고 양심적 판단에 따라 준수하는 자율적 규범입니다. 지하철에서 노약자나 임산부에게 좌석을 양보하는 것은 도덕적으로 온당한 일일 것입니다. 좌석 양보 여부는 자신의 도덕적 관점에서 자율적으로 판단하게 됩니다. 좌석을 양보하지 않았다고 해서 강제적으로 좌석을 빼앗거나 처벌할 수는 없지만 인간성에 대한 사회적 비난을 받게 됩니다. 도덕은 인간의 근원적인 인간성과 관련된 형이상학적인 추상적 개념입니다.

관습(custom): 한 민족이나 집단의 구성원 사이에서 오랜 기간에 걸쳐 형성된 문화적으로 습관화된 전통적 사회 규범을 말합니다. 결혼식 후에 신랑 부모님께 폐백을 드리는 일, 명절 때 부모님을 찾아 뵙는 일 등은 우리나라의 대표적인 관습입니다.

법(law): 사회 질서를 유지하기 위하여 국가가 정한 의무적으로 준수해야 하는 강제적 규범을 말합니다. 승용차 운전자는 의무적으로 교통 법규를 준수해야 합니다. 법을 위반하였을 때는 강제적 처벌을 받게 되므로 법은 사회 질서를 유지하고 통제하는 강력한 수단입니다.

예절(etiquette): 한 민족이나 집단이 오랜 동안 함께 살아오면서 원만한 사회생활을 위해 습관화된 사회의 보편적인 규범을 말합니다. 위 사람을 공경하고 공손한 말씨를 사용하는 것은 예절 바른 행동입니다. 예절 바르면 주변 사람들과 원만한 인간관계를 형성할 수 있지만, 그렇지 않으면 무례하고 불쾌한 사람으로 비난 받게 되고 배척 당하게 됩니다.

종교(religion): 초자연적인 절대 권위자의 능력을 믿고 계율을 준수하여 영원한 보상을 받고자 하는 것입니다. 종교적 계율을 지키지 않으면, 해당 종교로부터 파문을 당하게 됩니다.

이처럼 인간의 사회생활을 규제하는 제도에는 다양한 형태가 있습니다. 이 중에서도 윤리는 중립적 위치에서 다른 제도의 장단점을 포괄하는 가장 중요한 요소라 할 수 있습니다. 현대 사회의 다양성으로 인하여 모든 사회생활을 법으로 규제하는 것은 불가능합니다. 또한, 자율적 도덕에 의존하는 것도 심대한 사회문제를 야기하여 불가능합니다. 윤리는 이런 문제를 해결할 수 있는 좋은 대안이기 때문에, 현대 사회에는 윤리적인 삶이 더욱 중요해 지고 있습니다.

[표 1-1] 윤리와 관련된 개념 비교

	특성	취약성/한계성	제재
윤리	• 사회구성원이 준수하여야 할 규범 • 이성적 판단	• 자율적, 강제성 없음 • 권장 규범	양심, 평판
도덕	• 인간이 지켜야 할 도리 • 양심의 가치 규범	• 자율성	양심, 평판
관습	• 문화/지역에 따라 차이 • 규제력 약함	• 개인의 권리 보호와 사회 질서 유지에 불충분	사회적 용인
법	• 강제적 • 질서 유지에 강력한 효과	• 인간관계 경직 • 고비용 • 모든 병폐를 법으로 규제 불가능	법
예절	• 문화적 성격	• 권위적	사회적 용인
종교	• 초자연적 권위자 • 영원한 보상과 처벌	• 타 종교와 마찰	종교적 계율

1.1.2 윤리적 인간의 모습

어떤 사람을 윤리적 인간이라고 지칭할 수 있을까요? 윤리의 본질을 다양한 측면에서 고찰할 수 있기 때문에 간단하게 답할 수 있는 문제가 아닙니다. 이와 관련하여, 통합적 도덕 교육론을 주창하고 있는 발달 심리학자 토마스 리코나(Thomas Lickona)의 인격 교육론(Educating for Character)이 좋은 참고가 될 것입니다. 통합적 도덕 교육론은 인지발달 이론과 전통적인 인격 교육의 장점들을 상호 보완하여 통합적인 이론을 제시하고 있습니다. 과거의 인격 교육은 인지발달 이론에 근거한 지식 위주의 단순 논리적 접근으로 도덕적 지식과 행동이 분리되어 있었습니다. 그러기 때문에 앎과 실천을 함께 설명할 수가 없었습니다. 리코나는 도덕이란 지식의 실천이라 생각하여 도덕적 지식과 행동을 통합적으로 설명하는 이론을 정립하고자 하였습니다.

리코나는 도덕적으로 성숙한 인간은 훌륭한 인격이라고 생각하여 훌륭한 인격의 구조를 밝히고자 하였습니다. 사회의 도덕성 타락은 개인의 인격 결함에서 비롯된다고 생각한 것입니다. 인격 교육에서는 도덕적으로 아는 것(정신의 습관), 도덕적으로 느끼는 것 또는 도덕적인 태도(마음의 습관), 그리고 도덕적 행동(행동의 습관)과 같은 인간 인성의 세가지 양상이 중요합니다. 이 세 가지 요소들이 도덕적 생활을 해 나가는 데 있어서 필수적이며 성숙한 도덕성은 이 세 가지의 완성으로 보았습니다. 그러므로 인격은 인지적, 정의적, 행동적 차원을 모두 통합하는 하나의 포괄적 개념으로 동시적 상황 속에서 세가지 요소가 상호 작용하는 것입니다. 따라서 도덕적 인간이란 도덕적 지식과 도덕적 감정을 가지고 있으며, 그러한 지식과 감정에 의거하여 도덕적 행동을 하는 사람을 의미합니다.

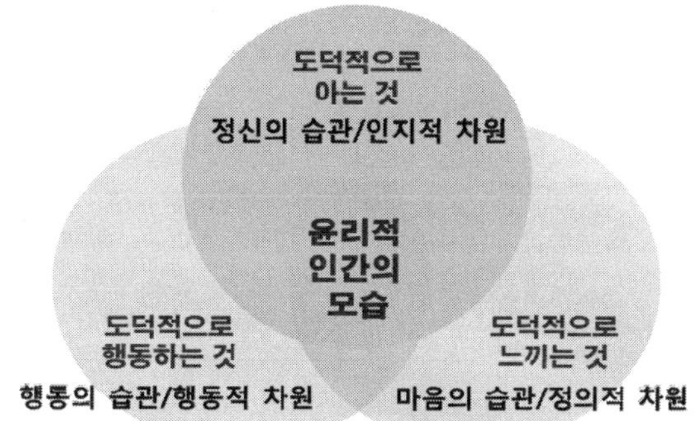

[그림 1-1] 리코나의 윤리적(도덕적) 인간의 모습

1 도덕적으로 아는 것(정신의 습관/인지적 차원)

도덕적 인식, 도덕적 가치에 대한 지식, 관점의 채택, 도덕적 추론, 사려 깊은 의사 결정, 그리고 자기 자신에 대한 지식은 도덕적 지식을 이루고 있는 인지적 차원의 정신의 습관을 의미합니다.

① **도덕적 인식**(moral awareness): 어떤 상황이 도덕적 쟁점과 관계가 있고 어떤 도덕적 판단이 요구되고 있는지를 파악할 수 있는 능력을 말합니다. 우리는 무엇이 참인지를 알기 전까지는 도덕적 판단을 내릴 수 없습니다. 따라서 도덕적 판단을 내리기 전에 그와 관련된 도덕적 사실들을 알고자 노력하여야 하며, 그런 지식을 바탕으로 하여 올바른 행동이 무엇인지를 깊이 생각하여야 합니다.

② **도덕적 가치들에 대한 지식**(knowledge of moral values): 책임감, 정직, 공정함과 같은 도덕적 가치들은 훌륭한 사람을 정의하는 기준들이 될 수 있습니다. 도덕적 가치를 알고 있다는 것은 다양한 상황에 그러한 가치를 적용하는 방법을 알고 있다는 것을 의미합니다.

③ **관점의 채택**(perspective taking): 다른 사람의 관점, 입장, 견해에서 상황을 볼 줄 아는 능력을 의미합니다. 우리가 다른 사람들을 이해하지 못한다면 우리는 그들을 존중하지 않을 것이고 공정하게 행동하지도 않을 것입니다. 또한 관점의 채택은 우리 자신을 어떤 상황에 투사하거나 또는 우리들의 행동으로 인해 영향을 받게 될 당사자들의 역할을 상상해 보는 도덕적 상상력이기도 합니다.

④ **도덕적 추론**(moral reasoning): 도덕적이라는 것의 의미와 왜 우리가 도덕적이어야만 하는지 이해하는 것입니다. 그래야 다른 사람들에 대한 우리의 도덕적 의무를 올바르게 판단할 수 있을 것입니다. 또한 도덕적 추론은 우리가 도덕적 가치들의 위계를 설정하는 것을 도와주고, 도덕적 가치들이 갈등을 일으킬 때 무엇을 결정해야 하는지 깨닫게 하여 줍니다.

⑤ **의사 결정**(decision-making): 사려 깊고 체계적인 방법으로 도덕적 결정을 내릴 수 있는 능력입니다. 외부의 강제 없이 자율적으로 자신의 행동을 결정하는 반성적인 의사 결정의 능력이라고 할 수 있습니다.

⑥ 자기 자신에 관한 지식(self-knowledge): 자신의 성품의 장단점을 파악하고 자신의 행동을 돌이켜 평가하는 것과 같은 자기 자신에 대한 지식을 얻는 것은 인격 발달에 중요한 능력입니다.

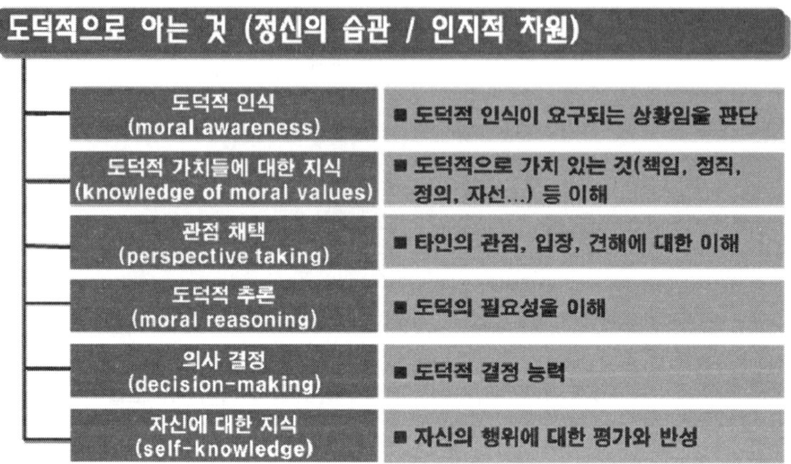

[그림 1-2] 도덕적으로 아는 것

도덕적으로 느끼는 것(마음의 습관/정의적 차원)

양심, 자기 존중, 공감, 선을 사랑하기, 겸양, 자기 통제는 도덕적 자아의 감정적 측면을 구성하는 필수적인 요소들입니다.

① 양심(conscience): 양심은 두 가지 측면이 있습니다. 하나는 무엇이 옳은지를 아는 인지적 측면이고, 옳다고 여겨진 것을 행하려는 의무감을 느끼는 감정적인 측면입니다. 성숙한 양심은 도덕적 의무감뿐만 아니라 건설적인 죄책감을 지니는 능력을 포함하고 있습니다. 양심에 따라 행동하지 않으면 죄책감을 느끼게 되는데, 건설적인 죄책감은 양심에 따라 행동하지 않았음을 후회하고 앞으로 더욱 잘 행동할 것이라고 다짐하는 것입니다. 그러므로 양심을 지니고 있는 사람은 도덕적 가치들과 자기 자신을 동일시하고자 노력합니다.

② 자기 존중(self-respect): 자기 존중 혹은 자아 존중은 자신의 가치와 존엄성에 대하여 적절한 존중감을 가지는 것입니다. 존중감을 가지고 있을 때, 자신을 소중히 여기고 타인을 존중하는 것을 용이하게 합니다. 그런데 자기 존중과 자존심은 다른 것입니다. 자존심은 도덕적으로 중립적이고 재산, 외모, 인기, 권력 등을 바탕으로 자기 자신을 높이 평가하는 것이므로 도덕과는 무관합니다. 자존심과 달리 자기 존중감은 도덕적 선에 대한 자신의 능력을 신뢰하는 것입니다.

③ 공감(empathy): 공감은 다른 사람의 내적 상태와의 동일시, 또는 타인의 내적 상태에 대한 대리적 경험을 의미합니다. 공감은 관점 채택의 감정적 측면으로, 겉으로 드러난 차이의 이면을 바라다 볼 수 있으며 자아와 타아의 경계를 제거하여 다른 사람이 느끼고 있는 감정을 느낄 수 있게 하여 줍니다.

④ 선을 사랑하기(loving the good): 도덕적 인간은 선을 사랑하고 악을 멀리하는 사람입니다. 도덕적 성품

을 지닌 사람은 선악의 구별을 넘어 타인을 도와주는 데서 즐거움과 보람을 얻습니다.

⑤ 겸양(humility): 겸양은 진리에 대한 겸손과 자신의 잘못을 교정하려는 적극적인 의지를 의미하며 자기 자신에 대한 지식의 감정적 표현이라고 할 수 있습니다. 겸양은 악을 행하고도 선이라 부르는 오만을 피할 수 있게 하여 줍니다. 오만은 거만함, 편견, 타인에 대한 무시 등의 근원이 되기도 하는데, 겸양은 이런 오만을 극복할 수 있게 하여 줍니다.

⑥ 자기 통제(self-control): 자기 통제는 우리가 도덕적으로 행동하는 것을 원하지 않을 때에도 우리로 하여금 윤리적인 입장을 계속 유지하도록 만들어 주는 힘입니다. 자기 통제는 자기 탐닉(self-indulgence)을 막아 주는데 있어 필수적인 역할을 합니다.

도덕적 감정은 도덕적인 앎(지식)과 도덕적인 행동 사이의 간극을 줄여주는 역할을 합니다. 대부분의 도덕적 실패들은 마음의 실패입니다. 리코나는 정신만 다루며 마음을 다루지 못하는 교육, 즉 배타적으로 도덕적인 앎에만 편중한 교육은 바람직하지 않다고 주장합니다.

[그림 1-3] 도덕적으로 느끼는 것

도덕적으로 행동하는 것(행동의 습관/행동적 차원)

① 능력(competence): 도덕적 판단과 감정을 효과적인 도덕적 행동으로 옮기는 능력을 의미합니다.

② 의지(will): 도덕적 에너지를 동원하여 옳다고 믿고 있는 것을 행동으로 옮기는 것입니다. 의지는 도덕적 용기의 핵심입니다.

③ 습관(habit): 습관은 단순히 행동뿐만 아니라 사고와 감정의 일관된 행동을 의미합니다. 도덕적 행동 가운데 상당수는 습관을 통해 이루어지기 때문에 습관은 도덕적 행동에 있어서 중요합니다.

도덕적인 앎(지식)과 감정은 그 자체로서는 아무런 의미가 없으며, 능력, 의지, 습관 등을 통해 반드시 행동으로 옮겨져야 합니다. 리코나가 인격을 일컬어 활동적인 가치들로 이루어져 있다고 파악한 것은 도덕적 행동의 중요성을 강조한 것입니다.

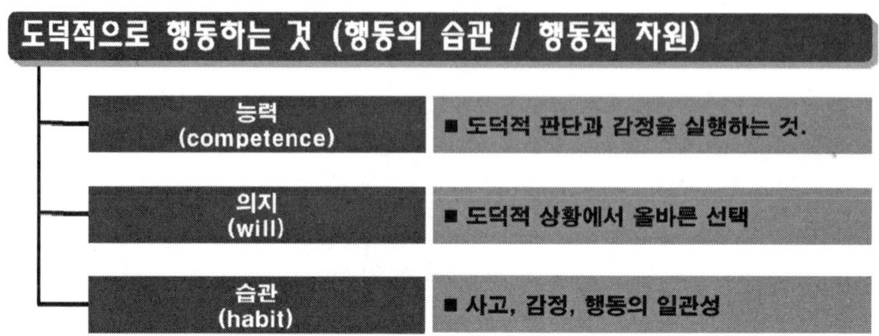

[그림 1-4] 도덕적으로 행동하는 것

1.1.3 왜 윤리적으로 살아야 하는가?

윤리는 우리의 삶을 지도해 줄 규칙 또는 삶의 원리로 사회 법칙과도 같은 것입니다. 많은 사람들은 윤리의 규칙이 우리의 자유를 제한한다고 생각하여 윤리적으로 살아가는 것을 어렵게 생각합니다. 실제로 우리는 살아가는 동안 끊임없이 윤리적 행동과 자기 이익 사이에서 갈등하기도 합니다. 이기적인 사람은 윤리가 아닌 자신의 이익을 추구하고 그것을 자랑스럽게 생각하기도 합니다. 그러나 우리가 살고 있는 사회 공간에서 자신의 이익만을 추구하는 사람들은 결국은 외톨이가 되어 도태할 수밖에 없게 됩니다.

어느 마을에 스프를 아주 맛있게 끓이는 레스토랑이 있었습니다. 먼 곳에서도 스프를 먹기 위해 사람들이 방문하였고 마을의 명소로 알려졌습니다. 사업이 잘 되자 레스토랑 주인은 더 많은 돈을 벌고자 하는 욕심이 생겨서 스프에 물을 타서 묽게 만들었습니다. 스프의 맛이 변한 것을 알아 차린 고객들이 하나 둘 발을 끊게 되었고 결국 레스토랑은 문을 닫게 되었습니다. 레스토랑은 사업자로서의 윤리를 준수하며 고객과 상생을 하여야 합니다. 비윤리적 행위는 자신과 주변 사회에 비극을 초래하게 됩니다.

울창한 산림을 보유하고 있는 어느 국가에서 산에 나무를 벌채하여 수출하고 고가의 사치품을 수입하였습니다. 더 많은 사치품을 수입하기 위하여 산림을 황폐하게 만들었고, 결국은 홍수와 가뭄으로 국가에 큰 재앙을 초래하게 되었습니다. 뿐만 아니라, 산림의 사막화로 인하여 주변 국가에도 큰 피해를 주었고 기상이변과 빈번한 천재지변을 초래하게 되었습니다. 윤리적으로 성숙하지 못한 국가는 세계적인 재앙이 되기도 합니다.

인간은 사회적 동물입니다. 윤리는 사회라는 생활공간에서 다른 사람들과 다양한 관계를 형성하면서 개인의 행복과 사회의 질서를 유지하며 살기 위한 규범입니다. 만약 이러한 규범이 깨진다면 인간의 삶은 불행해지고 사회는 파괴될 것입니다. 윤리가 때로는 우리의 자유를 제한하지만 그것은 오로지 더 큰 자유와 행복을 위한 것입니다. 우리가 윤리적 생활을 한다면 우리는 무한한 진보의 꿈을 이루어 행복한 사회를 만들 수 있습니다. 이러한 윤리의 목적을 이해하지 못하는 사람은 세상을 좋은 곳으로 바꿀 방법도, 바꿔야 할 이유도 알지 못할 것입니다. 윤리 의식을 상실하고 자신의 물질적 이익만을 추구하는 이기적인 사람은 다른 사람들과 상생하지 못하는 불행한 삶을 살게 될 것입니다.

[그림 1-5] 윤리의 목적

우리가 윤리적으로 살아야 하는 이유는 윤리가 사회의 질서 유지와 번영을 가져다 주기 때문입니다. 또한 개인의 존재성으로 강화시켜 주고 개인의 행복을 증진시켜 주기 때문입니다. 윤리는 사회라는 유기체를 지탱하는 원칙이며 인간은 이성을 가지고 있기 때문에 윤리적 삶을 살아야 합니다.

① 윤리는 사회 유지의 기본 규범으로 사회의 분열을 방지합니다.

② 인간이 선택의 기로에 있을 때 윤리는 선택의 기준을 제공하여 고통을 완화시켜 줍니다.

③ 개인간의 화합과 상생 발전으로 인간의 행복을 증진합니다.

④ 이익 갈등을 정의롭고 질서 있게 해결하는 규범을 제공합니다.

⑤ 칭찬과 비난, 보상과 처벌, 죄책감을 부과하여 선한 개인과 사회를 만들어 갑니다.

대부분의 사회문제는 윤리 의식의 결여에서 야기되는 문제입니다. 개인이나 사회가 평화롭고 안락한 생활을 하기 위해서는 성숙된 윤리 의식을 실천할 수 있어야 합니다. 지식정보 사회에서 야기되는 제반 문제도 윤리 의식의 결여에서 발생하는 것으로 우리는 이를 자세하게 고찰해 볼 것입니다.

1.2 윤리학의 이해

"어떻게 사는 것이 인간답게 사는 것인가?"하는 물음은 오래 전부터 심도 있게 논의되어 온 인간의 근원적인 문제입니다. 이 문제가 철학의 출발점이 되었다 해도 과언이 아닙니다. 거의 모든 철학자들이 인간의 윤리적 삶에 대한 문제를 천착하여 왔습니다. 그 동안 제시된 윤리학의 여러 개념들을 살펴보겠습니다.

1.2.1 윤리학의 탄생과 전개

고대 철학자들은 이 문제의 답을 구하기 위해 부단히 노력을 하였습니다. "인간은 만물의 척도이다"라고 주장한 프로타고라스(Protagoras, 기원전 5C경)와 같은 소피스트(sophist)들은 개인의 경험과 유용성을 가치와 윤리 판단의 기준으로 하는 도덕적 상대주의를 주장하였습니다. 윤리적으로 옳고 그름, 선하고 악하고의 기준은 각 개인의 판단에 달려 있다는 것입니다. 이에 대하여, 소크라테스(Socrates, B.C.469-399)는 윤리는 보편적이며, 절대적이며, 불변이라는 이성주의 윤리관을 주장합니다. 인간의 이성에 의해 객관적으로 실재하는 진리와 지식을 발견하여 그것을 실행할 때 선하고 행복한 삶이 실현된다고 생각하였습니다. 진리에 대한 지식과 행동이 일치(지행합일설: 知行合一說)할 때, 덕이 있는 인간(지덕복합일설: 知德福合一說)이 되고 행복하게 된다고 생각하였습니다. 악한 것, 나쁜 것, 악덕은 무지(無知)에서 생긴다는 것입니다. 소크라테스는 불변하는 진리로서 윤리를 주장하였고 "악법도 법이다"라는 윤리의 절대성을 실천하였습니다.

소크라테스의 제자인 플라톤(Plato, 427-347 B.C.)은 소크라테스의 사상을 발전시켜 불변하는 진리의 본질로 이데아(idea)을 제시하고, 참된 삶은 선의 이데아를 모방해서 이를 실현해 갈 때 성취된다고 하였습니다. 그러기 위해서는 지혜, 용기, 절제, 정의의 4가지 덕으로 자신의 잠재능력을 계발을 하여 자아 실현을 하여야 한다고 주장하였습니다. 그러나 진리의 본질인 이데아를 깨닫는 것은 철학자만이 가능한 일이고 일반 사람들에는 한계가 있게 됩니다. 이에, 플라톤의 제자인 아리스토텔레스(Aristotle, 384-322 B.C.)는 현실적으로 적용 가능한 윤리를 생각하게 됩니다. 아리스토텔레스는 "인간은 무엇을 위해 살까, 인간의 삶에서 추구하는 것 가운데 가장 좋은 것, 즉 최고의 선은 무엇인가?" 하는 의문에서 출발합니다. 아리스토텔레스는 인간의 삶의 목적은 행복의 추구이고 행복이 최고의 선으로 생각하였습니다. 소크라테스와 플라톤은 절대적 진리를 깨달으면 행복할 수 있다고 하였지만, 아리스토텔레스는 지혜를 이해하는 '지적인 덕(virtue)'뿐만 아니라 이를 실천하고자 하는 '품성적 덕'이 있을 때 최고의 선인 행복을 실현할 수 있다고 보았습니다. 그리고 품성의 덕은 쾌락, 욕망, 분노, 질투, 환희, 증오와 같은 감정을 이성으로 억제하여 중용(中庸)을 유지할 때 성취할 수 있다고 하였습니다. 아리스토텔레스는 자신의 생각을 니코마코스 윤리학(Nicomachean Ethics)으로 저술하였습니다.

아리스토텔레스의 니코마코스 윤리학은 최초의 윤리학 서적인 동시에 최초로 윤리학을 학문으로 정립하는 계기가 되었습니다. 이후, 윤리학은 철학의 핵심 분야가 되어 모든 철학자가 윤리학에 대한 다양한 이론을 제시하게 됩니다. 윤리학에 대한 수많은 이론과 접근 방식이 철학의 역사를 장식하게 되는데, 이를 간단히 요약하면 [그림 1-6]과 같습니다.

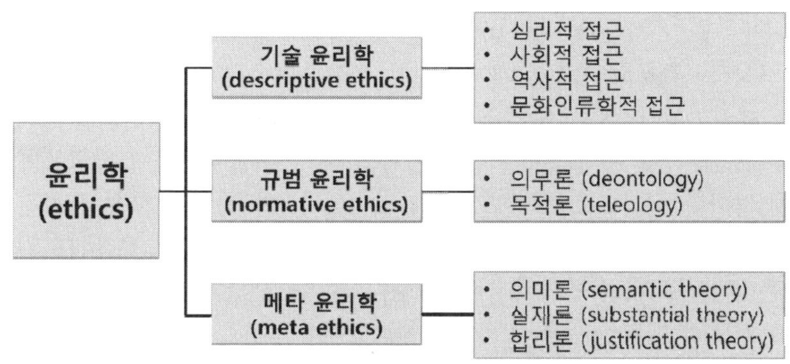

[그림 1-6] 윤리학의 체계

기술윤리학

기술윤리학(descriptive ethics)은 도덕에 관한 경험 기반의 도덕적 현상을 서술하고 설명하여 윤리적 문제에 관련된 인간성을 과학적으로 탐구하여 도덕 현상을 관찰 · 서술 · 설명하는 것을 주된 과제로 하고 있습니다. 도덕적 규범은 역사적으로 크게 변천해 왔고, 도덕은 문화와 민족과 사회체제에 따라서 다르며, 또한 도덕에는 유일 · 절대적인 것이 있을 수 없다는 윤리의 상대주의적 입장을 견지합니다. 인류학자, 사회학자, 심리학자, 역사학자들이 도덕적 행위를 연구할 때 주로 사용하는 방법으로, 특정 시대나 사회 등이 특정 규범이나 제도를 수용하고 또 사람들이 그러한 행위를 하는 이유들을 객관적으로 서술하는데 주력합니다.

규범 윤리학

규범 윤리학은 인간의 옳은 행위와 그른 행위를 구분 지을 수 있는 보편적 법칙과 원리를 규명하는 학문으로, 일반적으로 우리가 윤리학이라고 하면 그것은 규범 윤리학을 지칭하는 것입니다. 규범 윤리학의 중심 과제는 도덕기준을 찾아내고 그것을 정당화하는 것입니다. 쉽게 말하면, 규범 윤리학은 다음과 같은 물음에 대한 해답을 탐구하는 것입니다.

① 인간은 도덕적으로 어떤 삶을 살아야 하는가?

② 인간은 도덕적으로 어떤 인간이 되어야 하는가?

③ 인간은 도덕적으로 무엇을 해야 하는가?

이 문제에 접근하는 방식에는 두 가지가 있습니다. 도덕적 기준을 세울 때 옳음이라는 개념을 사용하는 의무론(deontology)과 인간의 행위를 통해 생겨난 선(善)이나 가치를 윤리적 기준으로 하는 목적론(teleology)입니다. 의무론적 접근방식은 어떤 행위가 윤리적으로 옳은 일을 할 것을 요구하는 반면에, 목적론적 접근방식은 어떤 행위가 옳은 이유는 그 결과가 좋기 때문이라고 주장합니다. 따라서 의무론적 이론은 의무, 책임, 본분, 옳고 그름이라는 개념을 강조하는 데 비해, 목적론적 이론은 좋은 것, 가치 있는 것, 바람직한 것을 강조합니다. 또한, 의무론적 이론은 평등이나 공평과 같은 형식적 · 관계적 기준을 제시하지만 목적론적 이론은 행복이나 쾌락과 같은 실질적 · 실체적 기준을 제시합니다. 예를 들어 보겠습니다. 어떤 마을에 아주 인색한 부자가 살고 있었습니다. 가뭄과 홍수로 인하여 농작물이 완전히 황폐화 되어 마을주민들이 배고픔에 허덕이고 있으나 부자는 곡간에 쌓아둔 곡식으로 호의호식하고 있습니다. 한 청년이 부잣집 곡간에서 곡식을 훔쳐서 마을 주민에게 나누어 주었습니다. 의무론자는 도적질은 윤리적으로 나쁜 일이기 때문에 청년의 행위는 비윤리적으로 비난 받아야 한다고 생각합니다. 반면에, 목적론자는 마을 사람이 행복하게 되었으므로 청년의 행위는 윤리적이라고 생각합니다.

메타 윤리학

전통적인 규범윤리학은 인간이 마땅히 해야 할 행위 원리, 또는 도덕 법칙을 탐구하여 왔습니다. 그러나 근세 자연과학의 발달 이후 심리학, 사회학, 인류학, 민속학 분야에서의 제반 성과는 전통 규범 윤리학의 제반 근거를 의심하게 되었습니다. 정통 규범 윤리학에서 말하는 "옳다", "그르다", "선하다", "악하다" 등의 윤리적 용어나 개념의 의미는 무엇이며 어떻게 정당화 되는가? 윤리적 판단이나 가치판단을 증명하거나 정당화하는 것이 가능한가? 가능하다면 어떤 의미에서 가능하며 도덕적 추론이나 가치에 관한 근거는 무엇인가? 등에 대한 의문이 제기 되었습니다. 전통 규범 윤리학에서 말하는 윤리 원칙이나 "옳다", "그르다", "좋다" 등은 주관적 가치에 기초한 독단에 불과하며, 전혀 학문적, 과학적, 객관적 기초가 없다는 것입니다. 규범 윤리학의 제반 원칙은 합리적, 과학적 근거가 없고 증명할 수 없는 공허한 명제라는 것입니다.

윤리적 원칙이나 법칙을 서술한 명제의 실천적 내용과 규범성에는 관심을 두지 않고, 명제의 용어와 진술들을 논리적, 과학적, 인식론적 혹은 의미론적으로 철저하게 분석하여, "옳다", "그르다", "선하다", "악하다" 등의 윤리학적 개념의 의미를 명확히 하여 윤리학의 과학적 근거를 제시하고자 하는 연구를 메타 윤리학(meta ethics) 또는 분석 윤리학(analytical ethics)이라고 합니다. meta란 '~상위에' 또는 '~넘어서'의 뜻으로, 보다 기초적이고 본질적인 문제들을 다루는 보다 차원 높은 학문을 지칭합니다. 가너(Richard Garner)와 로젠(Bernard Rosen)은 메타 윤리학의 문제를 다음과 같이 요약하고 있습니다.

① "선하다, 악하다"와 같은 도덕적 용어 또는 "옳다, 그르다"의 판단의 의미는 무엇인가?

② "옳다, 그르다"의 도덕적 판단의 본질은 무엇인가?

③ "옳다, 그르다"의 도덕적 심판은 정당하거나 합리적인가?

메타 윤리학은 세 가지 문제에 답하기 위하여 의미론(semantic theory), 실재론(substantial theory), 합리론(justification theory) 등 다양한 이론들이 제시 되었습니다. 물론 이들 이론의 접근 방법일 뿐 세부적으로는 다양한 견해가 있습니다. 예를 들어, 에어(Alfred Jules Ayer)는 도덕적 명제인 '인간은 약속을 지켜야 한다'는 '아~ 기분 좋아, 나쁜 녀석' 등과 같이 말하는 사람의 감정(emotion)을 표출하거나 듣는 사람의 감정을 일으키는 구실을 할 뿐이며, 우리에게 아무런 사실도 알려주지 않는다고 주장합니다. 다시 말하면, 도덕적 명제인 '인간은 약속을 지켜야 한다'는 단순히 감정을 표현할 뿐, 참, 거짓을 가릴 수 없기 때문에 도덕 판단을 핵심 내용으로 삼는 규범 윤리학은 과학, 즉 학문이 될 수 없다고 주장합니다. 이런 주장을 이모티비즘(emotivism: 감정주의)이라고 합니다. 반면에, 헤어(Richard Hare) 등은 도덕적 명제는 인간 이성에 의하여 선험적으로 참, 거짓을 판정할 수 있다고 하는 도적적 합리주의(moral rationalism)를 주장합니다. 이처럼 메타 윤리학에서는 다양한 의견이 제시되고 있습니다.

1.2.2 기존 윤리학의 특징과 한계

윤리학의 이론적 측면에서 고찰하면 절대 불변의 윤리적 원칙과 가치가 있을 수도 있으니, 윤리는 소속된 집단이나 사회, 그리고 시대에 따라 변화하여 왔습니다. 사회의 진화 발전이 윤리 의식의 변화를 초래하고 사회에 적합한 윤리관을 새롭게 재정립한다고 할 수 있습니다. 다시 말하면, 새 시대, 새 사회에는 새 윤리가 필요한 것입니다.

지금 우리는 전에 경험하지 못했던 지식정보 사회에 살고 있습니다. 이전 사회에서 통용되던 기존의 윤리학은 지식정보 사회에 적합한 윤리인지를 검토해 볼 필요가 있습니다. 이를 통해서 기존 윤리학을 발전시키고 우리가 살고 있는 지식정보 사회에 적합한 새로운 윤리를 설정하여야 합니다. 먼저 기존 윤리학을 지식정보 사회의 관점에서 고찰할 필요가 있습니다. 기존 윤리학은 일반적으로 다음과 같은 특징이 있습니다. 첫째, 기존 윤리학은 나중에 온 사람이 택시를 새치기하거나, 지하철에서 청년이 노약자 좌석에 착석하는 것과 같은, 주로 특정한 상황에서 사람들의 만남으로 야기되는 가치관의 갈등 문제를 다루고 있습니다. 윤리학의 대상은 사람들이 만나는 현실 공간에 한정되어 있습니다. 그래서 기존 윤리학을 지금-여기의 윤리학(here-and-now ethics)이라고도 합니다. 이것은 윤리학이 인간의 이성에 기반하여 사람과 사람 사이의 문제에서 윤리적 문제에 집중하고 있기 때문입니다. 둘째, 기존 윤리학은 행위의 결과보다는 행위의 동기나 의도를 중요하게 생각하고 있습니다. 윤리학은 이성이 있는 인간이 갖추어야 할 도덕적 품성에 주안점을 두고 있기 때문입니다. 목적론에서 보는 바와 같이, 좋은 것이 윤리라는 관점도 있지만 윤리학은 인간의 근본적인 도덕적 가치를 중요하게 생각하고 있습니다. 셋째, 기존의 윤리학은 인간 중심이며 행위의 주체와 객체가 모두 인간입니다. 윤리는 인간이 추구해야 할 궁극적인 선의 가치이기 때문입니다.

이러한 기존 윤리학을 인터넷과 스마트 정보기기가 보편화된 지식정보 사회에서 적용하기에는 한계가 있습니다. 지식정보 사회는 이전의 사회와는 질적으로나 수준으로나 전혀 다른 사회이므로 전통적 윤리 가치가 적용되지 않고 새로운 윤리 상황이 야기되고 있기 때문입니다. 첫째, 사이버 공간의 출현으로 사람들의 행동의 범위를 시간과 공간을 초월하여 거의 무한히 확장할 수 있게 되었습니다. 면대면의 만남이 아니라 익명성을 가지고 사이버 공간에서 시간을 초월하여 보이지 않게 만날 수 있는 기회가 더 많아졌습니다. 사이버 공간의 만남에 기존 윤리학을 적용하는 것은 한계가 있을 수밖에 없습니다. 둘째, 인터넷과 사이버 공간의 특성으로 인하여, 행위나 동기 못지 않게 결과도 중요하게 되었습니다. 인터넷에서는 선한 의도로 행해진 행동이라도 그 결과가 의도하지 않게 나쁜 결과를 가져올 수 있으며 그 파장은 전 세계에 미칠 수 있습니다. 예를 들어, 회원간의 유대 강화와 원활한 소통을 목적으로 인터넷 카페 홈페이지에 개인 정보를 올려 두었는데, 이 정보가 범죄에 악용될 수도 있습니다. 사이버 공간에서의 행위는 예측 불가능한 예기치 않은 결과를 초래할 수 있는데, 이런 현상에 대하여 기존 윤리학으로는 대처하기가 어렵습니다. 셋째, 사이버 공간에서는 새로운 개념의 사물이 등장하여 이들이 윤리의 객체, 때에 따라서는 주체의 역할을 하기도 합니다. 지식정보 사회에서는 사람을 대신하는 아바타(avatar), 스마트 홈과 스마트 시티, 인터넷 쇼핑몰, 전자 정부 등 사이버 공간의 가상 객체가 중요한 윤리의 대상이 되고 있습니다. 도덕적 주체와 객체의 범위가 지나칠 정도로 인간에게만 국한되는 기존의 윤리학으로는 설명할 수 없는 다양한 현상들이 표출되고 있습니다.

기존 윤리 이론들이 전혀 필요 없는 것이 아니지만, 현실 공간을 염두에 둔 윤리 이론을 사이버 공간에 그대로 적용하기에는 한계가 있습니다. 지식정보 사회에서는 현실 공간의 기존 윤리 이론과 조화되는 사이버 공간의 새로운 윤리 체계가 필요합니다.

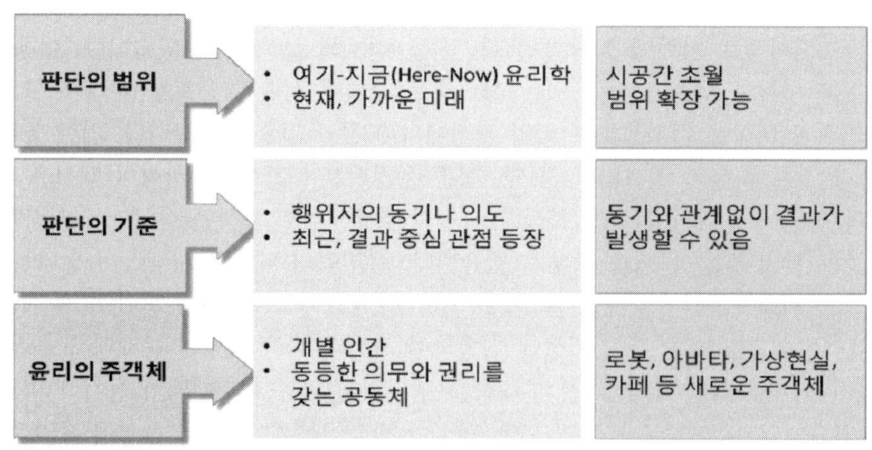

[그림 1-7] 기존 윤리학의 한계

1.3 인터넷 윤리학의 이해

정보기술과 인터넷이 가져온 사이버 공간은 현실 공간과는 전혀 다른 특징을 갖고 있습니다. 그러기 때문에 현실 공간에서 적용되는 전통적인 윤리만으로는 해결하기 어려운 다양한 일들이 발생하고 있습니다. 사이버 공간에서 인간다운 생활을 하기 위해서는 사이버 공간의 특성을 고려한 새로운 윤리가 절대적으로 필요한데, 우리는 그것을 인터넷 윤리(Internet ethics)라고 합니다. 인터넷 윤리의 개념에 대하여 알아 보도록 하겠습니다.

1.3.1 인터넷 윤리의 필요성과 개념

인터넷과 정보기술의 비약적인 발전으로 인간의 생활공간과 시간에 심대한 변화가 있었습니다. 현실 공간에서의 강의실 강의보다 사이버 공간의 인터넷 강의가 보편화 되고 있습니다. 강의 수강도 지정된 시간에 구애 받지 않고 편리한 시간에 언제든지 수강할 수 있습니다. 소셜 네트워크로 인하여 현실 공간에서의 소통보다 사이버 공간에서의 소통에 더 많은 시간을 보내기도 합니다. 진화된 인터넷과 정보기술은 이처럼 현실 공간에서의 생활을 사이버 공간으로 확장해 가고 있으며, 사이버 공간이 아니면 할 수 없는 일도 늘어나고 있습니다.

과거의 기술 발전은 현실 공간에서의 편리한 생활 제공이 주 목적이었습니다. 예를 들어, 냉장고는 음식물을 상하지 않게 오랜 동안 저장할 수 있도록 하여 편리한 식생활을 도와주고 있습니다. 세탁기는 많은 노동력이 요구 되는 빨래로부터 사람들을 자유롭게 해주었습니다. 그러나, 인터넷과 정보기술은 생활의 편리함만을 가져온 것이 아닙니다. 우리의 삶의 형태를 근본적으로 변화시켰고 사회 패러다임을 바꾸었습니다. 인터넷 뱅킹, 이러닝(e-Learning), 전자 서적, 인터넷 쇼핑몰, 스마트 IP-TV, 디지털 도서관, 인터넷 포털, 전자 상거래(e-commerce), 소셜 미디어, 전자 정부 등 사회구조와 사회생활에 혁신적 변화를 일으켰습니다. 예전에는 국민이 정치나 사회문제에 참여할 수 있는 기회가 극히 제한적이었으나, 트위터, 페이스북, 블로그, 카페 등 다양한 방법으로 언제든지 참여하고 양방향 소통할 수 있게 되어 사회 패러다임 자체가 변화하고 있습니다.

인터넷과 정보기술에 의한 급격한 사회 패러다임의 변화에 따라, 변화된 사회에서 인간성을 상실하지 않고 인간답게 살기 위한 새로운 윤리가 요구되고 있습니다. 또한 인터넷과 정보기술이 초래한 예측하지 못했던 부작용과 역기능을 예방하고 치유할 수 있는 새로운 윤리 규범이 필요합니다. 물론, 새로운 법과 제도로 지식정보 사회의 윤리 의식을 강제할 수도 있을 것입니다. 그러나 법과 제도는 결과를 중심으로 사람들에게 강제적 동기를 유발시키기 때문에 근본적인 방법이 될 수가 없으며, 법과 제도만으로는 사이버 공간의 예측 불가능한 다양한 현상들을 강제하는 데는 한계가 있습니다. 인터넷과 정보기술이 주축이 되고 있는 지식정보 사회에서는 새로운 윤리 규범, 즉 인터넷 윤리만이 이러한 문제에 적극적으로 대응할 수 있습니다. 법과 제도와는 다르게 윤리는 사람들의 의도와 행동 방식의 원리를 강조하며 사람들의 자발적인 동기를 이끌어 낼 수 있기 때문입니다. 뿐만 아니라, 윤리는 사람의 사고, 감정, 행동 방식에 영향을 주어, 인터넷과 정보기술이 초래한 부작용과 역기능을 예방하고 치유하는 근본적 방안이 될 수 있기 때문입니다. 그러므로 인터넷 윤리는 지식정보 사회에서 사람들이 바람직한 사고와 행동을 하여, 궁극적으로 바람직한 정보생활을 영위하도록 안내하는 새로운 윤리적 원리와 규범인 것입니다.

4 인터넷 기술의 특징

정보기술 중에서 가장 중요한 역할을 하는 것이 인터넷과 웹 기술이라고 해도 과언이 아닐 것입니다. 인터넷은 1969년 9월, 유사시 군사 정보를 공유할 목적으로 미국에서 구축한 아르파넷(ARPANET)에서 시작합니다. 이후, 컴퓨터 기술발전과 함께, 현재 보편적으로 사용하고 있는 TCP/IP를 채용하게 되면서, 본격적인 컴퓨터 네트워크 시대가 열리게 되었습니다. 1990년대 이후, 인터넷의 상업성에 눈을 뜬 기업들에 의해 상업적인 네트워크로 발전하고, 급속하게 일반인에게 보급되기 시작합니다. 현재는 세계 모든 국가의 컴퓨터를 연결하는 거대한 글로벌 네트워크로 변모하였습니다. 인터넷을 한마디로 말하면, 지구상의 모든 컴퓨터를 연결하는 글로벌 네트워크로, 지구의 가장 중요한 기반 통신 인프라라고 할 수 있습니다.

한편, 1990년 팀 버너스리(Tim Berners-Lee)는 하이퍼 텍스트(hypertext) 기반으로 문서와 정보를 연결하는 시스템을 구현하여, 1991년 월드 와이드 웹(World-Wide Web)이라는 이름으로 공표합니다. 영어 단어 웹(web)의 의미는 거미줄입니다. 그러므로 월드 와이드 웹이란, 세계의 모든 정보를 연결하여 지구 크기만한 거대한 정보의 거미줄을 형성하겠다는 팀 버너스리의 이상이 담겨 있다고 할 것입니다.

인터넷과 웹 기술은 컴퓨터와 정보를 연결한 그 이상의 능력을 발휘하고 있습니다. 현실 공간과는 다른 차원의 사이버 공간을 구현한 것입니다. 사이버 공간에는 현실 세계에 존재하는 사물과 객체가 보이지 않는 형태로 존재하고 현실 세계에서는 불가능한 가상 객체도 존재하는 확장된 세 계입니다. 사이버 공간이 가진 다양한 특징 중에서 중요한 것을 살펴보겠습니다.

① **인터넷의 사이버 공간은 물리적인 시간과 공간의 제약으로부터 자유롭습니다.** 사이버 공간에서는 자신이 원하는 때 언제든지 전 세계를 대상으로 쌍방향으로 소통하고 동기적 또는 비동기적으로 상호작용할 수 있습니다. 사이버 공간(세계)은 시간과 공간의 장벽이 없는 열린 세계로 제약 없는 사회를 실현하여 생활 패러다임에 혁신적인 변화를 가져 왔습니다. 한편으로는 비윤리적 불법 행위가 시간과 공간을 초월하여 전 세계적으로 파급되는 기반이 되기도 합니다.

② **인터넷의 사이버 공간은 익명성 특성이 있습니다.** 사이버 공간에서는 자신의 신분을 감추거나 위장할 수가 있습니다. 현실 세계의 자신과는 전혀 다른 신분으로 살아 갈 수도 있습니다. 익명성(anonymity)은 사이버 공간에서 평등하고 자유스런 행동을 보장해 주지만, 개인의 정체성의 위기를 초래하거나 통제할 수 없는 행동으로 심각한 문제를 야기하여 현실 세계의 생활을 위태롭게 할 수도 있습니다. 또한, 소통은

인간 생활의 기초가 되는 것인데 사이버 공간에서의 소통은 대부분 비대면 형태로 이루어지고 소통의 상대가 누구인지 알 수 없는 경우도 많이 있습니다. 정체가 불분명한 상대방과의 소통은 예기치 않은 부작용을 야기할 수 있습니다.

③ 인터넷은 상호 작용성을 증대시켰습니다. 과거에는 신문, 방송, TV, 잡지 등을 통해 정보 공급자가 정보를 일방적으로 정보 소비자에게 전달하였지만, 인터넷으로 인하여 정보 공급자와 소비자의 벽이 사라졌습니다. 일반인도 블로그, 페이스북, 트위터 등을 활용하여 정보를 생산 공급하고 사회문제에 적극 참여하여 소통할 수 있게 되었습니다. 블로그, 카페와 같은 1인 미디어로 정보 생산의 주체가 되고, 소셜 네트워크 서비스로 불특정 다수와 자유스럽게 정보를 공유하고 소통할 수 있게 되었습니다. 정보의 개방과 공유, 소통의 주도와 참여 등 인터넷의 상호 작용성(interactivity)은 사회 패러다임 변화의 원동력이 되고 있지만, 사이버 폭력, 신상 털기, 개인정보 침해, 사생활 감시 등 새로운 사회문제를 촉발하고 있습니다.

④ 인터넷의 사이버 공간은 개방된 공유 공간입니다. 인터넷은 기본적으로 사회적 지위, 나이, 성별, 학력 등에 관계없이 모든 사람이 언제든지 접근할 수 있는 차별 없는 평등 공간입니다. 누구든지 사용할 수 있는 공개된 공유 공간입니다. 또한 인터넷 공간은 한 지역이나 국가에 한정 된 공간이 아니라 경계가 없이 열린 공간입니다. 인터넷 공간의 이런 특성은 누구나 언제든지 어떤 정보라도 상호 공유하고 교환할 수가 있게 하여 지식정보 사회를 가속화 하는 추진력이 되고 있습니다. 그러나 통제되지 않은 개방된 공유 공간은 사이버 폭력, 사이버 테러, 불법 유해 정보가 난무하는 범죄의 온상이 되기도 합니다.

모든 과학기술이 그러하듯이 인터넷 기술도 선과 악의 양면성을 가지고 있습니다. 인터넷 사이버 공간은 그 특징으로 인하여 아주 쉽게 비윤리적 행위와 범죄에 오염될 수 있으며, 그런 행위를 통제하고 적발하는 것이 어려워 나쁜 공간으로 변질되기가 쉬운 문제점을 가지고 있습니다. 부정적인 영향은 시간과 공간의 제약 없이 전세계로 파급되어 심대한 영향을 미치기도 합니다. 인터넷 사이버 공간을 깨끗한 열린 공간으로 만들기 위해서는 무엇보다도 인터넷 공간에서의 윤리가 정립되어야 하겠습니다.

인터넷 정보기술의 유혹

인터넷을 포함한 정보기술은 참으로 매력적인 기술입니다. 언제 어디서든지 자유롭게 하고 싶은 것을 할 수 있도록 하여 줍니다. 리차드 루빈(Richard Rubin)은 정보기술이 가진 매력을 다음과 같이 정리하고 있습니다. 사람들은 이러한 매력에 빠져 자신을 억제하지 못하고 사이버 공간에서 비윤리적 일탈 행위를 하게 된다고 주장합니다.

① **속도성**: 정보기술의 비약적 발전으로 컴퓨터의 속도가 엄청나게 빨라졌고 초고속 인터넷의 보급으로 정보의 수집, 전달을 가속화 할 수 있게 되었습니다. 사람들이 거침없이 정보 생활을 할 수 있게 된 것입니다. 이에 따라, 윤리적 판단을 할 시간 여유 없이 순식간에 비윤리적 행동이 일어날 수 있게 되었습니다.

② **프라이버시와 익명성**: 인터넷과 정보기술은 자신의 정체를 숨기거나 위장할 수 있는 익명성을 제공합니다. 현실 세계의 규제와 제약으로부터 벗어나 마음대로 행동할 수 있는 자유를 보장해 주고 있습니다. 사람들은 이런 무한한 자유에 도취되어, 때때로 비윤리적인 행동의 유혹에 빠져들게 됩니다.

③ **매체의 본질과 가변성**: 디지털 정보는 원래의 정보 내용을 훼손하지 않고 다양한 형태로 무한히 복제

(infinite cloning)될 수 있습니다. 다른 사람의 파일을 훔쳐 본다거나 전용하여도 흔적이 남지 않고 손쉽게 여러 가지 형태로 재생산할 수 있습니다. 디지털 정보의 이런 특성은 염탐, 절도 등의 불법 행위를 부추기고 불법 복제나 저작권 침해에 대하여 무감각하게 만듭니다.

④ 심미성: 일반적으로 사람들은 다른 사람들이 풀 수 없는 난해 문제를 해결하였을 때 우월감과 성취감을 느끼게 됩니다. 자신의 기술과 능력에 도취되어 보안 장치된 시스템을 해킹하거나 공격하여 무력화하고자 유혹을 받게 됩니다.

⑤ 최소 투자에 의한 최대 효과성: 인터넷의 행위는 시간과 공간을 초월하여 전 세계적으로 파급되는 효과가 있습니다. 최소의 노력으로 최대의 효과를 얻을 수 있습니다. 이런 효과성은 스팸 메일, 피싱 등과 같은 비윤리적 행위를 하도록 유혹합니다.

⑥ 범위의 국제성: 인터넷의 행위는 특정 지역이나 국가에 국한되지 않고 전세계적으로 영향을 주게 됩니다. 집에 앉아서도 국제적 활동이 가능해진 것입니다. 제약을 받지 않는 국제적 활동은 비윤리적 행위를 조장하기도 합니다.

⑦ 파괴력: 강남 스타일에서도 볼 수 있는 것처럼 인터넷의 파급효과는 엄청납니다. 자신의 쾌감을 위해 이런 파급 효과를 악용하는 경우가 있습니다. 악플로 사람들에게 고통을 주거나 컴퓨터 바이러스를 유포하여 심각한 피해를 주는 등의 비윤리적 행위에 쾌감을 느끼는 사람도 있습니다.

기술이 주는 편리성과 효과성에 심취하여 인간 본연의 이성을 상실하기 쉽습니다. 인간이 기술에 종속되면 기술은 본래의 목적을 상실하고 오히려 우리에게 독이 될 수도 있습니다. 인터넷 기술이 주는 매력과 유혹은 다른 어떤 기술보다 강력합니다. 우리는 기술의 주체가 될 수 있도록 인간의 이성을 회복하고 견고한 윤리 의식을 가져야 할 것입니다.

인터넷과 정보기술의 역기능

인터넷과 정보기술은 지식정보 사회를 가져온 핵심 기술입니다. 인터넷은 우리 생활의 모든 분야에 걸쳐 막강한 영향을 미치고 있으며 사회 진화의 견인차가 되고 있습니다. 그러나 인터넷의 긍정적 효용성 이면에는 많은 부작용과 역기능이 내포되어 있습니다. 이러한 부작용은 인간성을 파괴하기도 하고 심각한 사회문제를 야기하기도 합니다. 인터넷의 부작용과 역기능은 아주 다양한데, [표 1-2]에 요약 정리하였습니다.

[표 1-2]는 대표적인 부작용과 역기능을 정리한 것입니다. 인터넷이 모든 분야에 막강한 영향력을 발휘하고 있고, 그에 비례하여 부작용과 역기능도 다양한 형태가 있습니다. 우리는 앞으로 인터넷의 부작용과 역기능에 대하여 더 상세하게 살펴보고, 효과적인 대응 방안을 모색할 것입니다.

지금까지 우리는 인터넷 정보기술의 특징, 인터넷 정보기술의 유혹, 인터넷과 정보기술의 역기능을 통하여 다양한 관점에서 인터넷 사이버 공간에서의 바람직한 생활에 대하여 살펴보았습니다. 인터넷 사이버 공간은 현실 공간과는 질적으로 다른 특성이 있어, 현실 공간보다도 쉽게 인간의 윤리 의식을 마비시키고 비윤리적 행동을 선동하고 있음을 알 수가 있었습니다. 우리는 이러한 성찰을 통해서 인터넷 기술과 인터넷 윤리가 공진화(co-evolution)하여야 함을 알 수가 있었습니다.

[표 1-2] 인터넷의 부작용과 역기능

불법 유해 정보 유통	• 불법 음란물 유포, 악플, 유언비어 등 유포, 청소년 유해 매체 • 도박 등 사행성 불범 유해 사이트
시스템 침입 및 파괴	• 해킹, 바이러스 유포, 악성 프로그램 유포 • 스팸 메일, DDOS 공격
지식 정보 격차	• 세대/지역/계층간의 정보 격차 및 소외 문제, 디지털 디바이드 • 정보 혜택의 불균형으로 인한 사회적 갈등, 디지털 치매
인터넷 중독	• 게임 중독, 채팅 중독, 인터넷 쇼핑 중독, 음란물 중독 등 • 더욱 심각한 스마트폰 중독
사이버 폭력 및 사이버 범죄	• 사이버 폭력, 사이버 성매매, 인터넷 사기, 피싱 • 사이버 테러
규제와 표현의 갈등	• 사이버 공간의 표현의 자유와 부작용의 규제 충돌 • 대표적인 예: 게임중독예방 관리 및 치료 법안
개인 정보 침해	• 개인 정보 침해 및 개인 정보 악용 • 신상털기, 사생활 감시
정보 침해	• 저작권 침해, 불법 복제, 초상권 침해

1.3.2 인터넷 윤리의 발전과정

지식정보 사회의 발전과 더불어 인터넷 사이버 공간에서 기존의 윤리와는 다른 인터넷 윤리가 등장하게 되었습니다. 인터넷 윤리학은 인터넷을 매개로 하여 이루어지는 인간의 도덕적 관계에 관심을 가지며, 그러한 관계를 규율하는 윤리적 원리들에 의거하여 사이버 공간 속에서 활동하는 모든 행위자들의 윤리적 책임과 의무를 규정해 주는 것을 목표로 하는 학문입니다. 인터넷 윤리는 컴퓨터 윤리, 정보 윤리, 정보통신 윤리, 사이버 윤리 등 서로 다른 명칭과 개념으로 연구 발전되었으며, 미국의 윤리학자 던컨 랭포드(Duncan Langford)에 의해 체계화 되었습니다. 인터넷 윤리의 발전 과정을 통해, 인터넷 윤리의 다양한 개념을 살펴보겠습니다.

[1960년대] 1960년대 중반, 컴퓨터가 정부 및 공공 기관으로 확산되고 있을 때, 파커(Donn Parker)는 강력한 기능을 가진 컴퓨터 기술이 뜻하지 않는 위험을 초래할 수 있다고 생각하였습니다. 파커는 컴퓨터 전문가들의 비윤리적, 불법적인 컴퓨터 사용을 조사하여, 1968년 "정보처리를 위한 윤리적 규칙"이란 논문을 통해서 컴퓨터 전문가가 가져야 할 윤리 의식을 제시합니다. 파커는 컴퓨터 윤리의 필요성을 부각시켜 이 분야의 중요성을 널리 인식시키는데 계기를 만들었습니다.

[1970년대] 월터 매너(Walter Manner)는 컴퓨터가 윤리적인 문제를 더욱 악화시킬 수 있으며 어떤 경우는 컴퓨터 자체가 새로운 도덕적 문제를 야기한다고 주장하였습니다. 1976년 월터 매너는 컴퓨터 기술로 인해 야기되거나 변형된 혹은 심각해진 윤리 문제를 다루기 위한 새로운 윤리 분야를 제안하면서 '컴퓨터 윤리(computer ethics)'라는 용어를 처음으로 사용합니다. 그는 강의 자료와 교수법 자료들을 개발하여 대학에 컴퓨터 윤리 강좌를 개설하는 등 적극적인 노력을 하였으며, 저명한 학자들이 이 분야에 관심을 갖고 참여하게 됩니다.

[1980년대] 컴퓨터 윤리에 대한 활발한 연구가 진행됩니다. 컴퓨터로 인해 생겨난 범죄, 컴퓨터 오작동으로 인해 생긴 재난, 컴퓨터 데이터베이스를 통한 프라이버시 침해, 그리고 소프트웨어 소유권과 관련된 법정 소송 등과 같은 주제들이 논의의 대상이 됩니다. 1984년에 터클(Sherry Turkle)은 컴퓨터 사용이 인간의 사용에 미치는 영향을 다룬 "두 번째 자아(The Second Self)"라는 책을 출간합니다. 1985년에는 무어(James Moor)는 "컴퓨터 윤리란 무엇인가?"라는 논문을 발표하고, 존슨(Deborah Johnson)이 이 분야의 최초 교재인 "컴퓨터 윤리"를 출간하고 앞으로의 연구 과제도 제시합니다. 1998년 바넘(Terrell Bynum)은 컴퓨터 윤리를 전문적으로 연구하는 연구소를 창설하고 매너와 함께 학술 대회를 개최하는 등 본격적인 활동을 시작합니다. 또한, 하우프트만(Robert Hauptman)은 정보 윤리(information ethics)라는 용어를 사용하여 이 분야에 대한 새로운 시각을 제시합니다.

[1990년대] 정보 윤리가 대학의 정규 과정으로 채택되기 시작하고 문헌 정보학, 컴퓨터 공학 등에서 윤리에 대한 체계적인 연구와 교육이 진행됩니다. 1995년 코치코우스카(Gorniak Kocikowska)는 컴퓨터 윤리학은 2백년 전의 계몽주의 이래로 윤리학에서 거둔 가장 중요한 이론적 발전이라고 주장하기도 합니다. 1997년 세이버슨(Richard Severson)은 "정보 윤리의 원리(The Principles of Information Ethics)"라는 책을 저술하여 윤리 규범을 구체적으로 제시합니다.

[2000년대] 2000년대에 진입하면서 정보윤리 학자들의 관심 영역이 사이버 공간으로 확대되어 사이버 윤리학이라는 새로운 용어가 널리 사용되기 시작하였습니다. 사이버 윤리학은 사이버 공간에서 발생하는 프라이버시, 지적 소유권, 정보의 자유 등에 대한 도덕적, 윤리적 문제들을 다양한 관점에서 연구하였습니다. 스피넬로(Richard Spinello)는 "사이버 윤리: 사이버 공간에서의 도덕성과 법(Cyberethics: Morality and Law in Cyberspace"이란 저술에서 공리주의, 사회 계약 이론, 자연법 이론, 도덕적 의무론을 검토한 후에 자율성의 원리, 해악 금지의 원리, 선행의 원리, 정의의 원리 등 사이버 윤리의 기초 이론을 제시합니다. "사이버 공간의 윤리(The Ethics of Cyberspace)를 저술한 헤임링크(Cees Hamelink)는 윤리학 이론에서의 동기론과 결과론을 검토한 후에 이것을 사이버 공간에서의 윤리적 문제인 인권, 동등한 자격, 디지털 위험과 보안, 자유 언론과 지식의 문제에 적용합니다. 또한 사이버 윤리 교육의 중요성을 강조하여 교육과정 속에 반드시 포함되어야 한다고 주장합니다. 존 웨커트(John Weckert)는 인터넷 활동의 특징으로 세계적 규모, 익명성, 상호작용, 재생산성, 통제 불능성을 지적하고 이에 기반한 사이버 윤리를 제시합니다.

이처럼 인터넷 윤리는 인터넷과 정보기술의 발전과 더불어 컴퓨터 윤리, 정보 윤리, 사이버 윤리 등 다양한 명칭으로 발전되어 왔습니다. 내용에 있어서도 컴퓨터 활용 시에 요구되는 윤리에서부터 사이버 공간에서 행위에 관한 윤리에 이르기까지 많은 변화가 있었습니다. 랭포드가 요약한 것처럼, 인터넷 윤리는 인터넷을 매개로 하여 이루어지는 인간의 도덕적 관계에 관심을 가지며, 그러한 관계를 규율 하는 도덕적 원리들에 의거하여 사이버 공간 속에서 활동하는 모든 행위자들의 도덕적 책임과 의무를 규정해 주는 것을 목표로 합니다. 오직 인터넷에만 초점을 맞춘다는 의미에서 현실 세계를 기반으로 하는 기존의 윤리학과 차이가 있습니다.

국내에서도 정보사회에 요구되는 윤리 의식을 정립하고자, 정보통신윤리위원회는 '정보통신윤리'를 제정하였고, 한국정보문화진흥원에서는 '정보윤리'를 연구한 바 있습니다. 최근에는 이런 개념을 통합하여 인터넷 윤리로 통칭하고 있습니다.

현실 공간이든 인터넷 사이버 공간이든 인간의 행동이 다른 사람이나 대상에게 심각하게 권리를 침해하거나 해로움을 유발할 때는 언제나 윤리적 문제가 발생합니다. 인터넷 윤리의 근본 목적은 인터넷과 관련된 인간의 행동 양식을 예방적 차원에서 자율적으로 규제하는데 필요한 윤리 규범 체계를 제공하는데 있습니다.

1.3.3 인터넷 윤리학의 접근 방법

인터넷의 사이버 세계는 현실 세계와는 전혀 다른 세계입니다. 이런 세계에서 적용될 윤리 규범은 어떻게 만들어야 할까요? 손쉬운 방법은 기존의 윤리학을 사이버 공간에 적합하도록 변형하는 방법이 있을 것입니다. 또한, 사이버 공간의 특성을 고려하여 처음부터 새로운 윤리 규범을 만드는 방법도 있을 것입니다. 인터넷 윤리를 정립하기 위한 다양한 연구가 수행되어 왔는데, 일반적으로 다음 3가지 접근 방식으로 정리할 수 있습니다.

덕 윤리학적 접근법

덕 윤리학은 사람이 갖추어야 할 도덕적 품성으로써의 덕(virtue)을 제시하는 것을 목표로 하고 있습니다. 덕 윤리학 접근 방식에서는 사람이 갖추어야 할 바람직한 윤리적 덕목을 개발하는데 주안점을 두고 있습니다. 인터넷 윤리를 덕 윤리적 측면에서 접근하는 학자들은 지식정보 사회에 적합한 인터넷 윤리의 덕목으로 정직, 성실, 자유, 평등, 존중, 책임감, 자율성, 공동체 의식, 관용, 배려 등을 제시하고 있습니다. 대부분이 현실 공간에서 중요한 덕목인데, 내용에 있어 강조하는 관점이 다소 다르기도 합니다. 예를 들어, 인터넷 공간은 비대면적으로 보이지 않는 사람과 소통하게 되는데, 상대의 실체 존재에 관계없이 상호 존중하는 태도를 견지하는 것이 바람직합니다. 인터넷 공간에서의 사소한 행동은 엄청난 결과를 가져 올 수 있기 때문에 현실 공간보다도 강한 책임감을 가지고 행동하여야 합니다. 이처럼 덕 윤리적 접근 방법은 사이버 공간의 생활에 필요한 덕목을 개발하고, 이에 적합한 해석과 행동 기준을 제시하고 있습니다.

원리 윤리학적 접근

원리 윤리학적 접근은 윤리적 원리를 제시하는 것을 목표로 하고 있습니다. 사이버 공간은 현실 세계와는 다른 매우 복잡한 특성을 가진 새로운 가상의 공간이기에, 현실 세계처럼 어떻게 행동해야 하는지를 구체적으로 제시하는 것은 어렵다는 생각입니다. 대신에 인터넷 윤리는 사이버 공간에서 올바른 판단을 내리는데 도움이 되는 기본 원리를 제시하여야 한다고 주장합니다. 원리 윤리학적 접근을 주장하는 대표적 학자인 스피넬로(Spinello)는 자율성, 해악 금지, 선행, 정의라는 네 가지 원리를 제시한 바 있습니다. 세버슨(Severson)은 지적 재산권 존중, 프라이버시 존중, 공정한 표현, 해악 금지의 네 가지 원리를 제시하기도 합니다. 인터넷 윤리의 원리학적 접근의 주장을 존중(respect), 책임(responsibility), 정의(justice), 해악금지(non-maleficence)의 네 가지 도덕 원리로 정리할 수 있습니다.

· 존중: 존중은 사람이나 사물이 지닌 고귀한 가치에 대해서 경의를 표하는 것을 뜻합니다. 사이버공간에서 익명성과 비대면성으로 인해 상대방에 대한 존중심이 약해지기 쉽습니다. 존중심이 없으면 사이버 언어 폭력, 개인 생활 침해, 저작권 침해 등 사이버 공간의 역기능이 나타나게 됩니다. 사이버 공간에서는 다른 사람도 나와 동등한 존엄성과 권리를 가지고 있다는 것을 인식하여야 합니다.

· 책임: 다른 사람에게 관심을 갖고 회피하지 않으며 적극적으로 대응하는 능력을 말합니다. 사이버 공간에서는 사소한 행동도 엄청난 결과를 야기할 수 있으므로 현실 공간에 비해 더욱 수준 높은 책임 의식이 요구됩니다. 뿐만 아니라 사이버 공간의 특성상 정체성의 상실, 익명성, 비대면성 등으로 쉽게 책임을 회피할 수 있어 비윤리적 행동을 쉽게 야기할 수 있습니다. 악플이나 유언비어로 상대방에게 상처를 주거나 개인정보를 염탐하고 시스템을 해킹하는 등의 대부분의 비윤리적 행위는 무책임한 윤리의식에 비롯된다고 할 것입니다.
인터넷 윤리의 기본 원리로서의 책임에는 예상적 책임(prospective responsibility)과 소급적 책임(retrospective responsibility)이 있습니다. 예상적 책임이란 어떤 행동을 하기 전에 주의해야 하는 책임이며, 소급적 책임은 행동 후에 발생한 결과에 대한 책임을 말합니다. 누차 이야기한 것처럼 사이버 공간의 행동은 아주 사소한 것이라도 커다란 문제를 야기할 수 있기 때문에, 행동하기 전에 예상적 책임을 져야 하며, 행동 후에는 소급적 책임을 질 수 있어야 합니다.

· 정의: 정의는 공정함과 올바름을 뜻합니다. 정의는 넓은 의미에서 보아 세 가지의 의미를 담고 있습니다. 첫째 공정한 것의 추구, 둘째 함께 살아가는 다른 사람들을 위해 주는 이타적인 삶, 셋째 정해진 규칙과 법을 준수하지만 때에 따라서는 옳지 못한 규칙이나 법에 저항하는 것을 뜻합니다. 사이버 공간은 누구에게나 차별 없이 열린 자유로운 공간이므로, 사이버 공간의 혜택을 공평하게 받을 수 있어야 하며, 다른 사람의 권리와 자유를 침해하지 말아야 하며, 사이버 공간의 부당한 구속이나 제한에 적극 대응하여야 합니다.

· 해악금지: 남에게 피해를 주지 않는 것을 뜻합니다. 남에게 피해를 주지 않는다는 것은 최소한 도덕적 규범으로 소극적 의미의 해악금지 입니다. 해악금지는 다른 사람에게 행복을 준다는 적극적 의미를 가지고 있습니다. 그러므로 사이버 공간에서 남에게 해로움을 끼치는 언어 폭력, 사생활 침해, 해킹이나 바이러스를 퍼뜨리는 행위 등은 해서는 안 되는 것입니다.

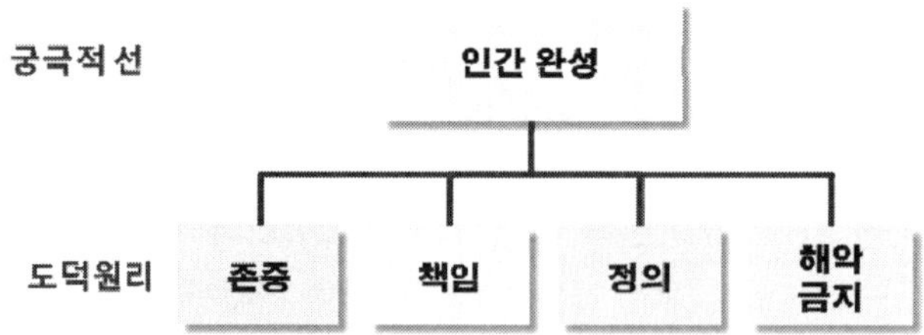

[그림 1-8] 인터넷 윤리의 4대 도덕 원리

탐색적 접근법

탐색적 접근법은 다차원적이고 학제적인 방법으로 연구하는 것입니다. 기존의 인터넷 윤리 방법은 단편적이라고 비판하면서 다차원적 방법을 제시하고 있습니다. 예를 들어, 도덕적 가치의 관점에서 분석하는 탐색적 수준의 단계, 도덕이론이 개발되고 정의되는 이론적 수준 단계, 탐색적 수준에서 이루어진 연구결과에 대해 다양한 차원의 구체성과 특수성에 근거하여 도덕이론을 적용하는 응용적 수준 단계라는 세 가지 차원의 연구를 구별하고 있습니다. 이러한 단계별로 인터넷 윤리의 다양한 측면을 고찰하는 방법입니다.

1.3.4 인터넷 윤리의 기능

인터넷 윤리는 시간과 공간을 초월한 사이버 세계에서 생활하는데 필요한 윤리 규범입니다. 인터넷 윤리는 사이버 공간에서 어떤 기능을 할 수 있을까요? 인터넷 윤리학의 현실 세계의 기존 윤리학과는 달리 다음과 같은 6가지 기능을 수행합니다.

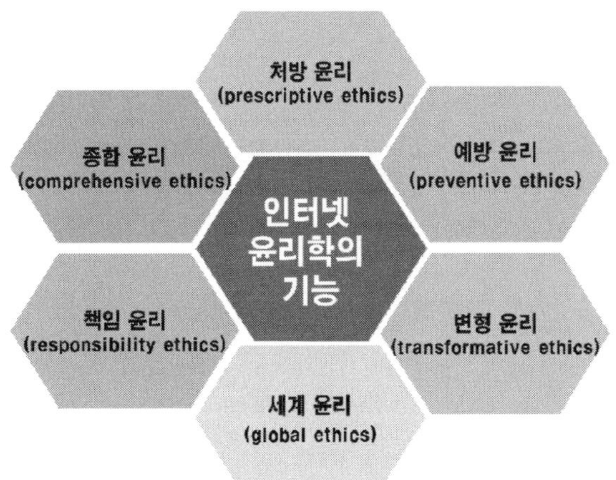

[그림 1-9] 인터넷 윤리학의 기능

① 인터넷 윤리학은 **처방 윤리**(prescriptive ethics)입니다. 우리가 인터넷 사이버 공간에서 해야 할 것과 해서는 안 되는 것을 분명하게 규정합니다. 익명성과 비가시적 자유 공간에서 직면하게 되는 다양한 상황에 대하여 우리가 윤리적으로 일탈하지 않도록 지침을 제공합니다.

② 인터넷 윤리학은 **예방 윤리**(preventive ethics)입니다. 인터넷 윤리학은 처벌을 목적으로 하지 않으며, 사이버 공간의 제반 윤리적 문제들에 대해 사전에 숙고하고 비윤리적 행동을 예방하도록 도와 줍니다.

③ 인터넷 윤리학은 **변형 윤리**(transformative ethics)입니다. 인터넷 윤리학은 인터넷에 수반하는 부작용과 역기능의 방지를 목적으로 하고 있기 때문에, 인터넷 사이버 공간에서 새롭게 제기된 다양한 문제에 대하여 의식 전환과 사회제도와 정책의 혁신을 요구합니다.

④ 인터넷 윤리학은 **세계 윤리**(global ethics)입니다. 기존의 윤리는 지역이나 민족에 따라 차이가 있었지만, 인터넷 사이버 공간은 전세계적으로 열린 공간입니다. 따라서 인터넷 윤리는 인터넷을 사용하는 지구상의 모든 구성원들이 따라야 할 보편적인 규범 체계를 제시합니다.

⑤ 인터넷 윤리학은 책임 윤리(responsibility ethics)입니다. 인터넷 윤리학은 규제가 없는 사이버 공간에서 바람직한 윤리 생활을 하기 위한 자율적 책임을 강조합니다.

⑥ 인터넷 윤리학은 종합 윤리(comprehensive ethics)입니다. 인터넷 사이버 공간에는 현실 세계의 윤리적 문제뿐만 아니라 사이버 공간의 특수한 윤리 문제 등 복합적 문제가 내재되어 있습니다. 따라서 기존 윤리학뿐만 아니라 도움을 줄 수 있는 다양한 윤리학을 효과적으로 활용해야 하는 종합 윤리입니다.

기존 윤리학의 한계에서 설명한 바와 같이, 인터넷 윤리는 윤리적 판단의 범위, 판단의 기준, 윤리의 주체 등에 있어 커다란 차이가 있습니다.

요 약

- 사람 혹은 사회 집단이 다른 사람이나 집단에 대하여 직간접적으로 해를 끼치지 않도록 스스로 행동을 규제하는 원칙으로 사람과 사람 사이의 관계, 즉 사회적 인간관계의 도리를 윤리라 합니다.
- 인격 교육에서는 도덕적으로 아는 것(정신의 습관), 도덕적으로 느끼는 것 또는 도덕적인 태도(마음의 습관), 그리고 도덕적 행동(행동의 습관)과 같은 인간 인성의 세가지 양상이 중요합니다. 도덕적 인간이란 도덕적 지식과 도덕적 감정을 가지고 있으며, 그러한 지식과 감정에 의거하여 도덕적 행동을 하는 사람을 의미합니다.
- 도덕적 인식, 도덕적 가치에 대한 지식, 관점의 채택, 도덕적 추론, 사려 깊은 의사 결정, 그리고 자기 자신에 대한 지식은 도덕적 지식을 이루고 있는 인지적 차원의 정신의 습관을 의미합니다.
- 도덕적 자아의 감정적 측면을 구성하는 필수적인 요소는 양심, 자기 존중, 공감, 선을 사랑하기, 겸양, 자기 통제입니다.
- 기술윤리학(descriptive ethics)은 도덕에 관한 경험 기반의 도덕적 현상을 서술하고 설명하여 윤리적 문제에 관련된 인간성을 과학적으로 탐구하여 도덕 현상을 관찰·서술·설명하는 것을 주된 과제로 하고 있습니다.
- 규범 윤리학은 인간의 옳은 행위와 그른 행위를 구분 지을 수 있는 보편적 법칙과 원리를 규명하는 학문으로, 일반적으로 우리가 윤리학이라고 하면 그것은 규범 윤리학을 지칭하는 것입니다. 규범 윤리학의 중심 과제는 도덕기준을 찾아내고 그것을 정당화하는 것입니다.
- 메타 윤리학(meta ethics) 또는 분석 윤리학(analytical ethics)은 윤리적 원칙이나 법칙을 서술한 명제의 실천적 내용과 규범성에는 관심을 두지 않고, 명제의 용어와 진술들을 논리적, 과학적, 인식론적 혹은 의미론적으로 철저하게 분석하여, "옳다", "그르다", "선하다", "악하다" 등의 윤리학적 개념의 의미를 명확히 하여 윤리학의 과학적 근거를 제시하고자 하는 연구입니다.
- 덕 윤리학은 사람이 갖추어야 할 도덕적 품성으로써의 덕(virtue)을 제시하는 것을 목표로 하고 있습니다. 덕 윤리학 접근 방식에서는 사람이 갖추어야 할 바람직한 윤리적 덕목을 개발하는데 주안점을 두고 있습니다.
- 원리 윤리학적 접근은 윤리적 원리를 제시하는 것을 목표로 하고 있으며, 인터넷 윤리의 원리학적 접근의 주장을 존중(respect), 책임(responsibility), 정의(justice), 해악금지(non-maleficence)의 네 가지 도덕 원리로 정리할 수 있습니다.
- 인터넷 윤리학은 처방 윤리(prescriptive ethics), 예방 윤리(preventive ethics), 변형 윤리(transformative ethics), 세계 윤리(global ethics), 책임 윤리(responsibility ethics), 종합 윤리(comprehensive ethics)의 기능을 수행합니다.

참고문헌

- 노병철 (2005), "사이버공간의 사회 · 윤리적 논제: 사이버윤리의 필요성을 중심으로", 교육발전, 24(2), pp. 23-42.
- 명재진 · 이한태 (2013), "사이버윤리 연구동향 분석과 정보인권 측면에서의 평가", 정보화 정책, 제20권, 제1호, 2013년 봄호, pp. 3-21.
- 성동규 (2006), 사이버 폭력과 인터넷 윤리 실태조사 보고서, KT 문화재단, 2006. 07.
- 이기식 (2007), "인터넷시대 사이버윤리(Cyber Ethics)의 영향 요인 분석: 매체-내용-상황-문화 관점의 적용", 한국정책과학회보, 11(3), pp. 49-76.
- 추병완 (2003), "사이버윤리 교육의 새로운 접근 모색", 사이버 커뮤니케이션 학보, 12: pp. 127-156.
- 추병완 (2009), "미래 인터넷(Future Internet) 기술의 윤리 문제", 서강대학교 철학연구소 논문집, 제19집, 2009. 10.
- 한국인터넷윤리학회 (2011), 창립 기념세미나 논문집, 한국인터넷윤리학회, 2011.09.29.
- 유진호 (2012), "인터넷 윤리의 개요 및 국내 현황", 한국정보과학회지, 제30권 제10호, 한국정보과학회, 2012.10, pp. 15-20.
- 장혜란 (2013), "대학생의 인터넷 정보윤리 준수 실태 측정과 분석", 한국문헌정보학회지 47(1), 한국문헌정보학회, 2013, pp. 327-347.
- 이광자, 김명주 (2012), "현실윤리와 인터넷윤리는 진정 다른 것인가?", 한국정보과학회지, 제30권 제10호, 한국정보과학회, 2012.10, pp. 9-14

확인학습

01. 노벨 생리의학상을 수상한 동물학자 콘라드 로렌츠(K.Lorenz)는 인터넷이라는 새로운 환경의 등장으로 인하여 인간의 공격성이 더 증폭되었다고 했다. 이러한 현상에 가장 큰 영향을 주는 인터넷의 특징은 무엇인가?

① 신속성　　② 익명성
③ 양방향성　　④ 초지역성

02. 다음 사건은 스피넬로의 규범 중 무엇과 관련 있는가?

프랑스의 한 청년이 오바마 대통령의 트위터 계정을 해킹하여 처벌을 받게 되었다. 프랑스 "해커 크롤" 이라는 가명을 사용하는 25세 청년을 이 같은 혐의로 붙잡았다고 밝혔다. 이 해커는 트위터 뿐만 아니라 지메일, 페이팔, 아마존 등 여러 유명 사이트도 해킹의 대상으로 넓혀나가던 중이었다. 그를 조사했던 프랑스 경찰은 이 해커가 "경제적 이익을 노렸던 것 보다는 모험심을 즐긴 것 같다"고 말했다.

① 정의　　② 존중
③ 책임　　④ 해악금지

03. 인터넷 윤리에 대해 바르게 설명한 것은 무엇인가?

① 판단의 범위가 지금, 여기이다.
② 컴퓨터 윤리나 정보윤리와는 용어의 의미가 다르다.
③ 인터넷에서 자율적으로 판단하여 행동하는 것을 배척하며 규제와 통제를 중시한다.
④ 기존의 윤리로 사이버 상에서의 윤리 문제를 충분히 해결할 수 없기 때문에 필요하다.

04. 인터넷 윤리 4가지 도덕원리 중 '해킹', '바이러스', '사기', '반 사회적 사이트 제조'와 관련이 있는 것은 무엇인가?

① 정의　　② 존중
③ 책임　　④ 해악금지

05. '인터넷 윤리학'이 필요한 이유로 적합하지 않은 것은 무엇인가?'

① 판단의 범위가 시공간을 초월하기 때문에
② 인터넷에서 도덕의 주체와 객체가 확대되었으므로
③ 인터넷에서는 행동의 동기가 결과보다 중요시 되므로
④ 인터넷 공간에서는 탈억제 현상이 쉽게 일어나기 때문에

06. 인터넷의 특징이 아닌 것은 무엇인가?

① 언제든지 할 수 있다.
② 누가 누구인지 IP로 명확히 구분된다.
③ 세계의 어떤 나라와도 연결할 수 있다.
④ 검색을 통해서 정보를 쉽게 얻을 수 있다.

07. 다음 중 연관성 있는 것끼리 바르게 짝지어진 것은?

① 이름 - 아바타
② 편지 - 이메일
③ 주소 - 커뮤니티
④ 대화 - 인터넷기사

08. 사이버 공동체의 특성이 아닌 것은 무엇인가?

① 자발적인 의지로 모인 사람들로 구성되어 있다.
② 공통된 관심사를 갖고 있는 사람들이 모인 집단이다.
③ 의사소통 시 물리적인 공간과 시간적인 한계가 있다.
④ 익명성과 가입과 탈퇴의 자유로움이 있어 책임감이 약하다.

09. 규범윤리학의 유형 중 "나는 도덕적으로 어떤 삶을 살아야 하는가?"라는 물음을 중시하는 것은?

① 가치론
② 덕윤리학
③ 의무론
④ 결과론

10. 선과 악, 옳음과 그름 같은 윤리적 용어의 의미를 밝히거나, 윤리적 판단의 체계와 판단을 위한 합리적 근거를 밝히는 윤리학의 유형은?

① 기술 윤리학
② 분석 윤리학
③ 책임 윤리학
④ 규범 윤리학

11. 인터넷 윤리학이 수행해야 할 기능이라고 보기 어려운 것은?

① 예방 윤리
② 변형 윤리
③ 지역 윤리
④ 처방 윤리

12. 다음 중 기존 윤리학에 대한 설명으로 옳지 않은 것은?

① 덕윤리학은 성품을 중시하였다.
② 근대에 이르러 합리성이 강조되었다.
③ 고대부터 메타윤리학이 성행하였다.
④ 도덕 주체의 범위를 인간에게 한정하였다.

13. 사이버 공간에서 우리는 서슴지 않고 말하거나 행동하게 된다. 그들은 사이버 공간에서 긴장이 풀어짐을 느끼고, 무언가에 얽매여 있다는 느낌을 훨씬 적게 가지며, 보다 개방적으로 그들 자신을 표현하게 된다. 이러한 현상을 일컬어 무엇이라고 하는가?

탈억제

14. 도덕에 관한 경험과학적 탐구로서 도덕 현상을 관찰 · 서술 · 설명하는 것을 주된 과제로 하는 윤리학을 일컬어 무엇이라고 하는가?

기술윤리학

15. 인터넷 윤리의 네 가지 기본 원리를 쓰시오.

존중, 책임, 정의, 해악금지

제2장 인터넷 정보기술의 이해

인터넷과 정보기술은 이전의 사회와는 전혀 다른 새로운 사회 패러다임을 가져 왔습니다. 인터넷과 정보기술에 대한 이해 없이는 우리가 살고 있는 지식정보 사회의 근본을 이해할 수 없습니다. 윤리는 사회 구성원에게 관습적으로 내재된 도덕적 규범입니다. 때문에 인터넷 윤리를 효과적으로 이해하기 위해서는, 인터넷 윤리의 출현 배경이 되는 인터넷과 정보기술의 특성과 지식정보 사회의 실체를 분명하게 이해해야 합니다.

이 장에서는 인터넷과 관련된 핵심 정보기술에 대하여 살펴보고자 합니다. 핵심 정보기술의 개념과 함께 이들 기술이 사회에 미치는 밝은 영향과 어두운 영향을 체계적으로 이해하고 야기될 수 있는 윤리적 문제에 대하여 살펴보겠습니다.

2.1 인터넷 정보기술과 사회 변화

세상이 확실하게 달라지고 있습니다. 하지만 우리는 변화하는 세상 속에 살고 있기 때문에 실감하지 못할 뿐입니다. 산 속에서는 산의 모습을 볼 수 없지만 조금 떨어져 멀리서 보면 산의 웅장한 모습을 볼 수 있습니다. 마찬가지로 잠시 현실을 떠나 사회를 객관적으로 주시한다면 사회가 변화하고 있는 모습을 볼 수가 있습니다.

책상 위에 굴림 하던 컴퓨터가 스마트폰이라는 이름으로 손안에 들어 왔습니다. 이제 책상 앞에 앉지 않더라도 어느 누구와도 항상 소통하며 언제 어디서든지 업무를 수행하고 인터넷 뱅킹, 레스토랑 예약, 열차 시간표 검색 등을 할 수가 있게 되었습니다. 뿐만 아니라, 이제는 스마트 시계, 스마트 안경, 웰빙/피트니스 밴드 등 웨어러블 컴퓨터가 일반화되어 사용자와 항상 동행하면서 원하는 정보 서비스를 제공할 수 있게 되었습니다. 병원에 가지 않더라도 혈압, 혈당을 측정하여 자신의 건강 상태를 항상 관리할 수 있고, 외국으로 유학을 가지 않더라도 유명 대학의 강의를 수강하고 학위를 취득할 수도 있습니다. 로봇이 집안일을 도맡아 하고, 승용차는 운전기사가 없어도 스스로 알아서 최단 거리로 목적지에 도착하고, 물품을 배송하는 무인 로봇 드론(drone)이 하늘을 나는 세상, 바로 우리가 살고 있는 세상입니다. 또한, 사물인터넷 시대가 되어 사람과 사물이 소통하고 교감하면서 함께 생활하는 사회가 되었습니다. 치아를 닦으면 칫솔이 얼마나 청결하게 닦았는지 치아의 상태를 알려 주고, 포크는 식생활의 습관을 분석하여 웰빙 생활을 하도록 해 줍니다. 집안의 냉장고, TV, 주방 도구, 조명 등 모든 사물이 집주인과 소통하여 최적의 생활공간을 제공하여 줍니다. 공상과학 영화나 소설 속에서만 보던 사회가 우리가 살고 있는 세상의 현실이 된 것입니다.

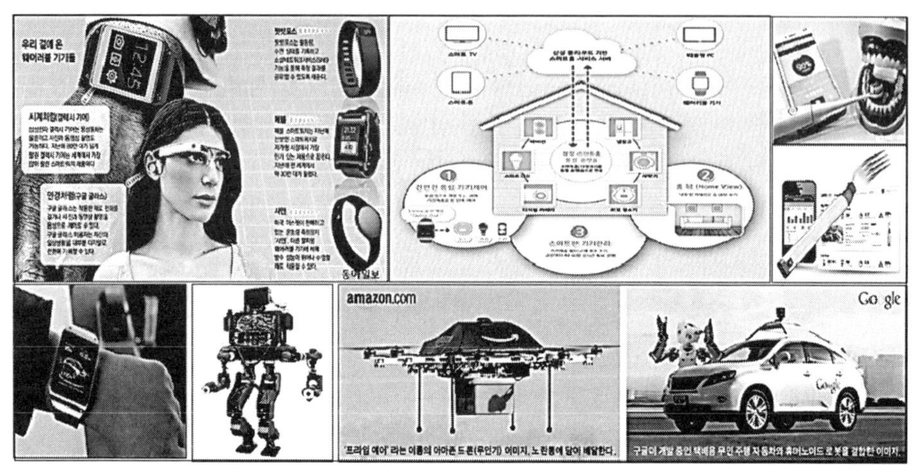

[그림 2-1] 세상이 변하고 있다

이처럼 우리가 살고 있는 세상은 확실하게 변화하고 있으며 우리가 그 변화 속에 있기 때문에 변화의 속도, 변화의 실상을 인식하는 감각이 무디어졌을 뿐입니다. 이러한 변화는 더욱 가속화 될 것이며 미래 사회는 우리의 상상을 뛰어 넘는, 이제까지 경험하지 못한 전혀 새로운 사회가 될 것입니다.

이런 사회 변화는 인터넷과 정보기술에서 시작되었습니다. 인류가 발명한 여러 기술 중에서 인터넷과 정보기술만큼 혁신을 거듭한 역동적인 기술은 없을 것입니다. 1945년 최초의 컴퓨터 에니악(ENIAC)이 만들어진 이래, 불과 50여년 만에 과거 수백 년의 거대한 변화를 한꺼번에 가져 왔습니다. 80년대 개인용 컴퓨터 PC가 출현하여 정보기술이 개인에게까지 보급되면서 정보화 혁명이 본격적으로 진행됩니다. 사회 모든 분야에서 정보화가 추진되고 아날로그 시대에서 디지털 시대로 탈바꿈이 일어납니다. 사회구조가 정보기술을 기반으로 재편되었고 사회 활동도 정보기술을 기반으로 근본적인 변화가 일어납니다.

90년대 후반에는 인터넷과 웹 기술이 보편화 되어 또 한번의 급격한 사회 변화가 일어 납니다. 인터넷과 웹 기술이 보편화되어 인터넷 공간이 현실 공간과 공존하는 사이버 공간 시대가 열립니다. 인터넷 신문, 포털 사이트, 전자 도서관 등이 출현하고 전자 상거래, 원격교육, 인터넷 뱅킹, 전자정부 등 사이버 공간에서의 생활이 활발하게 됩니다. 비디오 대여점, 우체통, 공중 전화 등 많은 것이 역사의 뒤안길로 사라지고 새로운 사이버 문명의 시대가 열리는 혁신적 변화가 일어납니다. 현실 공간의 생활보다 사이버 공간에서 생활하는 시간이 더 많아져 생활 패턴에도 커다란 변화가 발생합니다. 사이버 공간의 등장은 사람들의 윤리 의식에도 지대한 영향을 주었습니다. 현실 공간의 윤리만으로 해결할 수 없는 다양한 문제가 제기되어 사회문제화 되었고, 인터넷 윤리의 중요성을 인식하는 계기가 되었습니다.

2000년대는 휴대폰과 곧 이어 나온 스마트폰에 의하여 스마트 모바일 혁명이 일어납니다. 웹 정보 연결을 넘어 사람과 사람을 연결하는 페이스북(Facebook), 트위터(Twitter), 링크드인(Linked-In)과 같은 소셜 미디어(social media)가 출현하여 세상의 모든 사람들이 연결되는 정보 서비스와 소통의 혁명이 일어납니다. 스마트 폰, 태블릿 등 스마트 기기의 출현으로 2010년대는 지난 시대와는 전혀 다른 스마트 시대가 도래한 것입니다. 이제 인터넷과 정보기술은 지능화, 개인화를 넘어 사람-공간-사물-서비스가 모두 연결되는 초연결 시대로 접어들면서 또 다른 급격한 패러다임 변화를 일으키고 있습니다. 지능화된 정보기기가 상황을 인지하여 개인에게 적합한 서비스를 스스로 추천하는 능동적 창조적 지식정보 시대를 열어가고 있습니다. 이러한 변화 속에 살고 있는 우리는 변화의 주체로서 의식을 새롭게 하지 않으면 안될 것입니다. 인터넷 정보기술의 진화 발전과 더불어 우리의 윤리 의식도 성숙해져야 합니다. 기술은 인간의 윤리 의식에 의해 약이 되기도 하고 독이 되기도 합니다. 또한, 윤리 의식이 결여된 사회는 멸망할 수밖에 없다는 것이 역사의 교훈이기도 합니다.

	PC 시대	인터넷 시대	모바일 시대	초연결 시대
본격화 시기	1990년대		2000년대	2010년대 이후
사회 변화	Information Society		Ubiquitous Society	Hyper Connected Society Creative Society
패러다임 변화	디지털화 전산화	온라인화 정보화	소셜화 모바일화	지능화, 개인화 사물정보화
IT 기술	PC, PC통신 데이터베이스	초고속 인터넷 WWW, 웹서버	모바일 인터넷 스마트폰	IoT, M2M, 빅데이터
IT 이슈	PC, OS	포털 검색엔진	SNS 앱서비스	미래전망, 상황인식, 개인맞춤형 서비스
IT 비전	1인 1PC	전자상거래	손안의 PC 소통	IT everywhere, 문제해결, 新가치창출 및 가치연결

참고 : IT & Future Society 2013.11, 한국정보화진흥원

[그림 2-2] 인터넷 정보기술의 패러다임 변화

2.2 핵심 인터넷 정보기술

인터넷 정보기술이 모든 과학 기술의 기반이 되고 있다 하여도 과언이 아닐 것입니다. 특히, 미래 사회를 주도할 생명공학 기술(Bio Technology: BT), 나노 기술(Nano Technology: NT), 우주항공 기술(Space technology: ST), 환경 기술(Environment Technology: ET), 문화 기술(Culture Technology: CT)에 핵심 요소 기술로 작용하고 있습니다. 특히, 인터넷 정보기술은 여러 기술을 융·복합하여 새로운 기술을 창조하는 촉매제가 되고 있습니다. 때문에 인터넷 정보기술의 영역은 아주 광범위합니다. 지금부터 인터넷 윤리를 이해하는데 도움이 되는 핵심 인터넷 정보기술에 대하여 알아보도록 하겠습니다.

2.2.1 차세대 웹 기술

인터넷은 1969년 9월, 유사시 군사 정보를 공유할 목적으로 미국에서 구축한 아르파넷(ARPANET)에서 시작합니다. 이후, 컴퓨터 기술 발전과 함께 현재 보편적으로 사용하고 있는 TCP/IP를 채용하게 되면서 본격적인 컴퓨터 네트워크 시대가 열리게 되었습니다. 1990년대 이후, 인터넷의 상업성에 눈을 뜬 기업들에 의해 상업적인 네트워크로 발전하고 급속하게 일반인에게 보급되기 시작합니다. 현재는 모든 국가의 컴퓨터를 연결하는 거대한 글로벌 네트워크로 변모하였습니다. 인터넷을 한마디로 말하면, 지구상의 모든 컴퓨터를 연결하는 글로벌 네트워크로 지구의 가장 중요한 기반 통신 인프라라고 할 수 있을 것입니다.

1969년	1971년	1982년	1984년	1989년
• 인터넷 원조 '아르파넷(ARPANET)' 탄생 • 미 국방부가 10월 25일 캘리포니아 주립대 로스엔젤레스 분교(UCLA)와 스탠퍼드 대학을 아르파넷으로 연결	• e-메일 상용화 • 레이 톰슨이 컴퓨터와 사용자의 이름을 구별하려고 '@'라는 기호를 넣은 e-메일 개발	• 인터넷 프로토콜(TCP/IP) 도입 • 고속도로의 '우측통행'처럼 전 세계로 연결된 인터넷에서 컴퓨터가 정보를 주고받을 때 따라야 할 통신규약	• 인터넷 도메인(domain) 등장 • 숫자 나열이던 컴퓨터 위치의 표시(도메인)를 일반인도 알 수 있는 영문으로 교체, 운영 주체(com · gov 등)도 표시	• 월드와이드웹(WWW) 창안 • 팀 버너스 리가 특정 공간에 폐쇄적으로 연결된 인터넷을 누구나 공유하도록 한 오픈 인터넷 WWW 개념 주창
1992년	**1994년**	**2009년**	**2015년**	
• 웹프라우저 개발 • 넷스케이프 창업자들이 여러 사이트를 쉽사리 돌아다니는 웹브라우저 '모자이크' 출시	• 인터넷 포털과 온라인 서점 등장 • 제리 양이 '야후'라는 인터넷 정보검색 엔진을 개발하고, 제프 베조스가 온라인서점 '아마존'을 오픈	• 인터넷 인구 16억 시대 • 인터넷 월드스태츠에 따르면 인터넷 인구는 올 6월 말 16억명 돌파	• 우주 인터넷 가동 • 미 항공우주국(NASA)이 추진 중인 우주 인터넷 망을 통해 지구와 다른 행성 간 정보 데이터 교류	

[그림 2-3] 인터넷의 발전 과정 요약

인터넷은 웹(Web) 기술의 출현으로 혁신적으로 변모하게 됩니다. 1989년, 팀 버너스리(Tim Berners-Lee)는 스위스에 위치한 유럽 입자물리학 연구소(CERN: Conseil Europeen pour la Recherche Nucleaire)에서 연구원의 연구 논문과 자료를 정리하는 데이터베이스를 개발합니다. 이때, 팀 버너스리는 하이퍼 텍스트(hypertext) 개념을 활용하여 문서를 링크(link)하여 상호 연결하는 방법을 고안하여, 1991년 월드와이드 웹(World-Wide Web)이라는 이름으로 공표합니다. 컴퓨터가 아니라 문서들로 거대한 네트워크를 구축할 수 있음을 보인 것입니다. 영어 단어 웹(web)의 의미는 거미줄입니다. 월드 와이드 웹이란 세계의 모든 정보를 연결하여 지구 크기 만한 거대한 정보의 거미줄을 형성하겠다는 의미입니다.

지구상의 모든 컴퓨터를 연결하는 글로벌 네트워크인 인터넷과 다양한 정보를 포함한 문서를 연결하는 거대 정보 네트워크인 웹이 상호 작용하여, 혁신적인 사회 패러다임 변화를 일으키면서 지식 정보 사회를 가속화 하게 됩니다. 웹 브라우저(browser)의 등장은 인터넷과 웹 기술이 대중 속으로 파급되는데 결정적인 기여를 하게 됩니다.

인터넷과 웹 기술이 보편화 되면서 세상이 확 바뀌었습니다. 신문이나 방송이 없이도 인터넷 포털에서 신속한 뉴스를 접할 수 있게 되었고, 학교 강의실에 가지 않아도 인터넷으로 강의를 들을 수 있게 되었습니다. 이제는 자료를 찾으러 도서관에 가지 않아도 인터넷을 통해서 전세계의 최신 자료를 언제든지 접할 수 있게 되었으며, 종이로 된 서적보다는 전자 서적의 보급이 확산되고 있습니다. 이미 대형 서점에서는 전자 서적 판매가 종이 서적 판매 수준에 이르고 있으며, 스마트 정보기기 보급으로 전자 서적의 선호도가 급증하고 있습니다. 도서관이 역사 속으로 살아질지도 모르는 때가 도래하고 있습니다. 시장의 개념도 바뀌어 온라인 쇼핑으로 모든 것을 다 구입할 수 있습니다. 청바지에서부터 승용차까지 가격을 비교해 가면서 인터넷에서 구입할 수 있는 참 편리한 세상이 되었습니다.

[그림 2-4] 인터넷과 웹에 의한 사회 변화

인터넷과 웹 기술 이전의 사회와 비교해 보면 변한 것이 한두 가지가 아닙니다. 인터넷과 웹 기술이 보편화 되면서 세상이 변화된 모습을 모든 분야에서 발견할 수 있습니다. 물론, 인터넷과 웹 기술이 좋은 것만 가져 온 것은 아닙니다. 부작용도 만만치 않습니다. 사생활 침해, 허위 사실 유포, 피싱과 같은 신종 사기 범죄, 엽기 음란 문화 등 윤리적 문제가 시회적 이슈로 대두하고 있습니다. 모든 과학 기술에는 밝은 면과 함께 어두운 면도 있습니다. 인터넷과 웹 기술의 부작용과 역기능을 지혜롭게 극복하기 위해서는 기술의 발전만큼 우리의 윤리 의식도 성숙해 져야 합니다.

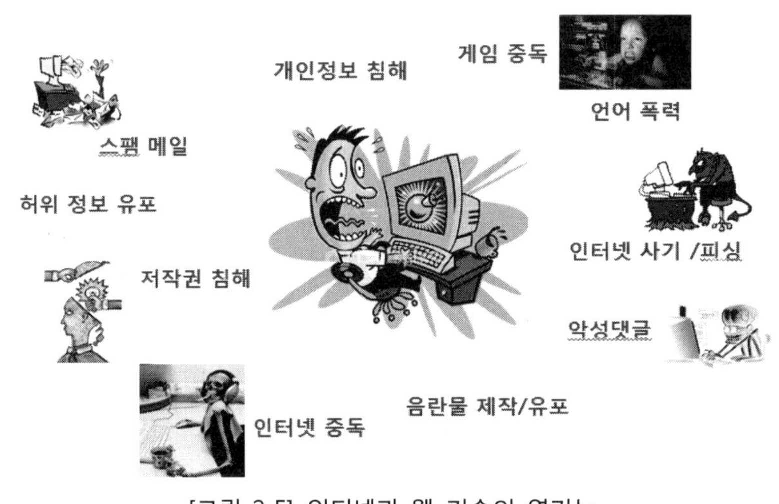

[그림 2-5] 인터넷과 웹 기술의 역기능

웹 2.0

웹 기술이 폭발적인 관심을 끌게 되자 이를 사업적으로 이용하고자 하는 노력도 늘어 났습니다. 인터넷과 웹 기술은 새로운 성공을 창조하는 황금 시장으로 인식되어 사업가와 웹 개발자가 엄청난 투자를 하였습니다. 그리하여 기발한 아이디어와 기술이 속속 개발 되었고 웹 기술을 개발하는 수많은 벤처 기업이 설립되었습니다. 웹 기술을 개발하는 벤처 기업들은 대박의 미래가 보장된 것 같은 흥분 속에 즐거운 나날을 살았습니다. 그런데 2000년 3월10일, 벤처 기업이 일순간 몰락하는 닷컴 버블(dot-com bubble) 붕괴라는 사태가 발생하였습니다. 인터넷과 웹 기술에 대한 모든 기대가 일순간 물거품이 되어 버린 것입니다.

왜, 이런 일이 발생했을까요? 인터넷과 웹 기술이 주는 장밋빛 전망만을 보았고 인터넷과 웹 기술의 본질을 이해하지 못했기 때문입니다. 그래서 다양한 측면에서 인터넷과 웹 기술의 본질을 이해하려고 노력하였습니다. 2004년 10월 5일 “웹2.0 컨퍼런스”에서, 이러한 노력을 토대로 인터넷과 웹 기술의 나가야 할 방향을 정하고 이를 웹 2.0이라 하였습니다. 이후, 웹 2.0은 차세대 웹 기술의 대명사가 되었고 웹 기술이 지향하여야 할 목표로 인식되었습니다. 웹2.0의 대표적 주창자인

팀 오라일리(Tim O'Reilly)는 차세대 웹 기술이 지향하여야 할 7가지 원칙과 8가지 설계패턴(design pattern)을 제시하였습니다. 팀 오라일리가 제시한 웹2.0의 개념은, 새로운 사실이 아니지만 웹 기술이 나가야 할 방향을 정립할 때 깊이 음미해야 할 중요한 내용을 시사하고 있습니다.

1. **웹은 플랫폼** (The Web As Platform)
2. **집단지성** (Harnessing Collective Intelligence)
3. **데이터가 핵심** (Data as the Next Intel Inside)
4. **소프트웨어 출시 사이클의 종말** (End of the Software Release Cycle)
5. **손쉬운 프로그램 개발** (Lightweight Programming Models)
6. **다양한 기기를 위한 소프트웨어** (Software Above the Level of a Single Device)
7. **풍부한 사용자 경험 제공** (Rich User Experiences)

By Tim O'Reilly from O'Reilly Media
http://www.oreillynet.com/pub/a/oreilly/tim/news/2005/09/30/what-is-web-20.html

[그림 2-6] 웹 2.0의 7가지 원칙

웹 2.0 이전을 웹 1.0이라고 하여 상호 비교해 보면 확연한 차이가 있습니다. 웹 1.0은 정보 제공자 웹에 정보를 공개하면 사용자가 접근해서 사용하는 정보 제공자 주도의 일방적인 형태이었습니다. 웹2.0은 정보 제공자와 사용자가 모두 참여하여 협력하는 상호 작용의 동적 웹을 목표로 하고 있습니다. 웹1.0은 사용자와 웹 사이의 단순 정보 접근 통로를 제공하는데 비하여, 웹 2.0은 사용자와 사용자, 웹과 사용자, 웹과 웹처럼 모든 정보 주체와 객체를 다양하게 연결하여 정보 서비스의 새로운 영역을 개척해 가고 있습니다. 또한 개방, 표준화된 기술을 사용하여 정보의 유용성, 재사용성, 이동성 등에 혁신을 이루고 있습니다. 웹 2.0은 웹 기술의 본질을 찾아 내어 앞으로 웹이 나가야 할 방향을 제시하고 있다 할 것입니다.

[표 2-1] 웹 2.0과 웹 1.0의 비교

구분	웹 1.0	웹 2.0
기본 특징	미디어로서의 웹 상호작용이 낮은 정적인 웹 기술	플랫폼으로서의 웹 상호작용성이 높은 동적인 웹 사람중심
관리 방식	하향식(top down)	상향식(bottom-up)
커뮤니케이션 관계	사람과 기계	기계와 기계, 사람과 사람
정보탐색 방법	검색과 브라우징	탐색과 출판(publication)
콘텐츠 구조	문서, 페이지	꼬리표 달린 개체(tagged objects)
애플리케이션 구조	폐쇄적, 독점적	개방적, 표준에 기반
기술적 특징	HTML, Active-X	XML, AJAX, Tagging, RSS 등

이제 우리는 웹 기술의 본질에 대하여 좀 더 폭넓게 이해하게 되었고 웹 기술이 지향하는 목표를 확실하게 알 수 있게 되었습니다. 웹 2.0의 개념을 좀 더 핵심적으로 요약·정리하면 개방, 공유, 참여, 협력의 4가지 핵심 개념으로 정리할 수 있습니다.

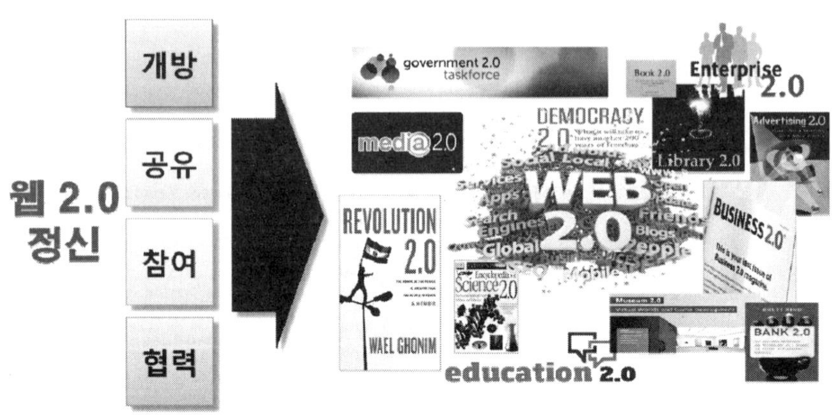

[그림 2-7] 웹2.0 정신의 확산과 X 2.0 신드롬

웹 2.0이 표방하는 이러한 정신은 웹 기술에서만 필요한 것이 아닙니다. 우리의 미래 정보 사회가 추구해야 할 사회 정신이라고도 할 수 있을 것입니다. 웹 기술이 개방, 공유, 참여, 협력의 정신이 모든 분야에 확산되어 정부 2.0(Government 2.0), 미디어 2.0, 비즈니스 2.0, 교육 2.0, 도서관 2.0(Library 2.0) 등 2.0 신드롬을 불러 왔습니다. 웹 2.0의 개방, 공유, 참여, 협력의 시대 정신은 지식정보 사회를 이해하는 키워드가 되었으며 인터넷 윤리를 이해하는데도 중요한 원칙을 시사하고 있습니다.

시맨틱 웹

웹 상에서 정보가 넘쳐 나다 보니 오히려 정보 사회 발전의 저해 요인으로 생각되기도 합니다. "인터넷 윤리"를 알아보기 위해서 구글에서 "internet ethics"로 검색해 보았습니다. 약 200억개의 관련 자료가 검색되었습니다. 그런데 정작 찾고자 하는 관련 자료는 보이지 않고 엉뚱한 자료만 보입니다. 현재의 검색 사이트에서 키워드에 의한 검색만을 지원하고 있어 정확한 정보를 찾을 수가 없습니다. 검색 사이트가 보여 주는 정보를 일일이 확인해야만 원하는 정보를 겨우 찾을 수 있습니다. 웹 상의 정보가 늘어나면 늘어날수록 정보를 찾는데 소요되는 시간은 더 늘어날 것입니다. 이처럼 웹은 정보 과잉, 정보의 쓰나미를 야기하고 있습니다. 왜, 이런 불합리한 일이 발생하는 것일까요? 정보는 모두 웹 상에 있는데 컴퓨터가 정보의 의미를 이해하지 못하기 때문입니다. 컴퓨터가 정보의 의미를 이해하지 못하니 어쩔 수 없이 사람이 해야 하기 때문입니다.

만약, 컴퓨터가 정보의 의미를 이해한다면 어떻게 될까요? 컴퓨터에게 "부산에서 열리는 컴퓨터 전시회에 2박 3일 출장이다. 필요 사항을 준비해라"라고 명령만 내리면 컴퓨터가 웹에서 정보를 검색하여 이해하고 분석하여 모든 처리를 다해 줄 수가 있습니다. 전시회 일정과 장소를 검색하고, 고속버스나 기차 시간표를 검색하여, 최적의 교통편과 숙소를 예약하는 등 관련되는 업무를 모두 처리할 수 있습니다. 컴퓨터가 정보의 의미를 이해한다면 사람처럼 지능적으로 정보를 처리할 수 있을 것입니다. 이렇게 컴퓨터가 웹 정보의 내용을 이해하고 스스로 처리하는 지능화 된 웹을 시맨틱 웹(Semantic Web)이라고 합니다. 시맨틱 웹은 현재의 웹 기술이 당면하고 있는 심각한 제반 문제를 해결할 수 있는 차세대 웹 기술의 핵심이라고 할 수 있습니다.

시맨틱 웹의 핵심은 컴퓨터가 정보의 의미를 이해 하는 것입니다. 이를 위해서 우리는 컴퓨터가 정보의 의미를 식별할 수 있도록 정보에 의미 태그(tag)를 붙여 줍니다. 시맨틱 웹에서 사용하는 정보의 의미 태그의 집합을 온톨로지(ontology)라고 부릅니다. 온톨로지는 컴퓨터가 이해할 수 있는 단어(어휘)들의 집합이라고 할 수 있습니다. 물론, 온톨로지를 만드는데도 복잡한 전문적 규칙이 있습니다. 이에 대하여는 설명하지 않겠습니다. 우리는 온톨로지를 사용하여 컴퓨터가 이해할 수 있는 정보로 가득 찬 웹, 시맨틱 웹을 구현할 수 있습니다.

[그림 2-8] 시맨틱 웹의 개념

시맨틱 웹이 구현되면 "백두산보다 높은 산을 보유하고 있는 국가는 몇 나라나 될까요?" 같은 처리를 아주 손쉽게 처리할 수 있을 것입니다. 여러분은 인터넷에서 백두산보다 높은 산을 보유하고 있는 국가는 몇 나라인지 알아 낼 수 있겠습니까? 장담하건대 중간에 포기할 것이 틀림없습니다. 먼저 백두산 높이를 알아야 하고, 전세계 산을 조사하여 백두산보다 높은 산을 찾아야 하고, 그 산이 어느 나라에 있는지 알아낸 다음에, 몇 개 국가인지 판단해야 합니다. 지금의 웹으로 어림도 없는 이야기입니다. 그러나 시맨틱 웹이 구현되면 정보의 의미를 이해하고 처리할 수 있는 에이전트(agent)라고 하는 프로그램이 정보의 의미를 분석해서 지능적으로 업무를 수행하게 됩니다. 의미를 이해할 수 있는 에이전트는 마치 로봇처럼 거대한 지식의 바다를 휘젓고 다니면서 인간처럼 지식을 처리하게 됩니다. 지식이 웹으로 연결되어 있기 때문에 논리적 추론과 판단 등 고도의 지적인 처리도 할 수 있습니다.

시맨틱 웹이 실현되면 컴퓨터는 지금의 웹보다도 대단한 능력을 지니게 됩니다. 단순히 정보만 연결해 놓은 웹 기술이 우리 사회를 송두리째 변화시켰는데, 컴퓨터가 정보의 의미를 이해하는 웹이 만들어 진다면, 아마 상상할 수 없는 일도 실현되지 않을까 생각합니다. 시맨틱 웹을 때로는 웹 3.0이라고도 합니다. 시맨틱 웹과 관련된 기술이 상당 수준에 이르고 있어 머지 않아 시맨틱 웹이 일상화 될 것입니다. 컴퓨터가 정보의 의미를 이해하고 지능적으로 정보를 처리할 수 있다면, 인간은 인간의 의식을 혁신하고 인터넷과 웹 기술이 가져 온 사회 패러다임 변화에 적응할 수 있는 윤리 의식을 갖추어야 할 것입니다.

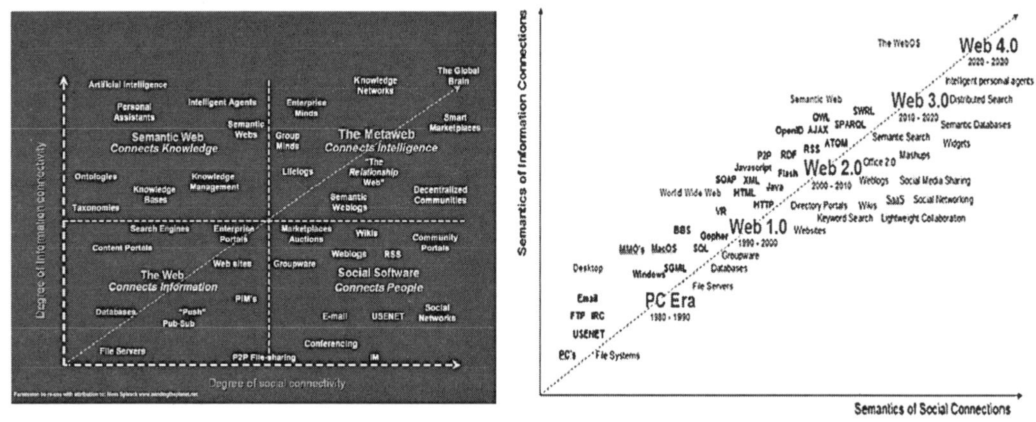

[그림 2-9] 차세대 웹 기술의 발전 전망

2.2.2 스마트 미디어와 소셜 미디어

사회는 소통에 의하여 유지, 발전된다고 할 수 있습니다. 인간이 사회적 동물이라고 하는 것은 인간은 상호 소통에 의해 사회를 구성한다는 것입니다. 사회가 복잡하게 발전을 거듭함에 따라 소통의 방식도 복잡하게 발달하여 왔습니다. 사회가 어떻게 발전되었는가는 소통 방식을 보아도 알 수가 있습니다.

소통을 위해서는 소통의 매개체가 있어야 합니다. 이를 미디어(media)라고 합니다. 사회 발전이 새로운 미디어 탄생의 원인이 되기도 하였지만 새로운 미디어가 사회 발전의 원동력이 되기도 하였습니다. 미디어는 사회 진화의 추진제로서 다른 과학 기술과 더불어 사회 발전에 중요한 역할을 수행하여 왔습니다. 신문은 뉴스를 전하는 대표적 대중 매체로 사회 여러 분야의 소통에 기여하여 왔습니다. 전화의 발명으로 소통 혁명을 가져 오기도 하였습니다. 이제는 보기가 어렵지만 거리의 우체통이나 편지는 오랜 전통을 가진 소통 방식이었습니다. 팩시밀리의 개발로 소통의 속도가 가속화되기도 하였습니다. 라디오와 TV 방송은 오랜 동안 미디어의 제왕으로 군림하고 있기도 합니다.

스마트 미디어의 출현

전통적 미디어 환경은 스마트 기기의 출현으로 새로운 운명에 직면해 있습니다. 스마트 폰, 스마트 태블릿 등 스마트 기기는 지금까지 인류가 발명한 모든 형태의 미디어를 통합할 수 있습니다. 스마트폰이나 태블릿으로 이메일을 송수신할 수 있고, TV를 시청할 수 있으며, 신문과 잡지를 구독할 수 있습니다. 따라서 개별 미디어가 갖고 있던 특성은 무의미하게 되었습니다.

스마트 정보기기는 시간과 공간의 제약 없이 다양한 콘텐츠의 접근을 보장하고 제한 없는 소통을 가능하게 해주고 있습니다. 이러한 특성은 지금까지 어떤 정보기기도 갖지 못한 우월성이라고 할 수 있습니다. 다른 한편으로는 대표적인 미디어인 방송과 통신이 정보기술의 발달로 경계가 허물어져 융합되고 있습니다. 단일 미디어의 출현이 예고되고 있다 할 것입니다. 또한, 정보 통신 네트워크도 초고속 인터넷을 비롯하여 4G, 와이브로(WiBro), WiFi, LTE 등 유무선의 구별이 없이 융합되고 있습니다. 이러한 환경적 변화가 자연스럽게 스마트 미디어의 출현을 가져 오게 되었습니다. 스마트 미디어는 스마트 시대에 적합한 소통의 매체가 되고 있습니다.

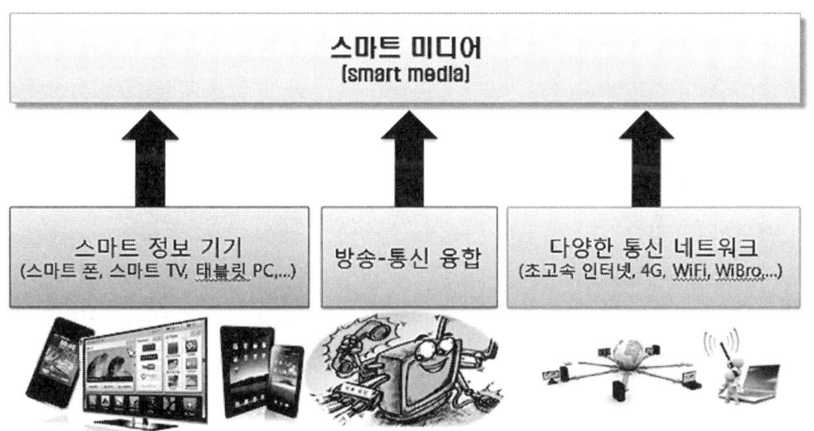

[그림 2-10] 스마트 미디어 출현

일반적으로 미디어는 TV, 라디오, 신문 잡지처럼 메시지와 콘텐츠를 소비자에게 전달하는 매체입니다. 스마트 미디어는 소통의 도구로서 사용자와 상호 작용이 가능하며 시간적/공간적 제약 없이 융복합 콘텐츠를 제공하는 똑똑한 매체라고 정의할 수 있습니다.

그렇다면, 기존 미디어와 스마트 미디어를 비교해 볼까요? 스마트 미디어를 이해하는데 도움이 될 것입니다. 기존 미디어의 전달 매체는 종이나 고정된 디스플레이 장치로 한정된 반면에, 스마트 미디어는 스마트 폰, 스마트 TV 등 다양한 스마트 기기를 사용합니다. 기존 미디어는 콘텐츠 제공자에서 사용자에게 이르는 단방향 소통입니다. 스마트 미디어는 사용자 맞춤형이고 제공자와 사용자가 상호 작용하는 양방향성 미디어입니다. 기존 미디어는 시간 제약성이 있지만, 스마트 미디어는 그런 제약이 없는 유비쿼터스 미디어입니다. 공간 의존성 역시 기존 미디어는 제약이 있지만, 스마트 미디어는 이동성이 있는 위치 기반입니다. 표현에 있어서도 기존 미디어는 정보 전달 위주의 멀티미디어 콘텐츠이지만, 스마트 미디어는 증강 현실 등을 활용한 상호 작용이 강화된 실감 콘텐츠입니다.

[표 2-2] 기존 미디어와 스마트 미디어 비교

		기존 미디어	스마트 미디어
특징	전달매체	지면, 고정형 디스플레이	스마트 폰, 태블릿 등 스마트 기기
	전달 방향성	단방향, 일방적 (콘텐츠 제공자→사용자)	양방향, 사용자 맞춤형 (콘텐츠 제공자↔사용자)
	시간 의존성	시간제약적 1회성	원하는 시간에 이용
	공간 의존성	공간 제약적(집, 사무실, 학교, …)	모마일, 사용자 위치 기반
	표현성	텍스트와 이미지 위주 정보 전달형	동영상 상호작용이 강화된 멀티미디어
대표 매체 특성	TV	단방향 TV	스마트 TV
	출판	지면 인쇄(종이책, 신문, …)	전자 출판(e-Book, e-신문, …)
	웹	텍스트, 이미지 중심 정보의 표현 및 전달	동영상, 3D, 상호작용, 소셜 네트워크 증강 현실 및 지능이 강화된 차세대 웹

기존의 대표적 미디어인 TV는 스마트 TV로 재탄생하고 있고, 종이로 된 책과 신문은 실감형 디지털 콘텐츠로 변모하고 있습니다. 기존의 웹도 동영상, 3D, 상호 작용이 강화된 양방향 미디어로 변화하고 있으며, 소셜 네트워크, 증강 현실등과 결합하여 차세대 웹으로 진화하고 있습니다. 이처럼 스마트 미디어는 전통적 미디어와는 차원이 다른 특성이 있습니다. 스마트 미디어가 가져 올 사회 변화에 대하여 생각해 보면 지금과는 아주 다른 차원의 사회가 열릴 것으로 예상됩니다.

4 다양한 소셜 미디어

차세대 웹 기술을 이야기 하면서 웹 2.0에 대하여 설명한 바가 있습니다. 이때, 웹 2.0은 웹 공간의 본질을 개방과 공유, 참여와 협력을 요약하였습니다. 그렇다면 웹 공간에서 사람들을 상호 연결하여 개방과 공유, 참여와 협력을 기반으로 하는 새로운 소통의 도구를 활용할 수 있을 것입니다. 이런 관점에서 웹을 새로운 소통의 도구로 만든 것이 소셜 미디어(social media)입니다.

소셜 미디어는 사람들을 연결하는 가상 공간을 만들어 다양한 상호 소통의 도구를 제공하는 새로운 미디어입니다. 웹이 정보의 연결을 중시한다면 소셜 미디어는 사람간의 관계(relation)를 중시합니다. 사람들이 서로 관계를 형성하고 다양하게 소통할 수 있는 것이 소셜 미디어입니다. 간혹,

소셜 미디어는 소셜 네트워크(social network)와 혼용하여 사용되기도 하지만 소셜 네트워크는 소셜 미디어의 일부입니다.

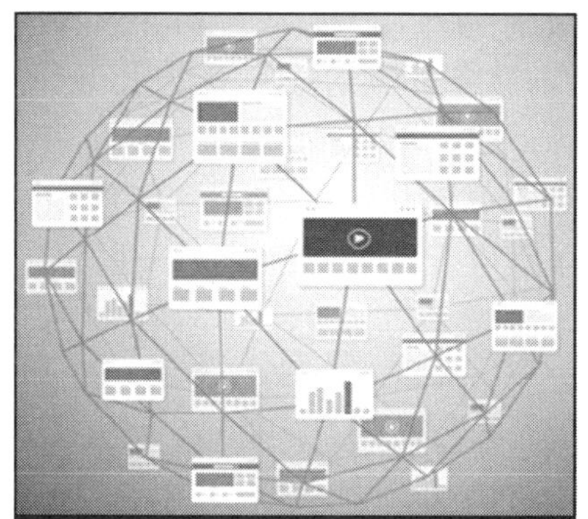

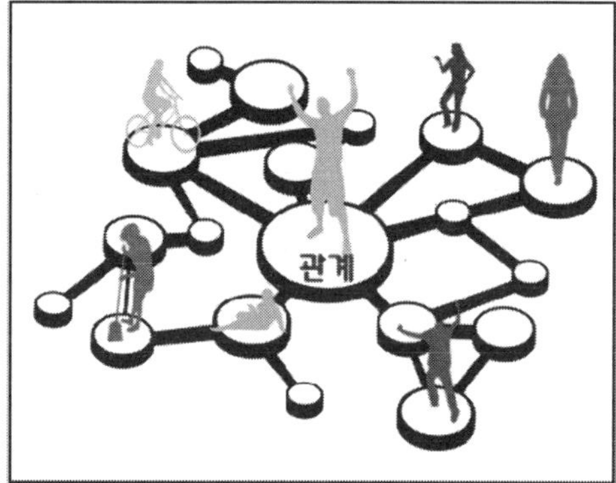

[그림 2-11] 문서 연결의 웹과 사람 연결의 소셜 미디어

소셜 미디어를 정의하기는 어렵지만, 위키피디아에서는 "조직, 커뮤니티와 같은 모임, 개인간의 상호 소통으로 만들어 주는 웹기반, 모바일 기반의 소통 기술"이라고 정의하고 있습니다. 단순 통신, 커뮤니케이션이 아니라 상호 작용이 가능한 양방향 소통 도구를 뜻하고 있습니다. 기술적으로는 개방과 공유, 참여와 협력의 웹 2.0 정신에 기반을 두고 사용자가 생성한 정보 또는 콘텐츠를 상호 교환하는 인터넷 기반의 소통으로 정의합니다.

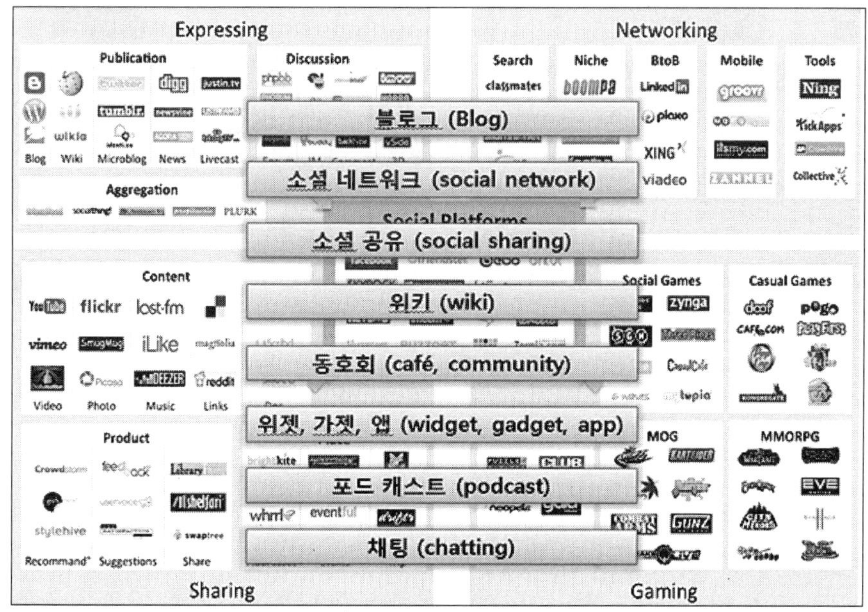

[그림 2-12] 소셜 미디어의 여러 형태

소셜 미디어에는 [그림 2-12]에서 보는 것처럼 다양한 형태가 있으며 이외에도 여러 형태가 있을 수 있습니다. 이처럼 지금은 다양한 소통의 시대입니다. 대표적인 소셜 미디어 형태로 1인 미디어, 개인 미디어인 블로그(blog)가 있으며, 개인의 생각에서부터 전문 지식에까지 다양한 블로그가 있습니다. 또한 페이스북, 트위터, 링크드인과 같은 소셜 네트워크도 소셜 미디어이며, 이러한 소셜 미디어는 스마트폰의 보급으로 급성장하고 있습니다. 사진을 공유하는 플리커(Flicker)나 야후 포토(Yahoo Photo), 비디오를 공유하는 유튜브(Youtube)나 베보(Bebo), 즐겨찾기를 공유하는 델리시오스(Delicious) 등등 다양한 형태의 공유 사이트도 소셜 미디어입니다. 위키피디아로 대표되는 위키(wiki)도 소셜 미디어이며, 위키는 상호 참여와 협력을 중심으로 하는 소통의 도구입니다. 카페나 커뮤니티는 여행, 독서, 요리 등 특정 주제를 중심으로 소통하는 소셜 미디어입니다. 작은 실용 프로그램인 위젯(widget), 가젯(gadget), 그리고 앱(app)도 소통의 도구로 활용되고 있습니다. 포드 캐스트(Pod Cast)는 인터넷 방송국이라고 할 수 있으며, 강의, 세미나, 토크 쇼 등 다양한 형태로 대중들과 소통하는 새로운 소셜 미디어입니다. 채팅이나 카카오톡과 같은 메세징은 이미 생활화된 소셜 미디어라 할 것입니다. 이처럼, 소셜 미디어는 다양한 소통의 도구로 막힘 없는 소통의 시대를 열어가고 있습니다. 미래 사회는 소통 중심, 인간 중심의 사회가 될 것입니다.

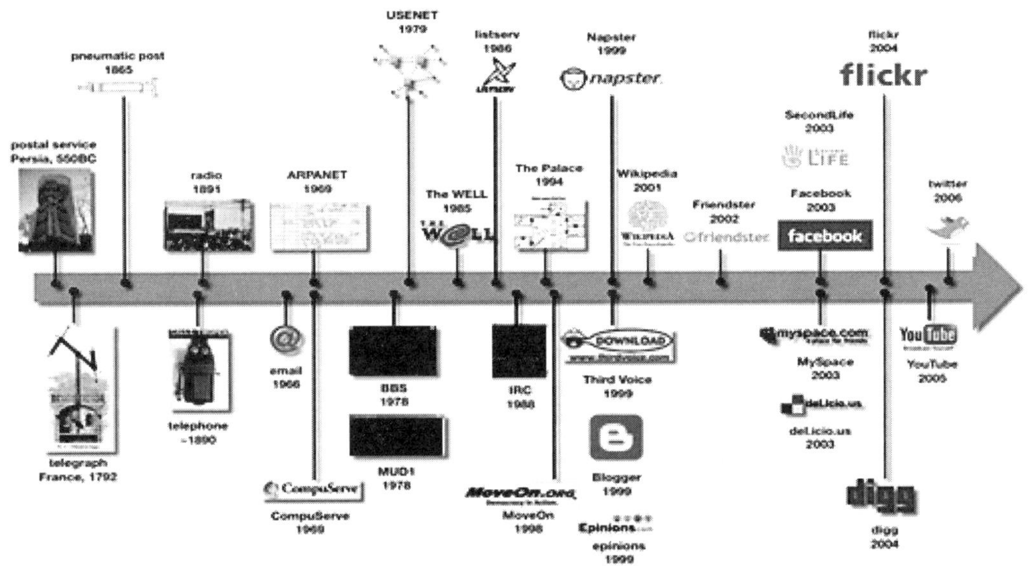

[그림 2-13] 소셜 미디어의 변천

우리는 웹 2.0의 정신을 개방과 공유, 참여와 협력의 4가지로 요약한 바가 있습니다. 소셜 미디어가 지향하는 정신도 4가지 요소로 요약할 수가 있습니다. 첫째, 대화입니다. 상호 작용이 지원 되는 장벽이 없는 시간과 공간을 초월하는 양방향 대화입니다. 둘째, 공유입니다. 공유와 나눔은 지식정보 사회의 기초 덕목이라고 할 수 있습니다. 공유와 나눔을 통하여 투명한 소통을 할 수가 있고 더 좋은 사회로 발전할 수 있습니다. 셋째, 출판입니다. 누구나 자신의 생각이나 전문 지식을 다양한 형태로 표현할 수 있습니다. 인간에게 가장 소중한 언론 출판의 자유가 실현되고 있다고 할 수 있습니다. 콘텐츠의 생산자와 소비자의 구분이 없이 모두가 콘텐츠의 생산자가 되고 소비자가 되는 시대입니다. 넷째, 참여입니다. 누구든지 소통에 참여하여 더 좋은 사회를 만들 수 있습니다. 참여에는 남녀노소, 인종, 종교와 같은 차별이 없습니다. 새로운 형태의 민주주의 사회가 도래하고 있다고 할 것입니다. 대화와 출판, 공유와 참여, 이 네 가지 정신이 소셜 미디어를 이끌어 가는 원동력이라고 할 것입니다.

[그림 2-14] 소셜 미디어의 4요소

소셜 미디어는 이미 보편화된 소통의 도구로 자리 잡고 있습니다. 소셜 미디어는 전통적인 소통 미디어와는 차이가 있기 때문에, 소셜 미디어로 소통하기 위해서는 이에 걸맞은 소통의 자세가 필요합니다. 다시 말하면, 소셜 미디어가 지향하고 있는 대화와 출판, 공유와 참여, 이 네 가지 정신을 실현할 수 있는 윤리 의식이 필요한 것입니다. 이런 정신을 구현하지 못한다면, 소셜 미디어는 소통의 도구로써 기능을 다하지 못하고 사회에 크나큰 해악을 끼치게 될 것입니다.

소셜 네트워크 서비스

소셜 미디어의 대표적 형태가 소셜 네트워크 서비스입니다. 소셜 네트워크 서비스는 스마트폰의 보급에 힘 입어 가장 인기 있는 소통의 도구로 일상화 되었습니다. 페이스북과 트위터의 등장으로 주목 받기 시작한 소셜 네트워크 서비스는 인스타그램(Instagram), 텀블러(Tumblr), 밴드(Band), 카카오톡 등 다양한 형태가 출현하여, 소셜 네트워크 서비스 시대를 열어가고 있습니다.

[페이스북(Facebook)]

페이스북은 사람들의 관계를 연결해 주는 대표적 소셜 네트워크 서비스로 일상생활에 관계가 있는 사람들(예를 들면, 가족과 친척, 친구, 동창, 업무 파트너, 동호회 등 관계가 있는 사람들)을 연결하여 원활하게 소통할 수 있도록 도와 주는 것을 목적으로 하고 있습니다.

페이스북은 사람들의 관계를 연결하여 원활한 소통을 가능케 한다는 단순한 아이디에서 출발하였지만 소셜 미디어의 새로운 시대를 개척하였습니다. 페이스북은 전세계적으로 10억명이 사용하는 거대한 소통 공간이 되었으며 중국, 인도 다음으로 거대한 제국이라고 합니다.

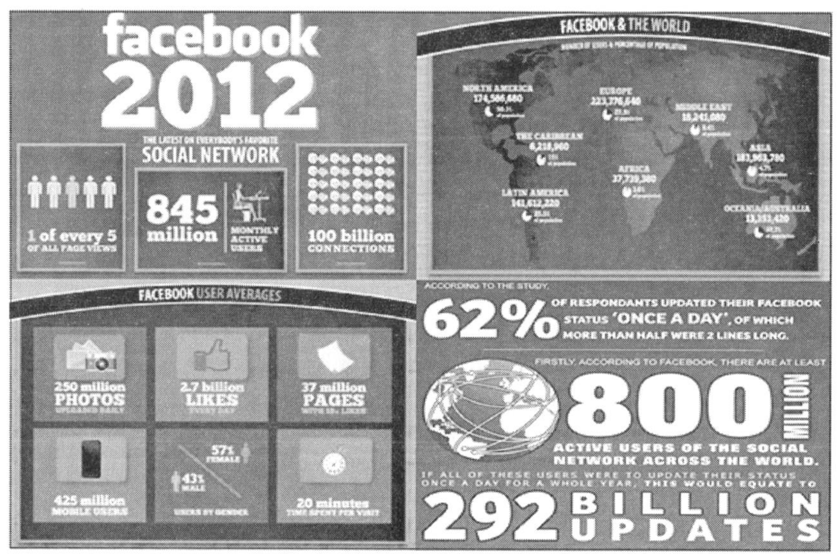

[그림 2-15] 페이스북 관련 통계 지표

페이스북에서는 다양한 게임과 앱도 제공하고 있어 소통하면서 노래하고 오락도 할 수 있는 다목적 공간이 되고 있습니다. 페이스북이 어떤 형태로 발전할 것인가를 예측하기 어렵습니다. 전 세계를 연결하는 소통의 중심으로 다양한 부대 서비스를 제공할 것입니다. 이제는 누구를 만나거나 이야기 하려면 페이스북으로 가야 하는 시대가 되었습니다.

[트위터(Twitter)]

트위터는 스마트 정보기기, 블로그, 소셜 네트워크를 융합한 형태라고 생각할 수 있습니다. 스마트 정보기기로 140 글자 안에서 자신의 활동, 생각, 지식, 뉴스를 관계를 맺고 있는 사람에게 신속하게 전파할 수 있는 소셜 미디어입니다.

트위터는 사람간의 관계를 팔로우(follower)라고 합니다. 그래서 자신의 생각이나 뉴스를 140자 이내에서 작성하여 전송하면 - 이런 것을 트윗(twit)이라고 합니다 - 팔로우들이 보게 됩니다. 다시 팔로우들을 자신의 팔로우에게 재전송, 즉 리트윗(retwit) 하게 되면, 아주 급속하게 뉴스가 전파됩니다. 트위터는 시간과 공간을 넘어선 신속한 전파, 아니 빛의 속도로 전파되는 특성이 있습니다. 트위터는 팔로우를 몇 명 갖고 있느냐에 따라 영향력이 달라집니다. 예를 들어, 1000명의 팔로우를 갖고 있으면 트윗한 내용이 1000명에게 전달되기 때문에 팔로우는 트윗의 전파 속도를 결정하는 중요한 요인입니다. 또한, 많은 팔로우를 거느리고 있다고 하는 것은 인기도, 영향력, 명예에도 관계가 있습니다. 레이디 가가(Lady Gaga)가 1300여 만 명의 팔로우와 연결되어 있어 가장 영향력 있는 트위터가 되었으며 저스틴 비버, 오바마 대통령 등이 유명한 트위터 입니다. 국내에서도 소설가 이외수 등 많은 팔로우를 거느린 분들이 많습니다.

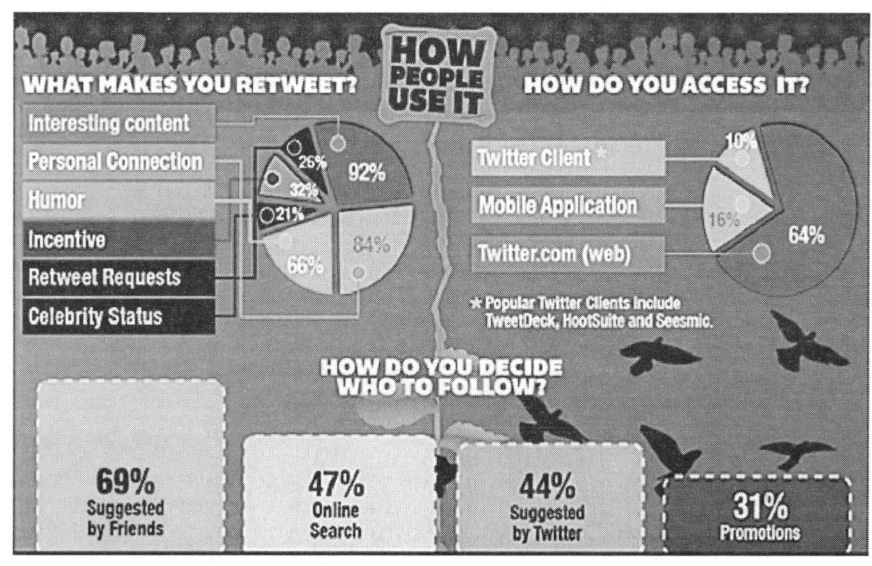

[그림 2-16] 트위터의 활용 방법

소셜 네트워크 서비스는 진화된 정보기술을 활용하여 아주 다양한 소통 방식을 제공해 주고 있습니다. 사회생활을 원활하게 하려면 이런 소통 방식에 익숙해져야 할 것입니다. 그러기 위해서는 무엇보다도 소셜 네트워크 서비스를 제대로 사용하는 윤리 의식이 필요해지고 있습니다. 유언비어의 유포, 언어 폭력, 비속어나 품위를 해치는 언어, 사이버 스토킹 등 비윤리적 소통은 사회에 커다란 해악이 되고 있습니다. 기술이 주는 편리함보다도 이를 현명하게 활용하는 윤리 의식이 선행되어야 합니다.

2.2.3 유비쿼터스 컴퓨팅

요즘 신문이나 잡지를 통해서 '유비쿼터스(ubiquitous)'란 단어를 들어 본 적이 있을 것입니다. 생전 처음 듣는 단어인 데다가 발음하기도 그렇고 하여 별로 호감이 가지 않았을 것입니다. 그러나 스마트폰이나 인터넷을 사용하고 있는 사람이라면, 이미 유비쿼터스의 영향력 속에서 생활하고 있다고 할 수 있습니다. 그 만큼 우리 생활과 밀접한 관계가 있습니다.

유비쿼터스 컴퓨팅 개요

초소형 마이크로 칩의 발전으로 컴퓨터는 책상 위에 있는 컴퓨터에만 있는 것이 아닙니다. 냉장고에도, 밥솥에도, 에어컨에도, TV에도, 게임기에도 초소형 컴퓨터가 들어 있습니다. 승용차에도, 식당의 신용카드기에도, 길거리의 자판기에도, 안내 표지판에도, 지하철 입구에도, 강의실 출석 시스템에도 초소형 컴퓨터가 들어 있습니다. 컴퓨터가 들어 있지 않은 것이 없을 정도 입니다. 앞으로는 이러한 추세가 더욱 가속화하여 모든 사물 속에 컴퓨터가 내장될 것입니다. 이렇게 되면, 컴퓨터는 도구가 아니라, 생활환경이 됩니다. 이처럼 모든 사물에 컴퓨터가 내장되는 것을 유비쿼터스 컴퓨팅(ubiquitous computing)이라고 합니다.

[그림 2-1] 모든 곳에 컴퓨터가 숨어 있다: 유비쿼터스 컴퓨팅 세계

유비쿼터스(ubiquitous)는 라틴어에서 유래한 것으로, '어디에나 있는', '언제 어디서나', '동시에 존재한다'라는 의미의 단어입니다. 일반적으로 물, 공기처럼 도처에 존재하고 있는 자연 자원이나, 종교적으로는 신이 언제 어디서나 시공을 초월해 존재한다는 것을 상징할 때 사용하는 단어로, 어디에나 존재한다는 의미입니다. 우리가 살아가고 있는 실제 세계의 일상환경과 사물들의 도처에 초소형 마이크로 칩(micro-chip)과 센서(sensor)들이 보이지 않게 심어져 유무선 네트워크를 형성하고, 우리가 알아차리지 못하는 가운데 조용하게 (마치 물과 공기처럼) 우리의 일상생활 속에 스며들어, 우리에게 필요한 정보와 서비스를 제공하는 환경을 유비쿼터스 컴퓨팅이라고 합니다.

집안 곳곳에 보이지 않지만 초소형 마이크로 칩의 컴퓨터가 존재하고, 이들이 상호 네트워크를 형성하여 정보와 서비스를 자발적으로 제공합니다. 날씨와 주인의 기분에 따라 온도, 습도, 조명을 자동으로 조정하고, 냉장고의 상황을 자동으로 파악하여 식료품을 주문하고, 원하는 음악이나 TV 프로그램이 동작합니다. 사무실 곳곳에도 컴퓨터가 심어져 있어, 팀원들의 상태를 알려 주고 회의 준비를 스스로 알아서 해줍니다. 다리에도 초소형 컴퓨터가 심어져 있어 다리의 상태, 교통량, 대기 오염 정도 등을 자동으로 감시하고 관리하며, 하천에도 초소형 컴퓨터가 내장되어 있어 수온, 오염 등을 자동 측정하고 관리합니다. 쇼핑몰에 들어 가면 나의 스마트 폰에 내장된 컴퓨터와 쇼핑몰 곳곳에 심어져 있는 컴퓨터가 통신하여 나에게 맞는 맞춤 광고를 보여 주고, 상품이 있는 곳까지 안내를 해주며, 상품을 집어 들면 상품 속에 있는 초소형 컴퓨터가 상품 정보를 알려 줍니다. 이처럼 초소형 컴퓨터가 사물 속에 심어져서 보이지 않는 네트워크를 형성하고 정보와 서비스를 제공하는 것을 유비쿼터스 컴퓨팅이라고 합니다.

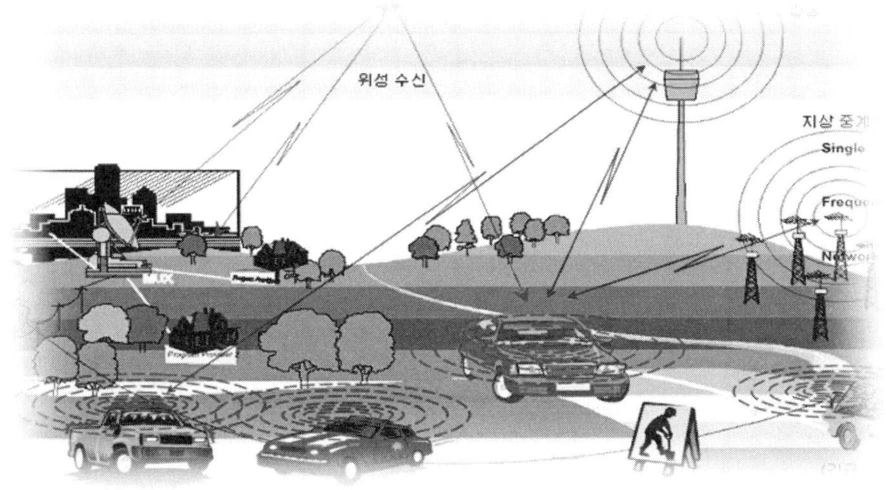

[그림 2-18] 유비쿼터스 사회

4 유비쿼터스 컴퓨팅의 특성

유비쿼터스 컴퓨팅의 특성은 5C와 5Any로 요약됩니다. 유비쿼터스 컴퓨팅은 정보기술이며 정보와 서비스 제공을 목적으로 합니다. 특히, 지능 정보와 지능 서비스를 목표로 하는 지능 기술입니다. 유비쿼터스 컴퓨팅은 초소형 컴퓨터와 센서 등 네트워크를 구성하여 통신하는 기술로써, 정보나 서비스를 위해서는 해당 사물에 접근 또는 접속하여야 합니다. 왜냐하면, 사물에 마이크로 칩이 삽입, 내장되어 있기 때문입니다. 정보와 서비스, 넓은 의미의 콘텐츠와 관련된 기술입니다. 또한, 우리가 그들의 존재를 알아차리지 못하는 가운데 조용하게 (마치, 물과 공기처럼) 우리의 일상생활 속에 스며들어, 필요한 정보를 제공하고 처리하며 여러 가지 서비스를 제공하는 고요한 기술입니다.

한편으로는 시간과 공간을 초월하여 언제, 어디서든지, 유선/무선/인터넷 등 네트워크의 제약 없이, 어떤 정보기기로든지, 원하는 어떤 서비스든지 지원할 수 있는 기술이라고 할 수 있습니다. [그림 2-19]의 5C와 5ANY는 유비쿼터스 컴퓨팅의 특성을 잘 표현해 주고 있습니다.

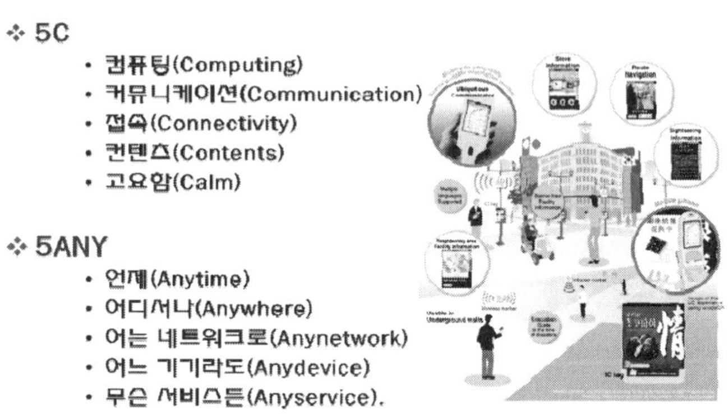

[그림 2-19] 유비쿼터스 컴퓨팅의 특성

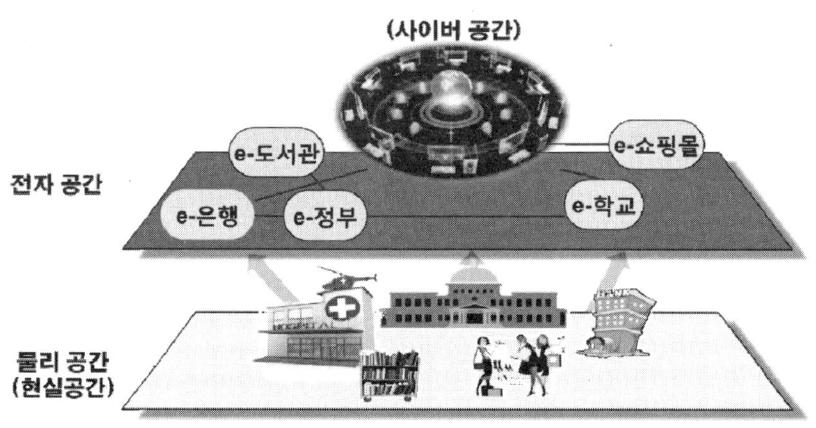

[그림 2-20] 인터넷의 사이버 공간

유비쿼터스 컴퓨팅에서는 공간의 혁명이 일어나고 있다는 사실을 눈 여겨 볼 필요가 있습니다. 인류의 역사 발전을 고찰해 보면 여러 번의 공간 혁명이 있었습니다. 그 중 하나가 인터넷과 웹 기술이 가져 온 사이버 공간입니다. 우리가 실생활 하는 공간을 물리 공간이라고 할 때, 인터넷과 웹 기술은 물리 공간과는 전혀 성격이 다른 공간인 사이버 공간을 만들었습니다. 사이버 공간에는 물리 공간에 존재하는 같은 개념의 사물이 존재하며, 나아가 물리공간에는 존재하지 않은 새로운 개체가 존재하기도 합니다. 사이버 공간에는 물리 공간과 같은 개념의 사이버 쇼핑몰, 사이버 서점, 사이버 정부, 사이버 대학 등이 존재합니다. 다시 말하면, 물리 공간의 것을 사이버 공간으로 투사한 것입니다. 이제 우리는 물리 공간뿐만 아니라 사이버 공간에서도 생활하게 되었으며, 물리 공간보다도 사이버 공간에서 더 많은 시간을 보낼 때도 있습니다. 이처럼 사이버 공간은 만질 수는 없지만 엄연한 생활공간으로 우리 생활의 큰 부분을 차지하고 있습니다. 사이버 공간이 사회나 우리의 생활을 어떻게 변모시켰는지를 우리는 지켜 보았습니다.

그런데 유비쿼터스 컴퓨팅에서는 또 다른 공간 혁명이 진행되고 있습니다. 사물에는 마이크로 컴퓨터 칩이 내장되어 보이지 않는 네트워크를 구성하고 있습니다. 이 네트워크 공간도 일종의 사이버 공간, 즉 전자 공간으로 생각할 수 있습니다. 그런데 이 공간은 인터넷이나 웹의 사이버 전자 공간처럼 별도의 독립된 공간이 아니라, 물리 공간과 사실적으로 연계되어 있는 공간입니다. 그렇기 때문에 유비쿼터스 컴퓨팅에서는 물리 공간과 사이버 전자 공간이 상호 작용하는 제3의 개념적 공간이 형성되고, 이를 유비쿼터스 공간이라고 합니다.

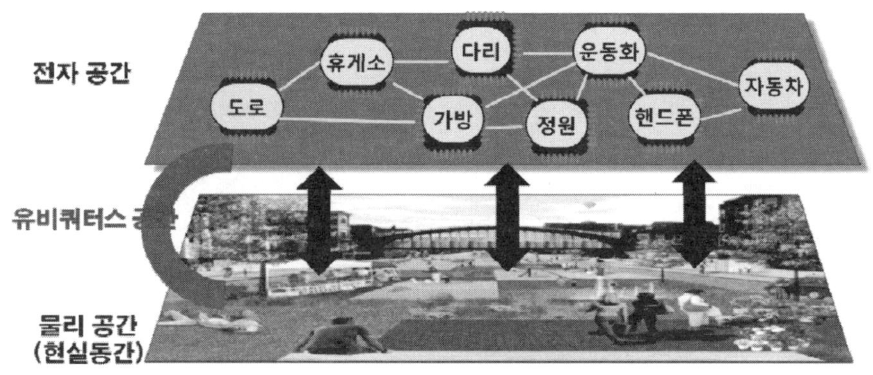

[그림 2-21] 유비쿼터스 컴퓨팅의 공간 혁명

그러면 3가지 공간, 물리 공간, 사이버 전자 공간 그리고 유비쿼터스 공간의 개념을 명확하게 이해하기 위하여 비교해 보도록 하겠습니다.

[표 2-3] 공간의 특성

구분	물리 공간	전자 공간	유비쿼터스 공간
공간 원소	물체(사물)	정보(데이터)	물체+정보
공간 지각	만질 수 있는 (tangible) 공간	만질 수 없는 (intangible) 공간	만지지 않아도 알 수 있는 공간
공간 형식	유클리드 공간, 실제적인 현실임(real)	논리적 공간, 컴퓨터상에서 가상적인(virtual)	지능적 공간, 지적으로 증강된 현실임 (intellectually augmented reality)
공간 구성	토지+사물	인터넷+웹	유비쿼터스 네트워크+지능화된 환경, 사물
기반 네트워크	도로망, 철도망	PC와 PC를 연결하는 인터넷	사물과 사물을 연결하는 인터넷
기능 형성	물리 공간에 사물 집적	컴퓨터에 가상 사물 집적	컴퓨터가 사물 속으로 침투

물리 공간은 물체와 사물, 전자 공간은 정보와 데이터로 구성되지만, 유비쿼터스 공간은 물리 공간과 전자 공간이 융합된 형태이기 때문에 물체와 정보의 형태로 구성됩니다. 물리 공간의 물체는 만질 수 있기 때문에 탠지블 공간(tangible space)이라고 합니다. 전자 공간은 사이버 공간이기 때문에 만져질 수가 없습니다. 유비쿼터스 공간은 숨어서 조용히 작용하기 때문에 만져질 수 없지만 느껴지는 공간입니다. 물리공간은 실제 공간이고, 전자 공간은 사이버, 가상 공간이지만, 유비쿼터스 공간은 지능적 기능으로 강화된 증강된 현실 공간입니다.

물리 공간의 네트워크는 도로, 철도 등 사회 간접망이고, 전자 공간은 인터넷, 컴퓨터 네트워크 등의 통신망이고, 유비쿼터스 네트워크는 사물을 연결하는 사물망입니다. 물리 공간에는 사물이 존재하고, 사이버 전자 공간은 물리 공간의 사물이 투영된 가상 사물이 존재하지만, 유비쿼터스 공간에는 사물에 컴퓨터가 침투하여 존재하게 됩니다.

지금까지는 주로 인터넷 사이버 공간, 전자 공간이 정보기술의 발전과 사회 변혁을 주도하여 왔습니다. 그러나 앞으로는 유비쿼터스 공간이 정보기술의 진화와 사회 변혁을 주도할 것입니다. 인터넷 사이버 공간이 인류 역사이래로 충격적인 변화를 가져 온 것을 경험하고 있습니다. 그렇다면, 유비쿼터스 공간은 어떤 사회 변화를 몰고 올까요?

4 유비쿼터스 서비스

유비쿼터스 컴퓨팅에서는 사물이 모두 스마트하게 됩니다. 예를 들어, 거울은 단순히 얼굴 모습만을 비추어 주는 것이 아니라 건강 상태를 체크하고 오늘 일정과 상황에 맞는 옷을 미리 입어 보여주는 등 지능을 가진 사물처럼 보이게 됩니다. 위치정보를 자동으로 발신하는 칩을 넣어 절대 잃어버리지 않는 골프공도 나왔습니다. 고급 승용차에 장착되는 창문 와이퍼도 빗물의 양을 스스로 감지해 와이퍼의 작동속도를 조절합니다. 국내 한 자동차 타이어 회사가 개발한 '지능형 타이어'는 타이어 내부에 설치된 자동센서가 압력과 온도를 스스로 감지하고 공기압의 이상 유무를 운전자에게 알려 줍니다. 이처럼 사물이 스마트하게 변하고 사용자의 상태, 선호도, 주변 환경의 여건 등 상황을 인지하고 지능적인 서비스를 제공합니다. 유비쿼터스 서비스는 기본적으로 상황인지의 지능 서비스로 언제 어디서나 끊기지 않고 제공됩니다. 요즈음 많이 이야기 되고 있는 N-Screen 서비스도 이런 형태의 일종입니다.

우리는 유비쿼터스 시대에 살고 있으며 U-City라고 하는 것이 이런 노력의 일환입니다. 마트에서의 물품 구입과 결재에서 바코드와 신용카드가 사라질 것이고, 가전 제품은 정보 가전을 넘어 유비쿼터스 가전 제품이 될 것입니다. 사용자 컨텍스트와 교감하는 쇼핑 센터, 스마트 도로, 스마트 자동차, 스마트 운동화, 노약자와 장애인을 스스로 유인하는 지하철 의자 등 우리의 공간은 보이지 않는 유비쿼터스 컴퓨터로 둘러 쌓인 유비쿼터스 공간이 될 것입니다. 지금 그러한 유비쿼터스 시대가 다가 오고 있습니다.

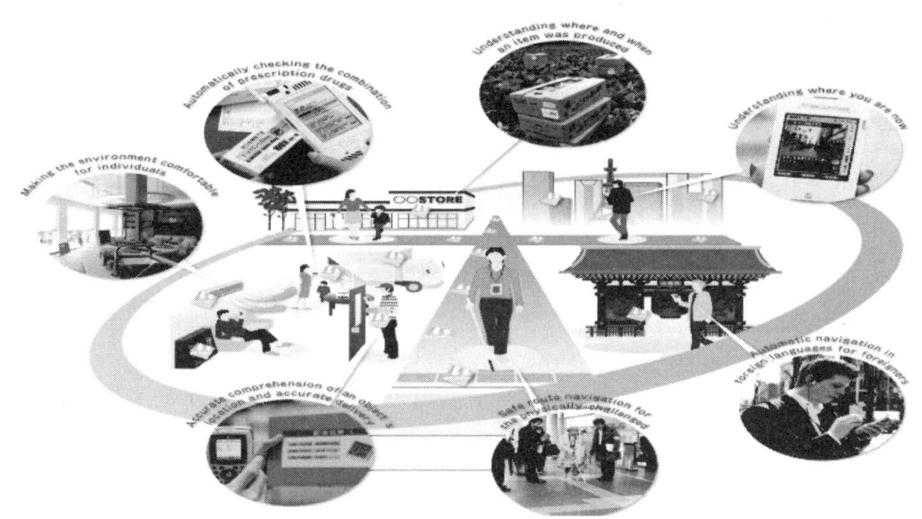

[그림 2-22] 유비쿼터스 서비스

2.2.4 스마트 모바일 기술

“스마트(smart)”라는 단어가 도처에서 사용되고 있습니다. 스마트 홈, 스마트 자동차, 스마트 TV, 스마트 가전, 스마트 콘텐츠, 스마트 캠퍼스, 스마트 러닝, 스마트 뱅킹, 스마트 경영 등등 스마트 하지 않을 것이 없을 정도로 스마트라는 단어가 모든 분야에서 화제가 되고 있습니다. 되돌아 보면, 한때는 “최첨단, 인공지능, 디지털”과 같은 단어가 유행처럼 사용된 적도 있습니다. 그렇다면, 스마트하다는 것이 무엇일까요? 스마트라는 단어의 뜻은 “똑똑하다”라는 뜻입니다. 스마트 자동차는 똑똑한 자동차이고 스마트 빌딩은 똑똑한 빌딩인데 즉, 모든 사물들이 똑똑하게 진화하고 있다는 의미가 될 것입니다. 이런 측면에서 보면, 스마트 열풍은 사물들이 똑똑하게 천지 개벽되고 있는 현상이라고 할 수 있습니다.

스마트 시대의 도래

2007년 애플의 스티브 잡스는 아이폰(iPhone)을 발표하여 정보기술의 진화에 파란을 일으킵니다. 아이폰은 단순히 기능이 고도화된 핸드폰이 아닙니다. 하드웨어적으로는 시계, 달력, GPS좌표, 나침반, 중력센서, 회전 가속도센서, 카메라, 소리센서, 터치스크린, WiFi, 블루투스가 기본으로 장착되어 하드웨어 융합을 이루었습니다. 무엇보다 중요한 것은 이러한 하드웨어를 기반으로 다양한 앱(app)을 제공하여 정보와 서비스의 융합을 이루고, 정보기술이 지속적으로 발전할 수 있는 생태환경을 조성한 것입니다. 아이폰은 전화의 한계를 뛰어 넘어 정보기술 전반에 혁명적 변화를 가져왔으며, 스마트 시대를 열었습니다. 아이폰 이후 정보기술에서는 스마트하지 않은 것을 살아 남을 수 없게 되었습니다.

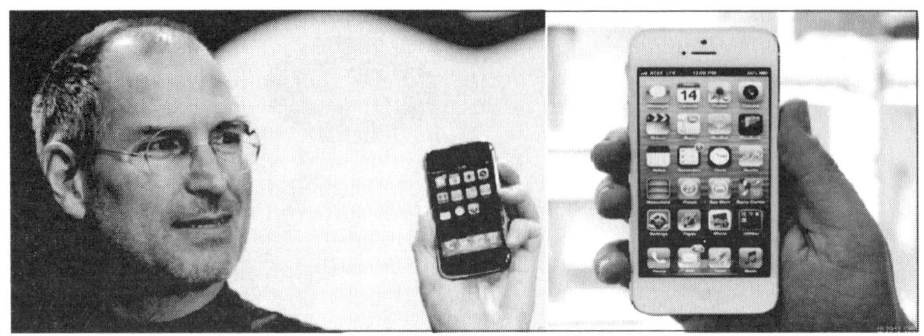

[그림 2-23] 스마트 시대를 가져온 아이폰의 등장

스마트는 모바일 기반입니다. 이동성이 생명이라고 할 수 있습니다. 스마트는 지능 서비스입니다. 위치, 시간, 상태 등 상황을 인지하여 적합한 서비스를 제공하고, 개인의 선호도에 따라 맞춤 서비스를 제공하는 등 똑똑한 서비스를 제공하여야 합니다. 스마트는 상호 작용 기술입니다. 사람과 기기, 기기와 기기, 사람과 사람이 상호 소통하는 상호 작용이 이루어집니다. 스마트는 사용자 친화적입니다. 사용자의 컨텍스트(context)나 프로파일(profile)에 따라 서비스가 제어되고 적합한 인터페이스가 제공됩니다. 스마트는 친환경 녹색 기술로 아름답고 풍요로운 자연 환경을 지향하는 기술입니다. 스마트해지면 자원이 절약되고 환경이 살아 납니다. 스마트는 상황인지가 가능합니다. 시간/장소의 제약 없이 사용자와 주변 환경의 컨텍스트를 파악할 수 있습니다. 스마트는 유비쿼터스 합니다. 인터넷, 블루투스(Bluetooth), 와이파이, LTE 등의 네트워크와 통신 기술로 언제, 어디서든지, 어느 네트워크로나, 어떤 기기로든지, 어떤 서비스라도 제공하는 5ANY의 유비쿼터스 특성을 모두 가지고 있습니다. 유비쿼터스 컴퓨팅이 스마트 기술로 인하여 꽃피고 있다고 할 것입니다.

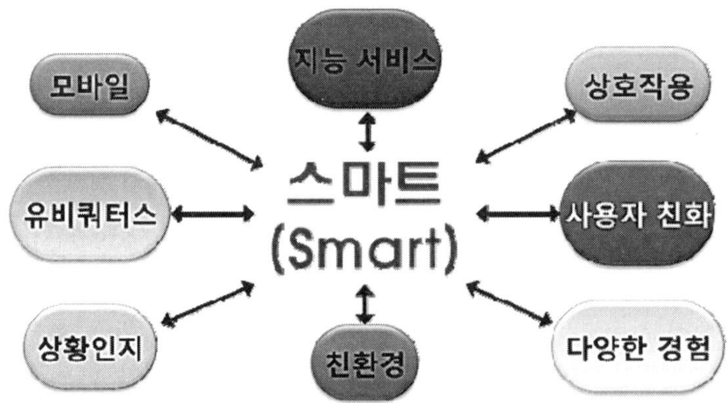

[그림 2-24] 스마트의 의미

스마트 시대의 개막으로 사회 패러다임도 급격한 전환이 이루어지고 있습니다. 스마트 TV, 스마트 냉장고, 스마트 조명 등 모든 가전 제품이 스마트 가전으로 변모하여 최적의 지능 서비스를 제공하면서 쾌적하고 안락한 생활공간인 스마트 홈(smart home)을 만들고 있습니다. 온도, 습도, 보안 등 가정 환경이 스스로 알아서 조정되고, 선호도에 의해 음악, 드라마, 영화 등 즐거운 문화 생활이 이루어지고, 의식주에 스마트 서비스가 제공되는 스위트 홈이 열리고 있습니다. 도시의 기반 시설인 도로/교통, 에너지, 환경, 공공 시설도 유비쿼터스 컴퓨팅에 의하여 상호 연결되어 언제 어디서든 지능 서비스를 제공하는 스마트 시티(smart city)가 조성되고 있습니다. 환경과 자원의 활용 효율을 극대화하고 효과적인 도시의 운영 관리를 통해 자연과 조화되는 스마트 시티로의 진화가 진행되고 있습니다. 일상생활과 업무도 스마트하게 진화한 스마트 워크(smart work)가 확산되고 있습니다. 짜증나는 출퇴근을 하지 않고 가까운 스마트 워크 센터에서 집중해서 업무를 할 수 있게 되었습니다. 정보기술은 생활과 업무의 개념이 근본적으로 변화된 사회를 만들어 가고 있습니다.

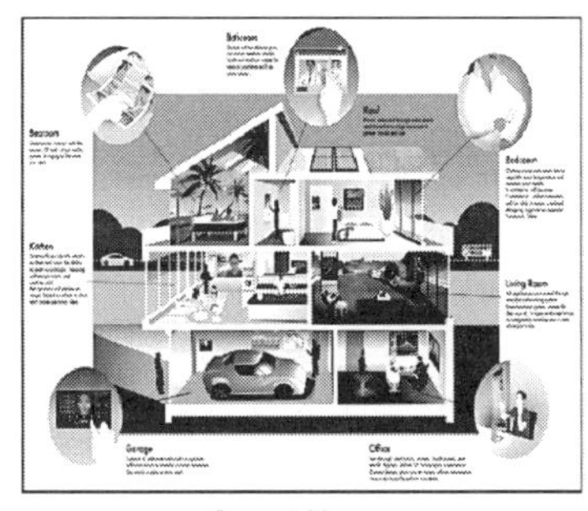
Smart Home

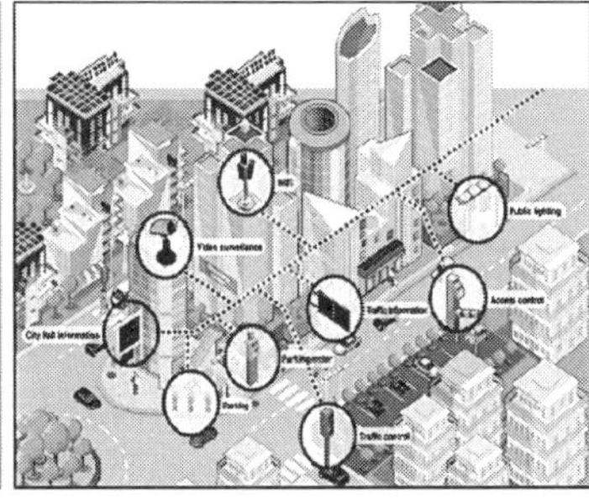
Smart City

Smart Work

[그림 2-25] 스마트 기술과 스마트 사회

[스마트 홈]

스마트 기술의 확산으로 가장 기초적인 생활공간인 가정에 커다란 변화가 일어나고 있습니다. 가정이 스마트 홈으로 변모하고 있는 것입니다. 스마트 홈의 개념은 좁은 의미에서는 홈 서버 컴퓨터, 정보가전기기 등을 연결하여 네트워크 환경을 구축하고 홈 서비스를 지원하는 것이라고 할 수 있습니다. [그림 2-26]에서 보는 것처럼, 가정의 모든 정보기기가 연결된 홈 네트워크에 생활 관련 서비스가 제공되는 시스템으로 생각할 수 있습니다.

넓은 의미에서는 건설/주택 인프라와 전자/통신 기기 산업에서 융합된 형태의 지능형 생활 서비스를 공급하는 생활+주거 공간으로 생각할 수 있습니다. 가정이 직장이 될 수도 있고, 가정이 영화관이나 공연장이 될 수도 있고, 가정이 학교가 될 수 있고, 병원이 될 수 있는 등 중단 없는 지능 정보 서비스가 제공되는 또 다른 생활공간으로 생각할 수 있습니다. 스마트 홈의 자체적으로는 하나의 완벽한 정보 시스템이고, 외부적으로 생활 관련 지능 정보 서비스가 제공되는 특화된 공간으로 생각할 수 있습니다.

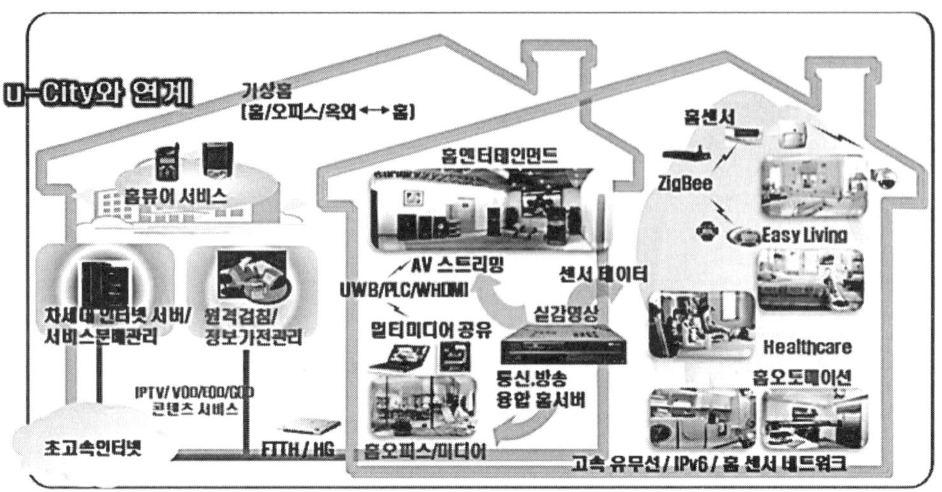

[그림 2-26] 스마트 홈의 개념 – 좁은 의미의 개념

스마트 홈에서는 모든 가전 제품이 디지털화, 네트워크화 된 정보 가전 기기가 되어서 홈 네트워크를 구축하고 지능 서비스를 제공하게 됩니다. 스마트 기술이 파급되면서 방송 콘텐츠를 주로 서비스하던 TV도 방송 콘텐츠뿐만 아니라 다양한 콘텐츠 서비스를 제공하고 있으며, 단순 TV수상기가 아니라 미디어 도구와 정보 서비스 도구 등으로 다양하게 사용할 필요성이 대두되었습니다. 즉, 스마트 TV는 스마트 홈을 실현하는 기반 플랫폼으로, 교육, 생활, 건강, 재테크 등 다양한 콘텐츠 뷰어로, 화상 전화, 이메일, 소셜 네트워크 등 지능 정보 서비스 도우미로서 역할을 하게 된 것입니다. 또한 스마트 기술의 확산으로 조성된 콘텐츠, 미디어, 정보 서비스의 새로운 생태 환경에서 개발되는 콘텐츠와 서비스를 활용할 수 있고, 방송과 통신의 융합으로 새로운 정보기술과 문화를 가정에 제공하는 정보 플랫폼의 기능을 하게 되었습니다.

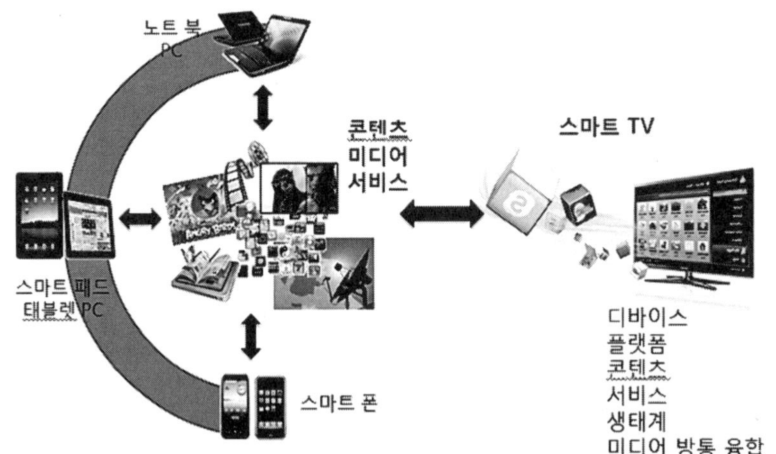

[그림 2-27] 스마트 TV의 개념

스마트 TV 뿐만 아니라 가정에서 사용하는 가전 기기가 모두 스마트 가전으로 변모하고 있습니다. 스마트 가전이란 기존의 냉장고, 세탁기, 전자레인지 등 백색 가전에 디지털 정보기술을 적용하고, 홈 네트워크를 융합하여 쾌적하고 안락하고 편리한 건강 생활을 영위할 수 있도록 하여 주는 제반 기기와 인프라를 의미합니다. 이제 가정의 정보기기들도 스마트 기기화 되기 시작하고 있습니다.

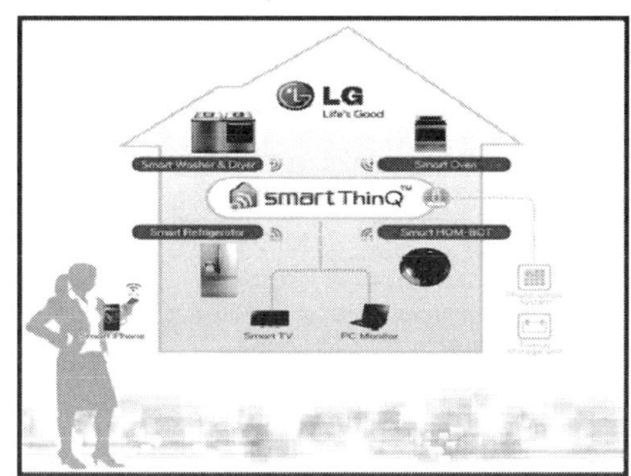

[그림 2-28] 스마트 가전(Smart Appliances)

[스마트 시티]

인간은 사회적 동물이라고 합니다. 인간은 사회적 동물답게 고대부터 도시를 중심으로 생활하여 왔습니다. 그래서 인류 문명의 역사는 도시의 역사였습니다. 고대 문명의 발상지인 고대 이집트, 중국, 인도 그리고 메소포타미아(Mesopotamia)의 원시 도시에서부터, 지중해의 그리스와 로마의 고대 도시, 중세의 성곽 도시에서 현대의 거대 도시에 이르기까지 도시는 인류 문명의 중심지였습니다. 그런 도시가 이제 완전히 다른 개념의 스마트 도시로 재탄생하고 있습니다.

기획재정부에서 발간한 2010년 자료에 의하면, 정보통신 기반 시설이 인간의 신경망처럼 도시 구석구석까지 연결되어, 사무실에 가지 않고 집에서 모든 업무를 처리할 수 있는 텔레워킹이 일상생활화 되는 과학기술이 고도로 발달된 테크노피아, 네티즌이 중심인 새로운 도시 유형이 스마트 시티라고 합니다. 스마트 시티를 장황하게 설명하고 있지만, 정보기술을 촉매로 하여 미래의 과학 기술이 융합되어 창조되는 신개념의 도시가 스마트 시티의 핵심이며, 과학 기술, 환경, 문화가 결합된 신개념의 도시가 스마트 시티입니다.

스마트 시티는 하드 인프라와 소프트 인프라가 조화를 이루어, 모든 시민이 지능형 서비스를 이용할 수 있도록 설계됩니다. 하드 인프라로는 스스로 인지하고 발전하는 유비쿼터스 정보기술이 활용되고, 소프트 인프라로는 교육, 안전, 복지 등 시민의 삶을 윤택하게 하는 IT와 비-IT를 망라한 각종 지능 서비스가 될 것입니다.

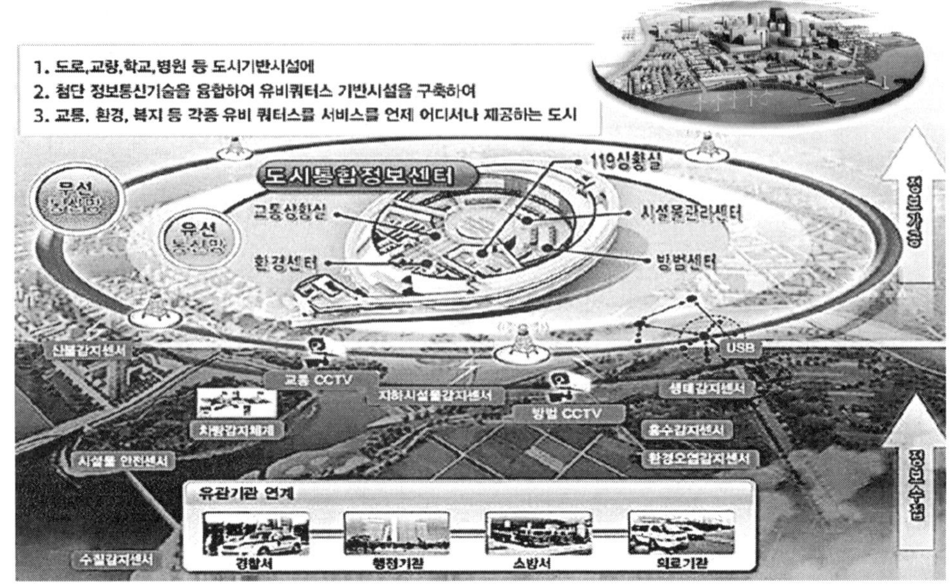

[그림 2-29] 스마트 시티의 개념

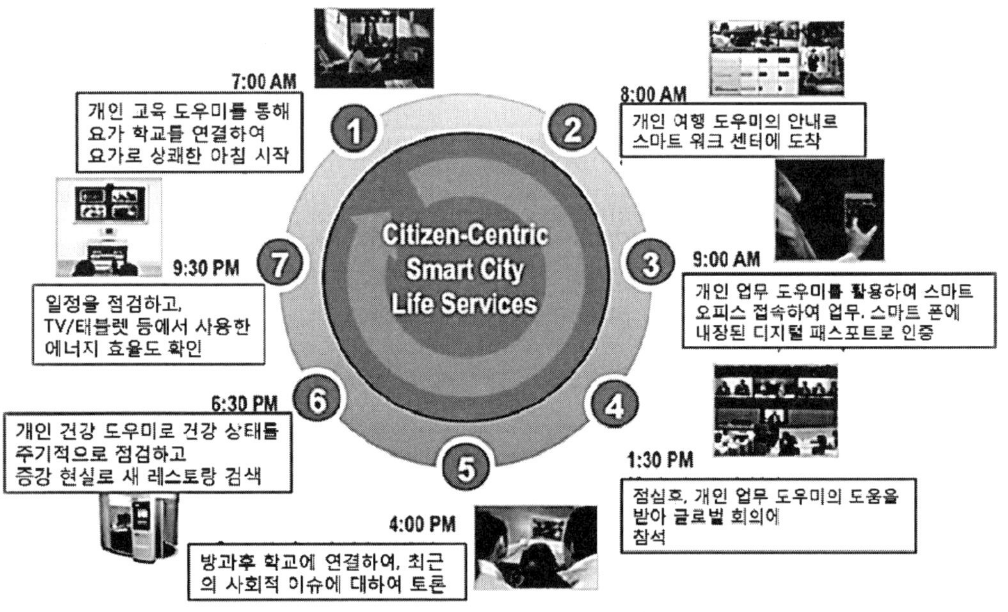

[그림 2-30] 스마트 시티의 일상

스마트 시티에서 생활은 어떨까요? 아침이 되면 스마트 홈이 저절로 깨워 주고, 개인 교육 도우미가 요가 학교에 연결하여 요가로 상쾌한 출발을 할 수 있게 합니다. 출근은 개인 여행 도우미의 안내를 받으며 스마트 워크 센터로 합니다. 이미 우리나라 전국 곳곳에 스마트 워크 센터가 있습니다. 스마트 워크 센터에서는 개인 업무 도우미의 도움을 받으며 스마트 하게 근무합니다. 글로벌 화상 회의는 기본입니다. 시사, 문화, 오락의 다양한 스마트 콘텐츠가 제공되고, 상시 건강을 체크해서 관리해 주고, 에너지와 자연 환경이 조화되는 생활을 하게 될 것입니다.

[스마트 워크]

스마트 워크의 등장은 시대 변화에 따른 필연적 현상입니다. 기업의 업무 환경이 변화 하였습니다. 비즈니스의 경계가 없어지고 글로벌 비즈니스 체제가 일반화 되었습니다. 세계 각국의 파트너들과 시공을 초월해서 협업하여야 하고, 전 세계로 돌아 다니면서 업무를 하여야 합니다. 사무실이 따로 정해져 있는 것이 아니라 자신이 바로 사무실인 시대가 되었습니다. 이런 변화의 요구에 따라, 자연스럽게 스마트 워크가 탄생하게 되었습니다. 스마트 워크에 대한 생각은 오래 전부터 있었지만 스마트폰, 태블릿 PC 등 스마트 정보기기가 확산 되면서 본격적으로 구현되기 시작하였습니다.

스마트 워크는 무엇인가요? 스마트 워크는 정보통신 기술을 이용하여 시간과 장소의 제약 없이 동료 직원들과 원활하게 협업하고, 끊김 없이 업무를 수행하는 근로 형태, 혹은 이를 가능케 하는 환경을 말합니다. 정보통신 기술, 특히 스마트 정보 통신 기술을 이용해서 시간과 공간의 제약을 받지 않고, 언제 어디서든지 동료들과 함께 업무를 수행할 수 있는 근무 형태입니다. 쉽게 말하면, 근무 장소에 제약이 없이 스마트 워크 센터에서 일할 수도 있고, 집에서 일 할 수도 있고, 또한 이동 중에 카페에서 일할 수 있습니다. 또한, 물류 창고, 대리점, 업무 현장 등 업무 수행이 필요한 어디서든지 일할 수 있을 것입니다. 물론, 동료들과 함께 협의하여야 할 일이 있으면, 화상 회의 등을 통해 즉시 협력할 수 있을 것입니다.

[그림 2-31] 스마트 워크 개념

스마트 워크는 업무 시설과 복지 시설이 잘 구비된 스마트 워크 센터에서 업무를 하게 됩니다. 스마트 워크 센터는 문자 그대로 스마트 워크의 중심지라 할 수 있습니다. 이미 많은 스마트 워크 센터가 설치되어 운영 중에 있습니다. 이제 출퇴근은 스마트 워크 센터로 하고 업무를 처리하기 위해서는 가까운 스마트 워크 센터를 방문하면 됩니다.

스마트 워크 센터에서 업무는 [그림 2-32]처럼 수행합니다. 먼저 업무를 하고자 하면, 가까운 스마트 워크 센터를 찾아 사전에 예약을 합니다. 스마트 워크 센터에 도착하면, 예약을 확인하고 지정된 데스크로 갑니다. 노트북, 태블릿 등 스마트 정보기기로 유무선 네트워크를 통해 본사에 접속하여 업무를 수행합니다. 원격 화상 회의를 하거나, 보고서를 작성하여 전송하고, 해외 파트너와 화상 회의도 합니다. 스마트 워크 센터는 업무에 필요한 회의실, 화상 회의실 등 제반 시설이 완비되어 있어 스마트 워크를 하는데 전혀 문제가 없습니다. 또한 스마트 워크 센터는 업무 시설과 복지 시설이 갖추어져 있어 최상의 근무 환경을 제공합니다.

[그림 2-32] 스마트 워크 센터를 이용한 업무 과정

2.2.5 클라우드 컴퓨팅

정보통신 속도가 상상할 수 없을 정도로 빨라졌습니다. 이제는 영화 한편을 2, 3초내에 다운 받을 수 있으며, 5세대 LTE가 상용화 되면 1초 이내에 받을 수도 있습니다. 초고속 네트워크의 출현으로 정보 자원 활용의 개념이 바뀌고 있습니다. 전에는 기억장치, 프린터, 응용 프로그램을 자신의 컴퓨터에 설치하여 활용하였지만, 이제는 다른 곳에 설치되어 있어도 초고속 네트워크로 접속하여 마치 자신의 컴퓨터에 설치된 것처럼 사용할 수 있게 되었습니다. 정보통신의 초고속화가 정보 자원의 소유와 활용에 근본적인 변화를 가져 온 것입니다.

클라우드 컴퓨팅 개념

초고속 정보통신 네트워크가 일반화되어 컴퓨터 시스템이나 소프트웨어를 자체에 보유하지 않더라도 필요 시마다 접속하여 사용할 수 있게 되었습니다. 예를 들면, 대용량 저장장치인 하드 디스크를 구입하지 않더라도 웹 하드(Web Hard)를 자신의 하드 디스크처럼 사용할 수 있습니다. 하드웨어 자원, 데이터베이스, 응용 소프트웨어 등 소프트웨어 자원과 데이터 및 콘텐츠 등 정보 자원을 클라우드(고성능 대형 컴퓨터의 연합체)에 저장해 두고, 네트워크 접속이 가능한 PC나 휴대폰, 태블릿 등의 다양한 단말기를 통해, 장소에 구애 받지 않고 원하는 때에 사용할 수 있는 정보기술을 클라우드 컴퓨팅(cloud computing)이라고 합니다. 하드웨어, 소프트웨어, 데이터 등 정보 자원을 수도나 전기처럼 필요한 한 때에 클라우드에서 꺼내 사용하는 것입니다. 클라우드 컴퓨팅으로 인하여 고성능의 비싼 정보 자원을 구입할 필요도 없으며 언제 어디서든지 최고의 컴퓨터를 사용할 수 있게 되었습니다. 스마트폰이나 태블릿 등 모바일 기기도 클라우드에 연결하기만 하면 슈퍼 컴퓨터로 변화할 수 있기 때문에, 우리는 정보 자원을 소유해야 하는 제약에서 벗어나 자유롭게 정보 자원으로 응용하고 정보 서비스를 활용할 수 있게 되었습니다.

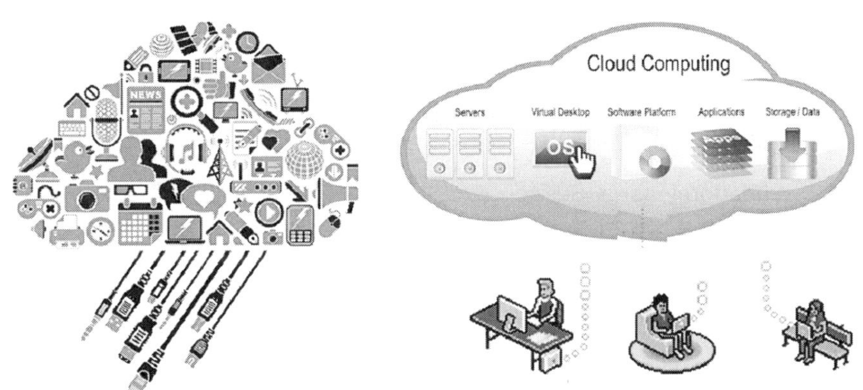

[그림 2-33] 클라우드 컴퓨팅 개요

클라우드 컴퓨팅의 모델

클라우드 컴퓨팅을 활용하면 하드 디스크를 구입하지 않아도 클라우드에서 빌려 쓸 수가 있습니다. 또한, 컴퓨터를 구입하지 않아도 클라우드에서 빌려 쓸 수 있습니다. 운영체제나 데이터베이스 같은 소프트웨어뿐만 아니라 다양한 응용 프로그램도 빌려 쓸 수가 있습니다. 즉, 클라우드는 정보 자원을 서비스 형태로 전환하여 사용자가 필요한 때에 정보 자원 서비스를 제공해 주는 것입니다. 이러한 클라우드 컴퓨팅은 개념이 제기된 이래로 지속적으로 발전되어 3가지 형태의 모델이 만들어졌습니다.

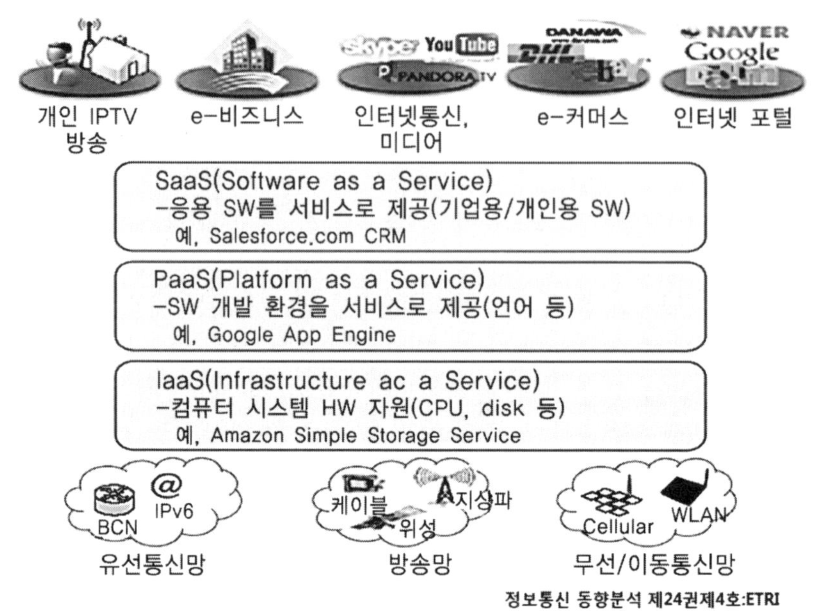

[그림 2-34] 클라우드 컴퓨팅의 유형

- 응용 소프트웨어 서비스(Software-as-a-Service: SaaS): 문서 편집, 자료처리, 업무 관리 등 다양한 상용 소프트웨어와 응용 프로그램을 제공하는 것입니다.
- 플랫폼 서비스(Platform-as-a-Service: PaaS): 프로그램 개발을 위한 플랫폼을 제공하는 것입니다. 소프트웨어 개발자는 프로그램 디자인, 개발, 테스트 등 프로그램 개발에 필요한 모든 자원과 서비스를 지원받을 수 있습니다.
- 인프라 서비스(Infrastructure-as-a-Service: IaaS): 기억장치, 서버 등 하드웨어 자원을 빌려 쓰는 것입니다.

클라우드 컴퓨팅은 이미 상용화 되어 기업, 기관을 중심으로 널리 사용되고 있습니다. 또한 클라우드 컴퓨팅 서비스를 제공하는 많은 기업들이 있습니다. 대표적으로 아마존(Amazon)은 AWS(Amazon Web Service), EC2(Elastic Compute Cloud), S3(Simple Storage Service) 등의 서비스를 제공하고 있고, 구글, Microsoft, IBM, HP, SUN 등의 IT 관련 대기업들이 클라우드 컴퓨팅 서비스를 지원하고 있습니다. 국내에서도 삼성, KT, SKT 등 여러 기업에서 사업화 하고 있습니다.

클라우드 컴퓨팅 특징과 문제점

클라우드 컴퓨팅은 컴퓨터를 비롯한 정보 자원의 활용에 효율성을 가져 왔습니다. 고가의 정보 시스템을 보유하지 않더라도 필요 시에 언제든지 지원을 받을 수 있어 비용 절감, 관리 효율성 등에 커다란 이점이 있습니다. 전력 절약, 탄소 배출량 감소를 위한 친환경 기술도 실현하고 있습니다.

뿐만 아니라, 대형 시스템이 아니면 불가능했던 일도 쉽게 가능해졌습니다. 일반인도 슈퍼 컴퓨터와 같은 특수한 컴퓨터를 사용할 수 있게 되어 정보의 생활수준을 한층 높일 수 있게 되었습니다.

클라우드 컴퓨팅의 확산에는 해결해야 할 문제도 있습니다. 가장 중요한 것이 보안 문제입니다. 중앙에 있는 클라우드에서 정보 자원을 빌려 쓰기 때문에 정보가 노출 또는 유출될 우려가 많습니다. 클라우드가 해킹으로 정보 유출이 되면 커다란 문제를 야기하게 될 것입니다. 가용성도 클라우드 컴퓨팅의 큰 문제입니다. 클라우드는 중단 없는 서비스를 제공하여야 하는데, 클라우드가 정지된다면 커다란 혼란이 야기 될 것입니다. 이 밖에도 저작권, 시스템의 유연성 등의 많은 문제가 있습니다. 그럼에도 불구하고, 클라우드 컴퓨팅은 정보기술의 기반으로 굳건하게 자리잡았고 더욱 발전되어 갈 것입니다.

2.2.6 웨어러블 컴퓨팅

2007년 애플이 아이폰을 내놓은 후 정보기술은 또 다른 변신을 하고 있습니다. 모바일 핸드폰이 나온 지 10년도 지나지 않았는데 스마트폰이 등장하고 Post-PC 시대, 스마트 컴퓨팅 시대로 진입하고 있습니다. 이제 손안에 들고 다니는 스마트폰으로 TV 시청, 음악 감상, 게임, 웹 검색도 할 수 있고, 은행거래는 물론이고 상품 구입, 영화 예약 등 일상생활의 모든 것을 스마트폰으로 할 수 있게 되었습니다. 그렇다면, 앞으로 정보기술은 어떻게 진화될까요? 잘 알려진 것처럼 구글은 구글 글래스(Google Glass)를 개발하여 새로운 가능성을 보여 주고 있고, 삼성과 애플은 각각 갤럭시 기어(Galaxy Gear)와 아이워치(iWatch) 시계를 개발하는 등 새로운 스마트 기기가 출현하고 있습니다. 이외에도 스포츠 용품 회사 나이키의 퓨얼밴드(Fuel Band), 아디다스의 마이코치 브라(MiCoach Bra) 등 컴퓨터 기능을 갖춘 다양한 형태의 액세서리와 의복들이 개발되고 있습니다. 이제는 컴퓨터를 시계나 액세서리처럼 몸에 부착하거나 아예 옷처럼 입고 다닐 수 있는 컴퓨터(wearable computer) 시대가 열리고 있습니다. 웨어러블 컴퓨터는 스마트폰을 넘어 새로운 정보혁명을 예고하고 있습니다.

웨어러블 컴퓨팅의 이해

웨어러블 컴퓨터(wearable computer)란 문자 그대로 입을 수 있는 컴퓨터, 착용 가능한 컴퓨터를 말합니다. 컴퓨터는 이제 책상 위에 있거나 가방이나 주머니에 들어 있는 것이 아니라, 사용자가 몸에 착용하고 이동 중에도 언제든지 컴퓨터를 사용할 수 있고, 터치, 음성, 몸 동작 등 편리한 방법으로 동작시킬 수 있는 컴퓨터로 노트북 컴퓨터나 모바일 컴퓨터보다도 훨씬 진보한 컴퓨터를 말합니다. 좀 더 상세하게 말하면, 웨어러블 컴퓨터는 안경, 시계, 의복 등과 같이 착용할 수 있는 형태로 된 컴퓨터로, 사용자가 거부감 없이 신체의 일부처럼 항상 착용하고 사용할 수 있으며, 인간의 능력을 보완하거나 배가시키는 컴퓨터입니다.

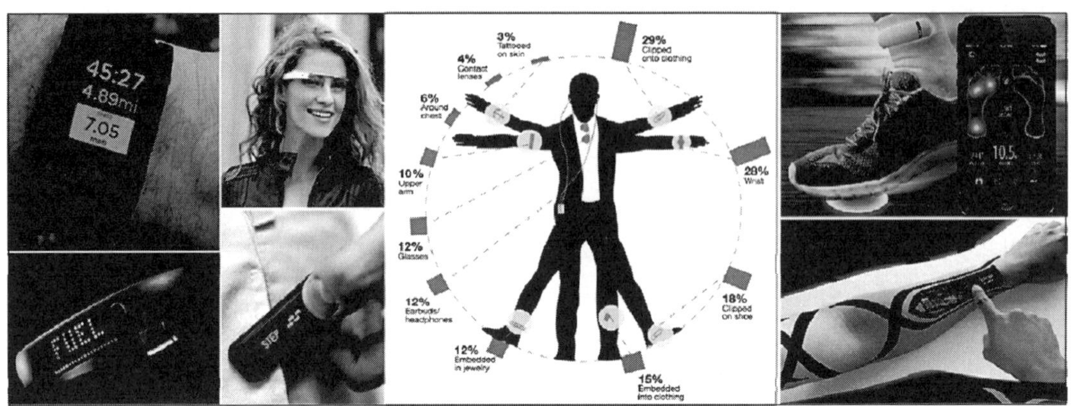

[그림 2-35] 웨어러블 컴퓨터

웨어러블 컴퓨터의 종류

웨어러블 컴퓨터는 착용 방법, 목적, 동작 방법에 따라 여러 형태가 있을 수 있습니다. 웨어러블 컴퓨터는 일반적으로 다음 4가지 형태로 구분할 수 있습니다.

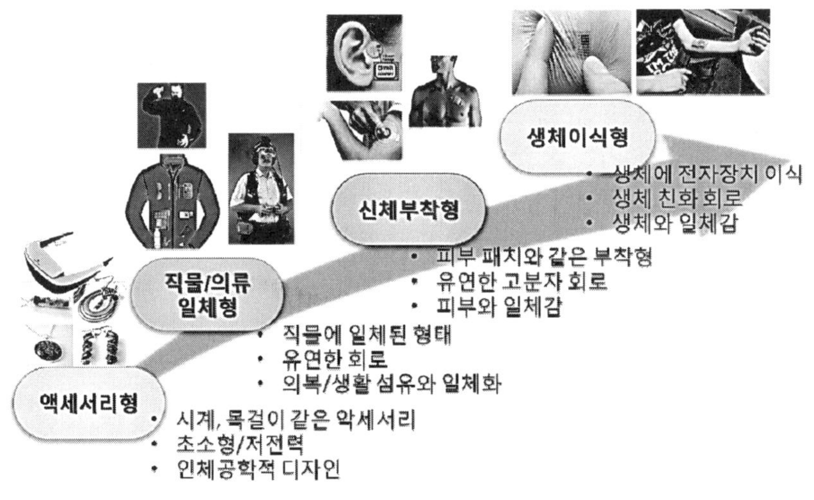

[그림 2-36] 웨어러블 컴퓨터의 형태

- 액세서리 형: 시계, 안경, 목걸이처럼 액세서리 형태로 착용하는 형태입니다. 특수 목적을 수행하는 것으로 액세서리답게 디자인하여야 합니다.
- 직물/의류 일체형: 직물 또는 의복에 내장된 형태입니다. 전자 섬유 개발로 직물/의류 형이 많이 개발되고 있습니다.
- 신체부착 형: 피부에 부착하는 형태입니다. 인조 피부처럼 되어 있어 신체의 기능을 조절할 목적으로 많이

이용됩니다.

· **생체이식 형**: 신체 기관에 컴퓨터를 이식하는 것입니다. 팔이나 다리가 없는 사람에게 인공 팔이나 인공 다리를 연결하는 것입니다. 70년대 인기 드라마였던 <600만불의 사나이>를 생각하면 될 것입니다.

웨어러블 컴퓨터는 신체에 부착하여 사용하는 컴퓨터로 앞으로도 대략 이 4가지 형태로 개발될 것입니다. 각각의 형태는 고유한 목적이 있고 장단점이 있지만, 먼 미래에는 점차로 생체이식 형으로 진화될 것으로 생각합니다.

웨어러블 컴퓨팅 활용 사례

스마트 기기의 대중화로 웨어러블 컴퓨터의 활용이 가속화 되고 있는 형국입니다. 이미 다양한 분야에서 웨어러블 컴퓨터 활용이 일반화 되고 있습니다. 웨어러블 컴퓨터의 오랜 연구 개발 기간을 끝내고 이제 본격적인 활용 단계에 접어들고 있습니다.

나이키+ 퓨얼(Nike+ Fuel): 사용자의 발걸음을 모니터링 하여 운동량, 소모 칼로리를 스마트폰으로 전송하는 손목 밴드입니다. 친구들과 연결하여 자신의 운동 목표를 공유하는 등 다양한 부가 기능이 있습니다. 요즈음 나이키 퓨얼 밴드를 손목에 착용한 사람들을 많이 볼 수 있습니다.

아디다스(Adidas)의 마이코치 브라(MiCoach Bra): 브라에 내장된 센서가 운동 중에 심박수, 칼로리 소모 등을 모니터링 하고 데이터를 아이폰으로 전송하여 운동 목표와 성과 등을 분석할 수 있게 하여 줍니다. 음성으로 제공되는 훈련 프로그램 기능과 속도 안내 서비스 등 운동 능력 개선을 위한 기능도 제공하고 있습니다.

페블 스마트워치: 진동모터, 자력계, 가속도계, 환경 광센서 등을 탑재한 스마트 워치는 자전거 주행, 조깅 기록, 수신 전화, 이메일, 메시지 알림, 알람, 음악재생 등 다양한 기능을 제공합니다. 이를 이용하여 운동 관리, 건강관리를 도와주고 일상생활을 편리하게 하여 줍니다.

나이키+ 퓨얼(Nike+ Fuel) 아디다스의 마이코치 브라(MiCoach Bra): 보디미디어의 피트 코어(Fit Core)

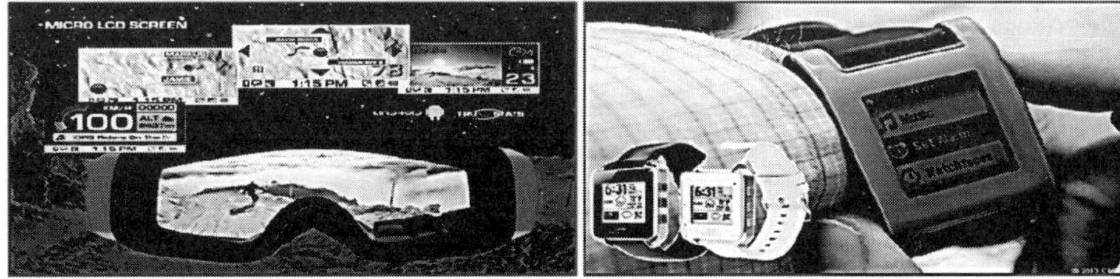

니콘(Recon)의 스키 고글 페블 스마트워치

[그림 2-37] 피트니스/웰빙(fitness/well-being) 분야의 활용

덱스콤(Dexcom)의 Seven Plus: 당뇨병 환자가 지속적으로 안전한 혈당 수준을 유지할 수 있도록 상시 혈당을 측정하는 웨어러블 장치입니다. 무선센서를 피부 안에 심어서 혈당수치 변화를 외부에 있는 Seven Plus 디바이스에 전송하여 관리할 수 있게 해 줍니다.

센사텍스(Sensatex)의 스마트 셔츠: 군인, 소방관, 환자, 운동선수 등을 위해 광섬유와 전도성 섬유로 스마트 셔츠를 만들었습니다. 스마트 셔츠가 심장기능과 체온 등을 모니터링 합니다. 건강에 이상 또는 위급상태가 발생하였을 시에 빠르게 대응할 수 있도록 해 줍니다. 위험한 작업을 하는 사람들에게 좋은 도구가 될 것입니다.

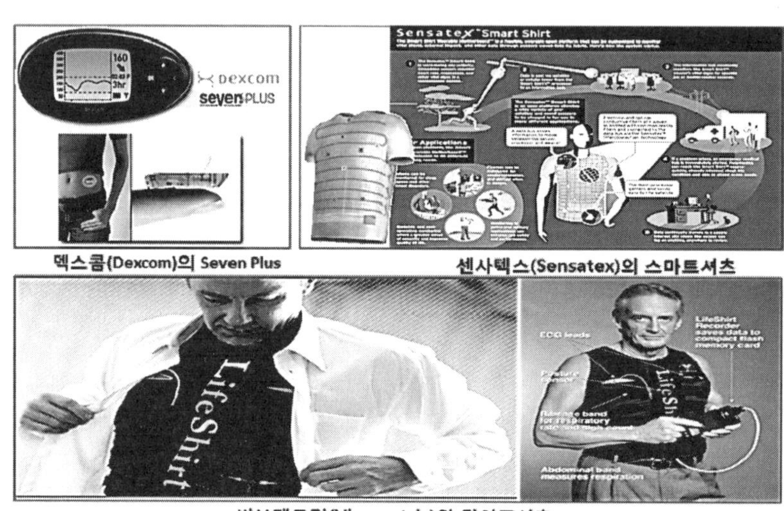

덱스콤(Dexcom)의 Seven Plus　　센사텍스(Sensatex)의 스마트셔츠

비보메트릭(Vivometric)의 라이프셔츠

[그림 2-38] 의료/헬스케어 분야의 활용

구글 글래스(Google Glass): 너무나 잘 알려져 설명이 필요 없을 정도입니다. 미래의 유망 혁신 기술로 가장 주목을 받고 있고, 한편으로는 많은 논란이 되고 있는 구글의 야심 제품입니다. 스마트 안경으로 터치 또는 음성 명령으로 작동하며 길 찾기, 질문하기, 번역 서비스, 내장 카메라로 사진 찍기, 스마트폰으로 메시지 보내기 등 구글의 모든 서비스를 이용할 수 있습니다. 스마트폰이 안경으로 변신하여 HMD와 결합한 형태로 이해하면 될 것입니다. 구글 글래스가 일반화 되면 그 파급 효과는 스마트폰의 등장 이상일 것입니다. 앞으로 구글 글래스가 미래 사회를 어떻게 변화 시킬지 주목이 됩니다.

큐트서키트(CuteCircuit)의 허그셔츠(hug shirt)　　구글 글래스　　서드 스페이스 FPS 게이밍 베스트

[그림 2-39] 인포테인먼트 분야의 활용

서드 스페이스 FPS 게임잉 베스트(3RD Space FPS gaming vest): 공기 충격 기술을 적용한 여덟 개의 진동판을 내장한 조끼입니다. 게임 속 캐릭터가 받는 충격을 사용자에게 그대로 전달합니다. 총격이나 폭발, 그리고 주위 충격의 방향과 강도를 느낄 수 있도록 하여 게임 경험과 몰입도를 극대화한다고 합니다.

버클리 대학 블릭스(BLEEX): 미국 버클리 대학 기계공학과 카제루니(Homayoon Kazerooni) 교수 팀은 2004년에 착용자의 모든 동작을 추적하면서 엄청난 무게의 짐을 운반할 수 있는 웨어러블 로봇 시스템인 블릭스를 공개하였습니다. 40여 개의 센서가 착용자의 움직임을 파악해 무거운 짐을 지고도 균형을 유지할 수 있게 합니다. 센서들이 근거리통신망으로 연결되어 인체의 신경 시스템과 유사하게 동작하는 것이지요. 블릭스는 군사용으로 개발되었지만 장애인 보행 보조용으로도 사용될 수 있도록 개발하고 있다고 합니다.

모토로라 HC1: 머리에 장착하는 휴대전화 기반의 헤드셋 단말로, 15인치 가상 패널을 구현하여 착용자가 15인치 LCD 화면을 보는 것과 유사한 환상을 제공합니다. HC1은 주로 군대, 통신설비 업체, 항공·우주산업, 전기 및 가스 등과 같은 시설물 점검에 활용되고 있습니다.

[그림 2-40] 산업/군사 분야의 활용

2.2.7 빅데이터 기술

사회가 발전함에 따라 정부, 공공기관, 기업 학교 등 각 분야에서 많은 정보가 생산되었습니다. 이러한 정보를 효과적으로 처리하고 관리하기 위해 등장한 것이 정보기술입니다. 우리는 정보기술로 이런 데이터를 효과적으로 처리할 수 있을 것으로 기대하였습니다. 그런데 정보기술이 발전함에 따라 데이터 생산이 가속화되고 오히려 정보의 홍수시대가 되었습니다. 스마트 폰, CCTV, 각종 센서, 첨단 의료기기 등 정보기기가 일상화 되면서 정보의 종류와 양이 과거와는 비교가 되지 않을 정도로 엄청난 양의 데이터가 무한정 생산되고 있습니다. 매 1분마다 48시간 분량의 동영상이 유튜브에 업로드되고, 2억개 이상의 이메일이 발송됩니다. 100만개의 트위터가 전송되고 있으며, 3600여장의 새로운 사진들이 공유되고 있습니다. 정보기술의 발전과 더불어 데이터 전성시대가 도래한 것입니다.

이제는 거대 데이터가 실시간으로 생산되고 있어 이런 데이터를 어떻게 효과적으로 처리하고 활용하는가 하는 것이 무엇보다 중요하게 되었습니다. 단순히 데이터를 빠르게 처리하는 것이 아니라, 데이터 속에 내재한 정보를 발견하여 이를 효과적으로 활용할 줄 아는 지혜가 요구되고 있습니다.

빅데이터의 출현 배경과 개념

2011년에 발표된 IDC의 디지털 유니버스(Digital Universe) 연구 보고서에 따르면, 2011년 생성되는 데이터량은 총 1.8 ZB(Zettabytes), 즉 1.8조 GB이며, 향후 10년 동안 이 숫자는 50배가 증가하고, 전세계 데이터를 관리하는 총 서버 수는 10배 이상 늘어날 전망이라고 합니다. 이 보고서에는 또 다른 흥미로운 점도 언급되어 있는데 사람들이 작성한 이메일 메시지, 촬영한 사진들, 다운로드한 음악 및 영화보다 간접적으로 만들어진 데이터가 더 많을 것이라고 합니다. 예를 들어, 웹 접속을 기록한 웹 로그, 상품 등 물품에 부착된 RFID 센서 데이터, 유비쿼터스 시스템에 설치된 센서 네트워크, 소셜 네트워크, 인터넷 텍스트와 문서, 인터넷 검색 인덱싱, 음성 통화 상세 기록, 천문학/ 대기과학/ 유전학/ 생화학/ 생물학 등 학문적 연구 기록, 경제 동향 데이터, 의료 기록, 사진 목록, 동영상 목록, 전자 상거래 내역 등 일상생활에서 간접적으로 발생하는 데이터가 엄청날 것으로 예측하고 있습니다.

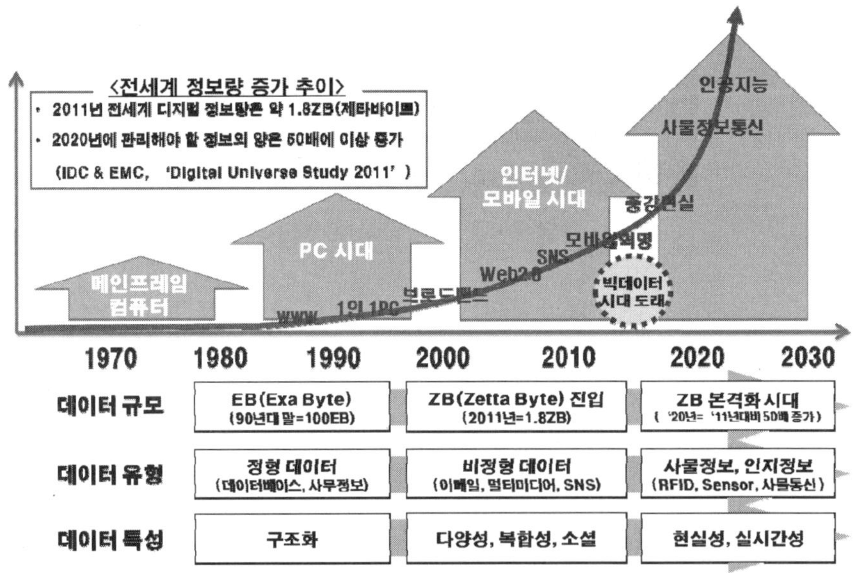

[그림 2-41] 거대 정보 시대의 도래

생산되는 데이터의 규모는 킬로(Kilo), 메가(Mega), 기가(Giga), 테라(Tera)의 수준을 넘어서 페타(Peta), 엑사(Exa), 제타(Zetta), 요타(Yotta) 수준으로 급속하게 확대되고 있고, 데이터 유형도 컴퓨터 처리에 적합하도록 가공된 구조화된 데이터가 아니라 텍스트, 이메일, 동영상 등 비정형화된 데이터가 큰 부분을 차지 할 것이며, 사물정보와 인지정보 등 추상화된 정보로 다양화 되고 있습니다. 데이터의 특성도 구조화된 정적인 데이터가 아니라 아주 복잡하고 다양한 특성을 가진 실시간 데이터로 변화하고 있습니다.

이제 정보기술에서는 거대 데이터를 얼마나 효과적으로 처리할 수 있는가 하는 것이 핵심이 되고 있습니다. 데이터를 효율적으로 처리한다는 것은 데이터 속에 내재한 정보를 발견하여 데이터의 가치를 살려 내고 이를 활용하여 유용한 서비스를 개발하는 것입니다. 예를 들어, 수많은 고객의 구매 데이터로부터 고객의 구매 선호도를 파악하여 이를 마케팅에 활용하는 것입니다. 거대 데이터를 효과적으로 처리하지 못하면 데이터가 모두 쓰레기가 되고 정보처리에 심각한 문제가 야기될 것입니다. 데이터 공해로 벗어나기 위해서는 거대 데이터 처리 기술이 시급하게 요청되고 있습니다.

빅데이터 처리의 중요성

데이터에는 일반적으로 중요한 정보가 포함되어 있습니다. 예를 들어, 인터넷 쇼핑몰의 고객 구매 내역서에는 고객이 선호하는 상품에 대한 정보가 들어 있습니다. 수많은 고객의 구매 내역서를 분석해 보면 고객이 좋아하는 상품이 무엇인지를 알 수 있으며, 이런 상품을 집중적으로 홍보하면 커다란 수익을 창출할 수가 있습니다. 고속 도로를 주행중인 차량의 정보를 알면 고속도로의 상태를 알 수 있고, 이 정보를 활용하여 교통 흐름을 제어하거나 혼잡 구간을 피해서 운행할 수가 있습니다. 또 다른 예로, 병원의 환자 치료 내력에는 환자를 어떻게 치료하였는지에 대한 정보가 들어 있습니다. 많은 환자의 치료 기록을 분석하면 질병에 대한 정확한 치료 방법을 발견할 수가 있을 것입니다.

이처럼 거대 데이터를 분석하면 기업의 경쟁력 강화와 매출 증대, 고객이 선호하는 신제품 개발, 태풍 정보를 분석하여 재난 예측과 대응, 구인 구직 정보를 분석하여 일자리 창출, 유전자 정보를 분석하여 신약 개발 등 새로운 가치를 창출할 수가 있습니다. 다시 말하면, 거대 데이터 속에는 무한한 가치가 잠재되어 있는 것입니다. 이 잠재되어 있는 정보를 캐어 낼 수 있다면 우리는 지금까지 알지 못했던 새로운 영역을 개척하고 새로운 가치를 창출할 수가 있을 것입니다.

우리가 축적하고 있는 거대 데이터는 사회 발전을 견인하는 새로운 유전이 되고 있습니다. 데이터는 무한한 가치를 내장하고 있는 미래 사회의 원유인 것입니다. 소프트웨어 개발에 집중했던 마이크로소프트의 시대가 지나고 거대 웹 데이터를 보유하고 있는 구글, 야후, 페이스북, 아마존 등이 정보기술의 발전을 주도하고 있는 것을 보아도 데이터가 얼마나 중요한 역할을 하고 있는지 알 수가 있습니다. 데이터는 21세기 정보사회를 주도할 원유임에 틀림없습니다.

[그림 2-42] 데이터는 새로운 가치를 창출하는 원유

빅데이터(Big data)의 정의

빅데이터는 정보기술의 사회적 현상이므로 보는 관점에 따라 다양하게 정의할 수 있습니다. 위키피디아에서는 기존 데이터베이스 관리 도구의 데이터 수집, 저장, 관리, 분석의 역량을 넘어선 대용량의 정형 또는 비정형 데이터 세트로부터 가치를 추출, 분석하는 기술로 정의하고 있습니다. 이외도 여러 정의가 있으나 빅데이터의 다양한 측면을 일률적으로 정의하기는 어렵습니다. 여기서는 이해하기 쉽게

다양한 형태로 수집, 저장된 대용량의 데이터를 빠른 속도로 분석하여
데이터에 내재한 일정한 패턴을 찾아내고, 이를 기반으로 새로운 가치를 창출하는 기술

로 정의해 보겠습니다. 빅데이터의 정의로부터 우리는 빅데이터의 중요 특성을 알 수가 있습니다. 첫째, 데이터의 크기(volume)입니다. 빅데이터의 크기는 수십, 수백 기가 바이트(GB)가 아니라, 테라(TB), 페타(Peta), 엑사(Exa) 등 거대한 양의 데이터를 말합니다. 둘째로, 데이터의 형태가 다양합니다(variety). 기관 또는 기업의 정형화된 데이터베이스의 데이터뿐만 아니라 텍스트, 이메일, 이미지, 비디오 등 다양한 형태를 가집니다. 또한, 데이터의 내용에 있어서도 주가 데이터, 기상 또는 천문 관측 데이터, 고객 데이터, 교통 상황 데이터, 인구 데이터, 출입국 데이터 등 데이터의 내용이 아주 다양합니다. 앞서 설명한 바와 같이 유비쿼터스 사회가 되면서 각종 CCTV, 센서 등에서 실시간으로 다양한 형태의 데이터가 수집되고 있습니다. 셋째, 데이터의 발생 속도, 수집 속도, 가공 속도, 활용 속도 등 데이터의 속도(velocity)입니다. 데이터는 실시간 또는 비정기적으로 발생하는 데이터를 신속하게 수집, 가공, 저장하고 원하는 시점에 유효 적절하게 활용할 수 있어야 합니다. 빅데이터에는 세가지 주요 특징 이외에도 복잡성(complexity), 가치(value)등의 중

요한 특징도 있습니다. 우리가 빅데이터를 주목하는 이유는 데이터 속에 내재한 데이터 가치 때문입니다. 그러므로 빅데이터 기술은 데이터로부터 새로운 가치를 창출하는데 역점을 두고 있습니다.

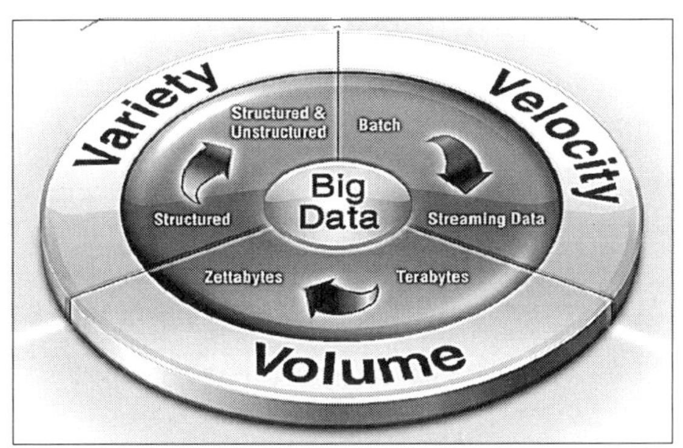

[그림 2-43] 빅데이터의 특징

빅데이터의 역할과 가치

빅데이터는 미래 사회 발전을 견인하는 중요한 역할을 할 것입니다. 첫째로, 빅데이터는 통찰력을 제공합니다. 현실 세계의 데이터에 내재한 중요 패턴과 정보를 기반으로 미래 사회 변화를 예측하고 다양한 시나리오를 실험할 수 있는 통찰력을 제공합니다. 태풍의 경로를 분석하여 진로를 예측하고, 조류 독감과 같은 전염병의 확산 경로를 예측하여 조기에 대응할 수 있는 통찰력을 제공합니다. 둘째로, 대응 능력을 강화 시켜 줍니다. 빅데이터 분석으로 위기 요소를 미리 감지하여 이에 대한 대응 태세를 사전에 갖출 수 있습니다. 기상 데이터 분석으로 가뭄이나 홍수를 미리 예측하거나, 지진 또는 화산 등의 데이터 분석으로 예기치 않은 천재지변을 미리 감지하고 대응 방안을 수립하게 합니다. 일본은 빅데이터를 이용하여 지진과 쓰나미 등에 대비하는 체제를 갖추고 있으며, 우리나라도 소셜 네트워크 등을 분석하여 폭염 등에 대응한 재난 관리 체제를 구축하고 있습니다. 셋째로, 빅데이터는 경쟁력 강화에 핵심적인 역할을 합니다. 고객의 취향을 분석하여 고객 맞춤 제품과 서비스 개발로 경쟁력을 강화하고, 평판 분석으로 차별화된 경쟁력을 확보할 수가 있습니다. 넷째로, 빅데이터는 창조력의 기반을 제공합니다. 다양한 변수를 결합하여 정확한 관측과 예측으로 새로운 가치를 창출할 수가 있습니다. 빅데이터는 융복합 시대의 대표적인 융복합 기술 중 하나라고 할 수 있습니다.

빅데이터 분석으로 문제에 대한 통찰력을 얻고 문제를 해결하며 미래 상황을 미리 예측해 볼 수 있습니다. 이를 통해서 새로운 가치를 창출하고, 새로운 영역을 개척하여 미래 사회의 성장 동력으로 지대한 역할을 할 것으로 기대되고 있습니다. 산업 사회가 유전에 묻힌 원유를 정제하여 과학 문명을 가져 왔다면, 미래 사회는 빅데이터 속의 데이터를 정제하여 새로운 성장 동력을 발굴할 것입니다.

불확실성	⇨	통찰력	• 현실세계 데이터 기반의 패턴분석, 미래전망 • 다양한 가능성 시나리오, 시뮬레이션 제공 • 다각적인 상황이 고려된 통찰력과 유연성 확보
리스크	⇨	대응력	• 환경, 소셜 데이터 분석을 통한 이상 징후 감지 • 이슈의 빠른 분석을 통한 실시간 의사결정 지원 • 국가, 기업 경영 투명성 제고 및 비용 절감
스마트	⇨	경쟁력	• 상황인지, 인공지능 기반의 신규 서비스 창출 • 개인화, 지능화 기반 차세대 사업 모델 발굴 • 평판, 트렌드 분석을 통한 기업 경쟁력 확보
융합	⇨	창조력	• 타분야 간의 결합을 통한 새로운 지식의 발견 • 상관관계 이해를 통한 시행착오 최소화 • 방대한 데이터 활용을 통한 新융합 시장 창출

[그림 2-44] 빅데이터의 역할과 가치

빅데이터의 활용

빅데이터 기술은 앞으로 개발될 기술이 아니라 현재 진행되고 있는 기술입니다. 각 분야에서 수많은 활용 사례가 보고되고 있으며, 새로운 가치를 창출하는 혁신의 엔진으로서 커다란 역할을 하고 있습니다. 여기서는 빅데이터의 개념을 이해하고 미래 사회에서 빅데이터의 역할을 가늠해 볼 수 있는 사례를 알아보도록 하겠습니다.

[정치/사회]

2008년 미국 대통령 선거에서 버락 오바마 후보는 인종, 종교, 나이, 가구형태, 소비수준과 같은 기본 인적 사항과 유권자 성향을 분석하여 맞춤형 선거 홍보를 실시하였습니다. 맞춤 홍보 전략으로 커다란 성과를 얻었고 대통령에 재선될 수가 있었습니다.

우리나라도 제19대 총선부터 소셜 네트워크 등 인터넷 상의 선거 운동을 상시 허용하고 있습니다. 여론 조사 가관들은 기존의 방법을 탈피하여 소셜 미디어상의 여론을 빅데이터로 분석하고 있고, 각 정당은 다양한 여론 데이터를 수집하여 선거 전략 수립에 활용하고 있습니다. 앞으로 선거에서 빅데이터 활용은 중요한 역할을 할 것입니다.

샌프란시스코는 빅데이터 기반의 범죄 예방 시스템을 개발하여 안전 지역사회를 실현하고 있습니다. 과거 발생한 범죄 패턴을 분석하여 후속 범죄 가능성을 예측하고 범죄 발생 지역 및 시각을 예측하여 필요한 곳에 경찰 인력 배치를 통해 범죄를 예방하는 것입니다. 마치 영화 마이너리티 리포트(Minority Report)와 같은 범죄 예방 시스템을 운영하고 있습니다.

[행정]

탈세 및 사기로 인한 국가의 재정 위기 가능성이 증가하고 있습니다. 미국 국세청은 납세정보 데이터베이스와 소셜 미디어에서 납세정보, 탈세이력, 범죄자의 인적관계를 추출하고 사기패턴 및 범죄그룹을 파악하여 향후 발생할 수 있는 사기 범죄 및 탈세 관련 사건을 미연에 방지하는 시스템을 운영 중입니다. 이로써 연간 3,450억 달러에 달하는 세금 누락 및 불필요한 세금 환급을 절감하고 있습니다.

[경영]

리츠칼튼 호텔에서는 전 세계 고객 100만 명의 고객 데이터베이스를 활용하여 고객의 정보와 취향에 관한 정보를 종합 분석하여 고객의 요구사항을 미리 파악하고 그에 맞는 서비스를 제공하는 지능형 친절 시스템을 운영하고 있습니다.

[마케팅]

이베이(Ebay)는 명절이나 기념일처럼 선물 구입이 증가하는 시점에 맞춰 고객의 소셜미디어 활동 내역과 과거 구매이력을 분석하여 고객이 선물할 만한 지인의 프로파일을 추정하고 적합한 선물을 추천하는 시스템을 운영하고 있습니다.

"소량생산 적기 판매"를 목표로 하는 패션 업계는 고객의 요구를 파악하여 잘 팔리는 제품을 즉시 생산, 판매하는 체제를 구축하여야 합니다. 스페인의 패션 업체 자라(Zara)는 전 세계 매장의 판매실적 등을 실시간으로 수집, 분석하여 고객의 요구를 파악하고, 유행 패턴에 적합한 상품을 신속하게 개발하여 공급함으로써, 저가격, 스피드, 패션성, 고품질, 신뢰성 등에서 차별화된 서비스로 각광을 받고 있습니다.

[과학/기술]

유럽 입자물리연구소(CERN)에서는 대형 강입자 충돌기를 이용하여 새로운 세기적 과학 발견을 합니다. 바로 신의 입자라고 불리는 힉스 입자를 검출한 것입니다. 세계 최대의 가속기인 대형 강입자 가속기는 연간 15PB의 관측데이터를 생성하는데, 빅데이터로 대용량 데이터 분석을 하여 힉스 입자 등 새로운 과학적 사실을 발견하고 있습니다.

[문화/스포츠]

HP Lab.에서는 트위터 데이터를 분석하여 영화의 흥행 여부를 미리 예측할 수 있는 방법을 발표하였습니다. 120만명의 트위터 사용자들의 300만개에 트위터를 분석하여, 3개월간 발표된 24개의 영화 흥행을 예측하였습니다. 이러한 예측을 통해서 영화 제작자에 대한 주식 투자 등에 활용하고 있습니다.

[의료]

미국 국립보건원은 Pillbox 프로젝트를 통한 의료개혁의 일환으로 국립보건원 산하 국립의학도서관(National Library of Medicine)에서 약품 검색 사이트를 운영하고 있습니다. 약 검색 서비스를 통해 얻어진 다양한 사용자의 질병에 대한 통계 데이터를 활용하여 주요 질병의 분포 및 추세를 예측함으로써 국가차원의 조기 대응 체제를 구축하고 있습니다.

위 사례 이외에도 모든 분야에서 빅데이터 기술의 가능성을 주목하고 활용 사례를 개발하고 있습니다. 스마트 기술 시대가 되면서 엄청난 정보가 생산되고 있기 때문에, 정보의 가치를 높여 주는 빅데이터 기술은 스마트 기술 시대를 이끌어갈 촉망 받는 기술로 인식 되고 있습니다.

2.2.8 사물인터넷과 초연결 사회

정보기술의 비약적인 발전으로 상상 속의 일들이 실현되고 있습니다. 백화점에 가지 않고도 쇼핑할 수가 있고, 걸어 가면서 TV를 보거나 게임을 할 수도 있습니다. 레스토랑에서 즐거운 식사를 하고 신용카드나 현금이 없어도 스마트폰으로 결재할 수 있으며, 강의실에 가지 않더라도 강의를 들을 수 있는 시대가 되었습니다. 사람, 사물, 공간, 서비스 등이 정보기술로 모두가 연결된 초연결 사회가 되었기 때문에 가능한 이야기입니다. 미래 사회는 만물을 연결하여 공상 속에서만 가능했던 사회가 도래할 것입니다.

사물인터넷의 개념

1999년 RFID 전문가 케빈 애쉬톤(Kevin Ashtonin)이 사물인터넷 개념을 최초로 제안했습니다. 케빈 애쉬톤은 유무선 정보 네트워크에 의해 인간뿐만 아니라 차량, 건물, 상품, 가전제품, 자연환경까지도 연결되는 사물인터넷을 생각하였습니다. 사물인터넷의 개념을 다음과 같이 요약 정리할 수 있습니다.

> 고유하게 식별 가능한 사물이 만들어낸 정보를, 인터넷을 통해 공유하는 환경으로,
> 현실 세계의 사물들과 가상 세계를 네트워크로 상호 연결하여, 사람과 사물,
> 사물과 사물 간에 언제 어디서나 서로 소통할 수 있도록 하는 미래 인터넷 기술

한마디로 요약하면, 사람-사물-공간-서비스 등을 모두 연결하여 언제 어디서든지 정보를 주고 받을 수 있는 네트워크라 할 수 있습니다. 사람-사물-공간-서비스가 인위적인 개입 없이 스스로 정보를 수집하고, 필요에 따라 스스로 정보를 교환하고 소통하는 지능적인 사물 네트워크를 구축하는 것입니다. 소셜 미디어처럼 사람만을 연결하는 것이 아니라, 사물-공간-서비스 등 모든 정보요소를 연결하고, 정보 수집도 센서 등을 활용해서 스스로 상시 수집하는 네트워크가 구축됩니다.

사물 인터넷에서는 식물, 동물, 스마트폰, 주택, 도로, 자전거, 냉장고, 서적, 승용차, 상품 등 세상에 존재하는 모든 사물이 연결되어, 서로 정보를 주고 받고 소통하게 됩니다. 식별 가능한 모든 사

물을 연결할 수 있으며, 이렇게 형성된 네트워크는 현실 사회와는 다른 가상 사회를 구축하게 되어 현실 공간과 가상 공간도 연결하게 됩니다. 고속도로를 주행하는 차량들은 표지판, 안내판, 도로에 설치된 센서 등과 정보를 교환하고 주행 중인 차량간에도 정보 교환을 통해 차량 스스로가 안전 운행을 하게 됩니다. 가정의 경우, TV, 의자, 조명등, 냉장고 등에 내장된 컴퓨터가 상시 정보를 교환하면서 최적의 생활환경과 안전을 제공하게 됩니다. 모든 사물이 살아 생동하면서 상호 정보 교환을 통해 안락하고 쾌적한 생활 기반을 마련해 주는 것이 사물 인터넷입니다.

[그림 2-45] 사물 인터넷 사회의 모습

사물인터넷 활용

경영 컨설팅 전문업체인 가트너는 사물인터넷과 관련하여, 2020년에는 인터넷과 연결된 기기의 수가 300억 대, 관련 시장 규모는 3,090억 달러, 총 경제 부가가치 또한 1조 9,000억 달러로 급성장할 것으로 예측하고 있습니다. 이에 따라, 기업에서는 사물인터넷 관련한 다양한 제품과 서비스 개발에 총력을 다하고 있습니다.

[인터넷에 연결된 기저귀]

유아 용품 제조사 하기스(Huggies)는 아기가 소변을 보면 부모의 트위터(Twitter)로 알려주며, 아기의 소변을 분석해 건강 상태를 체크해 주고 하루에 얼마나 많은 기저귀를 교체하는지도 파악할 수 있게 하는 착용형 단말기를 개발하여 시판하고 있습니다. 이제 아기를 인터넷에 연결하여 돌볼 수 있게 되었습니다.

[심장 박동 감시]

미국의 벤처기업 코벤티스(Corventis)는 일회용 밴드 형태의 심장 박동 모니터링 필름 '픽스(PiiX)'를 개발하였습니다. 15cm 길이의 필름을 가슴 부위에 붙이기만 하면 환자의 생체 신호 데이터를 수집하는 것이 가능하다고 합니다. 이를 통해서 환자의 심장 이상 여부를 판단하고, 이상 여부가 발견 될 경우 환자에게 가장 적합한 의사를 연결해줌으로써 심장 질환으로 인한 사망 확률을 최소화할 수 있을 것으로 기대하고 있습니다.

[그림 2-46] 사물 인터넷 사례: 인터넷에 연결된 기저귀/심장 박동 감시

[인터넷 연결된 전등]

가전제품을 생산하는 필립스(Philips)는 인터넷 상에서 자유롭게 컨트롤이 가능한 스마트 전구 '휴(Hue)'를 2012년 10월 공개하여 일상생활에서도 사물인터넷 시대가 도래하고 있음을 알려 주었습니다. '휴'는 아이폰(iPhone) 등 iOS 기반 모바일 단말기에서 전구에 탑재된 무선 센서에게 명령을 전달하여 조도와 색상 등을 조정할 수 있는 무선 LED 전구입니다. 여행 중에도 집안의 전등 상태를 파악하고 마음대로 조작할 수 있습니다.

[손목 위의 건강센터]

스포츠용품 기업 나이키(NIKE)는 손목에 착용한 센서를 통해 사용자의 운동량을 기록하고 관리하는 '퓨얼밴드(Fuel Band)'를 판매하고 있습니다. 퓨얼밴드는 사용자의 운동량, 칼로리 소모량, 운동 거리, 운동 시간 등 다양한 신체활동 데이터를 실시간으로 수집하여 아이폰으로 분석 결과를 보여 줍니다. 또한, 일일 필수 운동량을 달성하였는지를 알려 주는 LED 화면이 운동량을 체계적으로 관리할 수 있도록 도와 줍니다.

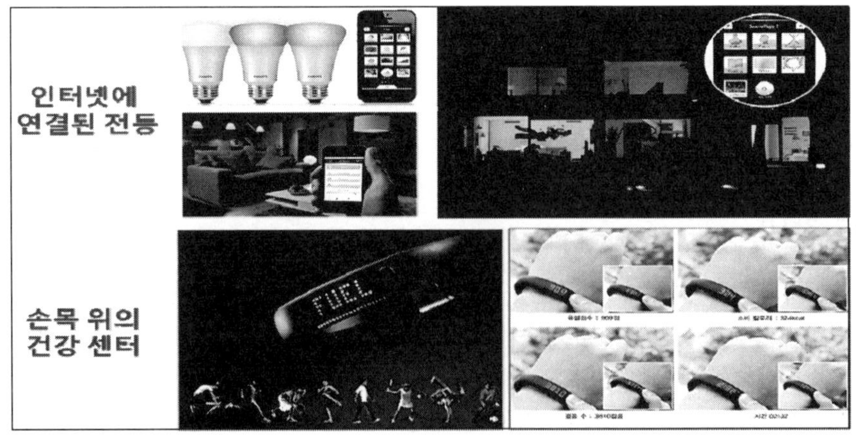

[그림 2-47] 사물 인터넷 사례: 인터넷 전등/건강 밴드

[자동 주행 자동차]

구글의 무인 자동차 프로젝트에서 자동 주행 자동차가 선보인 이래로 자동차 회사는 무인 자동 주행 자동차 개발에 진력하고 있습니다. 2013년 9월 메르세데스 벤츠는 프랑크푸르트에서 열린 국제 모터쇼에서 사물인터넷 기술을 활용한 자율주행(autonomous driving) 차량을 공개하였습니다. 차량의 위치와 주변 환경 정보를 수집할 수 있는 8개의 센서와 3개의 카메라를 탑재한 차량은 도로 표지판 정보, 신호등 정보, 보행자 정보 등을 인식해 정차와 주행 명령을 차량에 전달하는 방식의 무인 자동 주행 자동차의 출현을 예고하였습니다.

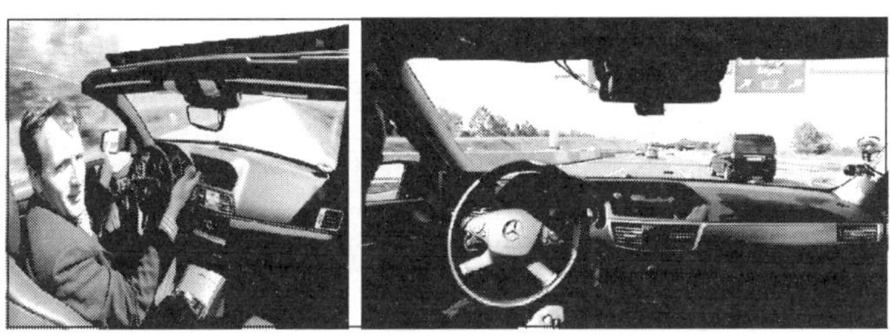

[그림 2-48] 자동 주행 자동차

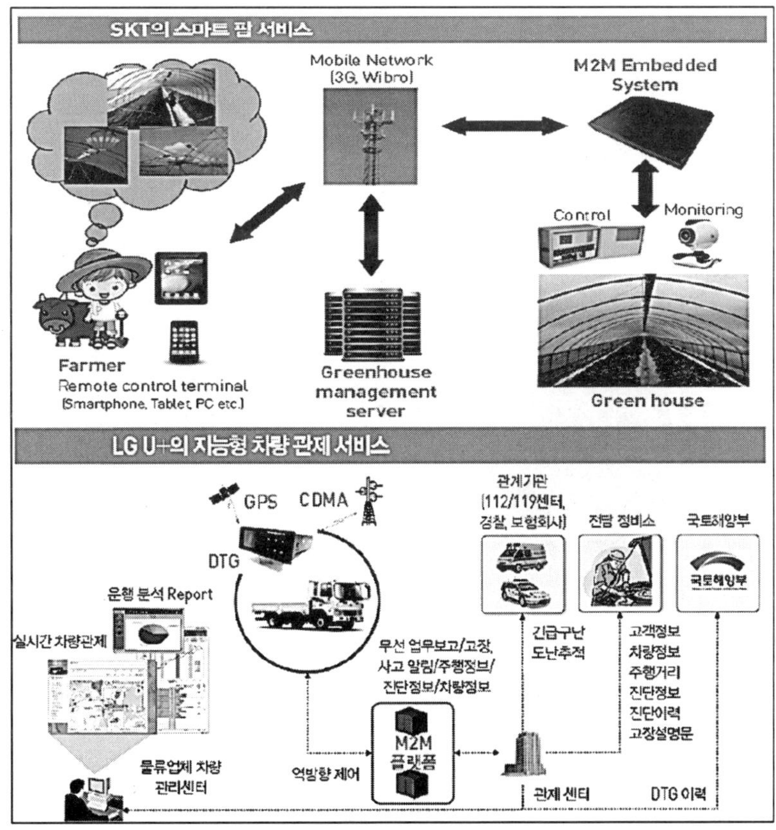

[그림 2-49] 사물 인터넷 국내 사례

[스마트 농장]

SK텔레콤은 제주도 서귀포와 경북 성주지역에 비닐하우스 내부의 온도와 습도, 급수와 배수, 사료공급 등까지 원격 제어 지능형 비닐하우스 관리 시스템인 스마트 팜 서비스를 제공하고 있습니다. 스마트 팜에서는 스마트폰을 이용해 비닐하우스 내부의 온도와 습도, 급수와 배수, 사료공급 등까지 원격 제어할 수 있어 비닐하우스의 특수작물과 채소 재배 등에 새로운 농법을 제시하고 있습니다.

4 초연결 사회의 도래

사물인터넷이 사람-사물-공간-서비스 등을 연결하여 실현하는 새로운 미래 사회를 세상의 모든 것이 연결되는 초연결 사회(hyper connected society)가 될 것입니다. 초연결 사회는 빅데이터, 사물인터넷, 소셜 미디어, 클라우드 컴퓨팅, 모바일 컴퓨팅, 스마트 컴퓨팅, 상황인지 컴퓨팅 등 다양한 정보기술의 발전으로 세상의 모든 사물과 사람을 연결할 수 있는 기술적 기반이 마련되었고, 지식정보 사회에서 자아존중, 자아실현, 상생협력, 소통, 쾌적하고 안락한 생활에 대한 사람들의 욕구 변화가 합치하면서 자연스럽게 초연결 사회로 나가게 되었습니다.

초연결 사회에 대한 개념은 새로운 것이 아닙니다. 이미 오래 전에 정보기술의 진화 과정을 고찰하여 이와 유사한 개념들이 제시 되었습니다. 초연결 사회에 대하여 많은 개념들이 제시되고 있는데, 이를 다음과 같이 요약 정리해 볼 수 있습니다.

> 정보기술을 기반으로 사람, 사물, 데이터, 서비스가 서로 연결되어, 지능화된 네트워크를 구축하고, 이를 통해 새로운 가치와 혁신의 창출이 가능해지는 사회

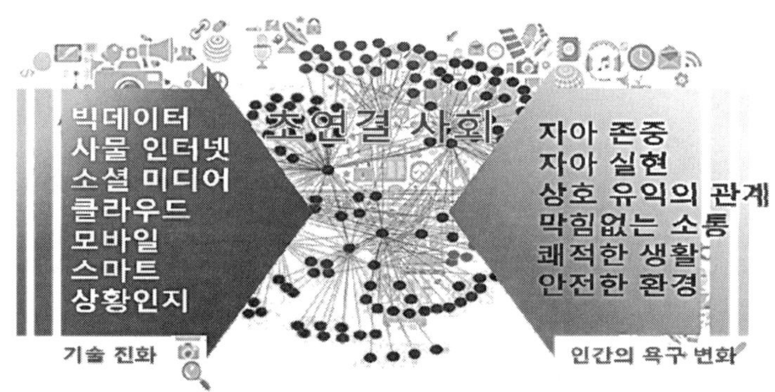

[그림 2-50] 초연결 사회의 배경

사물 인터넷에 의하여 조성될 사회가 초연결 사회라고 이해해도 될 것입니다. 초연결 사회의 주요 구성 요소는 사람, 사물, 공간이 됩니다. 물론 서비스와 같은 요소도 생각할 수 있습니다. 사람-사물-공간은 시간-공간-관계 축을 중심으로 초연결 되어 상호 작용을 하게 되고, 초연결 된 요소들은 처리-판단-인지와 같은 지능적 기능을 가진 서비스로 실행하게 됩니다. 세상의 모든 것이 연결

되어 자유자재로 소통할 수 있는 사회가 초연결 사회입니다.

초연결 사회를 선도하고 있는 정보기술은 쾌적한 생활, 소통과 상생 발전, 창조적 가치 창출을 통해서, 살기 좋고 걱정 없는 사회, 쾌적하고 편리한 사회, 지속 가능한 공존 사회, 활기찬 창조경제 실현, 다채로운 다문화 창조의 5대 목표 실현에 적극 활용될 것입니다. 그리하여 지능화된 사물인터넷으로 새로운 가치와 혁신을 창출하여, 인간 중심, 행복중심의 초연결 사회를 구현할 것입니다.

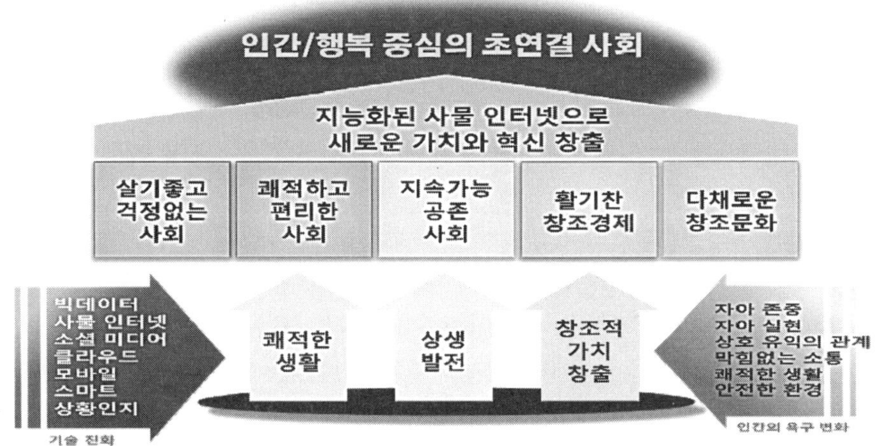

[그림 2-51] 초연결 사회의 모습

2.3 인터넷 정보기술의 부정적 측면

정보기술의 비약적인 발전에 충격을 받은 미래학자들이 미래 사회에 대한 다양한 전망을 제시하고 있습니다. 미래 사회는 지금과는 전혀 다른 패러다임의 사회가 될 것이라고 공통적으로 예견하고 있습니다. 그러나 밝고 긍정적인 측면만 있는 것은 아닙니다. 인터넷 정보기술이 가져 올 예기치 못한 어두운 현상도 두드러지고 있습니다. 미래 학자들의 견해와 구글 회장 에릭 슈미트(Eric Schmidt)와 구글의 싱크 탱크인 구글 아이디어(Google Ideas)의 소장인 제러드 코언(Jared Cohen)이 공동 저술한 "새로운 디지털 사회: 사람, 국가, 비즈니스의 미래를 다시 쓰다" 등에서 언급된 부정적 측면을 요약 정리해 보겠습니다.

[그림 2-52] 에릭 슈미트와 제럴드 코언: 새로운 디지털 시대

두 개의 문명

미래 사회는 두 개의 문명이 공존하는 세상이 될 것입니다. 하나는 지난 수천 년의 시간을 거쳐 발전해 온 현실 세계의 문명이고, 다른 하나는 50여년 동안 발전해 온 정보기술이 가져온 가상 세계의 문명입니다. 이제 가상 세계의 문명은 완연한 형성단계에 접어들고 있습니다. 미래 사회에서는 이 두 문명은 서로 상대방의 부정적인 면을 억제하면서 어느 정도 평화로운 방식으로 공존할 것입니다. 두 문명 사이의 균형이 우리가 사는 미래 세계를 정의하게 될 것이며, 다차원적인 결과가 비록 완벽하지는 않더라도 상상할 수 있는 수준 이상으로 평등하고, 투명하고, 흥미로운 사회가 전개될 것입니다.

인터넷 공간과 미래 사회

인터넷은 무형이며 정체되지 않고 지속적으로 확장되고 있습니다. 매 순간마다 점점 더 크게 확장되고 복잡해지고 있습니다. 통제되지 않는 세계 최대의 공간, 바로 인터넷입니다. 인터넷은 인류발전에 장애가 되어 왔던 지리, 언어, 제한적 정보 등 해묵은 장애물들은 무너뜨리고 인류의 창조성과 잠재력을 실현하는 새로운 물결로 확대되고 있습니다. 한편으로는, 통제할 수 없는 공간이기에 사이버 범죄, 유언비어, 사이버 감시, 사이버 테러 등 예기치 않은 심각한 문제의 온상이 되고 있기도 합니다. 우리는 전 세계를 향해 엄청난 선(善)과 무시무시한 악(惡)의 근원이 될 수 있는 인터넷 속에 살고 있습니다. 과학 기술이 항상 그러하듯이 인간의 이성적 판단과 선택이 결정적 역할을 할 것입니다.

개인의 기회와 위기

데이터 혁명은 전례가 없는 혜택들을 선사하고 있습니다. 미개발 국가의 개인도 스마트폰을 사용하여 소통하고 비즈니스를 확장하여 수익을 최대화하고, 교육, 건강, 사회 활동에 스마트 서비스의 혜택을 누릴 수 있게 됩니다.

그러나 한편으로 개인의 사생활이 심각한 위기에 직면하게 됩니다. 사물인터넷 환경하에서는 개인도 모르는 사이에 수많은 개인정보가 생산되고 공유됩니다. 예를 들어, 운동량 측정밴드를 착용하고 운동하였다면 자신의 운동이력은 자동으로 서버에 저장되고, 자신의 허락 없이 공유되거나 다른 목적으로 활용될 수 있습니다. 소통은 긍정적인 측면도 있지만 원하지도 않는 정보나 데이터까지도 무방비 상태로 공유되고 교류된다면 사생활을 보호받을 수가 없게 됩니다. 무심코 저지른 실수나 범죄에 의해 하루아침에 개인정보가 세상에 공표되고 알려질 가능성이 상존할 것입니다. 다시 말하면, 개인의 모든 디지털 흔적이 낱낱이 공개되어 개인의 존재성을 파괴될 수도 있습니다. 사람들은 현실 공간보다 가상 공간에서의 활동에 보다 많은 책임을 져야 할 것입니다. 또한 감청, 감시, 해킹과 같은 부정한 방법으로 개인정보를 침해하는 사례도 늘어나고 있습니다. 스마트폰을 해킹하여 문자 메시지를 훔쳐보거나, 병원의 컴퓨터를 해킹하여 환자의 의무기록을 염탐하는 등의 해킹 기술을 활용한 개인정보 탐지가 큰 사회적 문제가 되고 있습니다.

국가의 미래

인터넷을 사용하는 국민이 점점 더 많아지고 있습니다. 시민의 참여가 늘어나면서 민주사회는 대중의 지혜와 여론에 더 많은 영향을 받게 될 것입니다. 일부 가난한 독재국가들은 이러한 가상 세계의 움직임을 효과적으로 통제하기 위해 안간힘을 쓸 것입니다. 반면에 부유한 독재국가들은 시민들의 사회생활을 규제하는 새로운 경찰국가를 세울 것입니다.

일반적으로 국가는 정보기술에 기반한 디지털 권력을 활용하여 국가 경영을 혁신할 것입니다. 국가와 국민간의 관계는 사회규범, 법 제도, 국가의 특성에 따라 결정될 가능성이 커지고 있습니다. 국가 간의 친선관계 및 동맹관계 그리고 반목 관계도 가상 세계로까지 확산되면서, 전통적인 국정운영 체제에 커다란 변화가 올 것입니다.

새로운 갈등, 위협과 전쟁

사회의 연결성이 확대되면서 공식적인 단체건 시민이 주도하는 단체건 상관없이, 자신이 싫어하는 사람과 커뮤니티를 사회에서 소외시키고 박해하는 완전히 새로운 방법을 터득할 것입니다. 차별주도자는 정보기술을 활용하여 더욱 쉽게 차별 대상을 정할 것입니다. 그리고 거짓 정보나 악성유언비어를 퍼뜨리고, 콘텐츠를 없애고, 접근을 제한하는, 가상차별(virtual discrimination)을 추구할 수 있습니다. 사회 갈등을 쉽게 조장하고 증폭시킬 수 있는 위험이 늘 상존하는 사회가 될 것입니다.

기술은 사람들이 개인적인 목적을 위해 사용할 수 있는 강력한 도구를 제공해 주고 있습니다. 즉, 기술은 공평한 기회를 부여해주는 수단입니다. 인터넷 연결성이 테러리스트와 폭력적인 극단주의

자에게도 도움을 줄 수 있습니다. 테러리스트 모집에서부터 테러의 실행에 이르기까지 미래의 테러 활동은 현실 세계와 가상 세계가 모두 동원될 것입니다.

한편, 미래에는 점점 더 많은 국가들이 온라인으로 들어와 영향력을 확보하고, 자국의 이익을 실현하기 위해 사이버 전쟁이 지속될 것입니다. 전쟁이 인터넷 사이버 공간에서도 치열하게 진행될 것이며, 이에 대항하는 정보의 암호화 기술 등도 지속적으로 발전할 것입니다. 스턱스넷(Stuxnet) 바이러스에서 보는 것처럼 사이버 전쟁은 주체를 밝히기 힘들고 광범위한 영역에서 예기치 않은 치명적 결과를 가져올 수 있는 위험성을 내포하고 있습니다.

해킹과 보안

사물인터넷 시대에는 모든 사물에 컴퓨터 칩이 내장되어 상호 정보를 주고 받게 됩니다. 만약 이러한 사물들이 해킹을 당한다면 지금의 컴퓨터 해킹보다도 더 끔찍한 일들이 발생할 것입니다. 차량에 내장된 컴퓨터를 해킹할 수 있다면 운전자와 관계없이 해커가 차량을 마음대로 조정할 수 있습니다. 거실에 설치한 스마트 TV를 해킹하면 개인의 사생활이 심각하게 훼손될 수 있습니다. 의료장비에 연결된 컴퓨터를 해킹하여 환자의 생명에 커다란 위해를 가할 수도 있을 것입니다. 핵발전소나 수력 발전 댐의 센서를 해킹하여 사회 전체를 위험에 몰아 넣을 수도 있습니다. 사물인터넷 시대에는 이런 일들이 너무 쉽게 일어 날 수 있다는데 더 큰 문제점이 있습니다.

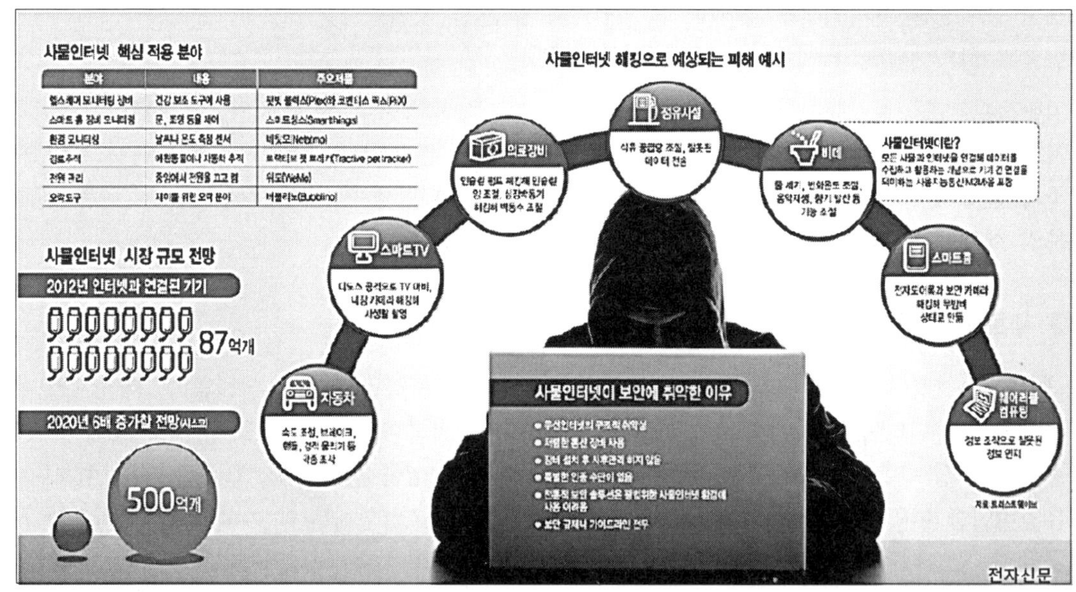

[그림 2-53] 사물 인터넷의 취약점: 해킹

개인 정보 보호

정보가 초연결되는 사회에서는 개인정보 보호가 아주 어렵게 됩니다. 사물인터넷 환경하에서는 개인도 모르는 사이에 수많은 개인정보가 생산되고 공유됩니다. 예를 들어, 운동량 측정밴드를 착용하고 운동하였다면 자신의 운동이력은 자동으로 서버에 저장되고, 자신의 허락 없이 공유되거나 다른 목적으로 활용될 수 있습니다. 소통은 긍정적인 측면도 있지만 원하지도 않는 정보나 데이터까지도 무방비 상태로 공유되고 교류된다면 사생활을 보호받을 수가 없게 됩니다. 또한 감청, 감시, 해킹과 같은 부정한 방법으로 개인정보를 침해하는 사례도 늘어나고 있습니다. 스마트폰을 해킹하여 문자 메시지를 훔쳐보거나, 병원의 컴퓨터를 해킹하여 환자의 의무기록을 염탐하는 등의 해킹 기술을 활용한 개인정보 탐지가 큰 사회적 문제가 되고 있습니다.

CIA와 NSA에서 일했던 미국의 컴퓨터 기술자 에드워드 스노든(Edward Snowden)은 2013년 가디언지를 통해 미국 내 통화감찰 기록과 프리즘(PRISM) 감시 프로그램 등 NSA의 다양한 기밀문서를 공개하여 국제적인 파문을 일으켰습니다. 대통령을 포함하여 모든 사람들의 이메일, 통신 등을 상시 감청하고 있는 것에 경악하지 않을 수가 없었습니다.

지적 재산권 보호

초연결 사회는 상상력과 창의력으로 융합과 복합하여 새로운 서비스와 문화 등을 창조하는 사회입니다. 창의적 아이디어와 제품이 보호받지 못한다면, 초연결 사회가 지향하고 있는 창의경제는 근본부터 흔들리게 될 것입니다. 모든 것이 연결되어 공유되는 초연결 사회에서는 창의적 지식 재산권의 보호가 어렵게 됩니다. 예를 들어, 최신 영화 한편을 2000개로 쪼개서 2000개의 컴퓨터로부터 전송 받았다면, 지적 소유권 침해를 입증하기가 어렵습니다. 정보가 모두 디지털화 되기 때문에 저작물의 권한 보호에 기술적 난점이 많이 있습니다.

그 밖의 문제들

자동차, 커피잔, 양말, 슬리퍼, 시계 등 모든 사물에 컴퓨터 칩이 내장되어 있습니다. 그렇다면, 이런 것을 사용할 때마다 로그인 하라는 음성이 나온다면 어떻겠습니까? 스마트 양말이나 스마트 슬리퍼를 신을 때, 로그인 하라는 음성이 나올 것으로 생각됩니다. 이러면 황당할 것입니다.

사물은 그 자체가 아니라 부착된 마이크로 칩에 의하여 식별되고 조정됩니다. 화분의 화초에도 칩이 장착되어 꽃의 상태를 분석하여 물을 주고 비료를 주게 될 것입니다. 농장의 젖소도 마찬가지이고 애완 동물에도 마이크로 칩을 장착하여 관리하게 될 것입니다. 그렇다면, 인간에게도 칩을 장착하여 관리할 수도 있습니다. 영화에서 본 암울한 미래 사회가 연상됩니다. 아직 인간에게 마이크로 칩을 부착하는 본격적인 시도는 없지만, 누구나 가지고 있는 스마트폰이 그런 역할을 하고 있는 것으로 생각됩니다.

맞춤형 서비스라는 이름 하에 시간과 장소를 불문하고, 자신의 의사와는 상관없이 광고를 보고 들어야 하는 불편함을 겪고 있습니다. GPS를 이용해서 지역 맞춤 서비스를 제공하는 업체의 경우, 사용자가 지역 음식점을 검색하고자 하면 원하지 않는 광고부터 보아야 합니다. 이런 일이 더 빈번해 질 것입니다.

사물인터넷은 도처에 마이크로 칩이 내장되어 있고 유무선 통신으로 데이터를 주고 받습니다. 마이크로 칩의 동작과 유무선 통신 과정에서 인체에 유해한 전자파가 발생합니다. 휴대폰이 막 탄생할 때부터 전자파 흡수율에 대한 유해성 논란이 불거져왔습니다. 미국 캘리포니아 건강국은 전자파가 백혈병이나 성인 뇌종양의 원인이 될 수 있다고 보고서를 발표했으며, 스웨덴 국립연구소도 휴대폰을 사용하는 사람이 뇌종양에 걸릴 확률이 높다고 발표한 바 있습니다. 미국 국립보건원 산하 환경보건연구소에 따르면, 휴대폰에서 방출되는 동일한 세기의 전자파를 쥐에게 하루 2시간씩 50일간 노출시킨 결과 쥐의 뇌세포 상당 부분이 파괴된 것을 발견했습니다. 하지만, 산업계에서는 이런 부정적인 보고서에 대해 여러 가지 이유를 대며 무시하여 왔습니다. 그러던 중 WHO는 1996년부터 2011년까지 10여 년간에 걸친 대규모 조사 결과 휴대폰 전자파가 암을 유발할 수 있다는 유해 판정을 내렸습니다. 사물인터넷 시대에는 스마트폰과 웨어러블 컴퓨터 같은 다양한 기기가 인간의 신체와 아주 밀착되어 사용되기 때문에 적외선 통신, 근거리 무선 통신 주파수에 대한 인체 유해 테스트가 절실합니다.

에릭 슈미트와 제러드 코언은 정보기술의 선과 악의 양면성을 심도 있게 고찰하면서, 기계(컴퓨터와 인터넷 등 정보기술)가 세상을 장악할 것이라는 허황된 생각을 버리라고 충고하고 있습니다. 미래에 일어날 일은 전적으로 인간인 우리에게 달려 있다는 것입니다.

요 약

- 웹 2.0의 7가지 원칙은 다음과 같습니다.
  1. 웹은 플랫폼이다.
  2. 집단 지성(collective intelligence)이 중요하다.
  3. 데이터가 중요한 시대가 되었다.
  4. 소프트웨어 출시 사이클에 종말이 다가 오고 있다.
  5. 손쉬운 프로그램의 개발이 용이하다.
  6. 다양한 기기를 위한 소프트웨어로 보편화 된다.
  7. 풍부한 사용자 경험을 제공하여야 한다.
- 웹 2.0의 4가지 핵심 개념이란 개방, 공유, 참여, 협력입니다.
- 시맨틱 웹은 컴퓨터가 웹 정보의 내용을 이해하고 스스로 처리하는 지능화 된 웹이라고 할 수 있습니다. 시맨틱 웹은 컴퓨터가 정보의 의미를 이해하지 못하는 현재의 웹 기술의 심각한 문제점을 해결할 수 있는 차세대 웹 기술의 핵심이라고 할 수 있습니다.
- 소셜 미디어는 사람들을 연결하는 가상 공간을 만들어 다양한 상호 소통의 도구를 제공하는 새로운 미디어입니다. 위키피디아에서는 "조직, 커뮤니티와 같은 모임, 개인간의 상호 소통으로 만들어 주는 웹기반, 모바일 기반의 소통 기술"이라고 정의하고 있습니다.
- 소셜 미디어가 지향하는 정신도 4가지 요소로 요약하면 대화, 공유, 출판, 참여입니다. 대화와 출판, 공유와 참여, 이 네 가지 정신이 소셜 미디어를 이끌어 가는 원동력이라고 할 것입니다.
- 유비쿼터스(ubiquitous)는 라틴어에서 유래한 것으로 '어디에나 있는', '언제 어디서나', '동시에 존재한다'라는 의미의 단어입니다.
- 초소형 컴퓨터가 사물 속에 심어져서 보이지 않는 네트워크를 형성하고 정보와 서비스를 제공하는 것을 유비쿼터스 컴퓨팅이라고 합니다.
- 스마트는 모바일 기반이며, 지능 서비스이며, 상호 작용 기술이며, 사용자 친화적이며, 스마트는 상황인지가 가능하며, 유비쿼터스 합니다.
- 클라우드 컴퓨팅(cloud computing)은 하드웨어 자원, 데이터베이스, 응용 소프트웨어 등 소프트웨어 자원과 데이터 및 콘텐츠 등 정보 자원을 클라우드(고성능 대형 컴퓨터의 연합체)에 저장해 두고 네트워크 접속이 가능한 PC나 휴대폰, 태블릿 등의 다양한 단말기를 통해 장소에 구애 받지 않고 원하는 때에 사용할 수 있는 정보기술입니다.
- 웨어러블 컴퓨터(wearable computer)란 문자 그대로 입을 수 있는 컴퓨터, 착용 가능한 컴퓨터를 말합니다. 사용자가 몸에 착용하고 이동 중에도 언제든지 컴퓨터를 사용할 수 있고, 터치, 음성, 몸 동작 등 편리한 방법으로 동작시킬 수 있는 컴퓨터로 노트북 컴퓨터나 모바일 컴퓨터 보다도 훨씬 진보한 컴퓨터를 말합니다.

- 빅데이터(Big Data)는 다양한 형태로 수집, 저장된 대용량의 데이터를 빠른 속도로 분석하여 데이터에 내재한 일정한 패턴을 찾아내고, 이를 기반으로 새로운 가치를 창출하는 기술입니다.
- 빅데이터의 특성은 데이터의 크기(volume), 데이터 형태의 다양성(variety), 데이터의 속도(velocity), 데이터의 복잡성(complexity), 데이터의 가치(value)가 있습니다.
- 사물인터넷은 고유하게 식별 가능한 사물이 만들어낸 정보를, 인터넷을 통해 공유하는 환경으로, 현실 세계의 사물들과 가상 세계를 네트워크로 상호 연결하여, 사람과 사물, 사물과 사물 간에 언제 어디서나 서로 소통할 수 있도록 하는 미래 인터넷 기술입니다.

참고문헌

- 문희경 외 (2013), 미래사회와 정보 기술, 와이북스, 2013.
- 이종관 외 (2010), "디지털 문화산업의 융합기술에 대한 철학적 성찰", 디지털 컨버전스 기반 미래연구(Ⅱ) 시리즈 10-02, 정보통신 정책 연구원, 2010.11.
- 한국정보화진흥원 (2011), 미래연구백서, 2011.04.
- 한국정보화진흥원 (2011), 2012년 IT 트렌드 전망 및 정책방향, IT정책연구시리즈 제23호, 2011.12.
- 박종현 (2010), "미래사회 변화전망과 IT 산업의 기여방향", 전자통신동향분석 제25권 제 2호, 2010.04.
- 이인식 (2010), 기술의 대융합: 21세기 창조의 원동력은 어디에서 오는가, 고즈윈, 2010.02.
- 김진숙 (2013), "향후 10년간 IT 기반 10대 비즈니스 트렌드", 동향분석 I-8, 한국정보화진흥원, 2013.12.
- 한국정보화진흥원 (2013), "2013 해외 신간도서로 보는 미래 정보사회", IT & Future Strategy, 제13호, 2013.12.
- 최민석, 하원규 (2013), "초연결사회로의 전환: 사물인터넷의 활용 가치와 사례를 중심으로", 주간기술동향, 2013.12.
- IDG (2013), 모든 것을 연결하는 사물 인터넷의 모든 것, IDG Tech Report, 2013년.
- 정병권, 김학영, 최완 (2012), "미래사회와 빅데이터 기술", 주간기술동향, 2012년 4월 11일.

확인학습

01. 웹 2.0의 7가지 원칙에 속하지 않는 것은?

① 데이터가 핵심 ② 풍부한 사용자 경험 제공
③ 지능형 서비스 ④ 손쉬운 프로그램 개발
⑤ 집단지성

02. 다음 중 웹 2.0의 정신이 아닌 것은?

① 참여 ② 공유
③ 연결 ④ 개방
⑤ 협력

03. 컴퓨터가 정보의 의미를 이해하여 스스로 정보를 처리하는 지능웹을 (시맨틱웹)이라 한다.

04. 웹 2.0의 정신은 개방, 공유, (참여), 협력의 네 단어로 요약할 수 있다.

05. 소셜미디어가 지향하는 정신을 대화, 공유, (출판), 참여 4가지로 요약할 수 있다.

06. 다음 중 유비쿼터스 컴퓨팅의 개념을 올바르게 설명한 것은?

① 언제 어디서든지 컴퓨터를 사용할 수 있다.
② 컴퓨터가 어디에나 존재한다.
③ 새로운 형태의 유비쿼터스 컴퓨터가 개발되고 있다.
④ 모바일 컴퓨팅의 한 형태로 언제든지 접속할 수 있다.
⑤ 스마트 폰 같은 휴대형 소형 컴퓨터를 사용한다.

07. 유비쿼터스 컴퓨팅의 성격이라고 볼 수 없는 것은?

① 사라지는 컴퓨팅
② 보이지 않는 컴퓨팅
③ 조용한 컴퓨팅
④ 중단 없는 컴퓨팅
⑤ 현실 컴퓨팅

08. 유비쿼터스 공간을 바르게 설명한 것은?

① 물리 공간, 전자 공간에 이은 제3의 공간이다.
② 물리 공간이 전자 공간 속으로 들어 간 것이다.
③ 전자 공간이 가상 공간 속으로 들어 간 것이다.
④ 물리 공간과 전자 공간이 융합된 공간이다.
⑤ 전자 공간과 대응되는 공간이다.

09. 유비쿼터스 컴퓨팅 사회의 문제점으로 볼 수 없는 것은?

① 사생활 노출 ② 정보 보안
③ 유해 정보 유통 ④ 사이버 범죄
⑤ 컴퓨터 의존

10. 다음 중 스마트 워크 센터의 구비 요건과 거리가 먼 것은?

① 교통이 편하고 접근성이 좋아야 한다.
② 고속 인터넷을 비롯한 정보 시설이 완비되어야 한다.
③ 업무 관련 문서, 서류 등이 비치되어야 한다.
④ 다양한 복지 시설이 지원되어야 한다.

11. 웨어러블 컴퓨터의 형태에는 악세서리형, 직물/의류 일체형, (신체 부착형), 생체 이식형의 4가지 형태가 있다.

12. 웨어러블 컴퓨터의 활용으로 야기될 수 있는 부작용으로 볼 수 없는 것은?

① 개인 정보 침해
② 사생활 감시
③ 생활 피로감
④ 신체 손상과 체중 감소

13. 빅데이터의 출현과 직접적 관계가 없는 것은?

① 저렴한 가격의 대용량 기억장치의 개발
② 업무 데이터의 복잡도 증가
③ 유비쿼터스 환경의 조성과 스마트 시대 도래
④ 인터넷과 웹 기술의 보편화로 데이터 생산 증가

14. 빅데이터 기술의 목표는 무엇인가?

① 데이터를 분석하여 새로운 가치 창출
② 대용량 데이터의 효과적인 저장
③ 다양한 형태의 데이터의 수집 방법 개발
④ 대용량 데이터를 고속으로 분류하는 기법 개발

15. 사물인터넷 기술과 거리가 먼 것은?

① 고유 식별체계를 기반으로 사람-사물-공간을 연결한다.
② 현실세계와 가상세계를 연결한다.
③ 사람-사물-공간이 인터넷으로 연결된다.
④ 사람-사물-공간이 언제 어디서나 소통할 수 있다.

제3장 인터넷 시대의 경제 사회 활동

인간의 일상생활에 커다란 부분을 차지하고 있는 것이 경제 사회 활동입니다. 우리의 일상생활은 어떤 형태로든 경제 사회 활동과 직간접으로 연결되어 있습니다. 자본주의 사회에서는 일상생활이 경제 사회 활동을 기반으로 하고 있다고 해도 과언이 아닙니다.

인터넷 정보기술의 확산으로 경제 사회 활동의 패러다임이 혁신적으로 변하였습니다. 인터넷 정보기술은 디지털 혁명(digital innovation)을 모든 분야로 확산하였고, 이에 따라 디지털 경제(digital economy) 체제가 정착되었습니다. 이제는 시장에 가지 않더라도 생필품을 비롯하여 모든 제품을 인터넷으로 구입할 수 있게 되었고, 상거래는 국경을 초월하여 이루어지고 있습니다. 다양한 형태의 신용 카드와 전자 화폐가 등장하여 시간과 공간을 초월한 글로벌 경제 사회 활동을 가속화 하고 있습니다. 최근에는 가상 화폐가 등장하여 경제 사회 전반에 심대한 파문을 일으키고 있기도 합니다.

인터넷 정보기술에 의해 혁신된 경제 사회 활동에 적응하기 위해서는 새로운 경제 사회 체제를 이해하고 새로운 윤리 의식으로 올바른 경제 사회 활동을 하여야 합니다. 일반 면대면 상거래에서도 믿음과 정확은 기초적인 윤리입니다. 익명성, 비대면성 등 인터넷의 특성을 기반으로 하는 전자 상거래에서는 아주 다양한 윤리적 문제가 야기되고 있습니다.

이 장에서는 인터넷 경제 사회 생활을 종합적으로 고찰하고 올바른 경제 사회 활동에 대하여 알아보겠습니다. e-비즈니스의 개념, 형태, 현황과 전망을 살펴 새로운 디지털 경제 체제를 이해하도록 하겠습니다. 일상생활에서 경제 활동의 중심이 되고 있는 인터넷 전자 상거래에 대하여 자세히 알아보겠습니다. 인터넷 전자 상거래의 형태, 대금 결제 방법, 안전한 금융 거래와 올바른 경제 활동을 위한 경제 윤리에 대하여 살펴보겠습니다. 인터넷 사회 활동으로는 정부 3.0의 개념과 스마트한 공공 정보 서비스 활용에 대하여 설명하겠습니다.

3.1 e-비즈니스 시대의 도래

누차 강조한 바와 같이, 정보기술의 패러다임은 짧은 기간 동안 끊임없이 진화하여 왔습니다. 90년대에는 PC가 보급되면서 정보화 시대로 본격적인 진입이 시작됩니다. 사회 모든 분야에서 정보화가 추진되고, 아날로그 시대에서 디지털 시대로 탈바꿈이 일어납니다. 2000년대, 인터넷과 웹 기술의 상용화로 온라인 시대가 됩니다. 전자상거래, 원격교육, 인터넷 뱅킹, 전자정부 등 사이버 공간에서 생활이 보편화 됩니다. 인터넷 정보기술은 개인의 삶과 사회구조에 근본적인 변화를 초래하였는데, 이를 디지털, 온라인 혁명이라고도 합니다. 혁명이라고 할 만큼 혁신적인 변화가 있었다는 것입니다. 디지털, 온라인 혁명은 우리 생활의 근간이 되고 있는 경제 활동에 지대한 영향을 주었습니다. 새로운 디지털 경제 체제를 가져 온 것입니다. 디지털 경제는 종종 인터넷 경제(Internet economy), 신경제(new economy), 웹 경제(Web economy), 지식기반 경제(knowledge-based economy), 네트워크 경제(network economy) 등의 유사 용어들로 사용되기도 합니다.

디지털 경제는 개인, 기업, 정부 등 경제 주체들의 상호 의사소통 방식, 거래 방법, 협업과 같은 경제 활동의 방식뿐만 아니라 제품 및 서비스의 특성도 근본적으로 변화 시켰습니다. 과거에 볼 수 없었던 새로운 기업 형태로 닷컴(.com) 기업이 등장하여 신 경제의 주체가 되고 있습니다. 이제 비즈니스는 어느 한 국가에만 국한되는 것이 아니라 글로벌 국제 거래 형태로 나타나고 있습니다. 비즈니스 공간이 온라인 가상 공간으로 이전되고 있는 것입니다.

2000년대 이후에 인터넷 정보기술은 더욱 가속도로 진화하여, 스마트폰이 등장하고 소셜 미디어가 생활의 중심을 차지하게 됩니다. 정보 서비스와 소통에 혁신적인 변화가 발생하였습니다. 이에 따라, 경제 활동에도 또 다시 커다란 변화가 일어나고 있습니다. 소셜 커머스(social commerce)와 같은 새로운 상거래 형태가 등장하였고 스마트폰 모바일 결제가 일반화되고 있습니다. 이처럼 인터넷 정보기술로 인하여 새로운 경제 활동의 시대가 열리고 있습니다.

3.1.1 인터넷 e-비즈니스의 이해

사람들이 모이는 곳에는 언제나 시장이 형성되기 마련입니다. 시장은 물건을 사고 파는 곳이기도 하지만, 정보를 주고 받고 소통하는 생활공간의 역할을 하였습니다. 시장은 사람들의 삶과 생활의 애환이 서린 공간이었습니다. 산업 사회가 되어 대량 생산과 대량 소비가 촉진되면서 시장은 마트(mart)로 변모합니다. 다양한 상품을 한 곳에 전시해 두고 구경하면서 카트에 담는 소비 공간으로 변모한 것입니다. 거대한 마트는 산업 사회의 상징적 공간이 되었고 소비 중심의 경제 활동의 거점이 되었습니다.

인터넷 정보기술의 발전으로 현실 공간의 경제 중심인 마트가 인터넷 공간으로 이전됩니다. 인터넷 쇼핑몰은 마트보다 더 많은 상품을 전시하고 소비자를 끌어들여 디지털 경제 체제의 기반이 되었습니다. 인터넷 공간의 특성상, 인터넷 쇼핑몰은 시장의 물리적 공간 개념을 시간과 공간의 제약이 없는 사이버 공간으로 무한히 확대하였고, 마트가 가진 소비 공간으로서의 물리적 특성보다는 구매라는 경제 행위에 초점을 두게 됩니다. 공간의 개념이 사라지고 경제 행위만이 남게 되었습니다. 스마트폰의 등장으로 경제 행위는 책상 앞의 데스크톱 컴퓨터에서만 행하여지지 않고, 언제 어디서든지 상시 일어날 수 있는 보편적 행위가 되었습니다.

이러한 변화에 따라 경제 활동의 중심이 인터넷 공간으로 이전됩니다. 단순히 시장이나 마트의 물리적 공간이 인터넷 공간으로 이전된 것이 아니라, 비즈니스의 형태, 구조, 방법 등 경제 활동의 전반에 혁신적 변화가 초래되었고 새로운 비즈니스가 출현하기도 하였습니다. 인터넷 정보기술이 가져온 변화된 경제 활동을 e-비즈니스라고 합니다.

e-비즈니스의 개념

인터넷 정보기술이 나날이 진화하고 있어, e-비즈니스의 개념을 일률적으로 정의하기가 어렵습니다. e-비즈니스를 보는 관점에도 분야마다 큰 차이가 있습니다. 일반적으로 e-비즈니스를 개인, 기업, 정부 등 경제 주체가 인터넷 정보기술을 활용하여 수행하는 포괄적인 경제 활동의 측면에서 고찰합니다. 넓은 의미에서 e-비즈니스를 다음과 같이 요약, 정의할 수 있습니다.

> 업무 프로세스 혁신, 효과적 경영 활동, 비즈니스 파트너와의 협력 강화, 고객과의 관계 형성 등 기업의 내부/외부 핵심 업무 활동을 인터넷 정보통신 기술을 기반으로 수행하는 사업 형태

간략하게 말하면, 인터넷 정보기술을 활용하여 사업의 목적을 달성하고자 하는 모든 경제 활동을 e-비즈니스라고 할 수 있습니다. e-비즈니스는 단순히 인터넷 정보기술을 활용한 상품의 주문, 판매만을 의미하지 않습니다. 인터넷 정보기술을 활용한 제반 경제 활동을 의미합니다. 그러므로 e-비즈니스에는 쇼핑몰, 주문, 판매, 결재, 마케팅, 배송/유통, 고객관리, 공급관리, 투자관리, 의사결정, 경영관리, 글로벌 무역 등 비즈니스와 관련된 제반 경제 활동을 포함하는 개념입니다. 중요한 것은 이러한 경제 활동이 인터넷 정보기술을 활용하여 사이버 공간을 기반으로 펼쳐진다는 것입니다.

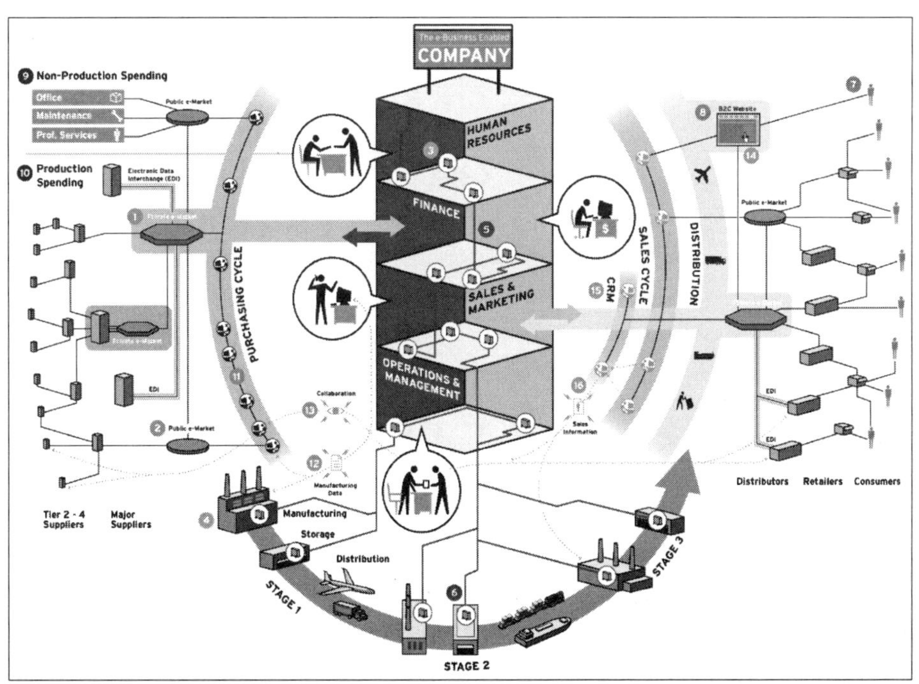

[그림 3-1] e-비즈니스의 환경

e-비즈니스 용어는 인터넷 비즈니스(Internet Business), 전자 상거래(e-Commerce) 등의 용어와 혼용되어 사용되기도 합니다. 그러나 이들 용어에는 다소 개념의 차이가 있습니다. 이들의 차이를 간략하게 비교하면 다음과 같습니다.

- **인터넷 비즈니스**(Internet Business): 인터넷 쇼핑몰과 같이 인터넷을 이용하여 상품을 판매하는 사업 형태
- **전자 상거래**(e-Commerce): 인터넷뿐만 아니라 전용 네트워크 등 정보통신 기술을 이용한 상거래로서 판매자와 구매자가 정보통신망을 통해 광고, 주문, 판매, 결재 등 상거래 행위를 하는 것
- e-**비즈니스**(e-Business): 인터넷 정보통신 기술을 활용하여 기업의 내부/외부 비즈니스활동을 수행하는 사업 형태

인터넷 비즈니스는 주로 인터넷을 이용하지만, 전자 상거래는 인터넷을 포함한 다양한 정보통신망을 활용합니다. 인터넷이 대표적인 정보통신망이 되고 있어서 현실적 의미에서는 큰 차이라고 볼 수 없겠습니다. 전자 상거래는 기업 외부와의 상거래 활동에 중점을 두지만, e-비즈니스는 기업 내부/외부의 모든 비즈니스 활동에 주안점을 둡니다. 인터넷 정보기술의 발전과 비즈니스 형태의 다양화로 이들 용어의 차이는 점점 무의미해지고 있습니다.

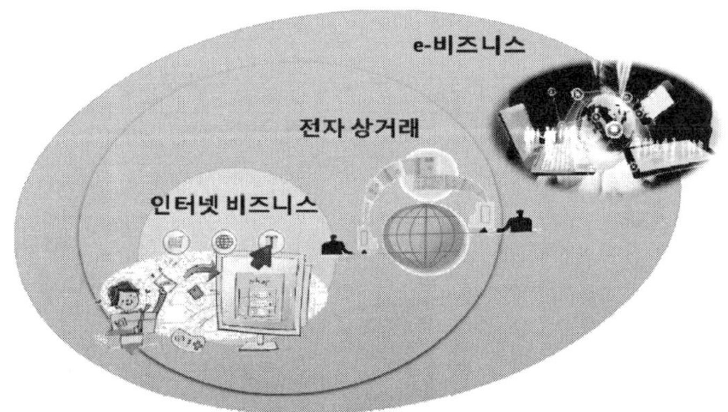

[그림 3-2] e-비즈니스와 연관된 개념

e-비즈니스 모델

인터넷 정보기술이 만든 사이버 공간은 현실 공간과는 커다란 차이가 있습니다. 제2장에서 인터넷 사이버 공간의 특성을 자세히 살펴보았습니다. 인터넷 공간에서는 현실 공간에서는 불가능한 것도 가능하고 새로운 주체가 출현하기도 합니다. 이러한 인터넷 공간의 특성으로 인하여 다양한 비즈니스 모델이 출현하였고, 앞으로도 지속적으로 새로운 모델들이 발굴될 것입니다. 일반적으로 경제 주체를 중심으로 e-비즈니스 모델을 생각해 보면 다음과 같이 9가지 형태가 있습니다.

- B2B(Business-to-Business): 기업간의 거래입니다. 대표적 사례로 삼성전자 B2B(www.samsungb2b.co.kr)와 알리바바닷컴(www.alibaba.com)이 있습니다.
- B2C(Business-to-Customer): 기업과 소비자간의 거래로 가장 많이 사용되는 모델입니다. 인터넷 쇼핑몰, 홈쇼핑 등이 이런 모델입니다.
- B2G(Business-to-Government): 기업과 정부간의 거래입니다. 정부에서 필요 물자를 조달할 때 사용합니다. 해외조달시장 정보시스템(www.b2g.go.kr)이 여기에 속합니다.
- C2B(Customer-to-Business): 고객이 기업에 판매하는 형태입니다. 고객이 공동구매나 공동 예약 등을 상품화 하여 기업에 판매하는 것입니다. 대표적인 예로 인터넷공동구매(my09.co.kr), 여행정보서비스(Priceline:www.priceline.com) 등이 있습니다.
- C2C(Customer-to- Customer): 고객이 고객에게 판매하는 형태로 인터넷 경매가 여기에 해당합니다. 옥션(www.auction.co.kr)이 대표적인 예입니다.
- C2G(Customer-to-Government): 고객과 정부간의 거래입니다. 국세청 홈텍스(www.hometax.go.kr)가 여기에 해당합니다.
- G2B(Government-to-Business): 정부가 기업에게 상품을 공급하는 형태입니다. 나라장터(www.g2b.go.kr)가 여기에 속합니다.
- G2C(Government-to-Customer): 정부가 일반 국민 고객에게 상품이나 서비스를 제공하는 형태입니다. 민원24(www.minwon.go.kr)가 이런 형태입니다.
- G2G(Government-to-Government): 정부간의 거래 또는 국가간의 거래입니다. 방위 산업체나 중앙은행간 거래가 여기에 해당합니다. 대표적 예로는 글로벌 전시 포털(www.gep.or.kr/jsp/index.jsp)이 있습니다.

실제의 e-비즈니스는 경제 주체간에 거래되는 상품과 서비스에 따라 다양한 방식으로 진행됩니다. 인터넷 사이버 공간은 변화무쌍 하기 때문에 예상치 못한 거래가 이루어질 수도 있습니다. 많은 벤처 기업들이 새로운 비즈니스모델을 개발하려고 노력하고 있기도 합니다.

공급자 \ 구매자	기업	소비자	정부
기업	B2B 알리바바닷컴	B2C 인터넷 쇼핑몰	B2G 해외 조달 시장
소비자	C2B 프라이스 라인	C2C 인터넷 경매	C2G 국세청 홈택스
정부	G2B 나라 장터	G2C 민원 24	G2G 글로벌 전시 포털

[그림 3-3] e-비즈니스 모델

e-비즈니스 사업 품목

e-비즈니스는 현실 세계에서 상거래 되는 모든 상품과 서비스가 거래되고 있습니다. 뿐만 아니라, 현실 세계에서는 불가능한 상품의 거래도 이루어지고 있는 확장된 시장을 형성하고 있습니다. 현재 e-비즈니스에서 거래되고 있는 대표적인 상품과 서비스에는 [표 3-1]과 같은 것이 있습니다.

[표 3-1] e-비즈니스의 대표 사업 품목

정보검색	포털
게임	웹 기반 게임, 모바일 게임, MMORPG, …
소셜 네트워크	페이스북, 트위터, 애완동물 동호회, 밴드, 카카오톡
비디오/오디오	비디오 공유, 유튜브, 영화, 방송 콘텐츠
뉴 미디어	블로그, 위키, 카페, …
소프트웨어 개발	웹 페이지 제작, 앱 개발
접속 서비스	ISP, 통신사

콘텐츠	교육, 전자서적, 인터넷 강의, 전문 학술 정보 유료 구독
쇼핑	인터넷 쇼핑, 모바일 쇼핑, 경매, …
장터	오픈 마켓, 소셜 커머스
예약	항공권, 티켓, 식당, 교통, …
결재	인터넷 구매
광고/마케팅 서비스	인터넷 광고, 홍보 대행
임대/대여	렌터 카, 장난감, …

e-비즈니스에서의 거래로 현실 세계의 모든 산업에 영향을 받고 있습니다. 예를 들어, 해외여행을 예약하기 위해서는 여행사를 방문하였지만, 이제는 인터넷 사이버 공간의 여행사에서 가격을 비교하여 예약을 합니다. 현실 세계의 여행사는 온라인 여행사와는 경쟁이 되지 않습니다. 게임의 경우에도, 예전에는 오락실이나 게임기기를 구입하여야 하였지만, 이제는 인터넷에 접속하거나 게임을 다운로드 하여 즐길 수 있게 되었습니다. 또한, 인터넷 정보기술의 발전으로 게임의 형태도 단독 게임보다는 여러 사람이 함께하는 롤 플레잉 게임이 대세가 되었습니다. 결국, e-비즈니스에서 취급하는 상품과 서비스는 해당 산업의 형태를 변화시키는 촉진제가 되고 있는 것입니다.

e-비즈니스 현황

e-비즈니스가 우리 생활에 얼마나 활용되고 있는지 알아보겠습니다. 통계청의 자료를 살펴보면, 현실 세계의 거래보다도 e-비즈니스가 새로운 경제 체제로 자리잡고 있는 것을 알 수 있습니다. 2013년에 e-비즈니스로 거래 총액은 1,200조원으로 급격한 증가를 보이고 있습니다. 인터넷 정보기술이 발전하여 더욱 편리한 거래 환경을 만든다면, 대부분의 상거래는 e-비즈니스 형태로 수행될 것입니다. 특히, 스마트폰의 등장으로 e-비즈니스는 더욱 가속도로 확산될 것입니다.

e-비즈니스에서는 B2B와 B2G가 큰 부분을 차지하고 있습니다. 기업이나 정부는 경영과 비즈니스의 효율을 고려하여 e-비즈니스를 적극 도입하고 있는 것을 알 수 있습니다. 반면에, B2C는 e-비

즈니스가 주로 청년층을 중심으로 활용되고 있기 때문에 아직도 초기 수준에 머물고 있습니다. 앞으로 고객층의 확대와 스마트폰을 통한 거래가 활성화 된다면 B2C는 아주 크게 성장할 것입니다.

현재는 주로 의류, 패션, 여행 및 예약, 가전제품 등이 주요 품목이 되고 있지만, e-비즈니스가 성숙되면 다양한 상품의 거래가 활발하게 이루어질 것입니다. 지금도 구하고 싶은 상품이 있으면 무엇이든지 구할 수 있는 상태입니다.

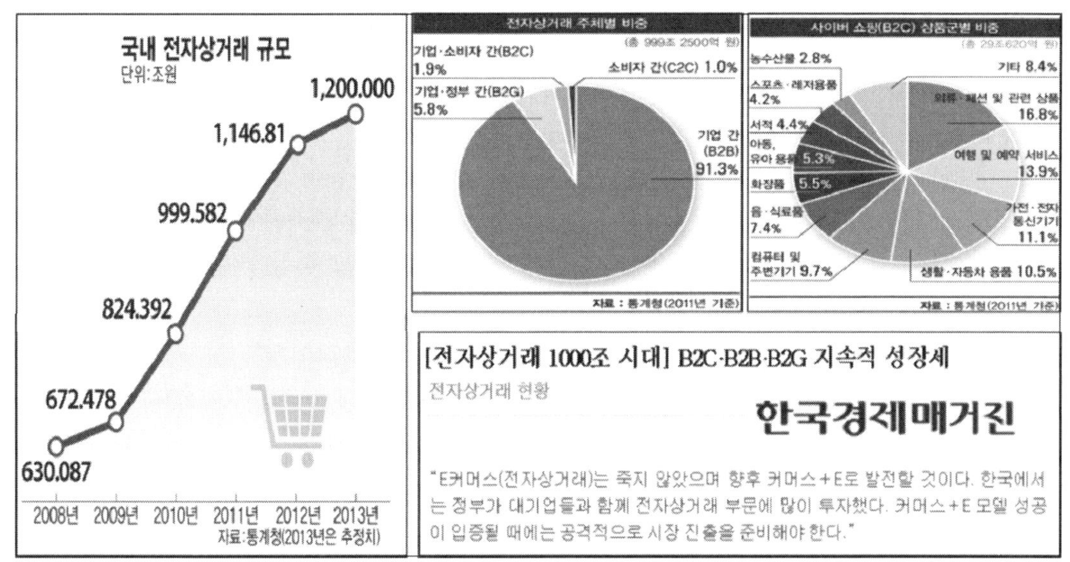

[그림 3-4] 국내 전자상거래 추세

3.1.2 전자 상거래의 특징

앞서 설명한 바와 같이, e-비즈니스는 인터넷 정보통신 기술을 활용하여 기업의 내부/외부 경영 활동과 비즈니스 활동을 포괄적으로 정의하는 개념이었습니다. 반면에, 전자 상거래는 인터넷 정보통신 기술을 이용한 실제적인 상거래로서 가장 널리 활용되고 있는 인터넷 기반의 경제 활동입니다. 일상생활과 직접적인 관계가 있는 전자 상거래에 대하여 좀 더 살펴보겠습니다.

전자 상거래(Electronic Commerce: EC)는 사람과 사람이 현실 세계에서 물리적인 매체의 전달을 통해 상품을 사고 파는 전통적인 상거래와는 달리, 인터넷 정보기술 등 컴퓨터와 네트워크라는 전자적인 매체를 통해 상품을 사고파는 행위를 말합니다. 일상생활의 인터넷 쇼핑이나 모바일 쇼핑이 전자 상거래입니다. 이런 형태는 일반 고객을 대상으로 한 전자 상거래이고, 기업의 경우 B2B로 이루어지는 모든 거래가 전자 상거래에 해당합니다. 기업의 경우에는 기업과 기업간 거래 관계를 인터넷 정보기술을 활용하여 수행할 수 있는데, 이들도 넓은 의미의 전자 상거래가 됩니다.

전자 상거래는 특성상 3가지 측면에서 고찰할 수 있습니다.

- 커뮤니케이션 관점에서 전자상거래는 정보의 전달, 상품과 서비스의 배달, 지불까지의 모든 거래가 인터넷 정보기술을 활용하여 전자적으로 이루어집니다.
- 비즈니스 프로세스 관점에서 전자 상거래는 기존의 상거래 업무 처리 과정을 자동화하고 사람의 개입을 최소화하여 정확성, 신속성, 효율성을 높이는 것을 목표로 합니다.
- 서비스 측면에서 전자 상거래는 위의 두 가지 특성을 최대한 활용하고 중간 유통 마진을 최소화하여 고객에게 보다 저렴한 가격에 높은 품질의 서비스를 제공하는 것을 추구합니다.

전자 상거래는 인터넷 정보기술이 없었다면 출현할 수 없는 경제 활동입니다. 그러기 때문에, 인터넷 정보기술을 최대로 활용하여 다양한 서비스와 상품을 제공하고 새로운 비즈니스 모델을 지속적으로 개발해 가고 있습니다. 또한, 고객도 인터넷 정보기술 활용이 일상생활의 기본이 되고 있어 자연스럽게 전자 상거래에 적극 동참하게 됩니다. 전자 상거래와 기존의 전통적인 상거래를 비교해 보면, 전자 상거래의 개념을 좀 더 확실하게 이해할 수 있을 것입니다.

[표 3-2] 전자 상거래와 전통적 상거래 비교

	전자상거래	전통적 상거래
유통채널	• 기업→인터넷→소비자	• 기업→도매상→소매상→소비자
거래대상지역 거래시간	• 전세계가 판매대상 • 24시간 영업	• 일부 지역판매에 한정 • 제한된 영업시간
판매거점, 방법	• Market Space(네트워크) 정보에 의한 판매	• Market Place(시장, 상점) 전시에 의한 판매
고객정보획득	• 온라인으로 수시 획득 • 재입력이 필요없는 디지털 데이터	• 시장 조사 및 영업사원이 획득 • 정보재입력이 필요
마케팅 활동	• 쌍방향 통신을 통한 1대 1 상호작용적 마케팅	• 구매자의 의사에 상관없는 일방적인 마케팅
고객대응	• 고객불만에 즉시 대응 • 고객요구 신속히 포착	• 고객불만에 대응 지연 • 고객요구 포착이 느림
소요자본	• 인터넷 서버 구입, 홈페이지 구축 등에 상대적으로 적은 비용이 소요	• 토지 건물 등의 구입에 거액의 자금 필요
업무처리수단	• 전자문서	• 종이문서
전달방법	• 컴퓨터 통신	• 인편, 우편
처리시간	• 실시간	• 일방적으로 24시간 예외
사용서식	• 표준화된 서식	• 다양한 서식
자료의 재입력	• 불필요	• 필요
법적효력	• 전자서명	• 서명, 날인
지불방법	• 전자화폐	• 화폐

전자 상거래에는 인터넷 정보기술의 특성이 그대로 반영되고 있음을 알 수 있습니다. 우리가 일상

적으로 하고 있는 인터넷 생활 자체가 전자 상거래에도 그대로 반영되고 있습니다. 그러므로 전자 상거래는 특별한 형태의 상거래가 아니라 아주 친근하게 우리의 일상생활에 자리한 경제 활동이 되었습니다. 오히려 전통적인 상거래가 불편하게 느껴질 정도입니다. 인터넷 정보기술의 진화 발전에 따라 전자 상거래는 더 고차적인 수준으로 발전해 갈 것입니다.

3.2 인터넷 전자 상거래

지금까지 인터넷 정보기술에 의해 변화된 경제 활동의 개념에 대하여 알아보았습니다. e-비즈니스의 개념, 비즈니스 모델의 형태, 전자 상거래의 특징 등을 통해 일상생활의 커다란 부분을 차지하고 있는 경제 활동이 인터넷 사이버 공간에서 이루어지고 있는 모습을 살펴보았습니다. 이런 개념을 기반으로 실제의 인터넷 전자 상거래를 구체적으로 살펴보겠습니다.

3.2.1 인터넷 쇼핑

인터넷 쇼핑을 안 해 본 사람은 없을 것입니다. 백화점이나 쇼핑몰을 방문해야만 하는 특별한 이유가 없는 경우에는 대부분의 사람들이 인터넷 쇼핑을 하고 있습니다. 의류, 패션, 서적, 전자 제품 등에서부터 과일, 채소에 이르기까지 모든 상품을 인터넷 쇼핑으로 해결할 수 있어 인터넷 쇼핑은 일상생활이 되었습니다. 서적과 같은 상품의 경우처럼 오프라인 판매보다 온라인 쇼핑몰의 판매가 더 많은 경우도 있습니다.

인터넷 정보기술의 발달로 다양한 형태의 인터넷 쇼핑 방식이 개발되고 있습니다. 인터넷 쇼핑몰을 비롯하여, 오픈 마켓, 소셜 커머스, 모바일 쇼핑, 가상 스토어 등 새로운 형태의 쇼핑 모델이 출현하여 소비자를 유혹하고 있습니다. 인터넷 쇼핑의 현황을 살펴보도록 하겠습니다.

인터넷 쇼핑몰

일상생활 속에 깊이 자리한 인터넷 쇼핑몰은 다양한 상품과 서비스를 전시해 둔 인터넷상의 백화점 또는 쇼핑몰을 말합니다. 현실 세계의 백화점이나 마트를 그대로 인터넷 사이버 공간으로 옮겨 놓은 것입니다. 고객은 인터넷 쇼핑몰에 접속하여 상품을 선정하고, 장바구니에 담아 두었다가 온라인으로 결재하여 주문하게 됩니다. 주문한 상품이나 서비스는 일반적으로 택배를 통해서 배달됩니다. 대금 결재는 신용카드, 계좌이체, 전자수표, 전자화폐 등의 인터넷 기반 지불 수단을 이용합니다.

Nate쇼핑　　11번가　　롯데닷컴　　GS홈쇼핑

[그림 3-5] 대표적 인터넷 쇼핑몰

오프라인의 백화점이나 쇼핑몰처럼 인터넷 쇼핑몰에도 취급하는 상품, 쇼핑몰의 비즈니스 형태 등에 따라 여러 형태가 있습니다. 가전제품, 여성용 의류, 서적, 건강 보조 식품 등 특정 상품만을 전문적으로 판매하는 쇼핑몰도 있고, 일반 잡화를 판매하는 곳도 있습니다. 인터넷 쇼핑몰에서 판매하는 상품과 비즈니스 모델이 아주 다양하기 때문에, 구매하고자 하는 상품을 판매하는 적합한 쇼핑몰을 찾아야 하는 불편함도 있습니다. 때로는 가격 비교를 비교하여 구매해야 하므로 많은 시간이 소요되기도 합니다.

오픈 마켓

오픈 마켓(open market)은 문자 그대로 인터넷 상에서 상품을 팔고 사도록 중개해주는 온라인 장터입니다. 오픈 마켓 운영업체는 인터넷 상에 장터를 개설하고 사업자에게 상품을 팔 수 있는 공간을 제공하고 소비자에게는 인터넷 쇼핑몰을 제공합니다. 구체적으로 살펴보면, 오픈 마켓은 [그림 3-6]처럼 운영 됩니다.

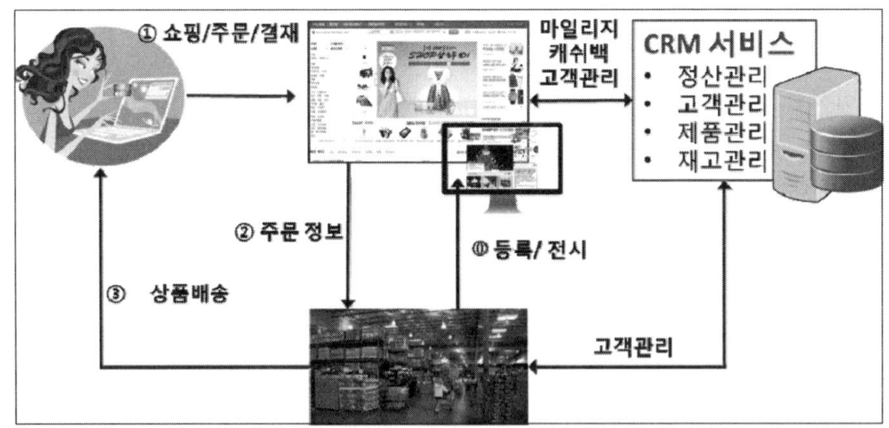

[그림 3-6] 오픈 마켓의 운영

먼저 오픈 마켓 사업자가 시스템을 구비하고 오픈 마켓(장터)을 개설합니다. 상품을 인터넷으로 판매하기 원하는 농민, 중소기업 등이 오픈 마켓에 입점하여 판매하고자 하는 상품을 등록하고 전시합니다. 소비자는 오픈 마켓 쇼핑몰을 방문하여 인터넷 쇼핑몰과 동일하게 상품을 결제하고 주문합니다. 오픈 마켓 사업자는 주문 내역을 입점 업체에 통보하고, 입점 업체는 소비자에게 상품을 발송합니다. 추후, 입점 업체는 오픈 마켓 사업자와 판매 대금 정산을 하게 됩니다.

오픈 마켓 사업자는 입점 업체가 고객 관리를 할 수 있도록 마케팅, 고객 관리, 제품 관리, 재고 관리 등 다양한 서비스를 제공합니다. 입점 업체가 활발한 상거래를 할 수 있도록 지원하는 것입니다.

오프라인에서 상품 판매 사업을 하려고 하면, 상점을 개설하고 마케팅하고 고객 관리 등의 일을 사업자가 수행해야 합니다. 비용도 많이 들고 사업의 공간도 주변 지역으로 한정되어 오프라인 사업은 여간 어려운 것이 아닙니다. 인터넷 쇼핑몰을 개설하고자 하여도 전문 지식과 시설이 부족하여 어려움이 있습니다. 오픈 마켓 운영 업체는 이런 사업자에게 훌륭한 온라인 상점을 개설해 주는 것을 목적으로 합니다. 일반 사업자는 소정의 상품등록 수수료와 판매 수수료를 해당 오픈 마켓 운영 업체에 납부하는 것으로 자신의 온라인 상점을 마련할 수 있습니다.

오픈 마켓은 인터넷 정보기술의 발전과 더불어 등장하여, 유통 서비스를 정보 서비스 산업으로 진화시킨 2차 유통 혁명을 가져 왔습니다. 상품이 있어도 판매가 어려웠던 사업자들에게 사업의 기회를 제공하고 소비자에게는 다양한 상품을 손쉽게 구입할 수 있는 기회를 제공함으로써 경제 활동의 혁신을 가져왔습니다. 오픈 마켓에서는 누구나 판매 사업자가 될 수 있으므로 비즈니스의 개념이 바뀌고 있습니다.

옥션　　디앤샵　　G마켓　　인터파크

[그림 3-7] 대표적인 오픈 마켓

국내의 경우 옥션, G-마켓, 디앤샵, 인터파크, GS 스토어, 11번가 등 많은 오픈 마켓이 성업 중입니다. 앞으로 백화점식 오픈 마켓보다는 전문화된 오픈 마켓도 출현할 것으로 예상되고 있습니다. 누구나 자신의 온라인 상점을 쉽게 개설할 수 있는 장점으로 인하여 오픈 마켓이 급성장하고 있습니다. 오픈 마켓의 거래량이나 성장 속도가 일반 인터넷 쇼핑몰을 추월하였고, 인터넷 쇼핑의 대표가 되었습니다. 앞으로도 오픈 마켓이 지속적으로 급격한 성장을 보일 것으로 예상됩니다.

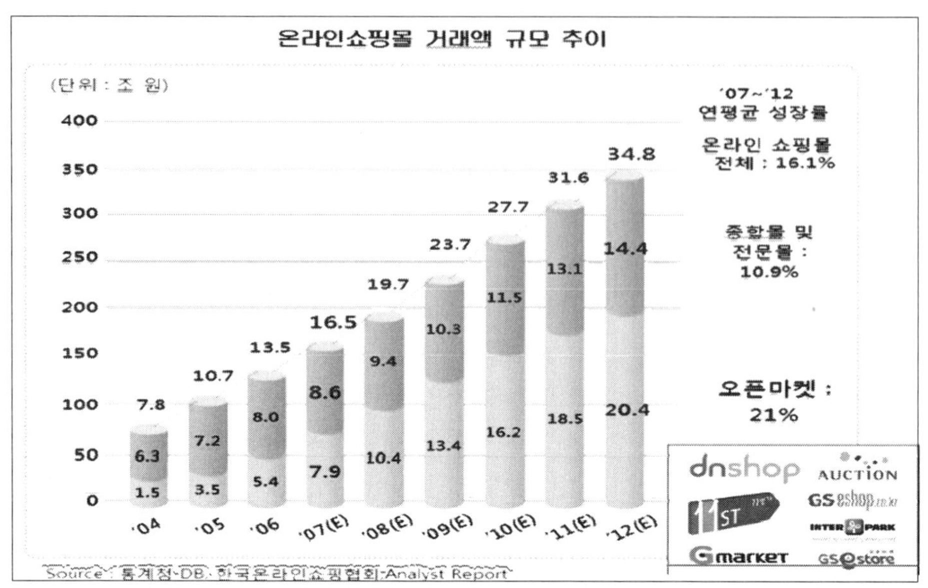

[그림 3-8] 오픈 마켓의 발전 추세

소셜 커머스

인터넷 정보기술의 발전으로 전에는 없었던 새로운 사회구조가 출현하고 있습니다. 인터넷 쇼핑몰이나 오픈 마켓도 그런 형태 중 하나입니다. 소셜 네트워크 서비스(social network service: SNS)가 보편화 되면서 새롭게 출현한 것이 소셜 커머스(social commerce)입니다. 소통의 도구로 생활화된 SNS를 상거래에 활용한 것이 소셜 커머스입니다. 소셜 커머스는 파격적인 가격으로 상품을 판매하여 소비자에게 인기가 높습니다. 쿠팡, 위메이크프라이스, 티켓 몬스터 등 수 많은 업체가 등장하여 소셜 커머스 전성시대가 되고 있습니다. 한편으로는, 인터넷 정보기술의 위력이 대단함을 실감하게 됩니다.

소셜 커머스는 SNS를 활용하여 상거래에 획기적인 변화를 가져 오고 있습니다. 새로운 상거래 모델인 소셜 커머스의 개념은 [그림 3-9]와 같습니다. 소셜 커머스 사업자가 시스템을 구축하고 고객이 어떤 상품에 관심이 있는지 선호도를 조사합니다. 소셜 커머스 업체는 선정된 상품을 공급할 수 있는 업체들을 찾아서 공급 조건, 가격 등을 협상합니다. 이때, 가장 좋은 조건을 제시한 업체와 상품 공급 및 판매를 계약하게 되는데, 대부분 특판 또는 파격적인 조건으로 계약이 이루어집니다. 소셜 커머스 사업자는 SNS와 웹 사이트를 통해 구매자를 모집합니다. 대금과 구매가 결정되면 상품 판매 사업자가 해당 제품을 소비자에게 배송하고, 소셜 커머스 사업자와 판매 정산이 이루어집니다. 소셜 커머스의 특징은 소비자를 대표하여 소셜 커머스 사업자가 주도적으로 판매자에게 직접 거래를 제안하는 것입니다. SNS 등 인터넷 정보기술의 발전으로 소비자가 주도권을 가지고 공동 구매 형태로 거래하는 새로운 형태의 모델을 소셜 커머스라 할 수 있습니다.

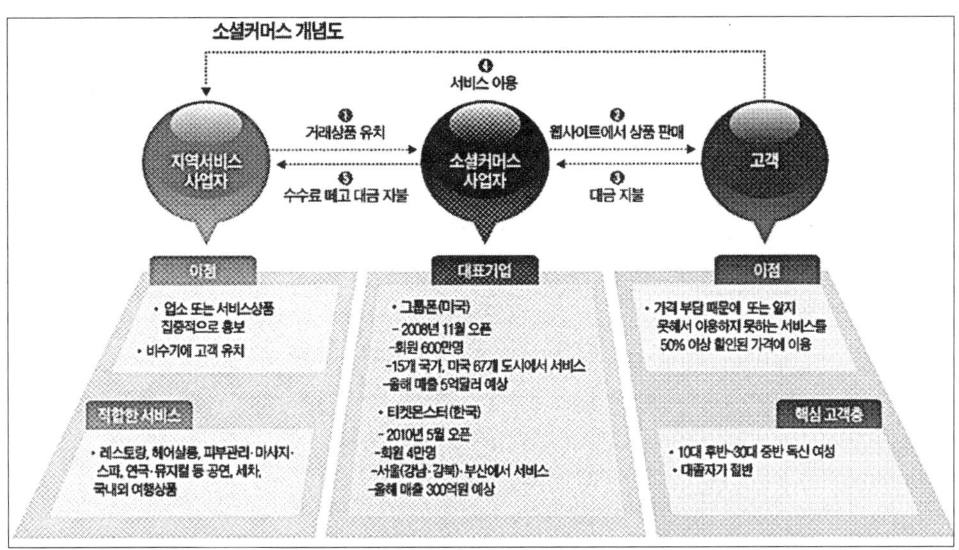

[그림 3-9] 소셜 커머스의 개념

일반적으로 소셜 커머스는 SNS를 활용한 공동 구매 형태이지만, 운영 방식에 따라 다양한 형태가 있습니다. 제한된 시간 동안 특판 가격으로 한정판매, 정해진 인원의 구매자가 모인 경우 특별 할인 쿠폰 지급, 특정 지역의 고객을 대상으로 특판 등 다양한 형태가 있습니다. SNS 등으로 소비자들이 모여서 구매력을 가지고 판매자에게 접근하여 협상할 수 있기 때문에 앞으로도 새로운 형태의 모델이 출현할 것입니다.

소셜 커머스의 매력과 모바일 스마트 정보기기의 확산으로 소셜 커머스는 새로운 쇼핑의 강자로 등장하고 있습니다. 국내의 경우 티켓 몬스터, 쿠팡, 위메이크프라이스, 데일리픽 등 수많은 업체가 영화와 공연 티켓, 레스토랑 할인 쿠폰, 세차권, 피부관리 쿠폰, 여행 상품권 등 다양한 상품을 판매하고 있습니다. 소셜 커머스 사이트의 접속이 일반 검색 사이트 접속을 초과할 정도로 아주 급속하게 확산되어 새로운 쇼핑 문화를 만들어 가고 있습니다. 일반 소셜 네트워크 서비스를 제공하는 업체에서도 새로운 수익원으로 소셜 커머스를 활용하고 있어 소셜 커머스는 지속적으로 발전할 것입니다.

[표 3-3] 소셜 커머스 비즈니스 모델

소셜커머스 유형	사례	특징
플래쉬 세일 (Flash Sale)	Vente-Privěe	• 온라인상에서 제한된 시간 동안 상품 판매 • 회원간 입소문을 통해 회원의 혜택 증가 (drive member-get-member referrals)
그룹 바이 (Group-Buy)	그루폰 티켓몬스터 쿠팡 위메이크프라이스 리빙소셜	• 제한된 시간 동안 정해진 인원이 모이면 특정 상품을 할인된 쿠폰으로 판매 • 지역기반 사업자를 오프라인에서 온라인으로 확대 • 상품 소개자에 혜택 제공 • 회원간 입소문을 통해 회원의 혜택 증가 (drive member-get-member referrals)
소셜 쇼핑 (Social Shopping)	Polyvore Kaboodle Lockerz	• 온라인 상의 좋은 판매 사이트, 상품을 이용자들끼리 공유 • 사이트 광고주는 직접 아이템 올려 공고함 • 소셜 디스커버리(Social Discovery)
소셜 쇼핑 앱스 (Social Shopping Apps)	Shopkick	• LBS 기반 쇼핑앱 • 오프라인 매장 방문 및 구입시 포인트 누적 및 혜택 제공 • 누적된 포인트로 다른 쿠폰 발급 가능 • 기업은 사용자 이용패턴, 구매정보 등의 정보 수집 가능
퍼체이스 쉐어링 (Purchase-Sharing)	Swipely	• 소비자의 상품구매 정보를 공유하여 사업자에 마케팅 수단을 제공하고 소비자에 금전적 보상을 함 • 포인트를 얻은 소비자가 다른 이용자에 입소문을 내는 마케팅을 지향함 • 소비자 구매 정보 취급에 따른 보안 등의 문제점
퍼스널 쇼퍼 (Personal Shopper)	GoTryItOn	• 소셜 네트워크를 통해 상품에 대한 다른 사람의 객관적 조언을 얻음 • 조언자에 포인트 제공, 사업자는 구전효과를 얻음 • 사이트 운영자는 광고 수익을 얻음 • 사업 초기 단계로 커뮤니티 형태를 띰

출처: 김윤화, 소셜커머스 시장현황 및 정책이슈, 정보통신정책연구원, 제23권, 11호

모바일 쇼핑

스마트폰의 등장으로 새롭게 출현한 쇼핑 모델이 모바일 쇼핑(mobile shopping) 또는 m-커머스(mobile commerce)입니다. 모바일 쇼핑의 내용은 다른 비즈니스 모델을 활용하지만, 컴퓨터가 아닌 스마트폰을 이용하여 쇼핑하는 것을 말합니다. 모바일 쇼핑은 스마트폰을 하기 때문에, 지하철에서, 카페에서, 학교에서 원하는 때 언제든지 장소의 제약 없이 쇼핑을 할 수 있습니다. 또한, 스마트폰의 여러 기능을 활용할 수 있고, 특히 GPS 기능을 이용하여 맛집이나 주유소 찾기 등 위치 기반의 쇼핑을 할 수 있습니다.

한국온라인쇼핑협회에 따르면, 국내에 최초로 아이폰이 출시되었던 2008년 모바일쇼핑 거래액은 20억원에 불과했습니다. 그러나 아이폰4와 안드로이드 기반의 삼성의 갤럭시S 등 스마트폰이 대중화 되면서 2010년에는 이것의 7배인 140억원으로, 2011년에는 다시 이것의 14배인 2천억원으로 성장하였으며, 2013년에도 1조 3천억원이 넘는 규모로 급성장하고 있습니다. 스마트폰은 소통

의 도구이지만 쇼핑의 필수 도구가 되고 있습니다. 앞으로 스마트폰 결재가 상용화되면 모바일 쇼핑은 쇼핑의 대명사가 될 것입니다.

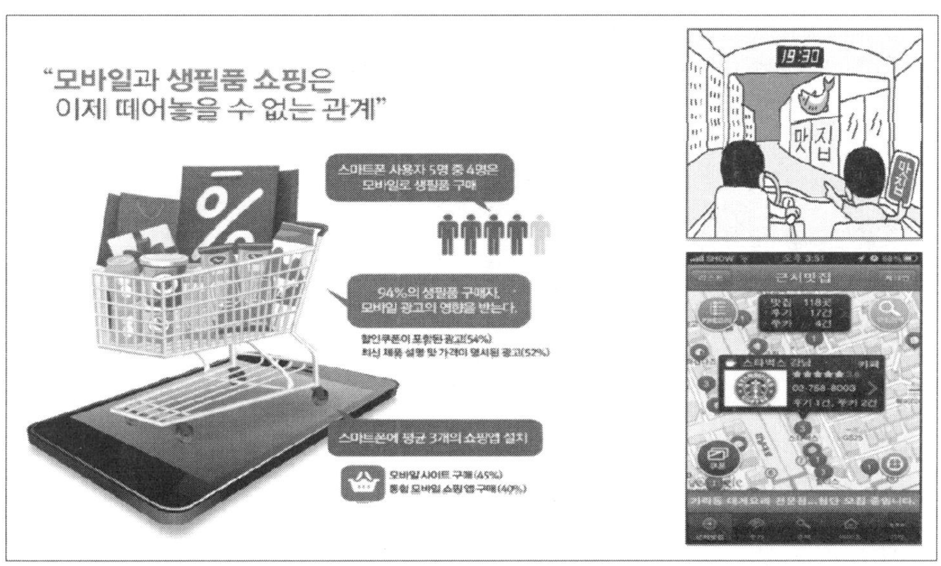

[그림 3-10] 모바일 쇼핑

가상 스토어

인터넷 정보기술은 예상치 못한 새로운 사회구조와 문화를 만들어 내고 있습니다. 가상 스토어(virtual store)는 국내에서 최초 개발된 새로운 쇼핑 모델로 지식정보 시대를 이끌어 가는 한국인의 참신한 아이디어가 돋보입니다.

가상 스토어는 실제 제품이나 서비스가 존재하지 않지만 제품을 구입할 수 있는 판매 공간을 말합니다. 넓은 의미로는 인터넷쇼핑몰, TV홈쇼핑 등 온라인 쇼핑도 가상 스토어라고 할 수 있습니다. 일반적으로 가상 스토어는 지하철 스크린 도어, 버스정류장 게시판, 거리 홍보판 등에 상품 사진 또는 이미지를 전시하고, 스마트폰으로 제품의 바코드나 QR코드를 스캔하여 물건을 바로 구입할 수 있는 시스템을 말합니다. 예를 들어, 지하철에서 열차를 기다리면서 스크린 도어에 전시된 상품 이미지를 촬영하면 원하는 시간과 장소로 상품을 배달해 주는 것이 가상 스토어 모델입니다.

가상 스토어는 온라인과 오프라인을 결합한 4세대 유통채널로 앞으로의 추세가 주목되고 있습니다. 국내에서 최초 개발된 이후 여러 업체가 도입하였지만, 아직 본격적으로 확산되고 있지는 않습니다.

[그림 3-11] 가상 스토어의 예

3.2.2 인터넷 경매

일반적으로 경매는 골동품, 명화, 희귀 서적 등의 소장자가 물품을 출시하여 가장 높은 가격을 제안한 사람에게 판매하는 형태입니다. 이런 일반 경매를 인터넷으로 옮겨 놓은 것을 인터넷 경매라고 합니다. 인터넷 경매에서는 고가의 물품 뿐만 아니라 고객이 관심을 보일 만한 어떤 물품도 출시가 가능합니다. 또한, 인터넷에서 경매가 이루어지므로 전체 인터넷 사용자를 대상으로 경매를 진행할 수 있습니다. 이러한 특성으로 인하여 일반 경매보다도 더 강력한 위력을 발휘할 수 있습니다.

인터넷 경매에도 세부적으로 여러 형태가 있습니다. 단순 고가 낙찰을 위주로 하는 일반 경매, 경매 후 즉시 물품 대금을 지불하는 즉시 구매 경매, 여러 사람이 함께 구매하는 공동 경매, 정해진 금액 이상으로 되었을 때 낙찰하는 특가 경매 등 아주 다양한 형태가 있습니다. 경매 방식도 일반적인 순경매, 물품을 소유한 여러 판매자가 역으로 구매자에게 판매가를 제시하는 역경매 등도 있습니다.

국내의 인터넷 경매는 1998년 4월 옥션(www.auction.co.kr)이 출범한 이래로 이세일, 셀피아, 야후경매, 예스월 등 40여개 업체가 활동하고 있습니다. 사용하지 않는 가전 제품, 중고제품, 급하게 팔고자 하는 자동차 등 아주 다양한 물품이 거래되고 있습니다

인터넷 경매 절차는 [그림 3-12]와 같습니다. 소유자는 불필요한 물품을 경매를 통해 최고가로 판매할 수 있고 구매자는 자신에게 필요한 물품을 최적가로 구입할 수 있는 기회를 제공합니다. 그런데, 실제로 물품을 보고 구입하는 것이 아니라 인터넷 상의 설명과 사진만으로 구매가 이루어지

기 때문에, 물건의 상태와 품질에 대한 시비가 종종 있기도 합니다.

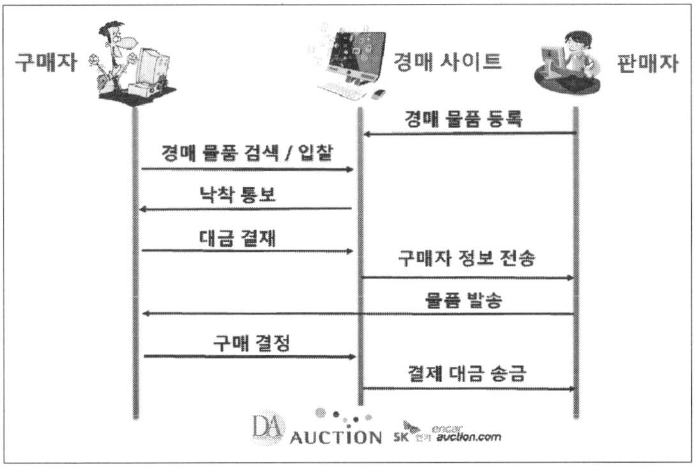

[그림 3-12] 인터넷 경매 절차

3.2.3 모바일 앱 시장

스마트폰의 등장으로 새롭게 등장한 상품이 있습니다. 바로 앱(app)입니다. 스마트폰을 제대로 사용하려면 다양한 앱을 설치해야 합니다. 일정 관리, 날씨, 지도 등에서부터 게임, 영화, 은행에 이르기까지 스마트 생활을 위한 수많은 앱을 설치하게 됩니다.

앱은 스마트폰에 특화된 일종의 프로그램입니다. 앱이 있기 때문에 스마트폰이 비로소 가치를 발휘할 수 있게 되었습니다. 이런 특수성을 인식한 애플은 아이폰을 출시하면서 앱을 개발하고 판매하는 앱스토어라는 시장을 만들어 스마트폰 기술을 주도하게 됩니다. 실제로 아이폰의 가치는 이런 앱이 있기 때문에 가능했다고 할 수 있습니다.

애플의 앱스토어가 성공을 거둔 이후, 스마트폰을 생산하는 업체마다 앱을 개발하고 판매하는 생태계를 만들었습니다. Google의 구글 플레이, Nokia의 오비 스토어, RIM사의 블랙베리 앱 월드, Microsoft의 윈도우 마켓플레이스 등이 출현하여 스마트폰의 확산에 기폭제가 되었습니다. 개발자는 개발한 앱을 판매할 수 있는 시장을 갖게 되어 의욕적으로 새로운 앱을 개발하게 되었습니다. 2012년에 전 세계 모바일 앱스토어 매출이 175억 달러 수준으로 아주 큰 시장을 형성하게 되었습니다.

모바일 앱은 새로운 비즈니스 모델을 가져오기도 하였습니다. 앱을 무료로 제공하거나 앱 안에 광고를 삽입하는 경우, 일정 기간 무료 제공 후 유료화 하는 경우, 부분적으로 유료화 하는 등 다양한 수익 모델이 있습니다. 스마트폰 사용자도 필요로 하는 기능을 저렴한 가격으로 보완할 수 있어, 모바일 앱 시장은 새로운 비즈니스로 각광을 받고 있습니다.

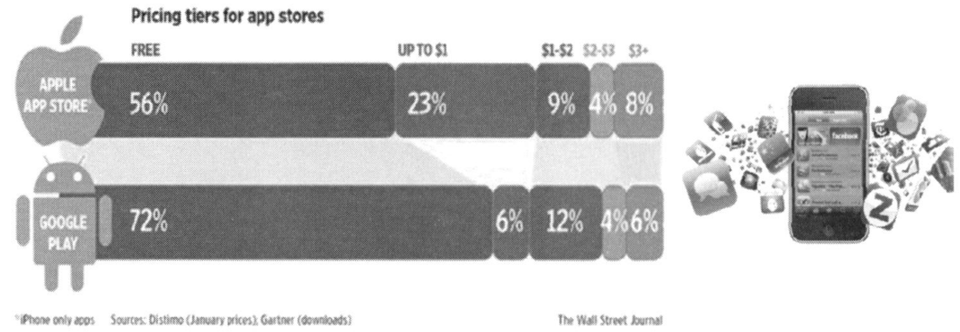

[그림 3-13] 모바일 앱 비즈니스 모델과 시장

3.3 인터넷 전자 대금 결제

e-비즈니스 거래의 중요한 요소 중의 하나는 결제입니다. 결제가 제대로 되어야 상호 신뢰 속에 비즈니스가 마무리 될 수 있을 것입니다. 일반적으로 e-비즈니스에서는 비즈니스가 전자적으로 이루어진 것처럼 결제도 전자적으로 이루어집니다. 전자 결제는 금융기관의 방문이나 현금의 이동 없이 다양한 즉시 결제가 가능하므로 e-비즈니스에서는 기본적인 결제 방법이라고 할 수 있습니다.

3.3.1 다양한 전자결제 방법

인터넷 정보기술을 활용한 전자 결제에도 다양한 방법이 있습니다. 대표적으로 전자 자금이체, 전자 수표, 신용 카드, 직불 카드, 체크 카드, 전자 화폐, 가상 화폐 등이 있습니다.

[전자 자금 이체]

전자 자금 이체(Electronic Fund Transfer: EFT)는 금융기관에 개설된 계좌를 이용해서 자금을 이체하는 것입니다. 지급인이 금융기관에 자금 이체를 의뢰하면 금융기관이 수취인의 은행 계좌로 자금을 이체하게 됩니다. 지급인은 인터넷이나 ATM 등의 방법으로 전자 자금 이체를 실행할 수 있습니다.

[전자 수표]

재래식 수표의 거래 절차를 그대로 인터넷상에 구현한 것을 전자 수표라 합니다. 전자 수표를 발행할 때는 수표 발행인의 신원, 수표 수취인 이름, 금액, 계좌번호, 은행 이체 번호, 발행 일자, 전자 서명 등 포함이 전자 수표에 기록됩니다. 전자 수표는 전자 화폐, 신용카드에 비해 큰 액수를 거래할 때 사용되고 있는데, 대표적인 사례로 Echeck(FSTC), NetCheque(USC), NetBill(CMU) 등이 있습니다. 전자 자금 이체나 다른 전자 지불 수단이 개발되어 일상적으로 이용되고 있지는 않습니다.

[신용 카드]

신용 카드는 인터넷 상거래의 대표적 결제 수단입니다. 일반적으로 비자(VISA)와 마스터(MASTER) 카드가 전자 결제의 안정을 위해 개발한 SET 프로토콜(secure electronic transaction protocol)을 활용해서 결제가 이루어집니다. 신용 카드를 활용한 결제 과정은 [그림 3-14]와 같습니다.

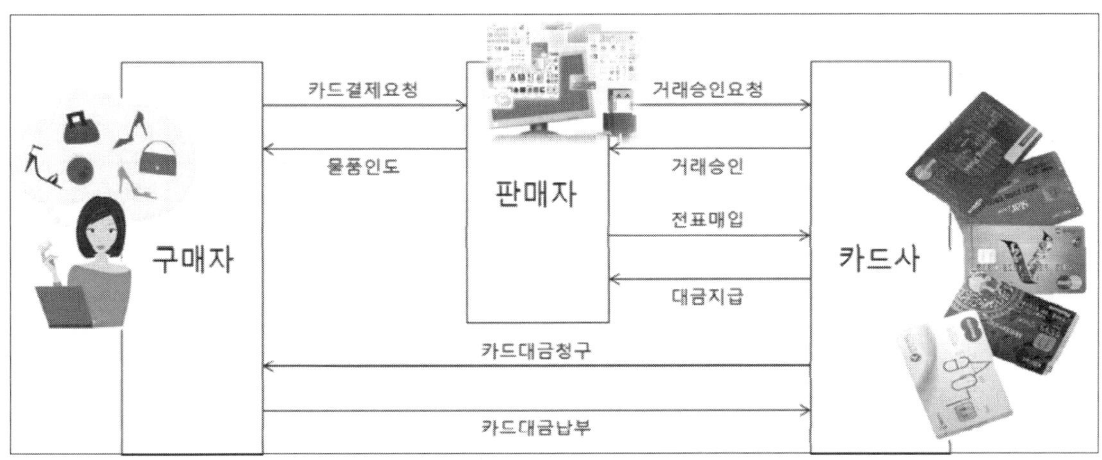

[그림 3-14] 신용카드를 이용한 결제 과정

[직불 카드]

현금과 수표를 대체하여 사용할 수 있는 지불 수단입니다. 은행에 계좌를 가지고 있는 사람은 은행으로부터 직불 카드를 발급 받아, 현금 대신, 신용카드처럼 사용할 수가 있습니다. 직불 카드는 현금성이 있기 때문에 예금 한도 내에서 사용이 가능하고, 사용 즉시 계좌에서 인출됩니다. 직불 카드 사용시마다 비밀 번호를 확인하므로 분실 시에도 신용 카드와 같은 위험은 없습니다.

직불 카드는 현금성, 과소비 방지, 분실/도난 안전 등의 여러 장점이 있지만, 최근에는 그 사용이 급격하게 감소하고 있습니다.

[체크 카드]

체크 카드는 신용카드와 직불카드의 장점을 결합하여 만든 카드입니다. 신용카드 전산망을 그대로 이용하고 있어 모든 신용카드 가맹점에서 사용할 수 있고, 직불 카드처럼 예금 한도 내에서만 사용이 가능합니다. 체크 카드는 할부거래가 안 되는 단점 외에, 연회비가 없고 캐쉬백 혜택, 연말정산 혜택 등이 있습니다. 체크 카드는 직불형 카드이므로 원칙적으로 국내에서만 사용이 가능한데, 최근에는 외국에서 사용 가능한 체크 카드도 보급되고 있습니다.

체크 카드는 과소비나 무분별한 소비 등을 억제할 수 있고 많은 장점이 있어 그 사용이 증가하고 있습니다. 2012년에 약 83조 1,111억원이 사용되는 등 지속적으로 인기를 얻고 있습니다.

[표 3-4]는 카드 형태의 지불 수단에 대한 비교입니다. 각각 특징을 비교하여 이해할 수 있을 것입니다.

[표 3-4] 신용/직불/체크 카드 비교

구분	신용카드	직불카드	체크카드
가맹점	206만	48만	206만
이용시간	24시간	08시-23시30분	24시간
포인트	제공	미제공	제공
현금서비스	가능	불가능	조건부 가능
할부구매	가능	불가능	불가능
이용한도	신용한도	예금잔액	예금잔액
결제	선구매 후 결제	구매 동시 결제	구매 동시 결제
카드발급	신용카드사(은행포함)	은행	신용카드사(은행포함)
가맹점수수료	2.07%	1.00%	1.50%
이용실적(2010)	412조원	300억원	51조원
소득공제	연소득 25% 이상 사용금액의 15%(300만원 한도)	연소득 25% 이상 사용금액의 30%(300만원 한도)	

[전자 화폐]

IC 카드, 마그네틱 카드 등을 화폐 대용으로 사용할 수 있게 한 것을 전자 화폐(electronic money)라 합니다. 일상생활에서 사용하고 있는 교통 카드, T-머니 카드, 하이 패스를 생각하면 이해가 쉬울 것입니다. 전자 화폐는 범용성 선불카드로서 화폐적 가치를 저장하였다가 물품이나 서비스 구매 시에 결제수단으로 활용할 수 있습니다.

주로 전자 화폐는 소액 결제나 주차장, 지하철, 버스, 자판기 등 편의 시설에서 많이 사용하고 있습니다. 일회용과 충전 가능형이 있습니다. 현재는 편리한 전자 지불 수단들이 많이 개발되어 있어 대중 교통 이용에 주로 사용하고 있습니다.

[표 3-5] 국내 전자화폐 현황

(천건, 억원)

	전자화폐	선불전자지급수단		
		선불카드	교통카드	
			대중교통	고속도로
브랜드 종류	K-Cash, VisaCash, MYbi	신용카드사 발급 기프트카드 등	T-money, 대경, MYbi, 하나로, 탑패스, 캐시비이비	하이패스 플러스
운영기관	전자금융업자 (은행발급)	신용카드사	전자금융업자(직접 발급)	
도입시기	2004년 전후	1994년	2004년(T-money)	2007년
발급장수(천장)[1]	12,169	6,169	125,490	
일평균[2] 이용건수/금액(건당 금액)	162/2 (1천원)	148/55 (37천원)	14,345/115 (0.8천원)	

주: 1) 2011년 말 현재　2) 2011년 중 기준　　한국은행, 2012.12

[가상 화폐]

가상 화폐가 등장하여 뜨거운 관심을 받고 있습니다. 대표적인 신개념의 가상 화폐로 비트 코인(Bit Coin)이 있습니다. 세계 각국에서 비트 코인에 대한 논란과 기대가 아주 무성합니다. 비트 코인에 대하여 자세히 살펴보도록 하겠습니다.

비트 코인은 2009년 사토시 나카모토(Satoshi Nakamoto)라는 가명의 개발자가 창안한 국가의 개입 없이 사용자가 통화 정책을 결정하는 신개념의 가상화폐를 말합니다. 화폐를 발행하고 관리하는 중앙 기관이나 조직이 존재하지 않는 자율적 화폐입니다. 비트 코인은 인터넷 상에서 분산 데이터베이스와 공개 키 암호 방식 등의 정보기술을 활용하고 획득하여 사용하게 됩니다. 비트 코인을 사용한 인터넷 거래의 특징은 익명성과 공개성이 보장됩니다.

비트 코인은 완전 디지털 가상 화폐이므로 물리적인 동전이나 지폐가 없습니다. 화폐의 기본 단위는 비트코인(BTC)인데, 이 단위가 너무 커서 천단위로 쪼개 사용합니다. 1BTC는 소숫점 아래 8자리까지 쪼갤 수 있는데, 최소 단위인 0.00000001BTC를 창시자의 이름을 따서 1 사토시(1 satoshi)라 합니다. 비트 코인의 현물 가치는 국제 상황에 따라 변하는데, 2014년 2월에는 1BTC가 127만원(1 사토시가 약 0.01원)으로 거래 되고 있습니다. 통화를 발행, 관리하는 통제 기관이 없이 사용자에 의해 모든 것이 결정되지만, 비트 코인 설계 당시 2,100만 비트코인(BTC)을 생성하도록 설계되어 있습니다.

비트 코인을 사용하려면 비트 코인을 구하거나 구입해야 할 것입니다. 비트 코인을 만드는 절차는 [그림 3-15]와 같습니다. 비트 코인을 만들고자 하는 사람은 비트 코인을 저장할 전자 지갑을 만들어야 합니다. 다음에, 비트 코인을 만들 수 있는 프로그램을 설치하고, 필요에 따라서는 함께 비트 코인을 만들 사람을 찾아 채굴 풀(mining pool)에 가입합니다. 비트 코인을 만드는 것은 아주 난해한 암호 문제를 푸는 것입니다. 프로그램을 설치하면 자동으로 난해한 암호 문제를 풀 수 있는데, 일반 PC를 사용할 경우 5년 정도 장시간이 소요됩니다. 문제를 해결하면, 그때의 비트 코인 상황에 따라 1BTC, 3BTC 등 지정된 소정의 비트 코인을 받을 수 있습니다.

비트 코인을 만드는 방법이 광산에서 금을 채굴하는 것과 유사하여 비트 코인 채굴이라고 합니다. 혼자서 문제를 해결할 경우 장시간이 요구되기 때문에 채굴 풀에 가입하여 여러 사람이 함께 문제를 풀게 됩니다. 경험자에 의하면, 채굴 풀에 가입하여 여러 사람들과 협동으로 1주간 컴퓨터 동작시켜 문제를 풀고 채굴한 비트 코인을 분배하였는데 7사토시를 얻을 수 있었다고 합니다. 이처럼 비트 코인을 채굴하는데 장시간이 소요되어 비트 코인을 얻기가 어렵고 아주 희귀합니다.

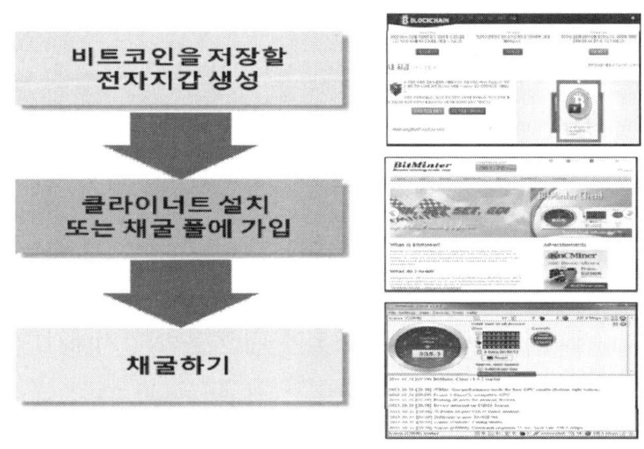

[그림 3-15] 비트 코인 채굴 절차

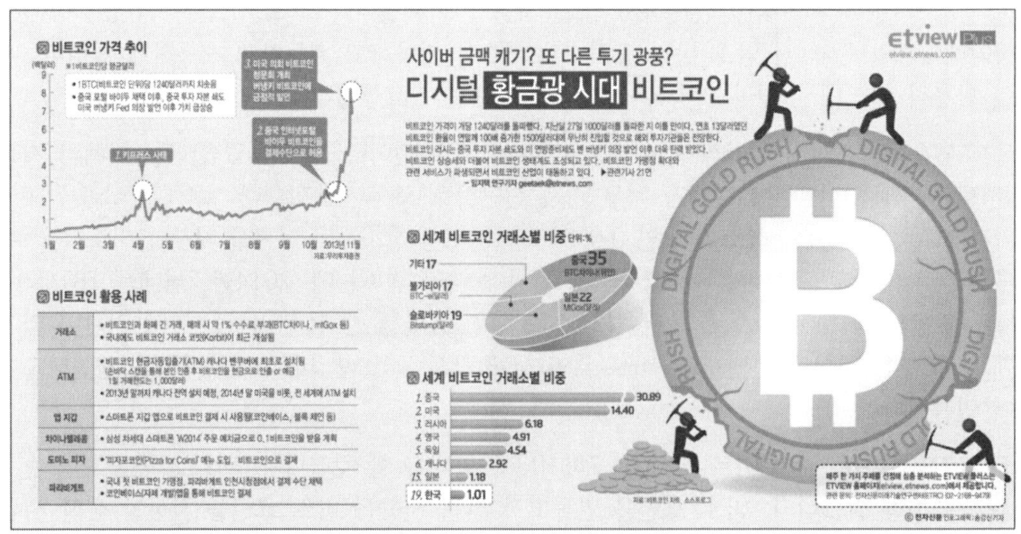

[그림 3-16] 비트 코인의 현황

채굴한 비트 코인은 현실 세계에서 물품을 구입하거나 화폐로 환전할 수 있습니다. 비트 코인을 얻을 수 있는 가장 손쉬운 방법은 실제 화폐를 주고 구입하는 것입니다. 비트 코인의 희귀성으로 인해, 비트 코인의 실제 현금 가치가 주식처럼 심하게 변동됩니다.

비트 코인이 일상 결제 수단이 된다면, 현실 세계의 화폐는 무의미하게 되고 현실 경제는 치명적인 타격을 받게 될 것입니다. 비트 코인으로 결제할 수 있는 곳과 환전소가 늘어나고 있고 비트 코인으로 인한 논란이 지속되고 있습니다. 이처럼 인터넷 정보기술은 예상치 못한 새로운 것을 만들어 내고 있습니다.

[모바일 결제]

스마트폰이 대중화되면서 스마트폰을 경제 활동의 중심으로 활용하는 기술이 지속적으로 개발되고 있습니다. 모바일 쇼핑뿐만 아니라 결제도 모바일로 이루어지고 있습니다. 대부분의 스마트폰에 모바일 결제를 가능하게 하는 NFC(Near Field Communication: 근거리 무선통신)가 내장되어 있습니다. NFC는 10㎝ 이내에서 NFC용 태그에 포함된 정보를 주고 받는 무선통신기술로, 기존의 RFID를 확장시킨 기술입니다. 기존의 RFID는 리더기와 태그의 기능이 완전히 분리되어 일방적인 데이터 통신만 가능했던 반면에, NFC 기술은 태그와 리더기의 기능을 동시에 갖고 있어 상품 구입시에 결제 수단으로 사용할 수 있습니다.

스마트폰의 일상화와 더불어 모바일 결제를 보편적 전자 결제 수단으로 자리매김해 갈 것입니다. 카페, 편의점, 영화관, 레스토랑 등 일상생활의 주요 활동 공간에서부터 점차 백화점, 쇼핑몰 등 전문 쇼핑 공간으로 확대될 것입니다.

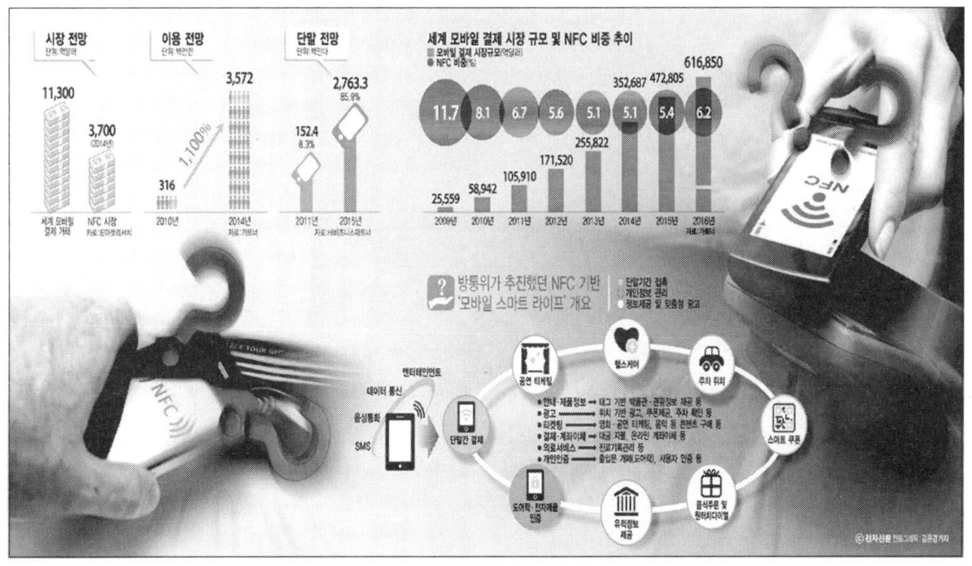

[그림 3-17] 모바일 결제 현황

3.3.2 인터넷 금융 거래와 안전장치

인터넷 정보기술로 큰 변화가 있었던 분야 중에 금융 거래가 있습니다. 예전에는 예금, 출금, 공과금 납부 등을 위해 금융 기관을 찾는 일이 자주 있었습니다. 그러나 인터넷 정보기술로 인터넷 뱅킹이 도입되면서 금융 거래에 커다란 변화가 생겼습니다. 우선, 거리에서 많이 보던 은행 지점의 수가 줄어 들었고 지점의 규모도 축소되었습니다. 일상생활에 필요한 대부분의 금융 거래는 은행에 가지 않고 인터넷 뱅킹으로 하는 것이 생활화 되었습니다.

사이버 뱅킹

인터넷 기반의 금융 거래에는 다음과 같은 형태가 있습니다.

- **인터넷 뱅킹**: 인터넷으로 은행 사이트에 접속하여 거래 조회, 자금 이체 등 다양한 은행 업무를 수행할 수 있습니다. 인터넷 뱅킹을 위해서는 공인 인증서와 은행 발급 보안 카드가 필요합니다.
- **모바일 뱅킹**: 인터넷 접속이 가능한 휴대폰을 사용하여 다양한 은행 업무를 수행하는 형태입니다. 은행에서 발급하는 USIM 칩을 휴대폰에 장착하여야 합니다. 주로 소액 결제에 많이 이용하고 있습니다.
- **스마트폰 뱅킹**: 스마트폰에 은행 앱을 설치하여 은행 업무를 수행하는 형태입니다. 인터넷 뱅킹처럼 공인 인증서와 보안 카드가 필요합니다.

각 방식은 나름대로 특징이 있어 거래 형태에 따라 알맞은 방법을 선택하여 사용하는 것이 좋을 것입니다. 각 방식을 비교 하면 [표 3-6]과 같습니다.

[표 3-6] 사이버 뱅킹의 특징 비교

구분	스마트폰 뱅킹	휴대폰 모바일 뱅킹	인터넷 뱅킹
제공되는 거래 및 서비스	계좌조회 · 이체, 신용카드 소액결제, 할인쿠폰, 가까운 은행지점 찾기, 주변 부동산시세 조회	계좌조회 · 이체 시, 신용카드 소액결제기능	계좌조회 · 이체
서비스 속도	빠름	느림	빠름
지원되는 통신 서비스	무선 인터넷, 휴대폰 인터넷	휴대폰 인터넷	유 · 무선 인터넷
이용 가능한 단말기	스마트폰 제품(아이폰과 안드로이드 폰)	일부 구형휴대폰은 안됨	PC
이용료(통신요금 제외)	따로 없음	월 900~1000원	없음
소프트웨어	앱 스토어에 접속해서 내려 받음	따로 내려 받거나 저장되어 있음	따로 없음, 웹 브라우저로 접속

인터넷 금융과 개인 식별

안전한 인터넷 금융 거래를 위해서는 거래 당사자를 정확하게 식별하는 것이 무엇보다 중요합니다. 개인 식별 수단으로 주민 번호가 통용되고 있는데, 단순하고 편리하지만 개인 신상 정보 노출과 보안성에 문제가 있어 사회문제가 되고 있습니다. 주민 번호를 대체할 개인 식별 방법의 개발이 요구되고 있습니다.

[I-PIN(Internet Personal Identification Number)]

보다 안전한 금융 거래를 위해 I-PIN이 도입되어 사용되고 있습니다. I-PIN은 금융 거래뿐만 아니라 인터넷 상에서 개인 식별 방법으로 폭넓게 사용하기 위해 도입된 방법입니다. 회원 가입, 금융 거래, 물품 구입 등 인터넷에서 활동할 때 주민 번호를 사용하지 않고 본인을 확인할 수 있는 방법입니다. I-PIN은 공공 I-PIN서비스사이트(http://www.g-pin.go.kr)에 접속하여 간단히 발급 받을 수 있습니다.

개인의 신상정보를 포함하고 있지 않아 개인정보 노출로 인한 신상정보 유출 피해 예방이 가능하고 발급 및 폐기 과정이 편리합니다. I-PIN은 각종 인터넷 이용을 간소화 하고 개인의 보안을 강화할 수 있는 좋은 식별 수단입니다. I-PIN과 주민 번호 식별의 특징을 비교해 보면 장점을 쉽게 이해할 수 있을 것입니다.

[표 3-7] I-PIN과 주민 번호 특징 비교

	I-PIN 인증	주민등록번호 실명확인
검증 방법	주민등록번호 실명확인+신원확인	주민등록번호+이름 일치 여부 확인
주민등록번호 저장	웹 사이트에 저장 안됨	개별 웹 사이트에 저장
유출 위험	주민등록번호 외부 노출 가능성 적음 I-PIN 노출시 폐지/신규 발급 가능 주민번호 노출시 변경 불가능	주민등록번호 외부노출 가능성 많음
사용 방법	신원확인 후 본인 확인기관에서 I-PIN 발급 웹 사이트에서 본인확인시 I-PIN 아이디/비밀번호 사용	웹 사이트에서 보인 확인시 주민번호 사용

[공인 인증서]

인터넷상에서 신원을 증명할 수 있도록 공인된 인증기관이 발급한 전자 인증서를 공인 인증서라 합니다. 공인 인증서에는 인증서 버전, 인증서 일련번호, 인증서의 유효기간, 발급기관 및 가입자 이름, 신원확인정보, 전자서명 알고리즘 정보 등이 포함되어 있습니다. 공인 인증서도 I-PIN처럼 금융 거래뿐만 아니라 인터넷 활용에 다양하게 활용할 수 있습니다. 공인 인증서는 은행, 증권사 등 공인 인증서 등록 대행 기관에서 발급 받을 수 있습니다.

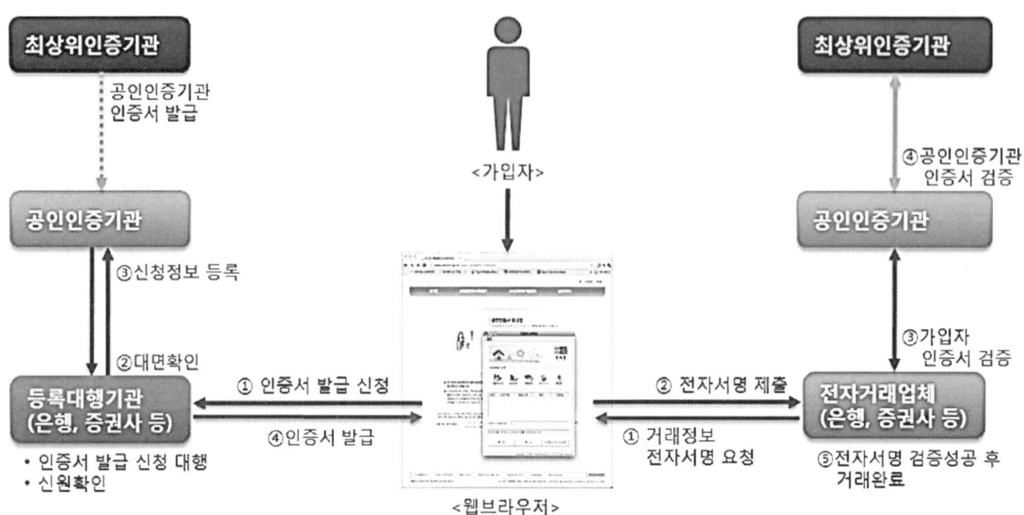

[그림 3-18] 공인 인증서 발급 절차

안전거래 보호장치

인터넷 상거래가 사이버 공간에서 진행되므로 예기치 못한 부작용과 오류가 발생할 수 있습니다. 이를 방지하기 위한 여러 제도가 시행되고 있습니다.

[에스크로 서비스(Escrow Service) 제도]

소비자가 인터넷 쇼핑몰 등에서 인터넷 사기로 인한 피해를 입지 않도록 제3자(에스크로 사업자)가 소비자의 결제 대금을 예치하고 있다가 상품 배송이 완료된 후 인터넷 판매업자에게 대금을 지급하는 거래 안전장치입니다. 결제 대금 예치 제도라고도 합니다. 구매자가 대금을 지불했는데도 상품을 인도받지 못하거나, 판매자가 상품을 배송하였는데도 판매 대금을 입금 받지 못하는 사고를 방지할 목적으로 운영되는 제도입니다.

[e-Trust 마크 제도]

소비자들이 인터넷 상거래 환경하에서 상품이나 서비스를 편리하고 안전하고 안정적으로 구매할 수 있도록 하기 위기 위해, 우수한 사업자에게 신뢰 안전 보장 마크를 부여하는 제도입니다. 소비자는 e-Trust 마크가 있는 공급자와는 안심하고 거래를 할 수 있습니다.

[보증보험]

물품 구매 시 피해를 구제하기 위한 보험입니다. 판매자가 보증 보험에 가입하여 판매의 신뢰성을 높이고, 소비자는 피해가 발생하였을 때 보증 보험사로부터 거래액을 보호 받을 수 있습니다. 일반적으로 거래 금액이 큰 경우나 판매자의 신뢰가 어려운 경우, 구입자는 판매자에게 보증 보험 가입을 요구합니다.

3.4 올바른 인터넷 경제 생활

인터넷 경제가 일상생활에 커다란 변화를 가져 온 것은 분명합니다. 아주 편리하고 효과적인 경제 활동을 지원하고 있고 전에는 볼 수 없는 다양한 서비스로 새로운 경제 활동 영역을 개척해 가고 있습니다. 이러한 긍정적인 측면과 더불어 여러 문제가 야기되어 인터넷 경제 생활을 어둡게 하고 있습니다. 인터넷의 익명성, 비대면성, 시간과 공간으로부터 자유 등 인터넷의 특성을 악용한 부정적 사건이 빈번하게 일어나고 있습니다.

- 인터넷 쇼핑으로 구입한 물품이 당초 홍보 물품과 규격이나 성능에서 차이
- 반품, 환불, A/S의 불가능, 또는 판매자 행방 불명
- 소셜 커머스로 할인 된 가격으로 구입한 티켓의 차별
- 오픈 마켓에서 물품을 구입했지만 불량품 배송
- 신용 카드 사용시 개인 정보 유출
- 인터넷 쇼핑에 사용한 개인 정보를 다른 목적으로 이용
- 초등학생이 모바일 쇼핑으로 과다한 게임 아이템 구입 방치
- 허위 과장 광고 및 온라인 사기
- 신용 카드 부정 사용
- 인터넷 결제시 보안성 미흡
- 인터넷 전자 상거래의 공신력 부재 악용

이러한 구조적인 부작용 이외에도 쇼핑 중독 등도 사회적 문제로 대두하고 있습니다. 인터넷 전자 상거래의 부정적인 현상은 왜 발생하는 것일까요? 인터넷 윤리의식이 결여되어 있기 때문입니다. 자신을 위장하거나 숨길 수 있는 익명성을 악용하여 짝퉁 판매, 사기, 개인정보 악용 등의 행위를 하여도 죄의식을 느끼지 못하며, 적은 노력으로도 쉽게 큰 돈을 벌 수 있는 유혹에 휩쓸리기 때문입니다. 인터넷 상거래 문화를 해치는 이런 부정적인 현상에 어떻게 대응해야 할까요? 소비자들이 현명하게 인터넷 전자 상거래를 하게 되면 이런 부정적인 현상은 야기되지 않을 것입니다. 안전하고 즐거운 인터넷 전자 상거래 문화를 정착시키기 위해서는 무엇보다도 소비자가 현명해져야 합니다.

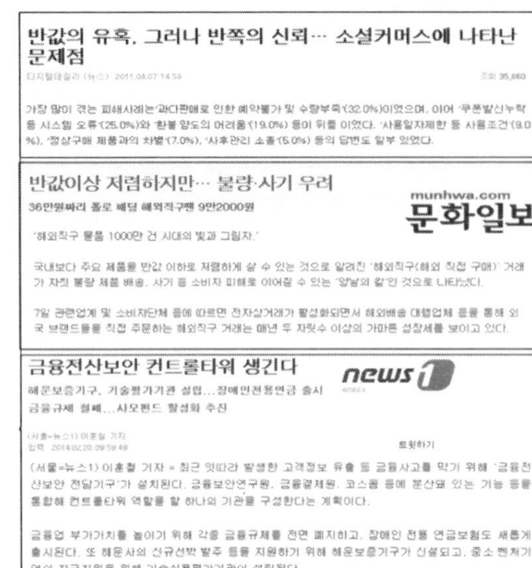

반값의 유혹, 그러나 반쪽의 신뢰… 소셜커머스에 나타난 문제점

디지털데일리 (뉴스) 2011.04.07 14:59 조회 35,660

가장 많이 겪는 피해사례는 '과다판매로 인한 예약불가 및 수량부족'(32.0%)이었으며, 이어 '쿠폰발신누락 등 시스템 오류'(25.0%)와 '환불 절차의 어려움'(19.0%) 등이 뒤를 이었다. '사용일자제한 등 사용조건'(9.0%), '정상구매 제품과의 차별'(7.0%), '사후관리 소홀'(5.0%) 등의 답변도 일부 있었다.

반값이상 저렴하지만… 불량·사기 우려

munhwa.com 문화일보

36만원짜리 돌로 배달 해외직구땐 9만2000원

'해외직구 물품 1000만 건 시대의 빛과 그림자.'

국내보다 주요 제품을 반값 이하로 저렴하게 살 수 있는 것으로 알려진 '해외직구(해외 직접 구매)' 거래가 자칫 불량 제품 배송, 사기 등 소비자 피해로 이어질 수 있는 '양날의 칼'인 것으로 나타났다.

7일 관련업계 및 소비자단체 등에 따르면 전자상거래가 활성화되면서 해외배송 대행업체 등을 통해 외국 브랜드들을 직접 주문하는 해외직구 거래는 매년 두 자릿수 이상의 가파른 성장세를 보이고 있다.

금융전산보안 컨트롤타워 생긴다

news1

해운보증기구, 기술평가기관 설립…장애인전용연금 출시

금융규제 철폐…사모펀드 활성화 추진

(서울=뉴스1) 이훈철 기자

입력 2014.02.20 09:59:48

(서울=뉴스1) 이훈철 기자 = 최근 잇따라 발생한 고객정보 유출 등 금융사고를 막기 위해 '금융전산보안 전담기구'가 설치된다. 금융보안연구원, 금융결제원, 코스콤 등에 분산돼 있는 기능 등을 통합해 컨트롤타워 역할을 할 하나의 기관을 구성한다는 계획이다.

금융업 부가가치를 높이기 위해 각종 금융규제를 전면 폐지하고, 장애인 전용 연금보험도 새롭게 출시된다. 또 해운사의 신규선박 발주 등을 지원하기 위해 해운보증기구가 신설되고, 중소 벤처기업의 자금지원을 위해 기술신용평가기관이 설립된다.

iT dongA

편의성을 동시에 향상한다는 것이 쉽지 않다는 것이다. 모바일 쇼 … 해소되어야 하나, 역설적으로 모바일 결제가 간편해지면서 따르는 문제점도 있다. 지난 16일 한겨레 보도에 따르면, 최근에는 초등학교 6학년 자녀가 게임 아이템으로 1,720만 원을 결제한 사건이 있었다. 해당 보도는 지난 해 콘텐츠 분쟁 5183건 중 미성년자 결제가 46%를 차지했다고 밝혔다. 해외에도 유사한 일이 많다. 최근 애플은 부모 동의 없이 앱스토어와 인앱 방식으로 결제된 금액 345억 원을 환불하기로 결정했다.

jtbc 뉴스

주민번호, 아이핀으로 대체?

SBS 뉴스

사과는 말뿐.. 여전한 '개인정보' 강요

이베이, 잇단 온라인 경매 사기 '홍역'

바람잡이 동원·평판 조작 등 경매가 조작사건 다발 … 감시시스템 강화하며 '유용성' 강조나서

[종합]외국인 복제신용카드 부정사용 일당 덜미

중앙일보 뉴스

【광주=뉴시스】 구용희 기자 = 복제된 외국인 명의의 신용카드로 물품을 구입해 되파는 등의 수법을 통해 거액을 챙긴 일당이 경찰에 덜미를 잡혔다.

광주경찰청 외사계는 20일 외국인의 개인정보가 입력된 복제카드를 인터넷에서 구입한 뒤 귀금속 등을 구입, 이를 되팔아 현금화 한 혐의(여신전문금융업법 위반 등)로 최모(42·카드 공급책)씨 등 5명을 구속하고, 알선책 박모(38)씨를 불구속 입건했다.

[그림 3-19] 인터넷 전자 상거래의 부정적 현상

- 공정거래위원회가 제시한 '인터넷 쇼핑몰 이용 소비자 7대 안전수칙'을 준수합니다.
  ① 사이트에 사업자의 신원정보가 기재되어 있는지 확인합니다.
  ② 각종 인증마크를 무조건 신뢰하시면 안 됩니다.
  ③ 무료서비스, 지나치게 저렴한 가격, 사행성 판매방식(추첨식, 복권식) 등에 현혹되지 않도록 주의해야 합니다.
  ④ 결제가 안전하게 이뤄지는 사이트인지 확인합니다.
  ⑤ 거래조건을 꼼꼼히 확인합니다.
  ⑥ 주문결과를 확인하고 계약정보는 출력해 보존합니다.
  ⑦ 문제가 발생한 경우에 신속하게 대응하세요.
- 공인 인증서를 휴대용 저장장치나 IC카드에 저장하고 철저하게 관리 합니다.
- 공공장소(PC방, 공용PC 등)에서는 공인 인증서를 이용한 전자 상거래를 자제합니다.
- ID, 비밀번호, 보안카드 등이 타인에게 공개되지 않도록 주의합니다.
- 인터넷 뱅킹을 사용한 후 반드시 로그아웃 합니다.
- 필요한 경우에는 에스크로 서비스나 보증 보험을 요구합니다.

3.5 인터넷 시대와 정부 3.0

일상생활에 큰 부분을 차지하고 있는 정부의 공공 서비스가 변하고 있습니다. 이와 같은 변화는 인터넷 정보기술의 비약적인 진화 발전과 고령화 사회로 진입, 복지와 웰빙 건강 생활에 대한 욕구 변화, 참여와 소통, 글로벌 정치 사회 환경, 창조 경제 등 여러 요인에 의한 필연적인 결과라 할 수 있습니다. 또한, 스마트한 미래 사회로 진입하기 위해서도 필수적으로 정부의 혁신이 필요합니다. 정부는 사회의 중추적 기관이므로 정부의 혁신은 다른 분야로 파급되어 사회 변화의 원동력이 될 것입니다. 정부의 변화를 통해 사회 변화를 이해하고 쾌적한 인터넷 정보 생활에 대하여 살펴보도록 하겠습니다.

3.5.1 정부 3.0의 등장

국민의 요구, 기술의 진화, 사회 가치의 변화 등에 부응할 수 있는 정부의 새로운 역할과 기능이 요구되었습니다. 국가의 발전과 국민 복지 증진을 위해서는 정부가 솔선수범해서 업무의 생산성과 효율성을 향상하고 국민을 위한 공공 서비스를 혁신해야 합니다. 이에 따라, 인터넷과 정보통신 기술을 활용하여 정부의 업무 혁신과 서비스를 개선하고자 하는 노력이 지속되어 왔습니다. 이러한 노력은 전자 정부를 출현시켰으며 정보기술의 진화 발전에 따라 함께 진화하여 왔습니다. 전자 정부의 발전 과정을 [표 3-8]에서 요약, 정리하였습니다.

[표 3-8] 전자 정부의 변천

구분	정부 1.0	정부 2.0	정부 3.0
웹 기술 단계	웹 1.0 (정보화)	웹 2.0 (개방/공유/참여/협력)	웹 3.0 (개인화/지능화)
전자정부 단계	인터넷을 통한 대국민 서비스	정보의 공유/개방	개인화/지능화서비스
전자정부 목표	효율성/편의성	효율성/만족도	만족도/가치창출
서비스 제공형태	정부(기관)중심	시민(고객)중심	개인중심
서비스 특성	• 일방향 정보제공 • 제한적 정보공개 • 공급위주 서비스	• 양방향 서비스 • 정보공개 확대 • 모바일 서비스	• 개인맞춤 서비스 • 실시간 정보공개 • 서비스 지능화
정부의 역할	독점적 서비스 제공자	주도적 서비스 제공자	플랫폼 제공자
	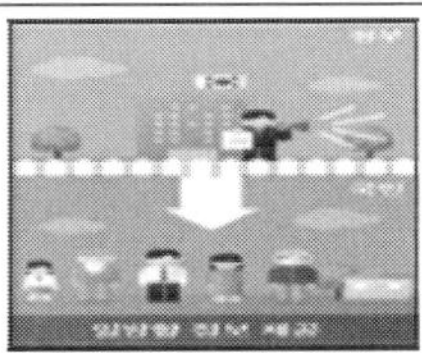		

정부 1.0은 정부의 내부 업무 생산성 향상에 초점을 두고 업무 전산화에 집중하였습니다. 업무와 문서의 전자화가 이루어져 업무 효율이 크게 향상되었습니다. 반면에, 외부적으로는 인터넷을 통해 통제된 정보와 제한된 서비스를 일방적으로 제공하였습니다.

웹 2.0의 확산과 함께 등장한 정부 2.0은 개방과 공유, 참여와 협력의 정신을 실현할 목적으로 다양한 공공 서비스를 제공합니다. 폭넓은 정보의 개방과 공유가 이루어져 정보의 가용성이 획기적으로 신장되고, 양방향 서비스로 인하여 시민의 정부 활동 참여가 확대됩니다. 정부 2.0은 인터넷 정보기술을 활용하여 24시간 쉬지 않고 서비스를 제공하여, 정부에 대한 인식을 새롭게 하고 국민의 정부를 구현하는데 기여하였습니다.

스마트폰의 등장과 차세대 웹기술로서의 시맨틱 웹이 확산되면서 보다 스마트한 정부를 구현하고자 하는 정부 3.0으로의 진화가 이루어집니다. 정부 3.0은 단순 정보의 개방과 공유 차원을 넘어, 정보의 의미를 이해하고 처리하는 지능형 스마트 서비스를 개발하고 정보의 새로운 가치를 창출하고자 합니다. 또한, 개인의 상황에 맞는 서비스를 제공하여 시민의 편의성과 만족을 제공하고 있습니다.

정부 3.0의 비전과 전략

스마트 기술의 등장으로 모든 분야에서 패러다임의 변화가 일어나고 있습니다. 스마트 홈, 스마트 TV, 스마트 시티, 스마트 가전, 스마트 뱅킹, 스마트 캠퍼스 등 모든 분야의 스마트화가 진행되고 있습니다. 정부도 스마트의 개념을 도입하여 사람, 시스템, 프로세스 등 모든 것에 스마트 기술이 적용되어, 사회 현안 문제를 스마트하게 해결하고 구성원 모두가 더 행복해지는 인간 중심의 사회를 만들기 위해 정부 3.0(www.gov30.kr/gov30/index.do)으로 변모하고 있습니다.

국민 모두가 안전하고 행복한 국가를 만들기 위해, 개방적 혁신과 창조적 협력을 바탕으로 국민이 참여하고 소통하는 플랫폼을 만들어, 국가 정책과 서비스를 함께 개선해 나가는 열린 정부(open government)를 만들어 가고 있습니다. 정부 3.0은 정부 중심이 아닌 국민 개개인에 초점을 맞춰 개방, 공유, 소통, 협력이라는 4개의 핵심가치를 기반으로 하는 새로운 정부 운영 패러다임을 말합니다.

이를 실현하기 위하여 '소통하는 투명한 정부', '일 잘하는 유능한 정부', '국민 중심의 서비스 정부'의 전략을 수립하고, 공공정보를 적극적으로 개방하고 공유하며 부처 간 칸막이를 없애 소통하고 협력함으로써, 국민 맞춤형 서비스를 제공하고 동시에 일자리 창출과 창조경제를 지원하고 있습니다.

[소통하는 투명한 정부]

정부 3.0의 중요한 가치인 '소통'은 ① 공공정보를 적극적으로 공개하여 국민의 알 권리를 충족하고, ② 공공데이터의 민간 활용을 활성화하며, ③ 국민과 정부가 함께 협조하는 민.관 협치를 강화하는 것을 목표로 하고 있습니다. 이를 위해, 각 정부는 공공 정보의 적극적 공개를 통해 국민의 알 권리를 충족시키고 공공 데이터의 민간 활용을 활성화하여 새로운 서비스 개발을 촉진하고 있습니다. 하나의 예로, 서울시가 교통정보 개방을 통해 민간에서 버스 안내 앱(App)이나 버스 도착 시간을 알려주는 정류장 LED 등을 개발한 것처럼, 공공 데이터의 생산성을 제고하고 새로운 공공 서비스 개발을 촉진하고 있습니다.

[일 잘하는 유능한 정부]

일 잘하는 유능한 정부는 ① 부처 간 칸막이를 없애 협업체계를 정착하고, ② 모든 정보를 함께 공유하여 효율적인 정책 결정을 하며, ③ 다양한 정보 분석을 통해 데이터 기반의 과학적 행정을 구현하는 것입니다. 예를 들어, 기상청, 방재청 등이 협력하여 자연 재해를 미리 예측하고 재난에 공동으로 대비하는 등의 협력을 강화하고 있습니다. 정부 부처간의 정보 개방 및 공유가 원활히 하기 위한 시스템을 구축하고 화상회의 등을 통해서 긴밀한 소통과 협력을 하고 있습니다.

[국민 중심의 서비스 정부]

국민을 우선하는 국민 중심의 서비스 정부에서는 ① 수혜자 맞춤형 서비스 통합 제공, ② 창업 및 기업 활동 원스톱 지원 강화, ③ 정보 취약 계층의 서비스 접근성 제고, ④ 새로운 정보기술을 활용한 맞춤형 서비스 창출 등이 추진되고 있습니다. 요람에서 무덤까지 수혜자 입장에서 생애 주기별로 필요한 정보와 맞춤형 서비스가 통합적으로 제공되고, 기업이나 창업 활동을 원스톱으로 지원하고, 노약자나 취약계층 등 정보접근이 어려웠던 분들에 대한 서비스도 확대되는 한편, 모바일 신기술을 활용한 생활 밀착형 서비스를 발굴하여 제공합니다. 예를 들어, 기존에 있던 정부민원포털 '민원 24'의 서비스를 확대하여 개인별 다양한 생활민원정보를 하나의 창구에서 통합 안내하고 있으며, '스마트 안전귀가 서비스 앱', 'SOS 국민안심 서비스' 등의 모바일 신기술을 활용한 서비스가 제공되고 있습니다.

3.5.2 인터넷 공공 서비스

앞서 설명한 바와 같이, 정부는 2013년 10월 31일 '공공데이터의 제공 및 이용 활성화에 관한 법률'을 제정하여, 공공 기관이 보유하고 있는 데이터를 공개하고 이를 공공의 목적으로 활용하도록 장려하고 있습니다. 이에 따라, 민간 기관이나 개발자들이 새로운 공공 서비스를 개발하여 스마트한 일상생활을 실현해 가고 있습니다. 여기서는 인터넷과 스마트폰으로 이용할 수 있는 잘 알려진 대표적인 공공 민원 서비스에 대하여 알아보도록 하겠습니다. 새로운 공공 서비스에 대하여는 관련 자료를 검색해 보기 바랍니다.

[전자 민원 서비스]

정부 민원 포털 '민원 24(www.minwon.go.kr)'에서는 생활과 관련된 다양한 서비스를 제공하고 있습니다. 주민등록표, 전출입 신고, 병적 증명서, 초중등학교 졸업 및 성적 증명서 등 인터넷 발급 가능 1,208여종, 인터넷 열람 가능 22여종, 생활민원 일괄서비스 20여종, 어디서나 민원 290여종 등 일상생활에 필요한 다양한 증명서 발급과 조회가 가능합니다.

[그림 3-20] 정부 민원 포털: 민원 24

[스마트 민원 서비스]

민원 24의 서비스가 스마트폰으로도 제공되고 있습니다. 민원 24 모바일 홈페이지(m.minwon.go.kr)에 접속하여 앱을 설치하면 스마트폰으로 민원을 해결할 수 있습니다. 2014년에 토지(임야) 대장, 건축물 대장, 공동주택 가격 확인, 개별주택 가격 확인, 주민등록 등초본 발급 내역, 인감증명 발급 확인 등을 할 수가 있습니다. 또한, 5,000개가 넘는 민원 사무에 대한 안내를 제공하고 있습니다.

[인터넷 등기소]

매매계약이나 전세계약을 하기 전에 해당 가옥의 부채 관계를 확인하는 것이 필수입니다. 과거에는 부동산 중개인이 법원에서 발급받은 부동산 등기부 등본을 이용하여 확인하였는데, 계약 시점보다 1주일 정도의 시차가 있기 때문에 그 사이 발생한 부채 관계에 대해서는 명확하지 않은 문제가 발생하였습니다.

대법원 인터넷 등기소(www.iros.go.kr)에서는 실시간으로 부동산과 관련된 등기 정보 서비스를 제공하고 있습니다. 부동산 등기부 등본 발급/열람 서비스를 이용하는 경우, 실시간으로 부동산에 대한 소유권이나 부채관계 등을 쉽게 알아볼 수 있으므로 이로 인한 피해 등을 예방할 수가 있게 되었습니다.

[그림 3-21] 인터넷 등기소(www.iros.go.kr)

[국세청 홈텍스 서비스]

국세청 홈텍스(www.hometax.go.kr)는 세금과 관련된 다양한 서비스를 제공하고 있습니다. 세금 신고 및 납부, 과세 자료 제출, 세무 서류 신고 및 신청, 세금 조회 등 세금과 관련된 포털 서비스를 제공합니다. 국세청에서는 연말 정산 간소화 서비스(www.yesone.go.kr), 현금 영수증서비스(www.taxsave.go.kr) 등의 서비스도 제공하고 있습니다.

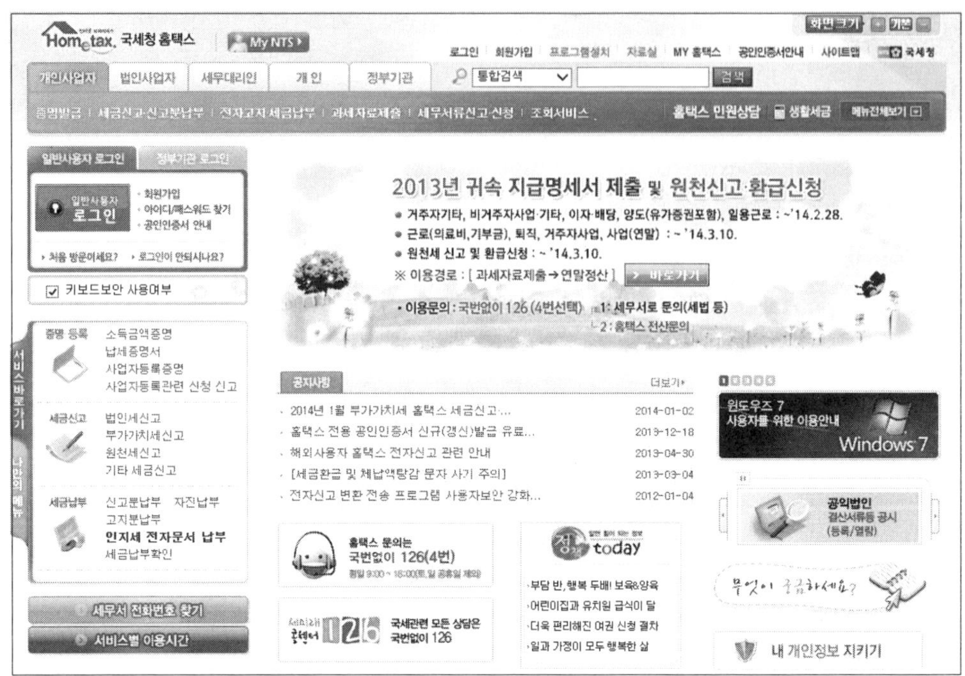

[그림 3-22] 국세청 홈텍스(www.hometax,go,kr)

요 약

- e-비즈니스는 '업무 프로세스 혁신, 효과적 경영 활동, 비즈니스 파트너와의 협력 강화, 고객과의 관계 형성 등 기업의 내부/외부 핵심 업무 활동을 인터넷 정보통신 기술을 기반으로 수행하는 사업 형태'라고 요약·정의할 수 있습니다.
- 경제 주체를 중심으로 e-비즈니스 모델은 B2B(Business-to-Business), B2C(Business-to-Customer), B2G(Business-to-Government), C2B(Customer-to-Business), C2C(Customer-to-Customer), C2G(Customer-to-Government), G2B(Government-to-Business), G2C(Government-to-Customer), G2G(Government-to-Government)의 형태가 있습니다.
- 전자 상거래(Electronic Commerce: EC)는 인터넷 정보기술 등 컴퓨터와 네트워크라는 전자적인 매체를 통해 상품을 사고파는 행위를 말합니다.
- e-비즈니스는 인터넷 정보기술을 활용하여 사업의 목적을 달성하고자 하는 모든 경제 활동을 말합니다.
- 가상 스토어는 지하철 스크린 도어, 버스정류장 게시판, 거리 홍보판 등에 상품 사진 또는 이미지를 전시하고 스마트폰으로 제품의 바코드나 QR코드를 스캔하여 물건을 바로 구입할 수 있는 시스템을 말합니다.
- 경매는 골동품, 명화, 희귀 서적 등의 소장자가 물품을 출시하여 가장 높은 가격을 제안한 사람에게 판매하는 형태입니다. 이런 일반 경매를 인터넷으로 옮겨 놓은 것을 인터넷 경매라고 합니다.
- 앱은 스마트폰에 특화된 일종의 프로그램입니다. 스마트폰을 제대로 사용하려면 다양한 앱을 설치해야 합니다. 일정 관리, 날씨, 지도 등에서부터 게임, 영화, 은행에 이르기까지 스마트 생활을 위한 수많은 앱을 설치하게 됩니다.
- 신개념의 가상 화폐로 비트 코인(Bit Coin)이 있습니다. 비트 코인은 2009년 사토시 나카모토(Satoshi Nakamoto)라는 가명의 개발자가 창안한 국가의 개입 없이 사용자가 통화 정책을 결정하는 신개념의 가상화폐를 말합니다. 화폐를 발행하고 관리하는 중앙 기관이나 조직이 존재하지 않는 자율적 화폐입니다. 비트 코인은 인터넷 상에서 분산 데이터베이스와 공개 키 암호 방식 등의 정보기술을 활용하고 획득하여 사용하게 됩니다. 비트 코인을 사용한 인터넷 거래의 특징은 익명성과 공개성이 보장됩니다.
- 인터넷 기반의 금융 거래에는 인터넷 뱅킹, 모바일 뱅킹, 스마트폰 뱅킹과 같은 형태가 있습니다.
- 에스크로 서비스(Escrow Service) 제도: 소비자가 인터넷 쇼핑몰 등에서 인터넷 사기로 인한 피해를 입지 않도록 제3자(에스크로 사업자)가 소비자의 결제 대금을 예치하고 있다가 상품 배송이 완료된 후 인터넷 판매업자에게 대금을 지급하는 거래 안전장치입니다. 결제 대금 예치 제도라고도 합니다.

- 안전하고 즐거운 인터넷 전자 상거래 문화를 정착시키기 위해서는
  - 공정거래위원회가 제시한 '인터넷 쇼핑몰 이용 소비자 7대 안전수칙'을 준수합니다.
  - 공인 인증서를 휴대용 저장장치나 IC카드에 저장하고 철저하게 관리합니다.
  - 공공장소(PC방, 공용PC 등)에서는 공인 인증서를 이용한 전자 상거래를 자제합니다.
  - ID, 비밀번호, 보안카드 등이 타인에게 공개되지 않도록 주의합니다.
  - 인터넷 뱅킹을 사용한 후 반드시 로그아웃 합니다.
  - 필요한 경우에는 에스크로 서비스나 보증 보험을 요구합니다.
- 정부 3.0은 정부 중심이 아닌 국민 개개인에 초점을 맞춰 개방, 공유, 소통, 협력이라는 4개의 핵심가치를 기반으로 하는 새로운 정부 운영 패러다임을 말합니다. 이를 실현하기 위하여, '소통하는 투명한 정부', '일 잘하는 유능한 정부', '국민 중심의 서비스 정부'의 전략을 수립하고, 공공정보를 적극적으로 개방하고 공유하며 부처 간 칸막이를 없애 소통하고 협력함으로써, 국민 맞춤형 서비스를 제공하고 동시에 일자리 창출과 창조경제를 지원하고 있습니다.

참고문헌

- 김경기 (2012), "2013 유통/홈쇼핑업종 전망", 2013 산업전망 시리즈 11호, 한화투자증권.
- 김정규 · 이동규 (2012), "Cashless Society 진전 현황 및 정책과제", BOK 경제 리뷰, 한국은행, 2012.12,
- 김정환 · 이윤철 (2001), 이동일, "전자지불 시스템 및 시장 동향", 주간기술 동향 01-16.
- 방송통신위원회 · 한국인터넷진흥원 (2013), 2013년 인터넷 이용자 실태 조사, 한국인터넷진흥원.
- 이양환 (2011), "모바일 애플리케이션 비즈니스 현황과 전망", KOCCA 포커스 2011-20호 (통권 48호), 한국콘텐츠진흥원.
- 최용록 (2009), "글로벌e-비즈니스의 새로운 도약 : 전망과 과제", e-비즈니스연구 제10권 제4호, pp. 15-28.
- 한국정보화진흥원 (2013), 정부3.0: 새로운 대한민국을 꿈꾸다, 한국정보화진흥원, 2013.05
- 한국방송통신전파진흥원 (2013), "가상스토어의 동향과 활성화 방안", 방송통신기술 이슈&전망 2013년 제1호, 2013.
- IDG (2013), 역사상 가장 성공적인 가상화폐 비트코인에 대한 이해, IDG Tech Report.

확인학습

01. 다음 기사의 내용 중 ( ) 안에 들어갈 단어는 무엇인가?

> UN사무총장 반기문 '전 세계와 대화'
> 반기문 UN사무총장은 미국 ABC뉴스 생방송 '전 세계와의 대화'에서 (　　)을/를 이용할 예정이다. 유엔 관계자는 반 총장이 유엔 총회에 앞서 뉴욕에서 페이스북이나 트위터 등 (　　)을/를 통해 전 세계의 누리꾼들과 대화할 것이라고 전했다. 이미 반 총장에게 전세계에서 5000개가 넘는 질문이 쏟아졌으며, 반 총장은 이 질문 중 일부를 선택하여 답하게 된다.

① 문자서비스
② 채팅 프로그램
③ 홈페이지 게시판
④ 소셜네트워크 서비스

02. 매매계약이나 전세계약 시 일어날 수 있는 피해예방을 위해 실시간으로 부동산에 대한 소유권이나 부채 관계 등을 쉽게 알아볼 수 있도록 부동산등기부등본 발급/열람 서비스를 제공하는 곳은 어디인가?

① 위택스　　② 홈택스
③ 민원24　　④ 인터넷등기소

03. 다음이 설명하는 것은 무엇인가?

> • '결제대금예치제도'라고도 한다.
> • 구매자와 판매자 상호간 안정적 거래를 할 수 있도록 보장해 주는 제도이다.
> • 구매자가 물건을 받지 못하거나, 판매자가 돈을 받지 못하는 경우가 발생하여 도입된 제도이다.

① 본인확인제
② eTrust 인증제도
③ 옵트인(Opt-In)제도
④ 에스크로서비스(escrow service)제도

04. 안전한 금융거래를 위한 공인인증서 사용에 대한 설명으로 틀린 것은 무엇인가?

① 온라인 실 거래상의 인감증명서와 같은 증서이다.
② 재발급 신청은 은행을 직접 방문해야만 가능하다.
③ 신원 사칭, 거래 내역의 위 · 변조 등을 예방할 수 있다.
④ 한번 받은 공인인증서는 유효기간만큼만 사용할 수 있다.

05. 다음에서 설명하는 것은 무엇인가?

> 언제 어디서나 인터넷 접속을 통하여 IT 자원을 제공 받는 주문형 IT 서비스이다.
> 비용의 절감과 업무의 시·공간적 제약을 없애는 업무환경 변화를 가져왔다.

① 실감 미디어
② 워크 스마트
③ 스마트 그리드
④ 클라우드 컴퓨팅

06. 전자정부사이트 민원24(http://www.minwon.go.kr)에 대한 설명 중 틀린 것은 무엇인가?

① 모든 민원을 인터넷으로 처리할 수 있는 서비스를 제공한다.
② 주민등록초본 등은 화면으로 열람할 수 있으며, 프린터로 출력할 수 있다.
③ 전입신고 등 5,000여종의 민원에 대한 수수료, 처리기관, 처리기한 등을 안내한다.
④ 이사로 인해 여러 가지 민원이 발생될 경우 한번에 처리할 수 있도록 묶음으로 제공하고 있다.

07. 다음은 무엇에 대한 설명인가?　스마트홈

> 미래 신개념의 주택(집)으로 비바람을 피하기 위한 물리적인 의미의 '집' 뿐만이 아니라, 인간의 욕구를 충족시키기 위해 안전성, 쾌적성, 편리성 및 표현성을 제공합니다. 그리고 인간이 필요로 하는 각종 서비스를 네트워크화 된 여러 생활 가전을 통해 질 높은 서비스를 제공합니다.

08. 그림에서 제공하는 서비스에 대해 잘못 설명한 것은 무엇인가?

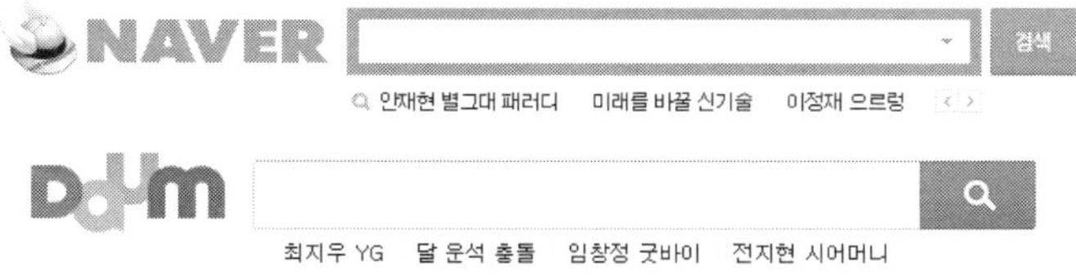

① 전기세, 수도세 등 각종 세금을 낼 수 있다.
② 과제를 위해 필요한 자료를 검색하여 찾는다.
③ 필요한 물건을 구입하기 위해 인터넷 쇼핑을 한다.
④ 취미활동이 같은 사람들끼리 모여서 정보를 공유한다.

09. 인터넷상에서 거래를 하기 위해서 자신이 누구인지 증명할 수 있도록 공인된 인증기관에서 발급하는 것은 무엇인가?

① 전자화폐	② 사이버머니
③ 모바일뱅킹	④ 공인인증서

10. 인터넷 접속이 가능한 휴대전화를 이용하여 여러 가지 은행업무를 인터넷 은행에서 수행하는 은행업무 행위는?

① 뉴 뱅킹　　　　② PC 뱅킹
③ 인터넷 뱅킹　　　　④ 모바일 뱅킹

11. 올바른 인터넷 경제 활동으로 적합하지 않은 것은?

① 사이트에 사업자의 상호, 주소, 전화번호, 사업자 등록 번호, 이용 약관 등의 정보가 정확하게 기재돼 있는지 확인한다.
② 무료 서비스, 저렴한 가격, 추첨 등은 잘 활용하여 경제적 효율성을 극대화한다.
③ 인증 마크를 무조건 신뢰하지 않고 결제의 안전성 여부를 점검하고 거래 조건을 확인한다.
④ 문제가 발생했을 때에는 공정거래위원회, 경찰청 사이버 테러 대응 센터, 한국 소비자원, 전자거래 분쟁 조정 위원회 등에 신고해 신속하게 대응한다.

12. 전자 정부에 대한 설명 중 틀린 것은?

① 국세청 사이트를 이용하여 연말 정산을 간소화할 수 있다.
② 인터넷 지로 사이트를 이용하여 상수도세를 납부할 수 있다.
③ 홈텍스 사이트를 이용하여 교통 범칙금을 납부할 수 있다.
④ 대법원 인터넷 등기소 사이트를 이용하여 부동산에 대한 소유권 등을 실시간으로 확인할 수 있다.

13. '안전한 인터넷 뱅킹 7계명'과 거리가 먼 것은?

① 인증서를 휴대용 저장 장치나 IC 카드보다는 안전한 하드 디스크에 저장한다.
② 인증서 저장 매체를 변경하는 경우 기존 저장 매체의 개인키를 반드시 삭제 한다.
③ 무료로 제공되는 보안 서비스를 최대한 이용한다.
④ 거래 은행이 공인인증기관의 인증서를 사용하는지 확인한다.

14. 오픈 마켓 이용 시 소비자를 보호하기 위한 매매보호장치를 3가지 설명하라.

에스크로 서비스 제도(Escrow service)
- 결제 대금 예치 제도
- 소비자가 인터넷 쇼핑몰 등에서 인터넷 사기로 인한 피해를 입지 않도록 제3자(에스크로 사업자)가 소비자의 결제 대금을 예치하고 있다가 상품 배송이 완료된 후 통신 판매업자에게 대금을 지급하는 거래 안전장치
- 전자 상거래 등에서 구매자와 판매자 간의 안전한 거래를 보장
- 구매자가 상품을 인도받지 못하거나 판매자가 판매 대금을 입금 받지 못하는 사고를 방지

e-Trust 마크제도
- 우수한 전자 거래 사업자에게 신뢰 안전 보장 마크를 부여하는 제도
- 소비자들이 전자 상거래 환경하에서 상품이나 서비스를 편리하고 안전하고, 안정적으로 구매할

수 있도록 하기 위한 제도
- 지식경제부 후원, 정보통신 산업 진흥원 주관
- 상업적 웹 사이트의 소비자 보호, 개인정보 보호 정책, 구매의 전 과정을 평가하여 일정 기준을 만족하는 업체에 인증마크 부여

보증보험
- 물품 구매시 전자보증을 통해 구매할 경우에는 보증보험증서를 발급 받음
- 보증보험 발급수수료는 판매자가 부담하지만 구매에 대한 피해를 입었을 경우 전액 보호 받음

15. 인터넷상에서 개인식별을 위해 도입된 I-PIN시스템의 특징 세 가지에 대하여 설명하라.

① 노출로 인한 신상정보 유출 피해 예방 가능
② 발급 및 폐기 과정의 간소함
③ 인터넷 홈페이지 이용의 간소화 및 보안강화

제4장 정보 공급자와 인터넷 저널리즘의 윤리

우리는 지식정보 사회에 살고 있습니다. 지식정보 사회에는 정보가 사회를 구성하는 기반 요소가 되고 가장 중요한 가치를 가지고 있습니다. 정보가 사회에서 막힘 없이 유통될 때 사회는 활기차게 움직이게 됩니다. 막힘 없는 정보의 흐름을 만들어 주는 것이 인터넷 정보기술 입니다. 인터넷 정보기술은 정보의 거대한 열린 공간을 만들어 언제 어디서든지 정보 접근성을 제공하여 성숙된 지식정보 사회를 만들고 있습니다.

만약, 정보가 오염되거나 정보의 흐름이 왜곡된다면 어떤 일이 일어날까요? 사회 전반에 치명적인 문제가 야기될 것이며, 지식정보 사회의 기반이 흔들리게 될 것입니다. 정보는 사회 구성원 모두를 위한 것이므로 투명하고, 정확하고, 신속하게 관리되어야 합니다. 때문에 정보를 다루는 주체들의 윤리 의식은 무엇보다도 중요합니다.

이 장에서는 정보 주체들의 역할과 책임을 살펴보고, 정보 주체들의 윤리적 쟁점과 윤리 의식에 대하여 알아보겠습니다. 정보 매체로의 인터넷을 고찰하여 올바른 인터넷 생활을 위한 윤리관과 공정한 정보활동을 위한 제도적 접근에 대해서도 살펴보겠습니다.

4.1 인터넷 공간에서 정보 유통

우리가 생활하고 있는 지식정보 사회는 정보를 기반으로 구축된 사회입니다. 정보가 사회 구성의 기반이라고 할 수 있습니다. 정보는 사회의 물과 공기와 같아서 정보 없이는 사회가 한 순간도 유지될 수 없습니다.

인터넷 사이버 공간의 특성을 축약해서 이야기한다면, 정보와 소통이라고 할 수 있습니다. 인터넷은 정보의 개방과 공유로 지식정보 사회의 기반을 만들었고, 소통으로 참여와 협력의 열린 사회를 가져 왔습니다. 인터넷 사이버 공간이 정보의 원천으로 역할을 하고 있어 사회의 가장 중요한 기반이 된 것입니다. 그런데, 정보의 원천인 인터넷 사이버 공간의 정보가 오염되고 정보 흐름이 왜곡되는 등의 사회적 문제가 야기되고 있습니다. 이러한 문제는 인터넷의 기능에 심각한 우려를 제기하고 있으며 지식정보 사회의 발전을 저해하는 요인이 되고 있습니다.

4.1.1 인터넷과 정보 유통

우리의 정보 생활의 대부분은 인터넷 사이버 공간에서 이루어집니다. 뉴스, 일기예보, 인터넷 쇼핑을 위한 상품 정보, 주가 정보, 보고서를 작성하기 위한 전문 정보, 통계 정보 등등 업무, 학업, 일상생활에 필요한 대부분의 정보를 인터넷 사이버 공간을 통해 얻고 있습니다. 우리의 정보활동을 인터넷에 의존하고 있기 때문에 인터넷은 투명하고 공정하고 정확하게 정보를 전달하여야 합니다. 만약, 인터넷의 정보 능력이 손상된다면 우리의 정보활동은 치명적인 영향을 받게 될 것입니다.

[사례 1: 검색어 노출 순서 조작] 정보가 필요한 경우 우리는 구글, 야후, 네이버, 다음과 같은 사이트에서 관련 정보를 검색합니다. 검색 시에는 우선 순위가 높은, 상단에 노출된 정보에 접근하는 것이 보통입니다. 검색사이트 ABC는 업체나 관계자로부터 금품을 받고 사용자가 검색하면 업체나 관계자의 정보를 상단에 노출시켜 주어 사용자의 방문을 유도하고 있습니다. 검색어 노출 순서를 조작하여 정보 유통을 왜곡하는 것입니다(검색 사이트에서 우선 순위를 높여 주는 기술을 SEO(search engine optimization)라고 합니다.).

[사례 2: 실시간 검색어 통제] 대부분의 포털 사이트는 실시간 검색어 순위를 제공하고 있습니다. 실시간 검색어의 순위를 보면 사회의 관심사나 여론을 파악할 수 있습니다. 일부 포털 사이트에서는 정치적으로 민감한 사항이나 사회적 쟁점이 되고 있는 검색어를 누락하거나 순위를 변경하기도 합니다. 실제로 일반 사용자는 실시간 검색어가 어떻게 만들어 지는지 전혀 알 수가 없습니다. 이런 일이 발생한다면 여론을 통제하고 조작할 수 있게 됩니다.

[사례 3: 망 중립성 논란] 인터넷을 접속할 수 있도록 통신망을 제공하는 사업자가 있습니다(우리 나라는 LG 텔레콤, SK 텔레콤, KT 등이 있습니다.). 통신망 사업자는 많은 비용을 들여 네트워크를 설치하고 가입자로부터 사용료를 받고 있습니다. 게임회사 PQR이 개발한 우주여행 게임이 폭발적인 인기를 얻고 있습니다. 대부분의 사용자가 PQR의 우주여행 게임에 접속하여 통신망의 트래픽이 폭주하게 되었습니다. 통신 사업자는 통신망의 과부하로 업무에 지장을 받고 다른 사업에도 어려움을 겪게 되었습니다. 통신망 사업자는 통신망의 품질 개선에 따른 비용을 게임회사 PQR에게 요청하였습니다. 만약, 통신 과부하로 인한 비용을 부담하지 않는다면 통신망을 차단하겠다고 하였습니다. 게임회사 PQR은 사용자들이 통신망 사용료를 지불하고 통신망을 사용한 것이고 자신들과는 무관하게 이루어진 접속이므로 비용을 부담하기 어렵다는 입장입니다. 통신망의 과부하에 따르는 비용을 게임 회사가 부담해야 할까요? 비용을 부담하지 않을 경우, 통신망 접속을 제한하는 것은 온당한 일일까요? 통신망 사업자가 통신망 접속을 통제하는 것은 바람직할까요? 통신망 사업자가 인터넷 접속을 통제한다면 어떤 일이 발생할 수 있을까요?

[사례 4: 허위 사실 유포] K씨는 인터넷 포털 게시판에 유명 연예인의 신상과 관련한 사실을 게재하여 많은 사람들의 관심을 끌었습니다. K씨의 글을 읽은 네티즌들은 유명 연예인에 대하여 실망하고 분노하였습니다. 추후, K씨의 글이 허무맹랑한 허위 사실로 밝혀졌지만, 연예인은 정신적 폭력에 의한 우울증으로 병원에서 치료를 받았고 명예가 훼손되어 은퇴하였습니다.
한국인터넷진흥원의 조사 보고서(2011년)에 의하면 인터넷 이용자 중 57.7%, 특히 10대 청소년의 73.8%가 허위사실 유포 경험이 있다고 응답하였습니다. 또한 대부분의 이용자들은 허위사실이 '사실일 가능성이 높다고 생각'하여(56.1%) 유포한다는 응답이 가장 높게 나타났습니다. 인터넷 공간이 허위 사실의 온상이 된다면 우리의 정보 생활은 어떻게 될까요?

위의 사례들은 인터넷 사이버 공간에서 실제로 발생한 사례의 극히 일부입니다. 인터넷 사이버 공간에서는 이외에도 다양한 형태로 정보의 흐름을 방해하고 왜곡하는 일들이 발생하고 있습니다. 우리 사회가 인터넷 사이버 공간의 정보에 크게 의존하고 있는 상황에서 이러한 일들은 열린 정보 생활을 심각하게 위협하고 있습니다.

인터넷 사이버 공간의 정보는 다음과 같은 특징을 가지고 있습니다.

- 디지털 정보이므로 누구나 쉽게 생산할 수가 있습니다. 웹 페이지 제작, 블로그 개설, UCC 제작 등 특별한 전문성이 필요하지 않는 경우도 있습니다. 이러한 정보 생산의 용이성으로 인하여 다양하고 유용한 정보가 풍부하게 생산되고 있습니다.
- 인터넷의 특성으로 인하여 생산된 정보는 시간과 공간을 초월하여 예측 불가능한 파급 효과를 갖게 됩니다. 이러한 파급 효과는 정보 생산자의 윤리적 책임을 요구하고 있습니다. 비윤리적 또는 해악적 정보가 얼마나 나쁜 영향을 미치는지를 예측하기가 어렵습니다.
- 인터넷 사이버 공간은 열린 공간으로 누구나 참여하여 정보를 생산하고 활용할 수 있습니다. 이런 열린 참여에도 윤리적 책임이 뒤따르게 됩니다. 정보 생산자는 신뢰할 수 있는 수준 높은 정보를 생산하여야 하고, 정보 수혜자는 분별력을 가지고 정보를 지혜롭게 활용할 줄 알아야 합니다.
- 인터넷에서는 누구든지 다양한 콘텐츠와 의견을 제시할 수 있습니다. 언론 발표의 자유가 허용되는 공간입니다. 주어진 자유를 악용하지 않도록 윤리 의식에 기반한 정보활동이 무엇보다도 요구되고 있습니다.
- 인터넷의 정보 개방과 공유는 일방적 전달이 아닌 쌍방향으로 이루어집니다. 정보 생산자가 수혜자가 될 수 있고, 정보 수혜자가 생산자가 될 수 있습니다. 이러한 쌍방향 소통에서는 보이지 않는 상대에 대한 존경이 선행되어야 바람직한 소통이 가능해 집니다.

4.1.2 정보 공급자의 이해

지식정보 사회의 구성원인 우리는 모두가 정보의 주체로서의 역할을 하고 있습니다. 정보의 흐름에 따라, 우리는 다양한 역할을 수행하게 됩니다. 인터넷으로부터 유용한 정보를 받아보는 정보 수혜자가 되기도 하고, 블로그에 유용한 정보를 공개하는 정보 제공자가 되기도 합니다. 때로는 유익한 정보를 친구나 동료들에게 소개해 주는 정보 전달자의 역할을 하기도 합니다. 정보가 사회의 물과 공기와 같은 기능을 하고 있어, 정보의 주체인 사람은 정보의 흐름에 따라 다양한 역할을 하게 됩니다. 단순하게 정보의 공급자와 소비자, 정보의 전송자와 수용자 등으로 생각할 수도 있지만, 인터넷 정보의 유통 상태에 따라 다양한 상황이 전개되기 때문에 아주 다양한 역할을 수행하게 됩니다.

인터넷 상에서 원활한 정보 생활을 하기 위해서는 정보를 생산하여 공급하는 공급자의 책임이 무엇보다도 중요합니다. 인터넷이 제 기능을 발휘하는 것은 아주 다양하고 유용한 정보가 넘치기 때문인데, 이러한 정보를 생산하는 정보 공급자는 인터넷 활성화와 정보의 질적 수준 제고에 일차적 책임이 있습니다. 생산된 정보가 유용하지 못하거나 사회적으로 해로운 것이라면 인터넷 사이버 공간은 정상적인 기능을 하지 못하게 되고 지식정보 사회는 위기에 직면하게 될 것입니다. 정보 공급자는 정보 윤리 의식과 사회적 책임에 대하여 깊은 이해가 있어야 할 것입니다.

정보 공급자도 세부적인 기능에 따라 [표 4-1]처럼 여러 형태가 있습니다.

· **정보 생산자**: 각종 인터넷 콘텐츠, 소프트웨어, 웹프로그램, 모바일 앱 등을 설계, 개발, 생산하는 기업이나 이런 일을 하는 개발자를 말합니다. 소프트웨어 개발자, 데이터베이스 개발자, 게임 개발자, 모바일 앱 개발자 그리고 동영상, 웹툰, UCC 등 다양한 형태의 인터넷 콘텐츠 개발자를 생각할 수 있습니다. 블로그, 페이스북, 트위터 등에 콘텐츠를 게시하는 사람도 정보 생산자라 할 수 있습니다. 인터넷을 이용하여 뉴스나 사건 사고를 보도하는 인터넷 신문, 인터넷 방송도 중요한 정보 생산자입니다. 인터넷에서 영화, 게임, 뉴스, 소프트웨어, 문서, 이미지, 블로그, 단문 메시지, 앱, 음악, 사운드 등등 다양한 형태의 정보가 유통되고 있는데, 이러한 정보를 직접적으로 생산하는 모든 사람이나 기업을 정보 생산자라 할 수 있습니다.

· **정보 관리자**: 정보 유통을 위한 각종 서버 시스템 및 네트워크 장비를 관리하고 운영하는 모든 사업자와 종사자를 말합니다. 정보 관리자는 정보의 원활한 유통을 책임지고 있습니다. 인터넷 서버 호스팅 업체, 인터넷 데이터 센터(Internet Data Canter: IDC), ISP(Internet Service Provider: 일반 사용자에게 인터넷 통신망을 연결해 주는 사업자. KT, LGU+, SK 텔레콤 등 통신망 사업자) 등을 정보 관리자라 할 수 있습니다.

· **정보 제공자**: 영화, 사진, 문서, 뉴스, 주식 정보 등 각종 콘텐츠를 제공하는 사이트를 운영하는 사업자를 말합니다. 정보 생산자로부터 정보 자원을 받아서 일반 사용자에게 정보를 제공하는 역할을 합니다. 네이버, 다음과 같은 포털 사업자, 앱 스토어 사업자, 영화, 동영상 등 각종 콘텐츠를 제공하는 콘텐츠 제공자(content provider: CP), 메시지를 제공하는 소셜 네트워크 서비스 사업자 등이 있습니다.

[표 4-1] 정보 공급자의 유형

	정보생산사	정보관리자	정보제공자
활동	콘텐츠의 개발, 생산	콘텐츠 유통을 위한 통신망, 서버 운영	콘텐츠 배포, 공급, 유통
정의	• 인터넷 콘텐츠, 소프트웨어, 웹프로그램을 설계, 개발, 생산하는 기업 및 소프트웨어 개발자	• 정보를 유통하기 위한 서버 및 네트워크 장비를 관리하고 운영하는 모든 사업자 및 종사자	• 각종 콘텐츠의 배포 및 공급
인터넷	• 개발자(SW, 게임 등) • 인터넷 사업자(신문/방송) • 블로그/카페 정보게시자	• 호스팅 업체 • 인터넷 데이터 센터 • ISP(예: KT, LG U+, SKT)	• 포털 사업자 • 콘텐츠 제공자(CP) • SNS 사업자
모바일	• 모바일 앱 개발자	• ISP(예: KT, LG U+, SKT)	• 모바일 앱스토어 • SNS 사업자

정보 주체가 어떤 정보 공급자에 속한다고 단적으로 말할 수는 없습니다. 예를 들어, 포털 사업자는 여러 사람들이 개발한 콘텐츠를 제공하기도 하지만 자체적으로 콘텐츠를 생산하기도 하여 정보 생산자의 역할을 하기도 합니다. 하나의 정보 공급자가 여러 역할을 수행할 수도 있습니다. 이런 경우, 정보 공급자는 자신의 역할에 따른 윤리적 덕목을 모두 준수해야 할 것입니다.

4.2 정보 공급자의 윤리적 쟁점

인터넷은 정보와 소통의 공간입니다. 사례에서 살펴 본 바와 같이, 정보와 소통이 오염되거나 통제되는 등 비윤리적 행위가 발생하면 예측할 수 없는 문제가 야기됩니다. 따라서 정보와 소통을 제공하는 정보 공급자의 윤리적 행위가 무엇보다도 중요합니다.

4.2.1 정보 생산자의 윤리적 쟁점

정보 생산자는 인터넷 사이버 공간에 정보를 제공하는 최초의 주체입니다. 정보 생산자가 어떤 정보를 생산하는가에 따라 인터넷 사이버 공간의 운명이 결정된다고 해도 과언이 아닙니다. 정보 생산자는 책임과 윤리 의식을 가지고 정보를 생산하여야 합니다. 그런데 인터넷 정보의 생산에는 정보의 다양한 특성으로 인하여 여러 윤리적 쟁점이 포함되어 있습니다.

① 정보 보호 강화

정보 생산자는 취급하는 정보가 유출 또는 위·변조되지 않도록 하여야 하며, 인가되지 않은 사람의 접근을 차단하여야 합니다. 사회문제를 토론하는 게시판 개발자가 문서의 작성자나 댓글 작성자의 개인 정보를 쉽게 파악할 수 있게 한다면 개인 신상에 심대한 피해를 줄 수가 있습니다. 정보 생산자는 해킹 등의 불법적 행위에 의해 취급하는 정보가 유출되지 않도록 정보를 암호화 하거나 접근 통제 등으로 정보 보호를 강화하여야 합니다. 정보 생산자는 안전하게 보호받을 수 있는 정보를 생산하여야 합니다.

② 개인과 사회의 안전 보호

인터넷 정보는 개인과 사회에 심대한 영향을 미치므로 정보 생산자는 개인과 사회에 안전한 정보를 생산하여야 합니다. 특히, 소프트웨어 개발자는 안전하고 정상적으로 동작하는 프로그램을 개발하여야 합니다. 오류가 있거나 비정상적으로 동작하는 프로그램은 심대한 문제를 야기할 수 있습니다. 오류가 있는 기업 경영 관리 프로그램은 비즈니스에 장애가 되고, 의료기기의 프로그램이 오작동하게 되면 생명에 위협이 될 수 있으며, 지하철 제어 프로그램에 오류가 있으면 심각한 사고를 야기할 수 있습니다. 컴퓨터 바이러스와 같은 악성 프로그램은 정보 사회 발전을 위협하기도 합니다.

③ 건전하고 유용한 정보 생산

정보 생산자의 일차적 목적은 건전하고 유용한 정보의 생산입니다. 그런데 사행성 콘텐츠, 음란 콘텐츠, 폭탄 제조 및 테러 방법, 마약 제조, 인종 차별, 허위정보 등 불법 유해 정보를 생산하는 것은 지극히 비윤리적 행위입니다. 뿐만 아니라, 사람을 괴롭히는 악플이나 명예 훼손 정보, 개인 생활 침해 정보 등도 인터넷 정보 환경을 오염시키는 불량 정보입니다. 정보 생산자는 누구나 될 수 있지만 자신이 생산한 정보의 사회적 책임을 고려하여야 합니다.

④ 저작권 침해 금지

인터넷 정보는 디지털 형태로 제공되기 때문에 아주 쉽게 복제, 전송할 수가 있습니다. 허락되지 않은 복제는 인터넷의 열린 정신과 창의적 정보 생산을 저해하는 불법 행위임을 명심해야 합니다. 게임이나 음악 콘텐츠 개발 시에 다른 사람의 창의적 아이디어를 도용하는 행위 역시 저작권 침해입니다. 인터넷 정보가 공정하게 사용될 때 더욱 풍요로운 정보 환경이 조성될 것입니다.

⑤ 기밀 유지와 유출 금지

정보 보호 강화처럼, 정보 생산자는 생산 과정에서 알게 된 개인 정보나 기업의 비밀 정보를 유지하고 이를 불법적으로 유출하지 않아야 할 의무가 있습니다. 자동차, 선박, 반도체, 스마트폰 등 첨단 산업의 개발자가 기술 정보를 유출하여 기업과 산업에 커다란 타격을 주었고, 금융 기관 보안 담당자가 개인의 금융 정보를 유출하여 사회를 혼란에 빠트리기도 하였습니다. 공공의 이익에 반하는 비윤리적 기밀 유출은 개인과 사회에 해악이 됩니다.

⑥ 표현의 자유에 대한 이해

인터넷 공간은 열린 공간으로 자신의 의견이나 관점을 다양한 방법으로 표현할 수 있습니다. 표현의 자유를 빙자하여 엽기, 폭력, 음란 유해 정보를 생산하는 것은 인터넷 열린 공간이 추구하는 바가 아닙니다. 윤리 의식이 결여된 표현의 자유는 보호 받을 수 없습니다. 그러기 때문에, 사이버 공간에서도 현실 공간처럼 표현의 자유에 대한 최소한의 법적, 제도적 규제를 준수하여야 합니다.

이 외에도 정보 생산자는 영리 목적을 위해 불법적으로 개인 정보 수집이 가능한 프로그램의 생산, 백신을 위장하여 시스템의 정보를 빼어내는 프로그램 개발 등의 비윤리적 불법 행위를 해서는 안됩니다. 정보 생산자의 불법 행위는 적발하기 어렵기 때문에 정보 생산자는 이런 유혹에 쉽게 빠져 들기도 합니다..

정보 생산자는 인터넷 사이버 공간의 정보를 생산하는 중심 주체로 막중한 책임이 있습니다. 정보 생산자의 불법 행위는 세계적으로 심대한 파장을 야기하게 되므로 법적으로 책임을 명확하게 규정할 필요가 있습니다. 그러나 인터넷의 다양성으로 인하여 예측 불가능한 불법 행위가 지속되고 있어 법적 규제로 대응하는 데는 한계가 있습니다. 따라서 제도적 접근과 함께 윤리적 접근을 병행하여, 정보 생산자의 윤리 강령과 세부 행동 지침 등을 제시할 필요가 있습니다.

4.2.2 정보 관리자의 윤리적 쟁점

정보 관리자는 인터넷 기반의 원활한 정보통신을 위해 각종 서버 시스템 및 네트워크 장비를 관리하고 운영하는 사업자와 이런 업무의 종사자를 말합니다. 정보 관리자는 서버 시스템과 네트워크에 안정적으로 동작하고 해킹이나 바이러스로부터 정보와 통신을 안전하게 보호할 책임이 있습니다. 정보 관리자는 원활한 정보 유통을 위한 지휘자라 할 수 있습니다. 정보 관리자도 정보 흐름의 지휘자로서 여러 윤리적 책무가 있습니다.

① 서버와 통신망의 안전성 유지

정보 관리자의 주된 임무는 막힘 없는 정보의 유통을 지원하는 것입니다. 정보가 흘러가는 서버와 통신망이 안전하게 동작하고 통신 품질을 유지하도록 관리하여야 합니다. 이를 위해 적절한 시설 투자가 이루어져야 하며 제반 전문적, 기술적 역량을 발휘하여야 합니다.

② 해킹과 바이러스에 대응

해킹과 바이러스의 불법적 침해 행위로부터 서버와 네트워크를 안전하게 보호해야 합니다. 해킹 침입을 탐지하여 차단하는 침입 탐지 시스템(intrusion detection system: IDS), 방화벽(firewall) 등을 설치하여 해킹 시도로부터 시스템을 안전하게 방어해야 하며, 백신 등으로 바이러스 감염을 차단하여야 합니다. 서버나 네트워크가 해킹되거나 바이러스에 감염되는 피해는 전체 인터넷으로 확산되어 심대한 피해를 야기할 수 있습니다.

③ 개인 정보 보호

정보 관리자는 시스템이 보유한 정보를 안전하게 관리하도록 해야 하며, 특히 개인 정보가 유출 또는 손상되지 않도록 하여야 합니다. 기술적으로는 암호화 등으로 정보를 보호하고, 제도적으로는 개인 정보 보호 정책을 수립하여 철저하게 개인 정보를 보호하여야 합니다.

④ 장애 발생 대응

서버나 통신망에 장애 발생시에는 신속하게 복구하여 안정적으로 정보가 유통될 수 있도록 하여야 합니다. 클라우드 컴퓨팅(cloud computing)의 활용이 보편화되고 있어, 클라우드에 장애가 발생하면 모든 업무가 중단되는 등의 심각한 피해를 야기할 수 있습니다.

⑤ 망 중립성(network neutrality) 논란에 대한 인식

인터넷은 누구에게나 열린 공간으로 지식정보 사회의 기반이 되고 있습니다. 2003년 팀 우(Tim Wu)는 인터넷 기술의 혁신과 차별 없는 공정 사용을 위하여 '네트워크나 이용자에게 해가 된다는 증거가 없다면 통신망 사업자는 트래픽을 차별할 수 없다'라는 망 중립성(network neutrality)의 원칙을 제시하여, (인터넷) 망의 이용에 관한 학술적 논의를 제안합니다. 인터넷은 차별 없는 열린 공간으로 어떤 통제나 관리로부터 중립적 위치에 있어야 한다고 생각하여, (인터넷) 망이 중립성을 유지하려는 3가지 원칙을 준수하여야 한다고 하였습니다.

· (비차별) 모든 트래픽은 ISP의 트래픽을 포함하여 동일하게 처리해야 하며, 트래픽에 우선순위를 두면 안 됨

· (상호접속) ISP는 다른 ISP와도 상호 접속을 허용해야 하는 의무를 지닌 동시에 상호 접속할 수 있는 권리를 지님

· (접근성) 최종 이용자는 다른 어떤 최종 이용자와도 연결될 수 있어야 함

인터넷 가입자의 폭발적인 증가로 KT, SKT, LGU+ 등 인터넷 통신망 사업자(Internet Service Provider: ISP)와 구글, 네이버, 유튜브, 카카오톡 등 정보와 서비스를 제공하는 콘텐츠 제공자(Content Provider: CP)사이의 갈등으로 인하여 망 중립성 논란이 본격화 되었습니다.

유튜브, 게임 사이트 등 인기 있는 사이트에 많은 가입자가 접속하여 대용량 트래픽을 유발하여 인터넷 통신망 사업자가 통신망을 유지하는데 많은 비용이 소요되고, 이로 인하여 다른 사업에도 차질이 있으므로 이를 콘텐츠 제공자가 보상해야 한다고 주장합니다. 통신망 사업자가 과도한 트래픽을 제한할 수 있는 권한을 가져야 한다고 주장합니다. 반면에, 콘텐츠 제공자는 이미 사용자가 통신망 사업자에게 비용을 지불하고 통신망을 사용하는 것이므로, 콘텐츠 제공자가 별도의 비용을 부담할 의무가 없고 과도한 트래픽에 대한 기준이 모호하다고 맞섭니다. 또한, 통신망의 통제는 인

터넷 통제로 이어져 인터넷의 정보 자유를 침해한다고 주장합니다.

[그림 4-1] 망 중립성 논란

이러한 논란에 대하여, 2012년 7월, 방송통신위원회가 망 중립성과 관련한 가이드 라인인 '통신망의 합리적 관리 및 이용에 관한 기준'을 제시합니다. 주요 내용은 [표 4-2]와 같습니다. 그러나 이러한 가이드 라인은 정보 통제를 가능하게 하여, (인터넷) 망의 중립성을 훼손하고 있으며 사업자에게도 실효성이 없다는 비판이 있습니다. 망 중립성은 인터넷의 자유와 관련하여 지속되고 있는 논란입니다.

[표 4-2] 방송통신위원회 망 중립성 가이드 라인

원칙	주요 내용
이용자의 권리	인터넷 이용자는 합법적인 콘텐츠, 애플리케이션, 서비스 및 망에 위해가 되지 않는 기기 또는 장치를 자유롭게 이용할 권리를 가진다.
인터넷 트래픽 관리의 투명성	인터넷접속서비스제공사업자는 인터넷 트래픽 관리의 목적, 범위, 조건, 절차 및 방법 등을 명시한 트래픽 관리방침을 공개해야 한다.
차단 금지	인터넷접속서비스제공사업자는 합법적인 콘텐츠, 애플리케이션, 서비스 또는 망에 위해가 되지 않는 기기 또는 장치를 차단해서는 안된다(합리적인 트래픽 관리의 필요성이 인정되는 경우는 예외).
불합리한 차별 금지	인터넷접속서비스제공사업자는 콘텐츠, 애플리케이션, 서비스의 유형 또는 제공자 등에 따라 합법적인 트래픽을 불합리하게 차별해서는 안된다(합리적인 트래픽 관리의 필요성이 인정되는 경우는 예외).
관리형 서비스	인터넷접속서비스제공사업자는 최선형 인터넷의 품질이 적정 수준 이하로 저하되지 않는 범위 내에서 관리형 서비스(managed service)를 제공할 수 있다.

4.2.3 정보 제공자의 윤리적 쟁점

동영상을 제공하는 유튜브, 지식정보를 제공하는 네이버, 뉴스를 제공하는 인터넷 신문, 사진을 공유하는 인스타그램, 영화를 제공하는 넷플릭스(Netflix) 등 콘텐츠와 정보를 제공하는 업체, 포털 사이트 등을 정보 제공자라고 합니다. 뿐만 아니라, 개인 블로그를 운영하거나 카페도 정보 제공자입니다. 이처럼 정보 제공자는 정보를 제공, 유통, 서비스하는 기능을 수행합니다. 정보 제공자가 제공하는 정보에 따라 여론이 형성되기도 하고, 공급되는 정보에 따라 정보 생활에 변화가 있는 등, 정보 제공자는 막강한 사회적 영향력을 가지고 있습니다. 정보 제공자는 이런 영향력에 따르는 사회적, 윤리적 책무를 준수하여야 합니다.

① 개인 사생활 침해 방지

일반적으로 정보 제공자는 가입한 회원들에게 정보를 제공하고 있습니다. 정보 제공자는 회원 가입 시 취득한 개인정보를 안전하게 보호하고 다른 목적으로 사용해서는 안됩니다. 간혹, 개인정보 보호를 소홀하게 하여 정보가 유출되거나, 판매, 홍보 등의 다른 목적으로 사용하는 경우가 있어 사회문제가 되기도 합니다. 일부 정보 제공자는 취득한 개인 정보를 활용하여 스팸 메일을 전송하거나 중계하는 경우가 있는데, 이를 방지할 대책을 수립하여야 합니다. 또한, 악성 댓글이나 게시물에 의해 개인 사생활이 침해 되지 않도록 시스템 관리를 철저하게 하고 개인정보 보호정책을 수립하여 시행하여야 합니다. 게임과 같이 중독성이 있는 정보 제공자는 가입자가 이런 상태에 빠지지 않도록 대응 방안을 시행하여야 할 것입니다.

② 표현의 자유와 유해 정보 차단

인터넷은 열린 공간으로 다양한 의견, 정보, 콘텐츠에 대한 표현의 자유가 있습니다. 인간의 존엄성을 해치거나 사회 윤리적 관점에서 용인될 수 없는 표현의 자유는 개인과 사회 보호를 위해 제한될 수밖에 없습니다. 불법 유해 정보의 규제는 정보통신윤리위원회, 청소년보호위원회, 영상물등급위원회, 프로그램심의조정위원회 등 공공기관의 기준에 의한 공적 규제와 정보 제공자의 윤리 정책에 따른 자율 규제가 있습니다. 공적 규제는 최소한의 강제적 규제이지만, 앞서 살펴 본 바와 같이, 인터넷의 변화무쌍한 다양성으로 인하여 예측 불가한 상황에 대응하는 데는 한계가 있습니다. 정보 제공자의 자율 규제가 바람직하지만, 때에 따라서는 사업자의 이익과 윤리가 상충되는 문제가 있습니다. 또한 유해 정보 차단은 표현의 자유와 상충되는 문제이기도 합니다. 무엇보다도 정보 제공자의 올바른 윤리 의식의 정립이 선행되어야 할 것입니다.

③ 저작권 침해 방지와 보호

정보 제공자는 정보의 저작권을 보호할 책임이 있습니다. 일반적으로 정보 제공자는 정보 생산자가 만든 콘텐츠를 유통하므로 저작권 보호에 최선을 다하여야 합니다. 영화, 음악, 게임처럼 복제가 용이한 콘텐츠에 대한 저작권 보호 정책을 수립해야 합니다. 또한, 저작권이 침해되었을 때 보상과 대응 방안도 시행해야 합니다. 정보 제공자는 자신의 이익을 위해 불법 복제 콘텐츠를 취급해서는 안됩니다.

④ 포털의 중립성 유지

포털은 인터넷 세상으로 들어가는 관문으로 대부분의 사용자는 포털을 통해서 인터넷 정보에 접근하게 됩니다. 포털의 이러한 속성으로 인하여, 포털은 막강한 영향력을 가지고 있습니다. 포털이 제공하는 정보에 따라 여론이 변경될 수도 있고 정보 혜택의 질적 수준이 바뀔 수도 있습니다. 간혹, 포털이 자신의 이해관계에 따라 제공하는 정보를 통제하거나 서비스를 차별하는 경우가 있는데, 이는 인터넷의 공정성을 해치는 일입니다. 또한, 포털은 정보와 광고를 혼합하여 제공함으로써 사용자의 정보 생활을 교란하기도 합니다. 포털은 자신이 제공하는 정보의 원칙, 기준, 검색 방법 등을 공개하여 투명한 정보 제공을 실현해야 합니다.

⑤ 스마트폰 앱 마켓 운영자의 책임

스마트폰의 등장으로 앱(app: application의 약자: 응용 프로그램의 일종)이 새로운 콘텐츠로 부상하였습니다. 스마트폰 제조사는 앱을 판매 유통할 수 있는 앱 마켓을 개설하여 스마트폰 활용에 큰 도움을 주고 있습니다. 그런데 앱은 단순히 정보를 제공하는 콘텐츠가 아니라, 서비스를 실행하는 프로그램 콘텐츠라는 특수성이 있습니다. 일부 앱을 실행하면, 스마트폰에 저장된 개인정보나 금융정보를 절취하거나 바이러스를 감염시키는 경우도 있습니다. 스마트폰 앱 마켓 운영자는 앱의 안전성을 강화하고 불량 앱에 대하여 적절한 조치를 취해야 합니다. 또한, 과도한 광고로 사용자를 괴롭히는 등의 부적절한 행위에 대한 대응 방안을 수립해야 합니다.

4.3 인터넷 저널리즘과 윤리

사회 여러 분야 중에서 언론만큼 우리의 일상생활에 지대한 영향을 미치는 매체는 없습니다. 언론은 우리의 삶 주변에서 일어나는 좋고 나쁜 모든 정보를 신속하게 전달하여 일상생활에 커다란 영향을 미치고 있습니다. 공직 사회의 부패와 비리를 밝혀 내어 법의 심판을 받게 하고, 불량 식품 제조 현장을 고발하여 사회 안전을 지켜내기도 합니다. 학교 폭력 실태를 보도하여 새로운 교육 정책에 대한 여론을 이끌어 내고, 억울한 사람의 사연을 소개하여 해결 방안을 찾아 내기도 합니다. 무명 연예인을 하루아침에 유명 연예인으로 만들기도 하고, 명망 있는 정치인을 일순간에 추락시키기도 합니다. 언론은 막강한 힘과 영향력으로 우리 사회를 이끌어 가고 있습니다.

언론은 사회의 가장 중요한 기반입니다. 봉건적, 절대주의적 지배체제의 탄압에 대항하는 시민혁명 과정에서 시민들이 부르짖던 중심적인 구호는 '언론 출판의 자유 획득'이었습니다. 언론 출판의 자유가 현대 시민 사회가 출현하는 모태가 되었고, 시민들의 가장 소중한 권리가 되었습니다. 미국 독립의 주역인 토머스 제퍼슨(Thomas Jefferson)은 '누가 나에게 신문이 없는 정부와 정부가 없는 신문 중 하나를 택하라고 한다면, 나는 주저하지 않고 정부가 없는 신문을 택할 것이다.'라고 정부보다도 언론이 더 중요함을 강조하였습니다. 행정부, 입법부, 사법부의 3권 분리된 현대 민주주의 체제에서 언론은 제4부로 불리며, 민주주의의 꽃으로 인식되고 있습니다. 민주주의가 언론에 의하여 실현되었고 언론이 민주주의를 지켜 내었습니다. 언론은 공익과 정의의 편에 서서 진실과 사실을 추적하고 규명하는 숭고한 임무를 수행하여 독재 권력이나 부패 정권의 발호를 저지하였습니다. '펜은 칼보다 강하다'라는 격언처럼 언론은 민주주의를 지켜내는 보루의 역할을 해왔습니다.

대표적 언론의 형태에는 TV, 라디오, 잡지, 신문이 있습니다. 이들을 4대 매체라고 합니다. 넓은 의미에서 전통적인 4대 매체는 저널리즘(journalism)의 한 부분입니다. 저널리즘을 명쾌하게 정의하는 것은 쉽지 않습니다. 개략적으로 요약하면, '누구에게 간섭을 받지 않은 주체가 진실에 대한 새로운 메시지를 미디어를 통해 대중에게 전달하는 것'을 저널리즘이라 할 수 있습니다. 다시 말하면, 독립된 주체가 사회적, 시사적 이슈에 대한 뉴스, 의견, 해설 등을 취재, 편집하여 신문, 방송 등 다양한 매체를 통해 전파하는 것이 저널리즘입니다. 그런데 민주 사회의 기둥인 저널리즘이 인터넷의 등장으로 혁신적인 변화가 일어났습니다.

인터넷을 활용하여 전세계의 불특정 다수에게 동시적, 비동시적으로 메시지를 전달하고 양방향의 상호 작용 소통이 가능해졌습니다. 사회적, 시사적 이슈는 특정 지역에 국한된 문제가 아니라 전세계가 공유하는 문제가 되었습니다. 전문 기자뿐만 아니라 남녀노소 누구나 정보 주체가 되어 메시지를 전할 수 있고, 누구나 자신만의 미디어(신문사, 방송사 등)를 소유할 수 있습니다. 인터넷 이후의 저널리즘은 메시지의 생산주체, 표현기법, 영향력 등에 획기적인 변화가 있었고, 아주 다양한 매체가 출현하여 저널리즘의 전성시대를 열었습니다. 인터넷 저널리즘은 저널리즘의 새로운 시대를 열었지만, 예기치 못한 부작용과 역기능으로 어려움에 직면해 있기도 합니다.

4.3.1 인터넷 저널리즘의 이해

전통적인 4대 매체에 기반한 저널리즘은 다양한 인터넷 매체의 등장으로 저널리즘의 패러다임 변화가 일어 납니다. '모든 시민은 기자'라는 모토의 오마이뉴스와 같은 인터넷 전용 저널리즘이 등장하는가 하면, UCC(user-created content), 블로그 등의 유사 저널리즘이 출현하여 기존의 시간적, 공간적 한계를 극복하였습니다. 새롭게 등장한 인터넷 저널리즘의 형태에는 다음과 같은 것이 있습니다.

인터넷 저널리즘의 형태

① 인터넷 언론:
좁은 의미에서는 오마이뉴스나 프레시안처럼 순수 인터넷의 언론사를 말하며, 넓은 의미에서는 순수 인터넷 언론과 전통적 4대 매체의 오프라인 언론사가 운영하는 인터넷 사이트 등을 포함한 인터넷을 기반으로 운영되는 언론사를 말합니다. 인터넷 언론은 언론 활동을 주된 목적으로 하고 있고, 활동 공간으로 인터넷 공간을 활용하고 있습니다.

② 인터넷 방송:
인터넷 방송은 웹 캐스팅, 즉 웹을 통한 방송을 말합니다. 예를 들어, 팟캐스팅(popcasting), 아프리카TV 등과 같이 인터넷을 통해 시청각 방송 콘텐츠를 제공하는 매체를 말합니다. 전통적 방송이 불특정 다수를 대상으로 일방향으로 정보를 뿌리는 것이라면, 인터넷 방송은 인터넷 정보기술을 활용하여 특정 개인(인터넷방송 사이트를 선택하는 이용자들)을 대상으로 양방향으로 정보를 주고 받을 수 있어, 방송이라는 용어의 본래 뜻과는 차이가 있습니다. 포털과 기존 저널리즘의 차이가 명확하지 않은 것처럼, 인터넷 방

송과 기존 방송과의 차이도 명확하지 않습니다. 인터넷 방송도 새로운 저널리즘으로 영향력을 확대해 가고 있습니다.

③ 포털:

포털은 자체적인 뉴스 생산 기능이 없이 기존 미디어의 뉴스를 재송신한다는 점에서 저널리즘 또는 언론 기관인가에 대한 논란이 있습니다. 포털은 뉴스 콘텐츠를 직접적으로 생산하지는 않지만, 뉴스를 사회 구성원들에게 공급하는 중개자, 즉 정보 제공자의 역할을 수행하고 있고, 기존 뉴스를 편집하는 등의 언론 활동을 하고 있어 저널리즘의 기능을 수행하고 있다 할 것입니다. 또한 포털은 댓글, 여론 조사, 토론방 등을 통해서 양방향 소통의 기능을 제공하여 확장된 언론 기능을 수행하고 있습니다.

이처럼 포털은 아주 특이한 형태로 저널리즘의 기능을 수행하고 있습니다. 뿐만 아니라, 다른 미디어에서 찾아 보기 힘든 특성도 있습니다. 포털은 인터넷의 관문으로 모든 사용자가 거치게 되는 상시 접근성, 신문 방송 등 모든 매체의 뉴스를 편집해서 제공하는 통합성, 실시간으로 소식을 전하는 실시간 속보성, 사용자가 누구에게나 뉴스를 전달하는 개방성 등의 포털 특성은 저널리즘의 목적을 성취하는데 지대한 역할을 합니다.

④ 블로그(blog):

블로그는 개인의 전문성과 취향을 기반으로 정보를 전달하는 1인 미디어 입니다. 블로그에 올린 의견이나 그림이 사회적 파장을 일으키기도 하여 저널리즘의 속성을 가지고 있습니다. 블로그는 뉴스를 취재하는 조직이 없고 언론으로의 전문성, 윤리성이 결여되어 있어 저널리즘으로 보기 어렵다는 견해, 블로그가 다양한 정보를 확산시키는 매개체로서 기능을 수행하여 기존 저널리즘을 보완하고 있다는 견해, 그리고 블로그가 제도권 저널리즘은 아니지만 사실, 의견, 사건 폭로 등의 기존 언론과 같은 기능을 수행하는 틈새 저널리즘이라는 견해가 있습니다.

⑤ UCC:

UCC(User Created Contents)는 인터넷 이용자가 생성한 문서, 이미지, 동영상 등의 순수 창작물 또는 각종 인터넷 콘텐츠를 패러디한 콘텐츠를 말합니다. 멀티미디어 매체 제작이 용이하게 되면서 UCC가 폭발적으로 생성되고 있고, 유튜브, 플리커 등을 통하여 쉽게 공유할 수 있게 되었습니다. UCC가 저널리즘의 기능을 수행하는가는 의문이 있지만, 인터넷을 통해 다수의 사람들과 공유되고 메시지를 전달한다는 점에서 블로그와 같은 성격의 저널리즘으로 평가되기도 합니다.

⑥ 스마트폰 뉴스 서비스 앱:

스마트폰의 보급으로 인터넷과는 성격이 다른 저널리즘이 등장하고 있습니다. 플립보드(Flipboard), 페이스북의 Paper(페이퍼) 앱, 지니뉴스(zinynews.com) 등은 스마트폰으로 편집된 뉴스를 전달하는 측면에서 포털과 유사한 저널리즘 기능을 수행합니다. 스마트폰 뉴스 서비스는 실시간 뉴스 전달과 이동 중에도 뉴스를 송수신할 수 있는 특성이 있고, 스마트폰에 내장된 카메라, GPS 등을 활용한 다양한 언론 기능의 개발이 예고 되고 있어, 저널리즘으로서의 스마트폰 역할이 주목되고 있습니다.

⑦ 소셜 네트워크:

페이스북, 트위터 등으로 대표되는 소셜 네트워크 서비스도 저널리즘의 역할을 하고 있습니다. 예를 들어, 막강한 팔로우를 거느린 트위터의 트윗은 사회적으로 큰 영향력을 미치고 있습니다. 페이스북과 트위터에서 연결된 사람을 많이 거느린 주요 사용자는 막강한 저널리즘의 힘을 발휘하고 있습니다. 페이스북과 트위터가 아랍의 민주화를 가져온 재스민 혁명의 원동력이 된 것을 보아도 저널리즘으로서의 역할을 수행하고 있음을 알 수 있습니다.

인터넷 정보기술의 발달로 다양한 저널리즘의 형태가 출현할 것입니다. 이러한 저널리즘을 어떻게 유용하게 사용할 것인가 하는 지혜가 필요한 때입니다. 인터넷 정보기술이 진화하는 만큼 우리의 의식이나 윤리 수준도 진화하여야 할 것입니다. 인터넷 정보기술이 야기하는 대부분의 역기능과 부작용은 기술만큼 우리의 의식이 성숙되지 못 한데서 기인합니다.

4 인터넷 저널리즘의 특성

인터넷 저널리즘은 인터넷의 특수성을 그대로 담고 있습니다. 인터넷 정보기술이 사회 패러다임변화를 견인하고 있는 것처럼, 인터넷 저널리즘은 기존의 저널리즘에 지각 변동을 일으키고 있습니다. 다음은 인터넷 저널리즘의 대표적인 특성입니다.

① 저널리즘의 생태계 확장:
이제는 더 이상 TV, 라디오, 잡지, 신문 등 4대 매체만을 저널리즘이라고 할 수 없게 되었습니다. 포털, 블로그, 팝캐스트, 소셜 네트워크 등 예상치 못한 저널리즘이 등장하였고, 앞으로도 어떤 형태의 저널리즘이 출현할지 예측하기 어려운 상태입니다. 인터넷 저널리즘은 시간과 공간의 한계를 넘어 새로운 저널리즘의 생태계를 구축하고 있습니다. 또한, 전통적으로 뉴스를 제작, 공급하던 언론인의 개념에도 커다란 변화가 발생하여, 블로거, 시민 저널리스트, 소셜 네트워크 파워 유저 등 모든 사람이 언론인이 되고 있으며, 하루 24시간 일년 365일 동안 조금도 쉼 없이 뉴스를 생산하는 저널리즘의 유비쿼터스화가 도래하였습니다. 이러한 생태계의 확장은 저널리즘의 지각 변동을 가져와 저널리즘 전반을 새롭게 인식하는 계기가 되고 있습니다.

② 저널리즘의 내재적 변화:
저널리즘 생태계의 변화는 미디어 조직과 생산과정의 변화를 촉발하고 있습니다. 전통적인 뉴스 취재와 보도 관행이 해체되고, 온라인과 오프라인의 구별 없는 뉴스 편집과 비선형적인 뉴스 제작이 자리를 잡게 되었습니다. 시민 저널리스트의 참여가 확대되어 전통적인 저널리스트 중심에서 뉴스 이용자 중심으로 권력의 축이 이동되었습니다. 정보의 생산자(producer)와 소비자(consumer)의 구분이 없어지고 생비자(생산자+소비자: prosumer)만 남게 되었습니다. 따라서 공개적, 참여적, 상호 작용의 뉴스 구성이 보편화되었습니다.

③ 저널리즘의 가치 변화:
저널리즘은 전통적으로 객관성, 공정성, 진실성을 생명처럼 이어져 왔습니다. 그러나 누구든지 참여 가능한 인터넷 저널리즘에서는 자신의 주장이나 견해를 전파하는 것을 주목적으로 하는 경우가 많이 있습니다. 때문에, 전통적인 가치 대신에 주관성, 당파성, 선동성 등이 저널리즘의 새로운 가치로 부상하면서 폭로적, 도발적, 선동적 뉴스가 범람하게 되었습니다. 또한, 대중의 관심에 영합하는 대중 저널리즘이 출현해서 뉴스의 본질보다는 재미 위주로 언론을 오락화 하기도 합니다. 이러한 가치 변화는 정보의 신뢰성에 의문을 제기하게 되어 정보 생활을 혼란에 빠트리게 됩니다. 무엇보다도 정보를 현명하게 수용할 줄 아는 능력이 요구되고 있습니다.

④ 선택의 확대:
전통적인 4대 매체 이외에 다양한 인터넷 저널리즘의 등장으로 선택의 폭이 확대되었습니다. 전통적인 저널리즘에서는 소수의 정보 생산자가 정보를 생산하여 제한된 매체를 통하여 전달함으로써 정보 수혜자의 선택을 제한하였습니다. 인터넷 저널리즘은 누구나 생비자가 되어 열린 인터넷 공간에서 차별 없이

정보에 접근할 수 있어 저널리즘에 대한 선택의 폭이 크게 확대되었습니다. 정보 수혜자는 자신에 적합한 매체를 선택할 수 있고 다양한 방법으로 언론 활동에 참여할 수도 있습니다. 반면에, 선택의 확대는 다양한 정보의 접근이라는 긍정적 측면도 있지만, 정보의 홍수로 인한 혼란과 개인 선호에 의한 정보 몰입으로 다른 것에 무관심을 유도하는 문제점도 있습니다.

⑤ 대중의 참여와 상호 작용:
기존 저널리즘은 일방적이거나 제한적으로 상호 작용이 가능하였습니다. 인터넷 저널리즘은 기본적으로 대중이 참여하는 양방향 상호 작용이 가능합니다. 댓글, 트랙백(track back), 토론방, 카페 등의 다양한 방법으로의 상호 작용이 실현되고 있습니다. 상호 작용은 정보의 일방적 독주를 견제하고 다양한 의견을 수렴하여 합리적인 판단과 의사 결정을 지원합니다. 전문 저널리즘과 대중의 관계가 보다 평등하고 수평적인 관계가 되었습니다. 이러한 정보 탈집중화, 개방화, 수평화는 열린 저널리즘의 기반이 되고 있습니다.

⑥ 이동성과 실시간성:
인터넷 저널리즘은 뉴스 제공자와 동행하면서 실시간으로 뉴스를 전달할 수 있습니다. 시간과 장소의 제한 없이 생생한 뉴스 전달이 가능해졌습니다. 인터넷의 특성에 기반한 이러한 기능은 뉴스에 생동감을 불어 넣어 인터넷 저널리즘의 효과성을 높여 줍니다. 스마트폰의 확대와 소셜 네트워크의 일상화로 인터넷 저널리즘의 이동성과 실시간성은 더욱 강화될 것입니다. 이어 따라, 전통 저널리즘의 뉴스는 가치를 상실하고 쇠퇴될 것입니다.

⑦ 표현의 자유와 신뢰성:
인터넷에서는 누구나 뉴스의 생산자이며 소비자인 생비자가 됩니다. 인터넷은 생비자에게 어떤 정보도 표현할 수 있는 열린 공간을 제공하고 있습니다. 특히, 인터넷의 익명성은 표현의 자유를 지지하는 수단이 되고 있습니다. 이로 인하여 자신의 주장이나 의견을 거침없이 표현하고, 때로는 진실을 왜곡하는 현상이 야기되고 있습니다. 거침없는 표현의 자유로 상대방의 권리와 명예를 손상하기도 합니다. 출처 불명의 괴담이나 음모론이 난무하기도 합니다. 이런 현상은 인터넷 저널리즘의 신뢰성을 떨어뜨리는 치명적인 약점으로 작용하고 있습니다.

인터넷 저널리즘은 인터넷 정보기술의 특성을 고스란히 내포하고 있습니다. 저널리즘으로서의 긍정적인 측면도 있고 역기능과 부작용도 있습니다. 결국 인터넷 저널리즘의 발전은 정보의 생산과 소비를 주도하는 생비자의 윤리 의식에 달려 있다고 할 것입니다.

4.3.2 정보 전송자의 윤리적 자세

정보 생산자중에서 적극적으로 인터넷에 정보를 올리는 사람을 정보 전송자라고 합니다. 대부분의 인터넷 사용자가 블로그 운영, 댓글 달기 등 정보 전송자의 기능을 수행하고 있습니다. 정보 전송자는 전문 저널리스트로서 교육이나 훈련을 받지 않았고 인터넷 저널리즘에 대한 전문적 이해가 미흡한 경우가 많습니다. 인터넷 저널리즘은 전통 저널리즘보다도 강력한 위력을 발휘하므로, 정보 전송자가 정보를 올릴 때는 책임 있는 윤리의식이 요구됩니다. 인터넷 저널리즘에서 야기되는 대부분의 문제는 정보 전송자의 윤리 의식 결여에 기인하고 있습니다. 정보 전송자는 인터넷을 적극적으로 활용하는 사람으로서 존중, 책임, 정의, 해악 금지의 인터넷 윤리 원리를 실천하여야 합니다. 인터넷 윤리의 원리로 자율 규제하는 능력을 키워야 합니다.

- 진실성: 진실성은 저널리즘의 생명이라고 할 수 있습니다. 거짓 허위 정보는 개인과 사회에 커다란 해악을 끼치게 됩니다. 정확한 출처와 분명한 사실에 근거한 정보를 생산하여야 합니다. 익명성의 뒤에 숨어 유언비어를 유포하거나 정보를 자의적으로 왜곡하는 것은 비윤리적 무책임한 행동입니다. 선정적이거나 저속한 표현은 정보의 품위를 손상시킵니다. 남을 비방하거나 매도하는 것은 진실성과는 거리가 멉니다.
- 표현의 자유와 책임 의식: 인터넷은 표현의 자유를 존중합니다. 표현의 자유는 사람과 사회에게 아주 소중한 자유입니다. 이런 자유를 빙자하여 다른 사람에게 피해를 주거나 사회를 불안하게 만드는 표현을 해서는 안됩니다. 표현의 자유도 개인의 권리나 명예, 사회 윤리를 침해하거나 공공의 목적에 위배될 때는 제한할 수 있습니다. 자신의 표현이 가져올 결과를 깊이 생각하고 책임 있는 표현의 자유를 누려야 할 것입니다.
- 독립성: 저널리즘은 정치 권력, 경제 세력 등 외부의 간섭과 통제로부터 독립할 수 있어야 제 기능을 발휘할 수 있습니다. 인터넷 저널리즘이 1인 미디어 형식으로 진행되더라도, 외부의 압력으로부터 자유롭게 정보를 제공하여야 합니다. 공공의 이익을 저해하는 부당한 간섭이나 통제로부터 자유로워야 합니다.
- 사생활 및 사회 보호: 인간은 누구나 인간으로서의 존엄성이 있습니다. 이를 존중할 때 개인과 사회가 평화롭게 발전할 수 있습니다. 개인 정보를 누출하거나 침해하여 개인의 존엄성을 해치지 않도록 해야 할 것입니다. 상대의 명예를 존중하고 상대방의 입장에서 생각하는 역지사지의 자세를 가져야 할 것입니다. 비방과 독설은 인터넷 저널리즘을 황폐화 시키며 그 결과는 자신에게 다시 돌아오게 됩니다. 또한, 불법 유해 정보로 사회의 안녕과 질서를 파괴해서는 안될 것입니다. 인터넷 저널리즘이 사회를 파괴하는 무기로 만들어서는 안될 것입니다.
- 네카시즘 금지: 네티즌과 매카시즘(McCarthyism)의 합성어가 네카시즘입니다. 매카시즘은 집단으로 폭력적 공격과 탄압을 하는 행위를 말합니다. 무차별 비방, 마녀 사냥식 여론 재판, 폭력적 여론 선동 등으로 일방적으로 자신의 주의주장과 생각을 관철하고자 하는 네카시즘은 개인과 사회에 커다란 해악이 됩니다. 인터넷 저널리즘은 건전하고 상식이 통하는 소통의 도구가 되어야 합니다.

위에서 살펴 본 정보 전송자가 가져야 할 윤리적 태도는 존중, 책임, 정의, 해악 금지의 인터넷 윤리 원리로 요약할 수 있습니다. 제도적으로 허용되는 전통의 저널리즘과 달리, 인터넷 저널리즘은 누구든지 인터넷 사이버 공간에서 저널리스트로 제한 없이 활동할 수 있으므로 더욱 강한 윤리 의식이 필요합니다. 인터넷 저널리즘은 존중, 책임, 정의, 해악 금지의 인터넷 윤리 원리를 기반으로 할 때, 사회를 지키는 파수꾼의 역할을 할 수 있습니다.

4.3.3 정보 수용자의 윤리적 자세

인터넷을 정보의 바다라고도 합니다. 세상의 모든 정보가 인터넷에 떠 있다고 해도 과언이 아닐 것입니다. 인터넷 정보의 바다에는 유익한 정보도 있는 반면에 해악을 끼지는 정보도 있습니다. 해악을 끼치는 정보는 자극적이고 선동적이어서 사람들이 쉽게 몰리게 되고 빠르게 확산되어 정보의 바다를 오염시키게 됩니다. 즉, 인포데믹스(infordemics) 현상을 야기합니다. 정보(information)과 전염병(epidemics)의 합성어인 인포데믹스는 잘못된 정보나 괴소문들이 인터넷으로 빠르게 확산되어 정치, 경제, 사회, 안보 등에 치명적인 위기를 초래하는 현상으로, 정보 전염병 또는 정보

흑사병이라고 불리기도 합니다. 인터넷 저널리즘은 사이버 공간을 배경으로 하고 있어, 인포데믹스와 같은 부작용에 아주 취약합니다. 그렇다면, 인터넷 저널리즘을 받아 보는 정보 수용자는 어떤 자세를 가져야 할까요? 대부분의 정보 수용자가 인터넷 저널리즘을 수용하는 자세에 대한 교육이나 훈련을 받지 못하여, 인터넷 정보의 바다에 허위 정보와 유언비어가 난무하고, 인포데믹스 현상 등의 부정적 상황이 야기되고 있습니다. 정보 수용자가 올바르게 정보를 수용하게 되면 이런 현상은 근절할 수 있을 것입니다.

① 비판적 수용 자세가 필요합니다. 정보의 출처가 분명하고 신뢰할 수 있는 정보인지를 살펴야 합니다. 정보가 객관적이고 정확한지도 판단하여야 합니다. 논란이 되는 정보의 경우에는, 정보가 타당성이 있는지 편파적인 일방적 주장인지를 살펴야 합니다. 공정하고 객관적 관점에서 정보를 수용하는 지혜가 필요합니다.

② 사실(fact)과 주장(assertion)을 분간합니다. 사실은 객관적 정보로 정확성과 진실성이 중요합니다. 반면에, 주장은 정보 제공자의 주관적 견해로 편견이 없는 공정성과 근거가 있는 타당성이 중요합니다. 사실과 주장의 분간은 정보를 효과적으로 평가하고 판단하는 능력을 키워 줍니다.

③ 긍정적 열린 마음으로 정보를 수용합니다. 평론, 논평, 주장 등이 자신의 견해와 다르더라도 합리적이며 보편 타당하다면 긍정적인 자세로 수용할 줄 아는 열린 마음이 필요합니다. 자신의 생각과 다르다고 매도하거나 독선적으로 공격하는 것은 바람직한 행동이라고 할 수 없습니다. 다른 사람을 존중하고 인정해 줄 수 있을 때, 자신도 존중 받고 인정받을 수 있습니다.

④ 정보가 공공의 이익과 목적에 부합하는지 살펴 봅니다. 불법 유해 정보, 개인 정보 침해, 사회에 해악을 미치는 정보 등 공공의 이익과 사회 안정을 해하는 정보는 배격해야 합니다. 이런 정보는 정보 수용자의 방심한 태도를 틈타서 독버섯처럼 확산되고 개인과 사회의 악의 근원으로 자라게 됩니다.

⑤ 정보의 심층적 컨텍스트(context: 맥락)을 이해할 수 있어야 합니다. 정보의 표면에 나타난 단편적 의미에 집착하지 않고, 정보가 전하고자 하는 본질적 의미를 이해하여야 합니다. 정보의 전후 맥락을 파악하여 정보에 내재한 핵심 의미를 파악하여야 합니다. 간혹, 표면적 의미에 집착하여 오해하거나 상대방의 의도에 말려드는 경우가 있는데, 이는 올바른 정보 수용 자세라 할 수 없습니다.

4.4 정보 공급 관련 법 제도

사회 질서와 안녕을 유지하기 위하여 모든 국가는 법 제도를 가지고 있습니다. 법은 국가 권력을 기반으로 사회 구성원이 지켜야 할 강제적 규범으로, 최소한의 도덕이라고도 합니다. 법 제도는 국가 사회를 유지하는 기반으로 인터넷 사이버 공간도 법 제도를 준수해야 합니다. 인터넷의 정보 공급과 관련된 법 제도를 살펴보겠습니다.

4.4.1 표현의 자유와 인터넷

일반적으로 법 체계는 [표 4-3]과 같은 구조로 구성됩니다. 상위법은 하위법에 우선하여 적용하며, 하위법은 상위법을 위반할 수 없습니다. 신법은 구법에 우선하며, 특별법은 일반법에 우선하여 적용됩니다.

[표 4-3] 법의 단계

법단계		제정기관	목적
헌법		국민	• 국민의 기본권 • 국가 체제 • 최상위 법
법률		국회	• 사회 질서 유지 • 사회 정의 실현
명령	대통령령	대통령	• 국민의 권리/의무 • 행정 조직 운영
	총리령 부령	총리 장관	
자치법규	조례	지방의회	• 지방자치 단체의 설립 • 행정 목적
	규칙	지방자치 단체장	• 지방 행정 운영

1 헌법의 정보 공급 관련 규정

헌법은 국가 체제와 국민의 기본권을 규정하는 국가 최고의 법입니다. 국민의 자유와 권리 중에서 가장 중요한 표현의 자유에 대한 조항이 당연히 있습니다.

헌법 제21조[표현의 자유]

제21조①모든 국민은 언론·출판의 자유와 집회·결사의 자유를 가진다.

②언론·출판에 대한 허가나 검열과 집회·결사에 대한 허가는 인정되지 아니한다.

③통신·방송의 시설기준과 신문의 기능을 보장하기 위하여 필요한 사항은 법률로 정한다.

④언론·출판은 타인의 명예나 권리 또는 공중도덕이나 사회윤리를 침해하여서는 아니 된다.

언론·출판이 타인의 명예나 권리를 침해한 때에는 피해자는 이에 대한 피해의 배상을 청구할 수 있다.

헌법 제21조에 의하면 언론·출판·집회·결사의 자유, 즉 표현의 자유가 보장되고 있습니다. 표현의 자유에 있어 표현 방식, 표현 형태 등에 제한이 없기 때문에, 인터넷 사이버 공간에서도 표현의 자유가 보장됩니다. 또한, 언론·출판에 대한 허가·검열을 금지하고 있습니다. 표현에 대한 사전 검열을 금지하고 있으므로, 누구나 허가 없이 검열 없이 자유스럽게 자신의 생각을 표현할 수 있습니다.

헌법에서는 사전 검열을 금지하고 있습니다. 그런데 청소년을 유해 매체로부터 보호하기 위해 적절한 조치가 요구되었습니다. 그래서 게임이나 콘텐츠에 대한 등급제를 실시하고 있습니다. 등급제는 사전 검열이 아닌 일종의 사후 규제 제도로 청소년 보호를 위해 불가피한 제도입니다.

웹 하드와 P2P 등 부가통신 사업자의 특수성을 고려하여, 사전에 방송통신위원회에 등록하도록 하고 있습니다. 이들 업체에 대한 사전 규제라고 볼 수 있습니다.

헌법에 보장된 표현의 자유는 무한정 보호되는 것이 아닙니다. 국가 안전 보장, 국가 질서 유지와 공공의 이익을 위해서는 '필요한 경우 법률로 제한'할 수 있습니다. 물론, 제한하는 경우에도 자유와 권리에 대한 본질을 침해해서는 안됩니다. 인간의 자유와 권리는 소중하기 때문입니다. 또한, 표현의 자유가 타인의 명예나 권리 또는 공중도덕이나 사회윤리를 침해해서는 안됩니다. 이런 경우, 피해자는 피해 배상을 청구할 수 있습니다.

표현의 자유와 관련되어 논란이 되고 있는 것이 본인 확인제도입니다. 인터넷 게시판 등을 활용할 때 본인임을 확인하는 것으로 일명 실명제라고도 합니다. 실명제에는 세부적으로 대략 4가지 종류가 있습니다.

- 인터넷 실명제: 인터넷 게시판에 글을 쓰거나 댓글을 쓸 때 본인 확인
- 선거 실명제: 선거와 관련하여 지지 성명 또는 비판 등을 할 때 본인 확인
- 게임 실명제: 인터넷 게임을 할 때 본인 확인
- 도메인 실명제: 인터넷 도메인을 신청할 때 본인 확인

헌법재판소는 인터넷 실명제는 표현의 자유를 해치는 것으로 위헌 판정을 내렸습니다. 그러므로 누구나 익명으로 자유롭게 게시판에 자신의 의견을 표현할 수 있습니다. 선거 실명제는 표현의 자유와는 무관하게 위헌이 아닙니다. 이는 민주주의의 꽃인 선거를 보호하고 선거가 흑색 선전 또는 비방 등으로 오염되지 않도록 하기 위한 조치로, 선거와 관련한 글을 쓸 때는 반드시 실명으로 하여야 합니다. 한편, 게임 실명제의 경우에는, 게임 중독으로부터 청소년을 보호하기 위해서는 게임 실명제가 도입되어야 한다고 생각하여 관련 법안이 제안되어 있는 상태입니다. 법안이 통과되면 인터넷 게임을 할 때는 실명으로 해야 합니다. 도메인 등록 시에는 허위 불법 사이트 방지를 위해 실명으로 등록을 해야 합니다.

4.4.2 정보 공급과 관련된 법규와 제도

인터넷 저널리즘은 지금까지 경험하지 못한 다양한 상황을 연출하고 있습니다. 이에 따라, 표현의 자유를 유지하고 익명성 등 인터넷의 특성에 따른 책임 의식을 구현하기 위해, 다양한 법규가 제정되고 있습니다. 인터넷 정보 공급 관련 법규는 최소한의 규제입니다. 인터넷의 다양한 양상을 그때마다 법을 제정하여 규제하는 것이 불가능하므로, 인터넷 윤리에 기반을 둔 자율 규제가 정착되는 것이 합리적입니다. 정보 공급과 관련된 법규를 정리하면 [표 4-4]와 같습니다.

표에서 보는 바와 같이, 개인정보 침해, 사이버 범죄, 불법 사이트 운영 등 인터넷의 역기능과 관련된 행위에 대한 규제가 강화되고 있습니다. 인터넷 정보기술과 스마트 기술의 발전으로 법규 적용이 어려운 상황들이 발생하고 있어, 관련 법규가 지속적으로 개정되고 있습니다.

[표 4-4] 정보 공급 관련 법규

내용	관련 법규
방송/통신 융합에 따른 환경 변화에 대응하기 위한 법률	• 방송통신 발전 기본법 • 인터넷 멀티미디어 방송 사업법 • 전기통신 사업법
유해 정보 규제 및 청소년 보호를 위한 법률	• 정보통신망 이용촉진 및 정보보호 등에 관한 법률 • 청소년 보호법
저작권 보호	• 저작권법
웹하드/P2P 서비스업 등록제도	• 전기통신 사업법
불법 사이트 운영 규제 법률	• 청소년 보호법 • 정보통신망 이용촉진 및 정보보호 등에 관한 법률 • 형법
개인정보 침해 규제 법률	• 정보통신망 이용촉진 및 정보보호 등에 관한 법률 • 전기통신 사업법 • 통신 비밀 보호법 • 개인정보 • 신용정보의 이용 및 보호에 관한 법률 • 형법
사이버 범죄에 관한 법률	• 정보통신망 이용촉진 및 정보보호 등에 관한 법률 • 성폭력 범죄의 처벌 등에 관한 특례법 • 학교폭력 예방 및 대책에 관한 법률 • 형법
사생활 침해와 명예훼손 구제 법률	• 정보통신망 이용촉진 및 정보보호 등에 관한 법률

[임시 조치 제도]

인터넷 저널리즘의 강력한 위력으로 인하여 개인정보 침해, 사생활 침해, 명예훼손 등이 급속하게 확산되어 심각한 피해를 야기시킬 수 있습니다. 이런 일이 발생하면 조기에 빠르게 대응하여야 하는데, 법 절차에 따라서 조치하려면 많은 시간이 요구됩니다. 이러한 문제를 해소하기 위해, 법 절차가 진행되기 전에 피해자의 요청에 의하여 임시로 조치할 수 있는 제도를 도입하고 있습니다.

① 인터넷 상에서 일반에 공개된 정보가 존재하고,

② 공개된 정보에 의하여 사생활 침해 또는 명예훼손 등의 일이 발생하였고,

③ 피해자가 해당 정보 제공 업체에 침해 사실을 소명하고,

④ 피해자가 해당 정보의 삭제를 요청합니다.

이런 경우에는 정보 제공자는 지체 없이 피해자의 권리를 침해한 정보를 삭제하는 임시 조치를 취할 수 있습니다. 정보 제공자가 즉각적인 임시 조치를 취하지 않으면 피해자에게 배상을 하여야 합니다. 피해자와 가해자간의 다툼이 예상되는 경우에도 즉각적인 임시 조치를 취해야 하며 이 경우 임시 조치 기간은 30일 이내로 합니다.

[인터넷 분쟁 조정 제도]

인터넷의 게시물로 인하여 명예 훼손 등의 분쟁이 발생한 때는 방송통신 심의위원회에 조정을 신청할 수 있습니다. 조정 제도는 법 절차보다 신속하게 문제를 해결하기 위한 대체적 분쟁 해결 제도입니다. 피해자와 가해자는 방송통신 심의위원회의 조정에 따라 상호 합의할 수 있으며, 합의된 내용은 사적인 계약의 효력을 갖습니다.

[심의 제도]

인터넷 상에는 표현의 자유를 빙자한 불법 유해 정보가 난무합니다. 공공의 이익을 위하여 이런 불법 유해 정보를 규제할 필요가 있어 심의 제도를 도입하고 있습니다. 방송통신 심의위원회에서는 개인, 사회, 국가의 권익을 침해하는 불법 유해 정보를 심의하여 규제하고 있습니다.

방송통신 심의위원회는 인터넷 콘텐츠와 정보가 심의 규정을 위반하였을 때는 제재 조치를 취할 수 있습니다. 과징금 부과, 경고, 권고, 수정 또는 중지 등의 명령, 제한 등의 제재 조치를 결정할 수 있으며, 이에 따라 방송통신 위원회는 지체 없이 제재 조치를 시행하여야 합니다.

[청소년 유해매체 심의 제도와 등급제]

청소년을 불법 유해 정보로부터 보호하려는 노력이 강화되고 있습니다. 누구든지 접근 가능한 인터넷 공간은 불법 유해 정보의 온상이 되기도 합니다. 불법 유해 정보가 무차별적으로 청소년에게 노출되고 있어, 청소년의 의식 구조와 인터넷 생활에 심각한 영향을 미치고 있습니다. 아주 많은 공공기관과 단체에서 유해 매체로부터 청소년 보호를 위한 다양한 노력을 하고 있습니다. [표 4-5]는 방송, 인터넷, 영화, 게임 등 청소년에게 심대한 영향을 미치는 콘텐츠와 정보를 심의하는 기관을 요약 정리한 것입니다. 유해 매체로부터 청소년을 보호하고자 하는 많은 노력에도 불구하고, 인터넷 윤리 의식의 결여로 인하여 부작용과 역기능이 지속되고 있습니다.

청소년 보호 위원회와 각 심의기관이 청소년 유해매체로 심의, 결정하지 않은 매체에 대하여는 매체의 특성에 따라 등급제를 시행하고 있습니다. 등급제는 매체의 내용, 형식과 청소년과의 관련성을 고려하여, 청소년의 나이에 따라 구분합니다. 예를 들어, '12세 이상 관람가' 영화와 같이 청소년 등급을 표시합니다.

[표 4-5] 청소년 유해매체 심의 기구

심의기관	간행물 윤리 위원회		방송통신심의위원회				영상물등급위원회		게임물등급 위원회	청소년보호 위원회
			방송물		정보통신물					
심의 근거 법률(소관 부처)	출판법 제18조, 청소년보호법 제7조(문화부)		방송법 제32조, 청소년보호법 제7조(방송통신위원회)		방송통신위원회 설치 및 운영에 관한 법률 제18조, 청소년보호법 제7조(방송통신위원회)		영화비디오법 제 29조, 청소년보호법 제7조(문화부)	공연법 5조, 청소년보호법 제7조(문화부)	게임법 제16조, 청소년보호법 제7조(문화부)	청소년보호법 제7조(여성가족부)
청소년 보호연령	청소년보호법(연 나이 19세미만)		청소년보호법(연 나이 19세미만)		청소년보호법(연 나이 19세미만)		만18세 미만	만18세 미만	만18세 미만	청소년보호법 (연 나이 19세미만)
심의기준 (근거)	청소년보호법 적용(출판법 제19조, 시행령 제13조)		청소년보호법 적용(방송법 제33조)		청소년보호법 적용(정보통신망 이용촉진 및 정보보호 등에 관한 법률 제44조의 7, 방송통신위원회 설치 및 운영에 관한 법률 제24조)		자체규정	자체규정	자체규정	청소년보호법 제9조
심의대상	소설, 만화, 정기간행물 등(청보법 매체물 범위)		방송프로그램(청보법상 매체물 범위와 일치)		정보통신물(청보법 매체물 범위)		영화 비디오물(청보법 매체물 대상)	공연물(청보법 매체물 대상)	게임물	음반 및 음악파일 심의 청소년 유해업소(술집 등) 청소년 유해물건(성인 용품) 청소년 유해약물(마약 등) 특정고시 대상물 심의 다른 심의기관이 요청한 매체물 다른 심의기관이 심의하지 않은 매체물
심의형태	사후심의		사후심의		사후심의		사전심의 (등급분류)	사후심의 (신청시 사전심의)	사전심의 (등급분류)	사후심의 (신청시 사전심의)
심의내용	유해성	청소년	공공성 공정성	청소년 유해성	불온성 (불법성)	청소년 유해성	청소년 유해성 제한상영제	연소자 유해성	청소년 유해성	청소년 유해성
조치사항	수거 폐기 명령	청소년 유해 매체물	사과명령, 프로그램 정정 중지 등	청소년 유해 매체물	거부, 정지, 제한명령	청소년 유해 매체물	18세 청소년 관람불가 제한상영 등급분류	18세 청소년 관람불가 연령 등급분류	청소년 이용불가 등급분류	청소년 유해 매체물

4.4.3 정보 공급자 윤리 강령

인터넷 사이버 공간과 인터넷 저널리즘이 개인, 사회, 국가에 미치는 영향은 지대합니다. 부작용과 역기능이 심대한 문제를 야기 시킬 수 있으며 사회 존립에 위협적 요인으로 등장하여, 불법 유해 정보와 역기능에 대한 제재가 현안 문제로 대두하였습니다. 앞서 살펴 본 바와 같이, 인터넷의 역기능과 부작용에 대한 제재는 2가지 유형이 있습니다.

- **공적 규제**: 법적 제도적 규제입니다. 법은 최소의 도덕으로, 반드시 극복되어야 할 인터넷의 역기능과 부작용을 규제하는데 초점을 두고 있습니다. 인터넷이 워낙 변화무쌍하여 인터넷의 공적 규제는 한계가 있습니다. 공적 규제는 행정적, 사법적 처벌을 목적으로 하는 규제입니다.
- **자율 규제**: 인터넷에서 정보활동을 사람, 기업, 단체가 자신의 역할과 직무에 스스로 규제하는 것입니다. 스스로 기술적, 제도적, 윤리적 규제를 하는 것으로 인터넷의 역기능과 부작용을 해소하는 바람직한 방법이라고 할 수 있습니다.

정부는 공적 규제를 중심으로 활동하고 있고, 개인과 민간 업체는 자율 규제를 중심으로 바람직한 인터넷 세상을 만들어가고 있습니다. 자율 규제는 말로 하는 것이 아니라 실제로 행동으로 실천하는 것이 중요합니다. 행동 지침을 명문화하기 위해, 정보 공급자의 역할과 기능에 따라 윤리 강령을 제정하고 있습니다. 강령이란, 일반적으로 변호사, 의사, 공무원 등 특정 조직(집단)이 지향하고 있는 바람직한 핵심 가치를 행위 유형별로 명문화 한 것입니다.

즉, 직무 수행 과정에서 윤리적 갈등 상황에 직면하였을 때, 추구해야 할 바람직한 핵심 가치 기준과 준수하여야 할 행위(행동) 기준을 구체적으로 제시한 규정입니다. 세부적으로 살펴보면, 핵심 가치와 원칙을 제시하는 윤리 강령(code of ethics)과, 직무 특성에 따른 보다 실천적인 행동 강령(code of conduct)이 있습니다. 한마디로 바람직한 윤리적 가치의 선언과 이에 기반을 둔 행동 지침입니다. OECD는 1998년 윤리관리 원칙(Principles of Ethical Management)을 발표하면서 직무별 행동 강령을 통한 윤리 기준의 명확화와 법제화를 강조하고 있습니다. 이에 따라 모든 OECD 회원국은 법령 형식으로 행동 강령을 제정하여 시행하고 있으며, 국내외 많은 기업들도 윤리강령 등을 제정 · 시행하고 있습니다. 윤리경영을 추구하는 것은 이제 선택이 아닌 필수 사항입니다.

인터넷의 영향력이 날로 막강해지고 있으며 스마트 기술과 결합하여 그 영향력을 더욱 확산해 가고 있습니다. 이와 비례하여 인터넷의 역기능과 부작용도 증대되고 있습니다. 개인 정보보호, 사생활 보호, 불법 유해 정보 차단, 청소년 보호 등이 시급한 현안으로 대두하고 있고 글로벌 공조 체제를 갖추어야 합니다. 공적 규제만으로 해결에 한계가 있어 자율 규제를 적극적으로 활용하고 있습니다. 자율 규제를 필수 제도화 하려는 노력도 있으며 이는 OECD의 권고 사항이기도 합니다.

이에 따라, 정보 공급자의 직무 영역별로 윤리 강령이 제정되고 있습니다. 소프트웨어 개발자 윤리 강령, 컴퓨터공학 윤리 강령, 정보통신 윤리 강령 등이 민간단체와 기관에 의해 제정되고 있습니다. [그림 4-2]는 2000년 6월 15일 정보통신윤리위원회가 제정한 네티즌 윤리 강령입니다. 네티즌 기본 정신은 윤리 강령(code of ethics)에 해당하고, 네티즌 행동 강령은 실천적인 행동 강령(code of conduct)에 해당한다 할 것입니다.

제목 | 네티즌 윤리강령

정보통신 환경의 변화에 따라 사이버 공간에서의 활동이 급증하고 있습니다.
네티즌은 사이버 공간에서 유익한 정보를 서로 나누고 건전한 인간관계를 형성하며, 다양한 경험을 쌓습니다.

또한 사이버 공간을 통해 정보사회의 성숙한 인간으로 성장하며, 인류사회 발전에 기여합니다.

사이버 공간의 주체는 네티즌입니다. 네티즌은 사이버 공간에서 표현의 자유와 권리를 가지고 있으며, 동시에 의무와 책임도 지니고 있습니다. 이러한 권리가 존중되지 않고 의무가 이행되지 않을 때 사이버 공간은 무질서와 타락으로 붕괴되고 말 것입니다. 이에 사이버 공간을 모두의 행복과 자유, 평등이 실현되는 공간으로 발전시킬 수 있도록 '네티즌 윤리강령'을 제정하고 이를 실천할 것을 다짐합니다.

1. 네티즌 기본 정신

- 사이버 공간의 주체는 인간입니다.
- 사이버 공간은 공동체의 공간입니다.
- 사이버 공간은 누구에게나 평등하며 열린 공간입니다.
- 사이버 공간은 네티즌 스스로 건전하게 가꾸어 나갑니다.

2. 네티즌 행동 강령

1. 우리는 타인의 인권과 사생활을 존중하고 보호합니다.
2. 우리는 건전한 정보를 제공하고 올바르게 사용합니다.
3. 우리는 불건전한 정보를 배격하며 유포하지 않습니다.
4. 우리는 타인의 정보를 보호하며, 자신의 정보도 철저히 관리합니다.
5. 우리는 비·속어나 욕설 사용을 자제하고, 바른 언어를 사용합니다.
6. 우리는 실명으로 활동하며, 자신의 ID로 행한 행동에 책임을 집니다.
7. 우리는 바이러스 유포나 해킹 등 불법적인 행동을 하지 않습니다.
8. 우리는 타인의 지적재산권을 보호하고 존중합니다.
9. 우리는 사이버 공간에 대한 자율적 감시와 비판활동에 적극 참여합니다.
10. 우리는 네티즌 윤리강령 실천을 통해 건전한 네티즌 문화를 조성합니다.

[출처 : 2000년 6월 15일 '네티즌 윤리강령' 선포 - 정보통신윤리위원회]

[그림 4-2] 네티즌 윤리 강령

한편, 정보 전문가를 고용하고 있는 정보통신 업체에서도 사업자마다 윤리 강령을 제정하여 시행하고 있습니다. 인터넷 관련 기업, 정보통신 기업 등의 구성원에게는 엄중한 윤리 의식이 요구되고 있어, 기업체 차원에서 자율적으로 윤리 강령을 제정하여 시행하고 있습니다. 이들 기업의 윤리 강령은 기업의 사회적 책임(Corporate Social Responsibility, CSR)과 아주 밀접한 관계가 있으며, 기업과 사회의 공생 발전에 중요한 요소입니다.

인터넷 사업자 중에서는 포털 사업자의 책임이 막중합니다. 포털은 인터넷의 입구로서 아주 다양한 기능을 하고 있기 때문에, 포털이 비윤리적으로 운영된다면 사회적 재앙이 될 수 있기 때문입니다. 포털은 인터넷의 정보 제공자로서의 책임을 깊이 인식하고 윤리적 경영을 하여야 하며, 표현의 자유, 익명성, 상호 작용성 등 인터넷의 특성에 기인하는 제반 문제를 효과적으로 대체할 수 있는 행동 지침을 마련하여야 합니다. 인터넷 정보기술의 급속한 발전으로 인해 예기치 못한 신종 문제가 발생하고 있는데, 이런 문제에 대해서도 능동적으로 대응하는 체제를 구축하여야 합니다. 포털 사업자의 윤리적 책임이 막중함에도 불구하고 포털 사업자의 핵심 가치 강령과 행동 강령이 투명하게 제시되지 않는 경우가 있는 등 적극적인 윤리 활동이 미흡합니다.

기업윤리/규범

네이버(주)가 지켜야 할 올바른 행동과 가치판단의 기준인
기업 윤리규범을 제정하고 이의 실천을 다짐합니다.

정직과 성실이라는 기업윤리 신념을 바탕으로 겸손과 주인정신 등
네이버(주) 핵심가치를 추구하고 지속적인 자기계발과 공정한 업무수행을 합니다.
기본윤리 실천을 통해 임직원 상호간에 그리고 고객, 주주, 협력업체,
사회 등 다양한 이해관계자로부터 신뢰받는 기업으로서의 명성을 추구합니다.

겸손과 주인정신
자신이 네이버(주)의 얼굴이라는 책임감으로 매사에 임하여 공적으로나 사적으로 항상 겸손한 자세를 유지합니다.

창의와 혁신
고객에게 최고의 가치와 만족을 창출하기 위하여 현재에 만족하지 않고 항상 창의적이며 혁신적인 사고로 업무에 임합니다.

도전과 열정
도전하지 않는 자는 아무것도 얻을 수 없다는 기업철학 아래 끊임없는 열정으로 업무에 대해 도전하고 성취하기 위해 노력합니다.

회사와의 이해상충 회피
공과 사를 명확히 구분하여 업무를 수행하고 네이버(주)의 이익과 상충되는 사적인 활동이나 관계를 만들지 않습니다.

건전한 조직문화 조성
원활한 커뮤니케이션 및 상호 신뢰를 바탕으로 존중과 자율이 중시되는 일터 가꾸기에 노력하며 다른 사람에게 불쾌감을 주거나 사회적, 문화적 편견을 담은 어떠한 언어적, 육체적, 시각적 행동도 하지 않습니다.

[그림 4-3] 사례: 포털 업체의 윤리 강령 일부

요 약

• 인터넷 사이버 공간의 정보는 다음과 같은 특징을 가지고 있습니다.

- 디지털 정보이므로 누구나 쉽게 생산할 수가 있습니다.
- 인터넷의 특성으로 인하여 생산된 정보는 시간과 공간을 초월하여 예측 불가능한 파급 효과를 갖게 됩니다.
- 인터넷 사이버 공간은 열린 공간으로 누구나 참여하여 정보를 생산하고 활용할 수 있습니다.
- 인터넷에서는 누구든지 다양한 콘텐츠와 의견을 제시할 수 있습니다.
- 인터넷의 정보 개방과 공유는 일방적 전달이 아닌 쌍방향으로 이루어집니다.

• 정보 공급자의 유형은 다음과 같은 형태가 있습니다.

- 정보 생산자: 각종 인터넷 콘텐츠, 소프트웨어, 웹 프로그램, 모바일 앱 등을 설계, 개발, 생산하는 기업이나 이런 일을 하는 개발자를 말합니다.
- 정보 관리자: 정보 유통을 위한 각종 서버 시스템 및 네트워크 장비를 관리하고 운영하는 모든 사업자와 종사자를 말합니다.
- 정보 제공자: 영화, 사진, 문서, 뉴스, 주식 정보 등 각종 콘텐츠를 제공하는 사이트를 운영하는 사업자를 말합니다.

• 정보 생산자의 윤리적 쟁점으로는 정보 보호 강화, 개인과 사회의 안전 보호, 건전하고 유용한 정보 생산, 저작권 침해 금지, 기밀 유지와 유출 금지, 표현의 자유에 대한 이해가 있습니다.

• 정보 관리자의 윤리적 쟁점으로는 서버와 통신망의 안전성 유지, 해킹과 바이러스에 대응, 개인정보 보호, 장애 발생 대응, 망 중립성 논란에 대한 인식이 있습니다. 망이 중립성을 유지하려는 3가지 원칙 - 비차별, 상호접속, 접근성을 준수해야 합니다.

• 정보 제공자의 윤리적 쟁점으로는 개인 사생활 침해 방지, 표현의 자유와 유해 정보 차단, 저작권 침해 방지와 보호, 포털의 중립성 유지, 스마트폰 앱 마켓 운영자의 책임이 있습니다.

• 인터넷 저널리즘의 형태로는 인터넷 언론, 인터넷 방송, 포털, 블로그, UCC, 스마트폰 뉴스 서비스 앱, 소셜 네트워크가 있습니다.

• 인터넷 저널리즘의 특성으로는 저널리즘의 생태계의 확장, 저널리즘의 내재적 변화(미디어 조직과 생산과정의 변화), 저널리즘의 가치 변화, 선택의 확대, 대중의 참여와 상호 작용, 이동성과 실시간성, 표현의 자유와 신뢰성이 있습니다.

• 정보 전송자는 진실성, 표현의 자유와 책임의식, 독립성, 사생활 및 사회 보호, 네카시즘 금지와 같은 윤리적 자세를 가져야 합니다. 정보 수용자는 비판적 수용자세가 필요하고, 사실과 주장을 분간하며, 긍정적 열린 마음으로 정보를 수용하고, 정보가 공공의 이익과 목적에 부합하는지 살펴

보고, 정보의 심층적 컨텍스트를 이해할 수 있는 윤리적 자세를 가져야 합니다.

- 실명제에는 세부적으로 대략 4가지 종류가 있습니다.

  - 인터넷 실명제: 인터넷 게시판에 글을 쓰거나 댓글을 쓸 때 본인 확인
  - 선거 실명제: 선거와 관련하여 지지 성명 또는 비판 등을 할 때 본인 확인
  - 게임 실명제: 인터넷 게임을 할 때 본인 확인
  - 도메인 실명제: 인터넷 도메인을 신청할 때 본인 확인

- 정보 공급과 관련된 법규와 제도로는 임시 조치 제도, 인터넷 분쟁 조정 제도, 심의제도, 청소년 유해매체 심의제도와 등급제가 있습니다.

- 인터넷의 역기능과 부작용에 대한 제재는 2가지 유형이 있습니다.

  공적 규제: 법적 제도적 규제입니다. 공적 규제는 한계가 있습니다. 공적 규제는 행정적, 사법적 처벌을 목적으로 하는 규제입니다.

  자율 규제: 인터넷에서 정보활동을 하는 사람, 기업, 단체가 자신의 역할과 직무에 스스로 규제하는 것입니다.

- 네티즌들의 기본정신은 다음과 같습니다.

  - 사이버 공간의 주체는 인간입니다.
  - 사이버 공간은 공동체의 공간입니다.
  - 사이버 공간은 누구에게나 평등하며 열린 공간입니다.
  - 사이버 공간은 네티즌 스스로 건전하게 가꾸어 나갑니다.

참고문헌

- 국회입법조사처 · 한국언론법학회 (2009), 인터넷상 허위사실의 유포와 표현의 자유, 2009년 국회입법조사처 · 한국언론법학회 공동학술대회 발표 자료.
- 이향선(2012), "인터넷 내용규제 패러다임의 변화: 공동규제 시스템 도입 방안 연구", 한국방송학보, 통권 제26-4호, pp. 215-264.
- 강재원 (2013), "인터넷언론과 저널리즘의 역할", KAA, pp. 28-30.
- 한국인터넷진흥원 (2011), 2011년 인터넷 윤리 문화 실태 조사, 한국인터넷진흥원.
- 한국정보화진흥원 (2013), 2013년 국가 정보화 백서, 한국정보화진흥원.
- 정보통신정책연구원 (2013), ICT 인문사회 혁신기반 구축(Ⅰ) 총괄보고서, 미래창조과학부.
- 김은미 외 (2007), 저널리즘의 미래변화, 21세기 한국 메가 트렌드 시리즈 V 07-08, 정보통신정책연구원.
- 정대필 (2006), "지상파TV에도 시민기자 뉴스 등장", 신문과 방송, 2006.03, pp. 40-43.
- 김정해 (23012), 소셜네트워크 활용증가에 따른 정보윤리 문제와 법·제도 개선방안, KIPA 연구 보고서 2012-5, 한국행정연구원.

확인학습

01. 인터넷 미디어에 대한 설명으로 옳은 것은 무엇인가?

① 검색 기능이 없다.
② 일방적이고 수직적이다.
③ 모든 사람이 참여 가능하다.
④ 게이트 키핑으로 정보의 질이 높다.

02. 추측, 루머와 같이 부정확하거나 잘못된 정보가 확산되어 사회, 정치, 경제 등에서 치명적인 위기를 초래하게 되는 현상을 무엇이라고 하는가?

① 네카시즘
② 집단극화
③ 집단동조
④ 인포데믹스

03. 인터넷 매체의 특징으로 볼 수 없는 것은 무엇인가?

① 표현의 자유를 주장한다.
② 개방, 참여, 공유가 이루어진다.
③ 정보 수용자를 공급자로, 공급자를 수용자로 만든다.
④ 글쓰기, 읽기에 관한 책임의식과 윤리적 파급에 대한 이해도가 높다.

04. 인터넷 저널리즘의 변화로 볼 수 없는 것은 무엇인가?

① 독자들이 게이트키퍼의 역할을 하게 되었다.
② 일방적으로 뉴스 및 기사를 제공하게 되었다.
③ 제공되는 정보에 대한 마감 시간 제한이 없어졌다.
④ 언론사와 독자가 쌍방향적 커뮤니케이션을 하게 되었다.

05. 게임 개발자, 블로그/트위터 정보게시자의 직무에 따른 윤리적 쟁점이 아닌 것은 무엇인가?

① 기밀유지
② 정보보안
③ 표현의 자유
④ 장애발생 대응

06. 'KT, SK브로드밴드, LG U+'와 같은 정보관리자의 윤리적 쟁점에 해당하는 것은 무엇인가?

① 기밀유지
② 저작권 보호
③ 개인정보 보호
④ 프라이버시 보호

07. 정보전송자의 윤리적 태도로서 적합하지 않은 것은 무엇인가?

① 개인의 권리보호와 사회적 책임을 다하기 위해 노력한다.
② 다른 사람에게 피해를 준다 하더라도 표현의 자유를 우선하여 행사한다.
③ 다수의 의견이 반드시 옳지 않으므로 다수의견에 휩쓸려 동조 의견을 올리지 않도록 경계한다.
④ 사실과 의견은 명확히 구분하고 개인이나 상대에 대해 비판할 시에는 상대방에게 해명의 기회를 준다.

08. 다음 중 비판적 정보 수용 태도로 틀린 것은 무엇인가?

① 내용이 사실인지, 의견인지 파악한다.
② 의견이라면 근거가 합리적이며 보편 타당한 것인지 검토한다.
③ 의도에 말려들지 않기 위해 텍스트와 컨텍스트를 동시에 읽는다.
④ 주장의 근거가 합리적이고 보편 타당하다 하더라도 의견이 다르다면 비판한다.

09. 다음이 설명하는 인터넷 관련 용어는 무엇인가?

인터넷 사용자가 뉴스를 재구성하거나 텍스트, 동영상, 관련 사이트 링크드의 다양한 형식으로 새로운 기사를 작성하여 정보를 제공하는 활동

① 이러닝
② 컨버전스
③ 인터넷리터러시
④ 인터넷저널리즘

10. 네이버, 다음과 같은 정보제공자는 개별사이트와 달리 대중적 콘텐츠를 제공하여 많은 이용자가 사이트에 모이게 하는 특성을 갖고 있어 그 파급효과가 크다. 다음 중 이러한 정보제공자가 고려해야 할 윤리적 관점으로 옳은 것은 무엇인가?

① 기밀유지
② 정보보안
③ 해킹 및 바이러스에 대한 대응
④ 오픈마켓 유통구조에 대한 책임한계

11. 정보전송자의 윤리적 태도로서 적합하지 않은 것은 무엇인가?

① 익명성의 경계
② 역지사지의 태도
③ 네카시즘의 수용
④ 명예와 신용 존중

12. 인터넷 정보를 수용하는 옳은 자세는 무엇인가?

① 답글이 많이 달린 기사일수록 신뢰한다.
② 짧은 시간에 되도록 많은 정보를 읽는다.
③ 근거가 합리적이고 보편적이면 수용한다.
④ 포털사이트에 올려진 기사는 정확한 정보이다.

13. 다음 중 정보공급자 범주에 속하지 않는 것은?

① 정보생산자 ② 정보관리자
③ 정보제공자 ④ 정보이용자

14. 다음 중 정보생산자가 아닌 것은?

① 웹 프로그래머 ② 데이터베이스 설계자
③ ISP ④ 콘텐츠개발자

15. 다음 중 정보생산자가 고려해야 할 윤리적 쟁점이 아닌 것은?

① 저작권 침해 ② 표현의 자유
③ 비밀유지 ④ 댓글 및 게시물

제5장 불법 유해정보 유통과 인터넷 윤리

정보통신 기술의 비약적인 발전으로 정보의 생산과 전달에 엄청난 변화가 있습니다. 초고속 광대역 네트워크, 유무선 인터넷, 소셜 네트워크 서비스 등이 일반화 되고, 스마트폰이 생활화 되면서 시간과 장소의 제약을 받지 않고 엄청난 양의 데이터가 생성되고 있고, 페이스북, 트위터, 유튜브 등을 타고 빛의 속도로 전달되고 있습니다. 정보를 효과적으로 처리하기 위하여 정보통신 기술을 발전시켜 왔는데, 오히려 정보통신 기술이 정보의 홍수를 야기하고 있습니다. 빠른 속도로 엄청나게 축적되는 데이터를 빠르게 처리하기 위한 빅데이터(Big Data)가 정보기술의 화두가 되고 있기도 합니다.

인터넷 상에서 끊임없이 생성되는 정보가 모두 좋은 정보일 수는 없습니다. 사회 발전을 저해하고 개인의 존엄성을 해치는 유해정보도 큰 부분을 차지하고 있습니다. 스마트폰이 생활화 되면서 불법 유해정보의 생산, 유통에는 과거와는 전혀 다른 양상을 보이고 있고, 사회와 개인에 미치는 폐해가 더욱 심각해지고 있습니다. 특히, 청소년이 불법 유해정보에 무방비로 노출되어 있어 심각한 사회문제가 되고 있습니다. 불법 유해정보를 차단하거나 제제하면 다른 형태로 불거지는 등 서로 창과 방패가 되어 끊임없는 대결이 반복되고 있는 상황입니다. 불법 유해정보를 근본적으로 해결하기 위해서는 도덕적, 윤리적 대응 방안이 수립되어야 할 것입니다.

이 장에서는 불법 유해정보의 생산과 유통에 대한 전반적인 상황을 살펴보고 대응 방안을 정립해 보도록 하겠습니다. 불법 유해정보의 개념 형태와 특성을 알아보도록 하겠습니다. 불법 유해정보의 생산과 유통 실태를 살펴보고 대응 방안 및 문제점 대하여 고찰해 보도록 하겠습니다.

5.1 불법 유해정보의 개념

인터넷에서는 정치, 경제, 사회, 문화의 모든 분야에 걸쳐 텍스트, 이미지, 비디오 등 다양한 형태의 정보가 끊임없이 생산되고 공유되고 있습니다. 인간이 만들고 축적한 모든 정보가 인터넷 상에서 유통되고 있다고 해고 과언이 아닐 것입니다. 그래서 인터넷을 정보의 바다라고도 합니다. 정보의 바다에 있는 정보는 모두가 유용한 정보만은 아니며 인터넷에는 불법 유해정보도 넘쳐나고 있습니다. 불법 유해정보의 개념에 대하여 알아보겠습니다.

5.1.1 불법 유해정보의 정의

인터넷 상의 불법 유해정보란 무엇을 말할까요? 인터넷의 정보는 다양한 특성이 있기 때문에 불법 유해정보를 일률적으로 규정하기가 매우 어렵습니다. 어떤 정보의 경우에는, 언론 출판의 자유나 사생활의 자유와 같은 헌법상의 기본권과도 관련성이 있어, 불법 유해정보의 경계선을 확실히 긋기가 어렵습니다. 그러나 일반적으로 인터넷 이용자에게 정신적, 시간적, 경제적 피해를 가져오는 정보로, 현행법이 생산, 저장, 유통을 금지한 불법 정보와 선량한 미풍양속 등에 문제를 야기시키는 불건전한 유해정보를 통칭하여 불법 유해정보라 합니다. 다시 말하면, 불법 유해정보는 문자 그대로 현행법에서 금지한 불법 정보와 윤리적, 도덕적으로 사회에 악영향을 주는 유해정보의 두 종류가 있습니다.

[불법 정보]

법과 국가질서의 존엄성 유지를 위해 현행법이 생산, 저장, 유통을 금지한 정보

- 사회의 규범과 미풍양속을 해치는 정보
- 국가의 존엄성을 훼손하거나 반국가적인 내용
- 인권침해 및 인명경시 내용
- 법과 질서의 존엄성 저해에 관한 내용
- 공중도덕과 사회윤리 저해에 관한 내용
- 국민 정서에 반하는 내용

[유해정보]

정보통신망을 통해 유통되는 정보 중 유해한 정보로 방송통신 위원회 등이 유해 매체물로 결정·고시한 음란성, 폭력성, 사행성, 반사회적 성격의 정보

- 성적 욕구나 폭력성을 불러일으키는 정보
- 반사회적, 비윤리적인 것으로 청소년의 정신이나 신체에 해로운 정보

정보기술의 급속한 발전으로 불법 유해정보를 정의하는 기준을 설정하기가 점점 어려워지고 있습니다. 또한, 융복합된 새로운 형태의 정보 출현으로 정보의 내용뿐만 아니라 사회적, 역사적 맥락을 포함해서 정보를 이해할 것을 요구하고 있습니다. 불법 유해정보를 식별하는 것은 점점 더 어려워지고 있는 반면에, 불법 유해정보의 악영향은 더 교묘하고 활발하게 확산되고 있다 할 것입니다.

5.1.2 불법 유해정보의 분류

인터넷에는 모든 분야에 걸쳐 아주 다양한 정보가 공유되고 있습니다. 불법 유해정보를 식별하기도 어렵지만 이를 유형별로 분류하는 것도 아주 어렵습니다. 대표적인 불법 유해정보의 분류를 통해서 불법 유해정보에 대하여 보다 더 확실하게 이해해 보도록 하겠습니다.

EU 위원회에서는 보호법익에 따라, 불법 유해정보를 [표 5-1]과 같이 분류하고 있습니다. EU 위원회는 보호되어야 할 국가 사회적 중요한 가치를 위협하는 정보를 불법 유해정보로 간주하고 있습니다. 국가 안전 보장에 위협적 요인이 될 수 있는 폭탄 제조, 위법 약품 제조, 테러 등에 관한 정보는 불법 유해정보입니다. 미성년자에게 악영향을 끼칠 수 있는 폭력, 포르노, 부정한 판매 행위에 대한 정보도 불법 유해정보입니다. 개인의 존엄성을 훼손하는 인종차별과 인권 훼손, 경제의 안정성과 신뢰성을 해치는 사기와 신용카드 도용, 정보의 안전성과 신뢰성을 해치는 악의적인 해킹, 개인의 사생활 보호에 영향을 주는 비합법적 정보, 명예 및 신용 보호를 저해하는 불법적 정보, 그리고 지적 소유권을 침해하는 정보 등을 불법 유해정보로 규정하고 있습니다.

[표 5-1] EU위원회의 보고서가 정의하는 불법 유해정보

구분 / 순서	보호법익	위법 또는 유해한 정보내용의 예
1	국가안전보장	폭탄제조, 위법의 약품제조, 테러
2	미성년자 보호	부정판매행위, 폭력, 포르노
3	개인 존엄성의 확보	인종차별
4	경제의 안전/신뢰성	사기, 신용카드의 도용
5	경보의 안전/신뢰성	악의의 해킹
6	프라이버시의 보호	비합법적인 개인정보의 유통 전자적 피해통신
7	명예/신용의 보호	중상모략, 불법의 비교광고
8	지적 소유권	소프트웨어, 음악 등의 저작물의 무단 배포

EU의 분류는 권익 보호에 우선을 두어 권익을 침해하는 정보를 불법 유해정보로 규정하는 특징이 있습니다.

우리나라는 불법 정보의 경우, 정보통신망 이용촉진 및 정보보호 등에 관한 법률 제44조 7 '불법 정보의 대상'에 구체적으로 제시되어 있습니다. 이에 따르면, 음란한 전기통신, 명예훼손, 사이버 스토킹, 해킹 · 바이러스 유포, 청소년 유해 매체물 표시 위반, 도박 등 사행 행위, 국가 기밀 누설, 국가 보안법 위반, 범죄 관련 정보를 불법 정보로 적시하고 있습니다. 법률 제44조 7의 불법 정보 규정은 명예를 훼손한다거나 사이버 스토킹을 한다거나 하는 정보 행위의 불법성에 중점을 두고 있습니다.

[표 5-2] 정보통신망 이용촉진 및 정보보호 등에 관한 법률 제44조의 7 '불법정보의 대상'

제1호 (음란한 전기통신)	음란한 부호, 문헌, 음향, 화상 또는 영상물 배포 · 판매 · 임대하거나 공연히 전시하는 내용의 정보
제2호 (명예훼손)	사람을 비방할 목적으로 공연히 사실 또는 허위의 사실을 적지하여 타인의 명예를 훼손하는 내용의 정보
제3호 (사이버스토킹)	공포심이나 불안감을 유발하는 부호 · 문연 · 음향 · 화상 또는 영상을 반복적으로 상대방에서 도달하게 하는 내용의 정보
제4호 (해킹 · 바이로스 유포)	정당한 사유없이 정보통신시스템, 데이터 또는 프로그램 등을 훼손 · 멸실 · 변경 · 위조하거나 그 운용을 방해하는 내용의 정보
제5호 (청소년유해매체물 표시의무 위반)	청소년보호법에 의한 청소년유해매체물로서 상대방의 연령확인, 표시의무 등 법령에 의한 의무를 이행하지 아니하고 영리를 목적으로 제공하는 내용의 정보
제6호 (도박 등 사행행위)	법령에 의하여 금지되는 사행행위에 해당하는 정보
제7호 (국가기밀누설)	법령에 의하여 분류된 비밀 등 국가기밀을 누설하는 내용의 정보
제8호 (국가보안법위반)	국가보안법에서 금지하는 행위를 수행하는 내용의 정보
제9호 (범죄관련정보)	범죄를 목적으로 하거나 교사 또는 방조하는 내용의 정보

또한, 유해정보에 대하여는 정보통신 윤리위원회와 윤리운동 단체인 '성숙한 사회 가꾸기 모임'에서 '사이버 양심 5적(敵)'을 발표하기도 하였습니다. ① 욕설 · 비방 등 사이버 언어폭력, ② '야동', '야사' 등 청소년 유해정보 유포, ③ 허위 사실 · 유언비어 퍼뜨리기 등 사이버 명예 훼손, ④ 아이디 도용 등 개인정보 침해, ⑤ 다른 사람의 창작물을 퍼오는 저작권 침해 등 5가지를 비양심적 행위로 규정하였습니다.

불법 유해정보의 유통방지에 노력하고 있는 방송통신위원회에서는 불법 유해정보는 먼저 불법정보, 유해정보, 권리침해 정보의 3가지로 구분하고 있습니다. 여기서 불법 정보는 인터넷 이용자에게 정신적, 시간적, 경제적으로 피해를 가져오는 정보로서 불법 정보와 청소년에게 유해한 불법 정보의 2가지로 나누고 있습니다. 불법 정보는 법과 국가질서의 존엄성 유지를 위해 현행법이 생산 · 저장 · 유통을 금지한 모든 정보로서, 개인 · 사회 · 국가적 법익을 침해하는 정보를 말합니다. 예를 들어, 국가의 존엄성을 훼손하거나 반국가적인 내용, 법과 질서의 존엄성을 저해하는 내용, 공중도덕과 사회윤리 저해에 관한 내용, 사회의 규범과 미풍양속을 해치는 내용, 인권침해 및 인명경시 내용, 국민 정서에 반하는 내용 등 입니다. 청소년 유해정보는 넓은 의미에서는 정보통신망을 통해 유통되는 정보 중 청소년에게 유해한 정보를 말하며, 좁은 의미에서는 방송통신심의위원회 등 국가기관이 청소년 유해 매체물로서 결정 · 고시한 음란성, 폭력성, 사행성, 반 사회성을 띠는 영리 · 비영리 정보를 말합니다. 그리고 권리 침해 정보는 개인의 프라이버시와 관련된 정보를 말합니다.

[표 5-3] 방송통신심의위원회의 불법 유해정보 분류

항목	분류
불법 정보	사행심조장/국가보안법 위반정보/불법 식 · 의약품 판매/불법담배판매/마약류거래/불법문신/불법명의거래/화약 등 불법무기제조/문서위조/과제 대필/불법금융/미등록 전자기기 판매/무등록 운전학원/유사상호 사용/가짜석유거래/자살 교사 및 방조/장기 매매/불법 심부름센타/개인정보거래/인터넷 신문내 불법의료광고
유해 정보	성기노출 · 성행위 · 유사성행위 묘사/변태적 성행위/아동포르노/성매매/폭력 · 잔혹 · 혐오성 정보/청소년유해매체물 결정/청소년유해매체물 표시의무 위반 정보/청소년유해매체물 광고 정보
권리침해정보	명예훼손/사생활침해/초상권침해/모욕/상표권 관련

그 밖에 불법 유해정보의 매체적 특성에 따라 문자, 음성, 정지화상, 동영상, 게임 등으로 분류하는 방법도 있습니다. 문자를 매체로 하여 음란, 폭력, 반국가, 사생활 침해의 글을 게시판에 올리거나 소셜 미디어로 전송하는 행위, 음란, 폭력적인 대화하기, 음란, 폭력, 반국가, 사생활 침해의 사진이나 이미지 또는 동영상으로 된 정보, 그리고 음란, 폭력 게임 등의 정보 매체를 중심으로 한 분류입니다. 이러한 분류 방법들을 불법 유해정보의 형태, 구조, 내용 등 더욱 다양한 측면으로 조명하여 보면 좀 더 명확하게 불법 유해정보를 이해할 수 있을 것이라 생각합니다.

5.1.3 불법 유해정보의 특징

정보기술이 PC 시대와 웹 기반의 인터넷 시대를 거쳐 스마트폰, 태블릿 등 스마트 기기로 급속하게 진화하고 있습니다. 손안의 스마트 기기를 터치만 하면 가장 가까운 맛집, 상영 중인 영화, 유튜브 인기 가요, 고속버스 시간표 등 원하는 정보를 언제 어디서든지 얻을 수 있게 되었습니다. 또한, 불법 유해정보의 생산, 유통에도 과거와 비교하여 색다른 현상들이 일어나고 있습니다.

① **누구나 불법 유해정보의 생산 · 유통에 가담할 수 있게 되었습니다.** 과거에는 불법 유해정보의 생산과 유통에 상대적으로 많은 자금과 전문지식, 시간과 노력이 필요했지만, 스마트 기기의 출현으로 이러한 제약은 사라지고 있습니다. 스마트 기기의 카메라, 비디오, 다양한 앱들을 활용하면 전문지식 없이도 불법 유해정보의 생산이 가능하고 페이스북, 트위터, 카카오톡 등 다양한 소셜 미디어를 활용하여 쉽게 유통할 수 있게 되었습니다. 이로서, 성인뿐만 아니라 청소년 심지어 초등학생들까지도 불법 유해정보의 확산에 가담할 수 있는 여건이 마련되고 있습니다.

② **정보기술의 발달로 불법 유해정보의 유통경로가 매우 복잡해졌습니다.** 과거에는 통신 채널의 희소성으로 인해, 정보의 유통 채널이 한정되어 있었습니다. 따라서 중앙 집중적인 통제가 어느 정도는 가능하였고, 대부분의 불법 유해정보는 법적, 제도적 통제를 피하여 음성적 유통경로로 배포되었습니다. 즉, 건전한 정보와 분리하여 관리가 가능했습니다. 그러나 스마트 기술의 등장으로 P2P사이트, 미니홈피, 블로그, 카페, 전자 게시판 뿐만 아니라 페이스북, 트위터, 카카오톡 같은 소셜 미디어 서비스의 생활화, 드롭박스(Dropbox)와 같은 클라우드 컴퓨팅(cloud computing) 서비스가 보편화 되면서, 불법 유해정보가 다양하게 전달 · 확산될 수 있는 여건이 마련되었습니다.

③ 스마트 환경 하에서는 건전한 정보와 불법 유해정보의 경계가 모호해지고 있습니다. 과거에도 예술 작품인지 음란물인지에 대한 논란이 있었지만, 스마트 시대에는 정보의 내용이 융복합되어 건전한 정보와 불법 유해정보를 분리하는 것이 불가능하고 여러 범주에 걸쳐 있어 일률적으로 판단하기가 어렵습니다. 따라서 전문가들에 의한 게이트키핑(gate-keeping)과 필터링(filtering) 기능이 작동할 여지가 크게 줄어들었습니다. 이제는 정보의 불법성과 유해성의 판단이 사용자 개인에게 맡겨지고 있습니다.

④ 정보의 확산 속도가 경이적일 정도로 빠른 시대가 되었습니다. 스마트폰의 소셜 미디어 서비스를 이용하면 반나절이면 대한민국 전체 인구의 대다수에게 전달될 수 있을 정도로 정보가 빛의 속도로 확산되고 있습니다. 모바일 서비스의 특성으로 인하여 언제 어디서든지 실시간으로 정보가 전달되고 한번 퍼진 정보는 수습이 불가능합니다. 전파된 정보도 자체적으로 아주 빠르게 진화하여 시간이 조금 지나면 어느 것이 처음의 정보인지 구별이 불가능합니다. 한마디로 말하면, 정보는 통제가 불가능하게 빠르게 확산될 수 있습니다.

⑤ 소집단, 동호회, 커뮤니티 중심의 소통이 강화되고 있습니다. 이들 소집단들은 끈끈한 관계를 기반으로 한 자신만의 문화를 형성하고 자신들만을 위한 정보의 생산과 공유가 이루어집니다. 폐쇄된 맹목적인 자신들만의 문화가 어느 시점에 이르면, 사회 보편적인 가치관과 조화되기 어려운 형태로 발전하게 됩니다. 이러한 집단이나 개인에게 아무리 합리적인 근거와 증거를 제시하여도 거부되곤 합니다. 그런데 이런 집단이나 개인이 만든 정보가 사회에 커다란 부작용을 일으키기도 합니다.

정보기술은 비약적으로 진화하고 있고 불법 유해정보로 인한 부작용도 날로 커지고 있는데 법적, 제도적 대응 방안은 제자리 걸음을 하고 있습니다. 새로운 정보기술의 환경이나 새로운 불법 유해정보의 출현 등에 적극적으로 대응하는 새로운 기준 설정과 새로운 대응 시스템이 강력히 요구되는 상황입니다.

5.2 불법 유해정보 사례

인터넷은 정보의 공유와 전달에 획기적인 진보를 가져왔습니다. 인터넷이 정보에 무방비로 노출되어 있다 보니, 불법 유해정보가 넘치고 있습니다. 정보의 바다라는 인터넷이 불법 유해정보의 바다라는 오명을 쓸 정도로 인터넷상에서 불법 유해정보를 일상적으로 접근할 수 있습니다. 불법 유해정보를 근절하고 퇴치하기 위한 제도적 노력과 함께 윤리 교육을 병행하여 이용자의 자율적 규제에도 힘써 왔습니다. 그러나 이러한 대응이 실효성을 확보하기도 전에 스마트폰과 같은 스마트 모바일 기기의 등장으로 더욱 어려운 환경이 조성되고 있습니다.

네이버 · 다음 · 네이트 등 국내 3대 포털이 불법 유해정보의 온상이 된 것은 이미 알려진 일이지만, 오히려 해가 갈수록 불법 유해정보의 유통문제는 더 심각해지고 있습니다. 최근 4년간 (2010년-2013년 8월)간 3대 포털에서 발생한 불법 유해정보 시정 요구 건수는 2010년에 5,192건, 2011년에 6,030건, 2012년에는 10,883건으로 계속 증가하고 있고, 2013년 8월에는 이미 12,951

건에 이르는 것으로 알려지고 있습니다. 뿐만 아니라, 포털에서 운영하고 있는 카페나 블로그는 개설이 쉽기 때문에 불법 성매매와 같은 유해정보의 근원지가 되고 있습니다. 이에 따라, 포털 사업자의 사회적 책임이 새롭게 부각되고 있기도 합니다.

무엇보다도 심각한 것은, 스마트폰의 대중화로 시간과 장소의 제한을 받지 않고 불법 유해정보를 생산, 복제, 전파할 수 있는 아주 좋은 환경이 만들어졌다는 것입니다. 스마트폰의 앱을 활용하여 불법 유해정보를 손쉽게 생산할 수 있고, 한번의 터치만으로 유튜브, 페이스북, 트위터, 카카오톡, 밴드 등 소셜 네트워크 서비스를 활용하여 순식간에 전세계로 전파될 수 있습니다. 불법 유해정보의 확산 속도에 비례하여 악영향이 더 크게 확대됩니다. 허위 정보나 괴담이 사회 전반으로 확산된다면 얼마나 큰 파장이 날지 생각해봅시다.

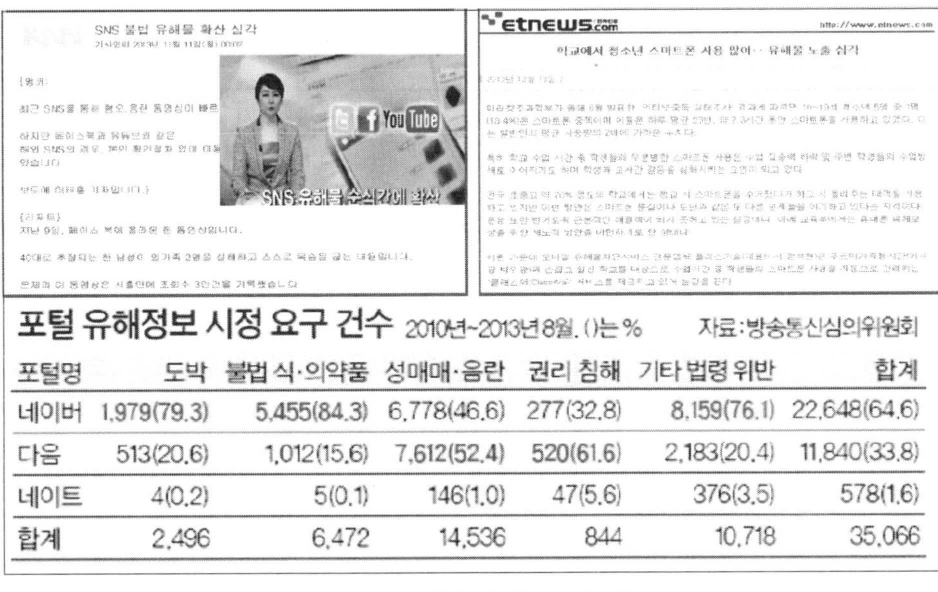
SNS 불법 유해물 확산 심각

etnews.com http://www.etnews.com

학교에서 청소년 스마트폰 사용 많아·· 유해물 노출 심각

포털 유해정보 시정 요구 건수 2010년~2013년 8월. ()는 % 자료:방송통신심의위원회

포털명	도박	불법 식·의약품	성매매·음란	권리 침해	기타 법령 위반	합계
네이버	1,979(79.3)	5,455(84.3)	6,778(46.6)	277(32.8)	8,159(76.1)	22,648(64.6)
다음	513(20.6)	1,012(15.6)	7,612(52.4)	520(61.6)	2,183(20.4)	11,840(33.8)
네이트	4(0.2)	5(0.1)	146(1.0)	47(5.6)	376(3.5)	578(1.6)
합계	2,496	6,472	14,536	844	10,718	35,066

[그림 5-1] 불법 유해정보의 확산

불법 유해정보에 가장 민감한 층이 청소년입니다. 윤리관과 가치관을 형성해 가고 있는 청소년들이 불법 유해정보에 노출되었을 경우에는 정체성의 혼란, 일상생활의 황폐화, 정상적인 교육 학습의 불가능뿐만 아니라, 범죄의 유혹에 빠져 인생을 망치는 비극이 발생할 수 있습니다. 2012년 행정안전부의 청소년 성인물 이용 실태 조사를 보면, 성인물 이용 청소년 100명중 15명이 내성 및 금단증상을 보이고 있으며, 여학생보다 남학생이, 초등학생 보다 중·고등학생이 성적 일탈 행동 가능성이 높은 것으로 분석되고 있습니다. 음란물을 경험한 청소년의 5.0%가 '성추행 성폭행 충동을 느꼈다'고 답해, 불법 유해정보가 청소년들에게 얼마나 심각한 악영향을 미치는지 알 수가 있습니다.

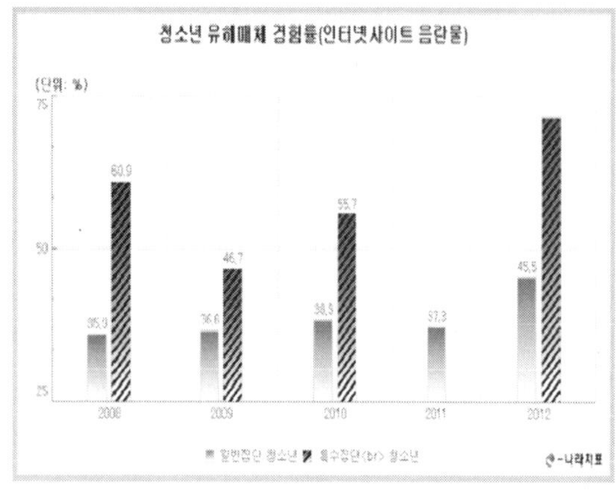

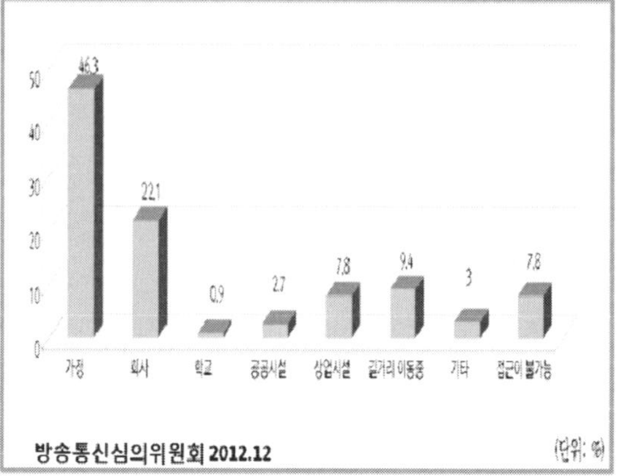

[그림 5-2] 청소년의 유해 매체 경험률

불법 유해정보는 인터넷의 진화와 지식정보 사회의 발전을 방해하는 걸림돌입니다. 이제부터는 대표적인 불법 유해정보에 대하여 좀 더 심층적으로 고찰해 보도록 하겠습니다. 여기서 다루지 않는 불법 유해정보도 장을 달리하여 심도 있게 논의할 것입니다. 불법 유해정보에 대한 합리적인 대응 방안은 쾌적하고 안락한 사회를 위해서 필수 불가결한 요소입니다.

5.2.1 성인 음란물

대표적인 불법 유해정보로 성인 음란물이 있습니다. 그런데 음란물의 정의는 시대의 가치관에 따라 변화되어 왔기 때문에 정의하기가 어렵고 음란물의 판단 기준도 모호한 경우가 있습니다. 일반적으로 음란물이라 함은, 성관계를 지나치게 직접적이고 노골적으로 표현하여 인간의 존엄과 가치를 심각하게 훼손하면서, 비정상적인 성적 흥분 또는 자극을 유도하고, 저속하고 문란하여 사회 통념상 용인할 수 없는 성적인 문서, 도서, 만화, 그림, 비디오, 영화 등을 말합니다. 음란물은 성적 흥미에만 호소하고 문학적 · 예술적 · 사상적 · 과학적 · 의학적 · 교육적 가치가 없는 정보입니다.

법원에서는 표현의 자유와 관련하여, 음란 여부를 판단함에 있어서는 제작자의 주관적 의도가 아니라 그 사회의 평균인의 입장에서 그 시대의 건전한 사회통념에 따라 객관적이고 규범적으로 평가해야 한다고 판결한 바 있습니다. 다시 말하면, 음란물 판단에 사회의 일반적 통념은 중요한 역할을 하며 사회 통념을 이탈한 성적인 정보는 음란물로 간주될 수 있습니다.

인터넷을 통해 음란물은 야한 소설(야설), 야한 사진(야사), 야한 동영상(야동), 몰래 카메라, 포르노, 성인용 방송, 성인용 채팅 등의 형태로 전파되고 있는데, P2P 사이트, 웹하드, 블로그나 카페가 주요 원천이 되고 있습니다. 수시로 사이트를 옮겨 다니거나 새로운 방법으로 전파하고 있기 때문에 적발이나 단속하기 어렵고 차단도 쉽지 않은 상황입니다.

음란물은 심각한 사회문제를 야기할 수 있습니다. 앞서 통계에서도 본 바와 같이, 음란물에 노출된 청소년들이 자신의 의지와는 관계없이 성폭력, 성희롱 등의 충동을 느끼게 되어 성 범죄의 단초가 될 수 있습니다. 또한, 올바른 성교육을 제대로 받지 못한 사춘기의 청소년에게 왜곡된 성 인식을 제공하여, 인생을 망칠 수도 있습니다. 통계에서 보는 바와 같이, 학생간 성폭력 사건이 큰 폭으로 증가하고 있는데 이는 음란물 유통과도 밀접한 연관이 있는 것으로 파악되고 있습니다. 대부분의 청소년이 음란물에 노출되어 있는데 음란물을 접한 후 태도와 행동에 큰 변화를 보이고 있어 충격을 주고 있습니다. 음란물을 접하고 난 후에는 성적 호기심이 발생하여 음란물에 집착하게 되고, 변태적 장면도 자연스럽게 느껴지고 이성 친구가 성적 대상으로 보여 성추행, 성폭력 충동을 느끼는 것으로 조사되고 있습니다. 음란물에 노출된 청소년 중에는 거짓말을 하고, 음란 채팅을 하거나, 야한 사진을 전송하고, 몰카 사진을 촬영하는 등 일탈적인 행동을 하기도 합니다.

선량한 청소년이 한 순간의 실수로 인하여 비행 청소년의 나락으로 떨어지는 참으로 안타까운 일이 일어나기도 합니다.

연도별 학생 간 성폭력 사건 발생건수

구분	2007년	2008년	2009년	2010년	2011년	2012년 7월말	합계(%)
초등학교	6	6	4	12	18	26	72(7.8)
중학교	22	51	48	108	138	135	502(54.2)
고등학교	28	39	39	56	86	93	341(36.9)
특수학교	·	·	·	2	1	7	10(1.1)
합계	56	96	91	178	243	261	925

<자료 : 교육과학기술부, 민주통합당 서영교 의원>

음란물을 접한 학생의 심리적 변화

질문	학령별 긍정응답 비율(%)		
	초등학교	중학교	고등학생
변태적 장면도 자연스럽게 느껴진다	6.9	16.0	17.4
이성친구가 성적 대상으로 보인다	5.2	7.8	8.1
성추행·성폭행 충동을 느꼈다	6.9	5.7	4.4
더 자극적인 성인물에 집착한다	7.5	14.5	14.0
자주 안보면 허전하다	8.0	13.2	18.4

<자료 : 2012년 청소년 성인물 이용실태 조사(행정안전부)>

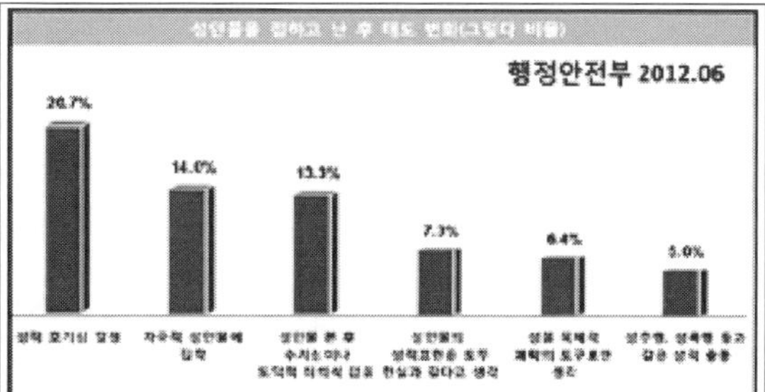

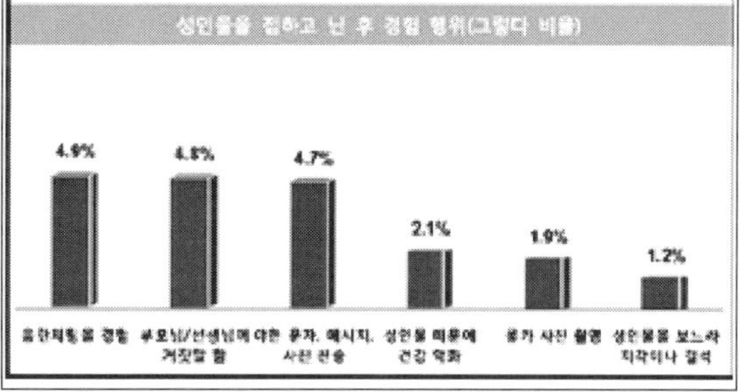

[그림 5-3] 청소년에 대한 음란물의 영향

인터넷을 이용하는 사람은 청소년이든 성인이든 음란물을 접할 수밖에 없는 것이 오늘의 현실입니다. 우리나라는 음란물 생산 6위 국가로 1분에 하나의 음란물이 파일 공유 사이트에 업로드 되고 있습니다. 누구나 쉽게 접할 수 있는 방대한 양의 음란물은 청소년들의 성 의식에 매우 심각한 악영향을 주고 있습니다. 정상적이고 아름다운 성 의식은 사라지고, 폭력, 변태, 엽기적인 비정상적인 왜곡된 성 인식을 조장하고, 모방 성범죄를 충동질하는 해악을 끼치고 있습니다. 2012년 우리 사회를 떠들썩하게 했던 사회문제 중의 하나는 성범죄였는데, 경찰의 수사와 언론에 따르면 성범죄와 음란물은 아주 밀접한 연관성이 있음이 밝혀졌습니다. 대부분의 흉악한 성 범죄자들은 음란물을 광적으로 수집하여 탐닉하고 있었으며, 성 범죄 직전에 음란물을 집중적으로 시청하고 모방 행위를 하였던 것으로 조사되었습니다.

정부에서는 2012년 10월 26일 건강사회 구현을 위한 음란물 근절 종합대책을 마련하여 웹 하드 관리책임 강화 등 음란물 유통 경로를 철저히 차단하여 깨끗한 인터넷 환경의 조성을 위한 의지를 보이고 있습니다. 이러한 노력이 효과를 거두기 위해서는 법적, 제도적, 정책적 장치의 마련 뿐만 아니라, 청소년의 윤리 교육, 학부모를 포함한 기성 세대들의 관심이 수반되어야 할 것입니다. 또한, 인터넷에서의 유해정보 차단 및 유포를 막을 기술적 안전장치 개발에도 노력해야 할 것입니다.

사이버 음란물 대응 요령

방송통신심의위원회의 2012년 12월 보고서에 의하면, 인터넷 불법 유해정보를 접촉하는 장소로 가정이 46.3%로 단연 우위를 차지하고 있습니다. 가정에서의 음란물 대응이 무엇보다 중요합니다. 몇 가지 요령을 알아보도록 하겠습니다.

① 성에 대한 올바른 인식을 심어 줍니다. 성을 자연스럽고 풍요롭게 받아들일 수 있는 정서성, 상호간에 입장을 존중해 주고 생명의 존엄성을 깨닫는 사회성, 올바른 지식과 태도를 습관화하는 과학성, 성적인 욕구를 적절히 조정하는 자기조절력 등 성을 자연스럽고 풍요롭게 받아들이는 정서의 함양이 필요합니다.

② 가정에서의 컴퓨터나 스마트폰의 활용 규칙을 정합니다. 분명한 목적을 가지고 컴퓨터나 스마트폰을 사용할 수 있도록 하고, 공연히 불필요하게 낭비하지 않도록 합니다. 또한, 컴퓨터와 스마트폰 사용에 자제력을 키워 줍니다.

③ 밤 늦은 시간에 컴퓨터나 스마트폰의 사용을 자제 합니다. 늦은 시간에 쓸데 없이 컴퓨터나 스마트폰을 사용하면 음란물에 접근하고 싶은 유혹에 휘둘릴 수 있습니다.

④ 부모가 컴퓨터와 스마트폰 활용 방법을 배우고 풍요롭고 즐거운 정보 생활을 자녀와 함께 합니다.

⑤ 컴퓨터나 스마트폰 이외에 다른 취미 활동을 권장합니다. 스포츠, 등산 등 야외에서 활동을 활발하게 하고, 음악회나 전시회 등 문화 활동에 적극 참여합니다. 정서적 안정과 사회성을 함양하도록 합니다.

⑥ 신용카드 관리를 철저하게 합니다. 인터넷에서 불필요한 물품이나 게임을 구입하지 않고, 신용카드 구매 내역을 확인하여 규모 있는 경제 생활을 할 수 있도록 합니다.

⑦ 유해정보 차단 프로그램을 활용합니다. 정부, 공공기관과 기업에서 다양한 유해정보 차단 프로그램을 개발하여 무료로 보급하고 있습니다. 그린 i-net(www.greeninet.or.kr), 맘아이그린(green.momi.co.kr), 엑스키퍼(www.xkeeper.com), 아이눈(www.aiyac.com) 등의 프로그램을 컴퓨터나 스마트폰에 설치하여 활용합니다.

⑧ 불법 유해정보를 발견하면 방송통신심의위원회(www.singo.or.kr)나 그린 i-net(www.greeninet.or.kr) 등 관련 기관에 신고하여 조치하도록 합니다. 따라서 개개인의 노력이 깨끗한 인터넷 환경을 만들 수 있습니다.

5.2.2 사이버 폭력

인터넷과 스마트폰은 우리 일상생활에 혁신적인 변화를 가져왔습니다. 이메일 뿐만 아니라 페이스북, 트위터, 카카오톡, 밴드 등 소셜 네트워크 서비스로 언제 어디서나 소통하고 정보를 주고 받을 수 있게 되었습니다. 동호회나 카페를 통해서 다양한 사람들과 소통하고 즐거운 생활을 할 수 있게 된 것입니다. 한편으로는 타인에 대한 악의적 모함이나 괴담을 퍼뜨리고 왕따를 시키는 등 부작용이 발생하여 사회적 문제가 되고 있기도 합니다. 인터넷에서 악의를 가지고 의도적으로 이루어지는 이런 행위들을 포괄적으로 사이버 범죄라고 합니다. 경찰청 사이버 테러 대응센터(http://www.netan.go.kr)에 언급된 범죄를 보면 해킹, 바이러스 유포와 같이 고도의 기술적 요소가 포함된 공격 행위를 사이버 테러 범죄라 하고, 전자상거래 사기, 불법 복제, 불법 유해 사이트 운영, 명예훼손, 개인정보 침해, 사이버 스토킹, 사이버 성폭력, 협박과 공갈 등을 일반 사이버 범죄로 분류하고 있습니다. 여기서는 불법 유해정보와 관련이 있는 사이버 폭력에 대하여 살펴보고, 사이버 범죄에 대하여는 다른 장에서 심도 있게 고찰하도록 하겠습니다.

인터넷에서의 행위는 현실과는 다른 측면이 있기 때문에 사이버 폭력을 정확하게 정의하는 것은 어렵습니다. 방송통신심의위원회에서는 사이버 폭력을 다음과 같이 정의하고 있습니다.

> 사이버 공간에서 정보통신망을 통해 글, 음성, 이미지, 영상 등을 이용하여 다른 사람을 모욕하거나 명예 또는 권익을 침해하여 정신적, 물질적 고통을 주는 온갖 형태의 폭력적인 표현과 행위

이런 개념 정의에 근거하면, 사이버 폭력의 대표적인 유형으로 다음과 같은 것을 생각할 수 있습니다.

- **사이버 언어 폭력**: 인터넷 상에서 특정인을 대상으로 모욕적인 언사나 욕설, 협박과 공갈 등으로 괴롭히는 행위입니다. 스마트폰과 소셜 네트워크 서비스의 생활화로 사이버 언어 폭력이 증가하는 추세입니다.
- **사이버 명예훼손**: 특정인에 대한 헛소문, 명예를 손상하는 글 등을 인터넷에 유포하여 불특정 다수의 인터넷 사용자에게 모욕을 주는 행위입니다.
- **사이버 성폭력**: 음란한 대화를 강요하거나 성적 수치심을 주는 대화 또는 음란물을 전송하여 상대방에게 정신적인 피해를 주는 행위입니다.
- **사이버 스토킹**: 특정인이 원하지 않는데도 지속적으로 접근을 시도하고 성적으로 괴롭히는 행위입니다.

이 외에도 몰래 카메라로 촬영한 동영상을 유포하는 사이버 음란 행위 등도 사이버 폭력으로 생각할 수 있습니다. 중요한 것은 사이버 폭력은 엄연한 범죄라는 사실입니다. 그럼에도 불구하고, 사이버 범죄의 심각성을 이해하지 못하고 아무런 죄의식도 느끼지 않으면서 사이버 폭력을 행사하는 인터넷 이용자들이 근절되지 않고 있습니다.

경찰청 사이버 테러 대응센터의 통계에 의하면 2012년에도 108,233건의 사이버 범죄가 발생하여 84,932건이 검거되어 처벌 받은 것으로 나와 있습니다.

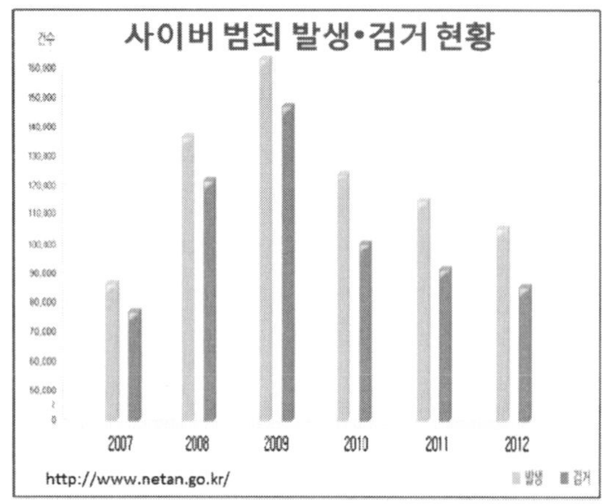

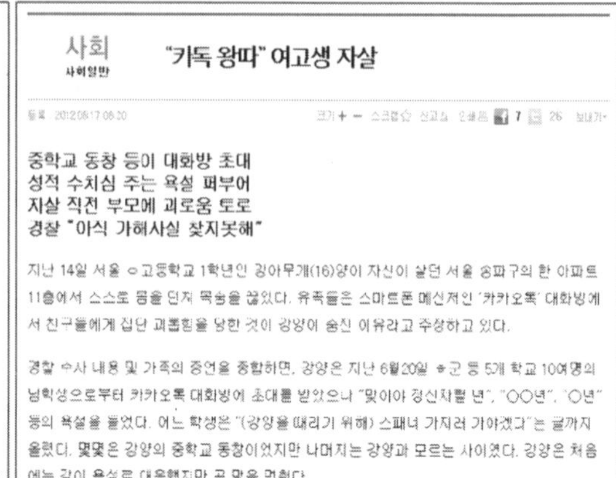

사회
사회일반

"카톡 왕따" 여고생 자살

등록 : 2012.08.17 08:20

중학교 동창 등이 대화방 초대
성적 수치심 주는 욕설 퍼부어
자살 직전 부모에 괴로움 토로
경찰 "아직 가해사실 찾지못해"

지난 14일 서울 ㅇ고등학교 1학년인 강아무개(16)양이 자신이 살던 서울 송파구의 한 아파트 11층에서 스스로 몸을 던져 목숨을 끊었다. 유족들은 스마트폰 메신저인 '카카오톡' 대화방에서 친구들에게 집단 괴롭힘을 당한 것이 강양이 숨진 이유라고 주장하고 있다.

경찰 수사 내용 및 가족의 증언을 종합하면, 강양은 지난 6월20일 ㅎ군 등 5개 학교 10여명의 남학생으로부터 카카오톡 대화방에 초대를 받았으나 "맞아야 정신차릴 년", "○○년", "○년" 등의 욕설을 들었다. 어느 학생은 "(강양을 때리기 위해) 스패너 가지러 가야겠다"는 글까지 올렸다. 몇몇은 강양의 중학교 동창이었지만 나머지는 강양과 모르는 사이였다. 강양은 처음에는 같이 욕설로 대응했지만 곧 말을 멈췄다.

[그림 5-4] 사이버 폭력과 결과

사이버 폭력의 결과는 처참한 비극으로 이어지기도 합니다. 소셜 네트워크에서 왕따를 당하고 공개적으로 성폭력에 시달리던 청소년이 자살하는 사례가 종종 언론에 보도되곤 합니다. 사이버 폭력은 인터넷의 익명성 또는 비대면의 비겁한 그늘에 숨어서 인간으로서 갖추어야 할 기본 윤리조차 저버린 비열한 행동입니다. 사이버 폭력이 초래한 비극적 결과를 조금도 이해하지 못하는 무지한 행동이며 범죄의 책임으로부터 도피하려는 비겁한 행위입니다. 폭력은 어떤 경우에도 정당화될 수 없는 비윤리적 행위임을 인식해야 하고, 특히 사이버 폭력은 어떤 폭력적 행위보다도 질이 나쁘다는 것을 명심해야 하겠습니다. 사이버 폭력의 원인, 특징, 피해 현황과 대책 등에 대하여는 별도로 상세하게 알아보도록 하겠습니다.

사이버 성 폭력과 성 희롱

사이버 성 폭력이란 사이버 공간에서 정보 통신 수단을 이용하여 상대방의 의사에 반하여 불특정 다수 혹은 특정인을 대상으로 원하지 않는 성적 접근을 하여 불쾌감이나 위압감 등의 정신적 피해를 유발하는 행위를 말합니다. 좀 더 자세히 말하면 다음과 같은 조건이 성립되면 사이버 성 폭력이 됩니다.

① 상호간의 동의 없이 일방적으로 이루어지는 행위로 상대방이 분명한 거부 의사를 나타내지 않아도 성 폭력이 됩니다.

② 특정 개인이 아닌 불특정 다수의 여성을 대상으로 성적으로 정서적 피해를 주었을 때도 성 폭력이 됩니다.

③ 직접적인 신체 접촉 없이 문자, 이미지, 동영상 등의 매체로 성적인 내용의 메시지를 전달하여 성적인 모욕감, 두려움, 위협감 등의 정서적 피해를 주면 성 폭력에 해당합니다.

④ 직접적인 사이버 성 폭력 행위 뿐만 아니라 사이버 공간에서 음란한 글, 음성, 영상 등을 배포하고 판매하며 임대할 목적으로 전시하는 행위도 사이버 성 폭력이 됩니다.

사이버 성 폭력은 인터넷 상에서 비대면으로 이루어지기 때문에 아주 다양한 형태로 나타날 수 있습니다. 자신이 인식하지 못하는 경우에도 성 폭력이 될 수 있습니다. 성 폭력의 대표적인 사례에는 다음과 같은 것들이 있습니다.

- 인터넷 채팅에서 성적 수치심을 유발하는 내용의 대화를 유도
- 인터넷 상에서 성적 수치심을 유발하는 내용의 대화나 성적인 폭언
- 인터넷 게시판을 통하여 특정 개인을 성적 희롱의 대상으로 삼거나, 음란한 내용의 글이나 영상물을 게재(간접적 성폭력)
- 전자우편 등의 수단을 이용하여 특정인 혹은 불특정 다수인에게 음란한 내용의 글이나 영상물을 발송(직접적 성폭력)
- 특정 여성의 전자우편 주소를 공개하여 불특정 다수로부터 전자우편 등을 받게 하는 행위(사이버 스토킹)

사이버 성 폭력은 음란물을 게시하거나 전송하면 즉시 수많은 사람에게 공개 되는 즉시성, 사이버 공간에서 활동하는 초등학생에서 노인에 이르기까지 누구에게나 공개되는 개방성, 익명으로 성 폭력을 가할 수 있는 익명성, 직접적인 신체 접촉이 없이 이루어지는 비신체성 등의 특성으로 인하여 빠르게 확산되고 있습니다. 일반적으로 사이버 폭력의 가해자는 남성이고 피해자는 여성입니다. 여성에게 악의적으로 음란물에 의한 무차별 공격, 성적 모욕을 담은 악성 메일을 보내거나 댓글을 다는 행위, 몰래 촬영한 신체 부위를 게시 · 공개, 성적인 비밀 또는 허위 사실 공개 등 다양한 방법으로 사이버 성 폭력이 자행되고 있습니다. 사이버 성 폭력은 지속적으로 증가하고 있으며 2009년 한 조사 통계에 의하면 여성의 49%가 사이버 성 폭력을 경험한 적이 있다는 심히 우려되는 결과를 보여 주고 있기도 합니다.

사회
여성

'사이버 성폭력'에 여성들 멍든다

성희롱·사생활공개 위협 증가
정신적 충격·불안 시달려
피해 당했을 땐 가해자 IP주소 등 보관을

온라인 게임을 즐기는 최지원(가명)씨는 게임 도중 모르는 사람에게서 입에 담을 수 없는 욕설이 담긴 쪽지를 지속적으로 받고 있다. 무시하고 있지만 몇 달이 지나도록 더 심해지는 여자로서 듣기 수치스러운 폭언 때문에 큰 스트레스를 받는다.

이미영(가명)씨는 헤어진 남자친구가 결혼 소식을 듣고 인터넷을 통해 자신을 스토킹하고 있다고 호소했다. 심지어 약혼자에게 메일과 미니홈피에 과거에 대한 내용을 쓰고는 다른 사람들에게도 유포하겠다고 협박하고 있다.

'사이버 성폭력'에 여성들 멍든다. 김영훈 기자

김하나(가명)씨는 유명P2P 사이트에서 자신의 이름과 개인정보가 담긴 음란사진이 떠도는 것을 보고 깜짝 놀랐다. 사이트를 통해 검색어 제한 신청을 했지만, 업체의 대응이 늦어 속을 태우고 있다. (2007년 명예훼손분쟁조정부 상담사례)

광주지역 대학생 49% 사이버성폭력 피해 경험

| 기사입력 2009-12-20 14:44

【광주=뉴시스】 구길용 기자 = 광주지역 대학생 가운데 49%가 사이버성폭력 피해를 경험한 것으로 나타났다.

이같은 사실은 김소정 광주대 교수가 최근 광주시와 광주여성희망포럼 주최 '사이버 성문화실태와 소수자 인권 및 복지 세미나'에서 '사이버 성문화 실태' 제목의 주제발표를 통해 제기했다.

김 교수가 광주지역 9개 대학 436명의 대학생을 대상으로 사이버 성문화 실태조사를 실시한 결과 응답자의 49%가 사이버 성폭력 피해를 경험한 적이 있다고 답했다.

피해유형별로는 음란물 및 음란메시지 수신이 38.5%로 가장 많았고 폭언으로 공격당한 것이 16.2%를 차지했다.

사이버 성폭력 피해에 대한 반응으로 여학생은 불쾌감이나 수치심, 두려움 등 부정적 반응이 높았으며 남학생은 별다른 느낌이 없거나 재미있었음과 같은 중립적인 반응이 더 높았다.

성폭력 가해 경험이 있는 대학생은 전체 응답자의 20%였으며 음란메시지 발송이나 음담패설이 대부분이었다.

[그림 5-5] 사이버 성 폭력 실태

사이버 성 폭력 예방과 대책

그렇다면, 사이버 성 폭력을 예방할 수 있는 방법이 있을까요? 인터넷상에서 이루어지는 모든 범죄가 그러하듯이, 사이버 성 폭력을 사전에 차단하거나 예방할 수 있는 효과적인 방법이 없다는데 문제가 있습니다. 일반적으로 다음과 같은 예방 방법을 생각할 수 있습니다.

- 1차적 사이버 성 폭력 예방 교육: 사이버 성 폭력을 시도하거나 피해를 당하지 않도록 올바른 성 인지 교육을 실시하고, 올바른 인터넷 윤리 교육을 강화하여 사이버 성 폭력에 대한 확실한 이해를 하도록 합니다. 또한, 인터넷 문화 개선 활동을 전개하고 관련 법규와 제도를 정비합니다.
- 2차적 사이버 성 폭력 퇴출: 적극적이고 강제적인 수단을 동원하여 사이버 성 폭력을 근절하는 것입니다. 유해 사이트를 폐쇄하고 포털 업체의 활동을 지속적으로 모니터링 합니다. 또한 정보통신 윤리위원회와 경찰 등 유관 기관이 활발하게 사이버 순찰 활동을 하여 불법 사이트를 적발하고 퇴출합니다.
- 3차적 사이버 성 폭력 범죄 예방: 사이버 성 폭력 범죄자들을 추적 · 검거하여 교정, 교화, 치료함으로써 다시는 사이버 성 폭력을 저지르지 않도록 조치를 강화합니다.

사이버 성 폭력은 신체적 접촉이 없이 보이지 않는 인터넷 공간에서 발생하기 때문에 아무런 생각 없이 자행될 수 있습니다. 그러나 사이버 성 폭력은 엄연한 범죄라는 것을 인식해야 할 것입니다. 이를 위해서 인터넷 윤리 교육이 효과적으로 수행되어야 합니다.

사이버 성 폭력에 대한 대책도 예방책을 크게 벗어나지 않습니다. 첫째로, 사이버 성 폭력이 발생하는 유해 인터넷 환경을 정비해야 할 것입니다. 크린 인터넷 운동을 전개하고 포털 사이트는 깨끗한 인터넷 환경을 만들기 위한 다각적인 자정 노력을 전개해야 하겠습니다. 경철청과 관련 단체의 사이버 순찰을 강화하고, 불법 사이트를 적발하여 폐쇄하고, 사이버 성 폭력이 발생시 즉시 신고 및 검거 체제를 갖추어야 하겠습니다. 둘째로, 인터넷 윤리 교육을 강화 하고, 사이버 성 폭력은 심각한 범죄 행위라는 것을 인식하도록 하고 관련 법규 등에 대하여도 교육합니다. 셋째로, 제도를 정비해야 할 것입니다.

성 폭력 범죄의 처벌 등에 관한 특례법 제12조에서 "자기 또는 다른 사람의 성적 욕망을 유발하거나 만족시킬 목적으로 전화, 우편, 컴퓨터, 그 밖의 통신매체를 통하여 성적 수치심이나 혐오감을 일으키는 말, 음향, 글, 그림, 영상 또는 물건을 상대방에게 도달하게 한 사람은 2년 이하의 징역 또는 500만원 이하의 벌금에 처한다."고 규정하고 있고, 정보통신망 이용촉진 및 정보보호에 관한 법률, 청소년 보호법, 청소년의 성 보호에 관한 법률 등에 사이버 성 폭력과 관련된 조항이 있습니다. 관련 법규를 일관성 있게 체계적으로 정비해야 할 것입니다. 경찰청 사이버 테러 대응센터를 비롯하여 한국성폭력상담소(www.sisters.or.kr) 등 여러 관련 단체도 유기적으로 협력할 수 있도록 조직 체계를 정비해야 할 것입니다. 또한, 상담과 신고 제도를 강화하여 사이버 성 폭력이 사회에서 추방될 수 있도록 노력해야 할 것입니다.

사례에서도 살펴 본 바와 같이, 사이버 성 폭력을 당하는 사람의 정신적 고통은 아주 심각합니다. 사이버 성 폭력의 대상이 되지 않기 위해서는 평소에 세심한 주의가 필요합니다. [그림 5-6] 사이버 성 폭력 예방을 위한 인터넷 생활 수칙을 살펴보고 사이버 성 폭력의 대상이 되지 않도록 유의하기 바랍니다.

- 개인정보 관리는 중성적 ID나 대화명 이용한다.
- 개인정보는 최소한의 것만 기입하거나 비공개로 한다.
- 오프라인에서처럼 상대방을 존중한다.
- 상대방이 원치 않는 행동을 강요하지 않는다.
- 상대방의 유혹에 반응하지 않는다.
- 원치 않는 메일에 답장하지 않는다.
- 적대적인 상황이 예측될 경우 그 자리를 떠난다.
- 불쾌하거나 위협적인 상대방을 목격하거나 만나면 단호하게 대처한다.
- 온라인을 통해 알게 된 사람을 만날 경우 꼭 주변에 미리 알린다.
- 대화실 등에서 사이버 성폭력과 성희롱 가해자를 보면 당장 중지할 것을 요구하고 피해자를 돕는다.

[출처 :사이버 명예훼손 성폭력 상담센터]

[그림 5-6] 사이버 성 폭력 예방을 위한 생활 수칙

사이버 매매춘

금전적인 지원이나 기타 편의를 제공하는 대가로 성행위를 제공하는 행위를 성매매라고 합니다. 우리나라는 2004년 9월 성매매 특별법을 제정하여 성매매를 불법화 하였습니다. 이로 인하여 윤락가와 룸살롱 등 사회의 음지에서 행해지던 불법적인 윤락행위가 이젠 사이버 공간으로 옮겨져 사회문제로 대두되고 있습니다. 특히 스마트폰이 일반화 되면서, 시간과 장소의 구애를 받지 않고 음란한 내용의 채팅 문화가 청소년, 대학생, 회사원, 주부 등 평범한 사람들에게까지 퍼지면서 불법적인 사이버 매매춘이 독버섯처럼 사회를 좀먹어가고 있습니다. 익명성, 비대면성과 같은 사이버 공간의 특수성에 은거하여 더욱 노골적인 사이버 매매춘이 기승을 부리고 있고, 원조 교제 등 청소년에게까지 확산되고 있습니다.

사이버 매매춘은 인터넷, 모바일 서비스 등을 통해 성을 팔거나 사고자 하는 메시지를 전달하고, 동시에 사이버 공간 밖에서 실제적인 매매춘이 이루어지도록 알선하는 행위를 말합니다. 또한, 매매춘을 알선하는 사이트를 개설하거나 혹은 매춘 의사를 담은 메시지를 띄워 매매춘을 가능하게 하는 모든 행위도 넓은 의미의 사이버 매매춘에 해당합니다. 간단히 말하면, 인터넷 상에서 상호 협의에 의한 성매매를 직간접적으로 조장하는 모든 행위를 사이버 매매춘이라 할 수 있습니다.

사이버 매매춘의 유형으로는 전자게시판, 대화방, 인터넷 카페를 통해 사이버 매매춘을 알선하는 소규모의 독립적인 매매춘과, 국외의 서버에 인터넷 매매춘 사이트를 개설하여 매춘을 알선 주도하는 기업형 매매춘 등의 형태가 있습니다. 매매춘 알선 방식이나 거래 방식에 따라 아주 다양한

형태의 사이버 매매춘이 이루어지고 있습니다. 최근에는 소셜 네트워크 서비스와 스마트폰 등의 정보기술의 발달로 더욱 다양한 형태의 매매춘이 자행되고 있고, 사회 도처에 만연된 왜곡된 성문화로 인하여 쉽게 사이버 매매춘의 함정에 빠져들 위험성을 안고 있습니다. 이런 사실들은 최근 언론 보도에서 자주 확인할 수 있습니다. 최근 들어 인터넷상의 익명성을 이용하여 전문적으로 매매춘을 알선하는 기업형 조직들이 나타나고 있어 산업사회의 윤락가가 사이버 상의 윤락가로 변신하고 있습니다. 사이버 윤락가는 규모가 방대하고 단속과 검거가 쉽지 않은 등 더욱 심각한 문제를 야기하고 있습니다. 일반 성매매 사범은 줄어들고 있는 추세인데, 오히려 미성년자들에게까지 확산된 원조 교제와 같은 청소년 성매매가 늘어나고 있어 사회문제가 되고 있습니다.

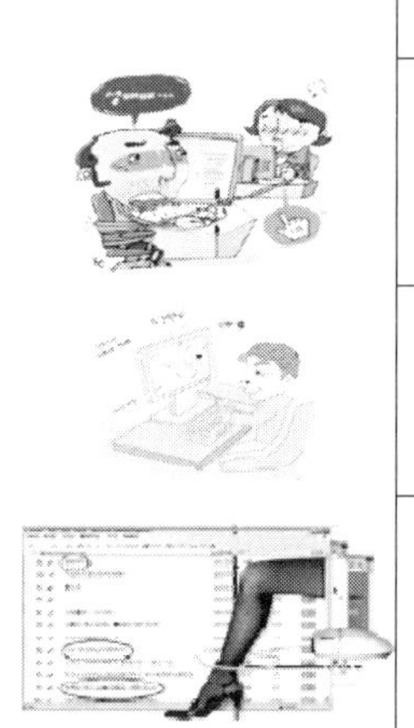

	성매매 알선 등 행위의 처벌에 관한 법률	청소년의 성보호에 관한 법률
성 구매자	제21조 : 1년 이하의 징역이나 300만원 이하의 벌금·구류 또는 과료	제10조 : 3년 이하의 징역 또는 2천만원 이하의 벌금
성 알선자	3년 이하의 징역이나 3천만원 이하의 벌금	3년 이하의 징역 또는 2천만원 이하의 벌금
성 판매자	성매매 피해자는 처벌하지 아니한다.	
	1년 이하의 징역이나 300만원 이하의 벌금·구류 또는 과료	소년법이 규정 적용

[그림 5-7] 사이버 매매춘 처벌

매춘은 인간으로서의 존엄성을 손상시키고 성 도덕을 파괴하며 사회의 미풍양속을 어지럽히므로 윤리적으로 용납되기는 어렵습니다. 우리나라에서는 성매매에 관한 특별한 법률을 정해 매우 중요한 범죄로 취급하고 있음을 알아야 합니다. 성매매와 관련해서는 '성매매 방지 및 피해자보호 등에 대한 법률'과 '성매매 알선 등 행위의 처벌에 관한 법률'의 두 가지가 있습니다. 특히 청소년을 대상으로 하는 성매매의 경우에는 '청소년의 성보호에 관한 법률'을 통해서 더욱 엄격하게 처벌하고 있습니다. 성을 구매한 사람뿐만 아니라 알선한 사람과 판매한 사람까지도 처벌하고 있습니다.

성 구매자는 1년 이하의 징역 또는 300만원 이하의 벌금에 처합니다. 청소년의 경우는 엄격하여 3년 이하의 징역 또는 2천만원 이하의 벌금에 처해집니다. 성을 알선 중개한 자는 3년 이하의 징역 또는 3천만원 이하의 벌금을 받게 되고, 청소년을 대상으로 하였을 때는 3년 이하의 징역 또는 2천만원 이하의 벌금형에 처해집니다.

성 판매자의 경우에는, 성매매를 강제로 강요당한 성매매 피해자는 처벌하지 않습니다. 이는 강제적 성 판매자를 보호하여 강요에 의한 성매매를 적극적으로 신고할 수 있게 하기 위함입니다. 돈이 필요해 자발적으로 판매한 경우에는 판매자도 처벌되는데, 1년 이하의 징역 또는 300만원 이하의 벌금에 처해지며 청소년의 경우에는 소년법 규정을 적용합니다.

사이버 매매춘은 황금 만능주의와 인간성 말살과 같은 비정상적인 사회 문화를 형성하고, 반사회적 행동을 야기하여 범죄의 원인이 되는 등 지식정보 사회의 암적인 존재입니다. 사이버 매매춘 근절을 위한 성숙된 윤리적 자각과 행동이 필요한 때입니다.

5.2.3 사행성 사이트

인터넷과 전자상거래가 활성화되면서 개인의 사행심을 조장하는 불법 사행성 사이트가 극성을 부리고 있습니다. 불법 사행성 사이트를 이해하기 위해서는 먼저 사행성 산업이 무엇인지 알아야 합니다. 사행성 산업이란 국가에 의해 허가된 6가지 사행 산업인 카지노, 경마, 경정, 경륜, 스포츠 토토(체육진흥투표권), 복권(로또) 등을 말하며, 사회적 폐해를 고려하여 국가가 지정한 기관만이 운영할 수 있는 통제된 산업입니다. 불법 사행 사이트는 사행성 산업과 관련된 불법 사설 사이트를 개설하고 인터넷 배팅을 하게 하는 사이트를 말합니다.

예를 들어, 고스톱과 포커 등 도박성 게임 사이트를 제공하는 사설 카지노 사이트, 불법으로 경마, 경정, 경륜 등을 중계하고 배팅하는 사이트, 스포츠 경기에 배팅하는 사이트, 사설 로또를 판매하는 사이트 등은 불법 사행성 사이트입니다.

인터넷에서 사람들의 요행심을 조장하고 건전한 근로의욕을 해치는 불법 사행 행위에 대하여는 형법과 사행 행위 등 규제 및 처벌 특례법 등의 법률로써 엄격하게 금지 · 처벌하고 있습니다. 그럼에도 불구하고, 일확천금을 얻고자 하는 한탕주의를 부추기는 불법 사행성 사이트가 사회문제로 대두하고 있습니다.

불법 사행성 사이트는 이용자들에게 사이버 머니(가상 화폐)를 제공하고 이를 배팅에 활용하게 한 다음 상품권이나 현금으로 지불해 주는 일을 하고 있습니다. 이 과정에서 무제한 배팅, 거액의 당첨금, 천문학적인 배당금, 피라미드식 배팅 방식, 게임 아이템 거래 등 다양한 방법으로 사용자에게 일확천금을 얻을 수 있는 환상을 심어 줍니다. 불법 사행성 사이트는 누구나 항시 접근 가능하고 쉽고 편하게 사행성 게임을 즐길 수 있는 놀라운 쾌락을 제공하고 있습니다.

우리는 종종 연예인들이 불법 도박으로 사회 물의를 일으키는 소식을 듣곤 합니다. 돈과 명예를 가진 연예인들조차 불법 사행성 게임에 빠져드는 것을 보면 이해가 되지 않습니다. 그만큼 불법 사행성 게임은 중독성이 강하다고 할 것입니다. 최근 일부 대학생 사이에 스포츠 토토와 같은 사행성 도박이 유행하고 있다고 합니다. 2013년 3월, 대학생 도박중독 예방 활동단이 전국 10개 대학교 학생 454명에게 설문조사를 한 결과, 무려 응답자의 41.4%가 사행성 도박을 경험한 것으로 나타났습니다. 사행성 도박에 빠지면 학업 의욕 저하와 한탕주의나 현실도피로 이어지게 되어 불행한 삶의 단초가 된다고 경고해도 사행성 도박에 중독되는 사람들이 증가하고 있습니다.

사설 사행성 게임은 불법이기 때문에 대부분의 불법 사행성 사이트는 외국에 서버를 두고 있습니다. 이로 인하여 불법 사행성 사이트는 단속이 어렵고, 외화 유출과 불법 자금 세탁의 온상이 되기도 합니다. 또한, 엄청난 이권으로 인하여 폭력 조직의 운영 자금원이 되는 등 범죄의 원천이 되기도 합니다.

불법 사행성 사이트에 사람들이 몰리다 보니 시장도 아주 커졌습니다. 2008년 기준으로 불법 사행 산업의 매출액은 최대 88조원, 최소 53조원으로 예측되는 엄청난 크기의 시장입니다. 2008년 국가 총수입이 274조원인 것과 비교하면, 불법 사행성 산업의 규모가 얼마나 큰지를 이해할 수 있을 것입니다. 불법 사설 토토 사이트는 2009년 5,395개에서 2010년 7,951개로 큰 폭으로 증가하였고, 불법 사설 경마도 2008년 2조 6,885억이던 것이 2012년에는 8조 3,866억원으로 3배 이상 증가하였으며, 인터넷 도박의 규모가 32조원 등 이처럼 불법 사행 사업 모두가 지속적으로 크게 성장하고 있습니다.

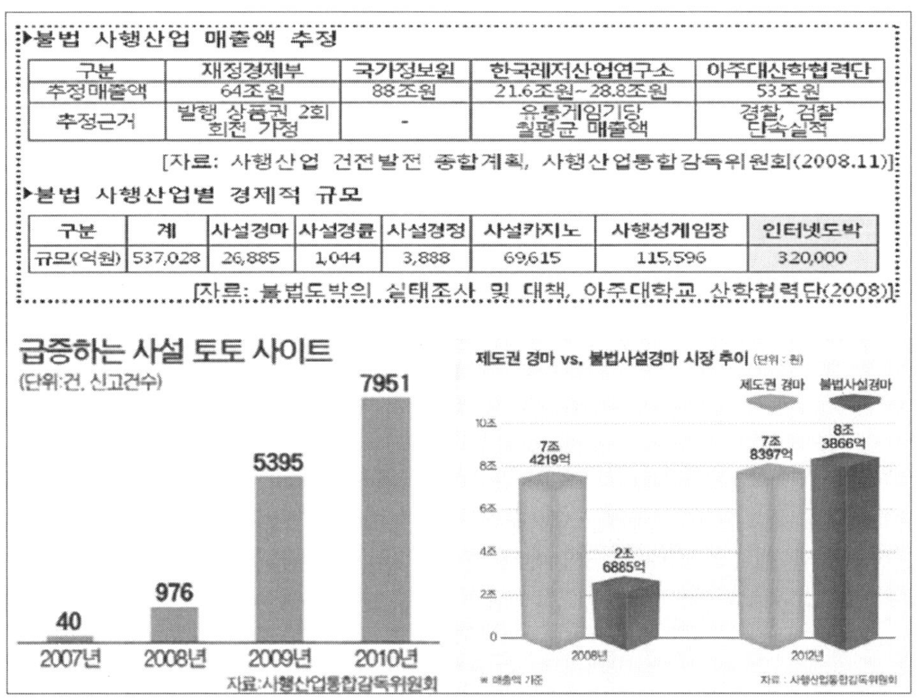

▶불법 사행산업 매출액 추정

구분	재정경제부	국가정보원	한국레저산업연구소	아주대산학협력단
추정매출액	64조원	88조원	21.6조원~28.8조원	53조원
추정근거	발행 상품권 2회 회전 가정	-	유통게임기당 월평균 매출액	경찰, 검찰 단속실적

[자료: 사행산업 건전발전 종합계획, 사행산업통합감독위원회(2008.11)]

▶불법 사행산업별 경제적 규모

구분	계	사설경마	사설경륜	사설경정	사설카지노	사행성게임장	인터넷도박
규모(억원)	537,028	26,885	1,044	3,888	69,615	115,596	320,000

[자료: 불법도박의 실태조사 및 대책, 아주대학교 산학협력단(2008)]

[그림 5-8] 불법 사행성 사이트 현황

직장인, 주부, 심지어는 중고생까지 파고 들고 있는 불법 사행성 사이트는 개인과 사회 발전에 심대한 악영향을 끼치고 있습니다. 불법 사행성 사이트는 한번의 고객은 영원한 고객이 되도록 다양한 방법으로 사용자를 현혹하여 중독에 이르게 합니다. 불법 사행성 게임에 중독된 사람은 온전한 자기역할을 수행하지 못하고 가정을 파괴하고 필요한 도박자금 마련을 위해 강도, 폭력과 같은 각종 범법 행위를 하게 됩니다. 개인의 존재감이 상실되고 비극적 인생이 됩니다. 또한, 불법 사행성 게임이 확산되면, 정상적인 레저 문화의 순수성이 사라지고 한탕주의의 도박적 사고가 만연하게 되어, 즐거운 엔터테인먼트 문화 발전을 왜곡하고 건전한 근로 의식이 저해하여 국가 사회 발전에 악영향을 미치게 됩니다.

국가가 사행 산업을 직접 관리하고 통제하는 가장 핵심적인 배경은 이용자의 기호를 충족시키면서 국가의 세수와 공익재원(축산발전기금, 관광진흥개발기금, 체육진흥기금 등)을 확보하기 위해서인데, 불법 사행성 사이트로 인하여 조세 포탈과 공익재원이 유출됩니다. 불법 사행성 사이트는 해외에 서버를 두고 신용카드를 이용해 달러로 결제하므로 외화의 해외 유출, 자금세탁 등의 문제를 야기하기도 합니다. 상당수의 불법 사행성 사이트는 조직 폭력 집단이 직접 개입하거나 적어도 배후에서 조종하고 있는 것으로 파악되고 있어 사회 불안 요인이 되기도 합니다. 이런 폐해가 있음에도 불구하고 불법 사행성 사이트는 날로 늘어만 가고 있습니다.

5.2.4 유해 사이트의 여러 형태

불법 유해정보 분류에서 살펴 본 바와 같이, 다양한 형태의 불법 유해 사이트가 활동하고 있습니다. 인터넷은 정보통신의 자유, 개방성, 익명성, 비대면성 등의 특징이 있는데, 이런 특징을 악용하는 새로운 형태의 불법 유해 사이트가 지속적으로 생겨나고 있습니다. 실제로 다음과 같은 불법 유해 사이트를 발견하는 것은 어려운 일이 아닙니다.

- 자살 방조 사이트
- 독극물 판매 사이트
- 마녀사냥과 신상털기
- 유언비어와 왕따
- 자격증 위조
- 짝퉁 판매 사이트
- 사기, 다단계 판매 사이트
- 폭탄제조와 무기 판매 사이트
- 원조교제 사이트
- 동성애 조장 사이트
- 불법 성인용품 판매 사이트
- 사생활 침해 몰카 사이트
- 장기 매매 사이트
- 마약, 불법 의약품 판매 사이트
- 살인청부 사이트
- 잔혹 엽기사이트
- 국가 기밀 누설 사이트
- 테러 조장 사이트
- 매국노 역사 왜곡 사이트
- 국가보안법 위반 사이트

불법 유해정보에 대한 제도적 기반을 갖추어야 하는데 법 체계가 빠르게 진화하고 있는 정보기술을 따라가지 못하고 있습니다. 자살 방조 사이트는 기존 형법으로 처벌할 수 있지만 증거 확보 및 입증 등이 어려워 법이 실효를 거두지 못하고 있습니다. 대부분의 불법 유해 사이트는 포털 사이트의 그늘에서 독버섯처럼 번지고 있어 포털 사업자의 사회적 책임이 높아지고 있습니다. 국내 포털 사업자들은 불법 유해 사이트를 스스로 자율 규제하는 제도를 정착시키고 있지 못하여 불법 유해정보 방지에 소극적 태도를 보이고 있습니다.

5.3 불법 유해정보 대응 방안

앞에서 살펴본 바와 같이, 불법 유해정보는 웹 사이트를 통해 텍스트, 이미지, 동영상의 형태로 유포되거나, P2P 또는 웹 하드 등을 통해 동영상 형태로 유포됩니다. 스마트폰의 생활화와 더불어 불법 유해 앱(app) 또한 급격히 증가하는 추세에 있습니다. 이제는 인터넷과 스마트폰에 만연되어 버린 불법 유해정보에 대한 대응 방안을 살펴보겠습니다. 대응 방안은 기술적 대응 방안과 유통 대응 방안의 두 가지로 나누어 살펴보겠습니다.

5.3.1 기술적 대응 방안

기술적 대응은 정보기술을 활용하여 불법 유해정보를 차단하거나 접근 통제를 하는 것을 말합니다. 기술적 대응 방안은 [그림 5-9]처럼 기술적 차단 방법과 내용에 등급을 부여하는 두 가지 형태가 있습니다. 기술적 차단 방법은 불법 유해 사이트를 발견하여 사용자의 접근을 원천 봉쇄하는 적극적 대응 방안입니다. 반면에, 내용에 등급 부여 방법은 정보의 내용에 따라 등급을 부여하고 허용된 이용자만이 접근할 수 있도록 하는 방식입니다. 두 가지의 기술적 대응 방안은 불법 유해정보에 대한 접근 통제에 초점을 두고 있는 것을 알 수 있습니다.

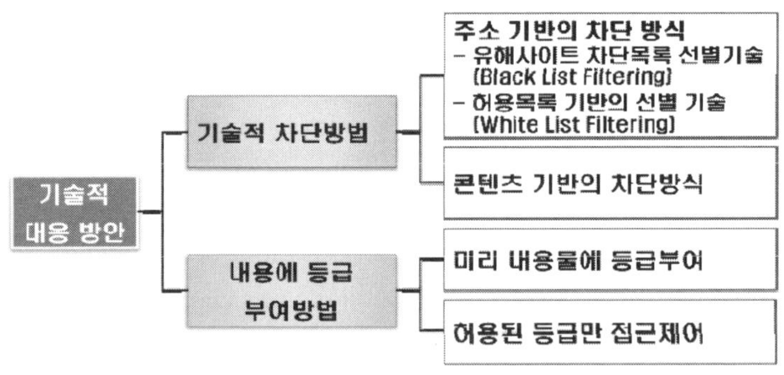

[그림 5-9] 기술적 대응 방안의 종류

기술적 차단 방법

정보기술을 활용하여 불법 유해정보를 차단하는 도구와 시스템을 개발하여 보급하고 자율성과 효율성에 기초하여 운영하는 방법입니다. 불법 유해정보를 차단하는 핵심 정보기술에는 에이전트(agent) 기술이 있습니다. 에이전트는 관리자의 개입이 없어도 정해진 스케줄에 따라 인터넷상에서 정보를 수집하는 등 정해진 처리를 수행하는 자율적 프로그램을 말합니다. 쉽게 말하면, 사용자를 대신하여 알아서 일을 해 주는 로봇과 같은 프로그램입니다. 에이전트는 자신이 속한 환경을 지속적으로 감지하여 상황에 맞는 적절한 행위를 함으로써 능동적, 자율적으로 업무를 수행합니다.

에이전트 기술을 이용하여 다양한 전문 기능을 수행하는 에이전트를 개발할 수 있습니다. 불법 유해정보 차단과 관련해서는 다음과 같은 에이전트를 생각할 수 있습니다.

- **웹 크라울러 에이전트**: 인터넷 사이트를 돌아 다니면서 사이트 정보와 주소(URI)를 수집하는 이동형 에이전트
- **분류 에이전트**: 웹 크라울러 에이전트가 수집한 정보를 분석하여 불법 유해 사이트 유무를 판정하고 접근 차단 사이트 목록과 접근 허용 사이트 목록 생성
- **관리 에이전트**: 분류된 자료를 보관/유지하고 사이트 생성/소멸에 따라 관리 목록을 주기적으로 갱신하는 등 불법 유해정보 전반을 관리

기술적 차단 방식은 불법 유해정보를 식별, 분류, 차단, 관리 등의 기능을 가진 여러 에이전트를 개발하여 사용하고 있습니다. 기술적 차단 방식에는 주소 기반의 차단 방식과 콘텐츠 기반의 차단 방식 두 가지가 있습니다.

[주소 기반의 차단 방식]

웹 크라울러 에이전트가 웹 사이트를 방문하여 사이트 정보와 주소를 수집하고, 분류에이전트가 이를 분석하여 불법 유해정보 유무를 판정합니다. 접속을 차단해야 할 불법 유해정보 사이트 목록과 유해하지 않은 접속 허용 가능한 사이트 목록을 만듭니다. 이런 목록을 기반으로 사용자의 사이트 접속을 통제하여 불법 유해정보로의 접근을 차단할 수 있습니다.

차단 목록 기반 선별은 음란, 폭력 등 차단해야 할 불법 유해 사이트 목록인 블랙 리스트(black list)를 작성하여, 블랙 리스트 사이트의 접속을 차단하는 것입니다. 대부분의 차단 소프트웨어가 이 방법을 사용하고 있습니다. 그런데 블랙 리스트의 지속적 갱신이 어렵고 차단 기준이 포괄적인 경우 무차별 차단이 가능한 문제점이 있습니다. 이와 같은 것은 정보 통제의 부작용을 야기할 수도 있습니다. 또한, 이 방식은 차단도구 개발자나 차단 목록 제공자가 사이트에 대한 실질적인 검열권을 가지는 방식이라고 할 수 있습니다. 이것 역시 특정인에 의하여 정보가 통제되는 부작용을 야기할 수 있습니다.

허용 목록 기반 선별은 접근 가능한 사이트 목록인 화이트 리스트(white list)를 만들고, 이 리스트에 있는 사이트 접속만 허용하고 그 외는 모두 차단하는 방식입니다. 화이트 리스트 외에는 모두 차단하므로 불법 유해 사이트에 접속할 가능성이 거의 없습니다. 또한, 화이트 리스트 외에는 접속 불가하므로 접속할 수 있는 사이트가 극히 제한적입니다. 이런 방식은 인터넷 접속이 어려워 학교, 학원 등 특수한 환경에서 사용되고 있습니다.

[콘텐츠 기반 차단 방식]

정보 콘텐츠의 내용을 실시간으로 분석하여 불법 유해정보의 유무를 판정하고 접근을 통제하는 방식입니다. 즉, 사용자가 접속한 정보의 내용을 실시간으로 분석하여 불법 유해정보가 있을 때는 차단하는 방식입니다.
하루에도 수 천 개의 유해 사이트들이 생성되는 환경에서 블랙 리스트 또는 화이트 리스트의 정적인 차단 방식은 새로 생성/소멸되는 사이트 정보를 즉각 반영할 수 없는 문제가 있습니다. 콘텐츠 기반 차단 방식은 정보의 내용을 실시간으로 분석하는 동적이고 효과적인 불법 유해정보 차단 기술입니다. 그러나 이를 위해서는 우수한 성능의 콘텐츠 분석 방법이 개발되어야 할 것입니다.

4 내용에 등급 부여 방법

정보의 내용 또는 사이트의 내용에 따라 사전에 등급을 부여하고 허용된 등급의 사용자만이 접근할 수 있도록 하는 것입니다. 기존의 영화나 게임처럼 정보의 내용을 미리 참고할 수 있도록 하는 것입니다. 예를 들어, 18세 이상 관람가의 영화인 경우에는 18세 이상의 사람만 입장할 수 있도록 하는 것과 같은 방식입니다.

정보 제공자는 자신이 제공하는 정보의 내용을 객관적으로 평가하여 정해진 기준에 의거하여 등급 정보를 표시합니다. 그러면 정보이용자(특히, 청소년 및 부모)는 정보 등급 필터링 또는 블로킹(선별 또는 차단) 소프트웨어를 사용하여 허용된 등급의 정보에만 접근하게 됩니다. 이 방법에는 미리 정보의 내용에 따라 등급을 표시하여 통제하는 방법과 허용된 등급의 사람만이 접근하도록 통제하는 두 가지 방법이 있습니다.

정보 내용의 등급은 불법 유해정보 차단에 유용한 수단을 제공합니다. 정보 제공자들은 제공하는 정보에 대해 등급을 부여함으로써 인터넷 공간의 신뢰성을 높이고 정보 제공자로서의 사회적 책임에 충실할 수 있게 됩니다. 등급을 표시한 사이트가 많아지게 되면 정보 이용자들은 인터넷상의 정보 내용을 믿고 보다 안전하게 이용할 수 있습니다. 한편으로는 정보 이용자들에게 인터넷이 안전하다는 인식을 확산시켜 안심하고 인터넷을 활용하게 되고, 사기 또는 허위 등의 위험이 없어져 전자상거래 등에 대한 수요가 증가하여 매출 증대와 이익 창출을 기대할 수 있을 것입니다. 무엇보다도 깨끗한 인터넷 환경을 만들 수 있어 밝은 정보 사회를 만들어 가게 됩니다.

방송통신심의위원회는 인터넷상의 음란, 폭력 정보 등의 불건전 정보로부터 청소년을 보호하고 성인의 볼 권리를 보장하기 위하여 한국적 문화가치와 국제 호환성 등을 고려하여 인터넷 내용 등급 서비스인 세이프넷(SafeNet)을 개발 · 도입하여 2001년 9월부터 시행하고 있습니다. SafeNet 내용 등급 기준의 범주와 수준을 [표 5-4]와 같이 노출, 성행위, 폭력, 언어 등의 4개 범주에 대하여 0~4등급까지 5등급으로 설정하고 있습니다. SafeNet은 국제 기준과 호환이 되면서 국내 실정에 맞도록 개발된 것입니다. 또한, 자율 등급 제도와 제3자 등급 서비스에도 사용할 수 있는 기준입니다.

[표 5-4] 방송통신심의위원회 내용 등급 기준

구분	노출	성행위	폭력	언어
4등급	성기노출	성범죄 또는 노골적인 성행위	잔인한 살해	노골적이고 외설적인 비속어
			18세 이상 성인	18세 이상 성인
3등급	전신노출	노골적이지 않은 성행위	살해	심한 비속어
	18세 이상 성인	18세 이상 성인	15세 이상 고교생	
2등급	부분노출	착의상태의 성적 접촉	상해	거친 비속어
	12세 이상 중학생 15세 이상 고교생	12세 이상 중학생 15세 이상 고교생	12세 이상 중학생	15세 이상 고교생
1등급	노출복장	격렬한 키스	격투	일상 비속어
	전체(초등학생가)		전체(초등학생가)	12세 이상 중학생
0등급	노출없음	성행위 없음	폭력 없음	비속어 없음
		전체(초등학생가)		전체(초등학생가)

정해진 등급 기준에 따라 등급을 부여하는 방식에 대하여 알아보겠습니다. 등급 부여 방법에는 자율 등급 표시와 제3자 등급 서비스의 두 종류가 있습니다.

자율 등급 표시는 정보 제공자가 [표 5-4]와 같이 공시된 등급 기준을 참고하여 자신의 사이트에 대해 객관적, 자발적으로 등급을 부여하는 것입니다. 정보 제공자의 양심을 믿고 자율적으로 등급을 부여할 수 있도록 하는 것입니다. 제3자 등급 서비스는 정보 제공자가 아닌 제3자가 등급을 부여하는 것입니다. 해외의 음란, 폭력 정보 등에 대하여는 정보 제공자에게 자율 등급 표시를 요구하는 것이 불가능합니다. 제3자가 이런 정보에 대한 등급을 부여한 데이터베이스를 구축하고 불법 유해정보 차단을 원하는 사람들에게 그 정보를 제공하는 것입니다. 국내에서는 인터넷 내용 등급 서비스 홈페이지(http://www.safenet.ne.kr)에서 불법 유해 동영상의 등급 데이터베이스를 무료로 배포하고 있습니다.

5.3.2 유통 대응 방안

지금까지 불법 유해정보에 대한 기술적 대응 방안에 대하여 알아보았습니다. 이제는 정보 유통시의 대응 방안에 대하여 살펴보겠습니다.

유통 시 대응 방안은 사전 대응과 사후 대응으로 나누어 생각할 수 있습니다. 사전 대응은 교육, 식별, 접근 통제 등으로 불법 유해정보에 대한 이해를 확실하게 하여 대응 능력을 배양하고 애초부터 그런 정보에는 접근하지 않는 것입니다. 사전 대응 방안으로는 다음과 같은 것이 있습니다.

- 인터넷 사용 교육: 올바른 인터넷 사용을 숙지하여 불법 유해정보에 현혹되지 않고 클린 인터넷 환경에 동참하는 자정 능력을 배양
- 유해정보 차단: 청소년의 컴퓨터, 스마트폰에 유해정보 차단 프로그램 설치

· 유해정보 식별 제도: 등급 표시제를 활용하여 사전에 유해정보 식별

· 유해정보 유통 방지: P2P, 웹하드 등에 불법 유해정보를 업로드 또는 다운로드 금지

4 사전 대응 방안

질병도 예방이 중요한 것처럼 불법 유해정보도 사전 예방이 중요합니다. 무엇보다도 올바른 인터넷 사용법을 숙지하고 현명하게 활용할 줄 알아야 하겠습니다. 특히, 청소년에게 올바른 인터넷 생활 교육이 필요합니다. [그림 5-10]은 그린 i-net(www.greeninet.or.kr)에서 권장하고 있는 자녀에게 말해주어야 할 인터넷 수칙 10가지인데 살펴보기 바랍니다.

1. 인터넷 상에서 부모의 허락없이 이름, 나이, 주소, 전화번호, 학교이름, 사는 지방, 일정 비밀번호 개인신상 정보를 절대로 노출시키지 말아야 한다.
2. 부모의 허락없이 사이버 공간에서 만나는 사람들과 직접 만나면 안된다.
3. 부모의 허락없이 함부로 대화방에 들어가면 안된다. 대화방에서 만난 청소년들 가운데는 실제로는 나이가 많은 어른인 경우도 있다. 이들은 대개 무언가 불순한 목적을 가지고 접근하는 경우가 많다.
4. 인터넷을 통해서 만나는 사람들에게 자신의 계획이나 행선지 그리고 현재의 소재지 등을 알려 주면 안된다.
5. 생소한 사람과 전자우편을 주고 받아서는 안된다.
6. 부모의 허락없이 부가적인 요금을 내야 하는 정보나 사이트에 접근해서는 안된다.
7. 인터넷을 통해 자주 만나는 상당히 친해진 사람이라고 해도 자신의 사진을 전자우편을 통해서 보내서는 안된다.
8. 인터넷을 통해서 부모의 허락없이 물건을 주문하거나 특히 신용카드 번호를 알려주어서는 안된다.
9. 폭력적인 내용의 전자우편이나 의심스러운 제의 등에 대해서는 일체 답장하지 말라. 이런 메시지를 받게 되면 반드시 부모에게 알려라.
10. 고의적으로 본 것이든 우연히 접한 것이든 불건전한 내용의 사이트나 그림이 있다면 부모에게 알려라. 비밀스럽고 어두운 기억을 마음속에 감추고 혼자 떠올리는 것보다 믿을 만한 사람들에게 터놓고 대화를 나누는 것이 아이들의 정신 건강에 더 이롭다.

[그림 5-10] 자녀에게 말해주어야 할 인터넷 수칙 10가지

유해정보를 차단하는 소프트웨어도 다양한 종류가 개발되어 있습니다. [표 5-5]는 상용되고 있는 유해정보 차단 소프트웨어 목록입니다. 불법 유해정보 차단의 공공성을 감안하여 많은 소프트웨어가 무료로 제공되고 있습니다. 해당 사이트에 가시면 다운로드하여 활용할 수 있습니다.

[표 5-5] 유해정보 차단 소프트웨어

제품명	특징
아이눈	• 방송통신심의위원회에서 정한 사이트 자동차단 • 수동으로 유해 프로그램 블랙리스트 분류
X-keeper	• DB update를 통한 사이트 차단
컴사용지킴이	• 유해 사이트 수집 및 차단
e-클린	• 공개 자료 없음
아이세이프	• 방송통신심의위원회에서 제공하는 사이트 차단
맘아이	• 정기적인 update를 통한 유해 사이트 리스트 구축
오아시스	• 방송통신심의위원회의 내용 등급 차단 방식 사용 • 유해 DB의 목록을 바탕으로 사이트 차단
자녀사랑	• 방송통신심의위원회 DB 및 자체 유해정보 DB • 실시간 DB update
iProtectYou	• 유해 검색어 차단을 통한 사이트 및 뉴스 그룹 차단
NetOptima	• 유해 웹 콘텐츠의 패턴 분석
WebGuard	• 이미지와 텍스트 및 유해 리스트 활용 사이트 차단
Image Guarder	• 웹 사이트의 포르노 이미지에 특징
Parental Control	• 웹 사이트 콘텐츠 실시간 차단

[그림 5-11] 불법 유해정보 차단 소프트웨어 제공 사이트

4 사후 대응 방안

사후 대응 방안은 불법 유해정보 발견이나 피해를 입었을 시에 즉시 신고하는 것입니다. 이렇게 하여 불법 유해정보를 퇴치하고 동일한 피해가 반복되지 않도록 하는 것입니다. 불법 유해정보의 심각성을 고려하여 여러 기관에서 신고 센터를 운영하고 있습니다. 다음은 대표적인 신고 또는 상담 기관들입니다.

• 학부모 정보감시단	www.cyberparents.or.kr
• 청소년활동 정보 서비스	www.youth.go.kr
• 그린 I-Net	www.greeninet.or.kr
• 방송통신위원회 불법유해정보신고	www.singo.or.kr
• 방송통신심의위원회	www.icec.or.kr
• 방송통신위원회	www.kcc.go.kr
• 한국인터넷진흥원 개인정보보호	http://privacy.kisa.or.kr
• 사이버경찰청	www.police.go.kr
• 인터넷 침해대응센터	www.krcert.or.kr

[그림 5-12] 불법 유해정보 신고 및 상담 기관

요 약

- 불법 유해정보란 인터넷 이용자에게 정신적, 시간적, 경제적 피해를 가져오는 정보로, 현행법이 생산, 저장, 유통을 금지한 불법 정보와 선량한 미풍양속 등에 문제를 야기시키는 불건전한 유해정보를 통칭합니다. 현행법에서 금지한 불법 정보와 윤리적, 도덕적으로 사회에 악영향을 주는 유해정보의 두 종류가 있습니다.

- EU 위원회는 보호되어야 할 국가 사회적 중요한 가치를 위협하는 정보, 국가 안전 보장에 위협적 요인이 될 수 있는 폭탄 제조, 위법 약품 제조, 테러 등에 관한 정보, 미성년자에 악영향을 끼칠 수 있는 폭력, 포르노, 부정한 판매 행위에 대한 정보, 개인의 존엄성을 훼손하는 인종차별과 인권 훼손, 경제의 안정성과 신뢰성을 해치는 사기와 신용카드 도용, 정보의 안전성과 신뢰성을 해치는 악의적인 해킹, 개인의 사생활 보호에 영향을 주는 비합법적 정보, 명예 및 신용 보호를 저해하는 불법적 정보, 그리고 지적 소유권을 침해하는 정보 등을 불법 유해정보로 규정하고 있습니다.

- '사이버 양심 5적(敵)'은 ① 욕설 · 비방 등 사이버 언어폭력, ② '야동', '야사' 등 청소년 유해정보 유포, ③ 허위 사실 · 유언비어 퍼뜨리기 등 사이버 명예 훼손, ④ 아이디 도용 등 개인정보 침해, ⑤ 다른 사람의 창작물을 퍼오는 저작권 침해 등 5가지 비양심적 행위를 말합니다.

- 방송통신위원회에서는 불법 유해정보를 불법정보, 유해정보, 권리침해 정보의 3가지로 구분하고 있습니다.

- 불법 유해정보는 다음과 같은 특징이 있습니다.
  (1) 누구나 불법 유해정보의 생산 · 유통에 가담할 수 있게 되었다.
  (2) 정보기술의 발달로 불법 유해정보의 유통경로가 매우 복잡해졌다.
  (3) 스마트 환경 하에서는 건전한 정보와 불법 유해정보의 경계가 모호해지고 있다.
  (4) 정보의 확산 속도가 경이적일 정도로 빠른 시대가 되었다.
  (5) 소집단, 동호회, 커뮤니티 중심의 소통이 강화되고 있다.

- 불법 유해정보 사례로는 성인음란물, 사이버폭력, 사이버 성폭력과 성희롱, 사이버 매매춘, 사행성 사이트 등이 있습니다.

- 방송통신심의위원회에서는 사이버 폭력을 "사이버 공간에서 정보통신망을 통해 글, 음성, 이미지, 영상 등을 이용하여 다른 사람을 모욕하거나 명예 또는 권익을 침해하여 정신적, 물질적 고통을 주는 온갖 형태의 폭력적인 표현과 행위"로 정의하고 있습니다.

- 사이버 폭력의 유형으로 사이버 언어 폭력, 사이버 명예훼손, 사이버 성폭력, 사이버 스토킹 등이 있습니다.

- 불법 유해정보의 기술적 차단 방법은 정보기술을 활용하여 불법 유해정보를 차단하는 도구와 시스템을 개발하여 보급하고, 자율성과 효율성에 기초하여 운영하는 방법입니다. 기술적 차단 방식에는 주소 기반의 차단 방식과 콘텐츠 기반의 차단 방식 두 가지가 있습니다.

- 불법 유해정보의 내용 등급 부여 방법은 정보의 내용 또는 사이트의 내용에 따라, 사전에 등급을 부여하고 허용된 등급의 사용자만이 접근할 수 있도록 하는 것입니다. 미리 정보의 내용에 따라 등급을 표시하여 통제하는 방법과 허용된 등급의 사람만이 접근하도록 통제하는 두 가지 방법이 있습니다.
- 불법 유해정보의 유통 대응 방안으로는 교육, 식별, 접근 통제 등으로 불법 유해정보에 대한 이해를 확실하게 하여 대응 능력을 배양하고 애초부터 그런 정보에는 접근하지 않는 사전 대응 방안과 불법 유해정보 발견이나 피해를 입었을 시에 즉시 신고하는 사후 대응 방안이 있습니다.

참고문헌

- 한국인터넷진흥협회 (2010), 불법유해정보의 우회접속 기술 동향 조사 및 기술 보급, 방송통신정책연구 10-진흥-라-08, 방송통신위원회, 2010.10.
- 김준교 외 (2012), 인터넷 불법 · 유해정보 실태 및 대응방안 연구, 방송통신심의위원회, 2012.12.
- 방송통신위원회, 한국인터넷진흥원 (2012), 2012년 인터넷 이용 실태 조사, 한국인터넷진흥원, 2012.12.
- 한국청소년정책연구원 (2012), 2012년 청소년유해환경 접촉 종합실태조사, 여성가족부, 2012.12.
- 한국정보화진흥원 (2012), 청소년 성인물 이용실태조사 보고서, 행정안전부, 2012.06.
- 사행산업통합감독위원회 (2010), 불법사행산업 어떻게 근절할 것인가, 201 0 사행산업정책 이슈, VOL. 07, 2010.06.
- 양성은 (2013), "사이버범죄의 동향과 이에 대한 형사법적 책임", Internet & Security Focus 2013 9월호, pp. 54-69.
- 손민지 (2013), "국내 사이버폭력 현황 및 대응방안 연구", Internet & Security Focus 2013 3월호, pp. 6-22.
- 한승완 외 (2013), 인터넷 환경의 유해 정보 차단 기술 동향, 전자통신동향분석 제28권 제3호, ETRI, 2013년 6월, pp. 76-85.
- 정 완 (2010), "휴대폰과 인터넷을 통한 음란물 유통의 실태와 대책", 형사정책 제22권 제1호 (2010. 7), pp. 51-74.

확인학습

01. 청소년 유해정보에 대한 설명으로 틀린 것은 무엇인가?

① 청소년 유해성의 판단은 방송통신심의위원회가 심의한다.
② 인터넷 이용자에게 정신적, 시간적, 경제적으로 피해를 끼친다.
③ 실정법에 위배되는 정보로 개인, 사회, 국가의 법익을 침해하는 정보이다.
④ 국가기관이 청소년 유해 매체물로 결정한 음란성 · 폭력성 · 사행성 영리 · 비영리 정보를 말한다.

02. 스마트폰의 불법 콘텐츠 유통에 대한 설명으로 틀린 것은 무엇인가?

① PC에서 스마트폰으로 불법 콘텐츠 유통 범위가 줄어들었다.
② 스마트폰에서의 콘텐츠 유통은 개인적 공간에서 이루어져 단속이 쉽지 않다.
③ 스마트폰에서 사용되는 불법 콘텐츠는 크기가 작아 PC보다 빠른 속도로 유통된다.
④ 다운로드 및 스트리밍 방식으로 사업자 허락 없이 실시간 방송 및 불법 복제가 이루어진다.

03. EU위원회의 '유해한 콘텐츠에 대한 보호법익'에 따른 위법 유해정보의 분류가 틀린 것은 무엇인가?

① 국가안전보장 - 폭탄제조, 테러
② 개인 존엄성의 확보 - 인종차별
③ 경제의 안정성과 신뢰성 - 악의의 해킹
④ 미성년자 보호 - 부정판매행위, 폭력, 포르노

04. 인터넷상 불법 정보 및 청소년 유해정보에 대한 심의를 담당하고 있는 곳은?

① 영상물등급위원회
② 게임물등급위원회
③ 청소년보호위원회
④ 방송통신심의위원회

05. 정보 제공자가 자신의 웹 사이트에 자율적으로 등급을 표시하고, 정보 이용자는 적정한 등급 이용 수준을 정하여 원치 않는 정보를 선택적으로 거를 수 있도록 하는 서비스는 무엇인가?

① 청소년보호정보서비스
② 인터넷내용등급서비스
③ 인터넷선택등급서비스
④ 인터넷검색부가서비스

06. 다음 중 불건전 정보의 문제점으로 볼 수 없는 것은 무엇인가?

① 중독이 될 수 있다.
② 비정상적인 내용이 많다.
③ 모방 범죄의 발생 가능성이 있다.
④ 피해자와 가해자가 명확하게 구분된다.

07. 여러 사람들에게 무작위로 보내지는 광고를 목적으로 하는 음란 및 사기성 메일을 무엇이라고 하는가?

① 광고메일
② 스팸메일
③ 폭탄메일
④ 전자우편

08. 아래의 프로그램이 공통적으로 제공하는 서비스는 무엇인가?

① 바이러스 차단
② 인터넷 결제 차단
③ 인터넷 유해물 차단
④ 불법 다운로드 차단

09. 인터넷에는 아동 및 청소년에게 해로운 유해정보가 많이 있다. 이러한 피해를 예방하기 위한 방법을 바르게 설명한 것은 무엇인가?

① 인터넷 성인음란물 대응 프로그램을 PC에 설치한다.
② 컴퓨터 보안 프로그램 업데이트는 되도록이면 하지 않는다.
③ 신뢰하지 않은 사이트라도 정보를 찾고자 필요하면 접속한다.
④ 모르는 사람이 초대하는 카페나 사이트는 접속하여 확인한다.

10. 스팸 메일에 대하여 바르게 대처하지 못한 것은 무엇인가?

① 광고 메일은 열어서 확인 후 삭제한다.
② 이메일 프로그램에서 다양한 차단 기능을 활용한다.
③ 인터넷 사이트나 게시판에 이메일 주소를 남기지 않는다.
④ 인터넷 서비스 가입 시 광고 메일 '수신하지 않음'을 선택한다.

11. 사이버 폭력에 해당되지 않는 행위는 무엇인가?

① 욕설만 허용되는 게시판에 A가 B에 대한 욕설을 게시하였다.
② A씨는 B씨의 뇌물수수 행위에 대한 사실을 게시판에 게시하였다.
③ A씨는 모 은행의 공개 게시판에 은행 직원인 B과장에 대한 비방글을 올렸다.
④ A는 전 여자친구 B의 블로그 · 미니홈피에 악성 댓글과 불안감을 유발시키는 글을 올렸다.

12. 정보 이용자가 원치 않는 정보를 선택적으로 거를 수 있도록 등급 이용 수준을 정할 수 있도록 조정해 주는 서비스는 무엇인가?

① 정보보호서비스
② 등급이용서비스
③ 인터넷내용등급서비스
④ 인터넷자율등급서비스

13. '불법 유해정보'에 관한 설명으로 가장 올바른 것은?

① 인터넷 이용자들에게 정신적인 피해를 초래한다.
② 선량한 미풍양속 등에 문제를 야기 시킨다.
③ 법과 국가질서의 존엄성 유지를 위해 현행법이 생산, 저장, 유통을 금지한 정보를 말한다.
④ 인류문명의 흐름을 바꿔놓을 수 있는 중요한 정보통신기술이다.

14. 다음 중 정보통신망을 통해 부호, 문언, 음향, 화상 등을 이용하여 타인의 명예 또는 권익을 침해하는 행위로 규정하고 있는 유해정보의 이용 실태는 무엇인가?

① 사이버 폭력 ② 음란물
③ 사이버 매매춘 ④ 사행성 사이트

15. 다음 중 정보통신망의 각종 불법 · 청소년유해정보신고센터에 신고 된 내용에 대한 심의를 통하여 불법 또는 청소년에게 유해한 정보로 결정할 경우 인터넷서비스제공자(ISP)와 웹하드, P2P(Peer to Peer) 서버관리자를 통하여 시정되도록 조치하는 관련기관은?

① 검찰청
② 경찰청사이버수사대
③ 방송통신심의위원회
④ 개인정보분쟁조정위원회

제6장 인터넷 중독

인터넷 중독이 심각한 사회문제로 대두하고 있습니다. 현대사회가 정보기술을 기반으로 하고 있고, 정보기술이 사회 전반에 막강한 영향을 미치고 있어, 인터넷 중독의 양상도 아주 다양합니다. 이 장에서는 넓은 의미의 인터넷 중독을 중심으로 통신 중독, 채팅 및 SNS 중독, 게임 중독, 음란물 중독, 스마트폰 중독 등 잘 알려진 대표적 중독 현상을 중심으로 심도 있는 고찰을 하고자 합니다.

인터넷 중독 개념을 정의하고 설명하겠습니다. 인터넷 중독 현상의 종류와 각각의 특징에 대하여 살펴보겠습니다. 특히, 많은 문제가 되고 있는 게임 중독과 스마트폰 중독에 대하여 자세히 알아보도록 하겠습니다. 그리고 인터넷 중독의 예방과 치료 방법에 대하여도 자세하게 알아보겠습니다.

6.1 인터넷 중독의 이해

우리나라는 국가 차원에서 정보화를 추진하여 세계적인 인터넷 강국이 되었습니다. 인터넷 기술을 활용하여 짧은 기간에 경제, 사회 전반에 획기적인 발전을 가져 올 수 있었고 OECD 국가가 되기도 하였습니다. 그런데 인터넷은 많은 순기능도 있지만, 과도한 인터넷 사용으로 일상생활을 피폐하게 만드는 인터넷 중독과 같은 역기능도 있습니다. 우리는 인터넷의 순기능만 생각하여 역기능에 대하여는 대수롭지 않게 생각하여 왔습니다. 순기능이 많아질수록 역기능도 커진다는 사실을 깨달아야 합니다. 이제 인터넷 중독은 심각한 사회문제가 되고 있습니다.

6.1.1 인터넷 중독의 심각성과 폐해

대부분의 사람들이 아직 인터넷 중독을 막연하게 생각하거나 실상을 이해하지 못하고 있는 것으로 생각됩니다. 2011년도에 한국정보문화진흥원에서 발간한 인터넷 중독 실태 보고서를 보면, 약 234만명이 인터넷에 중독되어 있는 것으로 추산되고 있습니다. 만 5세~49세 인터넷 이용자의 인터넷 중독률은 7.7%로 이는 인구 20명당 1명이 중독자라는 의미입니다. 특히, 10대의 인터넷 중독률 10.4%로 가장 높아, 10명중 1명은 중독 상태에 있습니다. 뭔가에 중독된 사람들이 거리를 활보하고 있다면 어떤 느낌일지 생각해봅시다.

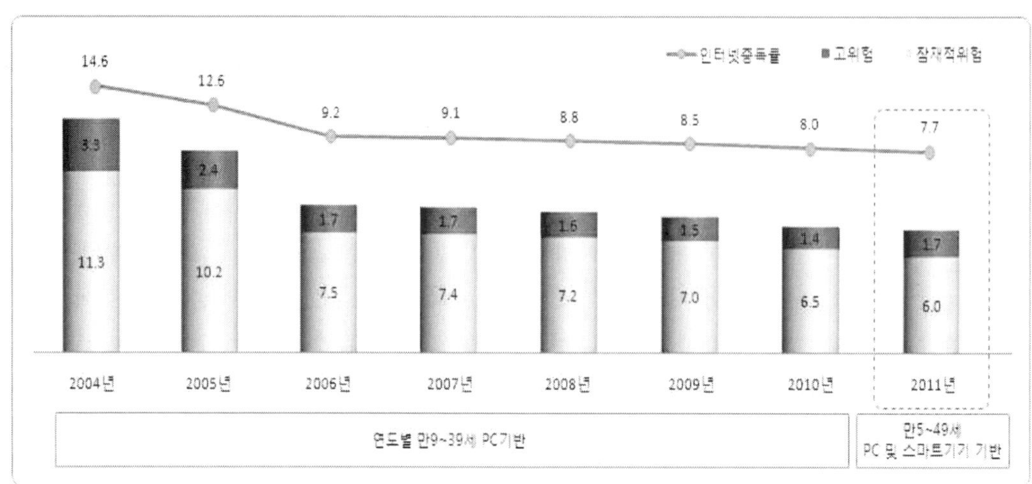

[그림 6-1] 인터넷 중독 실태(한국정보문화진흥원 실태조사 보고서, 2012년3월)

인터넷 중독의 심각성

심각한 것은 인터넷에 중독된 청소년 모두가 정신 질환을 앓고 있다는 것입니다. 대표적으로 나타나는 현상이 주의력 결핍 과잉행동 장애(ADHD)입니다. 집중력이나 참을성이 부족하여 사소한 일에도 버럭 화를 내고, 공격적으로 변하여 물건을 집어 던지거나 폭력을 행사합니다. 기쁘고, 즐겁고, 사랑하고, 슬프고 하는 희로애락의 감정을 표출하지 못하고 감정이 없는 인간으로 변해 버립니다. 그리하여 정상적인 학교생활과 사회생활이 곤란하게 됩니다. 이런 사람들에게는 공통적으로 우울증 증상이 나타납니다. 다른 사람들과 어울리지 못하게 되니 소외감과 고독감으로 심한 우울증세를 보이고, 자신의 행동을 합리화하고 잘못된 행동에 대하여도 전혀 죄책감이나 후회를 느끼지 못하게 됩니다. 게임을 하느라고 어린 아이를 죽게 내버려 둔 게임 중독자 엄마가 전혀 후회하지 않는 모습을 뉴스 화면에서 보기도 합니다. 이처럼 인터넷 중독은 인간성을 파괴하여 인간을 인터넷 좀비로 만들고 있습니다. 이 뿐만 아니라, 장시간 컴퓨터 사용으로 인하여 시력저하, 수면부족 등 신체에도 문제가 발생합니다. 지식정보 사회가 되었고 고성능의 값싼 정보기기의 보급으로 어려서부터 컴퓨터를 사용하는 기회가 많아지자, 어린 아동들이 무방비 상태에서 인터넷에 노출되어 인터넷 중독에 감염되고 있어 심각성을 더해 주고 있습니다. 인터넷 중독된 아동들이 정상적으로 성장할 수 있을까요?

인터넷 중독 폐해 사례

인터넷 중독이 얼마나 위험하고 심각한 폐해가 있는지 살펴보는 것이 인터넷 중독을 이해하는데 도움이 될 것입니다. 여기에 설명된 사례는 지극히 일부 사례입니다. 인터넷을 검색해 보면 더 많은 심각한 사례들을 쉽게 발견할 수 있습니다.

[사례 1: 부산서 부모와 갈등 고교생 입학식 날 투신자살(2011. 3월)]
인터넷 게임 문제로 부모와 갈등을 겪던 고교생이 고교 입학식 날 입학식에 참석하지 않고 자신이 이전에 살던 아파트 옥상에 올라가 자살한 사건이 발생하였습니다. 인터넷 중독으로 감정과 행동을 통제하지 못한 것입니다.

[사례 2: 게임중독 의사 만삭부인 살해혐의로 구속(2011. 2월)]
전문의 시험을 준비하던 의사가 새벽까지 게임을 하다 이를 못마땅하게 여긴 부인과 부부싸움 중에 격분해 만삭부인 살해 혐의로 구속되었습니다. 사회적으로도 큰 반향을 불러 왔던 사건입니다. 아무리 중독되었다고 이런 일을 할 수 있을까 하고 의문이 들겠지만, 일단 중독이 되면 인간으로서의 정상적인 판단력이 상실되고 주의력 결핍이나 과잉행동 장애와 같은 현상이 사람을 지배하게 됩니다.

[사례 3: 게임중독에 빠진 망나니 아들, 아버지 신고로 구속(2011. 2월)]
게임에 빠진 이후 가족들에게 폭력을 행사하고 돈을 빼앗아온 20대가 아버지의 신고로 경찰에 구속되었습니다. 김씨는 고교 때부터 게임에 빠진 이후, 가족과 잦은 다툼을 겪어왔으며 평소 부모와 할머니에게 폭력을 행사해오다 아버지의 신고로 구속되었습니다.

[사례 4: 게임에 중독된 미국 명문대 중퇴생 인터넷 게임에 빠져 묻지마 살인 저질러(2010. 12월)]
미국의 한 주립대학교를 중퇴하고 귀국해 두문불출하며 게임에 심취해 있던 20대 중퇴생이 전날 밤까지 게임을 하고 흥분이 가라앉지 않은 상태에서 "제일 처음 본 사람을 죽이겠다"며 집에 있던 흉기를 들고 나와 가장 먼저 눈에 띈 이웃주민을 흉기로 찔러 묻지마 살인을 저지른 사건이 있었습니다.

[사례 5: 게임에 중독된 20대 엄마가 두 살 난 아들을 때려 숨지게 해(2010. 12월)]
게임에 중독돼 하루에 10시간 이상 게임을 하며 어린 아들을 돌보는 것조차 소홀히 하던 20대 엄마가 어린 아들이 대소변을 가리지 못한다며 때려 숨지게 하는 사건이 발생하였습니다. 김씨는 지난 2010년 12월 18일 오후 2시 50분께 천안시 서북구 쌍용동 자신이 사는 다가구 주택에서 아들 김모(2)군의 몸을 주먹 등으로 수 차례 폭행한 뒤 목을 졸라 숨지게 한 것입니다. 세상에서 가장 아름다운 사랑이 모성애인데도 불구하고 이런 비극적인 일이 발생하였습니다.

[사례 6: 게임에 중독된 중학생, 자신을 나무라는 모친 살해 후 본인도 자살(2010. 11월)]
부산에서 어릴 때부터 컴퓨터 게임에 빠져 이를 나무라는 어머니와 자주 다투던 중학생이 자신을 나무라는 모친을 목졸라 살해한 후 본인도 자살하는 사건이 발생하였습니다.

[사례 7: 인터넷 게임에 빠져 석달 된 딸을 아사시킨 부부 5개월 도피 끝에 구속(2010. 3월)]
2008년 인터넷 채팅으로 만난 부부는 매일 12시간씩 인터넷 게임을 즐기는 등 게임중독에 빠져 어린 딸에게 하루 한 번만 분유를 주고 방치해 사망에 이르게 하였다고 합니다.

[사례 8: 게임에 중독된 20대 아들이 나무라는 어머니를 칼로 찔러서 살해(2010. 2월)]
온라인 게임만 한다는 꾸짖음에 불만을 품고 친모를 살해한 20대 아들은 범행 후에도 PC방에서 밤새 게임을 즐겼다고 합니다. 게임 중독이 얼마나 심각한 문제를 야기할 수 있는지 보여주고 있습니다.

[사례 9: 게임중독에 빠진 엄마가 싫어 20대 모친 살해(2009. 7월)]
평소 어머니가 인터넷 게임에 중독돼 자신에게 관심을 주지 않는데 불만을 품은 20대가 우발적으로 모친을 살해한 사건도 있었습니다.

이처럼 인터넷 중독은 인간으로서는 도저히 이해할 수 없는 사건을 일으킵니다. 인터넷 중독으로 인하여 인간성이 정지된 것입니다. 인터넷 중독은 아주 심각한 사회문제인 것입니다.

6.1.2 인터넷 중독의 개념

인터넷 중독에 대하여 체계적으로 알아보겠습니다. 먼저 중독(addiction) 현상에 대하여 살펴보겠습니다. 일반적으로 중독이란,

- 생체가 음식물이나 약물의 독성에 의하여 기능 장애를 일으키는 일
- 술이나 마약 따위를 지나치게 복용한 결과 그것 없이는 견디지 못하는 병적 상태
- 어떤 사상이나 사물에 젖어 버려 정상적으로 사물을 판단할 수 없는 상태

등으로 정의합니다. 물질이나 행위에 집착하여 사고 및 인식 능력이 마비되고, 지속적으로 물질이나 행위를 하지 않으면 살아 갈 수 없는 상태입니다. 쉽게 말해, 물질과 행위의 노예가 되어 정상적인 인간으로서의 생각과 생활을 상실한 상태가 중독이라고 할 수 있습니다.

중독의 유형에는 다음 두 가지 형태가 있습니다.

- 물질 중독: 니코틴(담배) 중독, 알코올 중독, 마약 중독 등 특정 물질에 의존
- 행위 중독: 도박 중독, 인터넷 중독, 채팅 중독 등 특정한 활동이나 시간에 의존

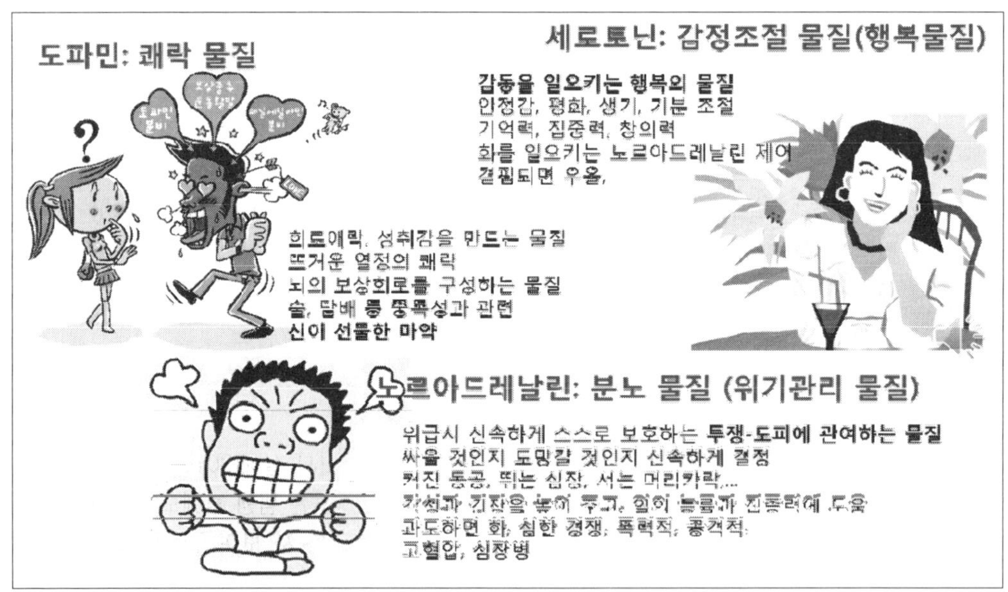

[그림 6-2] 중독과 관련된 신경 전달 물질

물질 중독은 심신의 쾌락을 위하여 물질을 남용하는 것이고, 행동 중독은 쾌락적 행동을 지속적으로 행하는 것입니다. 어느 것이나 심신의 쾌락을 목적으로 하고 있지만 일정 수준이 지나면 더 강

도 높은 쾌락을 위해 더욱 강도 높게 집착하게 됩니다. 결국은 이러한 악순환에서 헤어 나오지 못하고 폐인이 됩니다.

중독 현상은 두뇌와 밀접한 관계가 있습니다. 두뇌는 뉴런(neuron)으로 불리는 신경세포로 구성되어 있는데, 뉴런은 신경전달물질(neurotransmitter)에 의하여 동작하게 됩니다. 뉴런은 200여 가지의 신경전달물질에 의하여 동작되는데, 그 중에서도 도파민(dopamine), 세로토닌(serotonin), 에피네프린(epinephrine)에 의하여 영향을 받습니다.

도파민은 희로애락, 성취감, 열정, 쾌락 등의 감정을 만드는 물질로 신이 선물한 마약이라고 합니다. 도파민은 마약보다도 10배 이상의 쾌락을 느끼게 해준다고 하며, 술, 담배, 마약 등 쾌락과 관련된 감정이 모두 도파민에 의해서 만들어집니다. 특히, 도파민은 뇌의 보상 회로를 구성하여 술, 담배 등의 자극에 대하여 보상적으로 도파민을 분비하게 합니다. 그래서 쾌락이 필요한 사람은 지속적으로 이런 물질에 중독되어 도파민을 분비하도록 만듭니다.

세로토닌은 행복한 기분을 만드는 물질로 알려져 있습니다. 편안한 마음, 평화스러운 기분, 발랄한 생기가 솟아나게 하고, 기억력과 집중력을 향상시켜 줍니다. 화를 억제하고 즐거운 마음을 갖도록 합니다. 반대로 세로토닌이 결핍되면 우발적 충동이나 우울증에 걸리게 됩니다.

에피네프린은 아드레날린(adrenaline)이라고도 하는데, 위기에 처해 있을 때 자신을 보호하기 위하여 분비되는 신경전달물질입니다. 산속에서 호랑이와 마주한 위기 상황에서 싸울 것인지 도망할 것인지 결정에 관여하는 물질입니다. 에피네프린이 분비되면 동공이 확대되고 심장이 뛰면서 흥분과 긴장을 느끼게 됩니다. 에피네프린은 긴장을 높여 주고 집중력을 강화하여 업무의 능률을 향상시켜 줍니다. 반대로 과도하면 화를 내고, 경쟁심을 유발하고, 폭력을 행사하게 됩니다.

정상적인 생활을 위해서는 도파민, 세로토닌, 에피네프린의 균형적 분비가 요구됩니다. 어느 하나라도 결핍되거나 과잉 상태가 되면, 심리적 안정이 파괴되어 공격적이거나 우울증에 빠질 수 있습니다. 중독은 이들 신경전달물질의 균형적 분비를 방해하고 저해하여, 결핍 또는 과잉 상태로 만들어 심신을 파괴하게 됩니다. 중독 상태에 있는 사람들의 두뇌를 단층 촬영해 보면 정상인과 큰 차이가 있는 것도 이러한 이유 때문입니다.

인터넷 중독의 정의

그러면 인터넷 중독이란 무엇일까요? 인터넷 중독을 다음과 같이 정의할 수 있습니다.

> 정보 이용자가 지나치게 인터넷에 접속하여, 이로 인하여 일상생활에 심각한 정신적, 육체적 및 사회적 지장을 받고 있고, 이러한 증상들이 지속해서 반복적, 만성적으로 나타나 일상생활에 커다란 지장을 초래하고 있고, 과도한 의존성, 내성 및 금단 증상을 보이는 상태

인터넷 중독을 이해하기 쉽게 알코올 중독과 비교해 보겠습니다.

알코올 중독은 술을 끊지 못하고 지속적으로 음주함으로써 쾌락을 느끼는 행위입니다. 이때, 두뇌

에서는 도파민이 과도하게 분비됩니다. 인터넷 중독은 목적이나 이유 없이 과도하게 인터넷을 과도하게 집착하여 사용합니다. 이런 이용자 두뇌에서도 도파민이 과도하게 분비됩니다. 알코올 중독자는 사회에서 환영 받지 못하기 때문에 정상적인 사회활동이 불가합니다. 인터넷 중독자 역시 인터넷의 사이버 공간에서 생활하다 보니 일상에 커다란 지장을 야기하게 되고 다른 사람들과 어울리지 못하여 소외 당하게 됩니다. 알코올 중독자가 음주를 중단하면 정신적 공황 상태, 신체적 이상이 발생하는 금단 현상이 나타납니다. 이러한 금단 현상을 극복하지 못하면 치료가 불가능합니다. 마찬가지로, 인터넷 중독자 역시 인터넷을 중단하면 불안, 초조 등 금단 현상을 보입니다.

[표 6-1] 인터넷 중독과 알코올 중독 비교

질환	알코올 중독	인터넷 중독
원인	일반적인 허용의 양 이상의 음주 (신경전달물질 도파민의 증가)	일상생활에 영향을 주는 정도의 과도한 인터넷 사용(신경전달물질 도파민의 증가)
인터넷 중독은 치료가 필요한 중독성 질환이다.		
증상	음주로 인해 건강이나 직업, 사회생활에 장애가 있음	과도한 인터넷 사용으로 인해 건강이나 일상생활, 학업에 장애가 있음
진단	알코올 금단, 알코올 사용 중 또는 직후에 나타나는 이상증상	인터넷 금단, 인터넷 사용 중 또는 직후에 나타나는 이상증상
치료	약물치료 또는 입원치료, 상담치료 (인지행동치료)	약물치료 또는 입원치료, 상담치료 (인지행동치료)

알코올 중독과 인터넷 중독을 비교해 보면 많은 유사성이 있음을 알 수 있습니다. 다른 중독 현상과 인터넷 중독을 비교해도 같은 결론을 얻을 수 있습니다. 알코올 중독이 질병이라면, 인터넷 중독 역시 질병입니다. 인터넷 중독을 단순히 인터넷 사용 습관으로 용인해서는 안 되는 이유가 인터넷 중독 역시 질병이기 때문입니다.

4 인터넷 중독의 유형

인터넷 중독의 형태를 일률적으로 말하기는 어렵습니다. 정보기술의 발달에 따라 여러 형태의 중독 현상이 새로이 출현하고 있고, 다양한 양태를 보이기 때문입니다. 인터넷 윤리학자 영(Kimberly Young)은 다섯 가지 유형으로 분류한 바가 있습니다. 한국 정보화 진흥원에서는 정보검색중독, 채팅 및 SNS 중독, 사이버 게임중독, 사이버 섹스 중독, 사이버 거래 중독으로 분류하고 있습니다. 여기서는 인터넷 중독 현상을 실제적으로 이해할 수 있도록 스마트폰 중독을 추가하여 설명하고자 합니다.

- **정보 검색 중독**: 목적과 이유 없이 인터넷에 접속하여 인터넷 사이트를 이리저리 옮겨 다니는 것입니다. 재미있는 뉴스는 없는지, 자신에게 온 메일은 없는지, 시도 때도 없이 인터넷에 매달려 불필요한 정보를 검색하는 중독입니다.

- **채팅과 SNS 중독:** 카카오톡, 페이스북 등을 사용하여 채팅에 매달려 친구들에게 메시지를 보내고, 메시지가 오지 않으면 불안해 하는 중독입니다. 페이스북(Facebook), 트위터(Twitter) 등 소셜 네트워크 서비스(social network service: SNS)가 소통의 수단으로 보편화 되고 스마트폰의 보급으로 언제 어디서든지 SNS를 할 수 있게 되어 이런 형태의 중독이 무섭게 확산되고 있습니다.
- **사이버 게임중독:** 지나치게 온라인 게임에 집착하여 일상생활을 도외시하고 게임에 몰두하는 중독입니다. 게임 속 아바타(avatar)를 자신으로 착각하고 게임 공간을 실제 공간으로 혼동하여 정상적인 사고 능력이 마비된 중독입니다.
- **사이버 섹스 중독:** 인터넷 상의 무분별하게 나도는 음란물에 집착하여 성적인 희열을 느끼는 중독입니다. 음란물을 배포하거나 제작하는 비정상적인 행동을 하기도 합니다.
- **사이버 거래 중독:** 인터넷을 활용하여 도박, 주식매매, 쇼핑 등 사이버 거래에 집착하는 중독입니다. 도박이나 주식에 몰두하여 인터넷을 중단하지 못하고, 인터넷 쇼핑몰을 전전하는 아이쇼핑에서 대리 만족에 몰두하는 유형입니다. 과도한 도박과 쇼핑으로 신용불량, 가정파탄 등의 원인이 되기도 하며, 극단적인 초조감, 불안감 등 전형적인 금단 증상을 보입니다.
- **스마트 폰 중독:** 목적이나 이유 없이 스마트폰을 과도하게 사용하고, 식사 시간, 강의 시간, 친구들과 대화 시간 등 일상생활 중에도 정상적인 생활에 집중하지 못하고 스마트폰을 사용합니다. 스마트폰을 사용하지 않으면 죽을 것 같은 금단현상을 느끼면서 정신적 공황 상태에 도달합니다. 스마트폰의 보급과 더불어 새롭게 부각되고 있는 중독 현상으로, 다른 중독보다도 더 심각한 문제를 야기하고 있습니다.

본 장에서는 이들 중독 현상에 대하여 자세하게 알아보도록 하겠습니다. 이를 통하여, 인터넷 관련 중독의 유형, 특징, 예방과 치료 등에 대하여 이해하기 바랍니다.

6.1.3 인터넷 중독의 원인과 부작용

인터넷 중독 현상을 이해하려면, 먼저 인터넷 중독이 왜 발생하는지 원인을 알아야 하겠습니다. 인터넷 중독의 원인은 너무 다양하기 때문에 일률적으로 말하기는 어렵습니다. 인터넷의 기술적 특성이 개인과 사회의 성향과 혼합되어 인터넷 중독을 야기합니다. 중요한 원인 몇 가지에 대하여 살펴보겠습니다.

- **높은 수준의 흥분:** 일반적으로 인간은 더 자극적인 흥분과 희열을 추구합니다. 인터넷은 게임, 음란물 등 인간의 욕구를 충족시키는 데 충분한 콘텐츠를 제공하고 있습니다. 또한, 인터넷 공간은 현실에서 얻지 못하는 대리 만족을 제공합니다. 다시 말하면, 인터넷은 강한 자극과 흥분으로 넘치는 공간입니다. 일상생활에서는 이런 높은 수준의 자극과 흥분을 얻을 수 없기 때문에 인터넷 공간에 집착하게 됩니다.
- **24시간 접속 가능:** 언제 어디서든지 원하는 때 인터넷에 접속 가능합니다. 마치, 충실한 하인처럼 언제든지 불러낼 수가 있습니다. 그래서, 시도 때도 없이 인터넷을 기웃거리게 됩니다.
- **온라인 상태에서의 유능감:** "세상에서 누가 제일 예쁘냐?" 하는 백설 공주 속의 이야기처럼, 인터넷 공간에서는 자신이 최고라는 착각을 할 수 있습니다. 현실 속의 자신이 아니라, 이상적인 자신이 인터넷 속에 있기 때문에 집착하게 됩니다.

- 시간과 지각 왜곡 현상: 인터넷 공간에서는 시간이 자신의 마음대로 흘러 가고 자신이 느끼는 대로 이루어지기 때문에 현실을 느낄 수가 없습니다. 도박꾼들이 시간과 현실을 잊어 버리고 도박에 몰두하게 되는 것과 유사하게, 시간과 지각에 대한 감각이 마비됩니다.
- 익명성: 인터넷 공간에서는 익명성이 있기 때문에 자신을 숨기고 욕설, 나쁜 짓 등을 해도 제제 당하지 않을 수 있습니다. 인터넷에서는 익명성과 자유성이 주어지므로, 현실 속에서는 하기 어려운 나쁜 일도 거리낌 없이 하고 쾌감을 얻을 수 있습니다.
- 탈억제 심리 유발: 인간의 주어진 규칙에서 일탈해 보고자 하는 욕망이 있습니다. 현실에서는 할 수 없는 일들을 인터넷 공간에서는 아주 쉽게 할 수 있기 때문에, 일상생활을 일탈해 보고자 하는 충동에서 인터넷에 집착하게 됩니다.
- 촉진된 친밀감: 인터넷 공간에서 만난 사람은 실체를 알 수 없는 상상 속의 사람들이기 때문에 더욱 친밀감을 느끼게 됩니다. 인터넷 공간에서는 나이, 직업, 능력 등이 무의미하고 모두가 평등하다는 느낌을 받을 수 있기 때문에 모두가 친구가 될 수 있습니다. 이러한 친밀감이 사람들을 인터넷으로 유인하게 됩니다.
- 끝없는 과정 창조: 인터넷 공간은 무한히 열린 공간입니다. 클릭할 때마다 새로운 세계가 열립니다. 무한하게 열리는 새로운 세계에 매혹되어 시간가는 줄 모르고, 인터넷 공간을 떠돌게 됩니다.
- 상호 작용의 매력: 인터넷은 양방향의 상호 작용을 제공합니다. 능동적으로 참여할 수 있는 기회가 열려 있습니다. 소통과 참여를 통해 자신의 존재감과 자부심을 새롭게 느끼고 행복감을 만끽하게 됩니다.

인터넷 중독의 원인을 살펴보았는데, 인터넷 기술의 특징과 인간의 욕망 그리고 사회적 분위기가 어우러져 사람들을 인터넷 공간으로 유인하고 헤어나지 못하게 만듭니다. 칼은 훌륭한 요리 도구가 될 수 있지만 잘못 사용하면 흉기가 되는 것처럼, 인터넷 공간을 욕망의 배출 공간으로 생각하면 중독에 빠지게 됩니다. 인터넷을 현명하게 사용할 줄 아는 지혜가 필요합니다.

사람들은 어떻게 해서 인터넷 중독에 빠지게 되는 것일까요? 인터넷 중독에 이르는 과정을 살펴보겠습니다. 먼저, 인터넷 이용자들은 인터넷 매력에 빠져 인터넷을 즐겨 사용하게 됩니다. 처음에는 여행에 유용한 정보, 뉴스, 학습 정보, 이메일 등 기본적인 서비스를 즐겨 사용합니다. 인터넷을 사용하는 목적과 이유가 분명하고 인터넷을 생활에 잘 활용합니다.

인터넷에 익숙해지면서 다양한 응용 서비스를 이용할 줄 아는 수준에 도달합니다. 쇼핑이나 인터넷 뱅킹 등 생활에 편리한 서비스를 즐겨 이용하게 됩니다. 점차 인터넷 사용 시간이 늘어나면서, 모든 일상생활을 인터넷으로 해결하고자 합니다. 인터넷의 익명성, 자유성에 눈을 뜨게 되고, 일상생활에 느끼지 못한 대리 만족을 인터넷에서 구하고자 합니다. 게임, 음란물 등에 접근하기도 하고 사회적 이슈에 대하여 댓글을 달기도 합니다. 쾌감을 느끼면서 점점 인터넷의 매력에 자신도 모르게 빠져 들게 됩니다.

좀 더 강한 쾌감을 느끼기 위해 더 자극적인 게임과 정보에 집착하게 되고, 익명성 뒤에 숨어서 현실 속의 불만을 해소하기 시작합니다. 이제 인터넷은 편리한 생활공간이 아니라, 강한 쾌락을 얻고 불만을 해소하며 현실의 고통을 잊게 해주는 이상적인 공간으로 변질됩니다. 점차 현실 세계에 적응하지 못하고 자기 마음대로 생각하고 행동할 수 있는 인터넷 공간 속에서 헤어나지 못하게 되어 인터넷 중독에 걸리게 됩니다.

결국, 인터넷 공간을 제대로 활용하지 못하고 현실 세계에서 이루어지지 않은 욕망을 인터넷에서 찾으려고 하는 망상이 인터넷 중독에 빠지게 합니다. 인터넷 공간을 현실 세계의 도피 공간, 욕망의 해방구로 간주해서는 안됩니다. 인터넷에 대한 잘못된 인식이 인터넷 중독을 야기합니다.

4 인터넷 중독의 부작용

인터넷 중독에 빠지면 어떤 부작용이 발생할 수 있는지 알아보겠습니다. 인터넷 중독 사례에서 살펴 본 바와 같이, 폭력, 자살, 살인 등 다양한 부작용이 있지만, 여기서는 인지적 측면의 몇 가지 현상을 살펴보겠습니다. 이런 증상은 인터넷 중독과 컴퓨터 중독에서 흔하게 나타나는 현상들입니다.

- 은둔형 외톨이: 인터넷 공간에 집착하여 현실과는 단절된 생활을 하는 은둔형 외톨이들이 확산되고 있습니다. 타인과의 접촉이나 교제를 거부하고, 학교나 사회와 단절을 선언하고, 자기 방에서 숨어 지내는 외톨이들이 늘어나고 있습니다. 일본에서는 은둔형 외톨이를 히키코모리라 하여 사회문제가 되고 있으며, 서구에서는 코쿤(cocoon)족이라고 합니다. 누에고치처럼 고치 속에서 살고 있는 사람을 뜻합니다. 우리나라에서도 인터넷 중독 등으로 인하여 은둔형 외톨이가 증가하고 있는데, 그 실상을 파악하기가 어렵습니다. 은둔형 외톨이는 인터넷 중독 등으로 인한 폐인 현상이라 할 수 있습니다.
- 리셋 증후군(reset syndrome): 인터넷 중독이나 컴퓨터 중독된 사람들이 보이는 대표적인 행동 방식입니다. 컴퓨터가 말을 듣지 않을 때 리셋(reset) 버튼을 눌러 전원을 껐다가 다시 켜는 것처럼, 현실도 마음에 안 들면 다시 시작할 수 있다는 사고 방식입니다. 자신의 행동에 대한 책임이 결여되어 있어, 귀찮으면 다시 하면 된다는 잘못된 사고방식입니다. 폭력, 범죄 등 반사회적 행위를 해도 이를 단지 오락게임의 일종으로 착각하여, 문제가 되면 리셋하면 그만이라고 생각합니다. 친구를 괴롭히거나 물건을 훔쳐도 죄책감을 느끼지 못하고 리셋하면 된다고 생각합니다. 인성이 마비되는 대표적인 현상이라 할 수 있습니다.
- 포맷 증후군(format syndrome): 컴퓨터를 포맷(format)하면 컴퓨터 속도가 빨라지고 기분이 좋아지는 것처럼, 기분이 좋아지도록 모든 것을 초기화 하는 현상을 말합니다. 시험 공부하느라 외웠던 모든 내용을 답안지 제출과 동시에 잊어버리고 기분 좋아하는 현상입니다. 일상생활을 기분이 좋아지도록 포맷해서 초기화 하기 때문에, 복잡하고 어려운 일을 기피하고 단순하고 쾌락적인 일만 추구하게 됩니다.
- 닌텐도 증후군(Nintendo syndrome): 주로 게임 또는 동영상 시청 시 나타나는 현상으로, 오랜 시간 불규칙적으로 깜박거리는 강한 빛에 자극을 받으면 간질 발작을 일으키는 현상입니다. 게임 도중에 갑자기 의식을 잃고 쓰러지면서 호흡이 곤란해지고 눈과 입이 돌아가며 발작을 일으키다가 깨어납니다. 가정용 전자오락 게임 제조업체인 일본 닌텐도의 전자오락을 하다 발작을 일으킨 경우가 많아 붙여진 이름입니다. 보통 사람보다 요란한 소리에 민감하게 반응하는 사람들이 장시간 인터넷이나 컴퓨터 오락 등에 몰입하면 발작을 일으킬 수 있다고 합니다. 이와 유사한 현상으로, 광 과민성 발작도 있습니다. 강한 빛이 반복적으로 빠르게 번쩍거리면 발작을 일으키는 현상으로 포켓 몬스터 발작 사건으로 사회문제가 된 적이 있습니다.
- VDT 증후군(VDT syndrome): 컴퓨터를 장시간 사용하였을 때, 목, 어깨, 손가락 등에 신체적 손상이 발생하는 현상을 말합니다. 근육이 마비 되고 심한 통증을 느끼게 됩니다. 특히, 잘못된 자세로 장시간 컴퓨터를 사용하면 척추 등에 이상을 가져 올 수 있습니다.

6.2 인터넷 중독 진단과 예방 치료

인터넷 중독을 진단하고, 예방과 치료 방법에 대하여 살펴보겠습니다. 인터넷 중독이 다양한 형태로 표출되므로 여기서 설명하는 것은 진단, 예방, 치료의 길라잡이 입니다. 전문적인 진단, 예방, 치료는 전문가의 도움을 받아야 할 것입니다.

1 인터넷 중독 진단

[그림 6-3] 인터넷 중독 진단(인터넷중독대응센터: http://www.iapc.or.kr)

인터넷 중독은 두 가지 관점에서 진단해 볼 수가 있습니다. 첫째는, 강박적으로 집착해서 인터넷을 사용하면 인터넷 중독일 수 있습니다. 인터넷에 중독된 사람은 대부분의 일상생활을 인터넷과 관련된 행위로 소비하고, 인터넷 사용으로 인하여 수면부족, 만성 피로감에 시달리고, 스트레스로 심장의 통증을 느끼기도 합니다. 계획했던 것보다 인터넷 사용 빈도와 사용 시간이 더 길어지고, 중요한 사회, 직업, 여가 활동을 인터넷 사용을 위해 포기하는 경우에 인터넷 중독 가능성이 높습니다. 둘째는, 인터넷 사용에 내성과 금단 현상을 보일 때도 인터넷 중독일 수 있습니다. 인터넷에 접속하면 마음이 편해지고, 더 많은 만족을 위해 인터넷 사용에 집착하면서, 인터넷 사용을 중지하거나 줄이고자 하는 지속적인 욕구가 있으나, 그 시도가 성공하지 못하게 됩니다. 심한 경우, 인터넷 사용을 위해 가출, 부부 갈등, 학업 취소 등 문제가 발생했는데도 인터넷 사용을 계속하면 인터넷 중독으로 진단할 수 있습니다. 자신에게도 이런 현상이 있지는 않은지 생각해 보기 바랍니다.

인터넷 중독 대응 센터(http://www.iapc.or.kr)에서는 인터넷 중독을 누구나 검사해 볼 수 있도록 진단 검사를 제공하고 있습니다.

인터넷 중독 예방

인터넷을 목적에 맞게 제대로 사용하고, 현실 세계에서 이루어지지 않은 욕망을 인터넷에서 찾으려고 하거나 현실 세계의 도피 공간 또는 욕망의 해방구로 인터넷을 사용하지 않는다면, 인터넷 중독은 예방이 가능합니다.

① **목적 없는 웹 검색이나 인터넷 서핑을 금지합니다.** 인터넷을 사용할 때는 목적을 분명히 하고 목적 이외에는 사용하지 않습니다.

② **컴퓨터는 공개된 장소에서 사용합니다.** 특히, 아동의 경우에는 공개된 거실에서 사용하도록 합니다.

③ **불필요한 문서나 파일을 보관, 수집하지 않습니다.** 공연히 게임이나 음란물을 저장해 두면 사용하고 싶은 욕구가 있어 중독에 빠질 수 있습니다.

④ **인터넷 이외의 활동에 관심을 가지며, 규칙적인 운동과 야외 활동을 많이 합니다.** 골방에서 인터넷을 사용하는 것은 중독으로 가는 지름길입니다.

⑤ **현실 공간에서의 대인 관계를 확대하고 활동을 강화합니다.** 인터넷 공간의 알지 못하고 보이지 않는 유령 같은 사람들과는 거리를 두고, 현실 공간의 사람들과의 교류 활동에 중점을 둡니다.

⑥ **취미, 스포츠 등 인터넷 대안 활동을 찾아서 즐깁니다.** 인터넷에서 쾌감을 얻으려 하지 말고, 현실 세계의 취미, 스포츠 활동에서 참 즐거움을 느끼도록 합니다.

인터넷 중독 치료

인터넷에 중독된 사람은 어떻게 치료할 수 있을까요? 인터넷 중독은 정신 질환의 일종으로 부작용도 만만치 않아 치료가 어렵습니다. 그러나 다음과 같은 방법을 적용해 볼 수 있을 것입니다.

① **인터넷보다도 재미있는 일을 만듭니다.** 취미, 스포츠 활동을 권장하고 야외 체험활동을 제공합니다. 인터넷에서 벗어날 수 있는 환경을 제공하는 것입니다.

② **인터넷 사용 패턴과 습관을 분석해 봅니다.** 목적 이외에 인터넷 사용을 금지하고 올바른 인터넷 사용 습관을 갖도록 합니다.

③ **인터넷 중독 원인을 살펴 교정하도록 합니다.** 인터넷에 중독되는 원인은 개인마다 차이가 있을 수 있습니다. 어떤 사람은 게임에 집착해서, 어떤 사람은 음란물에 집착해서 중독되었다면, 그런 행동을 하지 못하도록 교정하는 것입니다. 인터넷 중독 원인을 파악하는 것은 치료 방법을 찾는데 중요합니다.

④ **인터넷 사용 일지를 작성해서 분석해 봅니다.** 인터넷 일지를 작성하는 것은 쉬운 일이 아니지만, 인터넷

사용 습관과 중독 원인을 파악하는 중요한 자료가 됩니다. 이런 자료를 활용해서 중독의 원인을 파악하여 치료 방법을 결정합니다.

⑤ 시간과 지각 왜곡 현상에 빠지지 않기 위해서 외부 방해물을 활용합니다. 예를 들어, 시계를 놓아 두거나, 풍경화를 걸어 두어 현실 세계를 인식하여 가상 세계로 빠져 들지 못하게 합니다.

⑥ 인터넷 사용을 줄이고, 야외 활동, 여가 활동 등 대안 활동을 합니다. 인터넷으로 얻을 수 있는 즐거움보다 더 신선한 즐거움을 얻도록 합니다. 여가 활동, 대안 활동은 인터넷 중독 치료에 중요한 역할을 하고 있습니다.

⑦ 인터넷 중독의 부작용으로 가족 관계가 손상되었다면, 전문가의 치료를 받도록 합니다. 인터넷 중독은 개인으로 끝나는 것이 아니라 주변 사람에게까지 영향을 미치게 됩니다. 이런 때는 주변 사람들과의 인간 관계도 복원해야 합니다.

지금까지 설명한 치료 방법은 손쉽게 할 수 있는 몇 가지 방안을 예시한 것입니다. 실제로 인터넷 중독된 사람은 치료가 어렵기 때문에 조기에 전문가의 도움을 받는 것이 좋습니다. 치료는 빠를수록 효과가 있으므로 인터넷 중독으로 의심되면 즉시 전문가와 상담하도록 하여야겠습니다.

인터넷 중독 대응 센터에서는 인터넷 중독과 관련된 다양한 사항을 도와주고 있습니다. 인터넷 중독 예방과 치료에 대한 정보와 도움을 받을 수 있습니다. 인터넷 중독에 대한 상담도 하고 있으니 필요 시에 활용하기 바랍니다. 이외에도 여러 사회 기관에서 인터넷 중독의 예방과 치료 활동을 전개하고 있습니다. 대표적으로 서울시에는 인터넷 중독 예방 상담 전문 기관으로 아이윌(I Will)을 운영하고 있습니다. 각 구청에서는 서울시의 위탁으로 아이윌 센터를 운영하고 있는데, 그림은 광진구청의 아이윌(http://www.iwill.or.kr/main.jsp) 센터입니다. 이곳에서도 인터넷 중독과 관련된 다양한 지원을 받을 수 있습니다. 또 다른 유사 기관으로 청소년 미디어 중독 예방 센터(http://www.mediajoongdok.com/)가 있습니다. 여기에서는 다양한 미디어에 중독된 청소년의 치료와 상담을 하고 있습니다. 전문 사회 단체에서는 전문 분야 중독에 대한 상담, 중독 진단과 치료 프로그램을 운영하고 있습니다. 예를 들어, 게임문화재단(www.gameculture.or.kr)에서는 게임중독에 대한 전문 프로그램을 운영하고 있습니다. 인터넷 중독의 심각성으로 인하여, 이외에도 여러 공공기관에서 인터넷 중독 예방, 진단, 치료, 상담을 위한 기구를 운영하고 있으니 살펴보기 바랍니다.

지금까지 인터넷 중독의 일반 개념에 대하여 살펴보았습니다. 인터넷 중독은 마약 중독이나 도박 중독과 마찬가지로 심각한 정신 질환입니다. 그럼에도 불구하고, 인터넷 중독에 걸린 사람은 자신이 중독되어 있다는 것을 인정하지 않고 적절한 치료도 받으려 하지 않는 것이 더 문제입니다. 산업 사회가 공해 문제를 야기한 것처럼, 정보기술의 발전으로 도래한 지식정보 사회에서는 인터넷 중독이라는 정신 질환이 문제가 되고 있습니다. 건전하고 성숙된 지식정보 사회를 위해서는 인터넷 중독의 원인을 발견하여 예방과 치료를 병행하는 노력이 필요합니다. 각 개인은 인터넷 중독자가 진단으로 자신의 인터넷 생활을 점검하여 인터넷 중독에 빠지는 불행한 일이 없도록 해야 할 것입니다.

[그림 6-4] 대표적 인터넷 중독 예방, 진단, 치료, 상담 센터의 예

6.3 인터넷 중독의 유형별 고찰

앞서 설명한 바와 같이, 한국 정보화 진흥원에서는 정보검색중독, 채팅 및 SNS 중독, 사이버 게임 중독, 사이버 섹스 중독, 사이버 거래 중독으로 분류하고 있습니다. 각 인터넷 중독 유형별로 상세 내용을 살펴보고자 합니다. 최근 사회문제가 되고 있는 스마트폰 중독에 대하여도 살펴보겠습니다.

6.3.1 정보 검색 중독

인터넷에는 유용하고 재미있는 정보와 자료가 넘쳐나고 있습니다. 정보 공유와 정보 교류의 가속화로 과학기술 뿐만 아니라 여러 학문의 연구, 발전에 큰 도움을 받고 있습니다. 또한, 재미있는 정보의 활용으로 생활의 즐거움을 더하고 있습니다. 이러한 정상적인 인터넷 사용을 넘어서, 인터넷 정보의 바다에 빠져 헤어 나오지 못하는 사람들이 늘어나고 있습니다. 특정한 이유나 목적 없이 인터넷 웹 사이트를 이리저리 옮겨 다니면서 기웃거리고 자극적이고 신기한 정보를 탐닉하는 것입니다. 이런 사람들은 엽기, 호로, 자살, 테러, 폭발물 제조 등 부정적인 정보에 심취하여 관련

정보를 무차별적으로 수집합니다. 또한, 영화, 판타지 소설, 고대신화 같은 관심 분야와 자동차, 플라모델 등과 같은 취미 분야의 정보 수집에 집착하여 일상생활을 도외시하게 됩니다.

정보 검색 중독증에 빠진 사람들은 자신이 중독 상태임에도 불구하고, 게임, 음란물 등에 집착하지 않기 때문에 자신들은 인터넷을 애용하는 사람일 뿐 중독이 아니라고 생각합니다. 자신들은 인터넷 사용 목적이 분명하고 가치 있는 행동을 하기 때문에 저급한 인터넷 중독과는 차별화 된다고 생각하고 있습니다. 그러나 운동을 과도하게 즐기면 운동 중독이 되는 것처럼, 인터넷 검색에 집착하게 되면 정보 검색 중독증에 빠지게 됩니다.

정보 검색 중독을 예방하려면, 주로 방문하는 인터넷 검색의 형태와 방문 횟수를 기록하여 자신의 인터넷 검색 패턴을 분석할 필요가 있습니다. 특정 주제에 대하여 과도하게 몰입하거나 엽기, 호로 등 부정적인 정보 수집에 심취하고 있다면 검색 중독으로 의심이 됩니다. 인터넷 사용 목적을 분명히 하고 목적 대로 사용하고 있는지 알아 볼 필요가 있습니다. 또한, 파일을 다운로드하기 전에 필요 여부를 숙고하고 불필요한 파일의 다운로드와 보관을 자제해야 합니다. 그리고 사용하지 않는 파일들은 주기적으로 정리 삭제하도록 합니다.

6.3.2 블로그 중독

인터넷 검색 중독과 연관성이 있는 것으로 블로그(blog) 중독이 있습니다. 블로그는 웹(web)과 로그(log)의 합성어로 개인의 일상 활동을 인터넷에 보여 주는 공개된 개인 일기장으로 출발하였습니다. 블로그가 인기를 얻으면서 개인의 활동, 개인의 의견, 개인의 전문 지식 등을 기록하는 1인 미디어 형태로 발전하였습니다. 워드프레스(Wordpress)와 같은 간편한 블로그 도구가 보급되어, 쉽게 블로그 사이트를 개설할 수 있게 되어 많은 인터넷 사용자가 개인 홈페이지 대신에 블로그를 개설하고 있습니다. 이에 따라, 블로그의 기능도 개인 일기장 역할 뿐만 아니라, 개인이 출판한 잡지, 서적 등의 다양한 성격을 갖게 되었습니다.

블로그는 개인의 일상 정보 교환을 넘어서, 개인이 갖고 있는 전문 지식 교환 매체로 널리 활용되고 있습니다. 예를 들어, 요리 전문가는 요리에 대한 블로그를 개설하고 요리에 대한 정보나 맛집에 대한 유용한 정보를 제공하기도 합니다. 여행가는 실제적인 여행 정보를 제공하고, 영화 매니아는 영화에 관한 다양한 정보를 블로그로 전달합니다. 블로그는 프로추어(Pro-teur)가 진솔하게 전문 정보를 제공하기 때문에 제공하는 정보에 대하여 신뢰를 받기도 합니다. 프로추어(Pro-teur)는 프로페셔널(professional)과 아마추어(amateur)가 합쳐진 합성어로서 전문가급의 실력을 갖춘 일반사용자를 뜻하는 말입니다. 인터넷 이용자들로부터 신뢰를 받고 있는 전문 블로그를 운영하는 사람들을 파워 블로거(power blogger)라 하며, 막강한 영향력을 행사하고 있습니다. 예를 들어, 파워 블로거가 추천한 신제품은 믿고 사기 때문에 매출액이 급증하기도 합니다. 일부 나쁜 파워 블로거는 업체와 결탁하여 질 나쁜 제품에 대해 거짓 정보를 제공하여 사회적 물의를 야기한 사례가 있기도 합니다. 어쨌든, 블로그는 전문 정보를 제공하는 일일 매체로 굳건하게 자리 매김하고 있습니다.

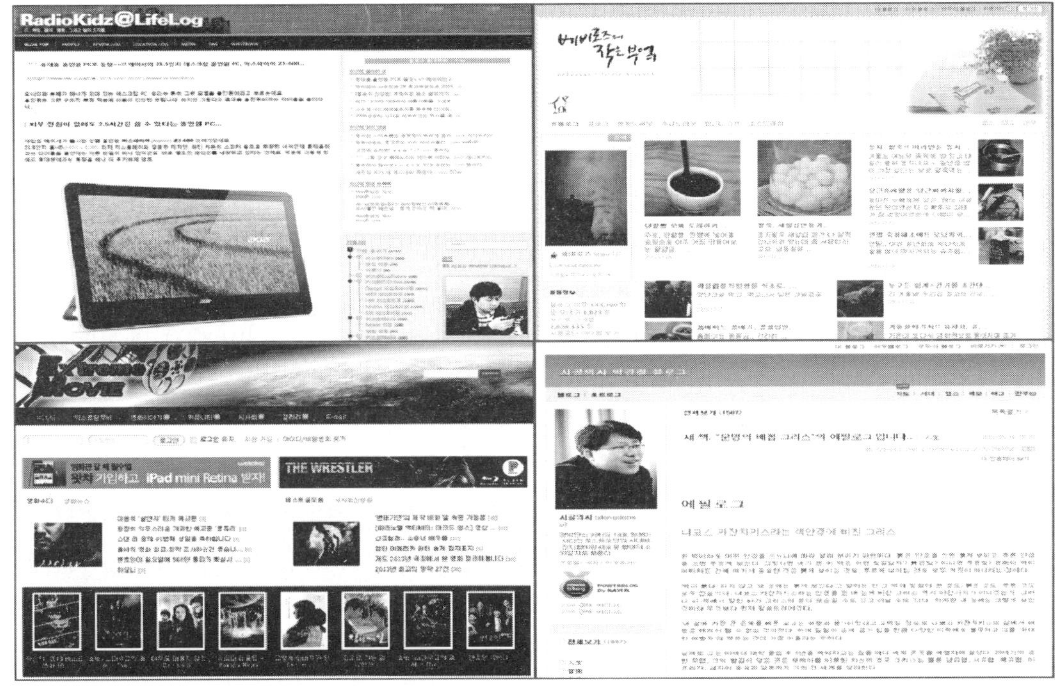

[그림 6-5] 블로그의 예

이런 블로그의 매력에 빠져 블로그의 중독에 빠지는 사람들이 있습니다. 자신의 일상 활동을 과시적으로 공개하거나 블로그의 댓글을 통해 다른 이용자와 채팅에 몰입하는 사람들입니다. 일부는 자신도 파워 블로거가 되어 보겠다는 생각에 식음을 전폐하고 블로그 운영에 매달리기도 합니다. 예전에, 싸이 홈페이지를 방문하는 것을 싸이질 한다고 하여, 과도하게 싸이질 하는 것을 싸이홀릭, 싸이 중독이라고 하였는데, 이와 유사하게 블로그에 중독되어 폐인이 되는 것입니다. 네이버, 다음 등 많은 사이트가 쉽게 블로그를 개설할 수 있도록 하여, 인터넷 이용자를 블로그 운영으로 유인하고 있어, 블로그 중독자가 증가하고 있습니다.

자신이 블로그를 운영하고 있으면, 블로그 중독이 아닌지를 검사해 볼 필요가 있습니다. 여기(channy.tistory.com/239)에 간단한 블로그 중독 자가 진단이 있으니 한번 검사해 보기 바랍니다.

6.3.3 소셜 네트워크 중독

최근 들어 스마트폰 이용자의 증가와 무선 인터넷 서비스의 확장으로 소셜 네트워크 서비스(social network service: SNS)가 새로운 소통의 도구로 자리매김 하였습니다. 이제, 전화나 이메일 이상으로 SNS는 중요한 소통의 도구가 된 것입니다. 소셜 네트워크 서비스를 간략하게 요약하면, 인터넷 상에서 친구나 선후배, 동료 등과의 인맥을 이어주는 서비스라 할 수 있습니다. 초창기에 미니홈피 싸이월드가 친구, 동료, 선후배, 동호인 등을 연결하는 1촌 서비스를 제공하였는데, 사람들과의 관계를 형성하는 기능이 확장되어 소셜 네트워크 서비스로 발전하였습니다.

페이스북(Facebook), 마이스페이스(MySpace), 트위터(Twitter), 링크드인(LinkedIn), 마인드파스타(Mindpasta), 비보(Bibo) 등 무수히 많은 소셜 네트워크 서비스가 등장하여 SNS 전성시대를 이루고 있습니다. 이중에서도, 페이스북과 트위터가 전세계적으로 SNS를 주도하고 있습니다. 국내에서도 2011년에 페이스북과 트위터 이용자 수는 이미 1천만 명을 돌파했으며, 그 지속적인 증가 추세는 당분간 멈추지 않을 것으로 예상됩니다. 페이스북은 카페와 같은 기능을 하면서 인맥을 관리하고 이미지, 동영상도 공유하고 메시지도 남길 수 있어 다목적 소통의 도구로 활용되고 있습니다. 트위터는 140자의 짧은 글을 남길 수 있는 일종의 마이크로 블로그(micro-blog)라 할 수 있습니다. 단문을 교환하는 메신저의 기능을 주로 하지만, 다양한 부가 기능이 있어 스마트폰 시대에 적합한 소통의 도구로 각광을 받고 있습니다.

스마트폰의 대중화와 더불어 카카오톡이나 라인 같은 새로운 메신저 서비스가 등장하였습니다. 엄격한 의미에서 SNS라고 하기는 어렵지만, 많은 기능이 SNS와 유사하기 때문에 SNS로 보아도 무방할 것입니다. 카카오톡이나 라인은 스마트폰에 적합한 몰입성이 강한 소통 방식을 제공하고 있어 스마트 시대의 대표적인 소통 도구가 되었습니다.

앞서 설명한 바와 같이, 인터넷과 웹이 보급되던 때에는 소통의 도구로 네이트온이나 메신저 같은 채팅 프로그램이 각광을 받았습니다. 이런 프로그램을 활용하여 문서 또는 사진 등을 전송할 수 있고 자신의 소식을 전할 수 있었지만, 근본적으로는 실시간 채팅의 한계를 넘지 못하였습니다. 채팅뿐만 아니라 정보 교환, 새소식 알림, 토론 등 다양한 소통이 가능한 방법이 요구되었습니다. 소통을 하려면 상대방이 있어야 합니다. 그래서 학교 동창, 동호회 친구, 직장 동료 등을 연결하고, 이것을 여러 단계 확장하여 친구의 친구와도 소통이 가능한 소셜 네트워크가 등장하게 되었습니다. 이제는 수 많은 친구가 있는 소셜 네트워크에서 채팅, 알림, 토론, 사진 교환 등 다양한 소통이 가능한 SNS로 진화하였습니다. 스마트폰의 등장으로 SNS는 날개를 달았고, 스마트 시대의 대표 소통 방식으로 자리매김 하였습니다.

SNS는 인터넷 상에서의 인맥 관리와 소통의 차원을 넘어 새로운 형태의 미디어 서비스의 수단으로도 확대되고 있습니다. 연예인은 팬들과 소통하는 홍보 수단, 대통령과 국민이 소통하는 TV/신문과 같은 미디어 수단, 기업의 제품 홍보 수단, 직원 상호간 협력하는 협업 수단, 교수와 학생이 소통하는 교육의 수단 등 아주 다양하게 활용되고 있습니다. 스마트폰과 함께 SNS 황금 시대가 도래하였다 할 것입니다. [그림 6-6]은 SNS가 활용되는 여러 양상을 보여 줍니다.

그런데 편리한 도구도 남용하면 부작용이 발생합니다. 스마트폰과 SNS의 편리한 기능에 심취하여 어느새 스마트폰 중독, SNS 중독에 빠진 사람들이 늘어나고 있어 사회문제화 되고 있습니다. 2012년 한국정보화진흥원의 인터넷 중독 관련 보고서에는 스마트폰 사용자의 11.1%가 중독 상태라고 합니다. 현재는 스마트폰의 사용이 더욱 확대되었으니 스마트폰 중독도 더 심해졌을 것입니다. 스마트폰 중독에 대하여는 추후 심도 있게 살펴보겠습니다.

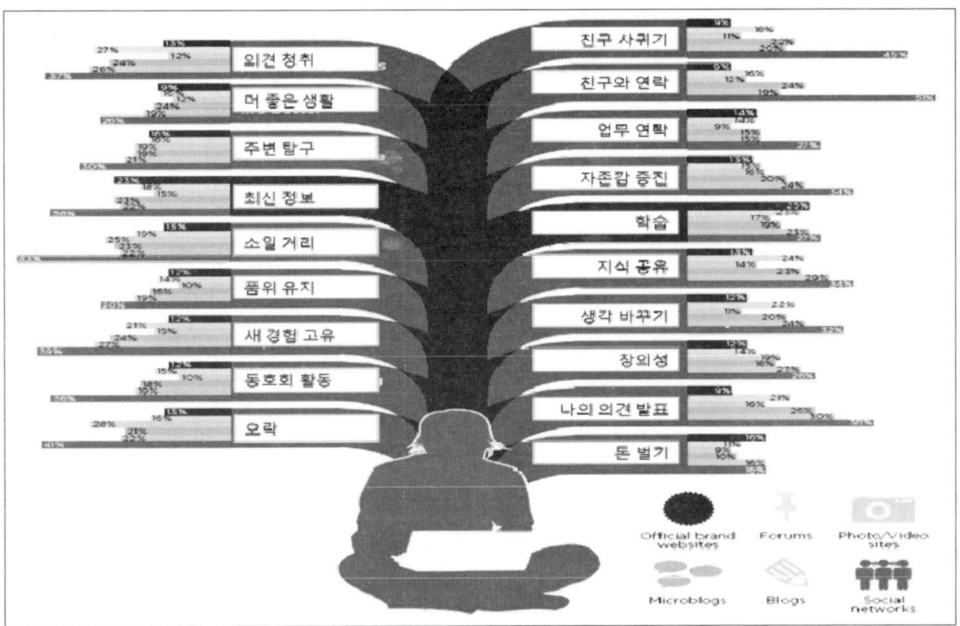

[그림 6-6] 소셜 네트워크 서비스(SNS)의 다양한 활용

보고서에서 스마트폰 중독자의 원인을 파악해 보면, 채팅, 메신저 등 SNS가 72.6%로 게임의 44.6%보다도 더 높게 나타나고 있습니다. 스마트폰 중독은 SNS 중독이라고 해도 될 것입니다. 이제 SNS 중독은 긴급하고 중요한 현안 문제가 되고 있습니다.

대표적 SNS 서비스로 자리매김한 카카오톡(카톡)은 10대 중반~20대 대학생에게는 일상의 한 부분이 되었습니다. 이들에게 카톡 사용은 선택이 아니라 필수입니다. 공지사항이나 선생님의 전달 사항도 카톡으로 전달되고, 자료나 사진도 카톡을 사용하여 친구들과 공유합니다. 카톡 가입자들이 하루에 5시간 정도 카톡하는 것으로 조사되고 있고 하루에 48억개의 메시지가 전달된다고 하니 대단합니다. 이처럼 모든 사람들이 카톡을 하고 있는데, 카톡을 사용하지 않게 되면 바로 왕따가 될 것입니다. 그러니 습관적으로 SNS를 사용하게 되고, 아침에 눈을 떠서 카톡을 확인하고, 잠자기 직전까지 카톡하고, 화장실 갈 때에도, 약속 장소에 가면서도 카톡을 하게 됩니다. 자신도 모르는 사이에 중독되어 카톡의 늪에서 헤어 나오지 못하게 되는 것입니다.

2012년 한국정보화진흥원의 인터넷 중독 관련 보고서에도 지적되었지만, 인터넷 중독보다도 스마트폰 중독이 더 심각하며, 스마트폰 중독은 SNS 사용 때문이라는 것이 밝혀졌습니다. 결국 SNS 중독이 모든 중독의 원인이 되고 있음을 알 수 있습니다. 한국인터넷진흥원의 2012년 스마트폰 이용 조사 실태 보고서에서도 스마트폰 사용자의 78.5%가 하루 한번 이상 SNS를 사용하고 있고, 일일 평균 약 1시간을 사용하고 있는 것으로 조사되었습니다. 이처럼 SNS는 인터넷 중독과 스마트폰 중독의 원인이 되는 심대한 문제임을 알아야 하겠습니다.

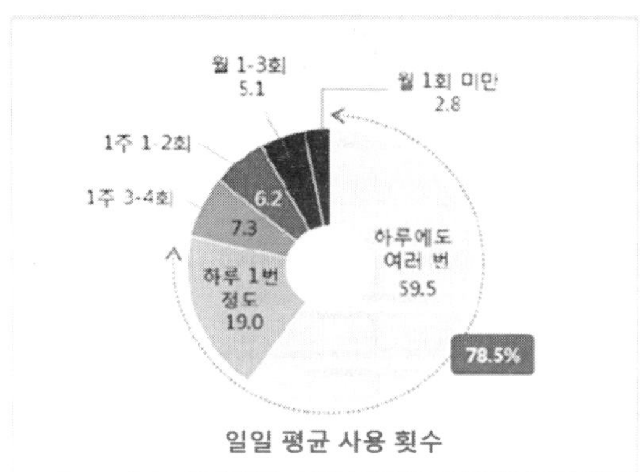

[그림 6-7] SNS 사용 실태(한국인터넷진흥원, 2012년 보고서)

SNS 중독이 문제가 되는 것은 폐해가 크기 때문입니다. 트위터, 페이스북, 카카오톡, 밴드, 캠프 등 SNS는 시간과 장소의 경계를 허무는 소통 수단으로 자리잡았지만 이로 인한 폐해와 고통에 시달리는 사람들이 늘어나고 있습니다. [표 6-2]에 SNS 폐해를 요약 정리하였습니다.

[표 6-2] SNS 중독의 폐해

금단 현상	• 왕따, 소외에 대한 불안감 • 사소한 일에 짜증, 버럭 • 일상생활에 집중력 저하
공포/불신 현상	• 사생활 노출에 대한 불안감 • 감시/감독에 대한 두려움 • 대화단절, 자신감 상실
디지털 치매 현상	• 기억력과 집중력 저하, 방향감각 상실 • 두뇌 활동 퇴화 • 건망증으로 인한 스트레스 유발, 우울증
신체적 피로	• 작은 화면으로 눈의 피로도 증가 • 목과 허리 통증, 척추 이상

스마트폰 사용자들은 자신도 모르는 사이에 계속해서 스마트폰을 들여다보고, SNS에 새롭게 올라온 소식이 없는지 틈만 나면 끊임없이 확인하는 행동을 반복합니다. SNS 메시지가 없으면 왕따 당한 기분이 들어 불안하고 초초하고, 메시지를 보내야 한다는 강박감에 시달리게 됩니다. 정신 상태가 온전하지 못하다 보니, 사소한 일에도 짜증내고 버럭 소리를 지르게 됩니다. 이런 일은 두뇌가 스마트폰 중독으로 팝콘 브레인이 되었기 때문에 일어나기도 합니다. 인맥 쌓기 위해서 SNS를 시작하였는데, 오히려 주변 사람들과의 관계가 나빠지고, 집중력 저하로 학업이나 업무에 성과를 낼 수 없게 됩니다.

기업에서 직원 채용 시 SNS 등을 통해 지원자의 성향을 파악하곤 합니다. 어느 사람이 기업의 최종 면접까지 올라갔다가 고배를 마셨는데, 페이스북에 게재한 기업 경영을 비판하는 글이 문제가 되었습니다. 자신과 주변 사람들에게만 하였던 말이었지만, SNS가 공개된 공간이라는 사실을 미처 깨닫지 못했던 것입니다. 어느 예비신부는 오래 전에 사귀던 남자 친구와 찍은 사진을 SNS에 올려 두었는데, 이것이 문제가 되어 파혼 당하기도 하였습니다. SNS는 공개 공간이므로 다른 사람이 자신의 생활을 일거수일투족 파악할 수 있고, 자신의 생각을 알아차릴 수 있습니다. 앞서 이야기 하였던 취업 지망생과 신부의 심정은 어떠할까요? 사생활 노출에 대한 불안감, 감시 당하는 듯한 두려움에 정상적인 생활을 영유하기가 어려울 것입니다. 이른바 SNS 포비아(SNS-phobia: SNS 공포증)에 물들어 정신적 공황상태에 빠질 수 있습니다.

SNS 또는 스마트폰 중독의 두드러진 가시적 폐해는 대화 단절입니다. 식사하기 위해 모인 가족들조차도 대화를 하지 않고 SNS로 이야기 한다고 합니다. 사랑하는 사람을 만나도 SNS, 친구를 만나도 SNS, 소통의 기본이 대화인데도 불구하고 SNS가 대화를 추방하고 있습니다.

스마트폰으로 SNS를 하다 보면, 기억력과 집중력 저하, 방향감각 상실 등 디지털 치매에 걸리게 됩니다. 스마트폰에 의존하다 보니 두뇌활동이 퇴화되고 단기기억력이 급속하게 떨어지게 됩니다. 어떤 사람은 승용차가 시동이 안 걸리자 친구에게 SNS을 보내 도움을 요청하였는데, 확인해 보니 연료가 부족하였다고 합니다. 이처럼 모든 것을 SNS에 의존하다 보니, 문제 해결 능력이 저하되고 건망증으로 인한 스트레스와 우울증 등에 걸리기도 합니다.

또한, 장시간 SNS에 집중하다 보면, 신체적인 피로도 무시할 수 없습니다. 우선, 작은 화면을 통해 보기 때문에 눈의 피로도가 증가하게 됩니다. 목과 허리가 구부정하게 되면서 척추에 무리가 가게 되는데, 이런 것이 디스크 등 중병의 원인이 될 수 있습니다.

6.3.4 인터넷 게임 중독

인터넷 중독과 관련하여 가장 많은 논란의 대상이 되고 있는 것이 단연 게임 중독입니다. 인터넷 게임 중독(Internet game addiction)이란, 온라인 컴퓨터 게임 또는 비디오 게임에 과도하게 몰입하여 학업이나 업무, 직장과 가정 그리고 대인관계에 지대한 영향을 끼치고, 현실과 가상 공간을 구분하지 못하게 되는 등의 심각한 문제를 야기하는 것을 말합니다. 아케이드 게임이 주류이던 시절에도 게임 중독에 대한 논란이 있었지만 지금처럼 심각하게 논의되지는 않았습니다. 인터넷 보급과 더불어 무수히 많은 게임을 언제든지 할 수 있게 됨에 따라, 게임할 수 있는 기회와 시간이 풍부해졌고, 게임으로 인한 불행한 사건, 사고가 빈번하게 발생하면서 사회문제로 대두하게 되었습니다. 특히, 청소년의 게임 몰입이 커다란 이슈가 되고 있는데, 2011년 12월 한국청소년정책연구원의 연구 결과에 의하면, 우리나라 청소년(12-18세)은 평일 1시간 22분, 휴일 2시간 20분으로 다른 일상 활동보다 많은 시간을 게임에 소비하고 있으며 이는 영국의 8배, 미국의 2배에 해당하는 세계 최장 수준이라고 합니다. 또한, 폭력적인 인터넷 게임에 몰입하여 집착과 강박관념, 가상세계와 현실세계의 혼동 등 불안정한 정신 상태에서 방화, 폭행 심지어는 살인 등의 범죄를 저지른 사건 소식을 종종 듣곤 합니다. 인터넷 게임 중독과 관련하여 우리가 듣는 이야기는 대부분 이처럼 부정적인 사실과 불행한 사건, 사고 소식입니다.

게임 규제 논란

게임 중독을 마약과 알코올 중독, 도박 중독과 같이 4대 중독 관리대상에 포함하자는 법안이 발의되어 논란이 되고 있습니다. 게임 업계와 네티즌들은 고부가가치 문화산업인 게임 산업을 적극 육성해야 하며 게임 즐길 권리를 주장하고 있지만, 법안을 내놓은 쪽에서는 게임 과몰입으로 인한 금단증상이나 대인기피 등 심각성과 사회적 폐해를 고려한 당연한 조치라고 설명하고 있습니다. 온라인 게임의 규제를 관철하고자 하는 쪽과 철폐를 주장하는 쪽의 논쟁이 뜨겁게 가열되고 있습니다.

[그림 6-8] 게임 중독과 관련된 논쟁

주요 쟁점을 간략하게 요약해 보면 다음과 같습니다. 첫째, 게임이 마약이나 알코올처럼 규제 대상인가 하는 것입니다. 게임은 고부가 가치의 문화 산업으로 국가의 성장 동력 산업이 될 잠재력을 가지고 있습니다. 게임을 마약처럼 규제한다면, 게임 개발자는 중독물을 생산하는 범법자가 될 것입니다. 규제를 원하는 쪽에서는 사회에 해악을 미치므로 청소년에게 술, 담배를 판매하지 않는 것처럼 판매와 사용을 규제해야 한다고 주장합니다. 둘째, 게임 중독은 타당한가 하는 것입니다. 규제를 원하는 쪽에서는 게임 중독자의 두뇌와 인지 활동이 다른 중독자와 동일한 행태를 보이고 있다고 주장하고 있습니다. 철폐를 주장하는 쪽은 그와 같은 사실은 의학적으로 확실하게 검증되지 않은 것은 사실이며, 게임 중독이란 말 자체가 잘못되었다고 주장합니다. 술, 마약과 같은 물질 중독은 그 자체가 중독성이 있지만, 게임은 그 자체에는 중독성이 없으며, 게임에 몰입하는 이용자의 정신 상태가 문제라는 것입니다. 게임 중독이란 말보다는 게임 과몰입이란 말을 사용하기를 원하고 있습니다. 셋째로, 폭력적 온라인 게임은 위험한가 하는 문제입니다. 양쪽의 논리가 팽팽하게 맞서고 있는 쟁점입니다. 넷째, 즐거움과 행복을 추구할 기본권에 대한 논쟁입니다. 누구나 자신의 즐거움을 추구할 권리를 가지고 있다고 하는 반면에, 공공의 이익을 위해서는 개인의 권리는 제한될 수도 있다는 전통적인 관점이 맞서고 있습니다.

여기서는 인터넷 게임 중독과 관련된 다양한 관점을 소개하는 것으로 하고, 이런 첨예한 논쟁에 대하여는 각자 조사, 분석하여 생각해 보기 바랍니다. 여기서는 게임 과몰입 용어도 이미 통상적으로 널리 알려져 있는 게임 중독으로 사용하도록 하겠습니다.

인터넷 게임 중독과 관련된 사건, 사고

인터넷 게임과 관련된 사건, 사고 뉴스를 종종 접하게 되고, 인터넷 검색을 하여 보면 많은 관련 자료를 얻을 수 있습니다. 인터넷 게임 중독의 속성을 이해할 수 있도록 몇 가지 사례를 살펴보겠습니다.

사례 1: 게임에 중독된 미국의 명문대학을 중퇴한 20대가 묻지마 살인을 한 사건은 널리 알려져 있습니다. 2010년 12월, 미국의 한 주립대학교를 중퇴하고 귀국해 두문불출하며 게임에 심취해 있던 20대 중퇴생이 전날 밤까지 게임을 하고 흥분이 가라앉지 않은 상태에서, "제일 처음 본 사람을 죽이겠다"며 집에 있던 흉기를 들고 나와 가장 먼저 눈에 띈 이웃주민을 흉기로 찔러 묻지마 살인을 저질렀습니다.

사례 2: 15세의 중학교 3학년으로 게임에 중독된 중학생이 엄마를 목 졸라 살해한 사건도 있습니다. 2010년 11월 16일, 평소 게임 때문에 엄마와 다툼이 많았던 중학생이 엄마를 목 졸라 살해한 후에, '엄마에게 몹쓸 짓을 해서 미안하다'는 유서를 남기고 자신도 자살한 사건이 발생하였습니다.

사례 3: 2008년 인터넷 채팅으로 만나 결혼한 젊은 부부는 매일 12시간씩 인터넷 게임을 즐기는 등 게임중독에 빠져, 태어난 지 3달된 갓난 딸에게 하루 한 번만 분유를 주고 방치해 사망에 이르게 하였습니다. 젊은 부부는 5개월간의 도피 끝에 구속되었습니다(2010. 3월).

사례 4: 경남의 한 아파트에서는 고등학생이 주차장에 불을 지르는 바람에 아파트 세 채와 주차된 차량들이 불에 타는 등 모두 2억원 상당의 재산 피해가 발생하는 사고가 있었습니다. 이 학생은 인터넷 게임에 지고 나서 홧김에 길에 있던 오토바이에 방화를 하였는데, 폭발하면서 큰 화재가 발생하였습니다(2013. 10월).

인터넷 게임이 지나치게 폭력적, 자극적이고, 게임을 하는 사람 역시 우울, 고독감 등과 같은 낮은 자존감, 높은 충동성과 공격성, 자기 폐쇄적 대인 관계의 문제점 등이 상승 작용하여 인터넷 게임이 실제 범죄로 이어지는 경우가 많습니다. 게임 중독 또는 게임 과몰입은 신체 · 정신적 건강 상실, 가족 구성원간 불화 등 개인적 차원을 넘어 가출·폭력·절도 등과 같은 사회적 일탈/범죄 행위로까지 이어지며, 심지어는 살인(자살)과 같은 끔직한 범죄행위까지 유발하기도 합니다. 이러한 이유로 인하여 인터넷 게임을 규제해야 한다는 이야기가 오래 전부터 지속되어 왔습니다.

인터넷 게임의 순기능

폭력적 게임은 게임자에게 공격적 감성이나 충동을 증가시키고 우발적 행동을 유도하는 등 감성 · 생각 · 행위에 부정적 영향을 미치며, 가족관계와 대인관계, 학교 또는 직장 생활과 사회생활에 악영향을 주기도 합니다. 반면에, 게임에는 다음과 같은 긍정적 측면도 있습니다.

- 눈과 손이 협력하여 반응하는 능력 발달
- 아동의 논리적 사고능력을 증진시키고 인지발달을 촉진
- 게임을 통해 원활한 소통과 사회성 확대
- 시각적 정보처리 능력 향상과 시공간 문제 해결 능력 증대
- 게임을 문화로 이해하고, 새로운 문화 창조에 기여
- 자신감과 집중력 향상
- 상상력과 창의성 증대

인터넷 게임은 많은 순기능이 있습니다. 게임에도 여러 종류가 있는데 학습과 재미를 융합한 기능성 교육 게임이 각광을 받고 있기도 합니다. 또한, 인터넷, 소셜미디어, 모바일 등의 서비스뿐만 아니라 경영, 마케팅, 의료, 교육 등의 산업 및 서비스 분야에 폭 넓게 게임의 기법 및 디자인 원리를 적용하는 게미피케이션(gamification)이 기업 비즈니스에 중요한 트랜드로 자리매김 하고 있습니다. 이처럼 게임의 순기능은 모든 분야에서 폭넓게 활용되고 있습니다. 인간은 놀이하는 인간, 호모 루덴스(Homo Ludens)이므로 게임은 인간 본성이라고 할 수 있을 것입니다.

인터넷 게임 중독의 대응 방안

인터넷 게임 중독의 예방, 진단, 상담 그리고 중독 대응 제도 등 대응 방안에 대하여 간략하게 살펴보도록 하겠습니다. 여기서는 기본적 지침이 되는 사항에 대하여만 개략적으로 살펴보고, 세부사항에 대하여는 전문적으로 연구하기를 바랍니다.

[인터넷 게임 중독 예방]

사전 예방이 최선의 방책이지만 특별한 묘약은 없습니다. 게임자가 자기 통제력 하에서 자기 주도적으로 게임을 할 수 있어야 합니다. 게임에 과몰입하거나 게임 속의 세계와 현실세계를 혼동하지 말아야 할 것입니다. 일반적으로 권장하고 있는 게임 예방 수칙은 다음과 같습니다.

- 해야 할 일을 먼저 한 후, 여가 시간에 게임
- 게임 시간은 한정하고 꼭 지킴
- 인터넷 게임 사용 일지를 작성하고 사용 상황을 분석, 게임 관리
- 식사시간과 수면시간 등 일상생활을 정상적으로 하면서 여가 시간에 게임
- 게임에서 지나친 승부욕이나 소유욕에 집착하지 않음
- 게임 때문에 거짓말을 하거나 약속을 어기지 않음
- 게임 친구보다 주변 동료나 가족과 더 많은 대화
- 게임 외의 다양한 취미, 운동 등 대안 활동 모색

- 게임시간 조절이 어려울 경우, 전문상담기관의 도움 요청

게임은 여가 시간이 있을 때 정해진 시간만큼만 하고, 집이나 PC방 등에 들어 앉아 게임에 몰두할 것이 아니라, 운동, 등산, 동호회 활동 등 옥외 활동이나 대화 중심의 모임 등에 참석하여 대인 관계를 돈독하게 하는 것이 좋습니다. 게임은 엔터테인먼트이지 그 이상, 그 이하도 아니라는 확고한 의식을 가져야 합니다.

[인터넷 게임 중독 증상]

자신도 모르게 인터넷 게임 중독의 늪으로 끌려가는 경우가 있습니다. 게임을 하기 전에는 자신이 중독 상태인지를 자문해 보는 것도 좋을 것입니다. 다음과 같은 현상이 일어난다면 게임 중독이 아닌지 의심해 보아야 합니다.

- 밥을 먹지 않고 밤새도록 게임에만 몰두한다.
- 밤새도록 게임을 하느라고 학교/직장에서는 잠만 잔다.
- 게임을 하지 않을 때에도 늘 게임에 관한 생각들뿐이다.
- 과도한 게임으로 성적이 떨어지고, 업무 지장으로 불만을 듣는다.
- 게임 때문에 가족과 매일 다투거나 부모님으로부터 꾸중을 듣는다.
- 게임으로 인해 건강이 나빠졌다. 가끔 현실과 게임 공간이 구분이 안 될 때가 있다.
- 꿈에서도 게임에 관한 꿈을 꾼다.
- 게임으로 인하여 일상생활에 지장을 준 적이 있다.

이런 일이 일어나면, 자신의 게임 상황을 냉정하게 검토하여 보고 게임 중독 전문가와 상의하는 것이 좋습니다. 게임 중독은 일종의 질병으로 초기에 치료해야 빠르게 완치할 수 있습니다. 인터넷 중독 대응센터(www.iapc.or.kr) 등 많은 기관에서 인터넷 게임 중독자가 진단을 제공하고 있으니 활용하기 바랍니다.

[인터넷 게임 이용 규제 제도]

인터넷 게임 중독이 개인과 사회에 커다란 피해를 주기 때문에 이에 대한 법적 제제가 강화되고 있습니다. 현재 시행되고 있는 인터넷 게임 규제 관련법은 [표 6-3]와 같이 3가지가 있습니다.

강제적 셧다운(shutdown)제도는 16세 미만 청소년에게는 자정부터 새벽6시까지 인터넷 게임을 차단하는 제도입니다. 청소년의 수면권을 보장하고 게임 중독을 예방할 목적으로 만들어져 2011년 11월 20일부터 시행되고 있습니다. 국가가 일률적으로 청소년의 게임을 강제로 제한하는 제도입니다.

다음으로 시행된 제도가 선택적 셧다운 또는 게임시간 선택제가 있습니다. 만 18세 미만의 청소년

본인이나 법정 대리인(부모)이 청소년에 대한 게임이용 시간을 제한하고자 하는 경우, 게임 제공자에게 시간이나 기간을 정해 게임 이용 제한을 신청할 수 있는 제도입니다. 쉽게 말해, 청소년의 게임중독 예방을 위해 부모가 필요에 따라 온라인 게임 서비스 시간을 제한할 수 있는 제도입니다. 게임문화재단(www.gameculture.or.kr)의 게임 이용 확인 서비스를 이용하면 됩니다. 게임자의 보호자에게 게임 관리 자율권을 부여하는 제도입니다.

쿨링오프(cooling off)는 문자 그대로 열을 시키는 제도입니다. 쿨링오프는 청소년 사용자가 인터넷 게임에 접속해 게임을 2시간 이용하면 10분 쉬는 제도입니다. 또한 일일 총 4시간 이상 게임 하면 자동 차단합니다. 2012년에 법률이 제정되었지만 아직 본격적으로 시행되고 있지는 않습니다.

그 외에, 앞서도 언급한 '중독 예방 · 관리와 치료를 위한 법률'에 대한 논쟁이 뜨겁습니다. 알코올, 마약, 도박과 함께 게임도 사회 주요 중독 현상으로 보고, 4대 중독에 포함시켜 규제하고자 하는 논의가 진행되고 있어 찬반 논란이 뜨겁습니다. 게임 중독 또는 게임 과몰입의 부작용을 해결할 수 있는 지혜가 필요한 때입니다.

[표 6-3] 인터넷 게임 이용 규제 제도

	강제적 셧다운	선택적 셧다운	쿨링오프
내용	밤 12시부터 새벽 6시까지 게임 차단	부모가 요청하는 특정 시간대에 게임 이용 차단	게임을 12시간 하면 10분 휴식, 하루 4시간을 초과하면 게임 차단
대상	만 16세 미만	만 18세 미만	초중고생
주무부처	여성가족부	문화체육관광부	교육부
특징	국가가 일률규제, 부모가 자율적으로 제한할 수 없음	부모 자율 제한 가능	국가가 일률 규제, 부모 자율 제한 불가
법규	청소년보호법	게임산업진흥에 관한 법률	초중등학생 인터넷게임중독 예방 및 해소에 관한 법률
시행시기	2011년 11월	2012년 1월	

게임 중독자에 대하여는 게임문화재단(www.gameculture.or.kr) 등 여러 공공기관과 사회 단체에서 상담 및 치료 서비스를 제공하고 있습니다. 중독은 일종의 질병으로 생각할 수 있습니다. 숨기거나 부끄러워하지 말고 반드시 전문가와 상의하여 치유해야 합니다. 그리하여 중독으로 야기될 수 있는 불행한 사태를 방지할 수 있습니다.

6.3.5 음란물 중독

불법 유해정보에서 살펴 본 바와 같이, 인터넷에서는 성인용 음란물을 쉽게 접할 수 있습니다. 음란물이라고 하면, 사회 통념을 벗어난 비정상적인 성적 정보를 담고 있는 야한 소설(야설), 야한 사진(야사), 야한 동영상(야동), 몰래 카메라, 포르노, 성인용 방송, 성인용 채팅 등을 말하며, 음란물 중독은 이런 음란물에 과도하게 몰입하여 정상적인 일상생활이 어려운 상태를 말합니다.

음란 사진, 음란 동영상, 야한 소설, 야한 만화 등 음란물을 집착적으로 보는 행위, 성인 채팅방에 가입하여 성적 대화 나누기에 집착하는 행위, 화상 채팅을 하면서 성적 대화와 신체를 보여 주는 행위, 포르노를 즐기고 섹스 관련 인터넷 방송을 시청하기, 소셜 네트워크에서 만난 사람과 성적 대화하기 등 인터넷 상에서 과도하게 성적 행동에 집착하고 몰두하는 것을 음란물 중독이라고 할 수 있습니다.

인터넷 사이버 공간에서 생활하다 보면 종종 뜻하지 않게 음란물에 접하는 경우가 있습니다. 특히, 청소년의 경우에는 이런 음란물을 보게 되면 당황하게 됩니다. 일반적으로 음란물을 접하게 되었을 때는 4단계로 행동하게 됩니다.

1단계: 호기심으로 음란물을 보게 됩니다. 음란물을 보고 당황하는 한편, 성적 충돌이 생기면서 호기심이 유발됩니다. 수치심이 사리지고 호기심이 강해져 다시 다른 음란물을 보고 싶은 마음이 간절해 지면서 음란물을 찾게 됩니다.

2단계: 음란물에 어느 정도 면역성이 생겨서 더 자극적인 것을 찾게 됩니다. 일상적인 음란물에 싫증을 느끼면서, 점차 더 자극적이고 노골적인 음란물을 보아야 직성이 풀립니다. 음란물에 대한 내성이 강해지는 단계입니다.

3단계: 음란물을 일반적이고 정상적인 성 관계로 생각하게 됩니다. 비정상적이고 비현실적인 음란물을 일반적인 성의 표현이나 성행위로 잘못 이해하고 성에 대한 왜곡된 인식을 하게 됩니다. 올바른 성에 대한 인식이 마비가 된 것입니다.

4단계: 이제는 보는 단계를 넘어서 실제로 실행하고자 하는 욕구가 발동합니다. 비정상, 비현실적 음란물이 실제 상황으로 생각되어 그런 성행위를 경험해 보고 싶은 강한 욕구에 사로 잡혀 정신과 행동이 불안정한 상태가 됩니다. 자기 통제를 하지 못하게 되면 성범죄를 저지르게 됩니다.

어느 중독이나 사소한 일에서 시작되지만 자신이 인식하지 못하는 사이에 깊은 늪에 빠지게 됩니다. 단계가 높아질수록 중독의 수준도 높아집니다. 중독이 진행되는 수준을 고찰해 보면, 자기 통제력을 갖는다는 것이 얼마나 중요한지를 알 수가 있습니다. 4단계 상태에서 자기 통제력을 잃고 강제로 성폭행, 성추행 하면서 후한이 두려워 살인까지 하는 사례가 종종 있습니다. 대부분의 성범죄자는 음란물 중독과 밀접한 관계가 있다는 연구 결과도 있습니다.

성인에게도 음란물 중독은 큰 문제지만, 자기 통제력이 약하고 음란물에 대한 면역성이 낮은 청소년에게는 더 큰 문제가 되고 있습니다. 2010년 형사정책연구원의 연구에서는 청소년의 20%가 야한 문자를 보내거나 친구의 특정 신체 부위 또는 탈의 장면을 몰래 촬영하여 전송하는 섹스팅을 경험하였다고 합니다. 음란물에 노출된 수준이 아니라 음란물을 행동으로 실행하는 단계까지 발전한 것입니다. 스마트폰 등의 보급으로 청소년의 섹스팅은 더 심각한 수준이 되었을 것으로 짐작됩니다.

4 인터넷 음란물 중독의 원인과 폐해

인터넷 음란물 중독은 ① 익명성, 비대면성, 자율성, 다양성, 개방성과 같은 사이버 공간의 특성, ② 성적 콘텐츠로 성인 음란물이 갖고 있는 특수성, ③ 그리고 자기 통제 능력이 빈약한 사람의 심리 상태가 결합되어 일어납니다. 자기 통제 능력이 빈약한 사람에게 사이버 공간의 특성이 바람잡이처럼 환경을 조성하고 음란물이 정신 못 차리게 유혹을 하여 결국, 중독의 나락으로 떨어집니다. 다음은 음란물 중독의 원인으로 거론되고 있는 사항입니다.

- 부모로부터 쉽게 통제 받지 않는다.
- 쉽게 구할 수 있으며, 방대한 양의 음란물이 유통되고 있다.
- 자극적인 내용이 여과 없이 유통된다.
- 사이버 섹스는 안전하고 편리하다고 오해한다.
- 새로운 성적 자극을 추구할 수 있다.
- 일상생활의 심리적 긴장과 스트레스에서 벗어날 수 있다.
- 성적 욕구를 표현할 수 있으며 대리만족을 느낄 수 있다.

실제로 인터넷 음란물 중독은 다른 사람의 눈치를 볼 필요 없이 아주 경제적으로 성적 만족을 얻을 수 있다고 생각하여 쉽게 빠지는 경우가 많습니다. 다른 사람에게 피해를 주지 않으니 별문제가 없고 안전하다고 생각하기도 합니다. 그러나 이런 생각이 통제 능력을 잃게 되면 현실의 행동으로 표출되어 결국은 성폭행 등과 같은 범죄로 나타나게 됩니다.

인터넷 음란물 중독은 개인과 사회에 많은 폐해를 끼치고 있습니다. 여러 사례에서도 발견되지만 그 폐해를 일일이 나열할 수가 없을 정도입니다. 몇 가지 폐해만 살펴보도록 하겠습니다.

- 성 충동 유발: 청소년들에게 강한 성 충동을 유발하여 정신적으로 흥분되고 불안정한 상태를 만듭니다. 흥분된 상태에서는 정상적인 사고를 할 수 없습니다. 무슨 일을 일으킬지 모르는 불안감에 휩싸이게 됩니다.
- 성 지식의 왜곡: 이성을 단순히 즐기기 위한 대상으로 생각하고 사랑에 대하여 잘못된 인식을 하게 됩니다. 인간의 존엄성에 대한 감각이 무뎌지고 도덕적 관념이 미약하게 됩니다. 올바른 가치관을 가질 수 없다 보니, 정상적 사회의 구성원으로 역할을 하지 못하게 됩니다.
- 정신 분열증: 더 강한 자극의 음란물을 찾아 헤매게 되고 정상적인 가정생활이나 사회생활을 할 수 없게 됩니다. 다른 사람들과 어울리지 못하고 외톨이가 되어 우울증, 고독감 등 심리적 불안에 시달리게 됩니다. 음란물을 본 후, 뇌리에서 그 장면이 자주 연상되고 정상적인 사고를 할 수 없게 됩니다. 내성적인 사람인 경우에는 멍하게 정신을 잃거나 음란물을 보았다는 죄책감에 시달리는 등 정신 분열 현상이 일어납니다.
- 성 범죄 유발: 성 충동을 통제하지 못하여 성 희롱, 성 추행 등을 자행하게 되고, 심한 경우 성 폭력 등으로 발전합니다. 많은 경우 성 범죄는 은폐하기 위하여 살인과 같은 극단적인 범행으로 연결되기도 합니다.

인터넷 음란물 중독의 대응 방안

인터넷 음란물 중독의 원인이 되고 있는 요소를 제거하면, 중독 현상을 막을 수 있을 것입니다. ① 사이버 공간의 특성, ② 성인 음란물의 특수성, ③ 심리적으로 자기 통제력이 빈약한 사용자의 성격을 분석하여, 이 3요소가 중독으로 진행되지 않도록 서로의 협력 관계를 차단할 필요가 있습니다. 음란물 중독 대응은 인터넷 이용자 교육을 강화하고 제도적 장치를 마련하는데 중점을 두고 있습니다. 초·중·고생을 대상으로 하는 인터넷 윤리교육도 강화되어야 할 것입니다. 다음은 통상적으로 알려진 음란물 중독 대응 수칙입니다.

- 불법 유해정보 접근 차단 프로그램을 개발하여 보급합니다.
- 웹하드, P2P 사이트 등 음란물 유통자 및 사이트 등에 대한 법적 처벌 장치를 강화합니다.
- 음란물 발견 시에는 과민반응을 자제하고 유연하게 대처하는 능력을 배양합니다.
- 음란물 발견 시에는 음란물의 나쁜 점을 설명하고 삭제합니다.
- 올바른 성교육 프로그램을 운영하여 성 인지를 강화합니다.
- 컴퓨터나 스마트폰 등 정보기기는 공개된 장소에서 사용합니다.
- 취미, 스포츠, 야외 활동에 많은 시간을 할애합니다.
- 유해 음란물을 발견하였을 때는 즉시 신고합니다.

6.3.6 온라인 쇼핑 중독

인터넷이 보급되면서 가장 큰 변화가 있었던 분야가 상거래일 것입니다. 인터넷의 출현으로 전자상거래(e-commerce)라는 새로운 영역이 생겨났습니다. 우리나라의 경우, 2001년 전자상거래 시장의 규모는 118조원이었습니다. 2011년에는 999조 2,500억으로 10배 가까이 성장하였으며, 2012년 1,000조원을 돌파하기도 하였습니다. 이제 시장이나 마트에 가서 쇼핑하는 것보다 스마트폰이나 컴퓨터를 사용하여 인터넷에서 쇼핑하는 일이 더 일상화 되고 있습니다.

일반적으로 전자상거래 또는 사이버 거래라 함은 인터넷을 이용하여 이루어지는 모든 상거래를 통칭하는 것으로, 판매자와 구매자의 형태에 따라 기업과 소비자 거래(B2C), 기업과 기업 거래(B2B), 기업과 정부간 거래(B2G), 소비자의 거래(C2C) 등 여러 형태가 있습니다. 우리가 전자상거래라고 할 때는 일반 소비자가 인터넷을 이용하여 물품을 구매하는 B2C를 말합니다. 다른 말로는 온라인 쇼핑이라고도 합니다. 인터넷 사용자라면 한 번쯤은 온라인 쇼핑을 해 본 경험이 있을 것입니다.

우리나라는 인터넷 강국답게 세계에서 가장 활발한 전자상거래가 이루어지고 있습니다. 2012년 전자상거래 금액이 1,000조원을 돌파하였고, 2013년에도 평균 약 8% 이상의 지속적인 성장을 보이고 있습니다. 특히, 기업-소비자간의 B2C 시장은 16.1% 이상 큰 폭으로 성장하고 있습니다. 다시 말하자면, 소비자의 온라인 쇼핑이 지속적으로 늘어나고 있다는 것입니다. 2013년 1사분기에만 온라인 쇼핑 거래가 9조 560억원으로 분기별로 10% 이상 증가하고 있는 것을 통계로 확인할 수 있습니다. 의료·패션 관련 상품, 여행 및 예약 서비스, 가전 제품 구입 등에 주로 온라인 쇼핑을 활용하고 있는 것으로 조사되었습니다. 앞으로 모든 생필품 구입은 온라인 쇼핑으로 하게 되지 않을까요?

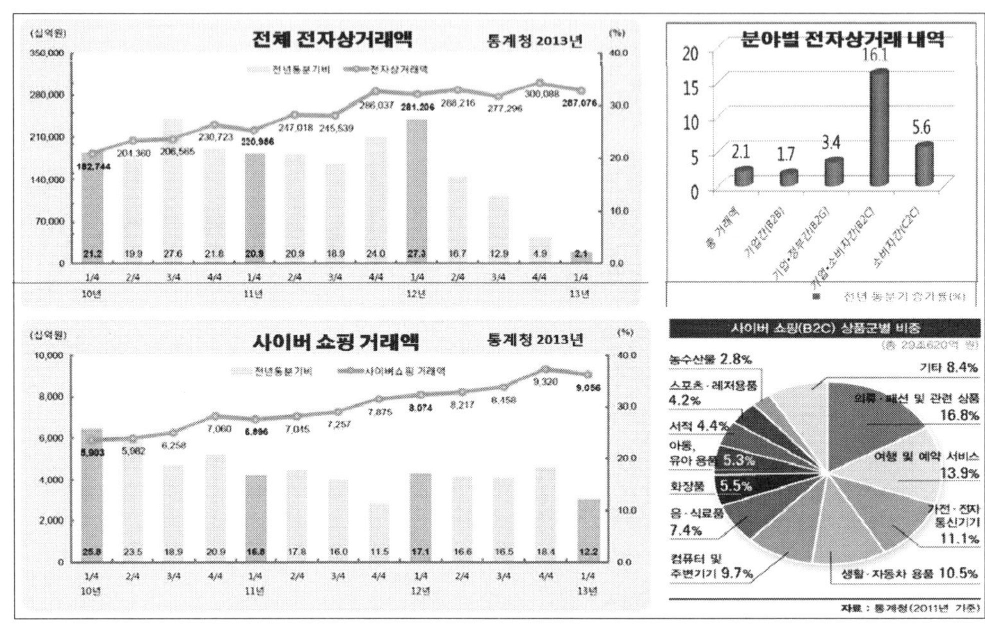

[그림 6-9] 전자상거래 동향

인터넷 시대의 경제 사회 활동(제3장)에서 살펴 본 바와 같이, 대표적 전자상거래 형태에는 3가지 형태가 있습니다. 스마트폰의 대중화와 모바일 결재 또는 전자화폐의 등장으로 새로운 전자상거래의 출현이 기대되고 있기도 합니다.

① **인터넷 쇼핑몰**: 기존의 백화점과 마트 등 쇼핑몰 업체가 인터넷에 사이버 몰을 개설하고 오프라인처럼 상품과 서비스를 판매하는 형태입니다. 오프라인 매장이 그대로 온라인으로 이전한 형태입니다.

② **오픈 마켓**(open market): 문자 그대로 열린 시장으로 인터넷 몰을 개설하고 상품을 판매하고자 하는 업체가 입점하는 형태입니다. 인터넷상의 개방된 백화점 형태로 옥션, G마켓, 인터파크, 11번가 등의 오픈 마켓 사업자가 쇼핑몰을 개설하고 있습니다.

③ **소셜 커머스**(social commerce): 페이스북, 트위터 등 소셜 미디어와 온라인 쇼핑을 연계하여, 소비자의 인맥을 활용하여 마케팅과 물품 구매를 하는 새로운 형태의 전자상거래 형태입니다. 스마트폰의 대중화로 대표적인 모바일 쇼핑 형태로 자리를 잡아가고 있습니다. 쿠팡, 티켓몬스터, 그루폰코리아, 위메이크프라이스(위메프)가 소셜 커머스 시장의 70% 이상을 차지하고 있습니다.

인터넷과 스마트폰의 일상생활화로 언제든지 원하는 물건을 구매하고 결재할 수 있게 되어 쇼핑의 즐거움이 커지고 있습니다. 특히, 언제 어디서나, 이동 중에도 쇼핑할 수 있는 모바일 쇼핑이 급속하게 확대되고 있습니다. 시장 규모도 2013년 1조 3,000억원이 될 정도로 급팽창하였습니다. 앞으로는 스마트폰을 사용하는 쇼핑이 더 확대될 것이 분명합니다.

[표 6-4] 전자상거래 형태 비교

	소셜커머스	오픈마켓	인터넷쇼핑몰
판매대상	상품(용역을 이용할 수 있는 권리 포함)		재화
정보제공자	소셜커머스 사업자	입점 업체	
주요매체사용	특정 인터넷사이트, SNS	특정 인터넷 사이트	
판매계약의 당사자	소셜커머스 사업자와 소비자	입점 업체와 소비자	
판매자 대 소비자	1 대 (N) 대 N(소비자가 판매자)	N : N	1 : N
판매 페이지 작성	소셜커머스 업체가 사진, 문구 등을 작성·편집하여 게재	입점업체가 제공하는 상품의 구성이나 판매페이지 내용에는 관여하지 않음	입점업체 스스로 판매페이지 작성
상품의 구성	서비스의 구성, 가격, 이용조건 등에 적극 관여		각각의 전자상거래 특성에 맞는 재화를 구성, 가격 책정
환불	소셜커머스 사업자(쿠폰환불)	입점 업체	
대금정산	쿠폰의 이용에 따라 판매대금을 정산하되 이용기한까지 이용하지 않은 쿠폰대금은 정산하지 않음	에스크로제도로 판매대금을 일단 수령하고 소비자가 배송확인을 하면 일정 수수료만 제하고 정산	구매안전장치서비스를 통해 소비자로부터 대금 수령

인터넷과 스마트폰은 물품 구매에만 사용되는 것은 아닙니다. 판매자도 인터넷과 스마트폰을 활용하여 홍보와 마케팅을 강화하고 있습니다. 스팸 메시지와 같은 제품 광고를 시도 때도 없이 구매자에게 보내 구매를 충동하고 있습니다. 이러다 보니, 일부 소비자는 광고나 경품에 현혹이 되어 불필요한 상품을 구입하게 되는 일이 많아집니다. 이런 충동구매를 지름신이 강림하였다고 합니다. 많은 소비자가 처음에는 인터넷 쇼핑이 저렴해서 이용하지만, 쇼핑과 결재가 편리하다 보니 충동구매하는 경우가 점점 많아지게 됩니다. TV 홈쇼핑과 인터넷 쇼핑이 일반화되면서 시중보다 싸게 물건을 살수 있다는 점에 현혹되어 필요하지도 않은 물건을 습관적으로 사들이는 이른바 '중독성 쇼핑족'들이 늘고 있습니다. 특히, 젊은 여성들과 주부들 사이에 쇼핑 중독증에 시달리는 사람들이 많다고 합니다. 쇼핑 중독증이란 필요하지도 않은 상품을 사들이고, 쇼핑이 불가능해지면 심리적, 육체적 부작용에 시달리는 상태를 말합니다. 의학계에서는 법적, 가정적, 경제적 문제를 일으키는 쇼핑 중독은 알코올중독과 같은 차원의 정신질환으로 보고 있습니다.

4 온라인 쇼핑 중독의 원인

쇼핑 중독에 빠지는 원인은 개인의 환경과 심리 상태에 따라 아주 다양합니다. 일반적으로 사회는 내면의 인성, 성품이나 가치관보다도 외면으로 나타나는 겉치장으로 사람을 판단하곤 합니다. 외모 지상주의가 판을 치고 있습니다. 그러다 보니, 다른 사람들로부터 인정받기 위해 명품에 집착하게 되고 과도한 쇼핑을 하게 됩니다.

가정이나 사회에서의 소외감, 고독감, 상실감, 자신감 결여, 애정 결핍 등의 부정적 감성에서 도피하고자 또는 관심을 끌기 위한 수단으로 쇼핑에 몰두하는 경우도 있습니다. 방안에 가득 쌓인 물건을 보고 외로움에 대한 위안을 얻는 것입니다. 또는, 주변 사람들에게 새로 산 물건을 과시하여 관심을 끌어보려고 합니다. 자신의 정체성에 대한 혼란과 자신감 부족에서 오는 과잉행동이라고 할 수 있을 것입니다.

인터넷 쇼핑 중독의 직접적인 원인은, 대인 관계의 결핍 또는 부조화로 외톨이가 된 사람이 심한 외로움, 상실감, 우울증을 극복하려고 인터넷의 가상 공간에 몰입하기 때문입니다. 쇼핑 중독은 이러한 사람들의 탈출구로 쇼핑몰을 제공하고 있다 할 것입니다.

온라인 쇼핑 중독의 폐해

쇼핑 중독증에 걸린 사람들은 정신적으로 아주 불안정합니다. 지름신이 강림하여 쇼핑의 환희에 도취하다 보면, 어느새 경제적으로 궁핍해지고 결제 스트레스에 시달리고 우울증이나 강박관념에 시달리게 됩니다. 물건을 사기 직전엔 긴장이 되다가도 사고 나면 속이 후련해지는 등 정신적 기복이 심하고, 평소에는 정서불안, 소화불량, 두통 등에 시달리고 심하면 약물의존, 식이장애, 우울증 등에 빠져 있습니다. 기억력에 장애가 발생하여 산 물건을 제대로 파악도 못하고 쇼핑이 불가능해지면 짜증을 내고 마음이 불안정해 집니다. 이런 상태가 되면 정상적인 사회생활을 하기가 어렵게 됩니다.

과다 지출로 인하여 가정 불화, 가정 파탄의 원인이 되고 주변 사람들에게 피해를 주어 원만한 사회생활이 힘들어 집니다. 물품 대금을 지급하기 위하여 사기를 치거나 도둑질을 하게 되고, 심한 경우에는 살인까지 한 경우도 있다고 합니다.

온라인 쇼핑 중독 대책

온라인 쇼핑 중독에 대한 뾰족한 대책은 없습니다. 쇼핑 중독에 빠지지 않도록 원인을 제거해야 합니다. 자신의 정체성을 분명하게 하고 매사에 자신 있게 임하며 원만한 대인관계를 유지해야 합니다. 외로움이나 우울증의 늪에 빠지지 않도록 긍정적인 생활을 해야 할 것입니다.

인터넷에는 [그림 6-10]과 같은 쇼핑 중독 자가 진단 방법이 많이 있습니다. 온라인 쇼핑 중독이 의심 되면, 자가 진단을 통해 확인해 보는 것이 좋을 것입니다. 만약, 자신이 쇼핑 중독 위험군에 속해 있다면, 신용카드를 없애고, 쇼핑 계획을 확실하게 세우고 쇼핑은 항상 가족과 함께 하도록 합니다. 충동구매를 자제하고 꼭 필요한 것만을 구매하도록 하는 것입니다. 그리고 건전한 취미 활동, 축구 등 야외 그룹 운동, 등산 등 활발한 사회활동으로 원만한 대인관계를 형성하고, 요가, 명상, 독서 등 심리적 안정과 마음을 다스리는 일에 관심을 두도록 합니다. 그러나 쇼핑 중독 증세가 심해지고 사회생활에 문제가 되고 있다면, 즉시 쇼핑 중독 전문가와 상담하고 심리 치료를 받도록 해야 합니다.

'쇼핑 중독' 자가 진단표	
1. 도무지 소비습관을 통제할 수가 없다. 2. 쇼핑할 때 죄책감이 든다. 3. 내가 얼마나 쇼핑을 하는지 잘 모른다. 4. 가족들이 보지 못하도록 쇼핑한 물건을 숨기곤 한다. 5. 쇼핑은 긴장이나 불안감을 풀 수 있는 아주 좋은 방법이다. 6. 사는 물건보다 물건을 사는 행위 그 자체를 더 즐긴다. 7. 우리 집에는 한 번도 사용하지 않은 물건들이 가득하다. 8. 경제적으로 감당할 수 없을 만큼 쇼핑을 많이 한다. 9. 내가 얼마나 쇼핑을 많이 하는지 다른 사람들이 알면 기절할 것이다. 10. 기분을 더 좋게 하기 위해 물건을 산다.	**건전형** 해당 사항 없는 사람, 물건 구매에 대해 매우 실용적인 태도를 지녔다. **기분파** 5, 6, 10번에 하나라도 해당, 충동구매를 하는 경향이 있으며 과시 소비로 이어지기도 한다. **과다 쇼핑** 2, 3, 4, 7, 9번에 하나라도 해당, 일상적으로 쇼핑을 자주하며 중독으로 이어질 가능성이 높다. **쇼핑 중독** 1, 8번에 하나라도 해당, 정신과 상담이나 치료를 받아야 한다.

자료 : 한일장신대 심리치료대학원

[그림 6-10] 쇼핑 중독 자가 진단의 예

6.3.7 스마트폰 중독

버스나 지하철을 타면 대부분의 사람들이 스마트폰에 푹 빠져 있습니다. 모처럼 음식점을 찾은 가족조차도 대화하지 않고 각자 자기의 스마트폰에 열중하는 모습을 자주 보게 됩니다. 컴퓨터 중독, 게임 중독보다도 더 무서운 것이 스마트폰 중독이라는 언론 보도가 이어지고 있고, 심리학자와 의학자들이 참여하는 토론회도 자주 개최되고 있습니다. 대부분의 사람들이 스마트폰에 종속된 중독자로 보이고 스마트폰은 공공의 적이 된 느낌입니다. 긴급한 사회적 이슈가 되고 있는 스마트폰 중독에 대하여 알아보도록 하겠습니다.

스마트 시대의 도래

2007년 1월 애플의 스티브 잡스는 아이폰(iPhone)을 발표하고 6월에 본격적인 판매에 돌입하여 정보기술의 진화에 새로운 역사를 만듭니다. 아이폰은 단순히 기능이 고도화된 핸드폰이 아닙니다. 하드웨어적으로는 시계, 달력, GPS좌표, 나침반, 중력센서, 회전 가속도센서, 카메라, 소리센서, 터치스크린, WiFi, 블루투스가 기본으로 장착되어 하드웨어 융합을 이루었습니다. 무엇보다 중요한 것은, 이러한 하드웨어를 기반으로 다양한 앱(app)을 제공하여 정보와 서비스의 융합을 이루고, 정보기술이 지속적으로 발전할 수 있는 생태 환경을 조성한 것입니다. 아이폰은 전화의 한계를 뛰어 넘어 IT 전반에 혁명적 변화를 가져 왔으며, 우리는 이것을 Post-PC 시대 또는 스마트 시대라고 부릅니다.

아이폰의 등장에 충격을 받은 정보기술은 이후, 고기능의 3세대 스마트폰, 앱 스토어(App Store)와 같은 응용 서비스 생태계, 다양한 형태의 스마트폰, 아이패드(iPad)와 같은 태블릿 PC 등 불과 3~4년 사이에 엄청난 진화를 이루게 됩니다. 4세대 스마트폰이 등장한지 얼마 지나지 않아 5세대가 출현하는 등 스마트 정보기기의 진화가 너무 급격하게 진행되어 2~3개월 지나면 구세대가 되는 시대가 되었습니다.

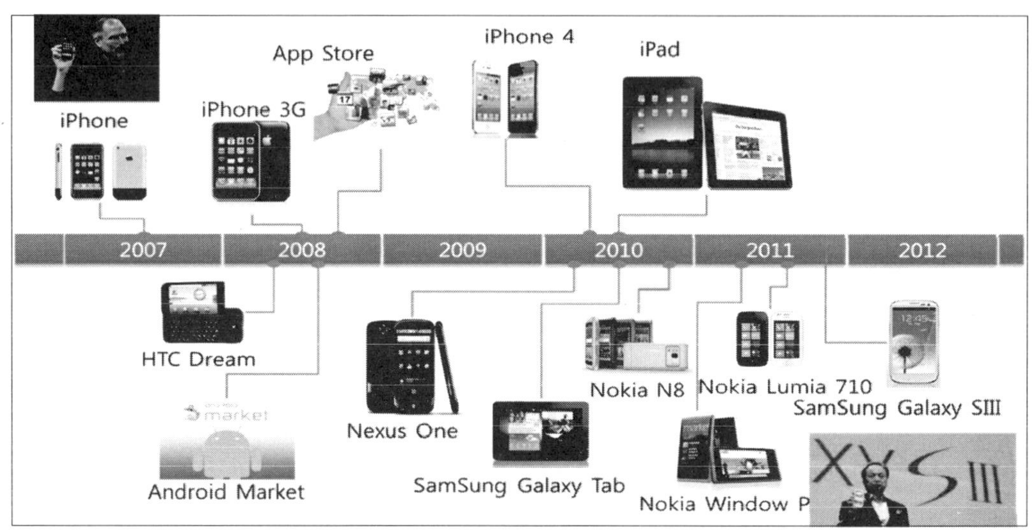

[그림 6-11] 스마트 정보기기의 변천 과정

이후, 스마트 정보기술은 스마트폰을 넘어 모든 정보기술 분야로 확산되었습니다. 핸드폰은 스마트폰으로, PC는 태블릿으로, 게임기는 스마트 게임기로, TV는 스마트 TV 등으로 모든 분야에서 스마트화가 진행되었습니다. 심지어는 스마트 안경, 스마트 워치, 스마트 칫솔, 스마트 양말 등 우리가 사용하는 모든 것이 스마트하게 변화하고 있습니다.

우리 나라는 1990년대 말부터 IT 네트워크 등 기반 인프라를 빠르게 구축하여 명실상부 IT 강국으로서의 면모를 과시하였습니다. 전 세계 국가 중 인터넷 사용인구 비율이 가장 높은 나라, 반도체, 디스플레이, 휴대 전화 등 IT 수출이 국가 전체 수출의 30%를 넘어서는 IT 수출 강국으로 강한 자부심을 갖고 있었습니다. 그러나 2007년 발표된 아이폰이 뒤늦게 2009년에 도입되었지만, 스마트 폰의 등장으로 IT 강국의 자존심이 한 순간에 쑥대밭이 되었습니다. 자만심으로 인하여 시대의 흐름을 파악하지 못했던 것입니다. 스마트 혁명은 갑자기 출현한 것이 아니라, 인터넷 시대의 네트워크와, 유비쿼터스 시대의 이동성, 융합 시대의 혁신적 융합 등의 속성과 지능 정보기술이 융합되어 출현하게 된 당연한 패러다임이라고 할 수 있을 것입니다. 그러나 우리는 이런 시대 변화에 둔감하여 IT 강국이면서도 스마트 혁명을 이끌어내지 못하였습니다. 다행히도 우리의 기술력으로 혁신적 스마트 폰을 개발하여 다시 한번 한국의 저력을 과시하는 계기가 되고 있습니다. 아직도, 스마트 기술의 생태계 구축과 핵심 기술 개발에서는 치열한 노력이 필요합니다.

이제 우리는 정보기술의 혁명을 가져 온 PC 시대를 넘어 제2의 정보기술 혁명, 스마트 혁명 시대에 살고 있습니다. 인터넷의 개발자, 인터넷의 아버지인 빈트 서프는 "이제 인터넷 성장은 컴퓨터가 아닌 휴대전화 사용자 손에 달려있다. 지난 40년이 선(線)에 묶인 인터넷 세상이었다면 향후 40년은 전파를 통해 지구촌 어디나 누구와도 소통하는 무선 사이버의 시대가 될 것"이라고 강조하고 있습니다. 인터넷이 사이버 혁명을 가져 왔다면, 스마트폰은 더 강력한 스마트 혁명을 가져 올 것이라는 겁니다. 스마트폰을 단순히 기능이 많고 편리하게 사용하는 것이 '스마트'라고 생각하기 쉽지만, 스마트폰이 가져다 준 변화는 생각보다 훨씬 거대하며, 앞으로 우리의 삶에 많은 영향 미칠 것이라고 주장하고 있습니다.

스마트 폰 혁명의 주역인 스티브 잡스는 "PC의 종말이 여러 번 예고되었지만, 인터넷과 디지털 미디어로 인해 계속 살아남았고, 이제는 포스트 PC 제품들이 넘쳐나고 있다"고 선언하였습니다. PC의 시대는 끝났고 이제는 스마트폰, 태블릿이 주인공인 포스트-PC 시대가 되었다는 것입니다. 새로운 시대의 개막, 새로운 패러다임의 시작을 선언하고 있습니다.

뒤늦게 스마트폰의 위력을 인식한 빌 게이츠도 "90년대 PC 주도의 IT 활황에 이어, 향후 도래할 모바일 주도의 제2의 IT 활황은, 1차 붐과는 비교할 수 없을 정도의 규모일 것이다"라고 예견하고 있습니다. 이제 스마트폰의 혁명이 거스를 수 없는 시대의 대세가 되었고, 미래사회 변혁의 실행자로서의 역할을 하고 있습니다.

이제는 스마트라는 단어가 들어가지 않으면 관심을 끌지 못하는 시대가 되었습니다. 스마트 홈, 스마트 자동차, 스마트 TV, 스마트 가전, 스마트 콘텐츠, 스마트 캠퍼스, 스마트 러닝, 스마트 뱅킹, 스마트 경영 등등 스마트하지 않을 것이 없을 정도로 스마트라는 단어가 모든 분야에서 화제가 되고 있습니다. 되돌아 보면, 한때는 "최첨단, 인공지능, 디지털"과 같은 단어가 유행처럼 사용된 적도 있습니다. 그러나 스마트는 이런 단어들처럼 한때 유행하다 끝날 것 같지는 않습니다. 왜냐하면, 스마트는 단순한 기술의 진화가 아닌 패러다임의 변화이기 때문입니다.

스마트 기술의 개념

그렇다면, 스마트란 무엇을 의미하는 것일까요? 스마트를 어떻게 정의할 수 있을까요? 스마트가 다양한 관점에서 사용되고 있어 일률적으로 정의하는 것은 불가능합니다. 스마트라는 용어는 기술적인 용어라기 보다는 패러다임 변화와 관련된 용어이기 때문입니다. 그럼에도 불구하고, 스마트를 이렇게 정의하기도 합니다. "기기나 장치에 서비스가 추가됨으로써, 기존에 제공하기 어려웠던 보다 다양하고 차별화된 지능화 서비스를 제공하는 것. 이를 통해 사용자들이 기존과 차별화된 서비스를 느낄 수 있는 것"이 스마트라는 겁니다. 다양하고 차별화된 지능 서비스라면 예전의 인공지능을 생각할 수 있어, 스마트의 개념을 확실하게 부각하고 있지 못하다 할 것입니다. "특정 소프트웨어나 하드웨어의 본래 기능에 추가적인 고도의 정보처리 능력을 갖춘 지능화된 IT 기기" 또는 "똑똑한 기술: 지능 서비스, 전력절감, 친환경 등 고객의 가치를 이끌어 줄 수 있는 융합기술" 도 스마트의 개념을 확실하게 정의하기에는 역부족으로 생각됩니다.

스마트는 그 자체를 정의하기 보다는 연관되는 개념을 생각해 보는 것이, 스마트의 본질을 이해하는데 도움이 될 것입니다. 스마트는 모바일 기반입니다. 이동성이 생명이라고 할 수 있습니다. 스마트는 지능 서비스입니다. 위치, 시간, 상태 등 상황을 인지하여 적합한 서비스를 제공하고, 개인의 선호도에 따라 맞춤 서비스를 제공하는 등 똑똑한 서비스를 제공해야 합니다. 스마트는 상호작용 기술입니다. 사람과 기기, 기기와 기기, 사람과 사람이 상호 소통하는 상호 작용이 이루어집니다. 스마트는 사용자 친화적입니다. 사용자의 컨텍스트(context)나 프로파일에 따라, 서비스가 제어되고 적합한 인터페이스가 제공됩니다. 스마트는 증강 현실 등 다양한 현실 기술을 응용하여 실감나는 경험을 제공합니다. 스마트는 친환경 녹색 기술로 아름답고 풍요로운 자연 환경을 지향하는 기술입니다. 스마트해지면 자원이 절약되고 환경이 살아 납니다. 스마트는 상황인지가 가능합니다. 시간/장소의 제약 없이 사용자와 주변 환경의 컨텍스트를 파악할 수 있습니다. 스마트는 유비쿼터스합니다. 인터넷, 블루투스, 와이파이, LTE 등의 네트워크와 통신 기술로 언제, 어디서든지, 어느 네트워크로나, 어떤 기기로든지, 어떤 서비스라도 제공하는 유비쿼터스 특성을 모두 가지고 있습니다. 유비쿼터스 컴퓨팅이 스마트 기술로 인하여 꽃피고 있다고 할 것입니다.

스마트는 이처럼 다양한 개념을 포괄적으로 표현하는 이 시대 기술의 상징어라 할 수 있습니다. 일반 사용자 입장에서 보면, 스마트 기술은 말만하면 군소리하지 않고 열심히 일해 주고, 말하지 않아도 알아서 원하는 모든 것을 대신하여 주고, 필요한 것 모두 다 가지고 있고, 심심할 때는 언제든지 즐겁게 놀아 주고, 노래하고, 사진 찍고, 하고 싶은 것 모두 할 수 있는 요술 방망이 또는 램프의 요정 지니로 생각될 수 있습니다. 스마트폰은 친구, 동료, 애인, 비서, 보디가드 등 다양한 역할을 하는 동반자로 떼어 놓을 수 없는 사이가 된 것입니다. 그러다 보니, 스마트폰에 과도하게 의지하고 스마트폰에서 떠나지 못하는 스마트폰 중독에 물들게 됩니다.

스마트폰 중독 현상

스마트폰 중독을 한마디로 규정하기는 매우 어렵습니다. 아주 다양한 문제들이 포함되어 있기 때문입니다. 일반적으로 스마트폰 중독이란, 스마트폰 사용으로 생긴 금단과 내성으로 인해 일상생활에 장애가 유발되는 상태로 정의할 수 있습니다. 스마트폰을 가지고 있지 않을 때 불안과 초조해하는 금단 증상, 스마트폰 사용에 적응이 되어 나중에는 많이 사용해도 만족감이 없는 상태에 빠지게 되는 내성 증상, 이런 금단과 내성으로 인해 일상생활에서 쉽게 회복할 수 없는 신체적, 정신적, 사회적 기능의 손상과 피해를 유발하게 될 때 스마트폰 중독에 있다고 할 수 있습니다.

스마트폰 중독은 인터넷 중독보다도 더 위험합니다. 스마트폰은 인터넷뿐만 아니라 다양한 부가적 기능을 가지고 있고 휴대하여 언제든지 항상 사용할 수 있기 때문에 중독에 노출될 기회나 중독의 강도가 더욱 강합니다. 실제로, 2012년 인터넷중독 실태조사(한국정보화진흥원)에서도 인터넷 중독은 7.2%인 반면에 스마트폰 중독은 11.1%로 더 높게 나타났습니다.

특히, 청소년의 경우는 18.4%로 성인의 9.1%에 비하여 두 배 이상 높은 것으로 나타났습니다. 알바천국(www.alba.co.kr)이 전국 대학생 남녀 1,896명을 대상으로 '대학생 스마트폰 이용현황'을 조사한 결과, 대학생 절반(48.3%)은 스마트폰이 없으면 불안하다고 응답했으며, 자신이 스마트폰에 중독됐다고 생각하는 대학생들도 37.3%인 것으로 조사되기도 하였습니다.(2011년 11월) 이런 조사들은 모두 스마트폰 중독이 얼마나 심각하게 확산되고 있는지를 잘 보여 주고 있습니다. 언론에서 스마트폰 중독을 우려하는 기사를 자주 볼 수가 있고 스마트폰 중독으로 인한 폭행, 살인 등 사건, 사고도 종종 접하게 됩니다. 스마트폰 중독은 누구도 피해갈 수 없는 심각한 사회문제가 되고 있습니다.

스마트폰 갖고 노는 아이들, 정신·육체 건강 '빨간불'

국민일보 기사입력 2013-02-04 18:28

맞벌이를 하는 김모(39·여)씨는 퇴근하고 나면 피곤해 딸아이와 놀아주는 대신 종종 스마트폰을 사용하게 했다. 스마트폰을 접한 다섯살 서연이가 친구들과 잘 어울리지도 않고, 스마트폰이 없으면 밥도 먹지 않으려고 하는 등의 행동을 보여 김씨는 걱정이다. 김씨는 "최근 아이의 스마트폰 사용 시간을 줄이기 위해 기기를 빼앗았더니 장난감을 던지는 등 난폭한 행동을 보인다"며 곤혹스러워 한다.

청소년 18.4% 스마트폰 중독…하루평균 7시간 사용

연합뉴스

"사회 뒤바꾼 스마트기기, 제대로 쓰는 법을 고민할 때다"

한겨레 | 기사입력 2013-12-30 20:25 | 최종수정 2013-12-30 21:45

hankooki.com 한국일보

[한국일보 2012.12.28 기사]

[사설/12월 29일] '손 안의 마약' 스마트폰 중독 심각하다

컴퓨터 중독, 게임 중독이 아니다. 이제는 스마트폰 중독이 문제다. 지난해 8% 수준이던 청소년의 스마트폰 이용률이 올해는 50%로 급증했다. 두 명 중 한 명이 스마트폰을 갖고 있다는 얘기다. 내년이면 우리나라 청소년의 80% 이상이 스마트폰으로 인터넷게임도 하고, 각종 영상물도 접하게 된다.

[그림 6-12] 스마트폰 중독 관련 언론 보도

스마트폰 사용자의 77.4%가 특별한 이유도 없이 스마트폰을 자주 확인합니다. 스마트폰에 뭔가 오지 않으면 불안하고 심리적으로 불안정하게 되어 자주 스마트폰을 만지작거리게 됩니다. 안 그런가요? 아니라고 우기겠지만 스마트폰에 중독되어서 그러는 겁니다. 이제 인터넷도 스마트폰으로 아무 때나 접속할 수 있습니다. 스마트폰의 인터넷 사용 평균 시간은 1.7시간으로 조사 되었습니다. 그리고 일일 평균 약 1시간을 소셜 네트워크 서비스를 이용한다고 합니다. 카카오톡의 가입자 수가 대단히 증가하였으므로 이 시간도 더 늘어 났을 것입니다. 그리고 일일 평균 약 54분 게임을 한다고 합니다. 무수히 많은 재미있는 모바일 게임이 무료로 제공되고 있고 스포츠 토토를 모방한 불법 도박성 게임이 유행하고 있어 게임 접속 시간도 증가하였을 것입니다. 전반적으로 일일 평균 약 7시간 스마트폰을 사용한다고 하니, 우리 일상생활에서 스마트폰이 차지하는 부분이 얼마나 큰지를 확실하게 알 수 있을 것입니다.

정부에서는 스마트폰 중독의 확산과 폐해를 방치할 수 없어 스마트폰 중독 예측 지수를 개발한다고 합니다. 스마트폰 중독이 심각함에도 불구하고, 사용자 자신이 얼마나 중독되어 있는지를 제대

로 인지하지 못하여 중독에 물들고 있기 때문입니다. 예측 지수를 통해 자신의 중독 수준을 미리 파악할 수 있도록 하자는 것입니다.

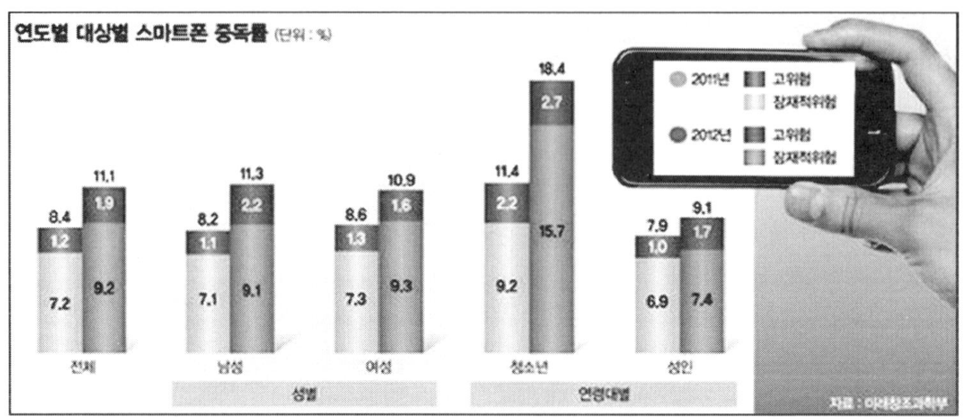

[그림 6-13] 스마트폰 중독률(2012년 인터넷중독 실태조사: 한국정보화진흥원)

스마트폰 중독이 사회문제화 됨에 따라 다양한 조사, 통계, 연구가 진행되고 있습니다. 그 중에 스마트폰 중독의 구체적 증상을 조사한 것이 있습니다. 조사에 의하면 스마트폰 중독자는 다음과 같은 행태를 보인다고 합니다.

- 언제 어디서나 스마트폰을 손에서 놓지 않는다.(68.10%)
- 받아 놓고 사용하지 않는 앱이 10개가 넘는다.(59.60%)
- 컴퓨터 웹서핑보다 스마트폰 웹서핑이 편하고 좋다.(31.20%)
- 스마트폰 사용자끼리 만났을 때, 스마트폰 이야기만 한다.(18.40%)
- 스마트폰 액서사리 구입을 위해 투자를 아끼지 않는다.(17%)
- 스마트폰 요금을 지불하기 위해 생활비를 줄인다.(11.30%)

이런 현상은 스마트폰 중독자에게 공통적으로 나타나는 현상입니다. 혹시, 자신에게 이런 현상이 있지는 않는지 생각해 보기 바랍니다.

4 스마트폰 중독의 폐해

스마트폰 중독으로 인한 개인적, 사회적 폐해가 날로 늘어나고 있습니다. 지하철에서는 스마트폰에 열중하여 스크린 도어에 끼이는 사고가 자주 발생하고 있고, 횡단 보도에서는 교통신호를 못보고 길을 가다 교통사고로 사망하는 일도 있었습니다. 뿐만 아니라, 스마트폰에 몰두하던 한 초등학생이 이를 꾸짖던 엄마와 심하게 다툰 뒤 옥상에서 투신해 숨진 사건도 있었습니다. 스마트폰 중독의 폐해에 대한 다양한 관점의 논란이 많이 있습니다. 여기서는 개인에 미치는 폐해를 중심으로 알아보도록 하겠습니다.

- **스마트폰 상실 공포증**: 스마트폰에 전화나 메시지가 오지 않으면 공연히 이유 없이 스마트폰에 손이 가면서 안절부절, 불안, 초초, 우울해져 자주 짜증을 내게 됩니다. 화장실 갈 때나 세수할 때도 스마트폰을 꼭 옆에 두어야 안심이 됩니다. 스마트폰이 없거나 스마트폰과 떨어져 있기를 두려워하는 현상을 노모포비아(nomophobia)라고도 합니다.
- **디지털 치매**: 모든 것을 스마트폰에 의존하다 보니 인지 능력이 급속하게 저하됩니다. 간단한 계산도 할 줄 모르게 되고, 집 주소나 전화 번호와 같은 단순한 것도 기억하지 못합니다. 네비게이션이 없으면 위치나 방향을 파악할 수 없고, 스마트폰의 도움 없이는 아무 것도 할 줄 모르게 됩니다. 이를 디지털 치매에 걸렸다고 합니다. 사고 능력 저하, 기억 능력 저하와 건망증, 방향 감각 상실, 집중력 저하, 문제 해결 능력 상실 등 인지 부조화가 초래됩니다.
- **스마트폰 피로 증후군**: 시도 때도 없이 울리는 문자 메시지나 소셜 네트워크 소리에 엄청 스트레스를 받게 됩니다. 무시하자니 찜찜하고 왕따 당할 가 걱정되고, 일일이 응답하자니 스트레스가 엄청 쌓이게 됩니다. 스마트폰으로 인한 스트레스 피로가 정신 건강을 해치는 수준까지 상승되고 있습니다.
- **몽유 문자병**: 대부분의 사람들이 잘 때도 걱정이 되어 스마트폰을 머리맡이나 품 속등 바로 곁에 스마트폰을 두고 잔다고 합니다. 잠결에 오는 메시지나 스마트폰 동작 소리는 수면의 질을 떨어뜨리게 됩니다. 스마트폰 스트레스가 심하면, 잠결에 문자를 보내고도 이를 기억하지 못하는 몽유 문자병(sleep texting)에 시달리기도 합니다. 실제로 이런 일들이 일어나고 있습니다.
- **화면 불면증(screen insomnia)**: 스마트폰의 밝은 화면이 취침을 방해하여 불면증을 일으킵니다. 인간의 뇌는 밝은 불빛을 보면 한낮이라고 착각합니다. 잠자리에서 스마트폰을 사용하면 불면증에 시달릴 수도 있습니다.
- **주의력결핍 과잉행동장애**: 앞서 이야기한 노모포비아와 디지털 치매 등으로 심리적 인지 부조화와 짜증, 버럭과 같은 충동적 과잉행동을 하게 됩니다. 이를 주의력결핍 과잉행동장애(ADHD: attention deficit hyperactivity disorder)라 하는데 아주 잘 알려진 현상입니다. ADHD는 학업, 사회활동, 대인관계에 치명적인 영향을 미치고, 기분장애, 불안장애, 해리성 장애 또는 인격장애를 야기하기도 합니다. 많은 청소년들이 스마트폰 중독으로 이런 현상을 보이고 있어 우려가 됩니다. ADHD는 심한 경우에는 정신 분열증을 유발하는 등 아주 위험한 증상입니다.
- **신체 이상 및 질병**: 장시간 스마트폰을 사용하면 시력저하, 손가락 피로 또는 손 관절 이상은 물론이고, 오랫동안 스마트폰 화면을 주시하고 있으면 긴장으로 인한 안구 건조증, 자세 불안정으로 인한 거북목 증후군 등의 신체 이상이 발생합니다.
- **발달 장애**: 스마트폰에 열중하면서 말을 하지 않게 되니, 언어 발달이 지연되고 학습 기능이 저하되는 등 발달 장애가 생깁니다. 특히, 유아나 청소년의 두뇌 발달에 스마트폰이 심각한 악영향을 주는 사례가 많이 보고되고 있습니다. 미국에서는 두 살 이하 어린이에게 스마트폰을 금지하고 7살 이상 어린이도 하루 2시간 이하로 사용할 것을 강력히 권고하고 있습니다.
- **인지 혼란**: 스마트폰 소리가 나거나 진동하는 것처럼 느껴져 전화기를 찾아보았지만 그 자리에 전화기가 없던 경험이 있나요? 만약 그렇다면 유령 진동 증후군을 겪고 있는 것입니다. 스마트폰 중독이 되어 무의식적으로 스마트폰이 동작하는 것으로 착각하게 된 것입니다. 몽유 문자병과 유사한 형태라 할 수 있겠습니다.

- **셀카 자아도취:** 자기 사진을 찍어서 온라인에 올리고 다른 사람들에게 "다들 나 좀 바라봐!"라고 이야기하는 것이 언제부턴가 일상적인 일이 되었습니다. 자칫 하면 자아 도취감에 빠져 식음을 전폐하고 셀카를 올리게 됩니다.

이외에도 강박관념, 외톨이, 무관심과 무기력 등 부정적인 심리 상태에 빠지게 됩니다. 스마트폰과 관련된 사회적 이슈 중 하나로 팝콘 브레인(popcorn brain)이 있습니다. 스마트폰에 중독된 사람의 두뇌는 팝콘처럼 작동한다고 합니다. 스마트폰 게임 같은 빠르고 강한 정보와 자극에 익숙해져 현실 세계의 느리고 약한 자극에는 반응하지 않는다고 합니다. 쉽게 설명하면, 팝콘을 만들 때처럼 자극이 약하면 가만히 있다가 자극이 강해지면 팝콘 튀기는 것처럼 팍팍 동작한다는 것을 말합니다. 팝콘 브레인 상태에서는 청각이 둔해져 말을 알아 듣지 못하고, 시각이 둔해져 사물 인식능력이 저하되고, 후각, 촉각 등 오감이 퇴화되어 두뇌의 정상적 인지기능 마비와 지능발달 저하를 초래한다 합니다. 스마트폰 중독에 빠진 어린이나 청소년에게 특히 두드러지게 나타난다고 합니다. 조그마한 잔소리나 지시에도 버럭 성을 내고 참지 못하고 안절부절 하는 것도 팝콘 브레인 때문이라고 합니다. 두뇌 활동에까지 영향을 주고 있는 스마트폰 중독의 폐해에 경각심을 가져야 할 것입니다.

스마트폰 중독 자가 진단

스마트폰 중독은 청소년이나 어느 특정인만의 문제가 아닙니다. 스마트폰 사용자 모두는 잠재적 중독 위험 상태에 있다고 할 것입니다. 직장에서 촉망 받는 유능한 직원이 스마트폰 중독으로 사회생활을 그르치거나, 성실한 대학생이 스마트폰 중독으로 인하여 범죄를 저지르는 사건도 있었고, 착실한 중고생이 스마트폰 중독 때문에 학업을 망치기도 합니다. 이들도 스마트폰 중독에 빠지기 전에는 모두 좋은 사람들 이었습니다.

스마트폰 중독의 폐해가 크므로 스마트폰 사용자는 자신이 스마트폰 중독 상태에 있지는 않은지 자진해서 살펴보아야 할 것입니다. 인터넷 중독 대응 센터(http://www.iapc.or.kr) 등 많은 공공단체에서 자가 진단 서비스를 제공하고 있으니 활용하기 바랍니다. 모든 중독이 그러하듯이, 조기에 발견하면 효과적으로 치료할 수 있습니다.

스마트폰에 중독된 정신 상태의 사람이 어떤 행동을 할 것인가를 예측하는 것은 아주 어려운 일입니다. 또 그런 사람을 그대로 방치하는 것은 개인, 가정, 사회 모두에게 위험한 문제가 될 수 있습니다. 스마트폰 중독이 의심되면 전문가와 상담, 상의하여 조치해야 할 것입니다.

[그림 6-14] 스마트폰 중독 진단(인터넷 중독 대응 센터: http://www.iapc.or.kr)

요 약

- 중독이란, 다음과 같이 정의합니다.
  - 생체가 음식물이나 약물의 독성에 의하여 기능 장애를 일으키는 일
  - 술이나 마약 따위를 지나치게 복용한 결과 그것 없이는 견디지 못하는 병적 상태
  - 어떤 사상이나 사물에 젖어 버려 정상적으로 사물을 판단할 수 없는 상태
- 중독의 유형에는 다음 두 가지 형태가 있습니다.
  - 물질 중독: 니코틴(담배) 중독, 알코올 중독, 마약 중독 등 특정 물질에 의존
  - 행위 중독: 도박 중독, 인터넷 중독, 채팅 중독 등 특정한 활동이나 시간에 의존
- 인터넷 중독이란, 정보 이용자가 지나치게 인터넷에 접속하여, 그로 인하여 일상생활에 심각한 정신적, 육체적 및 사회적 지장을 받고 있고, 이러한 증상들이 지속해서 반복적, 만성적으로 나타나 일상생활에 커다란 지장을 초래하고 있으며, 과도한 의존성, 내성 및 금단 증상을 보이는 상태를 말합니다.
- 인터넷 중독의 유형은 정보 검색 중독, 채팅과 SNS 중독, 사이버게임 중독, 사이버섹스 중독, 사이버거래 중독 등의 형태가 있습니다.
- 인터넷 중독의 부작용으로는 은둔형 외톨이, 리셋 증후군(reset syndrome), 포맷 증후군(format syndrome), 닌텐도 증후군(Nintendo syndrome), VDT 증후군(VDT syndrome)등이 있습니다.
- 인터넷을 목적에 맞게 제대로 사용하고, 현실 세계에서 이루어지지 않은 욕망을 인터넷에서 찾으려고 하거나 현실 세계의 도피 공간, 또는 욕망의 해방구로 인터넷을 사용하지 않는다면, 인터넷 중독은 예방이 가능합니다.
- 정보 검색 중독은 특정한 이유나 목적 없이 인터넷 웹 사이트를 이리저리 옮겨 다니면서 기웃거리고, 자극적이고 신기한 정보를 탐닉하는 것입니다.
- 블로그 중독은 블로그의 매력에 빠져 자신의 일상 활동을 과시적으로 공개하거나 블로그의 댓글을 통해 다른 이용자와 채팅에 몰입하는 사람들입니다. 일부는 자신도 파워 블로거가 되어 보겠다는 생각에 식음을 전폐하고 블로그 운영에 매달리기도 합니다.
- 인터넷 게임 중독(Internet game addiction)이란, 온라인 컴퓨터 게임 또는 비디오 게임에 과도하게 몰입하여 학업이나 업무, 직장과 가정 그리고 대인관계에 지대한 영향을 끼치고, 현실과 가상 공간을 구분하지 못하게 되는 등의 심각한 문제를 야기하는 것을 말합니다.
- 인터넷 게임 이용 규제 제도로는 강제적 셧다운(shutdown)제도, 선택적 셧다운 또는 게임시간 선택제, 쿨링오프(cooling off) 제도가 있습니다.

- 음란물 중독은 음란 사진, 음란 동영상, 야한 소설, 야한 만화 등 음란물을 집착적으로 보는 행위, 성인 채팅방에 가입하여 성적 대화 나누기에 집착하는 행위, 화상 채팅을 하면서 성적 대화와 신체를 보여 주는 행위, 포르노를 즐기고 섹스 관련 인터넷 방송을 시청하기, 소셜 네트워크에서 만난 사람과 성적 대화하기 등 인터넷 상에서 과도하게 성적 행동에 집착하고 몰두하는 것을 말합니다.
- 대표적 전자상거래의 3가지 형태로 인터넷 쇼핑몰, 오픈 마켓(open market), 소셜 커머스(social commerce) 등이 있습니다.
- 온라인 쇼핑 중독증이란 필요하지도 않은 상품을 사들이고, 쇼핑이 불가능해지면 심리적, 육체적 부작용에 시달리는 상태를 말합니다. 의학계에서는 법적, 가정적, 경제적 문제를 일으키는 쇼핑 중독은 알코올중독과 같은 차원의 정신질환으로 보고 있습니다.
- 스마트폰 중독이란 스마트폰 사용으로 생긴 금단과 내성으로 인해 일상생활에 장애가 유발되는 상태로 정의할 수 있습니다.
- 스마트폰이 없거나 스마트폰과 떨어져 있기를 두려워하는 현상을 노모포비아(nomophobia)라고도 합니다.
- 스마트폰 중독이 개인에 미치는 폐해는 스마트폰 상실 공포증, 디지털 치매, 스마트폰 피로 증후군, 몽유 문자병, 화면 불면증(screen insomnia), 주의력결핍 과잉행동장애, 신체 이상 및 질병, 발달 장애, 인지 혼란, 셀카 자아도취가 있습니다.

참고문헌

- 한국정보화진흥원 (2012), 2012년 인터넷 중독 실태 조사, 2012.12.
- 한국청소년정책연구원 (2012), 2012년 청소년 유해환경 접촉 종합실태조사, 여성가족부.
- 한국청소년정책연구원 (2009), 청소년의 게임중독 예방을 위한 가족단위 여가프로그램 활성화 방안, 연구보고서 09-R11, 한국청소년정책연구원, 2009.12.
- 성경제 (2012), "소셜커머스 시장 현황 및 법적 문제", KAIST 공정거래연구센터 뉴스레터, pp. 1-11.
- 오강탁 · 이제은 (2012), "스마트 라이프 혁명의 실제와 스마트폰 중독", Internet and Information Security 제3권 제4호, pp. 21-43.
- 이기봉 (2011), 청소년 온라인게임중독 실태와 대응방안, NYPI YOUTH REPORT, Vol.28, 한국청소년정책연구원, 2011.11.
- 방송통신위원회 · 한국인터넷진흥원 (2013), 2013년 인터넷 이용자 실태 조사, 한국인터넷진흥원.
- 한국콘텐츠진흥원 (2012), 2012 게임 이용자 조사 보고서.

확인학습

01. 인터넷 중독의 원인이 아닌 것은 무엇인가?

① 놀이 문화가 부족하기 때문에
② 개인의 PC 활용 능력 증대로 인하여
③ 개인의 약한 자아 존중감으로 인하여
④ 사이버 공간에서의 재미와 호기심 때문에

02. 다음에서 설명하는 용어는 무엇인가?　　블로그

인터넷을 의미하는 웹(web)과 자료를 뜻하는 로그(log)의 합성어인 웹 로그(weblog)를 줄인 말이기 때문에 초기에는 웹 로그라는 이름으로 통용되었으며, 개인이 이것을 생성하여 관심 있는 정보를 올려놓고 활용할 수 있다는 장점이 있다.

03. 인터넷 중독을 예방하기 위한 방법으로 틀린 것은 무엇인가?

① 다양한 취미 활동을 찾고 개발한다.
② 게임을 할 때는 여러 명이 함께 한다.
③ 인터넷 사용 전 이용 목적과 시간을 정해 놓는다.
④ 자가 진단을 이용하여 사전에 중독의 징후를 발견한다.

04. 다음에서 설명하고 있는 제도는 무엇인가?　　셧다운제도

온라인게임 서비스 이용시간을 일부 제한하는 제도이다. 일정 시간이 지나면 온라인 게임 화면에 경고 문구가 나타나고 성인인증을 받지 않은 계정은 접속이 차단된다. 태국과 중국에서는 이 제도를 도입하여 실행하고 있다.

05. 다음 중 '인터넷 중독'에 대한 설명이 틀린 것은 무엇인가?

① 강박적 집착과 사용, 내성과 금단, 일상생활 장애, 신체적 증상이 나타난다.
② 인터넷 중독 시 인터넷중독예방상담센터나 아이윌센터 등 전문상담 기관에서 도움을 받을 수 있다.
③ 정보검색, 증권거래, 웹서핑 등은 강박적으로 사용한다고 하더라도 사회적으로 가치 있고, 목표지향적인 행동이므로 중독이 아니다.
④ 인터넷 중독을 예방하기 위해서는 인터넷 접속시간을 확인하고 인터넷 보다 더 재미있는 활동을 찾아 개발하고, 컴퓨터를 사용하지 않는 날은 하루 정하여 지킨다.

06. 다음은 인터넷 중독에 이르는 과정이다. 2단계에서 (   ) 안에 들어갈 단어는 무엇인가?

[1단계] 인터넷 심취 → [2단계] 인터넷을 통한 (   ) → [3단계] 현실탈출

① 우울증상　　② 대리만족
③ 목표성취　　④ 시간왜곡

07. 다음에서 설명하고 있는 제도는 무엇인가?

여성가족부에서 실시하고 있는 제도로 만 16세 미만의 청소년에게, 밤 12시부터 오전 6시까지 인터넷 게임의 일부 접속을 차단하는 기술적 조치

① 게임셧다운제도
② 게임시간제한제도
③ 게임접속제한제도
④ 게임시간관리제도

08. 다음 중 게임중독의 특징은 무엇인가?
① 레벨을 높이면서 경쟁적이 된다.
② 채팅을 통한 일회성 만남을 즐긴다.
③ 잘못된 성의식이 생기거나 비행의 원인이 된다.
④ 대부분 정보를 모은다는 생각으로 시작하게 된다.

09. 인터넷 중독을 예방하기 위한 실천방안으로 적절하지 않은 것은 무엇인가?
① 외부에서 할 수 있는 취미활동을 늘린다.
② 인터넷 사용 전 사용목적과 시간을 정해 놓는다.
③ 인터넷 중독 척도를 통해 자신의 상태를 파악한다.
④ 닌텐도나 스마트폰 등 다양한 미디어 사용을 늘린다.

10. 인터넷 중독의 부작용으로 컴퓨터를 포맷(format)하면 컴퓨터 속도가 빨라지고 기분이 좋아지는 것처럼, 기분이 좋아지도록 모든 것을 초기화 하는 현상으로 일상생활을 기분이 좋아지도록 포맷해서 초기화하기 때문에, 복잡하고 어려운 일을 기피하고 단순하고 쾌락적인 일만 추구하게 되는 현상은 무엇입니까?

포맷 증후군(format syndrome)

11. 청소년 사용자가 인터넷 게임에 접속해 게임을 2시간 이용하면 10분 쉬는 제도입니다. 또한 일일 총 4시간이상 게임하면 자동 차단하는 제도는?

쿨링오프(cooling off) 제도

12. 검색 중독을 예방하기 위한 방법이라고 보기 어려운 것은?

① 주로 방문하는 사이트를 파악하고 머무는 시간과 방문횟수를 기록한다.
② 컴퓨터를 사용하기 전에 사용목적을 간단히 메모해 둔다.
③ 관심분야의 새로운 정보는 무조건 다운로드한다.
④ 한 달에 1번 정도 자신이 다운로드한 파일을 정리하고 점검해 본다.

13. 인터넷 중독을 예방하기 위한 방법이라고 보기 어려운 것은?

① 조기 징후를 발견하는 데 집중해야 한다.
② 중독 징후를 발견하면 반드시 스스로 해결해야 한다.
③ 인터넷 사용 시간을 일정하게 정하여 준수한다.
④ 혼자서 컴퓨터를 사용하는 것을 자제한다.

14. 다음 중 컴퓨터 게임의 긍정적 효과라고 보기 어려운 것은?

① 자신감증가 ② 어학실력향상
③ 집중력향상 ④ 시력향상

15. 인터넷에 매달려 컴퓨터를 끄고 나오기가 점점 힘들어지며, 종전보다 더 많은 시간을 인터넷에 매달려 있어야 만족을 느끼게 되는 증세를 무엇이라고 하는가?

① 내성 ② 탈억제
③ 금단현상 ④ 의존성

제7장 사이버 범죄와 인터넷 윤리

인간은 욕심, 증오, 분노, 갈등 등 여러 가지 이유로 인하여 범죄를 하게 됩니다. 인류 역사를 보면 어느 한 순간에도 범죄가 발생하지 않은 적이 없었습니다. 사회가 발달하면 발달할수록, 사람들간의 이해관계가 더 복잡해지고 계층간의 대립이 더 첨예하게 되어 끊임없이 범죄가 발생하게 됩니다.

범죄는 기술과 사회 발전에 따라 변화되어 왔습니다. 칼, 총 같은 기술이 범죄의 도구가 되기도 하고, 은행이나 보험이 일반화되면서 금융 범죄와 보험사기 같은 신종 범죄가 나오기도 하였습니다. 인터넷 기반의 지식정보 사회가 정착되면서, 인터넷 공간에서 컴퓨터를 이용한 새로운 범죄가 출현하고 있습니다. 이런 범죄를 총칭하여 사이버 범죄라고 합니다. 이 장에서는 지식정보 시대의 새로운 형태의 범죄로 확산되고 있는 사이버 범죄에 대하여 알아보도록 하겠습니다.

사이버 범죄의 개념, 유형, 특성 등 전반적인 개요에 대하여 알아보겠습니다. 사이버 범죄에는 다양한 형태가 있는데, 이를 사이버 폭력과 인터넷 사기의 2가지 유형으로 나누어 고찰하고자 합니다. 사이버 범죄의 예방과 대응 방법 등 인터넷 윤리적 측면의 문제도 살펴보도록 하겠습니다.

7.1 사이버 범죄 개요

인간 사회에서 범죄는 근절할 수 없는 숙명적 문제입니다. 범죄는 개인, 사회, 국가의 발전을 저해하고 파괴하는 대표적 유해 행위입니다. 사이버 공간의 등장과 더불어, 현실 공간의 범죄가 사이버 공간으로 이전하여 우후죽순으로 확산되고 있어 새로운 위협으로 등장하고 있습니다. 사이버 범죄의 실상을 알아보겠습니다.

7.1.1 사이버 범죄 동향

인터넷의 출현으로 만들어진 사이버 공간은 우리에게 새로운 생활공간으로 다가왔고, 이제는 없어서는 안될 생활의 중요한 부분이 되었습니다. 사이버 공간은 소통과 대화를 위한 공간, 언제든지 가르치고 배울 수 있는 교육의 공간, 물품을 사고 팔 수 있는 시장과 같은 공간, 영화나 만화를 보고 감상할 수 있는 문화의 공간, 사회문제나 이슈를 허심탄회하게 논의하는 대화의 공간, 취미, 게임과 오락을 위한 놀이의 공간 등 다양한 모습을 가지고 있습니다. 사이버 공간은 이러한 다양성을 기반으로 우리 사회가 편리하고 풍요로운 미래사회로 나가도록 근본적으로 혁신하고 있습니다.

인간사회는 모든 사람이 인간다운 생활을 누릴 수 있도록 자유와 권리를 보장하고, 혼란, 싸움, 파괴로부터 정의를 실현하기 위해서는 반드시 내부 질서 유지가 필요합니다. 이러한 필요성에 의해 사회 질서를 유지하기 위한 여러 규칙을 만들었고, 법은 모든 사람들이 의무적으로 지켜야 할 규칙을 명분화 한 것입니다. 법에서는 허용되는 행동과 허용되지 않는 행동을 설정하고 규제하고 있습니다. 법에서 허용되지 않는 행동을 범죄라고 합니다.

그런데 사이버 공간에서 생활하는 시간이 늘어나면서 폭력, 명예 훼손, 사기 등 현실 공간에 발생하던 범죄가 점차 사이버 공간에서 확산되고 있습니다. 또한, 사이버 공간의 특성을 악용하는 해킹, 사이버 테러, 개인정보 침해 등 신종 범죄까지 가세하고 있습니다. 경찰청 사이버테러 대응센터의 통계에 의하면, 인터넷 확산기인 1997년에 121건이던 사이버 범죄는 인터넷이 생활화된 2004년 77,099건으로 8년간 무려 638배가 증가된 것을 볼 수 있습니다. 이처럼 사이버 범죄는 현실 공간의 재래적 범죄보다도 급속하게 팽창하고 있어 심각성을 더해 주고 있으며, 시급한 대책이 마련되어야 할 것입니다. 사이버 범죄의 대표적 사례 몇 가지를 살펴보도록 하겠습니다.

사례 1: 인터넷 사기(문화일보, 2013년 5월 10일)
부산 남부경찰서는 카지노 도박자금을 마련하기 위해 인터넷에서 중고물품 구매를 원하는 280여 명을 상대로 무차별적으로 사기행각을 벌인 혐의(사기)로 조모(28) 씨를 구속했다. 조 씨는 최근까지 인터넷 중고시장 카페에서 레고 장난감, 노트북, 녹즙기, 휴대전화 등의 구매를 원하는 사람들에게 적합한 물건을 팔 것처럼 속여 280여명에게서 1억2,000만원을 받아 챙긴 혐의를 받고 있다.

인터넷 사기는 현실 사기보다 쉽고 강력한 효과가 있으며 검거가 쉽지 않은 점을 악용하여 더욱 증가하고 있다.

사례 2: 사이버 폭력(뉴스1, 2013년 6월 7일)
카카오톡 같은 모바일 메신저를 이용한 학교폭력이 급속히 퍼지면서 올해 들어 서울에서 사이버 모욕 등 무형의 학교폭력으로 검거된 가해학생이 7배 가까이 증가한 것으로 나타났다. 단순폭력은 지난해 1,046명에서 562명으로 46.3% 줄어든 반면 사이버 모욕 등 무형의 폭력은 같은 기간 12명에서 91명으로 658%나 급증했다. 학생들의 스마트폰 사용이 보편화되면서 신종 카카오톡 왕따 같은 모바일 메신저 학교 폭력이 크게 늘고 있기 때문이다.

현실 공간의 물리적 폭력이 사이버 공간의 정신적 폭력으로 이동되고 있다. 정신적 폭력은 치유하기 어려운 후유증과 부작용을 유발하므로 물리적 폭력보다도 심각한 문제이다.

사례 3: 사이버 스토킹(중앙일보, 2009년 9월 16일)
여대생 P씨는 이메일을 열어보곤 깜짝 놀랐다. "당신의 나체 사진을 인터넷에 뿌리겠다"는 내용 때문이었다. 정체불명의 네티즌은 "3백만원을 달라"는 요구도 덧붙였다. 이런 메일은 이달 초까지 35차례나 계속됐다. P씨는 컴퓨터를 켤 때마다 공포감에 사로잡혔고, 결국 경찰에 신고했다. 경찰은 메일 계정 등을 추적한 끝에 서대문구에 사는 K씨를 붙잡아 사이버 스토킹을 한 혐의로 구속영장을 신청했다. K씨는 경찰 조사에서 "인터넷에 돌던 이씨의 학생증 사진 등을 입수한 뒤 정보검색을 통해 메일주소, 인적사항까지 알아내 계속 메일을 보냈다"고 말했다.

사이버 스토킹은 이메일만으로 가능하기 때문에 윤리의식이 결여된 사람들이 범죄의 유혹에 쉽게 빠져 들게 된다. 사이버 스토킹이 심해지면 성폭력이나 살인 등의 흉악 범죄로 발전하기도 한다.

사례 4: 사이버 협박(스포츠한국, 2012년 1월 22일)

서울 강남경찰서는 김연아의 소속회사 홈페이지에 '김연아 선수 관련하여 어떤 방송광고도 막아야 한다'는 글을 게시하고, 관리자에게 매일 1-2회 정도 '김연아의 광고가 방송되면 김연아와 가족의 목숨도 안전하지 않다'는 등의 협박성 이메일을 전송한, 피의자 최 모씨를 '정보통신망 등 이용촉진 등에 관한 법률' 위반혐의로 입건하였다.

다른 사람을 의식하지 않고 양심의 가책을 덜 느끼면서 아무에게나 협박할 수 있는 것이 사이버 공간이다. 협박범은 사이버 공간의 익명성, 비대면성에 숨어서 알지 못하는 불특정 다수에게 무차별 협박을 일삼을 수 있으므로 심각한 사회문제이다. 협박을 당하는 사람은 보이지 않는 협박범으로부터 위협을 받게 되기 때문에 심한 두려움을 느끼게 된다.

사례 5: 사이버 도적(경찰청 사이버테러 대응센터)

경기 화성동부경찰서 사이버 범죄수사팀은 2012년 3월 인터넷 게임 '리니지' 계정을 판매하는 사람들의 주민등록번호로 위조 신분증을 제작하여 휴대전화를 개통한 후, 휴대전화로 본인인증을 거쳐 피해자들의 계정에 무단 접속하여 게임 아이템(싯가 1억6천만원 상당)을 가로 챈 피의자 백 모씨 등을 검거하였다.

사이버 공간에서도 물건을 훔칠 수 있다. 게임 아이템, 포인트, 마일리지 등 무형의 재산이 표적이 되고 있다.

사례 6: 파밍(파이낸셜 뉴스, 2013년 12월 30일)

부산진경찰서는 파밍, 메모리 해킹 등의 수법으로 돈을 빼돌린 혐의로 보이스 피싱조직 국내 총책인 조선족 김모씨 등 일당 3명을 불구속 입건했다. 김씨 등은 중국에 보이스 피싱 콜센터를 차려놓고 악성코드를 이용해 금융정보를 훔치는 '메모리 해킹'이나 가짜 금융기관 홈페이지로 접속을 유도해 금융정보를 빼내는 '파밍' 등의 수법으로 피해자 7명으로부터 1억3천만원 상당액을 빼돌린 혐의를 받고 있다.

정보기술과 이용자의 허점을 노린 새로운 형태의 사이버 범죄가 속속 등장하고 있다. 보이스 피싱, 피싱(phishing), 파밍(pharming), 스미싱(smishing) 등 새로운 범죄가 개발되고 있다. 사이버 범죄는 정보기술처럼 지속적으로 진화하고 있는 것이다.

사례 7: 사이버 성폭력(경찰청 사이버테러 대응센터)

스마트폰에 '△△오톡'이라는 채팅프로그램을 설치하고 불특정 가입자에게 말을 걸어 상대방이 여성임을 확인한 후, 자신의 성적 욕망을 만족시킬 목적으로 성폭력 동영상 등을 불특정 다수 여성에게 전송하여 성폭력한 사람이 검거되었다.

스마트폰 등 정보기술의 발전으로 음란물 제작, 유포가 손쉬워지고 성에 대한 개방적인 사회 분위기로 인하여 사이버 성폭력이 확산되고 있다. 특히, 청소년을 대상으로 한 성폭력이 확산되고 있어 사회문제가 되고 있다.

사례 8: 사이버 테러(2013년 3월 20일)

KBS와 MBC, YTN 등 국내 주요 방송사와 신한은행, 농협 등 주요 금융기관의 사내 전산망이 동시에 마비되는 초유의 사태가 빚어졌다. 농협은 사태 발생 직후 영업점을 포함한 모든 사무소의 PC, 단말기 및 자동화 기기의 랜선을 분리하도록 조치하였다. 신한은행도 전산망이 마비됐지만, 모두 복구했다며 인터넷 뱅킹과 스마트 뱅킹, 은행 창구거래 등 모든 거래가 정상화됐다고 밝혔다. 정부는 방송사와 은행 전산망 마비 사태와 관련해 국가안보실을 가동하며, 북한의 사이버 테러 가능성 등 다양한 시나리오를 염두에 두고 상황을 파악 중이지만 북한의 개입 여부는 밝혀지지 않았다.

사이버 테러는 일시에 사회 전체를 마비시킬 수 있어 국가 안보와 직결된 문제이다. 현재는 공공기관, 기업,

금융 기관 등을 해킹하여 중요 정보를 절취하는 것이 보통이지만, 철도, 항만, 원자력 발전소의 컴퓨터 시스템을 장악하고 악용할 경우에는 국가 위기를 초래하는 상황이 야기될 수 있다.

[그림 7-1] 사이버 범죄 관련 사례 자료

사이버 범죄와 관련된 뉴스를 거의 매일 접할 수 있을 정도로 사이버 범죄는 일반화 되고 있습니다. 사이버 범죄는 일반 범죄보다도 다양하고 지능적으로 나타나며 개인과 사회에 미치는 해악이 크기 때문에 심각한 사회문제가 되고 있습니다. 일반 범죄의 거의 모든 형태는 사이버 범죄가 될 수 있으며, 사이버 범죄는 사이버 공간에서만 가능한 해킹, 메일 폭탄, 피싱, 사이버 폭력 등 독자적인 범죄 형태도 가지고 있습니다. 일반 범죄에 비하여 유형이 매우 다양하다고 할 것입니다. 사이버 범죄는 일반 범죄와 연계되어 나타나기도 합니다. 예를 들어, 사이버 성폭력은 현실 공간으로 연결되어 실제적 성폭력이 되기도 합니다. 이제 범죄도 현실 공간과 사이버 공간을 서로 넘나 들면서 복잡하게 전개되는 시대가 되었습니다.

사이버 범죄 현황

경찰청 사이버테러 대응센터(www.ctrc.go.kr)와 국가 통계정보시스템 e-나라지표(www.index.go.kr)의 통계에 의하면, 사이버 범죄는 2009년을 정점으로 증가 없는 정체를 보이고 있습니다. 그럼에도 불구하고 검거율은 크게 떨어지고 있어 사이버 범죄가 고도로 지능화 되고 있음을 알 수 있습니다.

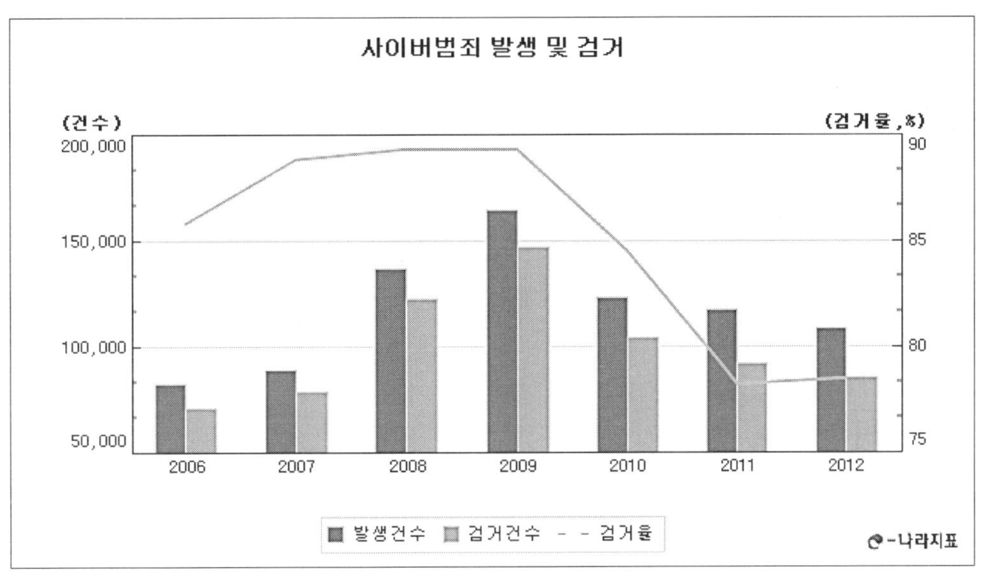

[그림 7-2] 사이버 범죄의 추세

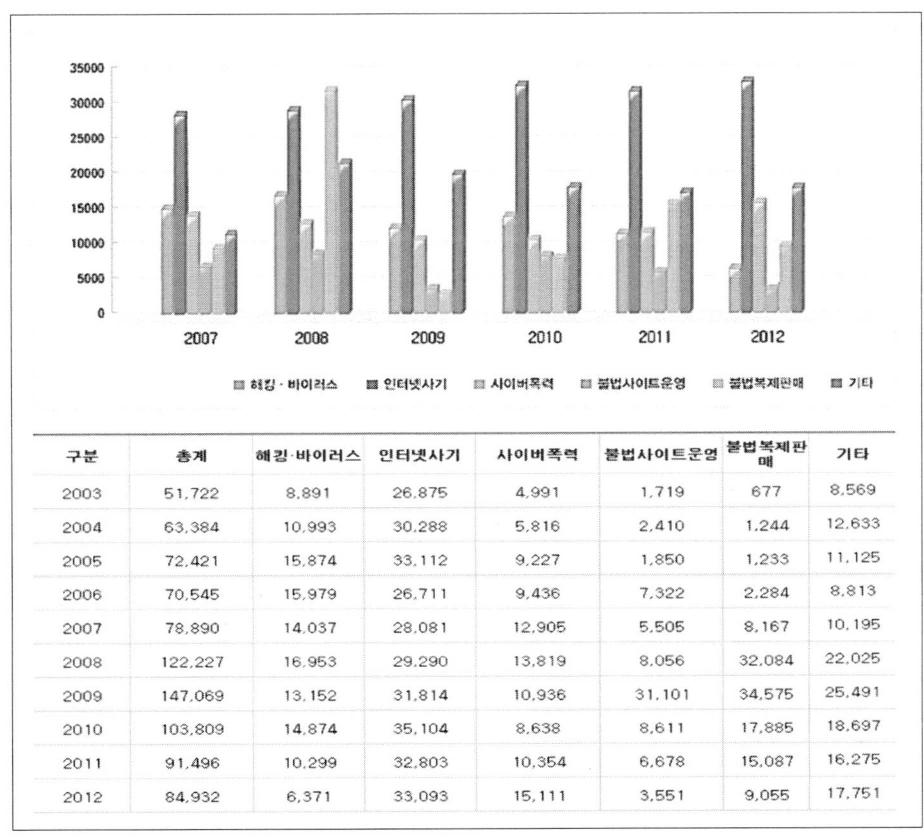

구분	총계	해킹·바이러스	인터넷사기	사이버폭력	불법사이트운영	불법복제판매	기타
2003	51,722	8,891	26,875	4,991	1,719	677	8,569
2004	63,384	10,993	30,288	5,816	2,410	1,244	12,633
2005	72,421	15,874	33,112	9,227	1,850	1,233	11,125
2006	70,545	15,979	26,711	9,436	7,322	2,284	8,813
2007	78,890	14,037	28,081	12,905	5,505	8,167	10,195
2008	122,227	16,953	29,290	13,819	8,056	32,084	22,025
2009	147,069	13,152	31,814	10,936	31,101	34,575	25,491
2010	103,809	14,874	35,104	8,638	8,611	17,885	18,697
2011	91,496	10,299	32,803	10,354	6,678	15,087	16,275
2012	84,932	6,371	33,093	15,111	3,551	9,055	17,751

[그림 7-3] 사이버 범죄 유형별 현황(경찰청 사이버테러 대응센터)

사이버 범죄를 유형별로 고찰해 보면 인터넷 사기가 가장 많고 꾸준하게 발생하고 있습니다. 인터넷 쇼핑의 생활화와 더불어 오픈 마켓, 소셜 커머스 등 새로운 인터넷 상거래가 출현하였고, 이에 익숙하지 않은 이용자를 대상으로 한 사기가 늘어난 것으로 생각됩니다. 또한, 빈번한 개인정보 유출을 이용해서 피싱, 파밍, 스미싱 등 금융 사기도 크게 증가하고 있습니다. 인터넷 사기는 앞으로도 근절되지 않고 더욱 교묘한 방법으로 다가올 것입니다.

인터넷 정보기술의 발전으로 예전에 큰 비율을 차지하던 해킹·바이러스는 점진적으로 감소하는 추세를 보이고 있습니다. 이는 사용자들이 해킹·바이러스 대비를 생활화하고 있음을 의미합니다. 한편, 사이버 폭력은 꾸준하게 발생하고 있어 대책이 필요합니다.

7.1.2 사이버 범죄의 정의와 특성

인터넷 정보기술의 확산과 더불어 대두되고 있는 사이버 범죄의 개념은 학문적으로 명확하게 정립된 상태는 아닙니다. 초창기에는 컴퓨터 범죄라는 용어가 사용되었는데, 1990년대 인터넷의 확산과 더불어 단순히 컴퓨터에 국한된 범죄가 아니라 인터넷상의 범죄까지 포괄하기 위해 인터넷 범죄라는 용어가 사용되었습니다. 하지만 인터넷 범죄의 경우 인터넷을 매개로 하지 않는 컴퓨터 범죄를 포함하지는 못한다는 점에서, 인터넷 범죄보다는 통상 넓은 의미에서의 사이버 범죄라는 용어를 사용하게 되었습니다.

사이버 범죄는 국가를 초월하는 국제적 특성이 있어 국가간에 공통으로 적용될 수 있는 보다 포괄적인 정의가 필요합니다. 일반적으로 사이버 범죄는 컴퓨터나 정보통신 기기, 인터넷, 유무선 정보통신망이 범행 대상이 되거나 혹은 그것이 도구로 이용되어 이루어지는 비합법적인 행위를 말합니다. 쉽게 말하면, 컴퓨터를 활용한 컴퓨터 범죄를 포함하여 사이버 공간에서 행하여진 모든 불법적 범죄 행위를 말합니다.

사이버 범죄는 인터넷 정보기술의 진화 발전에 따라, 범죄의 영역이 넓어지기도 하고, 새로운 형태가 출현하는 등 지속적인 변화가 있습니다. 신종 또는 변종 사이버 범죄가 나타나고 있어 사이버 범죄에 대한 대응 방안 마련이 쉽지가 않습니다. 무엇보다도 인터넷 사용자의 윤리의식이 정립되어야 할 것입니다.

사이버 공간에서 발생하는 사이버 범죄는 일반 범죄와는 상당히 다른 특성이 있습니다. 인터넷의 특성과 밀접한 관계가 있는 사이버 범죄의 특성을 요약, 정리하면 다음과 같습니다.

① **사이버 범죄는 대부분 비대면 상태에서 이루어집니다.** 서로 얼굴을 마주하지 않는 비대면성으로 인하여 상대의 존재를 덜 의식하게 되고 덜 미안하게 생각합니다. 그러므로 우회적 표현보다는 직설적이고 노골적으로 표현하게 되고, 상대의 피해를 직접 못 보기 때문에 죄책감은 더욱 희박해지고 범죄는 더욱 대담해 집니다.

② **익명성으로 자신을 숨기고 범행할 수 있습니다.** 익명성으로 인하여 자유로운 의사표현이 가능하지만, 남을 의식하지 않고 충동적으로 범죄 행동을 할 수 있습니다.

③ **사이버 공간에 대한 가치규범 및 윤리의식의 부족에서 발생합니다.** 사이버 공간은 규제가 없이 누구에게나 열린 공간으로 매우 다양한 이질적인 사람들이 참여하기 때문에 보편적인 가치규범을 설정하는 것이 어렵습니다. 사이버 공간의 이런 특성을 통제 없는 무질서한 자유 공간으로 오해하여 비윤리적 행동을 하게 됩니다.
사이버 공간의 특성에 대한 이해 부족, 사이버 공간의 가치 규범 부재, 인터넷 윤리에 대한 인식 부족 등으로 자신의 행위가 나쁜 범죄 행위인줄 모르면서 죄책감 없이 사이버 범죄를 저지르는 경우가 많습니다. 친구에게 사이버 폭력을 행사하여 죽음에 이르게 하는 등의 청소년 사이버 범죄의 경우에는, 사이버 범죄를 일종의 놀이로 인식하여 재미 삼아 호기심에서 범행을 저지르는 경우가 많습니다. 사이버 범죄를 심각한 범죄 행위로 인식하지 못하는 가치관과 윤리관의 부재가 사이버 범죄의 원인이 되고 있습니다.

④ **사이버 범죄의 용이성입니다.** 사이버 공간에는 시간과 공간의 제약 없는 행동의 자유, 누구나 접근 가능한 정보의 개방과 공유 등 범죄를 유혹하는 환경이 구축되어 있고, 몇 번의 클릭만으로도 쉽게 범죄를 할 수 있습니다. 발각 위험이 낮고 상대방의 물리적 반격이 없기 때문에 두려움 없이 범행을 할 수 있습니다. 때에 따라서는 범행의 방법, 도구, 계획 등에 대한 정보도 인터넷에서 쉽게 구할 수 있습니다.

⑤ **사이버 범죄에는 개방성과 국제성이 있습니다.** 사이버 공간은 국경 없는 개방된 글로벌 가상 공간입니다. 해킹, 사이버 테러, 저작권 침해, 사이버 사기 등 사이버 범죄는 공간의 제약 없이 발생합니다. 이러한 이유로 사이버 범죄 대응에는 국내 법규만으로는 한계가 있고 국제적 협력과 공조가 필요합니다.

⑥ **일부 사이버 범죄에는 전문 기술이 필요합니다.** 해킹, 바이러스 프로그램 제작 등에는 전문적인 지식과 기술이 요구됩니다. 이런 유형의 사이버 범죄는 전문가에 의한 하이테크 범죄로 전문 지식이 없으면 대응할 수 없습니다. 수사기관에서는 이런 유형의 사이버 범죄를 다루는 전문 수사관을 양성하고 있습니다. 그러나 사이버 언어폭력이나 성폭력 등과 같이 대부분의 사이버 범죄는 전문 지식이나 기술을 요구하지 않습니다. 일반 사이버 범죄는 인터넷만 활용할 줄 알면 누구나 쉽게 범행할 수 있습니다.

이런 특성 이외에도 인터넷 정보기술과 사이버 공간의 특징에 기인하는 쌍방향성, 신속한 확산성, 결과의 파급성 등 여러 특성이 있습니다. 대부분의 사이버 범죄는 사이버 공간에 대한 이해 부족과 인터넷 윤리의식의 부재에서 발생한다는 것에 주목해야 할 것입니다.

4 사이버 범죄의 유형

사이버 범죄는 다양한 형태가 있고 계속 진화하고 있어 일률적으로 분류하는 것이 어렵습니다. 사이버 범죄를 보는 관점에 따라 범죄의 유형에도 큰 차이가 있습니다.

[그림 7-4]는 영리 목적을 중심으로 컴퓨터 범죄와 인터넷 범죄를 분류한 것입니다. 전통 대인 범죄는 사람을 대상으로 폭언, 폭력, 명예훼손 등의 범죄 행위를 사이버 공간으로 옮겨 하는 것이고, 전통 재산 범죄는 컴퓨터를 이용해 사기, 절도 등으로 재산 상의 피해를 입히는 것입니다. 재산에는 현금, 부동산 등 현실 세계에서의 재산과 게임 아이템, 포인트 등 가상 공간에서의 재산도 대상이 됩니다. 해킹, 바이러스, 사이버 테러는 컴퓨터와 인터넷의 파괴를 목적으로 하는 신종 범죄이고, 개인정보 침해, 스팸 메일 등은 정보 생활을 침해 하는 신종 범죄입니다.

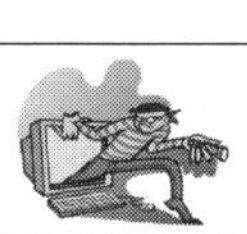	영리목적이 없는 경우	영리목적이 있는 경우
컴퓨터를 이용한 전통적 범죄	전통 대인 범죄 • 사이버 언어폭력/명예훼손 • 사이버 스토킹 • 사이버 성폭력	전통 재산 범죄 • 절도(게임아이템, ID) • 저작권 침해 • 사기/도박
컴퓨터/전산망을 이용한 신종범죄	신종 파괴 범죄 • 해킹 파괴 • 바이러스 유포 • 사이버 테러	신종 침해 범죄 • 개인 정보 침해 • 컴퓨터 스파이 • 스팸 메일

[그림 7-4] 사이버 범죄 유형

경찰청 사이버 테러 대응 센터(www.netan.go.kr)에서는 사이버 범죄를 사이버 테러형과 일반 범죄형으로 구분하고 있습니다.

· **사이버 테러형**: 해킹(단순 침입, ID 도용, 파일 삭제 및 변경, 자료 유출, 폭탄 메일, DOS 공격 등)과 악성 프로그램으로 시스템에 침입, 파괴하는 등의 전문적 범죄 행위를 말합니다.

· **일반 범죄형**: 사기(통신 사기, 게임 사기), 불법복제(음란물, 프로그램), 불법 유해 사이트(음란, 도박, 폭발물, 자살), 명예훼손, 개인정보침해, 사이버 스토킹, 사이버 성폭력, 사이버 협박/공갈 등 일반적인 사이버 공간의 범죄 행위를 말합니다.

사이버 범죄는 이처럼 다양한 관점에서 고찰할 수 있고, 법 제도도 체계적으로 정비되어 있지 못하는 등 복잡한 양상을 띠고 있습니다. 여기서는 실제적 측면에서 우리의 생활에 심대한 영향을 미치는 사이버 범죄를 중심으로 [그림 7-5]와 같이 사이버 폭력 범죄와 인터넷 사기 범죄를 나누어 고찰하기로 합니다.

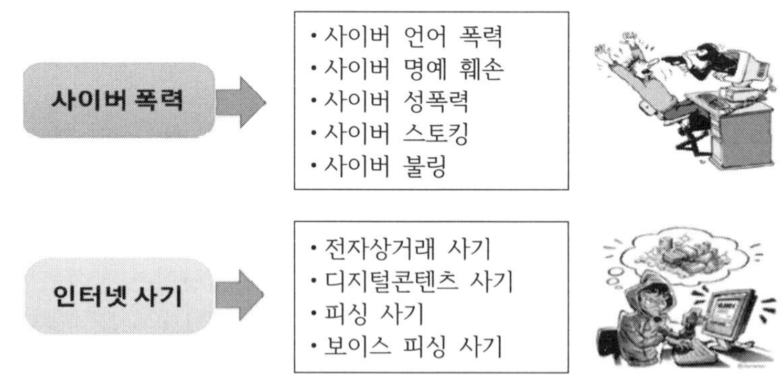

[그림 7-5] 일상생활과 밀접한 사이버 범죄

사이버 폭력형은 문자 메시지, 음성, 이미지, 영상 등을 이용하여 다른 사람의 사생활에 피해를 입혀 정신적, 물질적 고통을 주거나 권익 또는 명예를 훼손하는 폭력적 행위를 말합니다. 인터넷 사기형은 인터넷 사용자들에게 물품이나 서비스를 제공할 것처럼 허위 메시지를 보내서 금품을 부정하게 취득하는 사기 행위입니다. 이 밖에도 해킹, 바이러스, 시스템 침해 등 사이버 테러형 범죄도 있는데, 이에 대해서는 별도로 살펴보겠습니다.

7.2 사이버 범죄의 세부 고찰

일상생활과 밀착된 사이버 범죄에는 사이버 폭력형과 인터넷 사기형이 있습니다. 이들의 특징과 대응 방법에 대하여 살펴보겠습니다.

7.2.1 사이버 폭력형 범죄

물리적으로 폭력을 행사하여 고통을 주는 것이 아니라, 사이버 공간에서 메시지, 음성, 이미지, 영상 등을 이용해서 폭력적인 방법으로 정신적 고통을 주고 명예를 훼손하는 범죄를 말합니다. 사이버 폭력형에는 사이버 언어 폭력, 사이버 명예훼손, 사이버 성폭력, 사이버 스토킹, 사이버 불링(일명 사이버 왕따) 등이 있습니다.

사이버 폭력형 범죄 개요

사이버 폭력형 범죄는 사이버 공간에 만연된 범죄입니다. 특히, 청소년 사이의 사이버 범죄는 심각한 상황에 있습니다. 방송통신 위원회와 한국 인터넷 진흥원의 2013년 연구보고서에 의하면, 초·중·고생의 29.2%가 사이버 폭력 가해 경험이 있는 것으로 나타났으며, 중학생의 39.0%, 고등학생의 38.4%, 초등학생의 7.0%가 사이버 폭력 가해 경험이 있는 것으로 나타났습니다. 사이버 폭력이 청소년 사이에 널리 퍼져 있음을 알 수가 있습니다. 또한, 일반인(성인)은 14.4%가 사이버폭력 가해 경험이 있는 것으로 나타나 학생의 가해 경험이 일반인 대비 약 2배정도 높은 것으로 나타났습니다. 역시 청소년이 사이버 폭력에 노출되어 있음을 알 수 있습니다.

사이버 폭력을 한 이유에 대해 초등학생은 '재미있어서(장난으로)'가 45.7%로 가장 높게 나타났으며, 중·고등학생은 '상대방에게 화가 나서(상대방이 싫어서)'가 각각 68.2%, 64.1%로 가장 높게 나타났습니다. 이는 청소년이 사이버 폭력의 범죄성을 이해하지 못하고 단순히 놀이로 생각하고 있음을 보여 줍니다. 사이버 폭력 행위가 대부분 감정을 통제하지 못하고 즉흥적으로 발생하고 있습니다. 사이버 폭력형 범죄의 사례를 살펴보면 우리 사회에 만연한 사이버 범죄의 실태를 이해할 수 있을 것입니다.

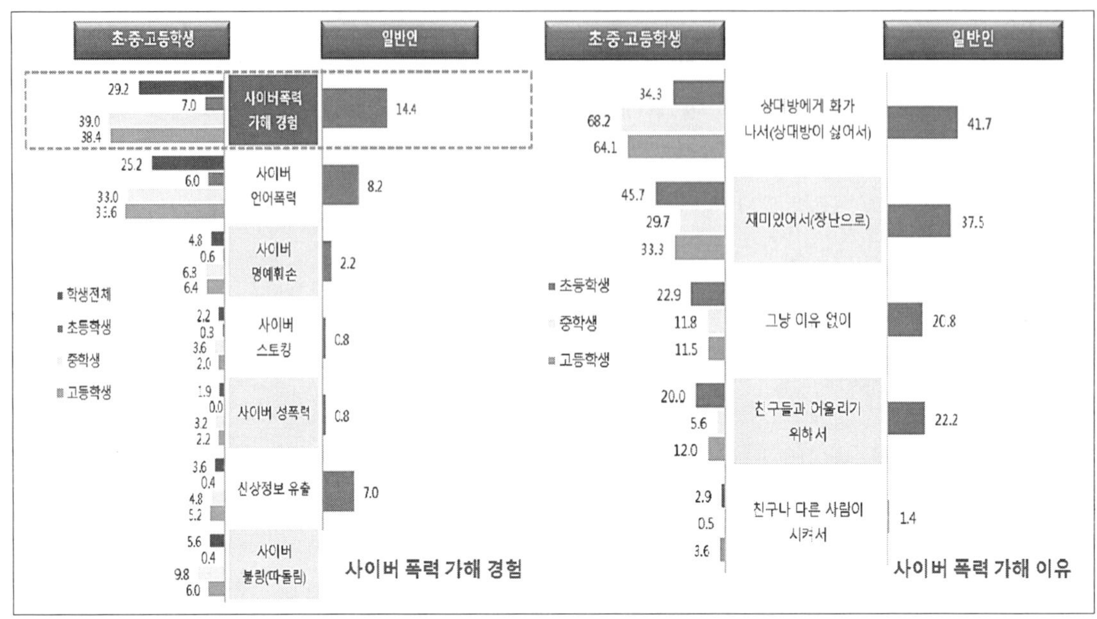

[그림 7-6] 사이버 폭력의 실태

사이버 폭력형 범죄 사례

사례 1 (카카오톡 왕따 자살): 경찰에 따르면 A(16)군 등 10여명의 학생은 2012년 6월 20일 강양(16)을 카카오톡 '그룹 채팅'에 불러, 약 1시간 동안 집단으로 욕설 메시지 등을 썼다고 합니다. A군 등은 경찰에서 "숨진 강양에 대해 특별한 악의(惡意)를 가지고 욕한 것이 아니라, 친구들 사이에서 욕설 메시지를 주고받는 것처럼 별생각 없이 그랬다"고 진술하였습니다. 그 후, 강양은 자기가 사는 아파트에서 자살하였으며, 강양의 유서에는 "내가 너에게 뭘 그렇게 잘못했니"라고 원망하는 듯한 내용이 포함됐다고 경찰이 말했습니다. 경찰은 '욕설 카카오톡'이 강양의 투신에 영향을 줬는지 여부 등을 면밀히 조사할 것"이라고 합니다. (조선일보, 2012년 8월 8일)

사례 2 (악성 댓글 자살): 전날 밤 친한 친구에게 카카오 스토리 캡처 화면과 함께 '죽고 싶은 마음에 눈물이 난다'는 메세지를 보낸 부산에 사는 중학교 2학년 박양(14)이 2013년 3월 4일 아침에 투신 자살하였습니다. 친구에게 보낸 캡처 화면에는 친구들이 '박 XX 미워해, X나 싫다 찐득이, 숨었니? 죽었니?' 등의 내용이 담겨 있었습니다. 악성 댓글의 비극입니다. (polinlove.tistory.com/6630)

사례 3 (명예훼손): 유명 연예인 트위스트 김은 2005년 3월 서울 원효대교에서 투신하려다가 주변 사람의 제지로 그만 두었습니다. 그는 자신의 이름을 도용한 포르노 사이트들 때문이라고 밝혔습니다. 어느 날 학교에서 돌아온 손녀가 학교에 가지 않겠다는 말에 충격을 받고 조사한 바, 자신의 이름을 도용한 포르노 사이트가 27개나 된다는 사실을 발견하였습니다. 그의 명예는 일순간에 손상되었고 극단적인 선택을 해야 할 만큼 고통스러운 나날을 보내야 했습니다. 연예인으로 재기의 노력도 헛되었고 4년간의 투병 끝에 숨을 거두었습니다. (www.nocutnews.co.kr/news/60089)

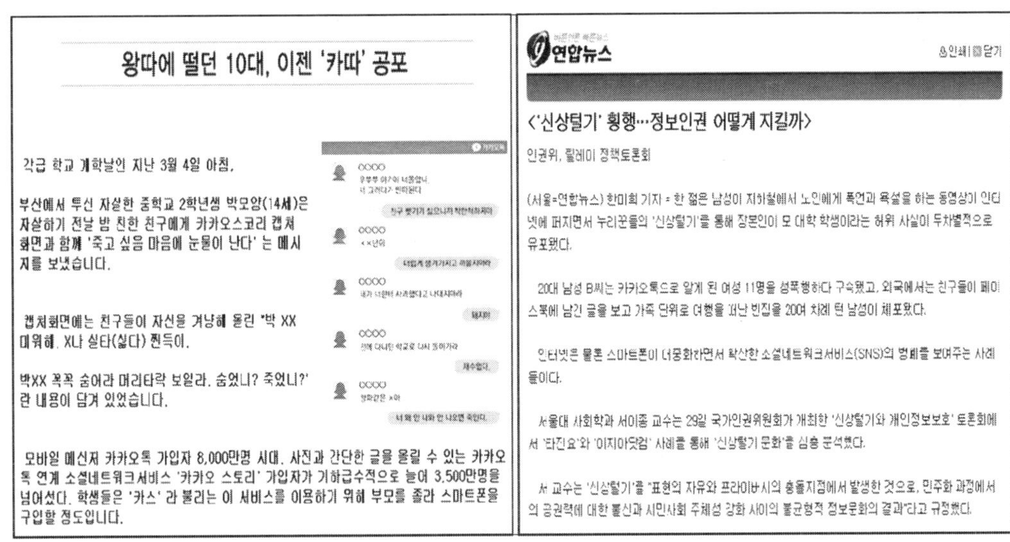

왕따에 떨던 10대, 이젠 '카따' 공포

각급 학교 개학날인 지난 3월 4일 아침,

부산에서 투신 자살한 중학교 2학년생 박모양(14세)은 자살하기 전날 밤 친한 친구에게 카카오스코리 캡처 화면과 함께 '죽고 싶음 마음에 눈물이 난다' 는 메시지를 보냈습니다.

캡처화면에는 친구들이 자신을 겨냥해 올린 "박 XX 미워해. X나 싫타(싫다) 찐득이.

박XX 꼭꼭 숨어라 머리타락 보일라. 숨었니? 죽었니?' 란 내용이 담겨 있었습니다.

모바일 메신저 카카오톡 가입자 8,000만명 시대. 사진과 간단한 글을 올릴 수 있는 카카오톡 연계 소셜네트워크서비스 '카카오 스토리' 가입자가 기하급수적으로 늘어 3,500만명을 넘어섰다. 학생들은 '카스' 라 불리는 이 서비스를 이용하기 위해 부모를 졸라 스마트폰을 구입할 정도입니다.

연합뉴스

<'신상털기' 횡행…정보인권 어떻게 지킬까>

인권위, 릴레이 정책토론회

(서울=연합뉴스) 한미희 기자 = 한 젊은 남성이 지하철에서 노인에게 폭언과 욕설을 하는 동영상이 인터넷에 퍼지면서 누리꾼들의 '신상털기'를 통해 장본인이 모 대학 학생이라는 허위 사실이 무차별적으로 유포됐다.

20대 남성 B씨는 카카오톡으로 알게 된 여성 11명을 성폭행하다 구속됐고, 외국에서는 친구들이 페이스북에 남긴 글을 보고 가족 단위로 여행을 떠난 빈집을 20여 차례 턴 남성이 체포됐다.

인터넷은 물론 스마트폰이 대중화하면서 확산한 소셜네트워크서비스(SNS)의 병폐를 보여주는 사례들이다.

서울대 사회학과 서이종 교수는 29일 국가인권위원회가 개최한 '신상털기와 개인정보보호' 토론회에서 '타진요'와 '이지아닷컴' 사례를 통해 '신상털기 문화'를 심층 분석했다.

서 교수는 '신상털기'를 "표현의 자유와 프라이버시의 충돌지점에서 발생한 것으로, 민주화 과정에서의 공권력에 대한 불신과 시민사회 주체성 강화 사이의 불균형적 정보문화의 결과"라고 규정했다.

[그림 7-7] 사이버 폭력 사례 보도

사례 4 (신상털기): 2011년 7월 4일 지하철 막말남이란 동영상이 급속히 퍼졌습니다. 한 청년이 노인을 상대로 마구 소리를 지르고 욕설하는 내용이 담긴 동영상인데, 이 청년에 대한 분노와 비난이 쇄도하였습니다. 곧 청년의 신상정보가 공개되고 개인 홈페이지, 학교, 집에 비난의 공격이 이어졌습니다. 그런데 공개된 청년은 지하철의 청년과는 무관한 것으로 밝혀졌고, 선량한 청년만 큰 피해를 보았습니다. 이 밖에도 X 패륜녀와 같은 유형의 신상털기가 마녀 사냥처럼 인터넷에 횡행하고 있습니다. (polinlove.tistory.com/2688)

[표 7-1] 대표적 사이버 폭력 사례

사례	일시	내용
여자3호 논란	2012.8	남녀 짝짓기 프로그램에 출연하여 직업을 요리사라고 소개한 한 여성은 네티즌들이 신상털기를 하면서 과거 쇼핑몰 모델을 한 이력이 폭로됨. 또한 성인방송에 출연한 사실 및 성형외과에서 성형수술 협찬을 받은 내용 등 민감한 사생활까지 공개되고, 거짓말을 했다며 거짓말녀로 공개적인 비난의 대상이 됨
개똥녀 사건	2005.6	지하철에서 한 여성이 애완견의 배설물을 치우지 않자 이를 촬영한 동영상이 유포되어 이슈화, 해당 여성의 신상정보가 인터넷에 유포되고, 악의적 비난의 댓글 게시됨
트위스트김 사건	2005.4	연예인 트위스트킴이 음란사이트의 운영자라는 허위사실 유포되어 명예훼손 발생
왕따 동영상 사건	2004.2	왕따 동영상 유포로 해당 학교 홈페이지에 네티즌의 거센 항의로 인해 교장이 자살

사이버 폭력의 특징

사이버 폭력의 사례를 보면, 사이버 폭력형 범죄에 대한 이해와 인식이 지극히 부족하고 범죄에 대하여도 무감각한 것으로 생각됩니다. 사이버 폭력에 대한 이해와 인식이 선행되어야 범죄에 적극 대응할 수 있을 것입니다. 사이버 폭력형 범죄의 특징은 다음과 같이 요약, 정리할 수 있습니다.

- **사이버 폭력 행위는 피해 확산이 빠릅니다.** 사이버 폭력은 글, 사진, 동영상 등을 무기로 하여 인터넷 가상 공간에서 이루어지므로 피해는 빛의 속도로 전파 됩니다. 예를 들어, 개인 신상과 관련된 사진이나 동영상은 순식간에 확산되어 걷잡을 수 없는 파급 효과를 가져오게 됩니다. 피해자에게 매우 치명적인 피해를 줄 수가 있습니다. 가해자는 아주 적은 노력으로 최대의 효과를 얻을 수 있어 범죄의 유혹에 쉽게 빠져들게 됩니다.
- **인터넷의 익명성으로 인해 사이버 폭력 행위가 쉽고 가해자를 찾기가 어렵습니다.** 가해자는 자신의 신분을 숨길 수 있어 양심의 가책을 덜 받고 쉽게 범행을 하게 됩니다. 가해자를 발견하는 것이 어렵기 때문에 가해자는 안심하고 더 강력한 폭력을 행사하기도 합니다.
- **집단의식에 휩싸여 네카시즘(NetCarthyism) 또는 마녀 사냥식 범죄에 쉽게 동조합니다.** 신상털기에서 보는 것처럼, 감정을 통제하지 못하고 판단 능력을 상실한 상태에서 대중 심리에 휩쓸려 집단 범죄에 가담하기 쉽습니다. 집단 행동은 자신의 행위를 합리화하고 동료 의식과 더불어 범죄의 무게로부터 가벼워지는 효과가 있습니다. 그래서 사람들은 종종 집단으로 범죄를 저지릅니다.
- **자신도 모르는 사이에 사이버 폭력 행위를 할 수 있습니다.** 인터넷 상의 뉴스만 믿고 사실 관계를 확인하지 않은 채 다른 사람을 따라서 집단 행동하였다가 범법자로 오인될 수도 있습니다. 자신의 행위가 가져올 영향에 대하여 현명하게 숙고해야 할 것입니다.
- **사이버 폭력은 집단성을 갖기 쉽습니다.** 앞서도 설명한 바와 같이 감정의 폭발로 집단적 광기를 결집하기도 하고, 집단의식으로 범죄에 대해 위안을 얻으려는 경향 등으로 사이버 범죄는 집단 행동으로 표출되곤 합니다. 소셜 네트워크의 발달로 집단 형성이 쉬워져 사이버 폭력의 집단성은 다양한 형태로 나타날 것입니다.
- **사이버 폭력의 피해는 원상 복구가 어렵습니다.** 피해자가 법에 호소하여 자신의 권리와 명예를 찾는다고 해도 이를 원상 복구할 수가 없습니다. 피해는 순간적으로 광범위하게 확산되는데 사이버 공간은 이를 중단시키거나 원상 복구할 능력이 없습니다.
- **사이버 공간의 범죄를 규제하거나 처벌하기 어렵습니다.** 댓글 쓰기와 같은 사이버 공간에서 행동이 표현의 자유인지 사이버 폭력인지 분간하기가 어렵습니다. 사이버 언어폭력, 사이버 스토킹 등 사이버 폭력은 경계가 불분명하여 원칙적으로 규제가 불가능합니다. 범죄 행위를 입증하고 처벌하는데도 어려운 문제가 많습니다. 사이버 범죄자는 이런 맹점을 악용하여 죄의식 없이 범죄를 저지르게 됩니다.
- **사이버 범죄는 현실 생활로 2차 피해 발생이 가능합니다.** 사이버 공간에 왕따 당한 학생이 자살하거나, 또는 피해 학생이 가해 학생에게 물리적 폭력을 행사하는 등 사이버 공간의 범죄는 현실 공간에 영향을 끼치고 있습니다.

사이버 폭력의 원인

개인과 사회에 심각한 문제를 발생시키고 있는 사이버 폭력형 범죄가 야기되는 원인을 [그림 7-8]과 같이 3가지 측면에서 정리할 수 있습니다.

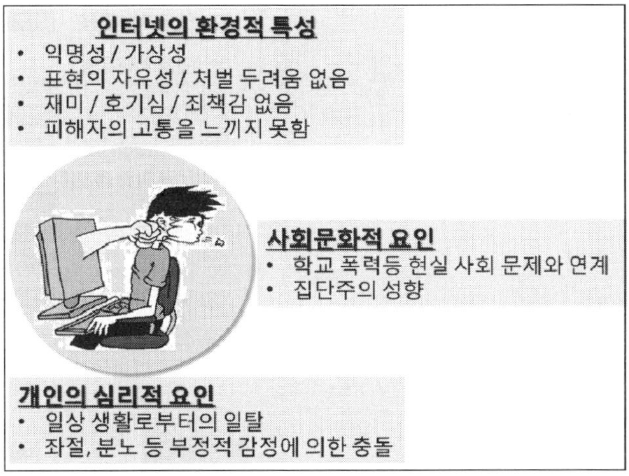

인터넷의 환경적 특성
- 익명성 / 가상성
- 표현의 자유성 / 처벌 두려움 없음
- 재미 / 호기심 / 죄책감 없음
- 피해자의 고통을 느끼지 못함

사회문화적 요인
- 학교 폭력등 현실 사회 문제와 연계
- 집단주의 성향

개인의 심리적 요인
- 일상 생활로부터의 일탈
- 좌절, 분노 등 부정적 감정에 의한 충돌

[그림 7-8] 사이버 폭력의 원인

인터넷의 환경적 특성에 의해 익명성으로 자신을 위장할 수 있고 보이지 않게 활동할 수 있습니다. 사이버 공간에는 표현의 자유가 있고 설사 불법 유해 행위를 하더라도 적발하기가 어려워 처벌에 대한 두려움이 상대적으로 적습니다. 청소년의 경우, 재미와 호기심에 죄책감 없이 일탈 행위를 하게 되고, 피해자의 고통을 보고 느낄 수 없으므로 대수롭지 않게 범죄에 빠져들게 됩니다.

사회 문화적 요인도 무시할 수 없습니다. 청소년들이 경쟁으로 내몰리다 보니, 열등감, 절망감, 불안감에 짓눌려 있습니다. 이러한 절망과 불안을 해소하기 위한 출구로 나타나는 것이 사이버 폭력입니다. 절망과 불안을 해소하기 위해 같은 처지의 사람들과 집단을 형성하고, 함께 폭력적 행위를 함으로써 위안을 얻고 동료 의식을 느끼게 됩니다. 또한, 폭력적 매체가 넘치는 것도 사이버 폭력을 부추기는 원인 중 하나입니다.

복잡한 일상생활 속에서 스트레스, 슬럼프, 좌절 등 견디기 어려운 심리적 압박, 또는 분노, 실망 등 억제할 수 없는 감정을 해소하는 매우 간편한 방법으로 사이버 폭력을 선택하게 됩니다.

사이버 언어 폭력

사이버 폭력형 범죄 중에서 가장 흔한 것이 사이버 언어 폭력입니다. 사이버 언어 폭력은 너무나 쉽게 감정을 발산할 수 있는 방법을 제공하고 있어 청소년이나 성인을 불문하고 누구나 사이버 언어 폭력을 쉽게 휘두르고 있습니다. 감정을 억제하지 못해서, 재미로, 또는 놀이 삼아 언어 폭력을 행사하기 때문에 인터넷 공간에는 언어 폭력이 만연하고 있습니다. 스마트폰, 소셜 네트워크 등의 보급으로 사이버 언어 폭력은 더욱 일상화되고 있습니다. 이렇게 사이버 언어 폭력은 확산되고 있는데도 이에 대한 심각성을 깨닫지 못하고 있습니다. 사이버 언어 폭력은 다른 범죄의 단초가 되기 때문에 사이버 언어 폭력의 일상화는 심각한 사회문제입니다.

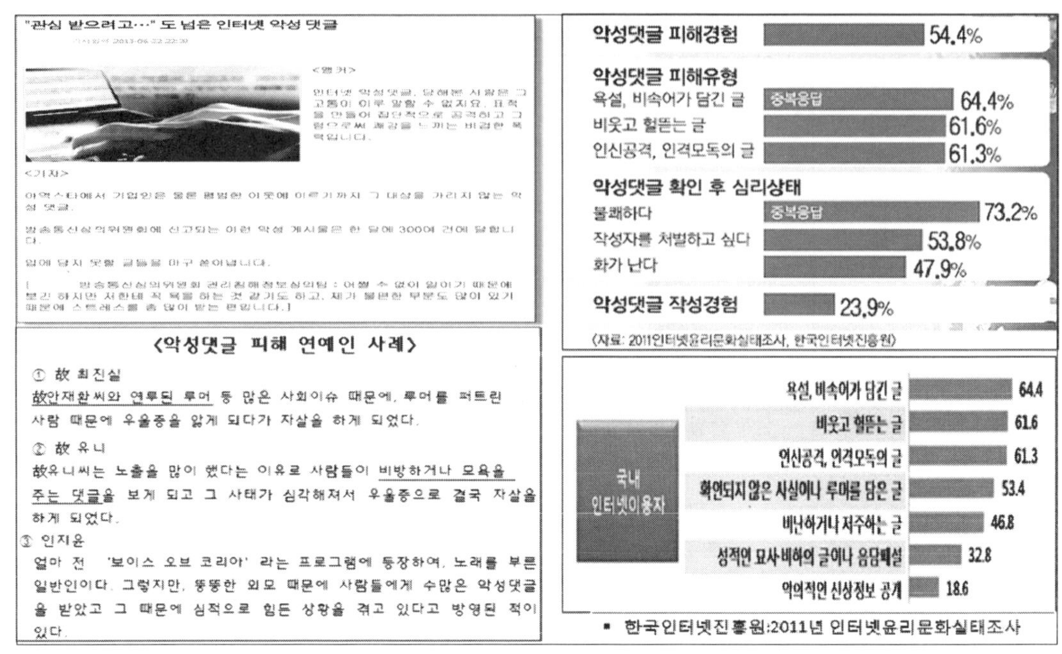

[그림 7-9] 사이버 언어 폭력 현황

게시판, 대화방, 이메일, 쪽지 등을 이용해서, 특정인에 대하여 상스러운 욕설을 하거나 타인의 인격을 모욕하는 글 또는 허위·비방하는 글을 게시하는 행위를, 사이버 언어 폭력 또는 사이버 모욕이라고 합니다. 대표적인 예가 악플을 다는 것입니다. 특정인을 대상으로 한 언어 폭력뿐만 아니라, 불특정인을 상대로 하여 욕설로 도배하는 등의 언어 폭력 등도 사이버 모욕으로 간주합니다. 타인에 대한 인격 모욕, 허위 사실 유포, 비방은 언어 폭력입니다. 악플은 범죄 행위임을 깨달아야 합니다.

무심코 던진 한마디에도 큰 상처를 받을 수 있습니다. 그런데 감정을 억제하지 못하고 악담, 험담, 모욕을 쏟아 낸다고 하면 상대방은 심한 충격을 받을 것입니다. 악플의 표적이 된 사람들이 정신질환으로 정상적인 생활을 하지 못하고 폐인이 되었거나 자살하였다는 뉴스를 종종 듣고 있습니다. 이처럼 사이버 언어 폭력은 비극적 결과를 만들기도 합니다. 악플을 달기 전에 역지사지의 심정으로 상대방의 입장을 헤아려 보고 존중해 주는 자세가 필요합니다.

법률에는 아직 사이버 언어 폭력이나 모욕에 대한 개념은 없으며 형법의 모욕죄에 대한 개념을 가져와 처벌합니다. 형법 제311조(모욕)에는 공연히 사람을 모욕한 자는 1년 이하의 징역이나 금고 또는 200만원 이하의 벌금에 처할 수 있습니다. 악플은 범죄일 뿐만 아니라, 인간으로서는 해서는 안될 윤리 규범임을 알아야 합니다.

사이버 명예훼손

사이버 언어 폭력과 유사한 형태로 사이버 명예훼손이 있습니다. 사이버 명예훼손도 사이버 언어 폭력만큼이나 사회 전반에 만연해 있습니다. 사회가 복잡해지면서 빈번한 이해관계의 충돌, 감정에 치우쳐 원활한 소통의 부재, 인터넷 정보기술을 활용하는 윤리의식의 결여 등으로 인하여 상대방을 헐뜯고, 험담하고, 비방하고, 폭로하여 명예를 치명적으로 훼손하는 일이 빈번해졌습니다.

사이버 범죄의 특성상 한번 훼손된 명예는 원상복구하기 힘들고 피해 보상을 받기도 어렵습니다. 실제로 사이버 명예훼손을 당한 피해자가 극심한 정신적 충격에 시달리고 우울증 등 정신질환으로 정상적인 생활을 하지 못하며 극단적인 경우에는 자살하는 경우도 있습니다. 이처럼 사이버 명예훼손은 개인의 존엄성을 파괴하는 무서운 범죄입니다. 이런 이유 등으로 사이버 명예훼손을 일반 명예훼손보다도 더 엄하게 가중 처벌하고 있습니다.

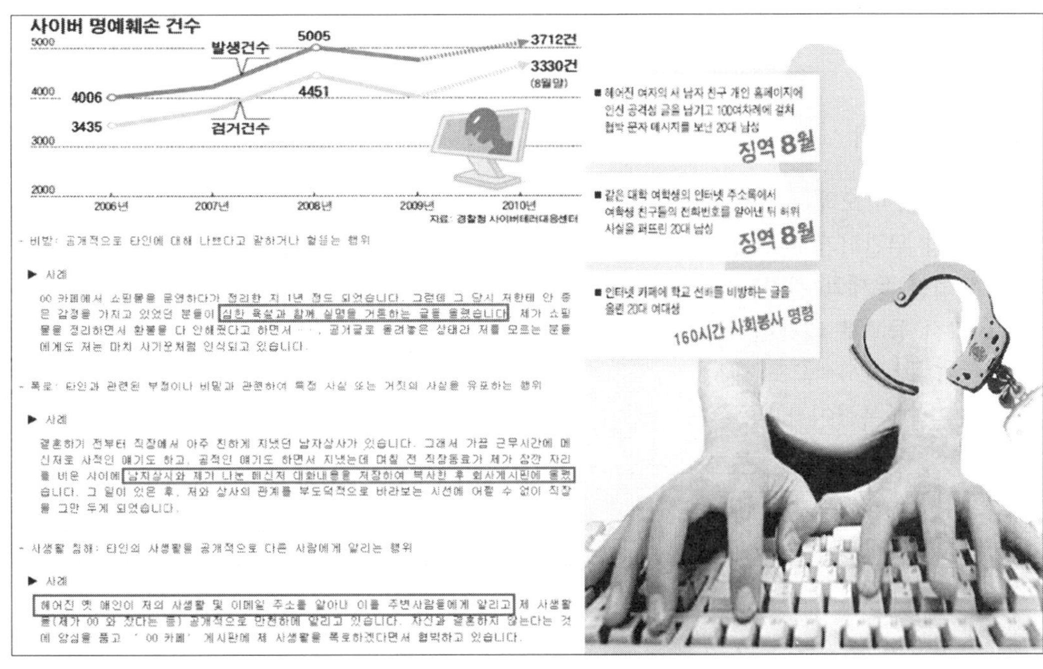

[그림 7-10] 사이버 명예훼손 실태

사이버 명예훼손은,

① 다른 사람을 비방할 목적으로 인터넷 상에서 많은 사람들이 볼 수 있게 그 사람에 대한 구체적 사실 또는 거짓 정보를 적시하여 명예를 훼손시키는 행위

② 인터넷 게시판이나 카페에 검증되지 않은 상대방의 사생활이나 내용을 공개적으로 게시하는 경우

③ 일반 개인, 연예인, 스포츠 선수와 같은 공인, 기업체, 공공기관, 학교 등 법인이나 단체에 대한 비방 내용을 포털 사이트 게시판에 게시하는 행위

등을 말합니다. 즉, 인터넷 사이버 공간에서 다른 사람을 비방, 험담, 허위 사실 유포로 명예를 훼손하는 행위를 말합니다.

정보통신망 이용촉진 및 정보보호 등에 관한 법률 제70조에 의해 허위 사실로 명예를 훼손하였을 경우는 7년(5천만원) 이하 징역을, 사실에 의한 명예 훼손은 3년(2천만원) 이하의 징역형에 처하도록 하고 있습니다. 명예훼손은 인간의 존엄성과 관련된 사항으로 강하게 처벌하고 있습니다. 그런데 명예훼손죄는 반의사 불벌죄이면서 친고죄입니다. 반의사 불벌죄란 피해자의 고소가 없어도 수사기관이 수사해서 재판을 받게 하는 등 처벌할 수 있는 죄이지만, 그 과정에서 피해자가 처벌을 원치 않는다는 의사표시를 표명할 경우 처벌을 못하는 것을 말합니다. 명예훼손이 공공의 이익과 관련 있는 경우에는 수사 기관이 자발적으로 수사할 수 있습니다. 그러나 처벌은 당사자의 동의가 있어야 합니다. 또한, 친고죄란 피해자의 고소가 있어야 공소할 수 있는 범죄입니다. 사이버 명예훼손이 개인 또는 기관처럼 피해 당사자가 존재하기 때문에 당사자의 의견을 존중하기 위한 조치입니다. 한편, 다른 사람의 명예를 훼손한 경우라도, 그 내용이 진실하고 공익적이라면 처벌하지 않기도 합니다. 이는 개인보다 공공의 이익을 위한 조치입니다.

사이버 성폭력

사이버 성폭력이 오래 전부터 사회 문제화 되고 있습니다. 사이버 성폭력은 사이버 공간에서 상대방의 의지와 무관하게 원치 않는 성적인 메시지 전달(외모, 성적 취향, 음담패설 등), 성적 대화 요청 및 성적인 문제와 관련된 개인신상에 관한 정보 게시 등의 방식을 통하여, 상대방에게 불쾌감 또는 위압감 등으로 괴롭히거나 위협하여 피해를 주는 행위를 말합니다. 넓은 의미에서 성적인 접근이나 제안을 명시적으로 제시하지 않더라도 성적인 은유나 암시로 상대방이 불쾌감을 느끼는 경우도 사이버 성폭력이라 할 수 있습니다.

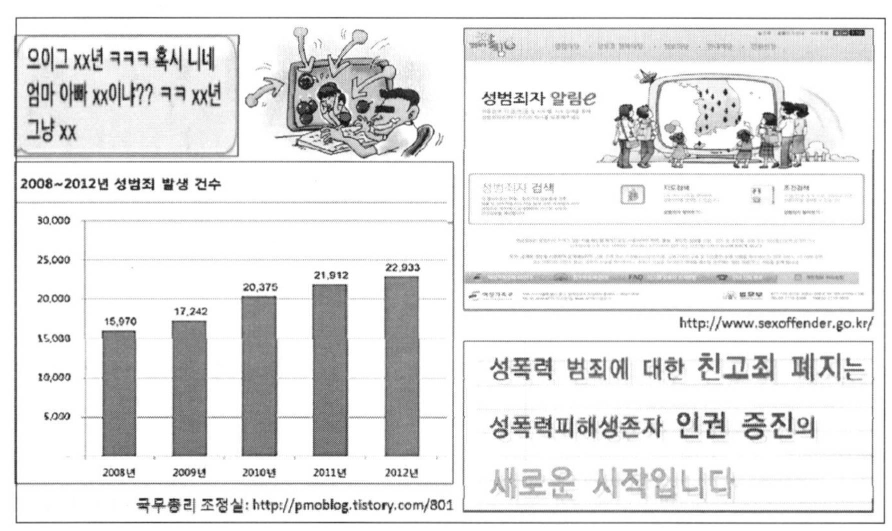

[그림 7-11] 사이버 성폭력

사이버 성폭력은 대단히 교묘하고 다양한 형태로 나타나고 있습니다. ① 전자 우편이나 채팅을 통해서 상대에게 성적 수치심이나 모멸감을 느끼게 하는 글, 이미지, 동영상을 보내는 행위, ② 채팅시에 음란한 대화를 요청하거나 갑자기 음란한 말을 함으로써 상대방으로 하여금 불쾌감과 모욕감을 느끼게 하는 사이버 성희롱, ③ 게시판이나 성 관련 사이트에 특정인의 사생활, 특히 성생활과 관련된 허위 사실을 글, 이미지, 동영상 등으로 올려서 개인의 명예를 훼손한 행위, ④ 전자우편이나 인터넷을 통해서 음란한 비디오를 전송, 임대 또는 판매하는 행위, ⑤ 지하철, 화장실 등에서 몰래 카메라로 다른 사람의 신체를 허락 없이 촬영하거나 그 사진을 공개 또는 판매하는 행위 등 매우 다양한 형태가 있습니다.

2013년 6월 19일부터 발생한 성폭력 범죄들은 친고죄 조항에 적용 받지 않기 때문에 당사자와 주변인의 신고나 수사관의 인지로 수사를 개시할 수 있습니다. 친고죄 조항 폐지로 성폭력 피해자의 인권이 한 걸음 진전되고 성폭력이 사회적 범죄라는 인식이 한층 일반화 될 것입니다. 성폭력 범죄의 처벌 및 피해자 보호 등에 관한 법률에 의하면, 사이버 성희롱의 경우 2년 이하의 징역 또는 5백만 원 이하의 벌금에 처할 수 있고, 음란물 유통 등의 성폭력을 행사하였을 경우에는 5년 이하의 징역 또는 1천만 원 이하의 벌금에 처할 수 있습니다. 그러나 성폭력은 예방이 무엇보다도 중요합니다. 다음과 같은 사이버 성폭력으로부터 자신을 지키는 방법을 숙지하고 사전 예방이 가능한 인터넷 생활이 이루어져야 할 것입니다.

- 성별을 파악할 수 없는 중성 ID를 사용한다.
- 개인정보를 철저히 관리한다.
- 원하지 않는 메일에는 답하지 않는다.
- 온라인상에서 대화를 할 때 상대방을 주의한다.
- 온라인상에서 만난 사람들을 직접 만나는 일은 신중히 한다.
- 상대방의 성적 유혹에 반응하지 않는다.
- 쪽지/메일 수신거부, 특정내용/발신자에 따라 자동으로 전자메일 삭제 등의 기능이 있는 프로그램을 이용하여 성폭력을 예방한다.
- 사이버 성폭력 가해자는 주로 컴퓨터에 자신이 없고 기술이 부족한 초보자를 대상으로 성폭력을 행사하므로 컴퓨터 기술을 습득한다.
- 피해 발생시나 목격시 즉각 신고센터에 신고한다.

스마트폰을 이용한 몰래 카메라, 소셜 네트워크의 다양한 서비스를 악용한 신종 성폭력 등 사이버 성폭력이 날로 확산되고 있어 폐해가 적지 않습니다. 양성 평등의 실현과 인권 보호를 위하여도 사회의 발전을 좀 먹는 사이버 성폭력을 근절해야 할 것입니다.

사이버 스토킹

사이버 스토킹도 사회 문제화 되고 있습니다. 사이버 스토킹(cyber-stalking)이란, 인터넷 게시판,

대화방, 이메일, 전화 등 인터넷이나 정보통신망을 이용하여 상대방이 원하지 않는데도 욕설이나 협박 등 공포심이나 불안감을 유발하는 글·음성·사진·동영상 등을 지속적, 반복적으로 상대방에게 보내는 행위를 말합니다. 인터넷 상에서 그림자처럼 쫓아 다니면서 거머리처럼 달라붙어 지속적으로 해코지 하는 것을 사이버 스토킹이라고 합니다. 사이버 스토킹을 당하고 있다고 생각해 보세요. 귀신처럼 나타나는 스토커 때문에 미칠지도 모릅니다.

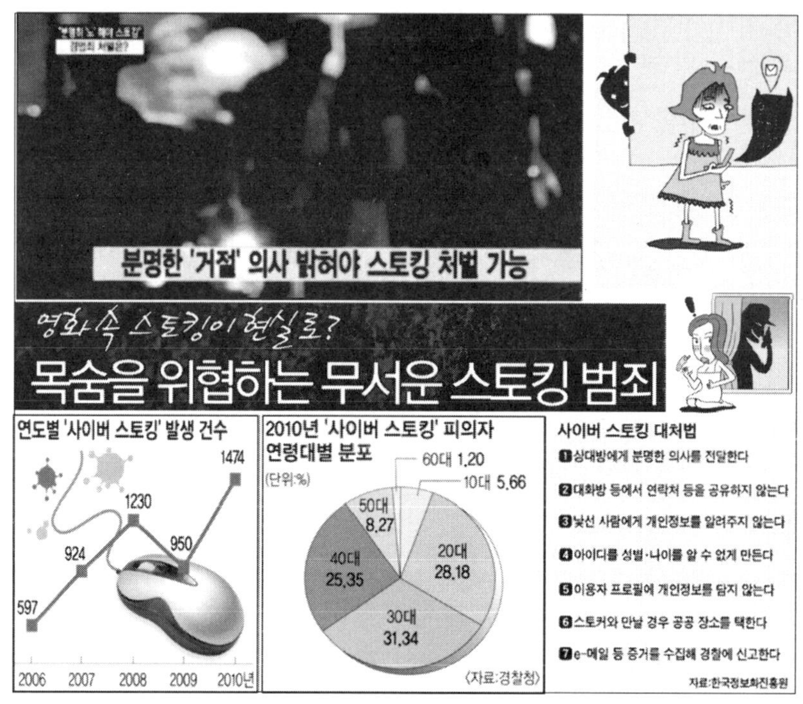

[그림 7-12] 사이버 스토킹

영화의 주제로 종종 다루어지기도 하지만, 사이버 스토킹은 정신질환과 관련이 있는 대단히 위험한 범죄입니다. 인터넷 정보기술과 스마트폰 등의 확산으로 사이버 스토킹을 쉽게 할 수 있는 환경이 조성되어 날로 확산되고 있습니다. 특히, 30-40대 성인들에게 많이 발생하는 성인 범죄가 되고 있습니다. 인터넷, 휴대 전화, 소셜 네트워크 등 정보통신망을 이용하여 상대의 의사와는 전혀 관계없이 원하지 않는데도 문자 메시지, 음성 통화, 이메일 등으로 지속적, 반복적, 의도적으로 접근하여 정신적으로 괴롭힙니다. 스토커로 인하여 공포심이나 불안감을 느끼게 되고, 자신 또는 가족의 생명, 신체의 안전에 위협을 느끼게 되어 정상적인 생활을 유지하기가 불가능하게 됩니다. 스토킹 당한 대부분의 사람들이 악몽이었다고 치를 떱니다.

사이버 스토킹이 사회 문제화 되고 있음에도 불구하고, 이를 예방 또는 처벌하기 위한 법 체제가 미흡한 상태입니다. 우여곡절 끝에 2009년 1월 9일 '스토킹처벌 및 방지에 관한 법률안'이 제출되었지만 자동 폐기 되었고, 2012년 8월 '스토킹 처벌 및 피해자 보호에 관한 법률 제정안'이 발의된 상태입니다. 정보통신망 이용촉진 및 정보보호 등에 관한 법률 제74조 제1항 제3호에 의거, 1년 이하의 징역 또는 1천만원 이하의 벌금에 처할 수 있습니다. 사이버 스토킹을 처벌하려면, 분명하고 명백하게 거절 의사를 밝힌 증거가 있어야 합니다. 그렇지 않으면 처벌하기 어려운 맹점이 있습니다.

사이버 스토킹은 심각한 정신적 피해를 수반하므로 조속하게 관련 법을 제정하여, 스토킹 당하는 사람을 보호하고 스토커를 엄하게 처벌해야 할 것입니다.

4 사이버 불링

2012년 8월, 서울 A고등학교 1학년인 강아무개(16)양이 자신이 살던 서울 송파구의 한 아파트 11층에서 스스로 몸을 던져 목숨을 끊었습니다. 유족들에 의하면 '카카오톡' 대화방에서 친구들에게 집단 괴롭힘을 당한 것이 강양이 숨진 이유라고 합니다. 경찰 수사 내용과 가족의 증언을 종합하면, 강양은 6월 20일 P군 등 5개 학교 10여명의 남학생으로부터 카카오톡 대화방에 초대를 받았으나, "맞아야 정신차릴 년", "○○년", "○년" 등의 욕설을 들었습니다. 그 후, 강양은 "요즘 마음이 괴롭다. 탈출구가 안 보인다. 나도 내가 어떻게 될지 모르겠다"고 괴로워했다고 합니다.

인터넷과 스마트폰의 발달로 이른바 사이버 공간에서 24시간 괴롭힘을 당하는 왕따 피해자들이 늘어나고 있습니다. 사이버 공간에서 이메일, 문자 메시지, 사진, 동영상 등을 이용하여 욕설, 폭언, 모욕, 협박 등으로 특정인을 집단적으로 괴롭히는 것을 사이버 불링(cyber-bullying)이라 합니다.

사이버 불링을 이해하기 쉽게 '사이버 왕따'라고도 합니다. 이메일, 스마트폰, 소셜 네트워크 서비스, 카카오톡 등 인터넷 서비스를 활용하여 악성 댓글, 모욕적인 사진, 혐오스런 동영상 등으로 특정인을 괴롭히는 일을 말합니다. 스마트폰과 소셜 네트워크 서비스기 확산되면서 새로운 학교 폭력의 형태로 사이버 왕따는 매우 급속하게 확산되고 있습니다. 2011년 말 한국 정보화 진흥원의 조사에 의하면 초·중·고생 가운데 20% 이상이 사이버 불링을 경험한 바 있다고 합니다. 현실 공간에서 이루어지던 학교 폭력이 사이버 공간으로 이동하여 사이버 왕따 형태로 은밀하게 진행되고 있어 문제가 더 심각합니다. 사이버 불링은 일반 학교 폭력과는 다른 독특한 특징이 있습니다.

- **익명성**: 사이버 불링은 누가 괴롭히는지 알기 어렵습니다. 인터넷 서비스는 익명성을 기반으로 하고 있어 스마트폰, 이메일, SNS 등의 사용자 식별이 어렵습니다. 익명성은 적극적인 참여 유도와 죄책감을 못 느끼게 하는 원인이 되기도 합니다.
- **지속적 반복성**: 왕따는 몇 번 만에 끝나는 사건이 아닙니다. 일반적으로 피해자가 지칠 때까지 지속적으로 자행됩니다. 피해자가 괴로워할수록 더 재미를 느끼고 가해를 계속하게 됩니다.
- **전파성**: 인터넷 사이버 공간에서 이루어지므로 매우 급속하고 광범위하게 확산됩니다. 일단 확산된 내용은 삭제가 불가능하여 피해자의 고통은 크고 깊게 됩니다.

· 공간과 시간 효과: 사이버 불링은 장소를 가리지 않고 효과를 발휘합니다. 일반적으로 학교 폭력은 학교 내에서 이루어지지만, 사이버 불링은 학교 밖에서도 이루어집니다. 사이버 불링으로부터 안전한 장소는 없습니다. 또한, 시간을 가리지 않고 이메일, 문자 메시지, 사진 등이 무차별적으로 날라와 사이버 불링으로부터 안전하게 도피할 수 있는 시간이 없습니다.

· 수단과 수법 다양성: 스마트폰과 카카오톡 등 소셜 네트워크 서비스의 일상화로 사이버 왕따를 할 수 있는 수단과 도구가 다양해졌습니다. 그때 그때 필요에 따라 골라서 사용할 수 있습니다. 스마트폰 서비스는 문자 메시지 전달뿐만 아니라 사진 촬영, 동영상 플레이 등 많은 기능을 제공하고 있어, 이들 기능을 활용하여 다양하게 상대를 괴롭힐 수 있습니다. 피해자에게 생생한 충격적 피해를 줄 수 있습니다.

· 죄책감 마비: 사이버 왕따는 집단적으로 이루어지기 때문에 가해자는 죄책감을 느끼지 못합니다. 집단 심리에 휩싸여 재미있는 놀이로 생각하고 자신도 모르게 더욱 심하게 행동하게 됩니다. 집단 행동으로 윤리 의식이 마비되는 것입니다.

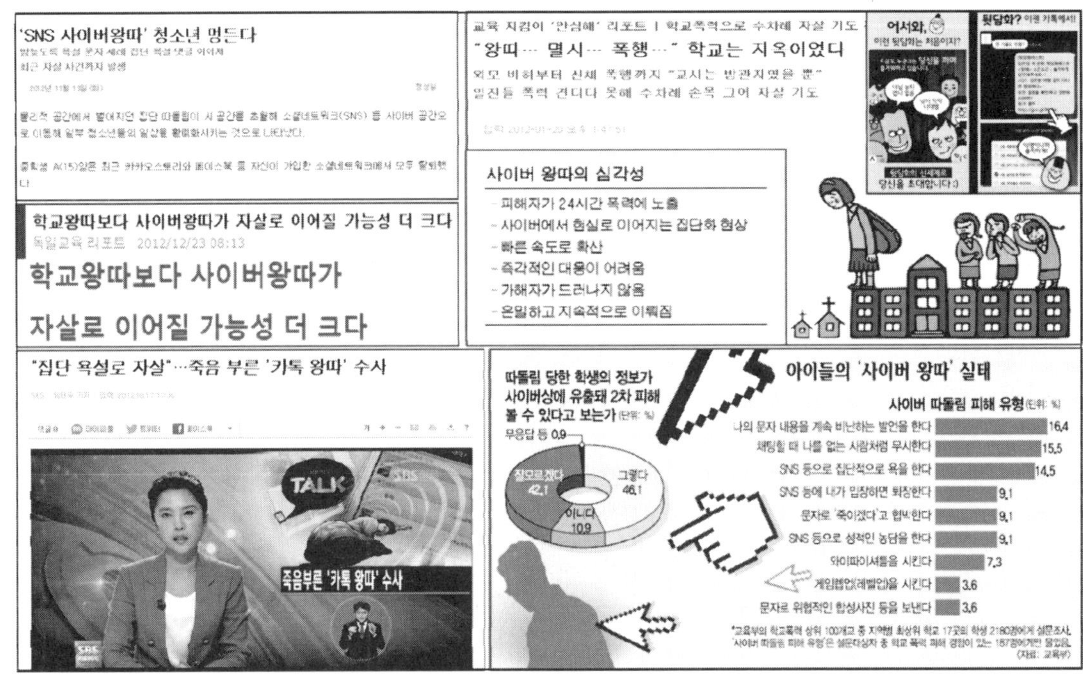

[그림 7-13] 사이버 불링

2013년 12월 한국정보화진흥원의 학교폭력 2.0 세미나 발표에 의하면, 사이버 불링에는 12가지 유형이 있습니다. 인터넷 정보기술, 스마트폰, 소셜 네트워크 서비스 등의 발전으로 새로운 유형의 사이버 불링도 계속 출현하고 있습니다. 12가지 유형의 사이버 불링은 다음 4가지 형태로 요약할 수 있습니다.

· 집단적 모욕형: 온라인 채팅 방에서 특정인을 고의적으로 배제시키고 집단적으로 무시, 욕설, 비방하거나, 카카오톡 채팅 방에 초대한 후 집단적으로 모욕을 주거나, 인터넷 게시판에 집단적으로 악성 댓글을 다는

등 특정인을 대상으로 집단적 모욕 공격을 가하는 것

- **반복적 협박형**: 인터넷이나 스마트폰으로 상대방이 원하지 않는데도 혐오스런 말, 글, 사진, 동영상 등을 보내 공포심과 불안감을 유발하고 협박하며, 원치 않는 행동을 강요하거나 심부름을 시키는 등의 행위를 하는 것
- **ID 도용 익명형**: 상대방의 ID를 도용하여 마치 상대방인 것처럼 행동하면서, 모욕적인 댓글, 메세지 등을 보내 싸우게 만들고, 거짓 정보를 전파하고, 특정인이 문제아처럼 인식되도록 행동하는 것
- **콘텐츠 루머 유포형**: 특정인을 대상으로 모욕적인 사진, 동영상 등 콘텐츠를 유포하고 허위 소문을 퍼뜨리는 등 특정인을 헐뜯는 행동을 하는 것

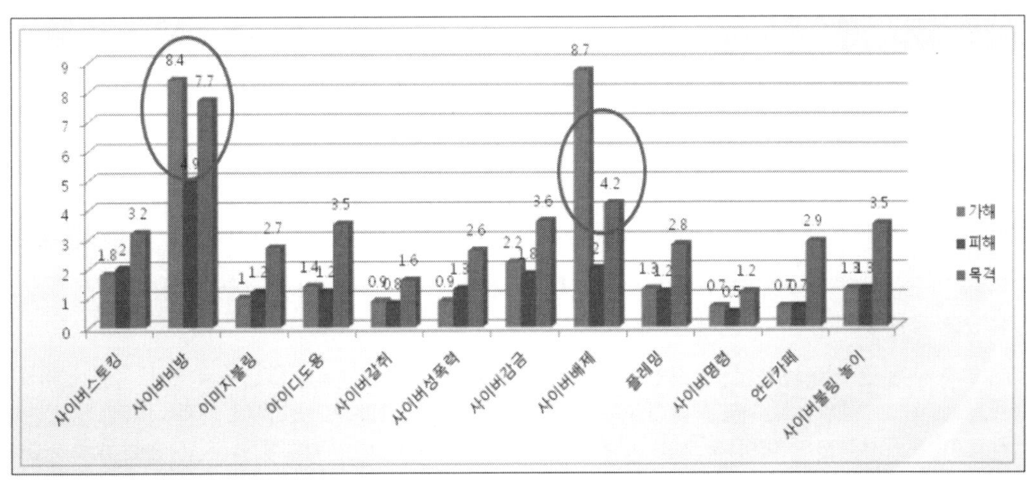

[그림 7-14] 사이버 불링의 유형별 현황

사이버 불링은 현실 세계의 왕따보다도 더 심각한 부작용을 유발합니다. 사이버 불링은 은밀하게 진행되기 때문에 상황 파악이 어렵고, 피해자 역시 피해 사실을 주변에 알리지 않는 등 쉽게 표면화 되지 않아 적시에 대응하기도 어렵습니다. 사이버 불링의 폐해는 날로 늘어나고 있는데, 효과적인 예방과 대응 방안 마련에 어려움이 있습니다.

사이버 불링에 대한 상세한 현황 조사와 분석으로 체계적인 대응 방안을 수립하고 지속적인 인터넷 윤리교육으로 따돌림을 사전에 예방해야 할 것입니다. 사이버 불링은 사회문제입니다. 직접적 관련이 있는 학교, 부모, 가해자, 피해자, 그리고 공공 단체가 합심하여 사이버 불링에 조직적으로 대응하는 공조 체제를 갖추어야 할 것입니다. 또한 사이버 불링에 대한 처벌을 제도화해야 합니다. 우리나라에서는 '학교폭력 예방 및 대책에 관한 법률'에서 사이버 불링을 학교폭력으로 규정하는 일부 개정안이 2012년 3월 21일 공포되었습니다. 개정안에서는 인터넷, 휴대전화 등 정보통신기기를 이용하여 지속적, 반복적으로 심리적 공격을 가하거나 특정 학생과 관련된 개인정보 또는 허위사실을 유포하는 행위를 금지하고 있습니다. 신체적 폭력행위와 마찬가지로 사이버 상에서 행해지는 모든 폭력 행위에 대해서도 엄격히 처벌하고 철저한 예방 대책을 수립할 수 있도록 해야 한

다는 내용도 있습니다.

사이버 불링은 주로 청소년 사이에서 일어나는 새로운 학교 폭력 형태이기 때문에 심각한 문제입니다. 또한, 정신적 피해가 심할 뿐만 아니라, 자살 충동이나 자살 시도 등 2차 피해가 발생하는 등 피해가 광범위 하므로 시급하게 대책을 마련해야 할 것입니다. 사이버 불링의 예방과 대처에는 무엇보다도 인터넷 윤리의 확립이 선행되어야 할 것입니다.

7.2.2 인터넷 사기형 사이버 범죄

인터넷이 쇼핑과 금융 거래의 기본으로 활용되면서 이를 악용한 사기가 신종 범죄로 부각되고 있습니다. 특히, 스마트폰의 보급에 따라 더욱 교묘한 방법으로 사기 범죄가 자행되고 있어 세심한 주의가 요구되고 있습니다. 사기 수법이 워낙 교묘하고 다양하여 판단력이 흐려지는 순간 사기에 말려 들게 됩니다.

사례 1: 한 고객은 은행 사이트에 접속해 인터넷 뱅킹을 하려 했으나 오류가 발생하였습니다. 몇 시간 후 다시 시도했으나 마찬가지로 오류가 발생하여 다른 컴퓨터를 이용해 계좌 이체를 마쳤습니다. 그런데 3일 후, 이 고객의 계좌에서 다른 계좌로 1,196만원이 무단으로 빠져나갔습니다. 고객의 컴퓨터가 악성코드에 감염되어, 정상적인 인터넷 뱅킹 화면에서 '가짜' 팝업창을 띄워 개인정보를 빼낸 후 계좌에서 돈을 빼가는 신종 전자금융사기에 말려든 것입니다.

사례 2: 회사원 김모씨(35)는 최근 자신의 휴대폰 명세서 내역을 보고 당황했습니다. 명세서를 살펴보니 지난 달까지 매달 'OO디지털 소액결제'라고 적힌 항목에서 1만 9천 8백원의 요금이 빠져 나가고 있었습니다. 알고 보니, 커피 전문점의 할인 쿠폰을 받으라는 문자 메시지를 받고 인터넷 주소로 접속하는 것이 화근이 되었습니다. 링크된 인터넷 주소를 누르면 피해자의 스마트폰에 악성코드를 설치한 뒤 인증번호를 받아내 소액결제 대금을 빼가는 스미싱(smishing) 수법에 당한 것입니다.

사례 3: 해외 구매대행 형태로 정품을 판매하는 것처럼 광고하고 이를 보고 송금한 돈을 받아 챙긴 뒤, 위조 상표가 부착된 중국산 '가짜 신발'을 배송한 P(25)씨에 대해 징역 1년 6월에 집행유예 2년, 벌금 4천만원, 사회봉사 80시간이 선고되었습니다.

사례 4: 대전에 사는 A씨는 최근 '모바일 청첩카드'가 도착했다는 것을 보고 아는 사람의 청첩장인 줄 알고 클릭했습니다. 그러나 이는 새로운 신종 사기로 A씨는 한달 뒤 휴대폰 요금 청구서에 30만원이 소액 결제된 것을 발견하고 사기임을 확인, 신고하였습니다.

이처럼 아주 교묘한 수법의 사기가 일상화되고 있습니다. 사기형 범죄는 금전적 피해뿐만 아니라 사회의 믿음을 파괴하고 불신을 조장하는 파렴치한 지능 범죄입니다.

인터넷 사기의 정의와 유형

인터넷 사기형 범죄는 인터넷이나 정보통신망을 이용해 사용자들에게 물품이나 용역을 제공할 것처럼 속이는 메시지를 보내서 금품을 부정하게 취득하는 행위를 말합니다. 인터넷 사기 범죄의 형태가 매우 다양하고 끊임없이 새로운 수법이 개발되고 있어 실체를 파악하기가 쉽지 않습니다. 인터넷 사기 범죄에는 불법 다단계 판매 사기, 사이버 경매사기, 인터넷 취업사기, 인터넷 투자금 사기, 이벤트 및 사은품 공짜 제공 사기, 파격 할인 빙자 사기뿐만 아니라 기상천외한 방법의 사기 등 매우 다양합니다. 여기서는 일상생활에서 자주 접할 수 있는 전자 상거래 사기, 디지털 콘텐츠 사기, 피싱 형태의 사기, 보이스 피싱 사기 등에 대하여 알아보겠습니다.

인터넷 사기 절차

사기는 예기치 못한 기상천외한 방법으로 사람을 속이기 때문에 정해진 절차가 없습니다. 그러나 일반적인 사기가 진행되는 단계를 생각할 수 있으며, 사기 진행 단계를 이해하면 사기에 적절하게 대응할 수 있습니다. 사기 진행 단계는 [그림 7-15]와 같습니다.

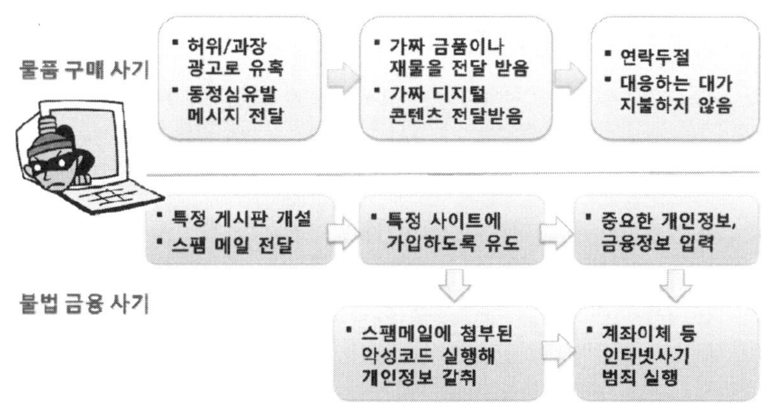

[그림 7-15] 인터넷 사기 범죄 단계

물품 구매 사기의 경우에는 ① 허위 과장 광고, 경품 할인, 이벤트 등 교묘한 방법으로 물품을 구입하게 하는 단계, ② 가짜 물품을 발송하거나 물품 발송을 지연하는 단계, ③ 연락 두절 또는 행방불명 되는 단계로 구성됩니다. 불법 계좌 이체 등 금융 사기의 경우에는 ① 스팸 메일 개봉, 회원 가입, 경품 참여 등을 유도하여 사용자 몰래 악성 프로그램을 설치하는 단계, ② 악성 프로그램을 활성화하여 개인 정보와 금융 정보를 절취하는 단계, ③ 절취한 금융 정보로 계좌 이체 또는 물품 구입 등 경제적 손실을 주는 단계를 생각할 수 있습니다.

사기 범죄에는 반드시 초기 유혹 단계가 있는데 이때 경품, 할인, 이벤트 등 허황된 이익에 현혹되면 사기를 당하게 됩니다. 현명한 판단만이 사기를 예방할 수 있습니다.

[전자 상거래 사기]

인터넷 사기 중 가장 많이 발생하는 것이 전자 상거래 사기입니다. 대부분의 상거래와 금융 거래가 인터넷으로 이루어지고 있고, 스마트폰 등의 발달로 오픈 마켓, 소셜 커머스 등을 편리하게 사용할 수 있어, 구매자의 허점을 노리는 전자 상거래 사기가 기승을 부리고 있습니다. 수법이 점점 더 교묘해지고 있고 피해도 커지는 추세입니다.

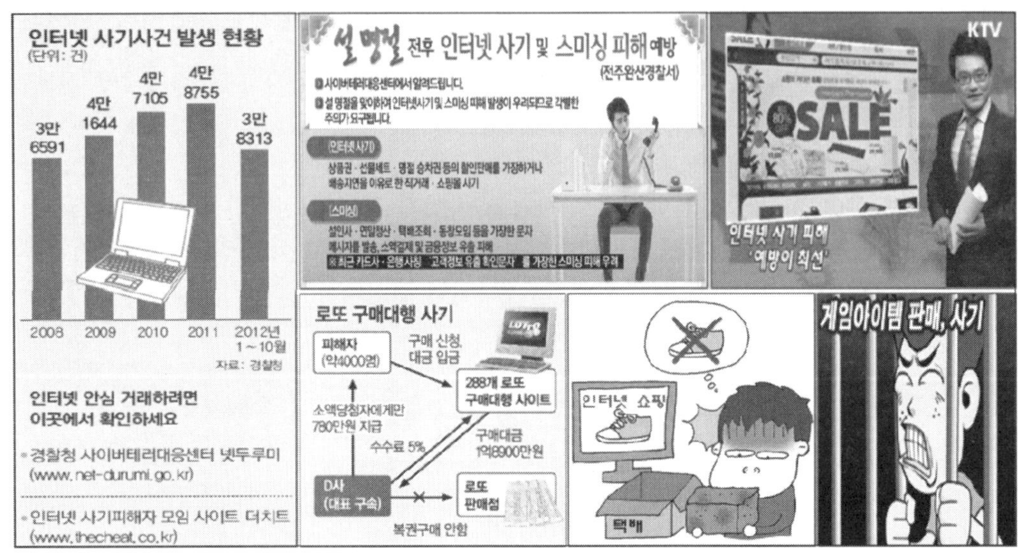

[그림 7-16] 전자 상거래 사기

전자 상거래 사기는 일반 구매자를 대상으로 하고 있어, 좁은 의미에서는 인터넷 쇼핑몰 사기, 모바일 쇼핑 사기 등으로 생각할 수 있습니다. 일반적인 전자 상거래 사기의 형태에는 다음과 같은 것이 있습니다.

- 쇼핑몰, 오픈 마켓, 카페, 블로그 등에서 물품을 구입하고 대금을 지불하였으나 물품이 받지 못한 경우(사이트가 폐쇄됨)
- 허위 물품 광고를 통해서 사용자가 구매한 물품과 다른 물품을 배송하는 경우
- 유명 상품을 시중 가격보다 싸게 판다고 광고하여 선금을 받은 후 잠적하는 경우
- 금융기관, 택배 회사 등을 사칭해서 물품 배달 수수료를 입금하라고 한 후 가로채는 경우

전자 상거래의 사기 대상이 되는 물품도 매우 다양한데, 가전제품, 컴퓨터와 노트북, 스마트폰, 상품권, 의류와 운동화, 건강 보조 식품, 짝퉁 명품 등이 주요 대상이 되고 있습니다.

전자 상거래 사기 또는 인터넷 사기를 처벌하기 위한 법규가 별도로 마련되어 있지는 않습니다. 인터넷 상의 사기 역시 현실 세계의 사기와 같은 범죄입니다. 형법 제347조(사기)을 적용하면 10년 이하의 징역 또는 2천만원 이하의 벌금에 처할 수 있습니다. 형법 제347조 2항에는 컴퓨터를 활용한 사기에 관한 조항이 있는데 역시, 10년 이하의 징역 또는 2천만원 이하의 벌금에 처하게 됩니다. 그러나 무엇보다도 사기를 당하지 않는 것이 좋을 것입니다. 허위 광고, 과장 광고, 파격적 혜택 등에 현혹되어서는 안될 것입니다. 쇼핑 거래하기 전에 해당 쇼핑몰의 신뢰성을 사전에

충분히 검토해야 합니다. 인터넷 거래는 비대면으로 이루어지므로 물품 판매자의 신원과 연락처 및 기본정보를 정확히 파악하고 확인하는 것은 기본입니다. 인터넷 거래시 직접적인 거래보다는 검증된 사이트에서 간접 거래를 하는 것이 바람직합니다. 오픈 마켓이나 소셜 커머스의 경우는 판매자의 신뢰성을 확인할 필요가 있습니다. 인터넷 사기로 인해 피해를 입었을 경우를 대비하여 거래 약관 등을 자세히 살펴본 후 거래하고, 에스크로(Escrow) 제도나 웹 사이트 인증제도 등이 적용된 안전한 쇼핑몰 사이트를 이용합니다.

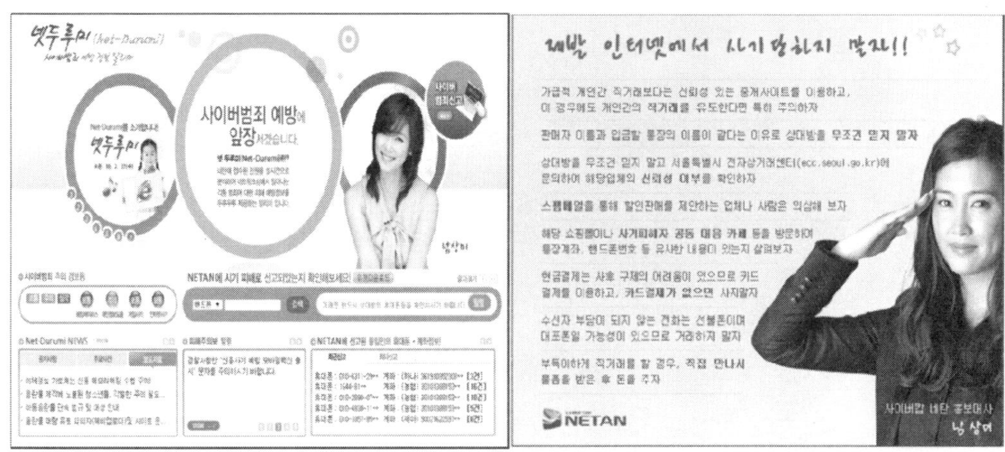

[그림 7-17] 전자 상거래 유의 사항

사기를 당하였을 때는 법적 조치를 취해야 합니다. 그래야만 제2의 피해를 방지하고 다른 사람의 피해도 예방할 수 있습니다. 경찰청의 넷두루미를 비롯하여 다음 사이트를 참고하기 바랍니다.

- 경찰청, 넷두루미: http://www.net-durumi.go.kr
- 경찰청, 사이버테러대응센터: http://www.netan.go.kr(http://www.ctrc.go.kr)
- 인터넷 사기 피해자 모임 사이트: http://www.thecheat.co.kr
- 공정거래위원회: http://www.ftc.go.kr
- 한국소비자원: http://www.kca.go.kr
- 사이버경찰청: http://www.police.go.kr
- 서울특별시 전자상거래센터: http://ecc.seoul.go.kr

[디지털 콘텐츠 사기]

인터넷과 정보통신 기술의 발전으로 새로운 상품과 서비스가 전자 상거래에서 각광을 받고 있습니다. 바로 디지털 콘텐츠(digital contents)라는 상품과 서비스입니다. 디지털 콘텐츠는 정보 콘텐츠를 디지털화하여 인터넷 또는 정보통신망을 통해 유통/소비되는 상품을 말합니다. 예를 들어,

게임, 방송 드라마, 애니메이션(animation), 영화, 이러닝(e-Learning) 강의 콘텐츠, 벨소리, 전자책, 웹툰, 네비게이션(navigation) 등 디지털화 되어 유통되는 정보 콘텐츠를 말합니다. 디지털 콘텐츠는 고부가가치 산업으로서 미래 경제에서 핵심 상품으로 각광을 받고 있습니다. 애니메이션 '겨울왕국'이나 싸이의 '강남 스타일'의 성공에서 보는 것처럼 디지털 콘텐츠 산업은 대단히 빠르게 성장하고 있습니다.

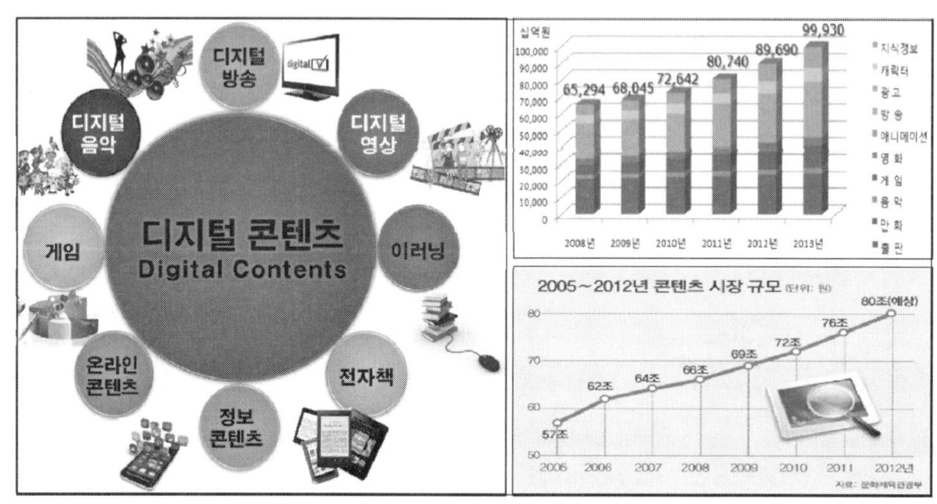

[그림 7-18] 디지털 콘텐츠 산업

인터넷 상에서 디지털 콘텐츠의 거래가 매우 활발한데, 디지털 콘텐츠 상품이나 서비스를 제대로 제공하지 않는 사기 사건이 빈번하게 일어나고 있습니다.

- 인터넷 환경에서 학습, 게임 등의 목적으로 개발된 디지털 콘텐츠를 제공할 것을 약속하고, 가입비 또는 이용료를 취득한 후 서비스를 제공하지 않는 경우
- 인터넷 상에서 게임 아이템을 제공할 것을 약속하고, 대금을 받은 후 제공하지 않는 경우
- 사용하지 않은 게임, 벨소리, 컬러링 등의 콘텐츠 사용료가 핸드폰 사용료에 부과된 경우
- 게임 아이템을 서로 교환하기로 하여 아이템을 보내주었는데 상대방이 보내주지 않는 경우
- 외국영화, 뮤직비디오 등 중국에서 복제된 DVD를 불법 복제하여 판매하는 경우
- 유명 고시학원의 홈페이지에 있는 동영상 강좌 수백 개를 복사하여 판매하는 경우
- 유명 강사의 강의 콘텐츠를 구입하였는데, 실제 내용은 전혀 다른 3류 드라마인 경우

디지털 콘텐츠는 일반 상품과는 달리 디지털 정보의 형태로 전달 또는 제공되기 때문에 사용해 보지 않으면 상품의 질을 평가할 수 없는 맹점이 있습니다. 디지털 콘텐츠 사기는 모든 거래가 인터넷 상에서 일어나기 때문에 증거 확보나 추적이 어렵습니다. 또한, 디지털 콘텐츠는 저작권과 연관성이 있기 때문에 사기를 당하였을 때 변상이나 보상에 여러 법적인 문제가 있습니다.

디지털 콘텐츠 거래와 관련하여 몇 가지 주의할 사항이 있습니다. 개정된 정보통신망 이용 촉진 및 정보보호 등에 관한 법률에 따르면 게임 아이템의 현금 거래는 위법이므로 하지 말아야 합니다. 게임 아이템 거래와 관련된 사건이 종종 발생하는데, 피해자와 가해자 모두 처벌 받을 수 있으니 조심해야 합니다. 사이버 상의 물품 교환이나 사이버 머니 기부 등은 공인된 중개사이트를 통해서 하도록 합니다. 학습 자료, 전자 서적 등 디지털 콘텐츠를 구매하기 전에 신뢰할 수 있는 판매자인지 확인하고 안전한 에스크로 제도 등을 활용하여 거래합니다.

[피싱 사기]

사이버 범죄와 관련하여 새로운 수법이 많이 등장하였는데 그 중에서 가장 널리 알려진 것이 피싱(phishing)입니다. 피싱이라는 용어는 개인정보(private data)를 낚시(fishing)하는 것처럼 낚아챈다는 의미에서 탄생된 용어로 은행사기(bank fraud) 또는 신용사기(scam)의 새로운 형태입니다. 전자우편 또는 메신저를 사용해서 신뢰할 수 있는 사람 또는 기업이 보낸 메시지인 것처럼 가장하여, 비밀번호 및 신용카드 정보와 같은 기밀을 요하는 금융 정보를 부정하게 얻으려는 행위로, 부정하게 얻어진 금융 정보를 활용하여 계좌이체 또는 물품 구입 등의 경제적 손실을 주는 범죄 행위입니다.

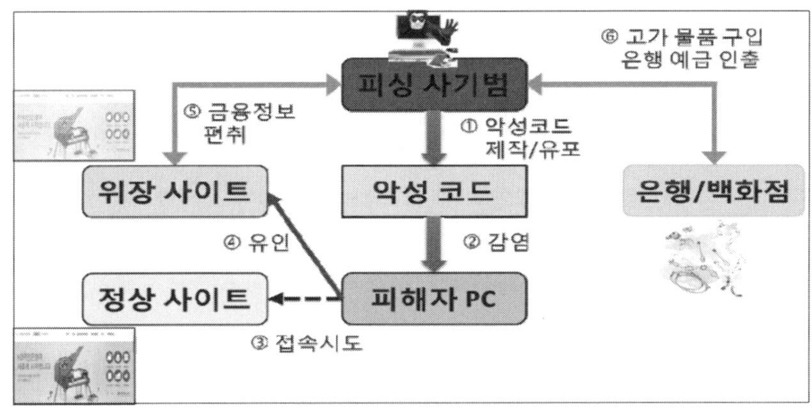

[그림 7-19] 피싱 사기 구조

피싱 사기가 진행되는 절차는 [그림 7-19]와 같습니다.

- 피싱 사기범이 금융정보를 절취하는 악성 프로그램 또는 컴퓨터 바이러스를 개발합니다.
- 악성코드가 포함된 메일, 청구서, 벌금 고지서, 안내장을 사기 대상자에게 보내서 열어보게 합니다. 피싱 사기범은 수단과 방법을 가리지 않고 피해자가 메일을 열어 보도록 합니다. 메일을 열어보거나 프로그램을 실행시키면 피해자의 컴퓨터가 악성 코드에 감염됩니다.
- 이후, 금융기관이나 쇼핑몰 등에 접속하면,
- 악성 코드는 위장 사이트를 보여 주고

- 금융 정보를 입력할 것을 요구합니다.
- 피싱 사기범은 절취한 금융 정보로 계좌 인출하거나 물품을 구입하는 등 절도 행위를 합니다.

피싱의 목적은 금융 정보의 절취에 있다고 할 것입니다. 사기범은 온갖 수단과 방법으로 금융 정보를 얻으려고 노력합니다. 금융 정보를 얻어내는 방법에 따라, [표 7-2]와 같은 변종 형태의 피싱이 출현하고 있습니다. 앞으로도 더 지능적 수법이 등장할 것으로 예상됩니다.

[표 7-2] 변종 피싱 형태의 사기 수법

구분	설명
피싱(phishing)	• 공신력 있는 업체나 금융기관 등의 위장 사이트를 개설하고 스팸 메일을 전송해 위장 사이트에 접속하게 한 후, 개인정보나 금융정보 등을 취득하는 행위
파밍(pharming)	• 피싱이 발전한 수법으로 정상 사이트 접속을 중간에서 탈취하여 가짜 사이트로 유인하는 행위 • 농장(farming)과 피싱(phishing)의 합성어
비싱(vishing)	• 인터넷 전화를 이용해 자동 녹음된 메시지를 보내어 은행 계좌 비밀번호와 같은 중요 정보를 입력하게 한 후 돈을 갈취하는 행위
스미싱(smishing)	• 휴대폰 문자를 발송해 악성코드가 존재하는 사이트로 접속하도록 유도한 후, 휴대폰에 악성코드를 설취한 뒤 개인정보를 유출하는 행위 • SMS와 피싱(phishing)의 합성어

피싱 사기에 걸려 들지 않으려면 금융 정보 관리를 철저하게 하고, 확실한 이유나 근거 없이 금융 정보를 노출해서는 안될 것입니다. 다음은 피싱 사기 예방 안전 수칙입니다.

① 신뢰할 수 없는 사이트 접속을 자제하고, 개인정보나 금융정보 입력에 신중을 기할 것

② 컴퓨터 하드디스크에 공인인증서를 보관하지 말고 USB 메모리 같은 별도의 보관 장치에서 관리 할 것

③ 컴퓨터의 보안 관리를 강화하기 위해 주기적으로 백신 프로그램을 업데이트하고 바이러스와 악성코드로부터 안전한 사용 환경을 만들 것

④ 악성코드의 유입 경로가 될 수 있는 무료 다운로드 사이트와 같은 곳에서 영화나 음란물 등을 무분별하게 다운로드 하지 말고, 출처가 불분명한 이메일을 열지 말 것

⑤ '파밍캅' 프로그램을 다운로드 받아 악성코드 감염 여부 및 파밍 사이트로 자동 연결 여부를 점검하고 발견시 삭제할 것

[보이스 피싱 사기]

보이스 피싱은 음성(voice)와 피싱(phishing)의 합성어로 음성을 이용해서 금융 정보를 빼내는 것입니다. 피싱은 이메일, 컴퓨터 바이러스 등을 활용해서 암암리에 금융 정보를 빼내는데 비하여, 보이스 피싱은 직접 전화 통화를 통해 금융 정보를 빼냅니다. 예를 들어, 자녀가 교통사고를 당하여 수술이 필요한데 보호자의 동의가 필요하다고 하면서 금융 정보를 유도합니다.

[그림 7-20] 보이스 피싱 유형

보이스 피싱은 직접 대화를 통해 긴박하게 진행되므로 자신도 모르는 사이에 금융 정보를 누출하게 됩니다. 보이스 피싱은 감성과 긴박한 상황이 어우러지는 고단수의 사기 범죄 행위로 사기에 걸려 들지 않기 위해서는 침착과 냉정을 유지하는 등 세심한 주의가 필요합니다.

전자 상거래 보호 제도

전자 상거래는 물품과 금품이 오고 가기 때문에 사기의 좋은 표적이 되고 있습니다. 전자 상거래가 일반 상거래보다도 더 활성화 되고 있어, 전자 상거래의 안정성을 도모하기 위한 여러 방안들이 시행되고 있습니다. 이에 관해서는 제3장 인터넷 경제 사회 활동에서 상세하게 설명하였으니 참고하기 바랍니다. 전자 상거래 보호 제도를 요약 정리하면 [표 7-3]과 같습니다.

[표 7-3] 전자 상거래 보호 제도

구분	설명
에스크로 제도	소비자가 인터넷 쇼핑몰 등에서 인터넷 사기로 인한 피해를 입지 않도록 제3자(에스크로 사업자)가 소비자의 결제대금을 예치하고 있다가 상품배송이 완료된 후 통신판매업자에게 대금을 지급하는 거래 안전장치(법률상 결제대금예치제도라 함)
소비자피해 보상보험계약	통신판매업자는 소비자의 금전적 피해를 보상해 주는 보험을 사전에 보험회사와 계약하고 지급 사유가 발생한 경우 지체없이 지급할 의무를 부여하는 제도
채무지급보증계약	통신판매업자는 소비자 피해보상금의 지급을 확보하기 위해서 금융기관과 채무지급보증 계약을 설정하고 이에 따라서 지급사유가 발생하면 즉시 지급하며 이를 지연할 경우 지연배상금을 지급해야 하는 의무를 부여하는 제도
공제계약	통신판매업자는 소비자 보호를 위해서 공제조합과의 공제계약을 설정할 의무를 부여하는 제도

이외에도 인터넷 사기를 방지할 목적으로 옵트-인(opt-in) 제도와 옵트-아웃(opt-out) 제도가 있습니다.

- 옵트-인(opt-in) 제도: 제품이나 서비스에 대한 광고, 홍보, 안내 등과 관련된 이메일이나 메시지를 수령하겠다고 사전에 승락한 사람에게만 보내는 제도
- 옵트-아웃(opt-out) 제도: 이메일 또는 메시지를 보내 수신 거부 의사를 확인한 후, 수신 거부한 사람에게는 이메일 또는 메시지 발송을 금지하는 제도

무분별한 이메일 또는 메시지를 보내 소비자를 현혹하지 않도록 하기 위한 제도입니다. 그러나, 무엇보다도 소비자가 과대 광고, 허위 광고에 현혹되지 않고 현명하게 판단을 하는 것이 중요합니다. 인터넷 사기는 사람의 허황된 욕망의 허점을 노리고 있습니다.

7.3 사이버 범죄 대응 방안

인간 사회에서 범죄는 피할 수 없는 사회악입니다. 새로운 인터넷 사이버 공간의 등장으로 범죄의 공간도 넓어졌습니다. 현실 공간에서의 범죄보다 인터넷 공간에서 범죄가 더 쉽고 큰 효과를 거둘 수 있기 때문에 사이버 범죄가 날로 증가하고 있습니다. 사회의 안녕과 질서를 위하여 그리고 새로운 생활공간으로 자리잡은 사이버 공간의 깨끗한 환경을 위하여 사이버 범죄에 대한 대책 마련이 시급한 상태입니다.

7.3.1 사이버 폭력 대응 방안

인간은 감정의 동물이기 때문에 스스로 감정이 지나쳐 이성을 통제할 수 없게 되면 종종 폭력적으로 변하게 됩니다. 사이버 언어 폭력, 사이버 명예훼손, 사이버 성폭력, 사이버 스토킹, 사이버 불링과 같은 사이버 폭력은 보이지 않는 곳에서 숨어서 폭력을 행사할 수 있기 때문에 쉽게 빠져 들 수 있습니다. 또한, 폭력의 효과가 광범위하고 장기간 강력한 효과를 발휘하므로 일반 폭력에 비해 심각한 문제를 야기합니다. 사이버 폭력의 형태도 계속 진화하고 있고 처벌 역시 더욱 어려워져 난감한 상태입니다.

사이버 폭력의 심각성을 인식하고 법 제도 정비, 관련 기관 설립 등 다양한 대응 체제를 마련하고 있습니다. 이러한 노력에도 불구하고 사이버 폭력의 특수성으로 인하여 증가하는 추세입니다. 아직도 사이버 폭력을 범죄로 인식하지 않고 재미나 장난으로 생각하는 경향이 있으며, 사이버 폭력을 하고도 죄의식을 느끼지 못하는 경우가 있습니다. 사이버 폭력이 인터넷 범죄라는 특수성을 고려할 때, 제도적 대응 방안과 병행하여 올바른 인터넷 윤리의식을 확산하는 것이 가장 효과적인

대응 방안이라 할 것입니다.

[사이버 공간에서의 윤리의식 교육 확대]

사이버 폭력에 대한 법 제도적 규제와 처벌이 필요합니다. 이를 위해 각종 법규가 제정되어 있고 방송통신 위원회, 경찰청 사이버 테러 대응 센터 등 관련 기관도 활발한 활동을 하고 있습니다. 그러나 사후 규제의 형태보다 사전에 사이버 폭력이 발생하지 않도록 이용자 대상의 교육과 홍보활동을 하는 것이 근본적인 대책일 것입니다. 이러한 노력을 통해, 건전한 인터넷 이용 윤리를 습득한 인터넷 이용자를 지속적으로 배출하여 클린 인터넷(clean Internet) 환경을 조성해야 합니다. 정부 및 민간 차원의 홍보·교육 활동을 강화하고 사이버 폭력 대응을 위한 해외 민간단체 및 자원 봉사 단체를 육성해야 할 것입니다.

[자율적 통제 기구의 활성화]

날로 진화되고 있는 사이버 폭력을 법 제도로 대응하는 데는 한계가 있고 시기를 놓칠 수 있습니다. 인터넷의 특성을 고려하여 인터넷 사업자 스스로의 자율적 규제가 요구되고 있습니다. 자율규제 활성화를 위해서는 공적 규제의 권한을 어느 정도 자율 규제 기구에 이양하는 것이 필요합니다. 인터넷 환경은 사용자 스스로 자율적으로 정화하는 것이 바람직합니다.

[그림 7-21] 사이버 폭력 피해 신고 및 구제 기관

[사이버 폭력에 적극 대응]

사이버 폭력을 놀이나 장난으로 인식하는 잘못된 생각을 바꾸어야 합니다. 사이버 폭력의 가해자는 사이버 폭력이 범죄라는 생각을 가져야 하며, 피해자 역시 놀이나 장난으로 가볍게 여기지 말고 범죄 차원에서 적극적으로 대응해야 합니다. 피해자는 사이버 폭력 행위를 증명할 수 있는 메일, 게시판 내용, 화면 캡처 등을 준비하여 사이버 폭력 피해 및 신고 기관과 상담하도록 합니다.

- 방송통신 심의위원회 전자민원에 신고 및 상담(www.kocsc.or.kr)
- 방송통신 위원회 불법 유해 신고(www.singo.or.kr)
- 경찰청 신고민원 포털(cyber112.police.go.kr/cyber112/main.do)
- 경찰청 사이버테러 대응센터(www.ctrc.go.kr)

등에 피해 상황을 알리고 향후 대응 방안을 논의해야 합니다.

7.3.2 인터넷 사기 대응 방안

인터넷 사기는 과도한 욕심, 허황된 이득, 공짜에 대한 환상 등 사용자의 허점을 파고 들어 판단력을 마비시켜 발생합니다. 그러므로 사용자는 경품, 이벤트, 과도한 혜택 등에 대한 유혹에 대해 냉정하게 판단해야 합니다. 인터넷 사용자의 냉정한 판단과 올바른 인터넷 생활이 인터넷 사기를 근절하는데 중요한 역할을 합니다. 인터넷 사용자의 현명한 판단이 인터넷 사기를 예방할 수 있습니다.

[인터넷 거래 유의사항 숙지]

의심스러운 사이트에서는 전자 상거래를 하지 않아야 합니다. 잘 알려진 검증된 사이트에서 에크로 등 인증된 제도를 활용하여 안전한 거래를 생활화 하도록 합니다. 게임 아이템, 불법 복사 소프트웨어, 저작권 위반 콘텐츠 등 불법적인 콘텐츠는 거래를 하지 않도록 합니다. 이러한 거래는 정상적으로 이루어졌다고 해도 명백한 불법이며, 개인 금융 정보 등이 유출되어 2차 피해를 당할 수 있습니다. 과도한 욕심으로 피싱 메일이나 사기성 이벤트에 현혹되는 일이 없어야 하겠습니다. 항상 숙고하여 냉철하고 현명하게 판단해야 합니다. 또한, 개인 정보 또는 금융 정보 요구 시에는 해당 기관에 반드시 문의, 확인하여 인터넷 사기 피해를 예방하도록 합니다.

[인터넷 사기 방지 제도 강화]

인터넷 전자 상거래는 지식정보 사회의 생활 기반이 되고 있습니다. 인터넷 사기의 난무는 지식정보 사회의 커다란 위협 요인입니다. 이를 방지하고 처벌하는 법 제도를 강화해야 합니다. 인터넷 사기 예방을 위하여 개인, 공공기관, 수사기관의 공조 체제를 강화하고, 신종 인터넷 사기에 적극 대응하는 법률을 제정하여 처벌함으로써 인터넷 사기와 같은 경제 범죄를 사회에서 추방해야 합니다.

[인터넷 사기 피해 신고 및 대응]

인터넷 사기는 중대한 경제 범죄입니다. 피해가 발생하였을 때는 즉시 신고하여 유사 범죄가 발생하지 않도록 하고 다른 피해자가 발생하지 않도록 조치를 취해야 합니다. 인터넷 사기는 피해자 자신에게만 국한된 문제가 아니라 인터넷 사용자 모두에게 해당되는 문제입니다. 유사 범죄와 피해가 발생하지 않도록 서로 협력하는 것이 무엇보다 중요합니다. 인터넷 사기 피해 정보 공유 사이트에서 정보를 공유하고 피해에 공동 대응하도록 합니다. 한국 소비자원, 공정 거래 위원회, 서울시 전자 상거래 센터 등에 피해 신고를 하고 대응 방안을 협의하도록 합니다.

인터넷 사기 피해정보 공유 사이트

한국 소비자원 홈페이지 이용
http://www.kca.go.kr

공정거래 위원회 홈페이지 이용
http://www.ftc.go.kr

서울시전자상거래센터
http://ecc.seoul.go.kr/

[그림 7-22] 인터넷 사기 피해 신고 및 대응 기관

요 약

- 사이버 범죄는 컴퓨터나 정보통신 기기, 인터넷, 유무선 정보통신망이 범행 대상이 되거나 혹은 그것이 도구로 이용되어 이루어지는 비합법적인 행위를 말합니다. 즉, 컴퓨터를 활용한 컴퓨터 범죄를 포함하여 사이버 공간에서 행하여진 모든 불법적 범죄 행위를 말합니다.
- 사이버 범죄의 특성을 요약, 정리하면 다음과 같습니다.
  - 사이버 범죄는 대부분 비대면 상태에서 이루어집니다.
  - 익명성으로 자신을 숨기고 범행할 수 있습니다.
  - 사이버 공간에 대한 가치규범 및 윤리의식의 부족에서 발생합니다.
  - 사이버 범죄의 용이성입니다.
  - 사이버 범죄에는 개방성과 국제성이 있습니다.
  - 일부 사이버 범죄에는 전문 기술이 필요합니다.
- 사이버 범죄를 사이버 테러형과 일반 범죄형으로 구분하고 있습니다.
  - 사이버 테러형: 해킹(단순 침입, ID 도용, 파일 삭제 및 변경, 자료 유출, 폭탄 메일, DOS 공격 등)과 악성 프로그램으로 시스템에 침입, 파괴하는 등의 전문적 범죄 행위를 말합니다.
  - 일반 범죄형: 사기(통신 사기, 게임 사기), 불법복제(음란물, 프로그램), 불법 유해 사이트(음란, 도박, 폭발물, 자살), 명예훼손, 개인정보침해, 사이버 스토킹, 사이버 성폭력, 사이버 협박/공갈 등 일반적인 사이버 공간의 범죄 행위를 말합니다.
- 사이버 폭력형 범죄는 물리적으로 폭력을 행사하여 고통을 주는 것이 아니라, 사이버 공간에서 메시지, 음성, 이미지, 영상 등을 이용해서 폭력적인 방법으로 정신적 고통을 주고 명예를 훼손하는 범죄를 말합니다. 사이버 폭력형에는 사이버 언어 폭력, 사이버 명예훼손, 사이버 성폭력, 사이버 스토킹, 사이버 불링(일명 사이버 왕따) 등이 있습니다.
- 사이버 폭력형 범죄의 특징은 다음과 같이 요약, 정리할 수 있습니다.
  - 사이버 폭력 행위는 피해 확산이 빠릅니다.
  - 인터넷의 익명성으로 인해 사이버 폭력 행위가 쉽고 가해자를 찾기가 어렵습니다.
  - 집단의식에 휩싸여 네카시즘(NetCarthyism) 또는 마녀 사냥식 범죄에 쉽게 동조합니다.
  - 자신도 모르는 사이에 사이버 폭력 행위를 할 수 있습니다.
  - 사이버 폭력은 집단성을 갖기 쉽습니다.
  - 사이버 폭력의 피해는 원상 복구가 어렵습니다.
  - 사이버 공간의 범죄를 규제하거나 처벌하기 어렵습니다.

- 사이버 범죄는 현실 생활로 2차 피해 발생이 가능합니다.

• 사이버 명예훼손은

- 다른 사람을 비방할 목적으로 인터넷 상에서 많은 사람들이 볼 수 있게 그 사람에 대한 구체적 사실 또는 거짓 정보를 적시하여 명예를 훼손시키는 행위
- 인터넷 게시판이나 카페에 검증되지 않은 상대방의 사생활이나 내용을 공개적으로 게시하는 경우
- 일반 개인, 연예인, 스포츠 선수와 같은 공인, 기업체, 공공기관, 학교 등 법인이나 단체에 대한 비방 내용을 포털 사이트 게시판에 게시하는 행위

등을 말합니다. 즉, 인터넷 사이버 공간에서 다른 사람을 비방, 험담, 허위 사실 유포로 명예를 훼손하는 행위를 말합니다.

• 사이버 성폭력은 사이버 공간에서 상대방의 의지와 무관하게, 원치 않는 성적인 메시지 전달(외모, 성적 취향, 음담패설 등), 성적 대화 요청 및 성적인 문제와 관련된 개인신상에 관한 정보 게시 등의 방식을 통하여, 상대방에게 불쾌감 또는 위압감 등으로 괴롭히거나 위협하여 피해를 주는 행위를 말합니다. 넓은 의미에서 성적인 접근이나 제안을 명시적으로 제시하지 않더라도 성적인 은유나 암시로 상대방이 불쾌감을 느끼는 경우도 사이버 성폭력이라 할 수 있습니다.

• 사이버 스토킹(cyber-stalking)이란, 인터넷 게시판, 대화방, 이메일, 전화 등 인터넷이나 정보통신망을 이용하여 상대방이 원하지 않는데도 욕설이나 협박 등 공포심이나 불안감을 유발하는 글 · 음성 · 사진 · 동영상 등을 지속적, 반복적으로 상대방에게 보내는 행위를 말합니다. 인터넷 상에서 그림자처럼 쫓아 다니면서 거머리처럼 달라붙어 지속적으로 해코지 하는 것을 사이버 스토킹이라고 합니다.

• 사이버 불링을 이해하기 쉽게 '사이버 왕따'라고도 합니다. 이메일, 스마트폰, 소셜 네트워크 서비스, 카카오톡 등 인터넷 서비스를 활용하여 악성 댓글, 모욕적인 사진, 혐오스런 동영상 등으로 특정인을 괴롭히는 일을 말합니다.

• 인터넷 사기형 범죄는 인터넷이나 정보통신망을 이용해 사용자들에게 물품이나 용역을 제공할 것처럼 속이는 메시지를 보내서 금품을 부정하게 취득하는 행위를 말합니다. 인터넷 사기 범죄에는 불법 다단계 판매 사기, 사이버 경매사기, 인터넷 취업사기, 인터넷 투자금 사기, 이벤트 및 사은품 공짜 제공 사기, 파격 할인 빙자 사기뿐만 아니라 기상천외한 방법의 사기 등 매우 다양합니다.

• 피싱(phishing)이란 용어는 개인정보(private data)를 낚시(fishing)하는 것처럼 낚아챈다는 의미에서 탄생된 용어로 은행사기(bank fraud) 또는 신용사기(scam)의 새로운 형태입니다. 전자우편 또는 메신저를 사용해서 신뢰할 수 있는 사람 또는 기업이 보낸 메시지인 것처럼 가장하여, 비밀번호 및 신용카드 정보와 같은 기밀을 요하는 금융 정보를 부정하게 얻으려는 행위로, 부정하게 얻어진 금융 정보를 활용하여 계좌이체 또는 물품 구입 등의 경제적 손실을 주는 범죄 행위입니다.

• 파밍(Pharming)은 피싱이 발전한 수법으로 정상 사이트 접속을 중간에서 탈취하여 가짜 사이트로 유인하는 행위입니다. 농장(framing)과 피싱(phishing)의 합성어입니다.

- 비싱(vishing)은 인터넷 전화를 이용하여 자동 녹음된 메시지를 보내 은행 계좌 비밀번호와 같은 중요 정보를 입력하게 한 후 돈을 갈취하는 행위입니다.
- 스미싱(smishing)은 휴대폰 문자를 발송해 악성코드가 존재하는 사이트로 접속하도록 유도한 후, 휴대폰에 악성코드를 설치한 뒤 개인정보를 유출하는 행위로 SMS와 피싱(phishing)의 합성어입니다.
- 보이스 피싱은 음성(voice)와 피싱(phishing)의 합성어로, 음성을 이용해서 금융 정보를 빼내는 것입니다. 피싱은 이메일, 컴퓨터 바이러스 등을 활용해서 암암리에 금융 정보를 빼내는데 비하여, 보이스 피싱은 직접 전화 통화를 통해 금융 정보를 빼냅니다.
- 전자상거래 보호 제도로는 에스크로 제도, 소비자 피해 보상보험계약, 채무지급보증계약, 공제계약이 있습니다. 에스크로 제도는 소비자가 인터넷 쇼핑몰 등에서 인터넷 사기로 인한 피해를 입지 않도록 제3자(에스크로 사업자)가 소비자의 결제대금을 예치하고 있다가 상품배송이 완료된 후 통신판매업자에게 대금을 지급하는 거래 안전장치입니다. 법률상 결제대금예치제도라고 합니다.
- 인터넷 사기를 방지할 목적으로 옵트-인(opt-in) 제도와 옵트-아웃(opt-out) 제도가 있습니다.
  - 옵트-인(opt-in) 제도: 제품이나 서비스에 대한 광고, 홍보, 안내 등과 관련된 이메일이나 메시지를 수령하겠다고 사전에 승락한 사람에게만 보내는 제도
  - 옵트-아웃(opt-out) 제도: 이메일 또는 메시지를 보내 수신 거부 의사를 확인한 후, 수신 거부한 사람에게는 이메일 또는 메시지 발송을 금지하는 제도

참고문헌

- 손민지 (2013), 국내 사이버폭력 현황 및 대응방안 연구, Internet & Security Focus 2013 3월호, pp. 6-23.
- 김계원 · 서진완 (2009), "사이버범죄의 유형화에 관한 연구", 한국공공관리학보 제23권 제4호.
- 방송통신심의위원회 (2012), 인터넷 불법 · 유해정보 실태 및 대응방안 연구.
- 이정기 · 우형진 (2010), "사이버 언어폭력 의도에 관한 연구", 사이버커뮤니케이션 학보 제27권 1호.
- 조희정 (2012), "청소년 사이버 불링(Cyberbullying)의 현황과 대책", 국회입법조사처.
- 이병종 (2010), "테크놀로지 발전에 따른 사이버범죄의 진화와 범죄현상의 조명 및 대응", 한국공안행정학회보 제28호, pp. 171-201.
- 윤해성 (2012), 사이버 테러의 동향과 대응 방안에 관한 연구, 연구총서 12-B-03, 한국형사정책연구원.
- 권문택 (2009), "국가사이버안전관리 조직의 통합적 체계구축에 관한 연구", 정보.보안 논문지, 제9권, 제3호, 한국사이버 테러정보전학회.
- 정진수 (2000), 신종 성폭력 연구: 사이버 성폭력의 실태 및 대책을 중심으로, 한국형사정책연구원.
- 정한라 (2013), "국내외 사이버폭력 사례 및 각국의 대응방안", Internet & Security Focus 2013 10월호, pp. 31-47.
- 한국정보화진흥원 (2013), 학교폭력 2.0: 사이버불링 실태와 해법 세미나 자료집, 2013.12.
- 한국정보화진흥원 (2013), 사이버 불링에 대한 이해와 대응 방안, 정보문화 이슈리포트 13-01호, 2013.06.
- 행정안전부 (2013), 사이버폭력대응요령-학생용, 학부모용, 교사용, 한국정보화진흥원.
- 조희정 (2012), "청소년 사이버 불링(CyberBullying)의 현황과 대책", 이슈와 논점, 국회입법조사처.
- 양성은 (2013), "사이버범죄의 동향과 이에 대한 형사법적 책임", Internet & Security Focus 2013년 9월호, pp. 54-69.
- 이원상 (2008), "사이버 개념을 통한 사이버 모욕죄의 고찰과 대안, 형사정책, 제20권제2호.
- 정 완 (2009), "사이버범죄의 실태와 동향 및 대응책", 홍익법학, 제10권 제11호, pp. 195-224.
- 이성식 (2012), "사이버 범죄의 유형별 원으로 본 인터넷윤리 대책", Internet and Information Security, 제3권 제1호, pp. 3-18.
- 박종현 · 서경원 (2006), "인터넷윤리 관련 법과 제도-불법 · 청소년유해정보 유통 및 사이버 폭력

방지를 중심으로", 정보처리학회지, 제13권 제1호, 한국정보처리학회.

- 김재권 (2009), "사이버스토킹에 대한 입법적 대처방안에 대한 연구", 경찰학연구, 제9권 제2호(통권 제20호).
- 정승민 (2008), "인터넷사기의 동향 및 원인에 관한 연구", 한국범죄심리연구, 제4권 제2호.
- 이성식 (2006), "사이버범죄와 시민의 역할", 정보화정책 제13권 제3호, pp. 69-86.
- 한국인터넷진흥원 (2013), 2013년 사이버폭력 실태조사, 2013.12.

확인학습

01. 사이버 폭력 대응 방안으로 옳지 않은 것은 무엇인가?

① 정보통신서비스 제공자에게 게시물에 대한 삭제를 요청한다.
② 증거파일을 첨부하여 사이버 테러 대응기관에 피해 구제를 요청한다.
③ 사이버 폭력 행위가 증명될 수 있는 여러 가지 공개 자료를 수집한다.
④ 사이버 폭력 범죄의 경우 형사고발보다는 가해자와 원만한 합의를 본다.

02. 전자상거래사기를 예방하기 위한 방법으로 틀린 것은 무엇인가?

① 가급적 현금으로 입금하여 구매한다.
② '에스크로제도'나 '피해보상 보험' 여부를 확인한다.
③ 국세청 홈페이지에서 사업자 등록번호를 조회해 본다.
④ 거래 전 '더치트'사이트에서 피해사례와 업체를 검색해 본다.

03. 다음 중 사이버폭력의 특징으로 적당하지 않은 것은?

① 피해 확산 속도가 빠르다.
② 익명성으로 인해 사이버폭력에 대한 유혹이 강하다.
③ 본인이 인지하지 못하는 사이에 사건이 발생한다.
④ 인터넷을 활용하여 가해자 색출이 한결 쉽다.

04. 다음 실제 사례들은 어디에 해당되는가?

> 사례 1) 인터넷 포털 사이트 뉴스란에 "인기배우 OOO 한 달간 미국으로 어학연수"라는 제목의 기사가 게재되자 이 기사를 읽은 네티즌들이 개인의 의견을 댓글로 남겼다. 이 중 상당수가 악의적인 허위사실의 악성 댓글을 게재하여 해당 배우에게 정신적인 피해를 입히게 되었다.
> 사례 2) 가수 OOO의 라디오 괴담을 인터넷을 통해 유포하였다.

① 사이버 명예훼손
② 사이버 모욕
③ 사이버 성폭력
④ 사이버 스토킹

05. 인터넷 사기를 예방하고 안전한 전자상거래를 유지하기 위해서 국내의 통신판매업자가 전자상거래 보호제도를 마련하여 소비자에게 제공해야 하는데 그 중에 속하지 않는 전자상거래 보호제도는?

① 에스크로 제도
② 옵트-인 제도
③ 소비자피해보상 보험계약
④ 채무지급보증계약

06. 다음은 피싱 사기 유형 중 하나를 설명한 것이다. 무엇을 설명한 것인가?

인터넷 메신저에 가입한 개인의 아이디, 비밀번호를 해킹해서 로그인한 후 이미 등록되어 있는 친구 등 지인에게 1:1 대화를 통해 교통사고 합의금 등 긴급자금을 요청하고 피해자가 속아 인터넷뱅킹 등으로 송금하면 이를 편취하는 행위를 말한다.

① 메신저 피싱(Messenger Phishing)
② 보이스 피싱(Voice Phishing)
③ 비싱(Vishing)
④ 에스엠아이싱(SMishing)

07. 다음의 사례와 같이 여러 사람들이 이용하고 있는 게임 사이트에서 특정 아이디를 부르며 욕설을 퍼부은 상황이 발생했다. 다음 중 어떤 사이버폭력 유형에 속하는가?

사례) 온라인 게임을 하던 중, 어떤 게이머가 채팅창에 "야! 미친 OO야, 니가 개쳐놀아 바야 내 손바닥이야 ㅎㅎㅎ 에레이 XX아 나이값 좀 해라" 등의 내용으로 저한테 욕설을 퍼부었습니다. 다른 게이머들이 많이 있는데 제 아이디를 부르며 저한테 욕설을 해서 얼마나 당황스러운지 몰랐습니다.

① 사이버 음란
② 사이버 스토킹
③ 사이버모욕
④ 사이버 성폭력

08. 인터넷 사기 대응 방안에 대한 설명 중 가장 옳지 <u>않은</u> 것은?

① 인터넷 사기를 예방하기 위한 제도인 에스크로 제도는 결제대금예치제도를 말한다.
② 피싱 예방을 위해서는 악성코드나 스팸메일을 탐지하거나 차단할 수 있는 프로그램이 필요하다.
③ 정보통신판매업자는 소비자 보호를 위해서 에스크로나 e-Trust제도 중 하나를 반드시 마련하고 있어야 한다.
④ 우리나라는 인터넷 사기로부터 소비자를 보호하기 위해서 옵트-인 방식을 채택하고 있다.

09. 다음 중 전자상거래 사기를 줄일 수 있는 사전 대처방법으로 가장 부적절한 것은?
① 전자상거래를 하기 전 '더치트'사이트에서 업체에 대한 피해사례를 검색한다.
② 국세청 홈페이지에서 해당 사업자등록번호를 조회한다.
③ 공정거래위원회 사업자정보조회 서비스를 이용하여 통신판매업 신고여부를 확인한다.
④ 사이버테러대응센터 홈페이지에 고지된 전자상거래 사기업체의 명단에서 확인한다.

10. 다음 중 사이버폭력에 해당되지 않는 행위는?
① 전 남자친구 A가 자신이 이용하는 게시판마다 악성 댓글이나 불안감을 유발하는 답글을 달았다.
② 욕설만 허용되는 게시판에서 사용자 A가 철수에 대한 욕설과 비방글을 게시하였다.
③ A씨는 모 은행의 공개게시판에 은행 직원인 B과장에 대한 비방글을 올렸다.
④ A씨는 B씨의 건전하지 못한 행위에 대한 진실한 사실을 공공의 이익을 위해서 게시판에 게시하였다.

11. 개인정보와 낚시를 합성한 신조어로써, 카드번호 등의 개인정보를 불법적으로 알아낸 후 이를 범죄에 이용하는 사기수법을 무엇이라고 부르는가?
피싱(phishing)

12. 전자상거래 보호제도인 에스크로 제도에 대해서 설명하시오.
소비자가 인터넷 쇼핑몰 등에서 인터넷 사기로 인한 피해를 입지 않도록 제3자(에스크로 사업자)가 소비자의 결제대금을 예치하고 있다가 상품배송이 완료된 후 통신판매업자에게 대금을 지급하는 거래 안전장치이다. 법률상 '결제대금예치제도'라고 부른다.

제8장 개인정보 보호

인터넷은 익명성이 있지만 인터넷 쇼핑, 인터넷 뱅킹, 회원 가입 등 각종 인터넷 서비스를 사용하기 위해서는 개인정보가 필요합니다. 개인정보가 인터넷에 입력되는 순간, 정보는 공유되거나 다른 목적으로 악용될 수 있습니다. 개인은 대표하는 개인정보가 악용된다면, 정신적 피해뿐만 아니라 명의 도용, 명예훼손, 보이스 피싱에 의한 금전적 손해, 유괴 등 각종 범죄에 활용될 수 있습니다. 개인정보는 인터넷 시대에 개인의 사생활 보호에 중요한 요소입니다. 그런데 개인정보가 무차별적으로 노출 또는 유출되고 있어, 인터넷 공간뿐만 아니라 현실 공간의 개인생활을 심각하게 위협하고 있습니다.

이 장에서는 안락한 인터넷 공간의 생활을 위해 요구되는 개인정보 보호에 대하여 살펴보고자 합니다. 개인정보의 개념, 유형, 인터넷 공간에서 개인정보의 중요성 등을 통해 개인정보를 올바르게 인식하도록 하겠습니다. 개인정보 침해 사례와 실태를 통해서 개인정보의 오남용이 어떤 결과를 초래하는지 살펴보겠습니다. 또한, 개인정보 보호를 위한 여러 방안에 대하여도 알아보고자 합니다.

8.1 개인정보의 이해

개인정보 유출 사고는 더 이상 희귀한 사건이 아닙니다. 거의 일상화된 사건이 되었습니다. 2014년 3월, KB 국민카드, 롯데 카드, NH 농협카드, KT, SK텔레콤, LG유플러스 등에서 개인정보 유출 사고가 일어나서, 카드 3사에서만 고객정보 1억 4백만 여건이 유출되는 사고가 있었습니다. 노출된 개인정보 중에서 8천만여건이 대출 중개업자에게 유통되는 등 2차 피해까지 발생하였습니다. 개인정보 유출은 국가 사회 문제가 되었고, 사회적으로 큰 혼란을 야기하였으며, 개인 생활에도 심각한 악영향을 주었습니다.

우리는 인터넷 정보기술이 고도로 발달한 지식정보 사회에 살고 있습니다. 지식정보 사회에서는 정보가 무엇보다도 큰 가치를 가지고 있고, 개인정보는 정보생활을 하기 위한 원초적 정보입니다. 개인정보를 이용하여 대부분의 정보 서비스가 제공되고 있다고 해도 과언이 아닙니다. 정부나 공공기관의 민원 서비스, 학교/학원 등에서 학생관리, 영화 예매, 여행 예약, 주택/아파트 관리, 차량에 주유할 때, 심지어는 결혼 중개업에서도 개인정보는 아주 중요하게 활용됩니다. 특히, 인터넷 사이버 공간을 활용한 서비스에서는 개인을 식별하기 위해서는 필수적으로 개인정보가 필요합니다. 개인정보는 지식정보 사회의 기반 인프라입니다.

이런 개인정보가 노출되면 어떤 일이 발생할까요? 아이돌 가수 A씨는 팬들이 자신의 일거수일투족을 속속들이 꿰고 있어 당황하는 경우가 한두 번이 아닙니다. 공연장 앞에서 기다리고 있는 팬들이 "오빠 저도 청담동 OO 커피숍 딸기스무디 좋아해요."라는 말을 하면 소름이 끼칩니다. OO 커피숍은 공연장 오기 직전 자신이 들렸던 곳이기 때문입니다. 자신의 개인정보가 노출되어 사생활이 감시 당하고 있는 것을 깨닫고는 길거리에 나서는 게 무서워졌다고 합니다. 스마트폰의 위치 추적, CCTV 등으로 개인의 사생활 정보가 노출되어 심각한 피해를 끼치고 있습니다.

이뿐만 아니라 일부 인터넷 쇼핑몰에서는 구매자의 개인정보를 보험회사, 다단계 판매회사, 홈쇼핑, 대부업체 등 다른 회사와 공유하여 홍보와 마케팅에 활용하기도 합니다. 구매자는 시도 때도 없는 텔레마케터의 전화, 이메일, 문자 메시지에 시달리게 되고 범죄의 표적이 되기도 합니다. 일단 노출된 개인정보는 회수, 변경이 거의 불가능하여 정신적 경제적 피해가 지속적으로 일어나게 됩니다.

정보가 큰 가치를 갖는 지식정보 사회에서 개인정보는 무한한 자산이 될 수 있으므로 다양한 목적의 표적이 되고 있습니다. 그래서 개인정보를 탈취하고자 하는 범죄가 늘어나고 있습니다. 기업에서는 수집된 개인정보를 빅데이터(Big Data) 분석하여 고객의 성향을 파악하고 맞춤 마케팅을 할 수 있고, 사기 범죄자들은 개인정보를 활용하여 더욱 교묘한 사기 범죄를 저지를 수 있습니다. 개인정보는 사이버 스토킹, 사이버 성폭력 등 다양한 사이버 범죄에도 활용될 수 있습니다. 개인정보가 노출되었다면, 인터넷 공간뿐만 아니라 현실 공간에서도 개인의 생활을 보호받는 것이 어려워집니다.

8.1.1 개인정보의 개념

일반적으로 개인의 이름, 주민번호, 전화번화와 같이 개인을 식별할 수 있는 정보를 개인정보라고 합니다. 개인정보는 개인을 대표하는 추상화된 개인 또는 아바타(avatar)라고 할 수 있습니다. 국가는 주민번호를 가지고 국민을 관리하고, 학교는 학번으로 학생을 관리합니다. 이처럼 실제 개인의 존재를 대신할 수 있는 것이 개인정보입니다. 개인정보가 노출된다는 것은 개인의 존재가 무방비 상태로 노출되는 것과 같습니다.

개인정보의 정의

개인정보의 형태와 내용은 아주 다양합니다. 우선, 개인정보의 법적 정의를 알아보겠습니다. '정보통신망 이용 촉진 및 정보보호 등에 관한 법률' 제2조 6항에서 다음과 같이 규정하고 있습니다.

정보통신망 이용촉진 및 정보보호 등에 관한 법률 제2조:
6. "개인정보"란 생존하는 개인에 관한 정보로서 성명・주민등록번호 등에 의하여 특정한 개인을 알아볼 수 있는 부호・문자・음성・음향 및 영상 등의 정보(해당 정보만으로는 특정 개인을 알아볼 수 없어도 다른 정보와 쉽게 결합하여 알아볼 수 있는 경우에는 그 정보를 포함한다.)를 말한다.

개인정보 보호법, 전자 서명법, 공공기관의 정보공개에 관한 법률, 전자정부법 등 여러 법률에서도 유사하게 정의하고 있습니다.(참고: www.privacy.go.kr/inf/pol/law/ruleList.do) 개인정보의 법률적 정의는 두 부분으로 생각할 수 있습니다. ① 주민번호와 같이 특정인을 식별할 수 있는 정보를 말합니다. '이름+전화번호'처럼 상호 결합으로 특정인을 식별할 수 있으면 개인 식별 가능한 정보가 됩니다. ② 생존하는 개인의 정보를 의미합니다. 사망하였거나 사망으로 추정 되는 사람의 정보는 개인정보의 보호 대상이 아닙니다. 다만, 사망자와 유족간의 관계를 나타내는 정보는 유족을 식별할 수 있어 법적으로 개인정보에 속합니다.

법은 최소한의 도덕이라고 합니다. 법에서 정의한 개인정보는 최소한의 범위를 규정하고 있다 할 것입니다. 과학기술의 발전으로 개인정보의 개념도 시대에 따라 변화하여 왔습니다. 산업사회에서는 이름, 주민번호 등 이미 정해진 개인 식별 정보가 개인정보로 사용되었습니다. 그러나 지식정보 사회에는 이런 정보뿐만 아니라 직간접적인 여러 정보로 개인을 식별할 수 있게 되었습니다. 예를 들어, 스마트폰의 GPS 기능을 활용한 위치 정보로 개인을 식별할 수 있습니다. 한때, 스마트폰으로 개인의 위치를 추적하는 것이 사회문제가 되기도 하였습니다. 이 뿐만 아니라, 지문, 홍채, 음성, 얼굴 등으로도 개인을 식별할 수 있는 기술이 개발되었습니다. CCTV에 잡힌 영상으로 범인을 식별하는 것은 어려운 일이 아닙니다. 신용카드 등에 내장된 RFID 칩으로 식별할 수 있고, 컴퓨터 로그인 기록 등으로도 특정 개인을 찾아 낼 수 있습니다. 이처럼 다양한 형태의 정보를 활용하여 개인을 식별할 수 있게 되어, 어떤 면에서는 개인의 사생활이 없어지고 있다 할 것입니다. 앞으로도 유전자 DNA, 소셜 네트워크 관계 등 다양한 방법으로 개인을 식별할 수 있을 것입니다.

개인정보와 프라이버시

개인정보는 개인의 사생활과 남에게 간섭 받지 않을 권리, 즉 프라이버시(privacy)와 밀접한 관계가 있습니다. 개인정보가 개인을 대신하는 추상적 개인이므로 개인정보가 노출되었다는 것은 어떤 형태로든 간에 프라이버시가 침해될 수 있기 때문입니다.

프라이버시의 개념은 시대와 상황에 따라 다양하게 정의되어 왔습니다. 산업사회에는 주소, 연락처, 전화번호와 같은 개인정보가 중요하였습니다. 따라서 프라이버시는 주거 등 개인적 공간이 외부의 간섭이나 침해를 받지 않고 개인적 공간에서 자유롭게 있을 권리로 정의되었습니다. 인간의 존엄성과 관련된 천부적 인권으로 침해되지 않는 개인적 공간에서 생활할 수 있는 권리가 프라이버시였습니다.

그러나 정보기술이 발달하여 지식정보 사회가 도래함에 따라, 개인정보가 다양한 목적으로 활용되면서 전통적 프라이버시의 개념만으로는 개인의 존엄성을 보호할 수 없게 되었습니다. 인터넷 정보기술을 기반으로 하는 지식정보 사회의 핵심 요소는 정보와 소통이라고 할 수 있습니다.

정보의 개방과 공유를 통한 정보 활용성 제고는 사회 발전에 중요한 기능을 합니다. 그러나 개인정보에 대해서는 무슨 정보를 공개 또는 비공개 할 것인가를 통제할 수 있는 권리가 주어져야 합니다. 개인정보에 대한 주체적 결정권이 있어야 개인의 존엄성을 지킬 수 있습니다.

또한 사회 구성원간의 다양한 소통은 참여와 협력을 활성화하여 사회의 상생 발전을 이끌어 가는 힘입니다. 그러므로 사회 구성원간의 의사 소통이 보호되어야 사회는 지속적으로 발전할 수 있습니다. 만약, 의사 소통의 비밀을 보장받을 수 없다면, 소통이 단절되어 개인은 고립되고 사회는 정체될 것입니다. 개인정보에 대해 사회적으로 보호 받을 수 있는 권리가 있어야 개인의 존엄성과 사회의 영속성을 지킬 수 있습니다.

이러한 관점에서 미국의 헌법학자 로젠바움(Rosenbaum)은 프라이버시를 다음과 같이 분류하고 있습니다.

- **공간 프라이버시**(territorial privacy): 주거와 같은 개인 공간의 침입으로부터 보호
- **개인 프라이버시**(personal privacy): 통신 및 신체의 자유 등 개인 활동의 보호
- **정보 프라이버시**(information privacy): 정보 주체의 적극적인 자기 정보 통제권

지식정보 사회에서 개인정보를 통한 프라이버시는 개인의 사생활뿐만 아니라 사회의 지속적 발전에도 중요한 요소임을 알 수가 있습니다.

4 개인정보의 유형

인터넷 정보기술이 보편화된 지식정보 사회에서, 개인정보에는 개인과 관련된 모든 정보가 개인정보라도 해도 과언이 아닙니다. 개인정보 보호 업무를 하고 있는 안전행정부의 개인정보보호 종합지원 포털(www.privacy.go.kr), 한국인터넷 진흥원 보호나라(www.boho.or.kr/kor/main/main.jsp)에서는 [표 8-1]처럼 개인정보 유형을 분류하고 있습니다.

이외에도 여러 관점에서 개인정보를 분류할 수가 있습니다. 예를 들어, 개인정보의 관리 주체를 중심으로

- **공공 개인정보**: 각종 법규에 근거하는 교육, 국방, 보건복지, 일반 행정 등
- **민간 개인정보**: 당사자간의 계약에 근거하는 신용, 의료, 통신, 상거래, 고용 등으로 분류가 가능하고, 개인정보의 성격 별로는 다음과 같이 분류할 수도 있습니다.
- **민감도 낮은 정보**: 기본적 개인정보(성명, 주소, 연령, 전화번호 등), 개인신용정보 등
- **민감도 높은 정보**: 인종, 민족, 정치적 견해, 종교 및 신앙, 범죄 및 수사기록, 신체 및 정신적 건강상태, 출신지역(국내) 등
- **민감도 높은 인격적 정보**: 학력, 인종 등
- **민감도 높은 재산적 정보**: 재산 상태, 소득, 신용불량기록 등

민감 정보는 정보주체의 기본적 인권을 현저하게 침해할 우려가 있는 정보로, 정보주체의 동의나 법률에 근거할 경우 수집이 가능하며 엄격한 관리가 요구되는 정보를 말합니다. 개인정보의 민감도에 따라, 보호 수준 또는 접근 권한 설정 등 관리 방법을 다르게 할 수 있을 것입니다.

개인정보의 법적 정의에서 살펴 본 바와 같이, 개인정보는 부호 · 문자 · 음성 · 음향 및 영상 등 다양한 형태로 표현될 수 있습니다. 또한, 정보기술의 발달로 인하여 보호되어야 할 개인정보의 범위가 확대되고 있습니다. 예를 들어, 스마트폰 사용자의 위치정보, 생체인식 기술에 의한 바이오 정보, CCTV, 디지털 카메라 등에 의하여 수집된 화상 정보 등 개인정보의 유형이 확대되고 있습니다.

[표 8-1] 개인정보 유형

구분	개인정보 유형
일반정보	이름, 주민등록번호, 운전면허번호, 주소, 전화번호, 생년월일, 출생지, 본적지, 성별, 국적
가족정보	가족구성원들의 이름, 출생지, 생년월일, 주민등록번호, 직업, 전화번호
교육 및 훈련정보	학교출석사항, 최종학력, 학교성적, 기술 자격증 및 전문 면허증, 이수한 훈련 프로그램, 동아리활동, 상벌사항
병역정보	군번 및 계급, 제대유형, 주특기, 근무부대
부동산정보	소유주택, 토지, 자동차, 기타소유차량, 상점 및 건물 등
소득정보	현재 봉급액, 봉급경력, 보너스 및 수수료, 기타소득의 원천, 이자소득, 사업소득
기타수익정보	보험(건강, 생명 등) 가입현황, 회사의 판공비, 투자프로그램, 퇴직프로그램, 휴가, 병가
신용정보	대부잔액 및 지불상황, 저당, 신용카드, 지불연기 및 미납의 수, 임금압류 통보에 대한 기록
고용정보	현재의 고용주, 회사주소, 상급자의 이름, 직무수행평가기록, 훈련기록, 출석기록, 상벌기록, 성격 테스트결과, 직무태도
법적정보	전과기록, 자동차교통위반기록, 파산 및 담보기록, 구속기록, 이혼기록, 납세기록
의료정보	가족병력기록, 과거의 의료기록, 정신질환기록, 신체장애, 혈액형, IQ, 약물테스트 등 각종 신체테스트 정보
조직정보	노조가입, 종교단체가입, 정당가입, 클럽회원
통신정보	전자우편(e-mail), 전화통화내용, 로그파일(log file), 쿠키(cookies)
위치정보	GPS나 휴대폰에 의한 개인의 위치정보
신체정보	지문, 홍채, DNA, 신장, 가슴둘레 등
습관 및 취미정보	흡연, 음주량, 선호하는 스포츠 및 오락, 여가활동, 비디오 대여기록, 도박성향

8.1.2 개인정보의 중요성과 보호

개인정보 보호의 중요성을 이해하기 위해서는 지식정보 사회에서 개인정보가 어떤 의미를 가지고 있는지 이해해야 할 것입니다. 개인정보의 성격을 세 가지로 요약해 볼 수 있습니다.

① **개인정보는 지식정보 사회에서 생활하는데 필요한 기초 정보입니다.** 지식정보 사회는 공공 부분, 민간 부분 등 거의 모든 영역이 개인정보를 매개로 하여 유지, 운영되고 있습니다. 개인정보는 사회의 관리, 운영에 핵심 정보일 뿐만 아니라, 개인이 사회생활을 영위하기 위해 절대적으로 필요한 정보입니다.

② **개인정보는 개인의 인격과 권리를 대표하는 것입니다.** 개인정보는 개인의 내면의 성격, 외부 활동, 사회 관계, 개인의 기본 권리를 나타내는 인권적 가치를 가지고 있습니다. 개인정보가 바로 자기 자신이고 보호받아야 할 프라이버시입니다.

③ 개인정보는 목적에 따라 재산적 가치를 가지고 있습니다. 예를 들어, 스포츠용품 마케팅 회사에서는 개인이 선호하는 스포츠 정보는 영업 활동을 지원하는 재산으로의 가치가 있습니다. 개인정보도 개인의 재산으로 가치가 있으므로 보호가 필요합니다.

이런 특성이 있는 개인정보가 노출 또는 오남용 된다면, 개인의 인격과 재산을 대표하므로 개인에 대한 편견, 명예훼손, 경제적인 손실, 신용(도덕, 금융 등)의 저하, 범죄에 악용 등을 초래할 수 있습니다. 앞서 사례에서도 살펴보았듯이, 개인의 존엄성을 침해하고 사기 등으로 경제적 피해를 줄 수 있습니다. 인터넷 사이버 공간에서 개인정보 오남용은 일시적 소문과는 비교할 수 없을 만큼 근본적으로 심각하고 장기간 영향을 줍니다. 정신적, 신체적 고통은 말할 수 없고, 심각한 경우에는 자살에 이르게도 합니다. 인터넷 사이버 공간에서 한번 잘못된 개인정보는 바로잡는 것이 거의 불가능한 상태이며, 명예훼손 등을 보상받았다고 해도 원상태로 복구하는 것이 어렵습니다.

개인정보 유출은 개인의 경제 활동을 왜곡하고 방해할 수 있습니다. 기업이 개인정보를 이용해 기업과 개인간의 거래에서 우위를 점유할 수 있고, 소비자의 자율적인 시장 활동 및 선택의 권리를 제약할 수 있습니다. 예를 들어, 고혈압 환자에게 정상가보다 비싼 가격에 치료약을 판매할 수도 있을 것입니다.

개인정보 유출로 무엇보다도 우려되는 것은 총체적 차별 분류인 팬옵틱 소트(panoptic sort)할 수 있다는 것입니다. 팬옵틱 소트는 개인정보에 따라 개인을 분류하고 차별 대우하는 것입니다. 예를 들어, 개인의 학력이나 신용정보에 따라 차별적으로 대우하는 것입니다. 팬옵틱 소트는 취업, 의료 혜택, 보험 가입, 주택 구입, 교육 등에서 개인을 배제하거나 차별할 위험성이 있습니다. 공정하고 평등한 삶의 기회와 권리를 박탈하는데 이용될 수가 있는 것입니다.

국가와 공공적 관점에서 개인정보 보호는 전자정부 또는 정부 3.0 성패의 핵심 요소 중 하나입니다. 개인정보 보호가 제대로 되지 않는다면, 정부의 공공 서비스에 대한 신뢰가 무너지고 국가 사회적으로 큰 혼란이 초래될 것입니다. 국민의 개인정보를 관리하고 있는 공공 기관은 개인정보 보호의 중요성을 깊이 인식해야 할 것입니다.

민간 차원에 개인정보 보호는 경제 성장과 직결된 문제입니다. 개인정보 유출은 기업의 신뢰도, 마케팅, 매출 증대에 직접적인 영향을 주어 경제 성장에 큰 문제를 야기할 수 있습니다. 최근 민간 분야에서 개인정보 유출 사고로 인하여 기업이 집단 손해배상 소송에 휘말려 있고 기업 성장에 큰 걸림돌로 작용하고 있습니다. 앞서 살펴 본 신용카드사의 개인정보 유출 사고로, 카드사의 영업이 정지되고 가입자가 이탈하여 기업 경영 전반에 치명적인 문제가 야기되고 있습니다. 기업경영의 어려움은 국가 경제 성장에도 걸림돌로 작용하게 됩니다.

이처럼 개인정보가 보호되지 않는다면, 개인의 프라이버시와 사회생활에 막대한 지장을 받게 될 뿐만 아니라 국가 사회에도 심각한 악영향을 미치게 됩니다. 개인정보는 개인의 인격과 동일함으로 개인의 존엄성을 위해 보호되어야 하며, 국가 사회의 기반 인프라로서의 기능도 하고 있어 국가 사회 차원에서도 보호되어야 합니다.

4 OECD의 개인정보 보호 가이드 라인

인터넷 사이버 공간에서 개인정보 보호 중요성이 증대되면서 이를 위한 국제적 협력이 강화되고 있습니다. 왜냐하면, 인터넷 사이버 공간은 글로벌 가상 공간으로 한 국가만의 문제가 아니라, 모든 국가가 함께 당면한 문제이기 때문입니다. 경제협력 개발기구(OECD)에서는 '개인 데이터의 국제 유통과 프라이버시 보호에 관한 가이드 라인'을 제정하여 개인정보 보호를 위한 국제적 협력을 권고하고 있습니다. OECD는 회원국에게 ① 개인정보 보호를 위한 적절한 법 제도를 확립하고, ② 실행 강령 또는 다양한 자율 규제 정책을 수립하고, ③ 개인정보에 대한 권리 행사를 보장하는 방법을 제공할 것을 권고하고 있습니다. 또한, ④ 개인정보 보호 정책을 위반하였을 때 제제할 수 있는 제도와 피해 구제와 보상 제도를 갖추도록 하고, ⑤ 정보 주체에 대한 불공적 차별이 발생하지 않도록 권고하고 있습니다. OECD가 권고하고 있는 개인정보 보호 가이드 라인의 8개 원칙의 구체적인 내용은 [표 8-2]와 같습니다.

[표 8-2] OECD 개인정보 보호 가이드 라인

원칙	내용
수집제한의 원칙 (collection limitation principle)	(제7조) 개인 데이터의 수집에는 제한이 있어야 하고, 그러한 정보는 적법하고 공정한 방법에 의해 얻어져야 하며, 정보주체의 적절한 인지 또는 동의가 있어야 한다.
정확성 확보의 원칙 (data quality principle)	(제8조) 개인 데이터는 사용목적과 관계가 있어야 하고, 그 목적에 필요한 한도 내에서 정확하고 완전하며 최신의 것이어야 한다.
목적명시의 원칙 (purpose specification principle)	(제9조) 개인 데이터의 수집목적은 수집 이전 또는 수집 당시에 명시되어야 하며, 개인 데이터의 이용은 명시된 수집목적 또는 수집 시 목적, 목적 변경 시 명시되는 목적과 상충하지 않아야 한다.
이용제한의 원칙 (use limitation principle)	(제10조) 개인 데이터는 제9조에 따라 명시된 목적 이외로 공개되거나 접근 가능하거나 사용될 수 없다. 단, 다음의 경우는 그러하지 아니하다. (a) 정보주체의 동의가 있는 경우 (b) 법률에 의해 허가된 경우
안전성 확보의 원칙 (security safeguards principle)	(제11조) 개인 데이터는 손실 또는 권한 없는 접근, 파기, 사용, 수정 또는 공개에 대해 적절한 안전성이 확보되어야 한다.
공개의 원칙 (openness principle)	(제12조) 개인 데이터와 관련하여 개발, 실행, 정책에 대한 전반적인 공개방침이 있어야 하고, 그 방법은 정보관리자의 신원 및 주소를 비롯하여 개인 데이터의 존재와 성질, 정보의 이용목적을 용이하게 확인할 수 있는 것이어야 한다.
개인 참여의 원칙 (individual participation principle)	(제13조) 개인은 다음과 같은 권리를 가진다. (a) 정보 관리자로부터 또는 기타의 방법으로 정보 관리자가 자신에 대한 정보를 보유하고 있는지에 대해 확인을 얻을 권리 (b) 적절한 시간 내의 유료라면 과도하지 않은 비용으로, 합리적인 방법 및 쉽게 이해할 수 있는 형태로, 자신에 관한 정보를 파악할 수 있는 권리 (c) (a)항, (b)항에 따른 요청이 거부된 경우, 그 사유를 알고 이의를 제기할 수 있는 권리

	(d) 자신의 정보와 관련된 정보에 이의를 제기하고 이의제기가 수락된 경우, 그 정보를 삭제, 정정, 완성, 수정할 수 있는 권리
책임성의 원칙 (accountability principle)	(제14조) 정보 관리자는 상기 원칙들에 대한 실행 조치를 준수할 책임이 있어야 한다.

우리나라에서는 개인정보 보호의 중요성을 인식하고 다양한 분야에서 개인정보 보호를 위한 노력을 지속하여 왔습니다. 인터넷 정보기술의 발전으로 APT와 같은 신종 해킹 수법, 보이스 피싱, 스미싱, 사이버 스토킹 등 새로운 형태의 개인정보 침해 사례가 늘어남에 따라, 기존의 분야별 개별법에 의한 개인정보 보호 운영체계의 변화 필요성이 지속적으로 제기되었습니다. 이에 따라, 개인정보 보호를 전담할 수 있는 개인정보 보호법이 2011년 3월 29일 제정 및 공포되어 동년 9월 30일부터 시행되고 있습니다. 개인정보 보호법에서는 기존의 개인정보뿐만 아니라, 스마트폰, 태블릿 PC 등 스마트기기의 확산과 소셜 네트워킹 서비스(SNS), 클라우드 컴퓨팅, 빅데이터 등 새로운 기술의 등장으로 출현한 새로운 개인정보도 포함하는 등 개인정보 보호의 영역을 확장하고 있습니다.

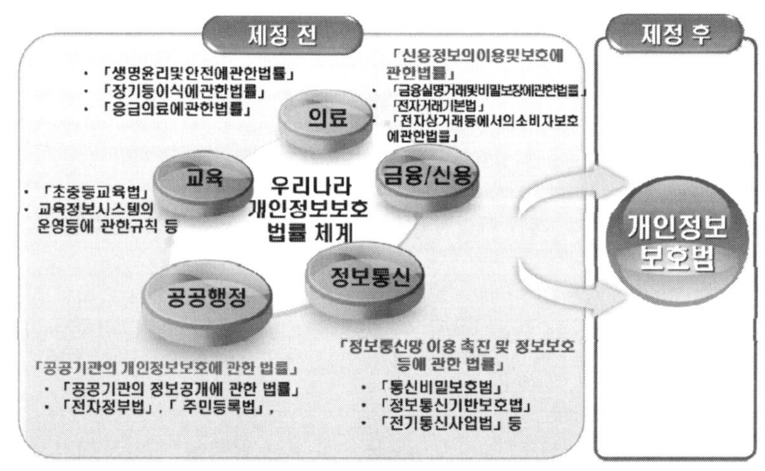

[그림 8-1] 개인정보 보호 법률 체계

8.2 개인정보 생명주기와 침해 유형

그렇다면, 인터넷 사이버 공간에서 생활하는데 핵심적인 역할을 하는 개인정보를 왜 침해하고, 개인정보를 어떻게 관리해야 하는지 살펴보겠습니다. 개인정보는 생성에서 폐기까지 일정한 과정을 거치는데, 이러한 과정을 생명주기(life-cycle)라고 합니다. 개인정보 보호를 위해서는 생명주기 단계별 업무 내용과 침해 가능성을 고찰해 보아야 합니다.

8.2.1 개인정보 침해 원인과 침해의 심각성

개인정보는 인터넷 공간에서 생활하는데 필수적인 정보입니다. 대부분의 인터넷 서비스가 개인정보를 기초로 제공되고 있습니다. 개인, 기관 등은 모두가 함께 인터넷에서 생활하면서 개인정보가 아주 다양한 특성을 가지고 있기 때문에 다른 사람의 개인정보를 침해하는 것입니다.

개인에게 개인정보는 인터넷 공간에서 활동할 때 신분증과 같은 필수 정보이며, 자신을 대신하는 아바타의 기능을 하기도 합니다. 인터넷 공간에서 생활하기 위해서는 개인정보를 제공하지 않을 수 없습니다. 카페나 동호회 가입, 블로그 운영, UCC 제작, 댓글 달기, 페이스북이나 카카오톡 같은 소셜 네트워크 활동뿐만 아니라 인터넷 쇼핑, 예약과 예매 등 인터넷 공간의 활동을 하게 되면 자신도 모르는 사이에 개인정보가 노출됩니다. 노출된 개인정보는 개인 신분 도용, 정치적 성향 파악, 쇼핑 습관 파악, 피싱 사기 등에 활용될 수 있습니다.

기업에서는 고객관리를 위해 개인정보를 수집하게 됩니다. 수집된 개인정보는 기업의 자산이 되기도 합니다. 일반적으로 포털이나 인터넷 쇼핑몰 등 인터넷 기업은 가입자 수로 기업의 가치를 평가합니다. 페이스북은 10억 명 이상의 가입자를 보유하고 있어 천문학적 기업 가치를 갖게 된 것입니다. 가입자 수는 결국 그 만큼의 개인정보를 보유하고 있다는 것입니다. 기업이 보유하고 있는 개인정보는 관리 부주의, 해킹, 내부 관리자에 의한 불법 유출 등으로 개인정보가 노출됩니다. 기업은 개인정보 수집의 목적을 저버리고 기업의 영리를 위해 고객 성향 분석, 타켓 마케팅 등에 활용하기도 합니다. 고객에게 무차별로 스팸 메일이나 상품 카다로그를 발송하기도 합니다. 소득 수준, 사회적 지위, 신용도 등을 평가하여 공정하지 못한 차별 서비스를 제공하기도 합니다. 이런 일은 개인의 존엄성과 프라이버시를 침해하는 일이 됩니다. 기업의 계열사 또는 다른 기업과 수집된 개인정보를 허락 없이 공유하기도 합니다.

공공기관은 기업과 유사하게 이용자 관리를 위해 불가피하게 개인정보 수집을 하고 있습니다. 공공기관의 경우에는 공공 서비스의 보안 유지를 위하여 개인 식별을 강화하고 있고, 그러다 보니 과도하게 엄중한 개인정보를 요구하기도 합니다. 수집된 개인정보의 관리 부실 그리고 개인정보를 공공의 목적으로 활용하는 것에 대한 인식 부족 등으로 인하여 개인정보가 노출됩니다. 공공기관의 경우 사용자의 기준별 분류, 사용자 상황 파악 등에 활용되기도 하고, 이에 따라 차별화된 서비스를 제공하기도 합니다.

이처럼 다양한 목적으로 개인정보를 수집하게 되고, 고의적 또는 실수로 개인정보가 노출되어 심대한 피해를 야기합니다. 개인정보 침해는 인터넷 정보사회에서 피할 수 없는 부작용이라고 할 것입니다.

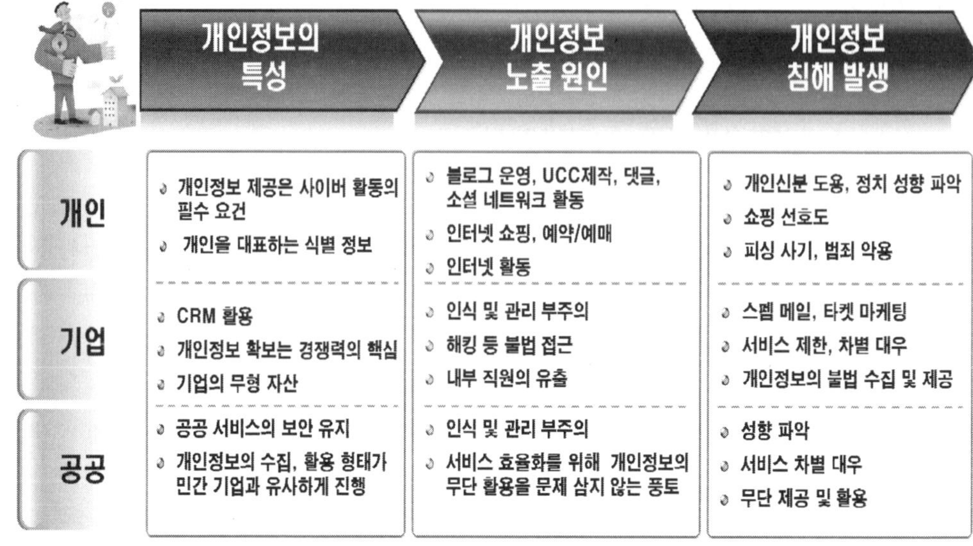

[그림 8-2] 개인정보 침해 원인

개인정보는 다양한 경로를 통해서 유출되고 있습니다. 개인정보의 유출로 인하여 개인뿐만 아니라 사회적으로 커다란 문제가 야기되고 있는 것은 잘 알려진 사실입니다.

- 신상 털기, 사이버 스토킹, 사이버 언어 폭력 및 성폭력, 사이버 범죄 등
- 불법 유포, 명예훼손, 신용 훼손, 사생활 침해 등
- ID 도용, 명의 도용, 신분 위조, 대포통장 개설, 신용카드 사기 발급, 대포폰 개설 등
- 스팸 메일, 문자 메시지, 텔레마케팅에 활용
- 개인에 대한 편견 조장, 차별 대우
- 협박, 금품 요구, 보이스 피싱, 스미싱, 사기, 유괴, 범죄의 표적
- 누명 씌우기, 다른 범죄에 활용

이처럼 개인정보 유출로 인한 피해는 전방위적으로 일어납니다. 이로 인하여 정신적/심리적 피해, 존엄성 및 인격적 피해, 경제적 피해, 사회활동의 피해 등 심각한 문제가 야기됩니다. 이런 피해는 개인에게만 국한된 것이 아니라, 사회에도 심대한 피해를 주어 인터넷 정보사회의 기반을 위협할 수 있습니다. 개인정보 노출로 야기될 수 있는 폐해를 엄중하게 인식하고 개인정보 보호에 노력해야 할 것입니다.

[그림 8-3] 개인정보 오남용

8.2.2 개인정보 생명 주기

개인정보 오남용과 프라이버시 침해 등의 문제를 이해하려면, 개인정보의 생성에서 폐기까지의 전 과정을 고찰할 필요가 있습니다. 개인정보의 생성에서 폐기까지의 과정을 개인정보 생명주기(life cycle)라고 하는데, 그 과정을 [그림 8-4]로 요약할 수 있습니다. 각 단계별 구체적인 내용을 살펴 보도록 하겠습니다.

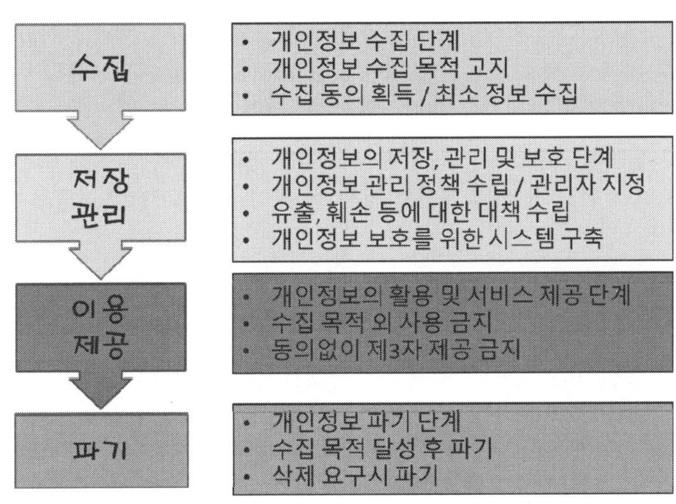

[그림 8-4] 개인정보 생명주기

[개인정보 수집]

공공기관이나 기업 등에서 업무 수행에 필요한 개인정보를 수집하는 단계입니다. 필요한 개인정보를 수집하려면 수집 근거를 명확하게 하고, 수집 사실을 안내해야 합니다.

- 수집 요건 확인: 개인정보의 수집은 관계 법률에 근거하거나 정보주체의 동의가 필요합니다. 인터넷 회원가입 등에서 개인정보 수집 동의를 요구하는 경우를 많이 보았을 것입니다. 법률 또는 정보주체의 동의에 의해 개인정보를 수집해야 합니다.
- 수집 사실 안내: 개인정보 수집의 목적, 법적 근거, 수집된 개인정보의 이용범위(혹은 업무), 수집된 개인정보의 보유기간, 정보주체의 권리 등에 대해 정보주체가 쉽게 확인하고 인지할 수 있도록 안내되어야 합니다. 수집 시에는, 목적에 필요한 최소한의 정보만을 수집해야 합니다. 정보주체는 안내 내용을 확인하고 동의할 것인지를 현명하게 판단해야 합니다.

[개인정보 저장/관리]

개인정보의 분실, 도난, 유출, 변조, 훼손되지 않도록 안전성 확보에 필요한 관리적, 기술적, 물리적 조치를 취해야 합니다. 수집된 개인정보의 저장/관리가 허술하면, 수많은 개인정보가 노출되어 심각한 문제가 발생하게 됩니다.

- 관리적 조치: 개인정보 관리 계획을 수립하고 시행해야 합니다. 개인정보 보호 책임자를 지정하고 개인정보 취급자의 역할과 책임에 대하여 교육해야 합니다. 개인정보 취급자의 역할에 따라 접근 권한을 지정하고 비밀번호 관리 규칙을 수립하여 시행해야 합니다. 대부분의 개인정보 관련 사고는 개인정보 취급자의 윤리의식과 인식 부족에서 야기되는 경우가 많으므로, 지속적으로 교육을 실시하고 직무상 알게 된 개인정보를 누설하지 않도록 해야 합니다.
- 기술적 조치: 개인정보가 안전하게 저장, 관리 될 수 있도록 제반 기술적 조치를 수행해야 합니다. 개인정보는 암호화하여 저장하고, 접근 통제 및 접근 권한 제한 조치를 취해야 합니다. 외부의 침입에 대비하여 방화벽을 설치하고, 내부 침입에 대비하여 침입 탐지 시스템을 설치, 운영해야 합니다. 개인정보 접속 기록을 유지하고, 기록 내용이 위조 또는 변조되는 것을 방지해야 합니다. 컴퓨터 바이러스에 대비하여 백신 프로그램을 설치하고 최신 버전으로 항상 업데이트 해야 합니다.
- 물리적 조치: 디지털화된 개인정보가 저장된 시스템은 별도의 보관시설을 마련하여 관리하고 출입구에 잠금 장치를 설치해야 합니다. 회원 가입 신청서 등 종이 문서를 캐비닛, 금고 등 특정 장소에 보관해야 합니다.

[개인정보의 이용/제공]

수집된 개인정보는 수집 목적으로만 사용되어야 합니다. 개인정보 보호법에서는 수집된 개인정보를 제3자에게 제공 또는 공유하는 것을 허용하고 있습니다. 이 경우에는 엄격한 규정이 있습니다.

- **개인정보 이용**: 수집 목적 외에는 이용할 수 없습니다.
- **개인정보 제공**: 정보주체의 동의를 받아 개인정보를 제3자에게 제공 또는 공유하고자 하는 경우에는, 미리

정보주체에게 제공받는 자, 제공하는 개인정보 항목, 제공받는 자의 개인정보 이용 목적 및 보유 기간, 정보주체의 권리 등을 미리 알려 주어야 합니다. 동의의 범위에 벗어난 제3자 제공은 금지하고 있습니다(정보주체의 별도 동의, 다른 법률 규정, 통계작성 및 학술연구, 범죄수사 등에 해당하는 제3자 제공금지는 예외 인정).

[개인정보 파기]

업무목적의 달성 등 개인정보파일 보유가 불필요하게 된 경우 지체 없이 개인정보를 파기해야 합니다. 파기 시에는 개인정보가 복구 또는 재생되지 아니하도록 파기해야 합니다. 전자적 파일 형태는 복원이 불가능하도록 영구 삭제하고, 기록물이나 인쇄물은 파쇄 또는 소각합니다.

- 개인정보 삭제와 파일 파기: 개인정보삭제 및 파일 파기 사유가 발생한 경우 지체 없이 삭제 및 파기해야 합니다. 다만, 공공기관의 경우, 법령에 따라 보존해야 하는 경우에는 파기하지 않을 수 있습니다.
- 파기 사실 기록 관리: 개인정보 삭제 및 파일 파기 내역을 기록하여 관리 합니다.
- 파기 사실 안내: 개인정보 삭제의 경우 개별 통보하고, 개인정보 파일 파기의 경우는 웹 사이트 등에 공지해야 합니다.

개인정보 생명주기별로 지정된 업무를 철저하게 준수한다면 개인정보를 효과적으로 보호할 수 있습니다. 생명주기 단계별 업무 내용을 이해하고 적절한 관리적, 기술적 지침을 만들어 이행해야 할 것입니다.

8.2.3 개인정보 생명주기별 침해 유형

개인정보는 수집, 저장/관리, 이용/관리, 폐기의 생명 주기를 가지고 있습니다. 개인정보 침해 상황을 이해하려면, 생명주기 단계별 침해 유형을 고찰해 보면 체계적으로 이해할 수 있습니다.

[수집 단계에서의 침해]

개인정보 수집의 목적, 범위, 활용 등을 사전에 알려 주지 않고, 다양한 수단과 방법으로 불법하게 수집하여 개인의 정보 결정권을 침해합니다. 세부적으로는 다음과 같은 침해 사례가 있습니다.

- 개인정보 불법 수집: 개인도 모르게 불법적으로 개인정보를 수집합니다. 해킹 등의 불법 수단으로 무차별 수집, 쿠키(cookie) 정보 수집, 스파이웨어(spyware) 등 악성 프로그램을 활용하여 자동 수집, CCTV 등 감시장치를 활용한 수집, 교통카드 RFID 칩에 내장된 개인정보 수집 등 개인이 자신의 정보가 수집되고 있는지를 인지하지 못하는 상태에서 불법적으로 수집합니다. 인터넷과 스마트 정보기술의 발달, 감시/감청 기술의 발달, CCTV의 확산 등으로 개인이 인지하지 못하는 불법 정보 수집이 늘어나고 있습니다.
- 동의 없는 개인정보의 수집 및 수집 시에 고지사항의 불이행: 인터넷 쇼핑몰 등에서 물품 구매를 위해 회원 가입을 하여 성명, 주민번호, 주소 등 개인정보를 제공하였으나, 제공하는 개인 정보의 수집 및 이용 목적, 보유기간, 회원탈퇴 방법 등 관련 사항이 전혀 고지되어 있지 않은 경우처럼, 자세한 안내나 동의

없이 무조건 수집하여 수집 단계의 규정을 위반하는 것입니다.

· 동의 및 고지 없는 개인 정보 주체 외로부터 수집: 개인 홈페이지 또는 웹 사이트 검색으로 개인정보를 알아 내거나 인물정보 서비스 등을 통하여 개인정보를 수집하여, 텔레마케팅 등에 활용 또는 데이터베이스를 만들어 제3자에게 판매하여 개인정보를 침해하는 경우입니다.

· 법정 대리인의 동의 없는 개인정보의 수집: 미성년자가 게임 사이트에 가입하려면 법정대리인(부모)의 동의가 필요합니다. 일부 게임 웹 사이트는 법정대리인(부모)의 동의 없이 아동을 회원 가입시켜, 아동들에게 게임, 아이템 등을 판매하여 부모의 인지 없이 많은 요금이 청구되는 사례가 발생하고 있습니다. 개인정보 수집 및 동의 의무를 위반한 것입니다.

· 서비스 이용과 관련 없는 과도한 개인정보의 수집: 인터넷 서비스에 회원 가입 시 직업, 종교, 군복무 경력 등 당해 서비스 이용과 전혀 관계없는 정보를 제공해야 회원가입이 가능한 사례가 있습니다. 목적 이외의 정보 수집은 불법입니다.

· 해킹 등 불법 수단에 의하여 개인정보의 수집: 트로이 목마, 스파이웨어 등 해킹 프로그램을 이용하여 타인의 ID 및 비밀번호를 수집하여 이를 활용하여 타인 명의로 인터넷 회원가입을 하거나, 금융 서비스를 제공받는 등 경제적 이익을 취하는 사례가 발생하고 있습니다. 불법적인 개인정보 수집으로 수집된 정보를 악용하여 범죄를 저지르고 있습니다.

· 기망에 의한 개인정보의 수집: 경품당첨을 가장하여 주민번호 등 개인정보를 입력하도록 한 후 경품을 제공하지 않는 사기성 개인정보 수집의 사례입니다. 사기 행위로 수집된 정보를 은행 계좌 예금인출 등에 악용하여 경제적 피해를 줍니다.

개인정보를 악용하려고 하는 사람이나 기관은 수단 방법을 가리지 않고 개인정보를 수집합니다. 때문에 수집 단계에서는 아주 다양한 침해 사례가 발생합니다. 개인정보를 보호하고자 한다면 무엇보다도 개인정보 수집에 유의해야 합니다.

[저장/관리 단계에서의 침해]

저장/관리 단계의 침해는 주로 개인정보를 수집한 기업이나 기관 등에 의하여 발생합니다. 대표적인 침해 사례에는 다음과 같은 것이 있습니다.

· 관리자의 인식부족과 과실 등으로 인한 개인정보의 공개: 개인정보 관리자의 인식 부족으로 과실 또는 부주의로 유출되는 사례가 있습니다. 쇼핑몰 운영자가 상품에 이의를 제기한 고객의 정보를 공개하거나, 성형외과 홈페이지에 수술 환자의 인적 사항을 공개하는 등 개인정보 관리에 무지하여 유출 사고가 발생하는 경우입니다.

· 기술적, 관리적인 조치 미비로 인하여 개인정보 유출: 방화벽, 침입 탐지 시스템, 백신 소프트웨어, 데이터 암호화 등 외부의 불법 접근을 차단하기 위한 시스템을 구비해야 합니다. 이러한 시스템을 구축하지 않거나 보호/보안 기술이 미흡하여 해킹 등 외부의 고의적, 불법적 접근에 의해 개인정보가 유출되는 사고가 발생합니다. 이때는 무수히 많은 사람들의 개인정보가 일순간 유출되어 시회 문제가 됩니다.

· 개인정보에 관련하여 고객의 항의에 대한 불응 또는 미 조치: 개인정보 삭제를 요청할 방법이 없고, 삭제 요청을 하여도 실행하지 않는 경우가 있습니다. 개인이 정보를 공개/비공개할 수 있는 결정권을 침해하는

것입니다.

- **조직 내부에 취급자에 의하여 개인정보의 유출, 훼손 및 변경:** 개인정보 취급자가 사적인 목적으로 유출, 훼손, 변경하는 사고가 발생합니다. 이 경우에도 대형 유출 사고가 발생하게 됩니다. 개인정보 취급자의 윤리의식 결여와 인식 부족으로 이런 사건이 빈번하게 발생하고 있습니다.

저장/관리 단계의 침해는 대부분 개인정보 보호 정책 또는 가이드 라인 부재, 개인정보 관리 미숙, 정보 보호 및 보안 기술 미약, 개인정보 취급자 교육 부족과 윤리의식 결여 등 개인정보를 수집한 기업 또는 기관의 역량 부족에서 야기되는 경우가 많습니다.

[이용/제공 단계에서의 침해]

수집된 개인정보는 수집 목적과 활용 범위 내에서만 이용해야 합니다. 이러한 규정을 위반하고 개인정보를 무단으로 활용 또는 공유하는 침해 사례가 발생하고 있습니다.

- **개인정보를 무단으로 이용:** 당초의 활용 목적을 무시하고 무단으로 이용하는 것입니다. 예를 들어, 타인의 사진 및 전화번호 등을 게시판, 안내장, 홈페이지 등에 무단 게재함으로써 개인의 명예를 훼손하거나 정신적 피해를 야기시키는 경우가 있습니다.
- **동의 없는 개인정보의 무단 제공 및 공유:** 인터넷 전자상거래 사업자가 제휴 업체(보험, 카드사 등)에 정보주체의 동의 없이 개인정보를 제공하고, 제휴 업체들은 제공 받은 개인정보를 활용하여 텔레마케팅, 타켓 마케팅 등 영업 활동에 이용하는 사례가 늘어나고 있습니다. 스팸메일, 문자 메시지, 전화 등으로 일상생활을 괴롭히는 일이 많이 있습니다.
- **당초 수집 시에 고지한 이용 목적을 넘어서는 개인정보의 이용:** 예를 들어, 이동 통신사가 고객의 정보를 활용하여 요청하지도 않은 유료 부가서비스를 무단으로 가입시킨다거나, 개인정보를 빅데이터 분석하여 신용상태, 재산상태 등을 파악하여 쿠폰, 할인권, 상품권 등을 차등으로 제공하는 사례가 있습니다.

개인정보는 고지한 목적과 범위에서만 이용해야 합니다. 그렇지 않으면, 명백한 약속 또는 계약 위반입니다. 최근 개인정보를 무단으로 계열사나 관련 기업간에 공유하는 사례가 늘어나고 있습니다. 기업 활동에 위협이 되는 신용불량자, 보험 사기범, 사기 협의자, 불량 고객 등을 사전에 방지하고자 함인데, 선의의 피해자가 발생할 수 있습니다.

[파기 단계에서의 침해]

목적을 달성하였거나 사용이 만료된 개인정보는 규정에 의거하여 삭제, 폐기되어야 합니다. 일부에서는 완전 폐기하지 않고 추후 이용을 위해 보관하는 사례가 있습니다. 파기 단계에서의 침해 사례에는 다음과 같은 것이 있습니다.

- **수집 및 목적 달성 후 개인정보의 미 파기:** 개인정보를 파기해야 하나, 계속 보유하고 업무에 활용합니다. 또한, 카페나 동호회 탈퇴, 이동 통신사 서비스 해제 등 개인정보를 더 이상 보관할 필요가 없는 사유가 발생하면 즉시 파기해야 하는데도 파기하지 않는 경우가 있습니다. 이는 당초, 수집 목적을 위배한 개인정보 침해입니다.

- **개인정보 삭제 요구의 불응**: 당사자가 개인정보 삭제를 요청하였는데 불응하는 경우가 있습니다. 이는 불법 행위이며 신고 시에 처벌을 받게 됩니다.

개인정보 생명주기별 침해 유형을 요약하면, 먼저 수집 단계에서의 침해가 많이 발생하고 있습니다. 왜냐하면, 개인정보를 침해 하려면 수단 방법을 가리지 않고 개인정보를 수집해야 하기 때문입니다. 따라서 개인정보를 보호하려면, 개인정보를 제공하는 정보주체의 현명한 판단이 중요합니다.

실제의 개인정보 침해는 여러 단계에 걸쳐서 발생하므로 개인정보 보호는 복합적으로 접근해야 합니다. 기술적, 정책적, 관리적으로 접근해야 하는데, 무엇보다도 개인정보에 대한 정보주체의 확고한 인식과 개인정보 취급자의 윤리의식이 중요합니다.

8.3 개인정보 침해 실태와 사례

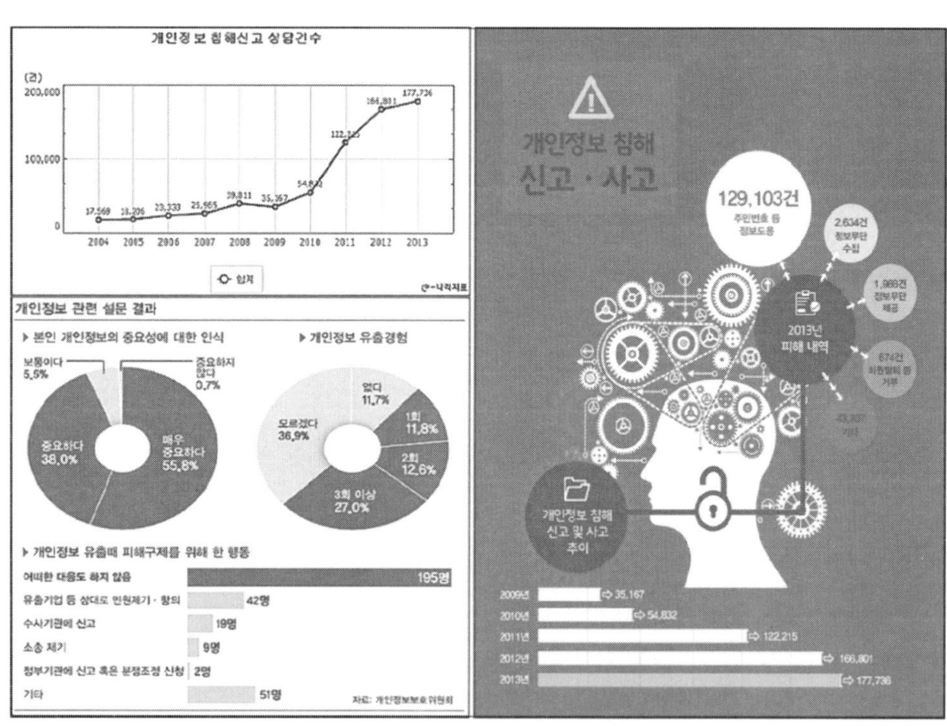

[그림 8-5] 개인정보 침해 실태

인터넷 공간에서의 생활이 보편화되고 스마트폰 등으로 언제 어디서든지 정보 서비스를 접속할 기회가 확대되면서, 개인정보 침해도 날로 늘어나고 있습니다. 방송통신위원회와 국가 통계 나라지표의 자료에 따르면, 2013년 개인정보 침해신고 건수가 177,736건으로 2003년에 비하여 무려 10배가 늘어 났다고 합니다. 개인정보 침해가 있어도 아무런 대응을 하지 않는 경우가 많은데, 신고를 하지 않은 것까지 포함하면 엄청난 수의 개인정보 침해가 있었을 것으로 예상됩니다.

2013년 9월, 개인정보 보호위원회가 실시한 '개인정보보호법 시행 이후 변화 분석 및 개선방안 연구' 설문 조사 결과에 따르면, 본인의 개인정보가 '매우 중요하다'고 응답한 사람은 55.8% 이었습니다. '중요하다'고 답한 사람도 38%로 나타나 사람들은 대체로 개인정보 중요도를 인식하는 것으로 조사되었습니다. 개인정보에 대한 관심이 높아진 것을 알 수 있습니다. 그러나 개인정보의 유출 빈도와 규모가 갈수록 커지고 있지만, 정작 개인정보 유출 피해자들의 대응은 아주 미흡한 상태입니다. 개인정보 유출 경험이 있는 사람들 61%가 아무런 대응을 하지 않았고, 항의를 제기한 사람이 13%, 수사기관에 신고한 사람이 5% 등 개인정보 유출을 심각하게 받아들이고 있지 않는 것으로 나타났습니다. 대다수 인터넷 이용자가 개인 정보의 중요성에 대해 공감하는 것과는 달리 실제 개인정보가 유출됐을 때는 적극적으로 대응하지 않고 있습니다.

이런 가운데 개인정보 유출 사고가 해마다 끊이지 않고 발생하고 있습니다. 2008년 2월에는 한국인 브로커와 중국인 해커가 짜고 인터넷 쇼핑몰 '옥션' 회원 1,080만명의 개인정보를 빼냈으며, 2011년 7월에는 포털 사이트 '네이트' 회원 3,500만명의 개인 정보가 무더기로 유출되기도 하였습니다. [표 8-3]은 최근 대규모 개인정보 유출 사고를 정리한 것입니다. 표에서도 알 수 있는 바와 같이, 개인정보의 대량 유출 사고가 아주 빈번하게 발생하고 있습니다.

[표 8-3] 최근 대규모 개인정보 유출 사고

시기	기업·기관	내용·피해규모	원인
2011.4월	현대캐피탈	175만명 고객정보 유출	해킹
6월	대부업체, 저축은행, 채팅사이트 등	개인정보 DB 판매상들이 중국 해커에 의뢰, 1,900만명 고객정보 유출	해킹
7월	한국 음악 실연자연합회	연예인 4,000명 정보 유출	업그레이드 실수
7월	SK커뮤니케이션즈	네이트·싸이월드 3,500만명 가입자정보 유출	해킹
8월	한국엡손	고객 35만명 개인정보 유출	해킹
8월	8개 대형병원	환자 22만명 개인정보 보건의료연구원에 불법 유출	고의 유출
11월	넥슨	메이플스토리 1,320만명 고객정보 유출	해킹
2012.3월	SK텔레콤, KT	협력업체가 20만명 고객정보 유출	협력업체 유출프로그램 개발
3월	글로벌 페이먼츠	카드 사용기록 1,000만건, 5만명 고객정보 유출 (한국인 900명 이상)	해킹

4월	대리운전업체	2,600만명 이용 고객정보 유출	대리 운전업자 해커에 의뢰
5월	EBS	400만명 고객정보 유출	해킹
7월	KT	870만명 고객정보유출	해킹
8월	블리자드 엔터테인먼트	이메일정보 등 유출 (국내 40만명 이상 추정)	해킹
2014.1월	신용카드사 3사 (국민, 롯데, 농협)	신용카드 고객 개인정보 1억4백만건 노출	협력업체 직원 유출
3월	KT	고객 1,000만명 정보	해킹

[사례: 개인정보를 이용한 사기] 2012년 5월, 사기범은 경기 거주 기모씨(50대)에게 "개인정보유출로 보안승급필요"라는 문자메시지를 발송하여, 피싱 사이트 접속을 유도하여 인터넷 뱅킹과 공인인증서 재발급에 필요한 정보를 입력하도록 한 후, 피해자 명의의 공인인증서를 재발급 받아 인터넷 뱅킹을 통해 피해자 계좌에서 1천2백만원을 사기범 계좌로 이체하여 편취한 사건이 있었습니다.

[사례: 개인정보를 이용한 납치 위장] 2012년 6월, 사기범은 경기 거주 이모씨(여, 40대)에게 자녀의 휴대전화번호(발신번호 변조)로 전화를 걸어 자녀의 이름과 학교 등의 정보를 말하면서 납치극 상황을 연출하여 피해자로부터 3백만원을 가로챈 일이 있었습니다.

[사례: 파밍(pharming)에 의한 피싱] 경기도 성남 거주 김모씨(여, 40대 후반)는 2012년 11월, 본인이 사용하는 컴퓨터의 인터넷 즐겨찾기에 등록되어 있는 N은행의 사이트에 접속하였으나, 동 은행을 가장한 피싱 사이트로 접속이 되었고, 인터넷 뱅킹에 필요한 정보를 입력하는 팝업창이 나타나 해당 정보(계좌번호, 계좌 비밀번호, 보안카드번호 등)를 입력하였는데, 사기범은 5일간 개인정보를 이용하여 피해자 명의의 인터넷 뱅킹을 통해 피해자의 N은행 계좌에서 총 5회에 걸쳐 1천39만원을 사기범 계좌로 이체한 사고가 발생하였습니다.

[사례: 신용카드사 개인정보를 이용한 2차 피해] K 카드와 L 카드를 이용하고 있는 조모 씨는 2013연 3월 서울중앙지검 범죄팀 수사관을 사칭하는 전화를 받았습니다. 통화에서 안내한 검찰청 사칭 사이트에 들어가 알려준 사건번호와 성명, 주민등록번호를 입력하니 조씨가 피의자로 적힌 특별범죄 수사내용이 화면에 떴습니다. 수사관을 사칭한 사람은 사기사건에 조씨가 피의자로 신청되어 있지만, 사전수사 결과 피해자로 판단된다며 수사에 협조할 것을 주문했습니다. 이에 조씨는 지시대로 농협에 통장을 개설하고 검찰청 사칭 사이트에 연결된 금융감독원 사이트에서 주민등록번호, 계좌 비밀번호, 보안카드 번호를 입력하였습니다. 그 결과 보이스 피싱(전화사기)으로 K 카드와 L 카드 등에서 1천 2백만원 상당의 피해를 입었습니다.

이뿐만 아니라, 1994년 9월 우리 사회를 강타한 충격적 살인 사건이 있었습니다. 범인들은 백화점 VIP 고객 명단을 입수하여 범행 대상으로 삼았습니다. 개인정보 노출이 얼마나 끔찍한 범죄를 야기할 수 있을지를 보여 주는 사례라 할 것입니다.

8.4 개인정보 보호법 이해

우리 나라는 세계적 인터넷 강국으로서 면모를 과시하여 왔습니다. 인터넷이 급속하게 활성화되면서 개인정보 보호도 현안 문제로 대두하였습니다. 이를 위해, 개인정보 보호의 중심이 되는 개인정보 보호법을 제정하였습니다.

8.4.1 개인정보 보호법의 배경과 의의

우리나라는 의료, 금융/신용, 정보통신, 공공행정, 교육 등 분야별로 개인정보 보호법이 있었습니다. 이와 같이 산재하여 있는 개인정보 관련 법규를 한 곳에서 통합적으로 관리할 수 있도록 단순화 하였습니다. 개인정보 보호법이 제정되게 된 배경과 의의를 알아보겠습니다.

1 개인정보 보호법 배경

인터넷 정보기술의 발전으로 대부분의 일상생활이 인터넷 공간에서 이루어지고 있습니다. 이에 따라, 개인정보 보호가 시급한 현안으로 대두하였습니다. 정부는 그 동안 여러 분야에 분산되어 실행되던 개인정보를 체계적으로 관리해야 할 필요성이 증대됨에 따라, 2011년 9월 30일 통합된 개인정보 보호법을 제정하였습니다.

- **대규모 개인정보 침해사고 빈발로 국민 불안감 급증**: 개인정보 침해가 점점 대형화, 지능화, 다양화 추세를 보이고 있습니다. 2007년~2010년 사이에 약 1억건의 개인정보 침해사고가 발생하였고 이로 인한 사회적 피해도 크게 증대되었습니다. 이에 따라, 국민들의 불안감이 고조되고 있고, 인터넷 공간의 생활이 위협을 받고 있습니다.
- **개인정보 보호 일반법 미비로 법 적용 사각지대 발생**: 그 동안 개인정보 보호는, 공공기관은 개인정보 보호법, 정보통신 사업자는 정보통신망법 등 분야별로 나누어 실행되어 왔습니다. 이런 개별 법 체계하에서는 법 적용의 사각지대가 발생하였고, 개별 법간의 보호원칙, 처리기준 및 추진체계가 상이하여 국민 혼란이 가중되어 왔습니다. 일관된 개인정보 보호정책의 추진을 위해 통합된 개인정보 보호법이 요청되었습니다.
- **국가간 개인정보 교류에 대비한 국제 수준의 처리원칙 필요**: 개인정보 보호는 어느 한 국가에만 국한된 문제가 아닙니다. 세계 각국과의 FTA 체결로 상호간 개인정보의 교류 증대가 예상되고 있으며, 국제 수준의 개인정보 보호 체계 구축이 필요해졌습니다. 또한, 전 세계적 국제통상 관련 프라이버시 라운드(Privacy Round)가 대두되었고, 유럽연합(EU)은 적절한 보호수준을 갖춘 제3국으로만 개인정보 이전을 허용하고 있는 등 국제 수준의 개인정보 보호가 요청되었습니다.

이러한 필요성에 의하여, 정부는 2008년 11월 28일 국회에 개인정보 보호법을 제출하였고, 2011년 3월 11일 국회 본회의 의결, 3월 22일 국무회의 의결, 3월 29일 공포를 거쳐, 2011년 9월 30

일부터 시행하게 되었습니다.

개인정보 보호법의 의의

개인정보 보호법은 지식정보 사회의 기반을 굳건하게 한 것으로 다음과 같은 의의가 있습니다.

- 개인정보 보호 원칙의 확립: 국제적으로 통용되는 OECD 프라이버시 8원칙(1980년), UN 가이드라인(1990년), APEC 프라이버시 9원칙(2004년) 등의 정신을 법 제정에 반영하여, 국제적 요구에 부합하는 개인정보 보호체제를 정착하였습니다.
- 개인정보 보호 추진체계의 일원화 및 강화: 국무총리 소속의 '공공기관 개인정보 심의위원회'를 대통령 소속 '개인정보 보호위원회'로 격상하고, 공공 및 민간부문을 모두 규율 하도록 강화하고 개인정보 보호 추진체계를 일원화 하였습니다.
- 개인정보 보호 사각지대의 해소: 개인정보 보호를 위한 일반법으로서 모든 개인정보 처리자에게 적용되는 법을 제정하여, 법의 사각지대를 해소하였습니다.
- 개인정보 보호법 체계의 일원화: 개인정보보호법은 개인정보의 수집 · 처리에 관한 일반법으로 모든 분야의 개인정보 처리에 적용됩니다. 개인정보의 수집·처리에 관한 원칙을 통일하고 중복 규제를 제거하였습니다. 개인정보 보호에 관하여는 정보통신망법, 신용정보법 등 다른 법률에 특별한 규정이 있는 경우를 제외하고는 개인정보 보호법을 통합, 적용할 수 있게 되었습니다.

개인정보 보호법은 국제적 원칙과 요구를 충족하는 개인정보 보호의 통합된 기본법이라는 큰 의의가 있습니다. 특별한 경우를 제외하고는, 개인정보 보호법에 의한 개인정보를 보호할 수 있게 되어 효과적인 보호 체계를 갖추게 된 것입니다.

8.4.2 개인정보 보호법의 주요 내용

개인정보 보호법에 담겨 있는 정신과 주요 내용에 대하여 살펴보고자 합니다. 여기서는 일반 개인이 알고 있어야 할 주요 내용을 살펴봅니다. 정보 주체별 개인정보 보호에 대하여는 전문 사이트를 참고하기 바랍니다.

개인정보 보호법의 구성

개인정보 보호법은 [그림 8-6]과 같이, 본문 9장, 75개 조문, 부칙으로 구성되어 있습니다. 각 장의 내용은 그림을 참고하기 바랍니다.

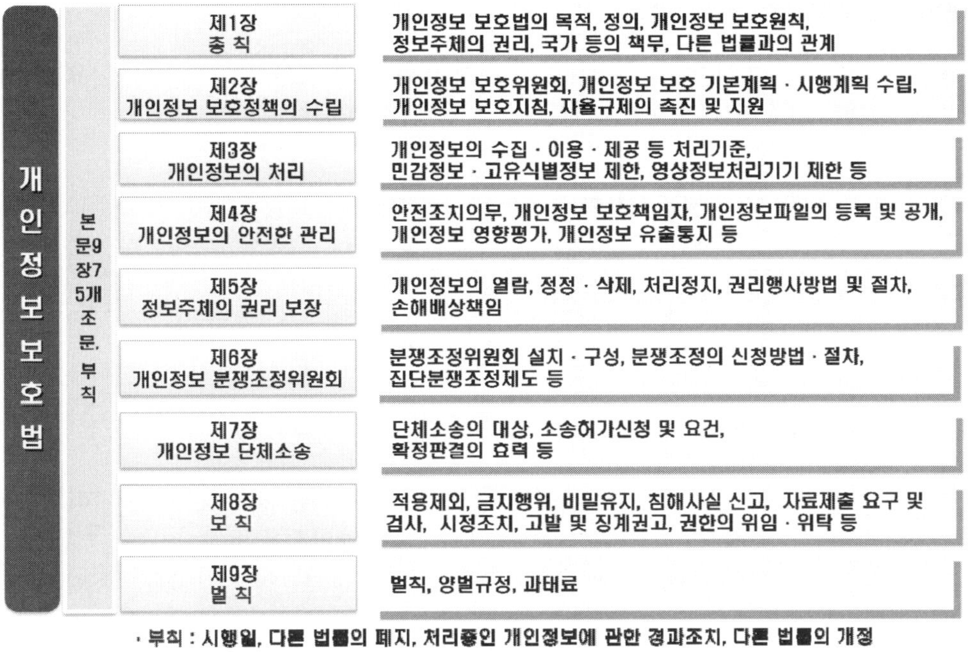

개인정보보호법 — 본문9장75개 조문, 부칙

제1장 총 칙	개인정보 보호법의 목적, 정의, 개인정보 보호원칙, 정보주체의 권리, 국가 등의 책무, 다른 법률과의 관계
제2장 개인정보 보호정책의 수립	개인정보 보호위원회, 개인정보 보호 기본계획 · 시행계획 수립, 개인정보 보호지침, 자율규제의 촉진 및 지원
제3장 개인정보의 처리	개인정보의 수집 · 이용 · 제공 등 처리기준, 민감정보 · 고유식별정보 제한, 영상정보처리기기 제한 등
제4장 개인정보의 안전한 관리	안전조치의무, 개인정보 보호책임자, 개인정보파일의 등록 및 공개, 개인정보 영향평가, 개인정보 유출통지 등
제5장 정보주체의 권리 보장	개인정보의 열람, 정정 · 삭제, 처리정지, 권리행사방법 및 절차, 손해배상책임
제6장 개인정보 분쟁조정위원회	분쟁조정위원회 설치 · 구성, 분쟁조정의 신청방법 · 절차, 집단분쟁조정제도 등
제7장 개인정보 단체소송	단체소송의 대상, 소송허가신청 및 요건, 확정판결의 효력 등
제8장 보 칙	적용제외, 금지행위, 비밀유지, 침해사실 신고, 자료제출 요구 및 검사, 시정조치, 고발 및 징계권고, 권한의 위임 · 위탁 등
제9장 벌 칙	벌칙, 양벌규정, 과태료

· 부칙 : 시행일, 다른 법률의 폐지, 처리중인 개인정보에 관한 경과조치, 다른 법률의 개정

[그림 8-6] 개인정보 보호법의 구성

개인정보 보호법을 OECD 개인정보 보호 가이드 라인과 비교하면 [그림 8-7]과 같습니다. 앞서 설명한 바와 같이, 개인정보 보호법은 국제적으로 통용되는 OECD 프라이버시 8원칙(1980년), UN 가이드라인(1990년), APEC 프라이버시 9원칙(2004년) 등의 정신을 법 제정에 반영하고 있습니다.

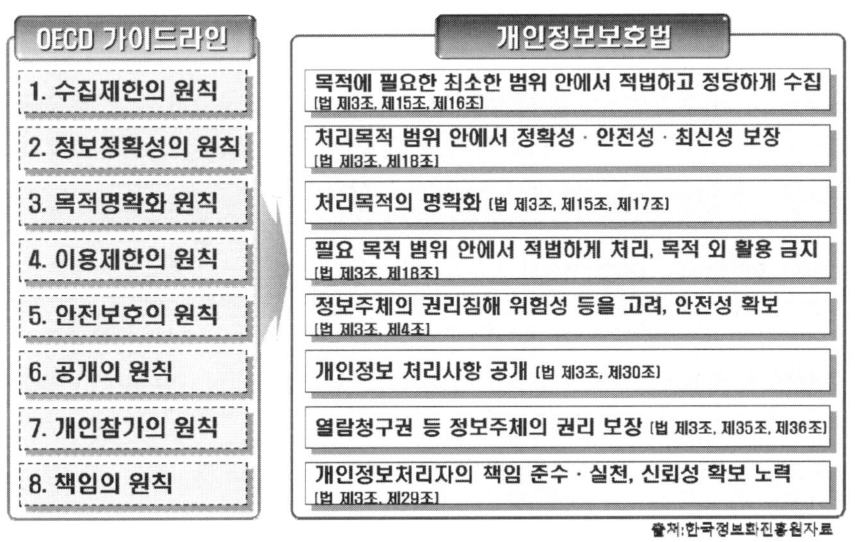

[그림 8-7] 개인정보 보호법의 원칙과 정신

개인정보 보호법의 주요 내용

개인정보 보호법의 핵심 내용 중 일상생활을 위해 알아 두어야 할 중요 사항만을 요약해서 살펴보겠습니다. 자세한 개인정보 보호법은 법령을 참고하기 바랍니다.

[개인정보 보호 의무 적용대상 확대]

개인정보 보호 적용 대상이 공공·민간부문의 모든 개인정보 처리자로 확대 되었습니다. 여기에는 오프라인 사업자, 협회, 동창회 등 비영리단체까지 포함됩니다. 보호 범위도 확대되어, 컴퓨터 등에 의해 처리되는 정보 외의 손으로 작성된 문서도 포함됩니다.

[개인정보 수집·이용 기준 제시]

개인정보를 수집·이용하고자 하는 경우에는 정보주체의 동의를 받아야 하며, 미리 정보주체에게 개인정보의 수집·이용 목적, 수집하는 개인정보의 항목, 개인정보의 보유·이용기간, 정보주체의 권리 등을 미리 고지해야 합니다. 수집 목적에 필요한 최소한의 개인정보만을 수집해야 하며, 정보 수집자는 최소한의 개인정보임을 입증할 책임이 있습니다.

공공기관의 경우, '법령 등에서 정하는 소관업무 수행'을 위해 불가피한 경우에만 동의 없이 개인정보 수집·이용이 가능하며, 소관업무 수행과 관련된 경우가 아니면 개인정보 수집·이용은 불가능합니다.

정보주체가 최소한의 정보 외의 개인정보 수집에 동의하지 아니한다는 이유로 정보주체에게 재화 또는 서비스제공 거부를 금지하고 있습니다.

[개인정보 제공·공유]

정보주체의 동의를 받아 개인정보를 제3자에게 제공 또는 공유하고자 하는 경우에는 미리 정보주체에게 제공받는 자, 제공하는 개인정보 항목, 제공받는 자의 개인정보 이용목적 및 보유 기간, 정보주체의 권리 등을 미리 고지하여 동의를 받아야 합니다.

[개인정보 목적 외 이용·제공]

정보주체로부터의 별도의 동의를 받아 개인정보를 목적 외로 이용 또는 제공하고자 하는 경우에는 미리 정보주체에게 제공받는 자, 제공하는 개인정보 항목, 개인정보의 보유·이용기간, 정보주체의 권리 등을 미리 고지해야 합니다.

[개인정보 파기]

개인정보의 처리 목적 달성 등으로 해당 개인정보가 불필요하게 되었을 때는 지체 없이 파기해야 합니다. 다만, 다른 법령에 따라 보존해야 하는 경우는 제외로 하고 있는데, 개인정보를 파기하지 않고 보존해야 하는 경우 해당 개인정보 또는 개인정보 파일을 다른 개인정보와 분리 저장해야 합니다.

[개인정보 처리에 대한 동의]

서비스 제공 등을 위해 필수적인 최소한의 개인정보 이외에는 개인정보 처리의 동의 여부, 동의 범위 등을 정보주체가 자유스럽게 선택할 수 있도록 조치해야 하며, 개인정보 처리거부를 이유로 재화 또는 서비스 제공을 거절할 수 없습니다. 14세 미만 아동의 개인정보는 법정 대리인의 동의를 받아야 가능합니다.

[민감정보의 처리 기준]

민감정보는 원칙적으로 '처리' 금지하며, 예외적으로만 처리 가능하도록 하였습니다. 민감정보는 사상 · 신념, 노동조합 · 정당의 가입 · 탈퇴, 건강, 성생활 등에 관한 정보 및 그 밖에 정보주체의 사생활을 현저히 침해할 우려가 있는 개인정보를 말합니다. 민감정보를 수집할 때는 별도 동의가 필요하며, 수집 이외에 이용 · 제공 등의 처리도 제한, 금지하고 있습니다.

[고유 식별정보의 처리기준]

주민등록번호 등 고유 식별정보는 원칙적으로 처리를 금지하고 있습니다. 고유 식별정보란 개인을 고유하게 구별하기 위해 부여된 식별정보로 주민등록번호, 운전면허번호, 여권번호, 외국인등록번호 등을 말합니다. 공공기관에서는 '법령에서 구체적으로 처리를 요구하거나 허용'하는 경우에만 처리 가능합니다.

고유 식별정보는 암호화 등 대통령령이 정하는 바에 따라 안전성 확보조치를 의무적으로 해야 하며, 분실 · 도난 · 유출 · 변조 · 훼손 등을 방지하도록 해야 합니다. 또한, 인터넷 본인 확인을 위해서는 주민번호와 같은 고유 식별정보 이외에 전자서명, I-PIN, 휴대전화인증 등 대체 수단을 제공해야 합니다.

[영상정보 처리기기 설치 · 운영 기준]

특별히 공익적 필요가 있는 경우에 한하여, 공개장소에 CCTV와 같은 영상정보 처리기기를 설치 · 운영하는 것을 허용하고 있습니다. 목욕탕 · 화장실 · 탈의실 등 개인 사생활 침해 우려가 현저한 장소에는 영상정보 처리기기를 설치 · 운영하는 것을 금지합니다.

[개인정보의 안전성 확보조치]

개인정보 처리자가 개인정보가 분실 · 도난 · 유출 · 변조 또는 훼손되지 아니하도록 기술적 · 관리적 및 물리적 조치를 강구하도록 의무화 하고 있습니다.

[개인정보 유출 사실의 통지 및 신고]

개인정보 유출시 지체 없이 정보주체에게 유출사실을 통보해야 합니다. 유출 개인정보 항목, 시점 및 경위, 유출로 인한 피해 최소화를 위해 정보주체가 할 수 있는 방법, 개인정보 처리자의 대응조치 및 피해 구제절차, 피해발생시 신고접수 담당부서 및 연락처 등을 알려 주어야 합니다.

[개인정보 피해의 구제]

개인정보에 관한 분쟁의 조정을 위하여 개인정보 분쟁조정 위원회를 설치 · 운영해야 합니다. 또한, 개인정보침해신고센터도 운영해야 합니다.

개인정보 보호법에는 정보 주체별로 지켜야 할 의무사항과 업무 처리지침이 자세하게 나와 있습니다. 또한, 개인정보 침해시 처벌 규정도 자세하게 서술되어 있습니다. [표 8-4]와 [표 8-5]를 참고하고 상세한 내용에 대하여는 전문 정보를 참고하기 바랍니다.

[표 8-4] 개인정보 보호법 주요 내용

항목	주요 내용
규율대상	• 공공 · 민간의 모든 개인정보처리자(350만개 사업자)
보호범위	• 종이 문서에 기록된 개인정보도 포함
수집 · 이용 · 제공 기준	• 공공 · 민간을 망라하는 단일 기준
고유식별정보 처리제한	• 고유 식별정보처리 원칙적 금지(별도 동의, 법령근거) • 주민번호 대체수단 제공 의무화(공공, 일부 민간) • 암호화 등 안전성 확보조치 의무
통지의무	• 개인정보 처리업무 위탁, 영업 양도에 따른 개인정보 이전시 통지 의무화
영상정보처리기기 규제	• 공개된 장소의 모든 설치·운영 규제(공공·민간) • 네트워크 카메라도 포함
처리업무의 위탁	• 처리 업무 위탁의 문서화 • 위탁 업무내용과 수탁자의 공개 의무 • 재화 · 서비스의 홍보나 판매권유 업무 위탁시 정보주체에게 고지 의무
개인정보파일 등록 · 공개 및 영향평가	• 공공기관이 개인정보 파일 보유시 행안부장관에게 등록 • 행안부장관은 등록사항 공개 • 공공기고나의 대규모 개인정보파일 구축 등의 경우 영향평가 의무화
유출 통지 · 신고	• 개인정보 유출 통지 · 신고 의무화
집단분쟁조정	• 집단분쟁조정제도 도입
단체소송	• 단체소송(권리침해 금지중지) 도입
위원회	• 대통령 소속 개인정보보호위원회

[표 8-5] 개인정보 보호법의 벌칙 규정 요약

구분	위반 내용	벌 칙
수집·이용	민감정보(사상 · 신념 · 정당가입 · 건강 등) 처리기준 위반(제23조)	5년 이하 징역 또는 5천만원이하 벌금
	고유식별정보(주민등록번호 · 여권번호 · 운전면허번호 · 외국인등록번호) 처리기준 위반(제24조)	
	부당한 수단이나 방법에 의해 개인정보를 취득하거나 개인정보처리에 관한 동의를 얻는 행위를 한 자(제59조)	3년 이하 징역 또는 3천만원 이하 벌금
	개인정보의 수집기준 위반(제15조)	5천만원 이하 과태료
	만14세 미만 아동의 개인정보 수집시 법정대리인 동의 획득여부 위반(제22조)	
	탈의실 · 목욕실 등 영상정보처리기기 설치 금지 위반(제25조)	
	최소한의 개인정보 외 정보의 미동의를 이유로 재화 또는 서비스 제공거부(제16조, 제22조)	3천만원 이하 과태료
	주민등록번호를 제공하지 아니할 수 있는 방법 미제공(제21조)	
	동의획득방법 위반하여 동의 받은 자(제22조)	1천만원 이하 과태료
제공·위탁	정보주체의 동의 없는 개인정보 제3자 제공(17조)	5년 이하 징역 또는 5천만원 이하 벌금
	개인정보의 목적 외 이용 · 제공(제18조, 제19조, 제26조, 제27조)	
	개인정보 주체에게 알려야 할 사항을 미고지(제15조, 제17조, 제18조, 제20조, 제26조)	3천만원 이하 과태료
	업무 위탁시 법정사항을 포함한 문서에 의하지 아니한 자(제26조)	1천만원 이하 과태료
	업무 위탁시 공개의무 위반(제26조)	
	정보주체에게 영업 양도 등에 따른 개인정보 이전사실을 알리지 아니한 자(제27조)	
안전관리	업무상 알게 된 개인정보를 누설하거나 권한 없이 타인에게 제공한 자(제59조)	5년 이하 징역 또는 5천만원 이하 벌금
	정당한 권한 없이 또는 허용된 권한을 초과하여 타인의 개인정보의 훼손, 멸실, 변경, 위조, 유출(제59조)	
	영상정보처리기기 설치목적과 다른 목적으로 임의 조작하거나 다른 곳을 비추는 자 또는 녹음기능을 사용한 자(제25조)	3년 이하 징역 또는 3천만원 이하 벌금
	직무상 알게 된 비밀을 누설하거나 직무상 목적 외 사용한 자(제60조)	
	안전성 확보조치 미이행으로 개인정보를 도난 · 유출 · 변조 또는 훼손당하거나 분실(제24조, 제25조, 제29조)	2년 이하 징역 또는 1천만원 이하 벌금
	안전성 확보에 필요한 조치의무 불이행(제24조, 제25조, 제29조) 영상정보처리기기 설치 · 운영기준 위반(제25조)	3천만원 이하 과태료
	개인정보를 분리해서 저장 · 관리하지 아니한 자(제21조)	1천만원 이하 과태료
	개인정보처리방침 미공개(제30조)	
	개인정보관리책임자 미지정(제31조)	
	영상정보처리기기 안내판 설치 등 필요조치 불이행(제25조)	
정보주체권익보호	개인정보의 정정 · 삭제요청에 대한 필요한 조치 미이행 및 개인정보를 계속 이용하거나 제3자 제공(제36조)	2년 이하 징역 또는 1천만원 이하 벌금
	개인정보의 처리정지요구에 따라 처리를 중단하지 않고 계속 이용하거나 제3자에게 제공(제37조)	
	개인정보 유출사실 미통지 또는 미신고(제34조)	3천만원 이하 과태료
	정보주체의 열람 요구의 부당한 제한 · 거절(제35조)	
	정보주체의 정정 · 삭제요구에 따라 필요 조치를 취하지 아니한 자(제36조)	
	처리정지된 개인정보에 대해 파기 등의 조치를 하지 않은 자(제37조)	
	시정명령 불이행(제64조)	
	정보주체의 열람, 정정 · 삭제, 처리정보 요구 거부 시 통지의무 불이행(제35조, 제36조, 제37조)	1천만원 이하 과태료
	관계물품 · 서류 등의 미제출 또는 허위제출(제63조)	
	출입 · 검사를 거부 · 방해 또는 기피한 자(제63조)	
파기	개인정보 미 파기(제21조)	3천만원 이하 과태료

8.5 개인정보 침해 대응방안

교묘한 방법으로 개인정보를 침해하는 사례가 늘어나고 있습니다. 인터넷 정보기술의 발전으로 전문 지식이 없어도 손쉽게 개인정보를 침해할 수 있게 되었습니다. 늘어나고 있는 개인정보 침해 대응에 대하여 살펴보겠습니다. 침해 사전 대응방안과 사후 대응방안, 두 형태로 나누어 고찰해 보겠습니다.

8.5.1 개인정보 침해 사전 대응방안

개인정보 침해가 발생하지 않도록 사전에 대비하는 것이 좋을 것입니다. 침해 사전 대응으로 개인정보를 완벽하게 보호할 수는 없지만, 개인정보 보호에 최선의 노력을 해야 합니다. 침해 사전 대응방안에는 I-PIN, 쿠키 삭제, PC 보안 검사, 개인정보 보호 종합포털 활용, 주민번호 클린 센터 활용 등 여러 방법이 있습니다.

I-PIN

I-PIN(Internet Personal Identification Number: 인터넷 개인 식별 번호)은 인터넷 상에서 회원 가입, 글 쓰기, 연령 확인(성인 인증) 등에 주민등록번호를 사용하지 않고도 본인임을 확인할 수 있는 개인정보 보호 서비스입니다. 인터넷 상에서 과도한 주민번호 사용을 방지하여 개인정보 유출을 예방하고자 하는 것입니다.

I-PIN을 이용하려면 I-PIN 발급 기관에 자신의 신원 정보를 제공하고 본인임을 확인한 후에, I-PIN을 발급받아 서비스에 가입하면 됩니다. 한번 I-PIN을 발급 받은 후에는 13자리 I-PIN을 암기할 필요 없이 가입한 서비스의 ID와 패스워드를 이용하여 본인임을 확인할 수가 있습니다.

주민번호가 노출되면 연관된 개인정보가 노출되기 쉽습니다. 또한 주민번호가 노출될 경우에는 변경 자체가 불가능하므로 개인정보 유출로 인한 피해를 최소화하기 어렵습니다. I-PIN을 사용하면 개인 식별이 I-PIN으로 이루어져 주민번호 노출 위험이 없습니다. 또한 I-PIN은 노출이 되더라도 폐기 및 재발급이 가능하므로 개인정보 유출로 인한 피해를 최소화할 수 있습니다. 공공 I-PIN 과 민간 I-PIN 통합 이후, I-PIN을 발급 받은 기관을 기억할 필요가 없으며, 공공 I-PIN으로도 민간 포털 사이트 및 홈페이지에서 본인 확인이 가능해졌습니다.

I-PIN을 [그림 8-8]의 기관에서 발급 받을 수 있습니다.

I-Pin 바로가기	SIREN24	NICE i-PIN	KCB 아이핀	공공 I-PIN
기관명	서울신용 평가정보	나이스 신용평가정보	코리아 크레딧뷰로	공공 아이핀센터
연락처	1577-1006	1600-1522	02)708-1000	02)818-3050
링크주소	siren24.com	vno.co.kr	ok-name.co.kr	gpin.go.kr

[그림 8-8] I-PIN 발급 기관

쿠키(cookie) 삭제

웹 사이트는 사용자의 효과적 관리를 위하여 쿠키를 사용합니다. 사용자가 웹 사이트에 접속하면, 웹 사이트는 사용자 컴퓨터에 사용자 관련 정보를 저장해 둡니다. 그리고 사용자가 웹 사이트에 재접속하면 사용자 컴퓨터의 쿠키를 읽어 사용자의 상태를 파악합니다. 인터넷 쇼핑몰에서 장바구니에 상품을 넣고 며칠 후에 다시 해당 사이트를 방문했을 때, 상품이 그대로 장바구니에 담겨 있는 것을 본 적이 있으신가요? 그것이 바로 쿠키의 역할입니다. 쿠키를 이용하여 웹 사이트는 기본 설정, 사용자의 이름, 등록 상품 및 서비스를 저장할 수 있으며 페이지를 개인 설정할 수 있습니다. 쿠키의 역할은 사용자가 해당 사이트를 다시 방문할 때 그 사이트에게 사용자 정보를 알려주는 것입니다. 이처럼 쿠키는 웹 사이트 접속 시의 신분증으로 생각할 수 있습니다.

만약 쿠키 안에 개인 데이터가 담겼을 경우 악용될 가능성이 있습니다. 쿠키는 종종 해커들의 먹잇감이 되기도 합니다. 불필요한 쿠키는 삭제하는 것이 개인정보 보호에 도움이 됩니다.

PC 보안 검사

바이러스, 스파이웨어 등 악성 프로그램에 의해 개인정보가 유출되는 사례가 빈번합니다. 사용중인 PC 또는 스마트폰의 개인정보 보호 기능을 확실하게 설정하고, 안티 바이러스, 백신, 스파이웨어 제거 등의 프로그램을 설치하여 상시 감시하는 체제를 갖추도록 합니다. 바이러스와 스파이웨어 등은 시스템의 성능에도 영향을 주기 때문에 신속하게 차단하고 제거하는 것이 컴퓨터 활용에도 도움이 됩니다.

한국인터넷진흥원(http://www.boho.or.kr)을 비롯한 여러 기관에서 사이버 감염 치료 기능을 제공하고 있으므로 활용해 보기 바랍니다.

개인정보보호 종합지원 포털 활용

개인정보보호 종합지원 포털(http://www.privacy.go.kr)에는 개인정보 보호와 관련된 법령, 지침, 교육 참고자료, 개인정보 보호소식 등 다양한 정보를 제공하고 있습니다. 개인정보 보호와 관련한 교육, 상담 등을 제공하고 있으므로 필요시에 활용하기 바랍니다.

SNS의 개인정보 보호 강화

인터넷은 정보를 연결하는 웹에서, 사람을 연결하는 소셜 네트워크로 진화하였고, 유비쿼터스 센서 기술 등을 활용하여 사물인터넷(Internet of Things: IoT)으로 발전해 가고 있습니다. 페이스북, 카카오톡, 밴드 등 SNS가 가장 인기 있는 인터넷 서비스로 오래 전에 자리를 잡았고, 스마트폰과 연계하여 SNS는 일상생활의 일부가 되었습니다.

SNS는 사람들은 연결하기 때문에 개인정보 유출의 온상이 되고 있습니다. 2011년 1월 한국인터넷진흥원에서는 SNS에서의 개인정보 노출 실태를 조사하기 위하여, 트위터 사용자 200명에 대하여 스마트폰과 PC를 이용해서 개인정보를 수집, 실험을 하였습니다. 실험 결과 34개 항목에 달하는 개인정보를 파악할 수 있었습니다. 인맥정보, 외모 정보, 위치정보, 관심분야와 취미, 일정, 가족 상황, 의료 정보, 정치성향 등 민감 정보를 아주 쉽게 얻을 수가 있었습니다. 노출된 정보는 범죄에 악용될 수 있으며 실제로 그런 사건이 빈번하게 발생하고 있습니다.

[SNS에서 개인정보 노출 형태]

개인정보 노출: SNS 사용자는 페이스북, 카카오톡, 트위터 등에 글이나 사진 등을 열심히 업로드하여 공개 또는 공유하고 있는데, 생각 없이 올린 글이나 사진 등에서 개인정보가 노출될 수 있습니다. 예를 들어, 친구들과 주말 나들이 가서 찍은 사진에는 함께 동행한 사람, 장소, 시간, 목적 등도 더불어 공개가 됩니다. SNS에 노출된 정보는 확산이 빠르기 때문에 피해가 광범위하고, 위변조와 오남용을 쉽게 할 수 있어 명예훼손, 협박 등에 사용될 수가 있습니다.

SNS에 글이나 사진 등을 올릴 때는 불필요한 개인정보가 노출되지는 않는지 깊이 생각해 보아야 합니다.

개인정보 미 파기: SNS에서 탈퇴하여도 개인정보가 완전하게 삭제되지 않고 지속적으로 공개되므로, 이용자의 개인정보 자기 통제권이 침해 당할 수 있습니다. SNS에서 탈퇴한 경우에는 자신의 개인정보와 활동 기록이 완전하게 삭제되었는지 확인해야 합니다.

위치 정보 노출: 스마트기기에 내장된 GPS로 사용자 위치를 인식하고, 이를 바탕으로 사용자의 주변 정보와 상황을 알려 주고, 사용자간 정보공유를 가능하게 하는 서비스를 제공하는 앱 개발이 활발하게 이루어지고 있습니다. '위치알리기' 기능은 상대방에게 자신의 위치를 1분, 3분, 5분 단위로 알려주기도 합니다. 이런 앱을 이용하면 원하는 사람의 위치를 추적할 수가 있습니다. 이러한 추적은 개인 프라이버시를 침해하게 되고 범죄에 악용되기도 합니다. 자신의 위치 정보 노출에 신중을 기해야 합니다.

개인정보 탈취: 특정 대상을 표적으로 삼아 지인, 업체, 금융기관 등에서 보내는 것처럼 메일이나 메시지를 보내는 것을 스피어 피싱(spear phishing)이라고 합니다. 표적으로 삼은 사람의 페이스북, 트위터, 이메일, 카카오톡 등에 올려진 사진, 소개서, 인맥 등에서 정보를 취합하여 숙지한 후 친구로 가장하여 친숙한 말투로 접근합니다. 지인을 가장하여 금융정보, 신용카드 정보 등을 빼앗아 갑니다. 또는 이런 정보를 활용하여 사이

버 스토킹이나 사이버 범죄를 저지르기도 합니다.

[SNS에서 개인정보 보호]

SNS의 장점은 인맥 관리가 쉽다는 것입니다. 인맥 관리를 위해서 출신학교, 취미, 직업 등 자신의 개인정보를 공개하지 않으면 안됩니다. 그러기 때문에, SNS는 개인정보 노출의 온상이 될 수 있으므로 세심한 주의가 필요합니다. 방송통신위원회와 한국정보보호진흥원에서는 아래와 같은 SNS에서 개인정보 보호 수칙을 권장하고 있습니다.

① SNS에 올린 개인정보, 사진, 영상 등의 정보는 누구나 볼 수 있고 악용될 수 있으니 신중히 선택하여 공개합니다. SNS에 개인정보를 게시하거나 공개할 경우, 나의 친구와 지인에게만 보여지는 것이 아니라 내가 원하지 않는 타인, 또는 전체 이용자와 포털 등 검색사이트에도 공개될 우려가 있기 때문에 신중히 게시해야 합니다. 또한 공개적으로 게시한 정보의 내용이 금융정보, 건강정보 등의 민감한 내용을 담고 있을 경우 오남용의 문제가 발생할 수 있다는 점을 고려하여 한번 더 생각하고 조심해야 합니다.

② 가족, 친구 등 타인의 개인정보도 나의 개인정보 못지않게 중요하므로 함부로 게시, 공개하거나 확산시켜서는 안됩니다. SNS의 특성으로 자신의 정보를 게시하면서 친구나 가족 등 타인의 정보가 부주의하게 공개될 수 있습니다. 하지만 타인의 프라이버시 역시 자신의 프라이버시만큼 중요하므로, 정보주체들의 동의 없이 타인의 개인정보를 임의로 공개하거나 제공해서는 안됩니다. 특히, 특정인의 확인되지 않은 개인정보를 무분별하게 공개하거나 공유하면 당사자의 명예훼손은 물론 심각한 정신적 피해를 야기할 수 있습니다. 따라서 SNS에 내용을 게시할 때에는 본인이나 타인에 대한 평판에 영향을 미칠만한 내용에 대해서는 신중해야 하며, 신원이 노출되지 않도록 예명을 사용하는 등 다양한 방법으로 개인정보를 보호하도록 합니다.

③ SNS는 기본적으로 많은 개인정보를 공개하도록 요구하는 경향이 있으므로 반드시 공개설정 범위를 직접 확인하고 재설정합니다. SNS에서 기본으로 설정된 개인정보 공개범위는 대부분의 개인정보를 포함하고 있는 경우가 많으므로, 이용자는 SNS의 개인정보 공개설정 기능을 충분히 이해하고 적극적으로 활용, 개인정보 공개 수준을 재설정하여 정보 공개가 최소화 되도록 합니다.

④ SNS에서 타인과의 네트워킹은 자신의 정보를 광범위하게 공개하는 것이므로 주의해야 하며 신뢰할 수 있는 사람만 친구로 추가합니다. SNS는 인맥 서비스가 핵심이므로 친구 추가는 인맥을 넓히는 긍정적인 수단도 되지만, 반대로 자신의 정보가 보다 광범위하게 공개되어 자칫하면 불특정 다수에게 자신의 정보가 공개되는 것과 동일한 효과가 있을 수 있으므로 주의해야 합니다. 따라서 친구 관계를 맺을 때에는 신뢰할 수 있는 사람만으로 한정하는 것이 좋습니다.

⑤ SNS에 업로드한 개인정보나 게시글은 퍼나르기나 검색 엔진 등을 통해 빠르게 확산되어 삭제가 어렵다는 것을 명심합니다. 이용자의 회원 탈퇴나 게시물 삭제 후에도 SNS에 게시한 정보는 계속적으로 다른 사람을 통해 퍼 옮겨지거나 검색엔진 등에 공개되어 파기되지 않고 지속적으로 남아있을 수 있으므로, 정보를 게시할 때는 영원히 삭제할 수 없다는 생각으로 신중해야 합니다.

⑥ SNS 이용 시 나의 행동 정보가 원치 않는 맞춤형 광고나 마케팅에 이용될 수 있으므로 개인정보 활용에 동의하실 때에는 신중을 기합니다. SNS에서의 행위가 축적·저장되어 다양한 형태의 맞춤형 광고나 마케팅에 오남용될 수 있다는 점을 유의해야 합니다. 따라서 사업자에게 제공하는 정보의 내용에 대해 개인정

보 취급방침이나 이용약관 등을 꼼꼼하게 살펴서 필수적인 내용만을 제공할 수 있도록 동의 절차를 활용하도록 합니다. 또한 SNS내의 다양한 서비스와 개인정보 및 프라이버시 보호 활동에 대해서도 충분히 습득하여 나의 정보를 보호할 수 있도록 합니다.

⑦ SNS를 통해 나의 위치정보와 이동경로가 노출되어 악용될 수 있으니 활용하지 않을 때는 반드시 서비스를 종료합니다. 위치기반 SNS를 이용하는 경우, 이용자의 위치정보 또는 이동경로에 관한 정보 등이 타인에 의해 동의 없이 수집되어 마케팅에 활용되거나 때로는 범죄에 악용될 우려가 있으므로, 무분별한 사용을 자제하고 서비스를 이용하지 않을 때에는 반드시 종료합니다.

⑧ 아동·청소년이 SNS를 이용하면서 자신과 타인정보를 무분별하게 공개하거나 부적절한 내용의 글 등을 게시하는 것을 방지하기 위해 부모님과 교사는 관심을 가지고 지도합니다. 미성년자인 자녀가 SNS를 이용하는 경우 SNS에 대해 충분히 이해시키고 무분별하게 자신이나 타인의 개인정보를 공개하지 않도록 지도해야 합니다. 일부 사이트에서는 미성년자의 SNS 가입이 제한되어 있으므로 부모님(법정대리인 포함)과 교사의 주의 깊은 감독이 필요하며, 아울러 성인들을 대상으로 하는 콘텐츠나 서비스에 자녀들이 노출되지 않도록 부모의 지속적인 관심이 필요합니다.

⑨ 누구나 자신의 개인정보를 보호받을 권리를 가지고 있다는 점을 잊지 말고 SNS 상에서 내 개인정보를 지키기 위한 권리를 적극적으로 행사합니다. 이용자는 사업자에게 제공한 개인정보에 대하여 열람·정정·삭제요구 등을 할 수 있는 개인정보에 대한 통제권을 가지고 있음을 인식하고 개인정보를 보호하기 위한 각종 선택, 동의, 피해구제 요구 등의 권리를 적극적으로 행사해야 합니다.

⑩ SNS 이용 시 내 개인정보가 유출, 노출 또는 오남용된 사실을 알게 된 때에는 118에 도움을 요청합니다. 이용자는 SNS 이용 중 개인정보 침해를 당한 경우 개인정보침해신고센터에서 운영하는 118등을 통해 신고하고 도움을 요청합니다. 아울러, 추가적인 개인정보 오남용 방지를 위해 비밀번호를 자주 변경하도록 합니다.

이와 동시에, SNS 사업자를 위한 개인정보보호 수칙도 제정하였습니다. SNS는 기본적으로 개인정보를 활용하므로 개인정보 보호에 이용자나 사업자 모두 세심한 주의가 필요합니다.

주민등록번호 클린센터 활용

한국인터넷진흥원에서는 주민번호 클린센터를 운영하고 있습니다. 인터넷상에서 주민번호가 이용되고 있는 내역을 안전하고 간편하게 확인할 수 있는 서비스입니다. 자신의 주민번호가 어떻게 사용되고 있는지 확인해 볼 수 있습니다.

주민번호 관리 서비스

I-PIN 서비스를 제공하는 업체 중에는 주민번호 관리 서비스를 제공하는 경우가 있습니다. 주민번호 관리 서비스는 주민번호가 사용되고 있는 웹 사이트 확인, 주민번호가 도용되고 있는 것으로 의심되는 지역 정보, 주민번호 사용 차단 및 관리 등의 서비스를 제공합니다. 주민번호를 자기가 통제할 수 있는 서비스를 제공합니다.

개인정보 오남용 방지 10계명 실천

개인정보 보호 실천 협의회(www.ppc21.or.kr) 등의 기관에서는 개인정보 보호를 위한 실천 강령을 제정하여 권장하고 있습니다. [그림 8-9]는 개인정보 오남용 방지를 위한 10계명입니다. 이런 지침을 준수하여 개인정보 보호와 오남용 예방에 노력해야 할 것입니다.

1. 회원가입을 하거나 개인정보를 제공할 때에는 개인정보취급방침 및 약관을 꼼꼼히 살핍니다.
2. 회원가입 시 비밀번호를 타인이 유추하기 어렵도록 영문/숫자 등을 조합하여 8자리 이상으로 설정합니다.
3. 가급적 안정성이 높은 주민번호 대체수단(아이핀:I-PIN)으로 회원가입하고, 꼭 필요하지 않은 개인정보는 입력하지 않습니다.
4. 자신이 가입한 사이트에 타인이 자신인 것처럼 로그인하기 어렵도록 비밀번호를 주기적으로 변경합니다.
5. 타인이 자신의 명의로 신규 회원가입 시 즉각 차단하고, 이를 통지받을 수 있도록 명의도용 확인서비스를 이용합니다.
6. 자신의 아이디와 비밀번호, 주민번호 등 개인정보가 공개되지 않도록 주의하여 관리하며 친구나 다른 사람에게 알려주지 않습니다.
7. 인터넷에 올리는 데이터에 개인정보가 포함되지 않도록 하며, P2P로 제공하는 자신의 공유폴더에 개인정보 파일이 저장되지 않도록 합니다.
8. 금융거래 시 신용카드 번호와 같은 금융 정보 등을 저장할 경우 암호화하여 저장하고, 되도록 PC방 등 개방 환경을 이용하지 않습니다.
9. 인터넷에서 아무 자료나 함부로 다운로드 하지 않습니다.
10. 개인정보가 유출된 경우 해당 사이트 관리자에게 삭제를 요청하고, 처리되지 않는 경우 즉시 **개인정보침해신고센터** (국번없이 **1336**, **www.1336.or.kr**)에 신고합니다.

[그림 8-9] 개인정보 오남용 방지 10계명

8.5.2 개인정보 침해 사후 대응방안

개인정보 침해가 발생하였을 때는 즉시 대응해야 합니다. 침해 대응에는 신고와 상담, 그리고 분쟁 조정의 2가지 형태가 있습니다.

개인정보 침해신고 및 상담

개인정보 침해 사실을 개인정보 침해신고 센터(privacy.kisa.or.kr) 등 개인정보 보호 관련 기관에 신고하고, 대응방안을 전문가와 상담합니다. 개인정보침해신고센터는 한국인터넷진흥원에 설치되어 있으며, 관련 법률에 따라 [표8-6]과 같은 업무를 수행합니다. 세부 업무 내용은 개인정보 침해

신고 센터에 나와 있습니다.

[표 8-6] 개인정보 침해신고 센터의 업무

근거 법률	소관 업무
개인정보 보호법	1. 개인정보 처리와 관련한 신고의 접수·상담 2. 사실의 조사·확인 및 관계자의 의견 청취 3. 상기 업무에 딸린 업무
정보통신망법	1. 개인정보 침해방지 및 보호와 관련한 기술적 자문과 그 밖에 필요한 지원 2. 개인정보 침해와 관련한 고충처리 및 상담 3. 개인정보 침해 관련 대책 연구 4. 개인정보 침해방지를 위한 교육 및 홍보 5. 상기 업무와 관련되는 사업

민원신청이 접수되면 먼저 상담원들이 1차적으로 검토하여 내용에 따라 분류하여 답변을 드립니다. 간략하게 상담 답변으로 종결할 수 있는 내용은 원칙적으로 7일(법령질의는 14일) 이내에 온라인으로 답변해 드립니다. 좀 더 자세하게 사실조사가 필요하거나 법률검토가 필요한 부분에 대해서는 우선 신청인에게 민원접수 사실을 통보하고, 당사자의 의견청취, 증거수집, 전문가 자문 등 필요한 사실조사를 실시하여, 통상 30일 이내에 처리하도록 하고 있습니다.

개인정보 침해가 있어도 그대로 내버려 두면, 예기치 않은 불상사가 발생할 수도 있으므로 조기에 대응하는 것이 중요합니다. 개인정보침해신고센터 등에 접수된 사항은 엄밀한 조사 후, 신고자에게 결과를 통보합니다. 침해의 정도에 따라 전문가와 상담하도록 합니다.

개인정보 침해 분쟁 조정

개인정보 침해로 명예훼손, 신용훼손, 명의도용, 금전피해 등이 발생하여 분쟁이 야기되었을 때는, 재판 등 법적인 조치를 취하기 전에 개인정보 분쟁조정위원회에 분쟁 조정을 신청할 수가 있습니다.

개인정보 분쟁조정위원회는 조정에 들어가기 앞서 당사자간의 자율적인 노력에 의해 원만히 분쟁이 해결될 수 있도록 합의를 권고하고, 합의가 성립하면 사건이 종결됩니다. 합의가 이루어지지 않으면 위원회를 통해 조정 절차가 개시됩니다. 당사자의 의견 청취, 증거수집, 전문가의 자문 등 필요한 절차를 거쳐 쌍방에게 합당한 조정안을 제시하고 이를 받아들일 것을 권고합니다. 조정안을 수락하면, 개인정보 보호법 제47조 제5항의 규정에 따라 양 당사자간에는 조정서와 동일한 내용의 합의(재판상의 화해)가 성립한 것으로 봅니다. 합의가 이루어지지 않으면 민사소송으로 해결해야 합니다.

8.6 개인정보 보호와 관련 최근의 이슈

인터넷과 스마트 정보기술의 급격한 발전으로 프라이버시 보호가 사회문제로 대두하고 있습니다. 인터넷 공간에서 생활하려면 개인정보가 절대적으로 필요합니다. 소셜 네트워크를 사용하기 위해서는 불가피하게 개인정보를 노출해야 합니다. 개인정보 노출과 보호의 충돌로 다양한 문제가 야기되고 있습니다. 여기서는 대표적 핵심 이슈인, 감시와 감청, 신상털기와 모방 인생, 공인인증서 폐기 논란, 빅데이터와 프라이버시 침해에 대하여 간략하게 살펴보고자 합니다.

피할 수 없는 프라이버시 침해

중앙정보국(CIA) 계약직 직원인 29세의 에드워드 스노든(Edward Snowden)의 폭로로 미국 국가안보국(NSA: National Security Agency)의 감청과 도청이 국제 문제화 되었습니다. NSA는 외국의 대통령, 수상 등 정상까지지도 무차별로 불법 감시, 감청을 하여 충격을 주고 있습니다. 이처럼 국가의 정보기관들은 안보, 치안, 테러 방지, 범죄 예방 등 다양한 이유로 인하여 개인정보 수집에 열을 올리고 있습니다.

국가뿐만 아니라 기업도 개인정보 수집에 적극적입니다. 개인정보가 기업의 중요 자산이기 때문입니다. 소셜 네트워크에 가입하는 순간, 개인정보는 자연스럽게 기업에게 전해 집니다. 인터넷 쇼핑을 하게 되면 개인정보가 모두 저장됩니다. 구글, 야후, 빙 등 검색 사이트에서 검색하면, 개인의 검색 이력이 저장되게 됩니다. 검색 이력으로 개인의 성향을 파악할 수 있어, 넓은 의미에서 개인정보에 포함된다고 할 수 있을 것입니다.

클라우드 컴퓨팅의 확대로 클라우드에서 제공하는 서비스 사용이 증가하고 있습니다. 클라우드 서비스 사용을 위해서는 개인정보 노출이 불가피하고, 자신의 정보가 클라우드에 보관되므로 해킹 등에 의하여 노출될 위험이 증가하고 있습니다. 이미, 구글 등 이메일 서비스를 제공하는 업체는 클라우드에 보관된 개인정보를 개인의 동의 없이 때때로 사용하고 있는 것으로 알려져 있습니다.

자신도 모르게 행하여지는 개인정보 노출도 증가하고 있습니다. 스마트폰을 사용하면 개인의 위치를 추적할 수 있습니다. 개인의 위치 추적은 개인 일상생활을 심대하게 침해할 수 있습니다. 한때, 개인 위치 추적 서비스가 많은 부작용을 야기하면서 사회문제화 된 적이 있습니다. 스마트폰의 카메라도 개인정보 노출 위험을 증대시키고 있습니다. 스마트폰 카메라로 촬영하거나 찍은 사진을 소셜 네트워크 사이트에 업로드하면 개인의 위치와 일상생활이 공개될 수 있습니다. 유명 연예인들은 커피숍, 식당, 쇼핑몰, 학교 등에서의 개인생활을 팬들이 스마트폰으로 찍어서 급속하게 전파함으로써 심각한 개인생활 노출 스트레스에 시달리고 있습니다. 팬들의 스마트폰이 감시 카메라 역할을 하는 것입니다.

실제로 우리 주변에 곳곳에는 수많은 감시 CCTV가 설치되어 개인의 일상생활을 매 순간 감시하고 있습니다. 이런 감시 CCTV는 범죄 예방, 치안 유지, 교통 통제 등에 유용한 측면도 있지만, 개인의 프라이버스를 침해하고 있기도 합니다. 우리 사회는 신용카드와 모바일 결재로 현금 없는 사회로 진화하고 있습니다. 그런데 신용카드와 모바일 결제 하는 순간, 개인의 위치 정보를 비롯한 금융 정보가 통신망을 타고 어디론가 전해 지게 됩니다.

지식정보 사회는 정보를 기반으로 구축된 사회이며 정보가 중요한 가치를 갖는 사회입니다. 특히, 개인정보는 아주 기초가 되는 정보입니다. 그러므로 인터넷 정보기술이 발달하고 지식정보 사회가 가속화 할수록 개인정보와 프라이버시는 보호받기 힘들어지고 있습니다.

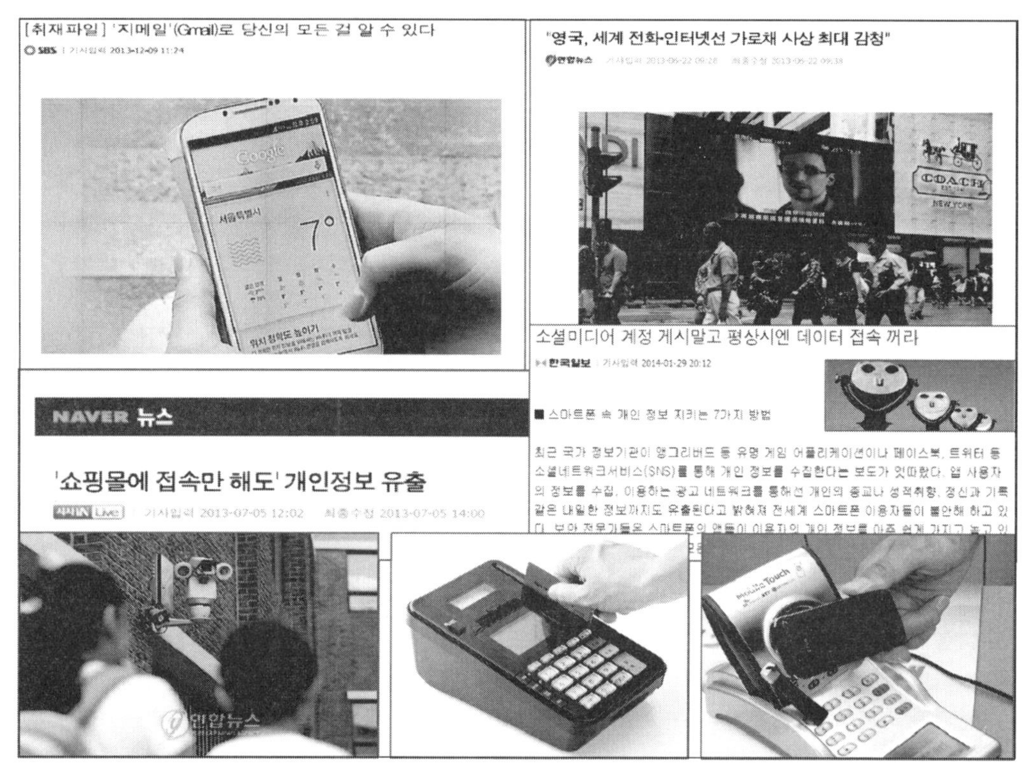
[취재파일] '지메일'(Gmail)로 당신의 모든 걸 알 수 있다
SBS | 기사입력 2013-12-09 11:24

"영국, 세계 전화·인터넷선 가로채 사상 최대 감청"
연합뉴스 | 기사입력 2013-06-22 09:28 | 최종수정 2013-06-22 09:38

소셜미디어 계정 게시말고 평상시엔 데이터 접속 꺼라
한국일보 | 기사입력 2014-01-29 20:12
■ 스마트폰 속 개인 정보 지키는 7가지 방법
최근 국가 정보기관이 앵그리버드 등 유명 게임 어플리케이션이나 페이스북, 트위터 등 소셜네트워크서비스(SNS)를 통해 개인 정보를 수집한다는 보도가 잇따랐다. 앱 사용자의 정보를 수집, 이용하는 광고 네트워크를 통해선 개인의 종교나 성적취향, 정신과 기록 같은 내밀한 정보까지도 유출된다고 밝혀져 전세계 스마트폰 이용자들이 불안해 하고 있다.

NAVER 뉴스
'쇼핑몰에 접속만 해도' 개인정보 유출
시사IN Live | 기사입력 2013-07-05 12:02 | 최종수정 2013-07-05 14:00

[그림 8-10] 피할 수 없는 개인정보 노출과 프라이버시 침해

신상털기와 모방 인생

사회적 이슈에 대하여 신상털기가 당연한 것으로 인식되고 있습니다. 스마트폰, SNS 등으로 개인정보를 알아내기도 훨씬 쉬어진 이유도 있지만, 신상털기가 대리만족, 게임, 스트레스 해소 등을 위한 도구로 사용되고 있습니다. 개인의 동의 없이 개인정보를 공개하는 것은 불법입니다. 개인정보 노출은 상대에게 정신적 피해를 가중시키고 폭행, 납치와 같은 2차 범죄 피해를 야기하기도 합

니다. 잘못된 신상털기도 문제입니다. 억울한 선의의 피해자를 만들어 일상생활에 심대한 타격을 줄 수도 있습니다. 한번 털린 개인정보는, 인터넷의 특성상 원상 회복이 불가하다는데 심각성이 있습니다.

최근에는 페이스북, 카카오톡 등에서 개인의 일상생활을 모방하여 똑같이 행동하는 사람이 있어 충격을 주고 있습니다. 영화 '화차'의 이야기가 현실 속에서 발생하고 있습니다. 자기와 똑같은 옷, 똑같은 음식, 똑같은 목소리, 똑같은 행동으로 자신의 생활을 훔치고 있는 사람이 있다면, 단순한 프라이버시 침해가 아니라 인생을 훔쳐가는 일까지 발생하고 있는 것입니다.

내 헬스클럽 사진 올려놓고 "섹시하다" 칭찬 즐기고… SNS판 화차 사건 경악

불금엔 운동이지!
아 근데 불금이라는 말은 상당히 어
왜냐면 다들 불탈때는 이미 토요일이

이지나씨(가명)가 지난달 12일 서울 강남경찰서에 제출한 증빙자료의 일부. 왼쪽은 이씨가 지난해 11월 30일 헬스클럽에서 찍어 페이스북에 올린 사진이고, 오른쪽은 이를 베다 꾸민 K씨의 페이스북이다. 사진과 함께 올린 글도 거의 똑같다.

[기획] 타인의 삶 훔쳐 사는 SNS판 '화차'

국민일보 | 기사입력 2014-01-08 02:37

타인의 삶을 훔치는 게 가능할까. 영화 '화차'에서 주인공 장문호는 갑자기 사라진 약혼녀를 찾다가 그녀의 이름, 경력, 주민등록번호 등 모든 게 다른 인물의 것이었음을 알게 된다. 어린 시절 상처가 많았던 약혼녀는 다른 여성을 살해하고 그녀의 인생을 가로채 살아 왔다.

이 영화 같은 일이 현실에서 의외로 쉽게 벌어지고 있다. 그동안 동경하는 대상의 삶을 엿보는 데 만족했던 대중의 관음증은 온라인 시대를 맞아 남의 인생을 훔쳐가는 수준까지 진화했다.

"분명 나였어요. 그런데 분명 타인이기도 했죠. 몸이 덜덜 떨렸어요."

회사원 이지나(가명·24·여)씨는 "당시를 생각하면 지금도 심장이 떨린다"며 이같이 말했다. 그는 최근 '인생을 도둑맞은' 일을 겪었다.

[그림 8-11] 개인의 삶 훔치기

공인인증서

인터넷 쇼핑, 전자상거래가 활발해 지면서 안전 금융 결재를 위해 1999년 7월 공인인증서 제도를 도입하였습니다. 공인인증서는 사이버 주민증 또는 사이버 인감 증명서 역할을 하면서 안전한 전자 상거래 활성화에 기여하여 왔습니다. 그러나 인터넷 정보기술의 발달, 스마트폰 등 스마트 모바일 기기의 등장, 소셜 커머스, 모바일 커머스 등 다양한 인터넷 쇼핑 모델의 출현으로 논란의 대상이 되고 있습니다. 많은 사람들이 다음과 같은 이유로 공인인증서 폐기를 주장하고 있습니다.

① 발급받은 공인인증서를 사용자 PC 등에 보관해야 하는데, 거래 때마다 보안 프로그램을 설치하는 액티브 엑스(Active-X) 체계로, 공인인증서를 겨냥한 바이러스, 스파이웨어 등 악성 코드가 난무하여 보안을 위협하고, 공인인증서 유출로 인한 피해가 점점 늘어나고 있습니다. 공인인증서가 악성 코드 유포를 부추기고 있습니다.

② 2007년 공인인증서 5,000여장이 유출되는 등 공인인증서 관련 범죄가 늘어나고 있습니다. 공인인증서 유출은 심각한 경제 사회 문제를 야기할 수 있습니다.

③ 공인인증서 외에도 다양한 보안 기술이 있습니다. 공인인증서 체계를 고집하여 우리나라의 보안 기술이 발전하고 있지 못합니다. 기술진보 속도가 빠른 정보 보안 분야에서 정부가 특정 기술과 서비스를 사용하도록 강요하는 것은 새로운 기술 등장과 기술 혁신을 저해하게 됩니다.

④ 외국의 경우 보안 사고가 발생하면, 보안 사고에 충분하게 대비하지 못한 기업의 책임을 묻게 됩니다. 그러나 공인인증서 체계에서는 피싱 사기 등에 의한 부당 거래의 책임은 개인에게 있습니다. 금융기관이나 업체의 과실에 대하여도 사용자가 책임을 져야 하는 부당한 현상이 발생하고 있습니다.

⑤ 공인인증서를 한국인터넷진흥원(KISA)이 관리하는 것이 적절한지와 함께 공인인증서 시장 점유율이 75%인 금융결제원과 관리 · 감독기관인 금융위원회 간 유착 의혹이 불거지고 있습니다. 금융위원회 출신들이 금융결제원 감사로 가서 3년 동안 10억 여 원의 보수를 받는 관행 때문입니다. 현재 금융결제원, 한국전자인증, 한국정보인증 등 5개 기관이 공인인증서 발급을 독점하고 있어 공정 시장 형성과 기술 개발에 문제가 있습니다.

⑥ 전자금융감독규정(시행세칙 제4조)은 30만원 이상 결제 시에 반드시 공인인증서를 사용해야 한다고 명시하고 있습니다. 외국 쇼핑객이 국내 인터넷 쇼핑몰에서 물품을 구입하는 것이 불가능합니다. 이는 국가 경제 발전에도 큰 지장을 주고 있고, 전자 상거래의 국제 표준과도 어긋나는 것입니다.

공인인증서의 한계와 문제점을 인식하고 안전한 전자 상거래를 위한 인증 수단을 모색해야 할 때가 되었습니다. 공인 인증은 개인식별과 밀접한 관계가 있는 개인정보로 인터넷 상거래의 기반이 됩니다.

빅데이터 분석과 프라이버시 침해

프라이버시 보호는 인간의 기본 권리에 해당하는 중요한 사항입니다. 국가가 국민을 보호해야 한다는 것은 국민의 프라이버시 보호도 포함됩니다. 그러나 인터넷 정보기술의 발전으로 개인정보 노출이 불가피하게 되고, 공공 안전과 질서 유지, 기업의 수익 창출 등에 개인정보가 핵심 요인으로 대두되면서, 무분별한 개인정보의 수집, 분석, 활용이 늘어나고 있습니다. 특히, 빅데이터(Big Data) 기술의 확산으로 개인정보와 프라이버시 침해가 우려할 만한 수준에 이르고 있습니다.

다양한 형태의 대규모 데이터를 처리하여 지식 발견, 예측, 문제 해결 등에 강력한 기능을 제공하는 빅데이터 기술이 인터넷 정보기술의 새로운 역사를 쓰고 있습니다. 빅데이터 기술은 데이터의 내재적 가치를 발견하는 21세기 원유(the Oil of 21st Century) 채굴 기술이지만, 프라이버시를 심각하게 침해할 수 있습니다.

인터넷 여기저기에 흩어져 있는 개인의 가족, 학력, 신용, DNA 유전자 정보, 의료기록, 세금, 직장 등에 대한 개인정보를 수집하여 빅데이터 분석하면, 개인의 정치적 성향, 개인의 인맥과 사회적 활동, 개인의 쇼핑 선호도, 개인의 사상과 심지어는 앞으로 예견되는 행동을 예측할 수 있습니다. 한마디로 개인의 일거수일투족을 유리알처럼 꿰뚫어 볼 수가 있습니다. 빅데이터 기술은 조지 오웰

(George Orwell)의 소설 '1984'에 나오는 빅 브라더(Big Brother)와 감시자가 될 수 있습니다. 또한, 영화 마이너리티 리포트(Minority Report)처럼 미래를 미리 예견하고 대비하는 예측 감시자가 될 수도 있습니다.

[그림 8-12] 빅 데이터와 빅 브라더

요 약

- "개인정보"란 생존하는 개인에 관한 정보로서 성명 · 주민등록번호 등에 의하여 특정한 개인을 알아볼 수 있는 부호 · 문자 · 음성 · 음향 및 영상 등의 정보(해당 정보만으로는 특정 개인을 알아볼 수 없어도 다른 정보와 쉽게 결합하여 알아볼 수 있는 경우에는 그 정보를 포함한다.)를 말합니다.
- 프라이버시는 주거 등 개인적 공간이 외부의 간섭이나 침해를 받지 않고 개인적 공간에서 자유롭게 있을 권리로 정의합니다.
- 인터넷 정보기술의 발전으로 대부분의 일상생활이 인터넷 공간에서 이루어지고 있습니다. 이에 따라, 개인정보 보호가 시급한 현안으로 대두하였습니다. 정부는 그 동안 여러 분야에 분산되어 실행되던 개인정보를 체계적으로 관리해야 할 필요성이 증대됨에 따라, 2011년 9월 30일 통합된 개인정보 보호법을 제정하였습니다.
- I-PIN(Internet Personal Identification Number: 인터넷 개인 식별 번호)은 인터넷 상에서 회원 가입, 글 쓰기, 연령 확인(성인 인증) 등에 주민등록번호를 사용하지 않고도 본인임을 확인할 수 있는 개인정보 보호 서비스입니다.
- PC 보안 검사는 사용중인 PC 또는 스마트폰의 개인정보 보호 기능을 확실하게 설정하고, 안티 바이러스, 백신, 스파이웨어 제거 등의 프로그램을 설치하여 상시 감시하는 체제를 갖추도록 합니다.
- 한국인터넷진흥원의 주민번호 클린센터는 인터넷상에서 주민번호가 이용되고 있는 내역을 안전하고 간편하게 확인할 수 있는 서비스입니다.
- 개인정보 오남용 피해예방 10계명이란 인터넷의 일상화 속에서 개인정보의 보호와 오남용 방지를 위하여 항시 실천해야 할 10가지 주요 항목들로 한국인터넷진흥원의 개인정보침해센터에서 제공합니다.

참고문헌

- 한국정보화진흥원 (2013), 빅데이터 시대의 개인 데이터 보호와 활용, IT & Future Strategy, 제 8호.
- 한국인터넷진흥원 (2009), 유비쿼터스 환경에서의 개인정보 활용 및 보호방안 연구.
- 이경호 (2012), "개인정보보호의 핫 이슈들과 대응 전략", TTA Journal, Vol. 144, pp. 12-17.
- 이유택 (2013), "빅데이터 시대의 개인 데이터 보호와 활용", IT & Future Strategy, 제8호.
- 윤용근 · 정병주 (2004), 유비쿼터스 컴퓨팅 환경하의 개인정보 침해 유형분석, 정보화정책 이슈 04-정책-07, 한국전산원.
- 행정안전부 · 한국인터넷진흥원 (2010), 2009년 공공기관 개인정보침해 신고 및 상담 사례집.
- 안전행정부 · 한국인터넷진흥원 (2012), 2012년 개인정보 보호 상담 사례집.
- 개인정보분쟁조정위원회 · 한국인터넷진흥원 (2011), 201년도 개인정보 분쟁 조정 사례집.
- 허진성 (2010), SNS의 개인정보 침해문제와 그 대응방안에 관한 연구, 언론과 법, 제9권 제2호, pp. 75-103.

확인학습

01. 가입한 웹 사이트에서 자신의 정보 삭제 및 수정 요구가 제대로 이행되지 않는 경우는 'OECD 8원칙' 중 어떠한 원칙에 위배되는 것인가?

① 책임의 원칙 ② 개인 참여의 원칙
③ 보안 확보의 원칙 ④ 목적 명확화의 원칙

02. 미국의 헌법학자 로젠바움(Rosenbaum)이 분류한 프라이버시 분류 중 개인정보의 오남용으로부터 보호 받을 권리와 관련이 있는 프라이버시는 무엇인가?

① maral프라이버시 ② personal프라이버시
③ territorial프라이버시 ④ information프라이버시

03. 다음 개인정보 유출은 개인정보침해 유형 중 무엇에 속하는가?

○○청이 정작 민원인의 개인정보보호 및 관리엔 소홀한 것으로 드러났다. ○○청 대변인실은 지난 10일 ' 지역 내 ◇◇점검 결과'란 보도자료를 배포하고 이를 홈페이지에 게재했다. 이 자료에서 ○○청은 모병원의 업체 ◇◇점검 결과 점검을 받지 않은 종사자를 적발했다면서 이들에 대한 여권을 그대로 공개했다.

① 수집 ② 파기
③ 이용 및 제공 ④ 저장 및 관리

04. 아래의 사례가 해당하는 개인정보 침해 경우는 무엇인가?

게시판 확인자 A씨는 본인확인 목적으로 수집한 주민등록번호를 고객 데이터베이스의 검색 키값으로 이용하였다.

① 기술적 · 관리적 미흡
② 개인정보의 목적 이외의 사용
③ 법적 근거 없이 제3자에게 제공
④ 개인정보 취급자에 의한 개인정보 침해

05. 개인정보 오 · 남용 피해 예방을 위한 실천 수칙으로 틀린 것은 무엇인가?

① 공용컴퓨터를 사용 할 때 되도록 은행 거래는 하지 않는다.
② 인터넷에 데이터를 올릴 때 개인정보가 공개되지 않도록 주의한다.
③ 비밀번호는 주기적으로 변경하되, 기억하기 쉽도록 전화번호 · 생일 관련 숫자를 조합한다.
④ 회원 가입 시 체크프라이버시를 이용하여 개인정보취급방침과 약관 등을 꼼꼼히 읽는다.

06. 개인정보 처리자는 개인정보의 안전한 관리를 위한 관리적/기술적/물리적 보호조치 의무가 있다. 개인정보 처리가자 강구해야 하는 관리적 보호조치는 무엇인가?

① 개인정보의 암호화
② 개인정보 내부관리계획의 수립/시행
③ 개인정보의 안전한 보관을 위한 보관시설의 마련
④ 개인정보에 대한 접근통제 및 접근 권한 제한 조치

07. 웹 서버가 사용자에 관하여 하드디스크에 저장하는 텍스트 파일로 사용자의 인터넷 검색 내용, 구매 정보 등을 기록하여 사생활 침해 · 개인정보 유출 문제를 발생시킬 수도 있는 것은 무엇인가?

쿠키

08. 정보보안의 주요 목표로 볼 수 없는 것은 무엇인가?

① 가용성 ② 기밀성
③ 무결성 ④ 신속성

09. 웹 서버가 사용자의 하드디스크에 넣어두는 특별한 텍스트 파일로서, 특정한 웹 사이트에 대한 사용자의 취향을 기록하는 것을 무엇이라 하는가?

① 쿠키(cookie)
② 피싱(phishing)
③ 크래킹(cracking)
④ RFID(Radio Frequency IDentification)

10. 다음이 설명하는 정보보안 위협은 무엇인가?

정보자료를 허가되지 않은 사용자가 내용을 확인할 수 있거나 정보내용을 복제 또는 외부로 내보내어 악용할 수 있게 한다.

① 변조
② 유출
③ 위조
④ 훼손

11. 웹 사이트 회원 탈퇴 후에도 지속적으로 광고성 전자우편이 전송된다면, 개인정보 침해 유형 중 무엇에 해당되는가?

① 수집 ② 파기
③ 이용 및 제공 ④ 저장 및 관리

12. 인터넷 익스플로러를 사용할 경우 자신이 방문했던 웹 주소 정보가 주소창에 남게 된다. 이로 인한 개인 정보 유출 피해를 막기 위해서 인터넷 익스플로러의 [도구] - [인터넷 옵션] - [일반] 탭에서 추가로 선택해야 하는 것은 무엇인가?

① 기록 삭제
② 쿠키 삭제
③ 양식 데이터 삭제
④ 임시 인터넷 파일 삭제

13. 공용 PC를 사용할 경우 개인정보 유출을 막기 위한 방법으로 가장 거리가 먼 것은 무엇인가?

① 개인 USB를 연결하여 사용한다.
② ID와 패스워드 사용을 자제한다.
③ 최근 자신이 접속한 사이트의 기록을 지운다.
④ 포탈사이트를 이용할 경우 보안접속을 선택한다.

14. SNS 사업자 개인정보보호 수칙을 잘 지키지 못한 것은 무엇인가?

① 개인정보 제공범위를 최소한으로 설정한다.
② 이용자가 게시물이나 개인정보에 대해 보유기간을 선택할 수 있도록 하는 기능을 제공한다.
③ 미성년자 보호를 위해 서비스 이용범위 제한이나 아동의 서비스 가입 금지 등 적절한 보호조치를 강구하여 시행한다.
④ 이용자와 관계를 맺고 있는 다른 사람의 정보가 확산되지 않도록 이용자 자신 외의 정보는 게시 및 공개하지 못하도록 한다.

15. 1만명 이상의 개인정보가 유출된 경우 개인정보 처리자가 유출통지를 할 신고기관이 아닌 곳은 무엇인가?

① 안전행정부
② 방송통신위원회
③ 한국인터넷진흥원
④ 한국정보화진흥원

제9장 저작권 이해

삼성과 애플의 특허 분쟁이 세계적으로 관심의 대상이 되고 있습니다. 아이돌 스타가 발표한 새로운 앨범이 다른 가수의 노래를 표절하였다고 해서 논란이 되고 있습니다. 사진작가는 기업체 광고에 사용된 이미지가 자신이 촬영한 사진과 유사하다고 저작 재산권 침해 소송을 하였습니다. 어느 개인 블로거는 블로그 페이지에 사용한 글씨체(폰트: font)가 저작권을 위반하였다고 서체 개발자로부터 고발을 당하기도 하였습니다.

인터넷 정보기술의 발전으로 정보의 공유와 전달이 신속하게 이루어지고 있습니다. 많은 인터넷 이용자가 인터넷에 게시된 글, 사진, 이미지, 동영상 등을 아무 생각 없이 퍼 나르곤 합니다. 이런 행동이 귀중한 저작권을 침해하는 불법 행위가 될 수 있습니다.

이 장에서는 인터넷 지식정보 사회의 중요한 권리 중 하나인 저작권에 대하여 전반적으로 살펴보고자 합니다. 저작권의 개념, 저작권의 종류와 보호에 대하여 알아보겠습니다. 인터넷 상에서의 저작권 침해를 사례 중심으로 살펴보고, 저작권 보호 방법에 대하여 알아보겠습니다. 그 외에도 올바른 저작권 활용과 유사 저작권 등 저작권과 관련된 여러 사항도 살펴보겠습니다.

9.1 저작권 개요

저작권이라 하면, 일반적으로 소설가, 만화가, 작곡가, 화가 등 전문적으로 저술 활동을 하는 사람들이 가지고 있는 창작물에 대한 고유 권한으로 생각하게 됩니다. 그래서 자신과는 거리가 먼 이야기로 생각하는 경우가 많습니다. 물론, 저작권이 전문적으로 저술 활동을 하는 사람들과 관계가 있을 뿐만 아니라, 우리 모두와도 아주 가까운 곳에 있고 깊은 관계가 있습니다. 인터넷 지식정보 사회에서 효과적으로 생활하기 위해서는 저작권에 대하여 필히 이해할 필요가 있습니다.

9.1.1 지식 재산권의 개념

저작권을 이해하기 위해서는, 먼저 지식 재산권(intellectual property rights: IPR) 또는 지적 재산권에 대하여 이해해야 합니다.

15세기에 인쇄술이 발달하면서 책을 쉽게 출판할 수 있게 되었습니다. 책이 서점에서 판매되면서 재산으로 가치를 갖게 되었습니다. 잘 팔리는 베스트 셀러를 다른 사람이 복사해서 팔면 어떻게 될까요? 원 저작자는 커다란 재산적 피해가 입게 될 것입니다. 에디슨은 1천번이 넘게 실패하면서 많은 시간과 비용을 들여 백열 전구를 발명하였습니다. 이렇게 각고의 노력으로 만들어진 백열 전구를 다른 사람이 생산해서 판매한다면, 발명자인 에디슨은 정신적, 물질적으로 커다란 피해를 받게 될 것입니다. 마을에 맛있는 "원조 보쌈" 집이 있습니다. 사업이 잘 되니까 다른 음식점에서도 "원조 보쌈"이라는 간판을 걸고 영업을 한다면, 불가피하게 분쟁이 발생하게 될 것입니다. 이처럼 인간의 창의적, 독창적 지식 활동의 산출물도 재산으로서의 가치를 가지고 있으므로 보호해 주어야 합니다.

일반적으로 인간의 창조적 활동 또는 경험 등을 통해 창출되거나 발견한 지식 · 정보 · 기술이나 표현, 표시 그밖에 무형적인 것으로서, 재산적 가치가 실현될 수 있는 지적 창작물에 부여된 재산에 관한 권리를 지식 재산권(intellectual property rights: IPR) 또는 지적 재산권이라 합니다. 세계지식재산권기구(World Intellectual Property Organization): WIPO)에서는 지식 재산권을 다음과 같이 정의하고 있습니다.

문학 · 예술 및 과학 작품, 연출, 예술가의 공연 · 음반 및 방송, 발명, 과학적 발견, 공업 디자인 · 등록 상표 · 상호 등에 대한 보호 권리와 공업 · 과학 · 문학 또는 예술 분야의 지적 활동에서 발생하는 기타 모든 권리

한 마디로 쉽게 말하면, 인간의 지적 창작 활동에 의해 얻어진 지식 재산에 대한 권리라 할 수 있습니다. 인간의 창의적 지식 활동을 보호하고 권장하기 위한 무형의 재산권을 지식 재산권이라 할 것입니다. 지식 재산권은 [표 9-1]처럼 여러 형태가 있습니다.

[표 9-1] 지식 재산권의 종류

지식 재산권	산업 재산권	특허권(기술적 발명)
		실용신안권(고안)
		의장권(공업디자인)
		상표권(상품마크와 서비스마크)
	저작권	저작 재산권(복사, 전시, 임대, …)
		저작 인격권(공표권, 저작 표시권, …)
		저작 인접권(실연가, 음반제작가 등)
	신지식 재산권	첨단산업 재산권(반도체 집적회로 배치 설계 등)
		산업 저작권(컴퓨터 프로그램, DB 등)
		정보 재산권(영업비밀, 멀티미디어 등)
		신상표권/의장권(캐릭터, 프랜차이징, …)

산업 재산권(industrial property)은 인간의 지적 발명 또는 고안 등에 대하여 그 창작자에게 일정 기간 동안 독점적, 배타적인 권리를 부여하고, 이를 일반에게 공개하도록 하고 일정 존속기간이 지나면 누구나 이용할 수 있도록 함으로써 기술 진보와 산업 발전을 추구하기 위한 것입니다. 대표적 산업재산권에는 다음과 같은 것이 있습니다.

- **특허권**(patent): 자연법칙을 이용한 독창적으로 아직까지 없었던 물건 또는 방법으로 최초로 발명한 것을 말하며, 대발명이라고도 합니다. 특허는 출원 공고일로부터 20년간 독점적 권한을 갖게 됩니다.
- **실용신안권**(utility model): 새로 창작한 것이거나 또는 이미 발명된 것을 개량하여 보다 편리하고 유용하게 쓸 수 있도록 새롭게 고안해 낸 것으로 발명보다 낮은 단계의 기술적 창작을 말합니다. 그래서 소발명이라고도 합니다. 실용신안은 중소기업의 성장에 크게 기여하고 있으며, 출원공고일로부터 10년간 보호받게 됩니다.
- **의장권**(design patent): 물품의 형태, 모양, 색채 또는 이들 세가지를 결합하여, 물품의 외관에서 시각적 아름다움을 느낄 수 있게 한 고안 또는 디자인을 의미합니다. 의장권은 실용신안과 중복하여 보호되기도 하는데 존속 기간은 15년간 입니다.
- **상표권**(trademark): 타인의 상품과 식별하기 위하여 기호, 문자, 도형 또는 이들의 결합(마크 또는 로고 등)으로서 제조자 표시, 품질 보증, 광고 선전에 활용하고, 재산적 가치를 가지는 것을 말합니다. 상표권은 등록일로부터 10년간이며, 매 10년마다 갱신 등록 출원하여 그 유효 기간을 연장할 수 있어 반영구적인 권리입니다.

산업 재산권은 산업 발전을 촉진하고 개발된 기술을 보호하는데 절대적인 역할을 합니다. 앞서 언급한 것처럼 삼성과 애플의 특허 분쟁에서 보는 바와 같이, 산업 재산권은 기업의 존폐와 직결된 문제입니다. 앞으로 국가간, 기업간 특허 전쟁이 더욱 치열해 질 것입니다.

저작권(copyright)이란 문학, 과학, 예술, 및 기타 학문적 영역에서의 저작자가 그 자신이 창작한 저작물에 대해서 갖는 권리를 뜻합니다. 산업 재산권과는 달리 주로 정신적인 분야에서의 창작물에 대해 적용되는 권리입니다.

- **저작 재산권**(economic right): 저작자가 자신의 저작물에 대해서 갖는 재산적 권리를 말합니다. 저작자의 승낙 없이 저작물을 복사, 공연, 대여, 전시 등 이용할 수 없도록 하는 효력을 지닌 권리를 말합니다. 저작 재산권은 원칙적으로 저작자가 생존하는 동안과 사망 후 50년간 존속합니다.
- **저작 인격권**(moral right): 저작물은 정신적 창조물로서 저작자의 인격을 반영합니다. 그러한 인격을 존중해 주기 위한 것으로, 저작물의 공표여부를 결정할 수 있는 권리, 저작자임을 주장할 수 있는 권리, 가명 또는 무명을 사용할 수 있는 권리, 저작물의 허락 없는 수정이나 훼손 행위에 이의를 제기할 수 있는 권리 등을 말합니다.
- **저작 인접권**(neighboring right): 저작물을 직접적으로 창작하는 것은 아니지만, 저작물의 해설자, 매개자, 전달자로서 역할을 하는 자에게 부여되는 권리를 말합니다. 예를 들어, 음반 제작자가 음반의 복제를 허락하거나 금지할 수 있는 권리, 방송사업자가 방송물의 재방송, 복제를 허락하거나 금지할 수 있는 권리 등을 말합니다.

이 장에서는 저작권과 관련한 제반 사항을 심도 있게 고찰할 것입니다.

과학기술의 발전과 사회 진화에 따라 새로운 분야에서 새롭게 경제적 가치를 지니게 된 새로운 지적 창작물이 등장하였습니다. 대표적인 예로 컴퓨터 프로그램, 유전자 조작 동식물, 반도체 배치 설계 기법, 데이터베이스 등이 있습니다. 새롭게 등장한 지식 재산권을 총칭하여 신지식 재산권이라고 합니다. 신지식재산권에 대한 정의는 아직 확립되어 있지 않지만, 다음과 같은 형태가 있습니다.

- 첨단산업 재산권: 반도체 집적회로의 개발에는 막대한 비용의 투자가 소요되며, 기술의 혁신과 고집적화로 만들어진 반도체 회로배치 설계도는 하드웨어의 핵심입니다. 반도체 설계처럼 첨단 산업에 핵심이 되는 DNA 관련의 유전자 사업, 게놈 프로젝트(Genome Project), 배아 줄기세포 복제기술, 신품종 식물, 인공지능, 비즈니스 모델(business model) 등 산업에 재산적 요소의 역할을 하는 것을 첨단산업 재산권이라고 합니다.
- 산업 저작권: 컴퓨터 프로그램, 데이터베이스, 디지털 콘텐츠 등과 같이 지적 창작물을 말합니다.
- 정보 재산권: 영업 방법 또는 비밀, 멀티미디어 정보 등 중요한 정보에 대한 재산적 권리를 말합니다.
- 신상표권/의장권: 애니메이션 영화 캐릭터, 콜라병과 같은 독특한 트레이드 드레스(Trade dress), 프랜차이징, 퍼블리시티권, 지리적 표시, 인터넷 도메인 이름, 새로운 형태의 상표(색채 상표, 입체 상표, 소리 상표, 냄새 상표 등) 등을 말합니다.

과학 기술의 발전으로 새로운 형태의 지식 재산권이 지속적으로 출현할 것이며, 창의성이 사회 발전의 원동력이 됨에 따라 지식 재산권의 중요성과 가치는 더욱 강조될 것입니다.

9.1.2 저작권과 저작물

지식 재산권 중에서 인터넷 정보기술과 밀접한 연관성이 있는 저작권에 대하여 구체적으로 살펴보겠습니다.

21세기 지식정보 사회는 문화 산업의 시대로 창의력 있는 문화 콘텐츠가 국가 경쟁력을 좌우하는 핵심 가치로 자리매김하면서, 문화 콘텐츠의 중요성이 나날이 커져가고 있습니다. 잘 알려진 이야기지만, 1993년 스티븐 스필버그 감독의 영화 〈쥐라기 공원〉은 자동차 1백50만 대를 수출하는 것과 맞먹는 수익을 올렸습니다. 자동차가 산업사회의 상징이라면, 영화 〈쥐라기 공원〉은 지식정보 사회의 상징이라고 할 수 있습니다. 이처럼 문화 산업은 전통 산업보다도 더 큰 경쟁력을 갖는 것이 오늘의 현실입니다.

인터넷 정보기술, 스마트폰과 같은 스마트 기술 등의 비약적 발전으로 효과적으로 문화 콘텐츠를 개발할 수 있는 환경이 갖추어졌습니다. 이에 따라 영화, 음악, 애니메이션, 게임, 디지털 교육 콘텐츠 등의 활용이 급증하고 문화산업도 비약적으로 성장하고 있습니다. 문화산업의 성장 동력은 창의적 콘텐츠입니다. 창의적 콘텐츠로 고품질 문화 상품을 개발할 수 있습니다. 그런데, 콘텐츠의 불법 복사 · 유통이 확산되고 있고, 불법 콘텐츠 이용자가 날로 증가하고 있습니다. 이로 인하여 고부가가치의 문화산업이 뿌리째 흔들리고 있고, 지식정보 사회의 존립이 위협받고 있습니다.

저작물의 정의

21세기의 핵심 산업인 문화산업을 육성하기 위해서는 창의적 문화 콘텐츠를 생산해야 하고, 이를 위해서는 콘텐츠의 저작권을 보호해 주어야 합니다. 저작권은 창의적 콘텐츠에 대한 특허로 생각할 수 있습니다. 그렇다고 모든 콘텐츠가 저작물로 보호받는 것이 아니고, 저작물로서의 요건이 구비되었을 때 저작권을 보호 받을 수 있습니다. 저작권법에서는 '인간의 사상 또는 감정을 표현한 창작물'을 저작물로 정의하고 있습니다. 저작물의 정의에는 두 가지 중요한 개념이 포함되어 있습니다.

- 창작성(originality)이 있어야 합니다.
- 인간의 사상과 감정을 표현한 것이어야 합니다.

첫째로, 저작물은 창작성이 있어야 합니다. 창의적 창작성이 없는 것은 저작물이 될 수가 없습니다. 여기서 창작성이란, 완전하게 독창적인 것을 의미하는 것이 아니라, 남의 것을 베끼거나 모방하지 않은 정도면 충분합니다. 다시 말하면, 학술적, 예술적으로 획기적인 독창성을 요구하는 것이 아니라, 저작자의 사상이나 감정을 담고 있으면 충분합니다. 그러므로 초등학생이 그린 그림도 저작물이 될 수 있습니다. 둘째로, 인간의 사상과 감정을 표현한 것이어야 합니다. 보이지 않는 아이디어는 저작물이 될 수 없고, 반드시 어떤 형태로든가 표현되어야 합니다. 예를 들어, 요리책을 그대로 복사하는 것은 저작권 침해가 되지만, 요리책에 나온 방법대로 요리를 하는 것은 저작권 침해가 아닙니다. 요리책은 가시적 표현물이지만, 요리법의 내용은 표현된 것이 아니기 때문입니다. 이와 같이, 아이디어는 보호받지 못하고 표현만 보호받는 원칙을 아이디어와 표현의 이분법(idea/expression dichotomy)이라 합니다.

저작물의 종류

학술, 예술 그리고 과학 기술의 발전으로 다양한 분야가 출현하였고, 각 분야에서 여러 형태의 저작물이 생성되고 있습니다. 저작권법에서 예시하고 있는 대표적 저작물의 종류는 다음과 같습니다. 그러나 이것은 예시에 불과하고 이외에도 수많은 저작물의 형태가 있습니다.

① 소설 · 시 · 수필 · 논문 등과 같이 문자로 표현된 저작물과 강연 · 연설 · 개그와 만담 · 낭송 등과 같이 구술로 표현된 저작물을 어문 저작물이라고 합니다.

② 소리에 의해서 표현되는 저작물을 음악저작물이라 합니다. 예를 들어, 교향곡 · 오페라 · 가곡 · 가요 · 민요 · 국악 등이 여기에 속합니다.

③ 사람의 말과 몸짓에 의하여 표현되는 저작물을 연극 저작물이라고 합니다. 연극 대본이나 무용 · 무언극 등이 있습니다.

④ 미술저작물은 시각적 미를 형상이나 색채에 의해서 평면적 또는 입체적으로 표현하는 저작물로 회화 · 서예 · 조각 · 공예 · 응용미술작품 등이 여기에 속합니다.

⑤ 건축물, 건축을 위한 모형 및 그 설계도서 등을 건축 저작물이라고 합니다.

⑥ 사진 저작물은 인물이나 풍경 그 밖의 형상을 사진기 등의 기계적 장비에 의하여 필름이나 인화지 또는 직물 등에 평면적으로 표현한 저작물을 말합니다.

⑦ 영상 저작물은 영상을 기계 또는 전자 장치에 의하여 재생하여 볼 수 있거나 보고 들을 수 있는 연속적 영상으로 표현된 저작물을 말합니다. 영화·드라마·다큐멘터리·뮤직비디오·TV광고 등이 여기에 속합니다.

⑧ 도형 저작물은 어떤 형태나 모양을 표현하는 저작물을 말합니다. 지도·도면·도표·설계도·약도·해도·통계그래프·분석표·시력표 등과 같은 평면적 도형과 지구모형·인체모형·동물모형 등과 같은 입체적 도형이 여기에 속합니다.

⑨ 컴퓨터 프로그램은 "특정한 결과를 얻기 위하여 컴퓨터 등 정보처리능력을 가진 장치 내에서 직접 또는 간접으로 사용되는 일련의 지시·명령으로 표현된 창작물"을 말합니다.

⑩ 원저작물을 번역·편곡·변형·각색·영상제작 등의 방법으로 재창조한 저작물을 2차 저작물이라고 합니다. 예를 들어, 소설가 조정래의 소설 태백산맥을 영화로 제작할 경우, 영화 태백산맥은 2차 저작물이 됩니다.

⑪ 백과사전, 데이터베이스, 홈페이지 등 여러 자료를 편집하여 저작한 것을 편집 저작물이라고 합니다. 편집 저작물은 원 자료의 선택, 배열 또는 구성에서 창의성이 있어야 하며, 원 자료에 대한 저작권에는 영향을 미치지 않습니다.

⑫ 이상의 저작물 형태는 예시에 불과하며, 저작물로서의 구성 요건을 갖춘 창작물은 저작물이 될 수 있습니다. [표 9-2]의 요약, 정리 내용을 살펴보기 바랍니다.

[표 9-2] 저작물의 종류

범주	장르/종류 등						비고
어문	소설 (e-book포함)	시 (e-book포함)	논문·텍스트 (e-book포함)	강연·연설 (e-book포함)	각본	매뉴얼	저작권법 적용
음악	가요·가곡 (디지털음원)	관현악·기악 (디지털음원)	창극	오페라		(작사·작곡·편곡)	〃
연극	연극	무언극	무용극	창극	오페라		〃
미술	회화	서예	디자인	조소·조각·판화	공예	캐릭터 (아바타 등 포함)	〃
건축	설계도	모형	건축물				〃
사진	초상사진	광고사진	기록사진	예술사진			〃
영상	영화 (디지털영화)	방송프로그램 (디지털영상물)	뮤직비디오 (디지털영상물)	게임 (온라인/모바일게임 포함)	광고 (디지털영상물)	애니메이션 (디지털영상물)	〃
도형	지도	도표	설계도	약도	모형		〃
컴퓨터 프로그램	운영체제	응용 프로그램	게임 프로그램				컴퓨터프로그램 보호법 적용
2차적 저작물	번역	편곡	각색	시나리오	영상저작물 (디지털영상물)	디지털 콘텐츠	저작권법 적용
편집 저작물	백과사전	독창정 전화번호부	팜플렛·브로슈어	데이터베이스	홈페이지 (웹디자인)	광고	〃

[특수 저작물]

저작물에는 특별한 성격의 저작물이 있습니다. 2차적 저작물, 편집 저작물, 데이터베이스 등의 특수 저작물이 있는데, 이에 대하여 개략적으로 살펴보겠습니다.

① 2차적 저작물

앞서 설명한 바와 같이, 원저작물을 번역·편곡·변형·각색·영상 제작 등의 방법으로 작성한 창작물을 2차적 저작물이라고 합니다. 소설을 영화화한 것과 같이 기존의 저작물을 기반으로 새롭게 창작된 저작물을 의미합니다.

2차적 저작물이 되기 위해서는 ① 원저작물을 기초로 작성되어야 하며, 원저작물과 새로 작성된 저작물 사이에 실질적 유사성(substantial similarity)이 존재해야 합니다. ② 또한, 새로 작성된 저작물에 어떤 형태로든 창작성이 부가되어야 합니다. 2차적 저작물이 되려면, 원저작물과는 별개의 저작물로 인정될 수 있을 정도의 변화가 있어야 합니다. 단순히 원저작물을 수정하여 복제물에 불과한 것은 2차적 저작물로 인정받을 수 없습니다.

2차적 저작물을 작성하기 위해서는 원저작자의 허락이 있어야 합니다. 예를 들어, 만화를 영화화 하는 경우 만화의 원저작자의 허락이 있어야 영화를 제작할 수 있습니다. 2차적 저작물 작성자는 자신이 새로이 창작하여 변형한 부분에 대해서만 원저작물과는 별개로 독자적 저작권을 보호받게 됩니다. 제3자가 2차적 저작물을 활용하고자 하는 경우에는 원저작자와 2차적 저작물의 저작자의 허가를 모두 받아야 합니다. 다만, 새로이 창작된 2차적 저작물의 부분만을 이용하고자 할 때는 원저작자의 허락을 받을 필요가 없습니다.

문화산업의 활성화에 따라 2차적 저작물은 콘텐츠의 부가가치를 높이는 원소스-멀티유즈(one source-multi use: OSMU)의 핵심이 되고 있습니다. 예를 들어, 영화 <겨울왕국>은 극장 수입뿐만 아니라 캐릭터 상품, 게임, 음반, 서적, 장난감 등 다양한 형태로 변형되어 막대한 수익을 창출하였습니다. 이처럼 2차 저작물도 원저작물 못지 않는 부가가치를 창출하고 있습니다.

② 편집 저작물

편집물로서 소재의 선택, 배열 또는 구성에 창작성이 있는 저작물을 말합니다. 예를 들어, 문학전집, 백과 사전, 명시 선집, 최신 가요집, 단편 소설 모음집, 신문, 잡지, 전화 번호부, 국어 사전 등이 편집 저작물입니다. 편집 저작물은 소재와 관계없이 그 전체가 독자적인 저작물로 보호됩니다. 물론, 단편 소설 모음집과 같이 개별 소재에 저작권이 있을 경우에는 소재의 원저작권자로부터 허락을 얻은 후에 편집해야 합니다.

데이터베이스(database)도 소재를 체계적으로 배열 또는 구성한 편집물로서 편집 저작물의 한 형태입니다. 2003년 개정 저작권법에서 데이타베이스의 저작물 인정 요건으로 창작성을 요구하지 않고 데이터베이스 제작자를 보호하는 규정을 신설하였습니다. 소재의 선택·배열 또는 구성에 창작성이 있으면 편집 저작물로 보호합니다.

③ 음란물·적국을 이롭게 하는 표현물

음란물이나 적국을 이롭게 하는 등 불법적인 저작물도 저작물로서 보호됩니다. 저작권법의 보호대상인 저작물이라 함은, 사상 또는 감정을 창작적으로 표현한 문학, 학술 또는 예술의 분야에 속하는 창작물로 윤리성 여하는 문제삼고 있지 않습니다. 따라서, 설사 그 내용 중에 부도덕하거나 위법한 부분이 포함되어 있다 하더라도 저작권법상 저작물로 보호됩니다.

[보호받지 못하는 저작물]

저작권법은 공공의 이익을 위해 몇몇 저작물에 관해서는 아예 보호받지 못하는 저작물로 규정하여 처음부터 일반 국민의 공유물로 하고 있습니다. 저작권법 제7조에서 저작권법상 보호를 받지 못하는 저작물을 다음과 같이 나열하고 있습니다.

- 헌법 · 법률 · 조약 · 명령 · 조례 및 규칙
- 국가나 지방자치단체의 고시 · 훈령 · 공고 등
- 법원의 판결 · 결정 · 명령 및 심판이나 행정 심판 절차, 그 밖의 이와 유사한 절차에 의한 의결 · 결정 등
- 국가 또는 지방자치단체가 작성한 것으로서 제①호-제③호의 편집물 또는 번역물
- 사실의 전달에 불과한 시사 보도

그러나 보호받지 못하는 저작물의 편집일지라도 이들의 선택 · 배열 등에 창작성이 인정될 수 있는 경우에는 따로 편집 저작물로서 보호됩니다. 제⑤호 사실의 전달에 불과한 시사 보도란 시사성을 띤 소재를 기자 등이 주관적인 비평이나 논평 없이 그대로 전달하는 것을 말하며, 단순한 시사 보도에 함께 게재되어 있는 사진의 학술 · 예술적 창작성을 인정할 수 있는 경우에는 그 사진만 따로 보호의 대상이 됩니다.

앞서 설명한 바와 같이, 저작물은 인간의 사상이나 감정을 표현한 창작물이므로 윤리성이나 불법성과는 무관하게 창작된 음란물이나 이적 표현물도 저작물로 보호가 됩니다. 그러나 광고 카피, 표어나 슬로건 같은 종류의 글은 저작물로 보호받기 어렵습니다. 왜냐하면, 단순한 단어 몇 개의 조합으로 이루어진 문장은 일반적으로 창작성을 인정하기 어렵기 때문입니다. 같은 이유로, 책이나 영화의 제목 등도 창작적인 표현이라고 볼 수 없다는 이유로 저작물로 보호하지 않고 있습니다.

9.2 저작권 보호

지식정보 사회에서는 영화, 음악, 소프트웨어, 출판물, 게임, 디자인 등 창의적 저작물이 국가 경쟁력 강화와 경제 발전에 중추적 역할을 하고 있습니다. 창조 산업(creative industry)의 대표적 산물인 저작물에 권익 보호와 공정 이용으로 활발한 저작물 창작 생태 환경을 조성할 필요성이 증대되고 있습니다. 이를 위해서는 무엇보다도 저작권 보호가 선행되어야 합니다. 저작권에는 다양한 형태가 있는데 저작자의 권리 보호의 제반 양상을 살펴보겠습니다.

9.2.1 저작권의 속성과 종류

저작물을 창작한 저작자의 권리를 저작권(copyright)이라고 하며 저작권법에 의하여 보호하고 있습니다. 저작권에는 다양한 형태가 있는데 일반적으로 다음과 같은 특성이 있습니다.

저작권의 속성

① 저작권은 무체 재산권입니다(intellectual property rights). 즉, 형체가 없는(무체) 정신적・지능적 창조물에 재산적인 가치를 부여하는 권리(재산권)를 말합니다.

② 저작권은 시간적으로 제약이 있는 권리입니다(limited rights). 동산・부동산과 같이 유형적 재산권은 대상 물건이 존속한 한 지속되지만, 저작권은 법률로 보호되는 기간이 있고 기간이 지난 후에는 공공의 자산에 속하게 되어 저작권이 보호되지 않습니다.

③ 저작권은 배타적 권리입니다(exclusive rights). 즉, 다른 사람이 복사, 배포, 전시, 공연 등 저작물을 이용하고자 하는 경우에는 반드시 저작자의 허락을 얻어야 합니다. 저작자는 자신의 저작물이 제대로 활용되고 저작자의 권익을 보호할 수 있도록 저작물 사용을 통제할 수 있습니다.

④ 저작권은 여러 권리들의 집합체입니다(bundle of rights). 저작권은 하나의 저작물에 대하여도 복제권, 전송권, 배포권, 공연권, 전시권 등 수많은 권리를 인정하고 있습니다. 이러한 특성으로 인하여, 저작권을 권리들의 묶음(bundle of rights) 또는 권리들의 다발이라고 합니다.

저작권이 권리들의 묶음이므로 다양한 형태의 권리가 있습니다. 저작권의 종류를 정리하면 [그림 9-1]과 같습니다.

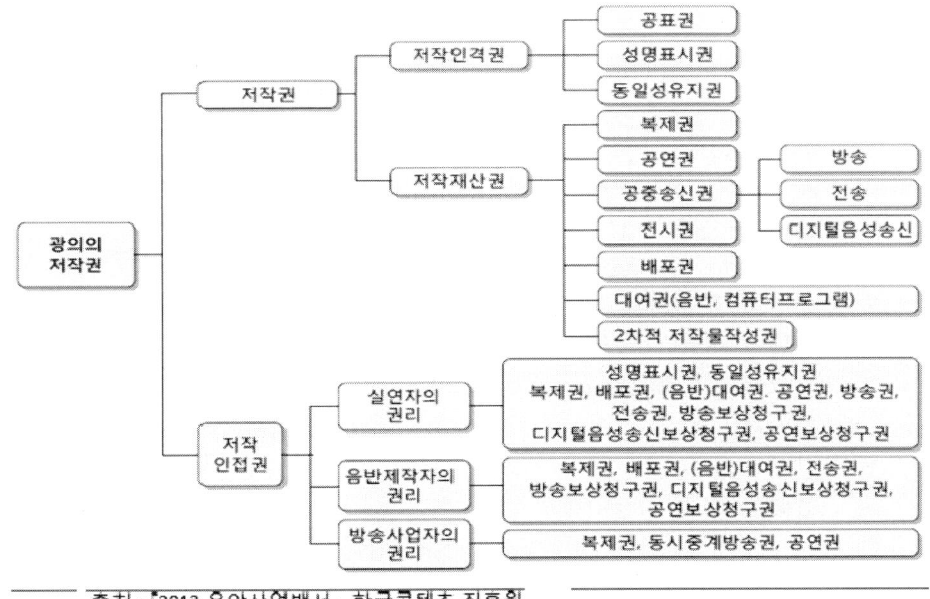

출처 : 『2012 음악산업백서』, 한국콘텐츠 진흥원

[그림 9-1] 저작권의 형태

저작 재산권

저작 재산권(economic right)은 경제적 이익을 보존할 목적으로 저작자가 자신의 저작물에 대해서 갖는 재산적 권리를 말합니다. 어느 누구도 저작자의 승낙 없이 저작물을 이용할 수 없도록 하는 효력을 지닌 권리입니다. 저작 재산권은 일반 재산권처럼 양도와 상속도 가능합니다. 저작 재산권에는 복제권 · 공연권 · 공중 전송권 · 전시권 · 배포권 · 대여권 · 2차적 저작물 등의 작성권 등 7가지가 있습니다.

- 복제권: 인쇄 · 사진촬영 · 복사 · 녹음 · 녹화 등의 방법으로 저작물을 복사 또는 다시 제작하는 것을 말합니다. 건축물의 경우에는 그 건축을 위한 모형 또는 설계도에 따라 이를 시공하는 것, 각본이나 악보 그 밖의 이와 유사한 저작물의 경우에는 그 저작물의 공연, 실연 또는 방송을 녹음하거나 녹화하는 것도 복제라 할 수 있습니다. 컴퓨터 파일 형태로 된 저작물을 컴퓨터 하드 디스크나 서버에 업로드 또는 다운로드 하는 것도 복제에 해당합니다. 그러므로 인터넷이나 P2P사이트에 저작권자의 허락 없이 동영상 등 저작물을 업로드 또는 다운로드 하면 형사처벌을 받게 됩니다. 또한 원작을 복제하는 직접 복제뿐 아니라 복제물을 복제하는 간접 복제도 복제에 해당합니다.
- 공연권: 저작권자가 저작물을 공연할 수 있는 권리입니다. 공연이란 상연 · 연주 · 가창 · 구연 · 낭독 · 상영 · 재생 그 밖의 방법으로 여러 사람에게 공개하는 것을 의미합니다. 예를 들어, 작곡가는 자신의 음악을 연주회에서 다른 사람이 연주할 수 있도록 하는 권리를 가지며, 극작가는 자신의 각본을 연극을 통해 관객에 전달할 수 있도록 하는 권리를 가집니다. 저작권자의 허락 없는 연주나 공연은 저작권 침해가 됩니다.
- 공중 송신권: 저작자는 저작물을 음성이나 음향 또는 영상을 통하여 무선 또는 유선 통신의 방법으로 송신할 수 있는 권리를 가집니다. 이를 공중 송신권이라고 하는데, 방송권, 전송권, 디지털 음성 송신권의 형태가 있습니다. 예를 들어, 작곡가는 자신의 음악을 방송사가 방송할 수 있도록 허락하는 권리를 가집니다. 백화점 구내에서 저작권자의 허락 없이 음반을 이용한 음악을 방송하였다면, 이는 저작권을 침해하는 것이 됩니다. 또한 웹 사이트, 홈페이지, 블로그 등에 허락 없이 콘텐츠(사진, 이미지, 음악, 영상 등)를 올리는 것도 공중 송신권 침해가 됩니다.
- 전시권: 미술 작품(미술저작물, 건축저작물 또는 사진저작물) 저작자는 미술 작품 원본이나 복제물을 전시하는 권리를 가집니다. 자신이 전시할 수도 있고 타인에게 전시를 허락하거나 허락 받지 않은 타인의 전시를 금지할 수 있습니다. 전시의 장소는 화랑 · 도서관 · 상점의 진열대 · 진열장 등과 같이 전시를 위하여 마련된 장소뿐만 아니라, 공원, 건축물의 외벽, 호텔의 로비, 극장의 복도, 그 밖의 공중에게 개방된 장소에서 전시하는 모든 것이 포함합니다. 조각가로부터 조각 작품을 구입한 소유자가 조각 작품을 공공 장소에 장기간 전시할 경우 조각가의 전시권을 침해하게 됩니다.
- 배포권: 저작물의 원본이나 그 복제물을 다른 사람에게 양도 또는 대여할 수 있는 권리입니다. 예를 들어, 소설가는 자신의 소설을 복제하여 배포할 수 있도록 허락함으로써 출판사가 소설을 인쇄하여 일반인에게 판매할 수 있는 것입니다. 원 저작물이나 복제물이 처음 판매되어 소유권이 이전된 후에는 배포권은 상실됩니다. 즉, 소설책을 구입한 사람은 저작자의 허락 없이 소설책을 재판매 하거나 대여할 수 있습니다. 이와 같은 것을 권리 소진의 원칙 또는 최초 판매의 원칙이라고 합니다. 이처럼 배포권은 저작물을 타인에게 배포하는 것을 금지, 통제할 수 있는 배타적 권리를 말합니다.
  그런데 음반과 소프트웨어의 경우 CD, DVD을 구입하면 저작자의 배포권은 상실 되지만, 대여권은 저작자가 가지고 있습니다. 도서 대여점, 영화 DVD 대여점은 흔하게 찾아볼 수 있지만, 음반 대여점이나 소프트웨어 대여점은 존재하지 않는 것도 바로 이러한 이유 때문입니다.

- 대여권: 저작물을 다른 사람에게 판매 또는 대여할 수 있는 권리입니다. 앞서 설명한 바와 같이, 도서, 영화 등의 저작물을 판매하면 저작권자의 배포권과 대여권이 상실되어, 구입한 사람은 이를 재판매 하거나 대여할 수 있습니다. 그러나 음반과 소프트웨어의 경우에는, 대여권은 저작자가 가지고 있으므로 구입자가 대여할 수 없습니다.
- 2차적 저작물 등의 작성 및 이용권: 원저작물을 번역 · 편곡 · 변형 · 각색 · 영상제작 등의 방법으로 작성한 창작물을 2차적 저작물이라고 합니다. 원저작자는 저작물의 2차적 저작물에 대한 권리도 가지고 있습니다. 2차적 저작물을 작성하고 이용할 때에는 원저작자의 허락을 받아야 합니다. 예를 들어, 소설가의 소설을 영화로 제작할 경우 소설가의 허락을 얻어야 합니다. 2차적 저작물은 원저작물에 대한 이용 허락 여부와 관계없이 독자적인 저작물로 인정되어 보호받게 됩니다.

저작 인격권

저작물은 정신적 창조물로서 저작자의 인격을 반영하며 저작물의 재산적 가치보다 저작자의 명예와 인격적인 이익을 더 귀중하게 평가되어야 한다는 생각에서, 저작자의 인격적 이익을 보호하기 위한 권리를 저작 인격권(moral right)이라고 합니다. 저작 인격권은 저작자의 고유 권한에 속한 것으로 타인에게 양도할 수 없습니다. 또한, 영속성이 있어 저작권자가 사망하여도 저작 인격권이 침해 될 행위는 해서는 안됩니다. 저작권법에는 공표권, 성명 표시권, 동일성 유지권 등 3가지를 규정하고 있습니다.

- 공표권: 저작자 자신이 저작물을 일반에게 공표할 것인가 말 것인가를 결정할 수 있는 권리입니다. 저작물의 공표는 저작물의 발행, 출판, 공연, 방송, 전송 또는 전시 등을 의미합니다.
- 성명 표시권: 저작자 자신이 저작물에 자신의 이름을 표시할 권리가 있습니다. 성명이 반드시 본명(실명) 또는 별명이나 예명으로 표시할 수 있습니다. 별명으로 표시한 경우에는 그 저작재산권의 보호기간이 상대적으로 짧아지는 불이익을 받을 수도 있습니다. 한편, 저작물 이용자는 누구의 저작물인지 저작자의 성명을 표시해 주어야 할 의무가 있습니다. 저작물의 성질, 이용목적 또는 형태 등에 비추어 부득이하다고 인정되는 경우에는 성명 표시를 생략할 수도 있습니다.
- 동일성 유지권: 저작물은 저작자의 인격의 표현물이라고 할 수 있으므로, 저작자는 자기 저작물의 내용 · 형식 및 제목을 원래의 상태대로 유지할 권리를 가집니다. 따라서 다른 사람이 함부로 저작물의 내용이나 형식, 제목을 변경하는 것은 저작자의 동일성 유지권을 침해하는 것이 됩니다. 오직 저작자만이 그 내용, 형식 및 제목을 바꿀 수 있습니다. 그러나 저작물의 이용에 부득이 하다고 인정된 경우에는 저작자가 이를 용인해야 합니다.

저작 인접권

저작물을 직접적으로 창작하는 것은 아니지만 저작물의 실연(공연), 녹음 및 방송을 통하여 저작물의 배포, 전파에 기여한 사람들의 권리를 보호해 주기 위해 인정된 권리를 저작 인접권이라고 합니다. 저작인접권은 저작물 혹은 저작활동에 인접된 권리라는 점에서 저작권과 관련된 권리(copyright-related right) 혹은 저작권에 이웃한 권리(neighboring right)라고도 합니다. 이러한 저작 인접권의 보호를 받는 사람에는 실연자(공연자), 음반제작자, 방송사업자가 있습니다.

- **실연자(공연자)**: 실연자는 연기·무용·연주·가창·구연·낭독 또는 그 밖의 예능적 방법으로 표현하는 사람을 말합니다. 또한, 실연을 지휘·연출·감독하는 사람도 실연자에 속합니다.
  ① 실연자는 실연 또는 실연의 복제물에 실명 또는 예명을 표시할 수 있는 '성명 표시권', ② 실연의 내용과 형식의 동일성을 유지할 '동일성 유지권', ③ 복제권, 배포권, 대여권, 공연권, 방송권, 전송권을 가집니다. 또한, ④ 실연자의 저작 인격권도 가집니다.
- **음반 제작자**: 음반은 CD, DVD 등 매체를 의미하는 것이 아니라, 매체 속에 저장된 콘텐츠 또는 MP3 파일 등을 말합니다. 음반 제작이란 음을 최초로 마스터 테이프에 수록하는 것으로, 음반 제작자는 그러한 녹음을 주도하고 책임지는 사람을 말합니다. 일상적으로 이야기 하는 음반 제작자와는 개념상에 차이가 있습니다.
  음반 제작자는 복제권, 대여권, 전송권, 방송 사용에 대한 보상 청구권 등의 권리를 갖습니다. 방송 사업자는 음반을 사용하여 방송하는 경우에 음반 제작자에게 사용 보상금을 지급해야 합니다. 음반을 사용하여 공연하는 경우에도 음반 제작자에게 보상금을 지급해야 합니다.
- **방송 사업자**: 방송에 종사하는 사람으로 유선 방송사도 방송 사업자입니다. 방송 사업자는 복제권, 동시중계방송권, 공연권을 갖습니다.

[표 9-3]은 지금까지 설명한 저작권과 저작권을 소유한 저작권자의 관계를 보인 것입니다. 어떤 저작권자가 무슨 저작권을 보유하고 있는지 확인해 보기 바랍니다.

[표 9-3] 저작권과 저작권자의 관계

구분		저작권자 (작사, 작고가 등)	저작인접권자			데이터베이스 제작자	영상물제작자 (양도받은 경우)
			실연자 (가수, 배우, 연주자 등)	음반 제작자	방송 사업자		
저작 인격권	공표권	○	×	×	×	×	○
	성명표시권	○	(○)	×	×	×	○
	동일성유지권	○	(○)	×	×	×	○
제작 재산권	복제권	○	○	○	○	○	○
	배포권	○	(○)	○	×	×	○
	방송권	○	○ (판매용 음반의 방송보상 청구권)	○ (판매용 음반의 방송보상 청구권)	×	×	○
	전송권	○	○	○	○	○	○
	공연권	○	(○) 생실연의 경우	×	×	×	○
	전시권 (미술, 사진, 건축의 경우만 인정)	○	×	×	×	×	○ 사진화한 경우

	대여권 (음반, SW만 인정)	○	○	○	×	×	○
	2차적 저작물 등의 작성권	○	×	×	×	×	○
	동시중계방송권	×	×	×	○	○	○

※ 위 표는 개괄적인 내용으로 구체적인 상황에 따라 달라지므로 반드시 해당 법령을 확인하시기 바랍니다.

출처 : 한국소프트웨어저작권협회

9.2.2 저작권 발생과 보호

지식정보 시대의 중추 산업인 문화산업의 육성과 경쟁력 강화를 위해서는 저작권 보호가 필수적입니다. 이러한 필요성에 의하여 다양한 형태의 저작권을 인정하고 있으며 제도적으로 저작권을 보호하고 있습니다. 그러나 저작권 보호가 오히려 문화산업의 발전을 위축시킬 수 있습니다. 배타적 독점적 권리인 저작권을 강력하게 보호한다면, 저작물 이용이 어려워져 학문과 예술의 보급과 발전에 지장을 초래할 수 있기 때문입니다. 따라서 저작권 보호와 저작물 이용의 상충된 관계를 균형 있게 조화 시킬 필요성이 있습니다. 이러한 균형이 깨어지게 되면 저작권 침해나 문화 산업 위축과 같은 부정적 현상이 야기될 것입니다. 저작권의 발생, 제한과 보호 그리고 침해 사례에 대하여 살펴보겠습니다.

저작권의 발생

저작권은 저작물의 창작과 동시에 발생하며 저작권 등록이나 납본과 같은 절차를 필요로 하지 않습니다. 우리나라를 포함한 베른 협약(Berne Convention for the Protection of Literary and Artistic Works) 가입국가는 무방식주의(non-formaliity)를 취하고 있습니다. 이러한 점에서 특허청에 등록을 요구하는 특허나 상표와 같은 산업 재산권과 차이가 있습니다.

저작권에도 등록제도가 있으나 이는 권리 발생과는 무관하며 등록제도는 권리 구제의 효율성을 확보하기 위한 것입니다. 저작권을 등록하면 저작물 분쟁 발생시에 처음 공표된 것으로 추정되는 추정력과, 만약 이중 양도 등이 발생한 경우에는 양도의 효력을 주장할 수 있는 대응력을 갖게 됩니다. 현재, 한국저작권위원회(www.copyright.or.kr)가 저작권 등록 업무를 국가로부터 위탁 받아 등록 업무를 수행하고 있습니다.

저작 재산권 보호 기간

저작권법에서는 일정 기간을 정하여 저작 재산권을 보호하고 있습니다. 저작권 보호 기간을 설정한 것은 저작자의 배타적 이익과 공공의 이익을 조화시키기 위한 매우 중요한 장치입니다. 저작물은 저작자의 창작물인 동시에 공공의 자산이기도 합니다. 따라서 일정 기간을 정해 저작자의 권익을 보호하고 일정 기간 후에는 누구나 자유롭게 저작물을 이용할 수 있도록 한 것입니다.

저작권법에서는 특별한 규정이 있는 경우를 제외하고는 저작자의 생존 기간과 사망 후 70년간 저작권을 보호하고 있습니다. 저작 인접권은 특별한 규정이 없는 한 50년간 존속합니다. 구체적인 내용은 [표 9-4]를 참고하기 바랍니다.

[표 9-4] 저작권 보호 기간

저작물의 종류	만료기간신청 기산점	존속기간
단독 저작물	저작권 사망 해의 익년	70년
공동 제작물	최후 저작자 사망 해의 익년	최후 사망자의 사후 70년
저작자 사후 40년 경과, 50년 되기 전 공표된 저작물	저작물 공표 익년	70년
무명 또는 이명 저작물	저작물 공표 익년	70년
단체명의 저작물 (관공서, 학교, 회사 또는 기타 사회단체가 저작자)	저작물 공표 익년	70년
영상 저작권	공표 익년	70년
계속적 간행물	매책, 매회, 매호 등이 공표되는 때 또는 일부분씩 순차적으로 공표하여 완성하는 창작물은 최종 부문의 공표 시 (3년을 경과하여 계속의 부분이 발생되지 않았을 경우에는 이미 발행한 부분을 최종으로 봄)	70년
저작인접권	실연의 경우에는 그 실연을 할 때 음반의 경우에는 그 음반을 발행할 때 방송의 경우에는 그 방송을 한 때	70년
데이터베이스	데이터베이스의 제작을 완료한 때의 익년	5년

저작권의 제한과 공정 이용

저작 재산권은 저작물을 배타적·독점적으로 이용할 수 있는 권리입니다. 그러나 저작 재산권의 독점성을 무제한으로 인정하는 것은 학술·문화 발전을 저해할 수 있어 공공의 이익에 부합되지 않습니다. 따라서 저작 재산권은 저작자의 권익이 침해되지 않는 범위 내에서 공공의 이익과 학술·문화 발전을 위하여 적절히 제한되지 않으면 안 됩니다. 저작권법에서는 저작물의 통상적 이용을 위배하지 않으면서 저작자의 정당한 권익을 부당하게 침해하지 않는 범위 내에서 연구·교육·비평·보도 등에 자유롭게 이용할 수 있도록 하고 있습니다. 이를 저작물의 공정 이용(fair use)이라고 합니다. 저작권에 관한 국제협약인 베른 협약에서는 다음과 같이 공정 이용을 규정하고 있습니다.

- 특별한 경우에만 인정되고,

- 저작물의 통상적 이용 범위를 벗어나지 않고,
- 저작자의 합법적 권익을 부당하게 침해하지 않아야 한다.

저작권법상 저작 재산권의 제한은 ① 이용자가 저작 재산권자의 허락 없이도 저작물을 이용할 수 있는 경우와, ② 법률이 정하는 조건을 충족시키고 권한 있는 기관에 보상금을 공탁하면, 저작 재산권자의 허락이 있었던 것으로 보는 법정 허락의 두 가지 경우가 있습니다. 여기서는 저작 재산권자의 허락 없이 저작물을 자유로이 이용할 수 있는 경우에 대하여 알아보도록 하겠습니다.

저작권법에서는 [그림 9-2]와 같은 경우, 저작권자의 허락 없이 저작물을 공정 이용할 수 있도록 규정하고 있습니다. 세부 내용은 저작권법을 참고하기 바라며, 여기서는 중요 내용을 살펴보겠습니다.

① 재판절차, 입법, 행정 자료를 위한 저작물의 복제(제23조)
② 공개적으로 행한 정치적 연설, 법정 · 국회 · 지방의회에서의 진술 등의 이용(제24조)
③ 학교 교육 목적 등에의 이용(제25조)
④ 시사보도를 위한 이용(제26조)
⑤ 시사적인 기사 및 논설의 복제 등(제27조)
⑥ 공표된 저작물의 인용(제28조)
⑦ 영리를 목적으로 하지 아니하는 공연 · 방송(제29조)
⑧ 사적 이용을 위한 복제(제30조)
⑨ 도서관 등에 보관된 자료의 복제 등(제31조)
⑩ 시험문제로서의 복제(제32조)
⑪ 시가장애인 등을 위한 점자에 의한 복제 등(제33조)
⑫ 방송사업자의 자체방송을 위한 일시적 녹음·녹화(제34조)
⑬ 미술저작물 등의 일정한 장소에서의 전시 또는 복제(제35조)
⑭ 저작물 이용과정에서의 일시적 복제(제35조의 2)
⑮ 저작물의 공정한 이용(제35조의 3)
⑯ 컴퓨터프로그램 저작물에 대한 특례(제101조의 3부터 제101조의 5까지)
- 프로그램 기능이 조사·연구·시험 목적의 복제
- 컴퓨터의 유지 · 보수를 위한 일시적 복제
- 프로그램 코드 역분석
- 정당한 이용자에 의한 보존을 위한 복제 등

[그림 9-2] 저작 재산권의 제한

① 공표된 저작물의 인용

공표된 저작물은 교육, 연구, 보도, 비평 등을 위하여는 정당한 범위 안에서 공정한 관행에 합치되게 이를 인용할 수 있습니다. 예를 들어, 드라마의 한 장면을 캡처하여 영리적 목적으로 사용한다면 드라마에 대한 저작권의 침해가 되겠지만, 드라마 작품에 대한 비평을 쓰기 위해 드라마의 한 장면을 인용하는 것은 허용됩니다.

② 교육 목적에 이용

고등학교 이하의 학교 교육 목적상 필요한 교과용 도서에는 공표된 저작물을 게재할 수 있습니다. 이 경우에는 일정한 보상금을 저작 재산권자에게 지급해야 합니다. 특별법에 의해 설립되었거나 초·중·등교육법 또는 고등교육법에 따른 교육기관에서 수업 목적상 필요하다고 인정되는 경우에는 공표된 저작물의 일부분을 복제, 배포, 공연, 방송 또는 전송할 수 있습니다. 또한 교육받는 학생도 수업목적에 필요한 경우 공표된 저작물을 복제하거나 전송할 수 있습니다. 원격교육이나 인터넷 활용 교육을 위해서 전송하는 것도 인정하고 있습니다.

③ 개인적 목적의 이용

공표된 저작물을 영리를 목적으로 하지 아니하고 개인적으로 이용하거나 가정 및 이에 준하는 한정된 범위 안에서 인용하는 경우에는 그 이용자는 이를 복제할 수 있습니다.

④ 도서관 등에서의 복제 등

조사 연구를 목적으로 하는 이용자의 요구에 따라, 공표된 도서 등의 일부분의 복제물을 1인 1부에 한하여 제공하는 경우와, 도서 등의 자체 보존을 위하여 필요한 경우에는, 도서관이 저작권자의 허락을 받지 아니하고도 저작물의 복제 등을 할 수 있습니다.

⑤ 영리를 목적으로 하지 않는 공연과 방송

영리를 목적으로 하지 않고 또한 청중이나 관중 또는 제3자로부터 어떤 명목으로든지 반대급부를 받지 않는 경우에는, 공표된 저작물을 공연 또는 방송할 수 있습니다. 다만, 실연자(공연자)에게 통상의 보수를 지급하는 경우에는 저작권 침해가 됩니다. 청중에게 반대급부를 받지 않는 경우에는 판매용 음반 또는 판매용 영상저작물을 재생하여 공중에게 공연할 수 있습니다.

9.2.3 저작권 침해

저작권은 지식정보 사회의 중요한 공공 재산이며 문화 산업을 이끌어가는 원동력입니다. 그런데, 저작권에 대한 이해와 인식 부족으로 고의 또는 실수로 저작권을 침해하는 사례가 늘어나고 있습니다. 저작권 침해는 저작자뿐만 아니라 사회 전반에 심대한 악영향을 끼치게 됩니다. 저작권 침해에 대하여 살펴보겠습니다.

저작권 침해란 저작권자의 허락 없이 저작물을 복제, 배포, 공연 등의 방법으로 저작권자의 권익을 침해하거나 저작자의 인격을 침해하는 방법으로 저작물을 이용하는 것을 말합니다. 다시 말하면, 저작권자의 허락 없이 저작 재산권과 저작 인격권을 침해하는 방법으로 저작물을 이용하는 행위를 말합니다. 저작권자의 허락을 받았다고 하더라도 허락 받은 방법과 조건을 벗어나 이용하는 경우도 저작권 침해가 됩니다. 또한, 저작권자의 허락 없이 저작 인접권의 대상이 되는 실연·음반·방송에 이용하는 행위 등도 저작 인접권 침해가 됩니다.

저작권 침해 유형

저작권법에서는 저작 재산권의 침해, 저작 인격권의 침해, 출판권의 침해, 저작 인접권의 침해의 4가지 침해 형태를 규정하고 있습니다. 이러한 형태에는 포함되지 않더라도 실질적으로 권리 침해와 동일시 할 수 있는 행위에 대해서도 침해로 인정하고 있습니다. 저작권법의 침해 유형을 요약하면 [표 9-5]와 같습니다.

[표 9-5] 저작권 침해 유형

유형	내용
저작 재산권 침해	저작물의 무단이용 또는 허락범위 외에 이용, 부당이용, 권리행사를 방해하는 행위 등은 저작재산권 침해에 해당
저작 인격권 침해	저작자의 명예를 훼손하는 방법으로 그 저작물을 이용하는 행위. 일반인의 합리적인 기준으로 볼 때 저작자의 명예를 훼손하는 정도에 해당하게 되면 저작인격권을 침해한 것으로 간주
출판권 침해	출판권자가 아닌 자가 그 허락 없이 출판을 하는 경우
저작 인접권 침해	저작 인접권자의 허락 없이 실연(공연) · 음반 · 방송을 녹음 · 방송 · 복제하거나, 허락된 범위를 넘어서 그러한 행위를 하는 경우. 또한, 실연자나 음반 제작자에게 2차 사용료를 지급하지 않은 경우

저작권 침해 행위

저작권법은 저작권의 직접적인 침해에 해당하지는 않지만, 저작권자의 권익을 부당하게 저해할 우려가 있는 다음 여섯 가지 행위도 저작권 침해로 간주합니다.

① 침해물을 배포 목적으로 수입하는 행위: 외국에서 행하여진 저작권 침해 행위에 대해서는 우리나라 저작권법의 효력은 미치지 않습니다. 그러나 외국에서 작성된 불법 복제물이 국내로 수입되어 저작권 침해 행위가 마치 국내에서 일어난 것과 동일한 효력이 발생한다면 저작권 침해행위로 간주합니다. 이때, 침해는 '배포를 목적으로' 수입된 물건에 한정되고, 개인적 선물이나 연구를 목적으로 해외에서 구입한 물건에는 적용되지 않습니다.

② 침해물의 배포 목적 소지 행위: 저작권을 침해한 저작물인 줄 알면서도 불법 저작물을 배포하거나 배포할 목적으로 소지하는 행위도 저작권 침해입니다.

③ 침해 프로그램의 업무상 이용 행위: 소프트웨어 등의 저작물이 저작권을 침해하고 있음을 알면서도 이를 업무에 활용하는 행위는 저작권 침해입니다.

④ 기술적 보호조치 침해 행위: 무단 복제로부터 저작물을 보호하기 위하여 암호화 기법, 디지털워터마크, DRM 등과 같은 기술적 보호 장치를 장착하여 저작물에 대한 접근을 통제하고 있습니다. 이러한 기술적 보호 장치를 제거 또는 무력화 하는 행위는 저작권 침해가 됩니다.

⑤ 권리 관리 정보의 훼손: 불법복제를 추적하기 위해 '권리 관리 정보' 체계를 개발하여 이를 저작물에 부착하고 있습니다. 대표적인 것이 워터 마킹(water marking) 기술입니다. 이러한 권리 관리 정보를 고의로

제거·변경 또는 허위로 부가하는 행위는 저작권 침해 행위입니다.

⑥ **명예 훼손적 이용 행위**: 저작 인격권 침해를 의미합니다. 예를 들면, 예술적 가치가 높은 누드화를 복제하여 스트립쇼 극장의 입간판에 사용하거나, 엄숙한 종교음악을 코미디용 음악으로 사용하는 등 저작 인격권을 침해하는 행위를 말합니다.

저작권 침해 판정

저작권 침해 여부 판정은 법률적으로 어려운 문제가 많습니다. 여기서는 저작 재산권의 침해 판정 방법에 대하여 살펴보겠습니다.

저작권 침해를 주장하기 위해서는 다음 3가지를 입증해야 합니다. ① 저작권자가 유효한 저작권을 가지고 있을 것, ② 저작권 침해를 의심받는 자의 저작물이 원저작물에 의거하여 제작되었을 것, ③ 침해를 의심받는 저작물과 원저작물이 동일하거나 '실질적으로 유사할 것' 등의 3조건을 만족해야 합니다.

[주관적 요건(접근성 요건)]
두 번째 요건은 저작권 침해 의심자가 저작권자의 저작물을 모델로 하거나 참조하여 이를 복제하는 것을 말하는데, 구체적으로는 저작권 침해 의심자가 원저작물 또는 그 복제물에 접근(access)하여 그 내용을 인식하고 일정 정도 이를 이용하여 저작물을 만드는 것을 의미합니다. 즉, 저작권 침해 의심자가 저작권자의 저작물을 접근하였다(보았다, 알고 있었다)는 것을 입증해야 합니다. 저작물에 접근하지 않고 독립적으로 창작한 경우에는 저작권 침해가 되지 않습니다. 이와 같은 저작물 접근 여부는 저작권 침해를 판정하는 주관적 요소라 할 것입니다.

[객관적 요건(실질적 유사성)]
주관적 요건을 충족하였다면 저작권 침해 의심자가 저작권자의 저작물을 부당하게 이용하였는지를 객관적으로 판단합니다. 즉, 저작물 사이에 실질적 유사성(substantial similarity)이 있는지 객관적으로 판단합니다. 저작물을 있는 그대로 이용한 경우에는 구체적인 사례에 따라 이용된 부분의 양과 질의 정도에 따라 침해 여부를 결정합니다. 그러나 저작물을 있는 그대로 이용하지 않고 이를 수정하거나 변경하여 이용하는 경우에는, 모방인지 아니면 두 저작물 사이에 실질적 유사성이 있었는지를 입증해야 합니다.

저작권 침해 사례

블로그, 홈페이지, 소셜 네트워크 등의 활성화로 정보의 공개, 공유가 일상화 되고 있고 정보의 업로드와 다운로드가 보편화되고 있습니다. 즉, 정보의 공개, 공유, 전달 등이 생활화 되고 있습니다. 이에 따라, 저작권에 대한 이해 부족으로 실수 또는 고의로 저작권을 침해하는 사례가 늘어나고 있습니다. 특히, 저작권에 대한 이해가 부족한 청소년들의 저작권 침해가 사회문제가 되고 있습니다. 자칫하면 저작권 침해의 청소년 범법자를 양산할 수도 있습니다. 인터넷 지식정보 시대에는 저작권에 대한 이해가 무엇보다도 필요합니다. 저작권 보호에 대해 확실하게 이해하도록 문답과 사례를 통해 저작권 침해 사례를 살펴보겠습니다.

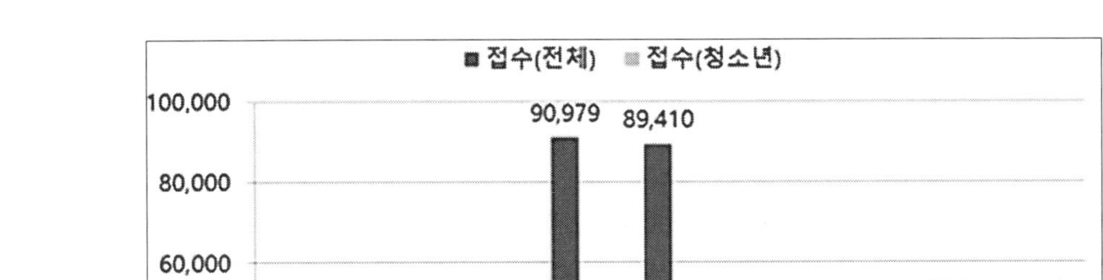

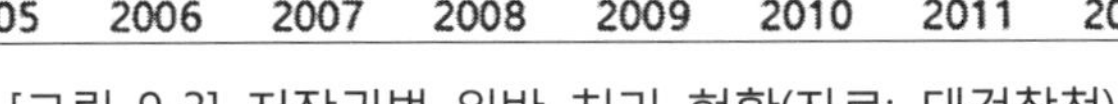

[그림 9-3] 저작권법 위반 처리 현황(자료: 대검찰청)

[사례 1] 포털 사이트에 친구들끼리 이용하는 블로그와 카페를 개설하였습니다. 여기에 친구들이 재미있어하는 뉴스를 언론사 사이트에서 복사하여 올려두었습니다. 비영리 목적으로 이용하는 블로그와 카페에 뉴스를 게재하는 것은 저작권 침해인가요?

저작물로 인정되는 뉴스 기사들을 복제하여 배포하거나, 인터넷상의 사내 게시판, 친목 카페, 개인 블로그 등에 복사하여 붙여 넣기를 한 형태로 이용하는 것은 뉴스 저작물의 복제권 및 전송권을 침해한 것입니다. 저작물을 '개인적'으로 이용하거나 가정과 같은 한정된 범위 내에서 이용하는 경우만 가능하다고 규정하고 있으므로 영리나 비영리는 저작권 제한과는 무관합니다. 위와 같은 경우, 비영리의 목적으로 이용을 하였거나 출처를 표시하였다 하더라도 저작권 침해입니다.

[사례 2] 인터넷 P2P 사이트에 가입하여 음악이나 동영상 파일을 다른 회원들과 공유하는 것은 저작권 침해인가요?

개인적 이용을 위해 음악이나 동영상 파일을 복사할 수 있습니다. 그러나 P2P 사이트에서 다른 사람과 공유하는 것은 개인적 복사 범위를 넘어 선 것으로 복제권을 침해한 것입니다. 또한, P2P 사이트는 그런 불법 행위를 방조한 것이 됩니다.

[사례 3] 가수 L씨는 서태지와 아이들의 'Come Back Home'의 가사와 곡의 일부를 추가, 변경한 음반을 제작하여 발매하였습니다. 가수 L씨는 패러디한 것으로 저작권 침해가 아니라고 주장하였습니다.

법원은 단순히 내용을 변형하는 것은 패러디로 보지 않고 저작권 침해로 판정하였습니다. 저작물을 패러디하고자 할 때에는 '원작에 대한 비평'에 충실해야 하며, 패러디의 요건에 충실한 성공한 패러디라 하더라도 원작의 본질을 해하거나 저작권자에게 인격적인 훼손을 할 우려가 있을 때에는 허락되지 않는 것으로 보았습니다.

[사례 4] A는 웹 디자이너 B에게 의뢰하여 홈페이지를 개발하였습니다. B는 웹 페이지를 개발하면서 허락

받지 않은 폰트(font: 글자체)를 사용하였습니다. 이에 폰트 권리자인 C가 저작권 침해로 A에게 합의금을 요구하였는데, B가 폰트를 무단으로 사용한 것을 알지 못한 웹페이지 주인 A에게 책임이 있는 것을 까요? 또한, 홈페이지를 삭제해야 할까요?

폰트에 대한 논란이 많습니다. 저작권법에 의하면 고딕체, 명조제, 훈민정음체와 같은 글자체 도안(typeface)은 저작권법에 의한 보호대상 저작물이 아닙니다. 그러나 '폰트파일(font file)'은 글자꼴을 화면에 출력하거나 인쇄하기 위한 컴퓨터 프로그램의 일종으로 볼 수 있으므로, 컴퓨터 프로그램으로서 저작권법의 보호를 받습니다. 따라서 폰트파일을 무단 복제하여 사용할 경우에는 프로그램 저작물의 복제권 침해가 되며, 폰트파일을 변경하여 자신의 프로그램에 이용하였을 경우에는 동일성 유지권 침해 문제가 발생할 수 있습니다.

그러나 폰트파일을 이용해 만들어진 결과물은 설사 적법하지 않은 폰트를 사용하더라도 저작권 침해가 되지 않습니다. 글자체 자체는 저작권법의 보호대상이 아니고 폰트파일만이 프로그램으로서 보호되기 때문이다. 따라서 위의 경우, A는 폰트파일을 이용한 웹 페이지만을 사용하고 있기 때문에 폰트파일의 저작권을 침해하였다고 할 수 없습니다. 또한 웹페이지에 불법적인 폰트가 사용되었다고 해도 저작권 침해가 아니므로 삭제할 필요가 없습니다.

참고로, 글자체에 대한 보호의 필요성이 높아짐에 따라 2004년 디자인 보호법 개정 시 '글자체'를 그 보호대상에 포함시켰습니다. 따라서 글자체가 저작권법의 보호를 받지 못한다 할지라도 디자인권으로 등록되면 디자인 보호법에 의한 보호를 받을 수 있습니다. 그러나 이 경우에도 타자・조판 또는 인쇄 등의 통상적인 과정에서 글자체를 사용하는 경우와 그러한 사용으로 생산된 결과물인 경우에는 디자인권의 효력이 미치지 않는다는 것을 유의하기 바랍니다.

[사례 5] 대학교 학생들로 구성된 연극 동아리에서 교내 학우들을 대상으로 불우이웃돕기 성금모금을 위해 외국 유명 뮤지컬을 공연하고자 하는데 저작권자의 허락을 받아야 하는가?

원칙적으로 공연을 함에 있어서는 저작자의 허락이 필요합니다. 다만, 공연이 영리를 목적으로 하지 않아야 하며, 청중이나 관중 또는 제3자로부터 어떤 명목으로든지 반대급부를 받지 않고, 실연자에게 통상의 보수를 지급해서도 안됩니다. 따라서 공연의 경우 직접적인 입장료를 받는 것은 물론이고, 기업으로부터 후원을 받거나, 상품홍보 등의 목적이 있다면, 이러한 요건을 충족하지 못한 공연으로서 저작권자의 허락이 필요합니다.

위의 경우, 그 목적이 불우이웃돕기에 있다 하더라도 성금 모금 역시 공연에 대한 반대급부에 해당될 수 있습니다. 따라서 성금 모금을 목적으로 하는 공연이 이런 규정의 적용을 받기 위해서는 성금을 내지 않아도 공연에 입장할 수 있어야 합니다.

[사례 6] 저작권이 강화되어 대학생들이 과제 작성에 어려움을 겪고 있습니다. 정규수업의 과제를 수행하기 위해 관련자료를 복사하거나 인터넷에 있는 자료들을 다운로드 받아 이용할 때에도 저작권자의 허락이 필요할까요?

교육기관에서 교육을 받는 자는 수업목적상 필요하다고 인정되는 경우에는 수업목적상 필요한 범위 내에서 공표된 저작물의 일부분을 복제하거나 전송할 수 있도록 하고 있습니다. 물론 이러한 이용이 허용되는 경우에도 그 범위가 저작물의 통상적 이용과 충돌하거나 저작권자의 권익을 부당하게 침해하는 정도가 되어서는 안 됩니다. 따라서 학생이 수업과제를 수행하는 것은 교육목적에 해당하므로, 자신이 직접 기술하는 부분이 양적・질적으로 중심이 되면서 인용목적 등을 위해 저작물을 보조 용도로 사용하고, 원저작물의 동일성을 해치지 않도록 각주나 따옴표 등으로 인용부분을 표시하고 출처를 명시하는 때에는, 인용규정을 적용 받을 수 있습니다.

[사례 7] 적법하게 구매한 MP3 음악을 개인 블로그에 스트리밍(streaming) 방식으로 업로드 하고자 합니다. 합법적으로 구매하였고 다른 인터넷 이용자들이 다운로드 받지 못하도록 스트리밍 방식을 이용하고 있는데 저작권 침해가 될까요?

일반적으로 판매되는 저작물의 구매자는 저작물이 수록된 유형물에 대한 소유권을 취득한 것이지 저작권을 가지는 것은 아닙니다. 통상 판매되는 음악 등을 구매한 경우, 이는 저작물을 감상할 수 있는 대가를 지불한 것에 불과한 것으로, 해당 음악을 영리를 목적으로 하지 않고 가정 및 이에 준하는 범위에서 개인적으로 이용하는 것 만이 허용됩니다. 따라서 구매한 MP3 파일을 이용해 스트리밍 방식으로 블로그에서 서비스하고자 한다면, 저작권자인 작사/작곡가, 저작인접권자인 실연자와 음반제작자의 허락이 필요합니다.

[사례 8] UCC를 제작하다 보면 음악을 삽입하게 되는 경우가 많습니다. UCC에 배경음악을 넣는 것은 저작권 침해인가요? 이것이 문제가 된다면 30초의 짧은 음악만 삽입하거나 직접 노래를 부르고 녹음하여 이용하는 것은 허용될까요?

통상 음악에는 저작권자인 작사/작곡가와 저작 인접권자로서 실연자(연주자와 가수)와 음반제작자, 이렇게 세 권리주체가 존재합니다. 인터넷에서 음악을 이용하고자 한다면 이러한 세 권리주체의 허락을 각각 얻어야 합니다. 이러한 허락을 받지 않고 UCC 제작에 음악을 이용하는 것은 저작권 침해행위가 됩니다. 아무리 짧은 것이라 하여도 저작권 침해가 됩니다. 따라서 내가 직접 노래를 부르고 녹음하는 경우에 실연자와 음반제작자의 허락은 필요하지 않겠지만, 곡과 가사가 이용되고 있으므로 작곡/작사가의 허락은 필요합니다. 이처럼 음악을 이용하고자 할 때에는 이와 같은 세 권리주체를 모두 고려해야 합니다.

4 저작권 침해 처벌

저작권법에서는 저작권 및 그 밖의 저작권법에 의해 보호되는 권리를 침해한 자와 저작권법의 규정에 위반한 자 등에 대한 형사상 처벌에 대해 규정하고 있습니다. 벌칙 내용은 권리 침해죄, 부정발행 등의 죄, 출처 명시 위반의 죄 등으로 구분됩니다.

- 권리 침해죄: 저작 재산권 등을 복제・공연・전시・배포・대여 등의 방법으로 침해한 자는 5년 이하의 징역 또는 5천만원 이하의 벌금에 처하거나 이를 병과할 수 있습니다.
  저작 인격권 또는 실연자의 인격권을 침해하여 저작자 또는 실연자의 명예를 훼손하는 자, 보호되는 데이터베이스 제작자의 권리를 복제・배포・방송 또는 전송의 방법으로 침해한 자는, 3년 이하의 징역 또는 3천만원 이하의 벌금에 처하거나 이를 병과할 수 있습니다.
- 부정 발행 등의 죄: 저작자 아닌 자를 저작자로 하여 실명・이명을 표시하여 저작물을 공표한 자, 실연자 아닌 자를 실연자로 하여 실명・이명을 표시하여 실연을 공연 또는 공중 송신하거나 복제물을 배포한 자는, 1년 이하의 징역 또는 1천만원 이하의 벌금에 처합니다.
- 출처명시 위반 등의 죄: 저작물을 이용하는 자가 그 출처를 명시하지 않은 경우 5백만원 이하의 벌금에 처합니다.

저작권 위반의 공소 시효는 3년입니다. 그러므로 저작권 침해가 발생하면 즉시 대응하는 것이 좋습니다.

침해 대응 및 구제

저작권을 부당하게 침해 당한 저작권자는 다음과 같은 방법으로 대응할 수 있습니다.

먼저, 저작권 침해에 대한 충분한 증거를 수집합니다. 그런 후에, 내용증명 우편이나 이메일 등으로 침해자에게 침해사실을 통보하고 이에 대한 침해의 정지와 손해배상 등을 함께 요구합니다. 당사자의 합의에 의해 원만하게 종료되는 것이 바람직하지만, 구체적인 합의조건에 이견이 있는 경우에는 한국저작권위원회의 저작권 분쟁조정 제도를 이용하여 절충하도록 합니다. 그러나 합의 및 조정으로 해결되지 않는다면 결국은 법적 구제 수단을 선택해야 할 것입니다. 물론 당사자 간의 합의는 필수 절차가 아니므로 생략하고 바로 법적 대응을 할 수도 있습니다.

저작권 침해죄는 대부분 저작권자의 고소가 있어야만 처벌할 수 있는 친고죄로, 저작권자는 범인을 알게 된 날로부터 6개월 이내에 형사고소를 해야만 합니다(다만 영리를 목적으로 상습적으로 저작권 침해행위를 한 자는 저작권자의 고소가 없어도 처벌할 수 있고, 프로그램의 저작권을 침해하여 만들어진 프로그램의 복제물을 그 사실을 알면서 취득한 자가 이를 업무상 이용하는 경우에는 권리자의 의사에 반하여 처벌할 수 없도록 하고 있습니다.). 형사적 처벌은 고의로 저작권을 침해한 경우에 한하며, 과실로 인한 침해는 민사적 구제 방안으로 대응해야 합니다.

고의든 과실이든 저작권을 침해하여 손해가 발생한 경우에, 저작권자는 민사적 구제 방안을 요청할 수 있습니다. 민사적 구제 방안으로는 다음과 같은 것이 있습니다.

- **침해 정지 및 예방 청구권**: 저작권 침해의 정지를 요구할 수 있으며, 저작권을 침해할 우려가 있는 자에 대하여 침해 예방 또는 손해 배상의 담보를 청구할 수 있습니다.
- **폐기 등 필요한 조치 청구권**: 저작권 침해로 만들어진 물건의 폐기나 그 밖의 필요한 조치를 청구할 수 있습니다. 그러나 그 물건이 제3자의 소유에 속하는 경우에는 현실적으로 폐기를 받아들이기 어렵습니다. 예를 들어, 무단복제 된 서적이 판매되어 이미 최종 소비자의 수중에 들어간 경우에 폐기 청구를 받아들이게 되면, 그 침해자는 최종 소비자로부터 그 무단복제 서적을 회수하여 폐기해야 하는데, 이는 현실적으로 실행할 수 없는 청구입니다.
- **가처분**: 민사 소송을 제기하기에 앞서, 우선 가처분 신청에 의하여 정지 청구 등을 할 수 있습니다.
- **손해배상 청구권**: 위법한 행위로 타인에게 손해를 입게 한 자는 그 손해를 배상할 책임이 있다는 것은 불법 행위의 기본 원칙입니다. 법원은 저작권 침해 상황, 증거 등을 참작하여 손해배상액을 인정합니다.
- **명예 회복에 필요한 조치 청구권**: 저작 인격권이 침해되더라도 정신적 침해에 대한 손해배상을 청구할 수 있습니다. 그러나 이와는 별도로 저작자 또는 실연자는 고의 또는 과실로 저작 인격권 또는 실연자의 인격권을 침해한 자에 대하여 손해 배상과 함께 명예회복을 위한 필요한 조치를 청구할 수 있습니다. 예를 들어, 침해 사실을 인정하는 해명 광고문, 판결문 또는 정정문 게재를 들 수 있습니다.

다만, 이러한 손해배상 청구권은 민법상 소멸시효가 적용되므로, 불법 행위가 있던 날로부터 10년 이내에 또는 불법 행위를 안 날로부터 3년 이내에 행사해야 합니다.

대체적 분쟁 해결 제도

분쟁 해결 방법으로 대체적 분쟁 해결 제도(ADR : Alternative Dispute Resolution)가 관심을 모으고 있습니다. 오늘날 정보통신 기술의 비약적인 발전으로 글로벌 환경이 가속화 되면서 관세 무역, 금융, 서비스, 저작권 등 다양한 분야에서 분쟁이 확산되고 있습니다.

분쟁 해결 방법으로는 법원의 판결이 가장 전통적이고 대표적인 방법이라고 할 수 있습니다. 그러나 정치 · 경제 · 사회의 다양한 분야에서 발생하는 모든 분쟁을 법원을 통해 해결하는 것은 절차도 복잡하고 시간도 많이 걸리게 됩니다. 또한 과도한 소송 비용, 과중한 합의 업무 등으로 비효율적입니다. 때문에 신속하고 효율적이며 비용이 적게 드는 자율적인 분쟁 해결 제도가 필요하게 되었습니다. 이를 대체적 분쟁 해결 제도라 합니다.

대체적 분쟁 해결 제도는 법원의 소송이 아니라, 화해, 조정, 중재와 같이 제3자의 도움이나 직접 당사자간에 자율적으로 교섭과 타협으로 이루어지는 분쟁 해결 방식을 말합니다.

- 협상(negotiation): 제3자의 개입 없이 당사자 주도하의 절충을 통한 자율적 분쟁 해결 방법
- 조정(mediation): 중립적 위치에 있는 제3자, 즉 조정자(mediator)가 당사자들의 동의를 얻어 분쟁 당사자들로 하여금 효율적으로 협상을 할 수 있도록 도와주는 분쟁 해결 방법
- 중재(arbitration): 중재는 당사자의 합의에 의하여 선출된 중재인의 중재 판정에 의하여 당사자 사이의 분쟁을 해결하는 '사적 재판' 성격의 분쟁 해결 제도

저작권 분쟁 조정 기관으로는 일반 저작물은 저작권 심의조정 위원회, 컴퓨터 프로그램은 프로그램 심의조정 위원회가 있습니다. 분쟁이 합의에 도달하면 당사자는 합의서를 작성하며, 작성된 합의서는 재판상 화해(확정 판결)과 같은 효력을 갖게 됩니다.

9.2.3 표절의 이해

인터넷 정보기술의 발전으로 정보의 개방과 공유가 일상화되고 복제 · 전송 기술이 보편화 되면서, 표절(plagiarism)이 새로운 사회문제로 대두하고 있습니다. 공직자가 논문을 표절하여 비난을 받기도 하고, 연예인이 다른 사람의 음악이나 아이디어를 표절하여 비판의 대상이 되기도 합니다. 인기 있는 게임이 결국 표절로 드러나 사람들을 실망시키기도 합니다. 또한, 대학생들 사이에 보고서 표절이 난무하여 보고서 표절 자동 검색하는 시스템을 도입하는 대학도 늘어나고 있다는 씁쓸한 뉴스도 있습니다.

2013년 3월 한 조사에 의하면, 국내 대학생 대부분이 문서 작성시 자료를 무단 사용한 적이 있는 것으로 조사 되었습니다. 인용과 표절의 차이점을 잘 모르는 대학생은 46%, 인터넷 자료를 참조할 경우 인용 방법을 모르는 대학생도 64%에 달했습니다. 대부분의 대학생이 표절과 인용의 차이를 이해하고 있지 못하며, 표절의 심각성을 인식하고 있지 못하고 있습니다. 표절 관련 윤리교육이 절실함을 알 수 있습니다.

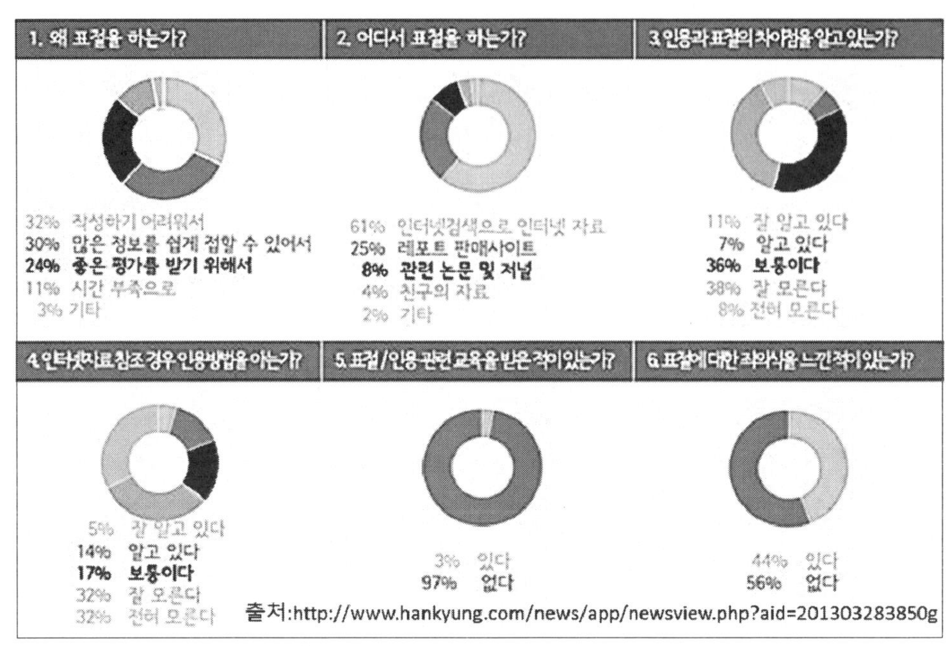

[그림 9-4] 대학생 표절 현황 조사

일반적으로 표절은 다른 사람의 저작물의 전부나 일부를 그대로 또는 그 형태나 내용을 다소 바꾸어 자신의 것이라며 다른 사람에게 제공하거나 제시하는 행위를 의미합니다. 타인의 저작물을 허락 없이 이용한다는 점에서는 저작권 침해와 유사하지만, 표절이 반드시 저작권 침해가 되는 것은 아닙니다. 예를 들어, 저작권법상 저작물로 보호받지 못하는 아이디어를 표절한다거나 보호기간이 만료된 저작물을 표절하는 경우 등은 저작권 침해는 아니지만 표절에는 해당합니다. 일반적으로 표절은 형태적인 유사성이 있는 경우에만 한정하지 않으며, 다른 사람의 저작물의 내용을 새로운 형태로 변형 또는 개작하여 다른 사람에게 제공하면서 자신의 독창적인 저작물인 것처럼 하는 행위(passing off)도 표절에 해당합니다.

표절은 법률적 개념이 아니라 윤리적 개념입니다. 표절은 저작권을 침해하지 않아 처벌을 면할 수 있지만 윤리적 비난은 피할 수 없습니다. 또한, 양심의 자책을 하게 되기도 합니다.

[표절 논란 1] 2007년 12월, 소설 <경성애사> 개정판의 일부분이 소설 <태백산맥> 중 일부분을 표절하여 문제가 되었으며, 이에 작가는 원작자에게 사과하고, 출간된 소설을 전량 회수하여 폐기하였습니다.

[표절 논란 2] 2008년 7월, 인기가수의 3집 앨범의 타이틀곡인 '유고걸(U-Go-Girl)의 뮤직비디오 예고 영상이 미국 팝가수 크리스티나 아길레라의 뮤직비디오 '캔디맨'을 표절했다는 논란이 있었습니다.

[표절 논란 3] 2005년 5월, 한 화장품 광고 포스터가 외국의 유명 화장품 광고 포스터와 비슷하다는 표절 시비에 휘말렸습니다.

[표절 논란 4] 2007년 4월, 인기 가수의 앨범 표지가 미국의 유명 잡지 보그의 표지를 표절하였다는 논란이 있었습니다.

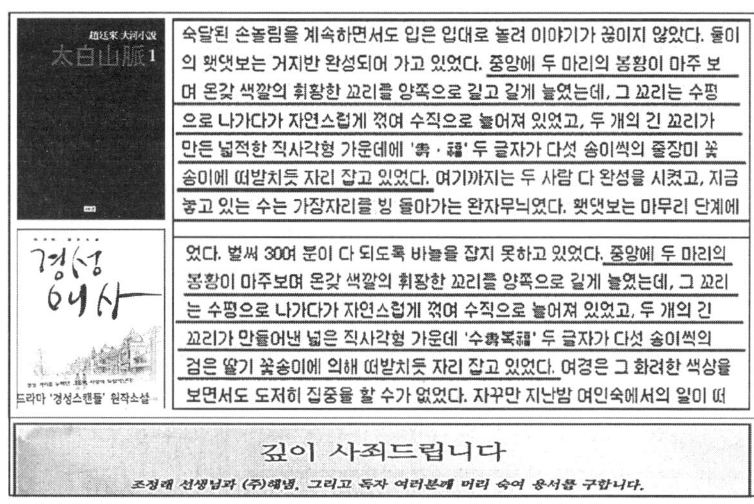

趙廷來 大河小說
太白山脈 1

숙달된 손놀림을 계속하면서도 입은 입대로 놀려 이야기가 끊이지 않았다. 둘이의 횃댓보는 거지반 완성되어 가고 있었다. 중앙에 두 마리의 봉황이 마주 보며 온갖 색깔의 휘황한 꼬리를 양쪽으로 길고 길게 늘였는데, 그 꼬리는 수평으로 나가다가 자연스럽게 꺾여 수직으로 늘어져 있었고, 두 개의 긴 꼬리가 만든 넓적한 직사각형 가운데에 '壽·福' 두 글자가 다섯 송이씩의 줄장미 꽃송이에 떠받치듯 자리 잡고 있었다. 여기까지는 두 사람 다 완성을 시켰고, 지금 놓고 있는 수는 가장자리를 빙 돌아가는 완자무늬였다. 횃댓보는 마무리 단계에

경성애사
드라마 '경성스캔들' 원작소설

었다. 벌써 30여 분이 다 되도록 바늘을 잡지 못하고 있었다. 중앙에 두 마리의 봉황이 마주보며 온갖 색깔의 휘황한 꼬리를 양쪽으로 길게 늘였는데, 그 꼬리는 수평으로 나가다가 자연스럽게 꺾여 수직으로 늘어져 있었고, 두 개의 긴 꼬리가 만들어낸 넓은 직사각형 가운데 '수壽복福' 두 글자가 다섯 송이씩의 검은 딸기 꽃송이에 의해 떠받치듯 자리 잡고 있었다. 여경은 그 화려한 색상을 보면서도 도저히 집중을 할 수가 없었다. 자꾸만 지난밤 여인숙에서의 일이 떠

깊이 사죄드립니다

조정래 선생님과 (주)해냄, 그리고 독자 여러분께 머리 숙여 용서를 구합니다.

[그림 9-5] 소설 <태백산맥>과 <경성애사>

[그림 9-6] 표절 논란

고의 또는 실수로 다른 사람의 저작물을 표절하는 사례가 급증하고 있습니다. 표절에 대한 인식부족 그리고 표절을 심각하게 생각하지 않는 윤리의식의 상실로 표절이 만연되고 있습니다. 표절은 법에 의해 처벌되는 불법 행위는 아니지만, 자신의 양심을 속이고 지식정보 사회의 발전에 해를 끼치는 비윤리적 행위임을 자각해야 할 것입니다.

표절과 인접된 개념

표절과 유사한 여러 개념들이 있습니다. 표절과 구분이 너무나도 애매모호해서 쉽게 구별하기 어렵기 때문에 항상 표절 시비를 일으키는 개념입니다. 그러나 엄밀한 의미에서는 표절과 구별되기도 합니다.

· 모방(imitation): 다른 사람의 저작물을 본떠서 자기 나름의 방식으로 재창조하는 것을 말합니다. 다른 사람의 저작물을 흉내만 내는 것이 아니라 재창조하는 것입니다. 모방은 새로운 창조의 시작으로 창조의 어머니라고 합니다.

· 리메이크(remake): 이미 발표된 작품을 내용이나 형식에 부분적인 수정을 가하여 다시 만드는 것으로 대체로 원작의 의도를 충실히 따릅니다. 원작을 차용했다는 것을 분명하게 밝히기 때문에 표절과 차이가 있고, 새로운 형태를 재창조하지 않기 때문에 패러디와 구별됩니다. 원저작물에 기반을 두고 있기 때문에 순수한 창작이라고 할 수 없지만, 원작의 새로운 창작물로 인정하는 추세입니다.

· 오마주(homage): 프랑스어로 존경, 경의를 뜻하는 단어입니다. 주로 영화에서 후배 영화인이 선배 영화인의 기술적 재능이나 업적을 존경하고 경의를 표하기 위해서, 감명 깊은 장면이나 대사를 흉내 내어 표현하는 행위를 말합니다. 미국의 쿠엔틴 타란티노 감독은 홍콩의 영화감독 오우삼의 작품을 보고 깊은 감명을 받아서, 그의 작품 <저수지의 개들 Reservoir Dogs>에 오우삼의 <첩혈쌍웅> 등에 나오는 권총 액션 장면을 각색하여 삽입한 것은 대표적 오마주의 예입니다.

· 패러디(parody): 특정 작품의 소재나 내용을 익살스럽게 또는 '풍자(비꼬아서 희화화)'적으로 표현하는 것을 말합니다. 패러디 역시 표절과 구분이 애매한데, 단순히 웃음을 유발하는 것이나 그 내용을 변형하는 것에 머물지 않고, '원작'의 비평 또는 풍자라는 분명한 목적이 있어야 하고 그 목적 달성에 충실해야 합니다.

· 샘플링(sampling): 일반적으로 기존 음악의 일부분을 잘라 내어 새로운 음악을 만드는데 사용하는 것을 샘플링(표본화)이라고 합니다. 힙합 등 대중가요에서 널리 사용되는 작곡 기법입니다. 저작권자의 허락을 받고 합법적으로 샘플링 하는 샘플링 클리어(sampling clear)는 저작권 시비가 없지만, 무단으로 샘플링하는 것은 표절과 저작권 침해 논란을 야기할 수 있습니다.

· 인용(citation): 다른 사람의 저작물을 합법적 또는 적절한 방법으로 자신의 저작물에 이용하는 것입니다. 일반적으로 학술 논문이나 연구 보고서 등을 작성할 때, 다른 사람의 논문이나 저서의 일부 문장을 그대로 또는 변형하여 자신의 논문에 삽입하여 자신의 논리를 뒷받침하는 것을 말합니다.

위의 개념은 표절과 매우 유사하고 경계가 불분명하여 항상 논란거리가 되고 있습니다. 표절이 사회문제화 됨에 따라, 각 분야에서는 표절 판정 가이드 라인을 만들고 있기도 합니다. 학술 논문의 경우, 각 대학마다 연구 윤리 위원회를 두고 표절 판정 가이드라인 제정과 표절 시비를 판정하고 있습니다. 음악과 영화 분야에서의 표절 시비가 빈번하게 발생함에 따라, 2007년 3월 문화관광부는 저작권법상 표절 기준 및 표절 방지 대책의 일환으로 '영화와 음악분야에서의 표절방지 가이드라인'을 발표하였습니다.

표절 예방 방안

표절은 지식정보 사회의 발전을 좀먹는 바이러스와 같은 행위입니다. 저작권을 존중하고 자신의 창의성을 발휘하여 창조적 지식 콘텐츠 생산에 노력해야 할 것입니다. 무엇보다도 저작권을 존중하고 창의성을 소중하게 생각하는 윤리의식을 가져야 할 것입니다.

· 명확한 기준 정립: 표절은 표절에 관한 명확한 기준이 없기 때문에 논란의 대상이 되고 있습니다. 그러나

표절에 대한 기준의 설정은 매우 어려운 일입니다. 자칫, 표절 기준이 표현의 자유를 억압하거나 창작 의욕을 저하 시키는 역효과를 가져 올 수도 있습니다. 그렇지만, 표절과 관련된 분쟁이나 시비가 늘어나고 있어 표절의 기준이 요구되고 있습니다. 앞서 설명한 바와 같이, 각 분야에서 자율적으로 표절 가이드라인을 제정하고 있는데 이는 바람직한 현상이라고 할 것입니다.

· 예방 교육 실시 및 시스템 구축: 대학생들조차 표절에 대한 개념을 이해하고 있지 못하며, 올바른 저작권 활용 방법을 알고 있지 못합니다. 저작권과 표절 예방 교육을 실시하고 올바른 저작권 활용을 이해하여, 창의적 학술·문화 활동의 역량을 배양하도록 해야 할 것입니다. 한편으로는 표절 검색 시스템을 구축하여 사전에 적발할 수 있도록 환경을 만들어야 할 것입니다.

· 사후 조치 및 문화적 접근: 일반적으로 표절은 법적인 문제가 아니라 윤리적 문제입니다. 그러나 학술 논문이나 보고서의 표절에 대하여 대학에서는 경고, 성적 감점, 근신, 졸업보류, 정학, 퇴학, 학위취소 등 불이익을 주고 있습니다. 다른 분야에서도 이와 유사하게 제제와 불이익을 부과하고 있습니다. 엄정한 사후 조치로 표절이 근절되도록 해야 할 것입니다. 또한 표절 관련 시비에 대하여 개관적이고 이성적으로 논의할 수 있는 문화적 환경과 여건이 성숙되도록 해야 할 것입니다.

9.2.4 교육에서 저작물 공정 사용

저작권법은 저작자의 권리와 이에 인접하는 권리를 보호하고 저작물의 공정한 이용을 도모함으로써 문화 및 관련 산업의 향상 발전에 이바지함을 목적으로 하고 있습니다(저작권법 제1조). 저작권법은 '문화 및 관련 산업의 향상 발전'이라는 목적을 위해, 저작자의 권리 보호와 공정 이용이라고 하는 두 가지 핵심 요소를 추구하고 있습니다. 그런데 앞서 설명한 것처럼, 저작권 보호와 공정 이용은 서로 대립되는 개념입니다. 저작권 보호에 치중하면, 저작물 이용이 위축되고 학술 문화 활동의 활력을 상실하게 되어 문화 및 관련 산업의 침체와 퇴보를 가져 올 수 있습니다. 반면에, 공정 사용에 중점을 두어 저작물을 개방하면, 창작 의욕이 저하되고 창작 및 관련 투자를 기피하여 결과적으로 관련 산업의 침체와 함께 일반 대중이 향유할 수 있는 문화적 자산의 빈곤을 초래하게 됩니다. 따라서 저작권 보호와 공정 이용의 균형적 조화가 요구되고 있습니다.

이런 사항을 고려하여 저작권법에서는 저작물의 공정 이용을 상세하게 규정하고 있습니다. 여기서는 교육과 관련된 저작물의 공정 이용에 대하여 알아보겠습니다.

교육기관 등에서의 공정 이용

교육기관 등에서의 저작물 이용은 다음의 조건을 갖춘 경우에 저작권, 출판권, 저작 인접권 등을 침해하지 않는다고 규정하고 있습니다.

- 이용의 대상이 되는 저작물이 공표된 저작물일 것
- 저작권법 제25조 제2항의 규정에 따른 교육기관 또는 교육 지원기관이거나 그 규정에 따른 교육기관에서 교육을 받는 자가 이용하는 경우일 것
- 교육기관 등에서 수업 또는 수업지원 목적상 필요하다고 인정되는 경우일 것

• 법에 의하여 허용되는 복제, 전송 등 이용 행위의 범위를 넘지 않고 다른 교육기관 등의 전송의 경우 불법 이용을 방지하기 위해 필요한 조치를 취할 것

• 수업 목적상 필요한 범위 내에서 원칙적으로 저작물의 일부분만 이용해야 하고, 이용하는 저작물의 종류, 용도, 저작물에서 복제물이 차지하는 비중, 복제의 부수 및 이용의 구체적 방법 등에 비추어, 저작 재산권자의 이익을 부당하게 해치는 경우가 아닐 것

• 보상금 지급의무(초 · 중 · 등교육법에 의한 고등학교 이하의 학교, 유치원, 장애인 등에 대한 특수교육법에 의한 특수교육기관은 제외)

교육기관에서 저작물 공정 이용이 실제로 어떻게 적용되는지 질의 응답 사례를 통해서 살펴보겠습니다.

[사례 1] 대학교에서 교수가 강의시간에 관련된 영화를 5분 정도 학생들에게 보여 주는 방식의 수업을 하는 경우 저작권자의 허락이 필요한가?

교육기관은 '수업 목적상 필요한 경우'에는 공표된 저작물의 일부분을 복제 · 배포 · 공연 · 방송 또는 전송할 수 있습니다. '수업목적상 필요한 경우'란 교육기관에서 직접 수업을 하는 자가 주체가 되어 수업과 직접적으로 연관된 범위 내에서 저작물을 이용하는 것을 말합니다. 그러므로 대학에서 교수가 수업의 효과를 높이기 위해 수업과 관련 있는 영화의 일부분을 학생들에게 보여 주는 것은 가능합니다.

그러나 이러한 규정에 따라 저작물의 이용이 가능한 경우라도 무제한으로 이용이 가능한 것은 아니며, 저작물의 용도와 복제의 부수 및 형태 등에 비추어 저작권자의 이익을 부당하게 해치지 않는 범위 내에서 이루어져야 합니다. 저작물 이용이 공정 이용 요건에 합치되는지는 단순히 이용되는 저작물의 수량이나 시간만으로 판단할 수는 없고 구체적인 사례에 따라 개별적으로 판단합니다. 우리나라 저작권법에는 구체적인 기준이 제시되어 있지 않은데 [표 9-6]의 미국의 교육미디어 공정 이용 가이드 라인은 이런 판단에 참고가 될 수 있을 것입니다.

[표 9-6] 미국의 교육미디어 공정 이용 가이드 라인

매체	사용량	제한 기준	추가 사항
동영상	10%	3분 이내	
산문	10%	1000단어 이내	
시	250단어 이내 전부	250단어 이내	시집의 경우 시인 당 3편, 총 5편
음악/가사	10%	30초 이내	작품 변환 불가
사진/삽화	전부	작가당 5작품 이내	
작품집(미술)	10%	15이미지 이내	작품집 당 15편 이내

참고 : 미국의 교육미디어에 관한 공정 이용 가이드 라인

[사례 2] 학생들이 교육적, 창조적 목적으로 스스로 작품을 만드는 과정에서 저작물을 사용하는 경우는 공정 이용에 해당되는가?

교육기관에서 교육을 받는 학생이 수업 목적상 필요하다고 인정될 경우에 공표된 저작물을 복제하거나 전송

할 수 있습니다. 그러나 학생들이 수업 목적과는 무관하게 스스로 작품을 만드는 과정에서 타인의 저작물을 사용하는 경우에는 사적 이용으로 공정 이용이 아닙니다.

[사례 3] 학생들의 작품(연극, 영화, 공연, 사진, 그림 등)의 전시, 상영 등의 행위를 위해 관객을 모으는 경우는 공정이용에 해당되는가?

저작물의 공정 이용은 수업 목적 범위에서만 허용하고 있습니다. 예를 들어, 미술 시간에 타인의 작품을 이용하여 미술 작품을 만들거나, 음악시간에 타인의 음악을 이용하여 새로운 곡을 만드는 것은 공정 이용입니다. 그러나 원저작물을 이용한 미술작품을 장기간 전시하거나 외부인을 초청하여 공연하는 것은, 수업목적을 벗어난 것으로 저작권 침해에 해당합니다.

[사례 4] 수업에 활용할 멀티미디어 교육 교재를 제작하기 위하여 저작물을 활용(일부 또는 전부)한 경우 공정 이용에 해당되는가?

수업 목적으로 제작하고 수업 목적으로 활용하는 것은 저작권자의 허락 없이 이용할 수가 있습니다. 그러나 저작 재산권 자에게 보상금을 지급해야 합니다.

이외에도 교과서 내용의 공정 이용, 시험 문제의 공정 이용, 도서관 등에서의 저작물 공정 이용 등에 대한 규정이 있으니 살펴보기 바랍니다.

9.3 소프트웨어 저작권

PC, 태블릿, 스마트폰, 스마트 TV 등 컴퓨터는 일상생활에 핵심 도구가 되었습니다. 이에 따라 컴퓨터의 효과적 활용을 지원하는 소프트웨어의 중요성이 강조되고 있습니다. 실제로 컴퓨터 활용은 소프트웨어에 의하여 결정되고 있습니다. 정보기술 활용과 응용에 소프트웨어의 중요성이 부각됨에 따라 특허 등의 방법으로 소프트웨어 재산권을 보호하기 시작하였습니다. 최근에는 소프트웨어도 '인간의 사상 또는 감정을 표현한 창작물'로 인정하여 지식정보 사회의 아주 중요한 지적 재산으로 소프트웨어 저작권을 보호하고 있습니다.

우리나라에서는 소프트웨어의 특수성을 고려하여, 1986년 12월 31일 '컴퓨터 프로그램 보호법'을 제정하여 별도로 보호하여 왔습니다. 그 후, '저작권법'과 '컴퓨터 프로그램 보호법'으로 이원화된 저작권 보호 체제를 저작권 보호정책의 일관성을 유지하고 효율성을 도모하고자, 2009년 4월 22일 개정된 저작권법에서 컴퓨터 프로그램 저작물로 보호하고 있습니다.

이제, 소프트웨어가 저작물로 보호 받고 불법 소프트웨어 복제, 전송 등이 처벌받는다는 것을 모르는 사람이 없습니다. 그럼에도 불구하고, 소프트웨어는 그 특성상 쉽게 복제되고 재생산 될 수 있어 소프트웨어 저작권 침해가 근절되고 있지 않습니다. 뿐만 아니라, 소프트웨어 저작권 보호에 대한 인식 부족으로 소프트웨어를 효과적으로 활용하지 못하는 사례도 있습니다. 소프트웨어 저작권에 대한 확실한 이해와 소프트웨어의 공정 활용에 대하여 알아보도록 하겠습니다.

9.3.1 소프트웨어 라이선스의 개념과 유형

소프트웨어는 기술적 측면, 운영적 측면 또는 사용자적 측면에서 다양하게 정의할 수 있습니다. 소프트웨어 산업진흥법 제2조 제1호에서는 '컴퓨터 · 통신 · 자동화 등의 장비와 그 주변장치에 대하여 명령 · 제어 · 입력 · 처리 · 저장 · 출력 · 상호작용이 가능하도록 하게 하는 지시 · 명령(음성이나 영상정보 등을 포함한다)의 집합과 이를 작성하기 위하여 사용된 기술서 기타 관련 자료를 말한다' 라고 정의하고 있습니다. 따라서 소프트웨어라 함은, 컴퓨터 프로그램과 이를 작성하고 운영하기 위하여 사용되는 관련 자료 및 문서를 통합하여 지칭하는 것입니다.

한편, 컴퓨터 프로그램은 고도의 지적 창작물로 저작권법의 보호를 받고 있으므로, 넓은 의미의 컴퓨터 프로그램인 소프트웨어도 저작권법에 의해 보호받게 됩니다. 소프트웨어 저작자는 [표 9-7]과 같은 저작권을 보호 받게 됩니다.

[표 9-7] 소프트웨어 저작권과 일반 저작권의 권리 비교

구분	저작 인격권	저작 재산권	저작 인접권
sw저작권	• 공표권 • 성명 표시권 • 동일성 유지권	복제권 · 개작권 · 번역권 · 배포권 · 발행권·전송권	없음
일반 저작권	• 공표권 • 성명 표시권 • 동일성 유지권	복제권 · 공연권 · 전시권 · 배포권 · 공중송신권 · 대여권 · 2차적 저작물의 작성권	• 실연자의 권리 성명표시권 · 동일성유지권 · 복제권 · 배포권 · 대여권 · 공연권 · 방송권 · 전송권 · 보상청구권 • 음반제작자의 권리 복제권 · 배포권 · 대여권 · 전송권 · 보상청구권 • 방송사업자의 권리 복제권 · 동시중계방송권

출처: 선생님이 꼭 알아야 할 SW지적재산권

그런데 소프트웨어는 일반 저작물과는 다른 특성이 있습니다. 소프트웨어를 구입하는 목적은 소프트웨어 그 자체에 있지 않고 소프트웨어를 실행하여 활용하고자 하는데 있습니다. 따라서 소프트웨어의 구입은 실행 허락권을 구입하는 것이지 소프트웨어 내용 자체를 구입하는 것이 아닙니다. 즉, 소프트웨어 저작권자는 일정한 조건으로 소프트웨어를 실행할 수 있는 권한을 허락하는데, 이를 소프트웨어 라이선스(license: 이용 허락권)라고 합니다. 소프트웨어는 다른 저작물과는 달리, 소프트웨어의 소유권이 아니라 소프트웨어 라이선스를 부여하여 소프트웨어를 활용하도록 합니다. 소프트웨어의 구입은 라이선스의 구입이고, 소프트웨어에서 저작권 침해는 바로 라이선스 조건을 침해하는 것입니다.

소프트웨어 라이선스 유형

소프트웨어는 저작물의 특수성으로 인하여 [그림 9-7]처럼 다양한 라이선스 형식이 있습니다. 소프트웨어의 구입은 라이선스 구입이므로 라이선스의 형태와 의미를 이해하고 올바르게 소프트웨어를 사용해야 저작권을 침해하지 않게 됩니다.

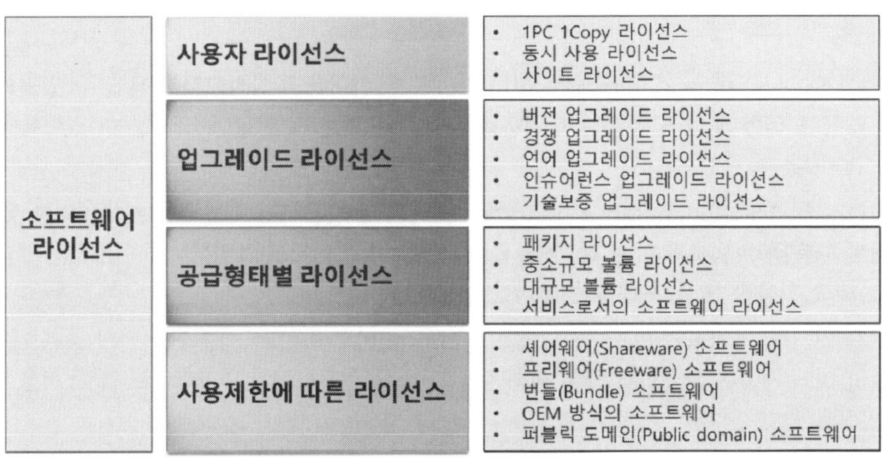

[그림 9-7] 소프트웨어 라이선스 형태

[사용자 라이선스]

일반 사용자가 소프트웨어를 구입할 때 부여되는 라이선스 형태입니다. 구체적으로는 다음과 같은 형태가 있습니다.

· 1PC 1Copy 라이선스: 가장 일반적인 라이선스로 구매한 소프트웨어를 오직 1대의 PC에만 설치하여 활용할 수 있는 형태입니다. 일반 판매되고 있는 대부분의 소프트웨어는 1대의 PC에 1개의 복사본만 사용하도록 허가하고 있습니다.

· 동시 사용(concurrent usage) 라이선스: 학과 또는 업무 부서와 같이 소규모 그룹에서 여러 사람이 동시에 소프트웨어를 이용할 수 있도록 하는 라이선스입니다. 동시 사용자의 수를 제한하여 사용 권한을 부여하는 소프트웨어 라이선스로 일반적으로 서버에 프로그램을 설치하고 지정된 사용자 수만큼 소프트웨어를 사용하도록 통제합니다.

· 사이트 라이선스(site license): 대학, 기업 등 대규모 조직을 대상으로 계약하는 라이선스로 사용 기관은 라이선스 사용조건 범위 내에서 소프트웨어를 무제한으로 사용할 수 있습니다.

[업그레이드(upgrade) 라이선스]

소프트웨어는 그 특성상 지속적으로 기능이 보완되고 오류가 수정됩니다. 최신 버전을 지원받을 수 있는 라이선스입니다.

· **버전 업그레이드(version upgrade) 라이선스**: 소프트웨어의 업그레이드 버전이 출시되었을 때에 하는 업그레이드를 해주는 라이선스로 가장 일반적인 라이선스 방식입니다. 이때 반드시 하위 버전의 소프트웨어가 필요하며 업그레이드 후에는 하위 버전을 별도로 분리할 수 없습니다.

· **경쟁 업그레이드(competitive upgrade) 라이선스**: 경쟁사의 제품을 가져 오면 이를 자사의 제품으로 대치하여 주는 것입니다. 예를 들어, 사용자가 A사의 문서 편집기를 사용하고 있으면 B사가 자사의 제품으로 대치해 주는 업그레이드입니다. 주로 경쟁사 제품을 사용하지 못하게 하는 마케팅 수단으로 활용되고 있습니다.

· **언어 업그레이드(language upgrade) 라이선스**: 다른 언어를 추가적으로 사용할 수 있도록 해주는 업그레이드입니다. 예를 들어, 영문 소프트웨어를 사용하고 있을 때 한글이 지원될 수 있도록 업그레이드 해주는 것입니다.

· **인슈어런스 업그레이드(insurance upgrade) 라이선스**: 사용자가 개발된 소프트웨어를 일정 기간 동안 마음대로 사용할 수 있도록 하는 라이선스입니다. 주로 1년 단위로 계약하여 1년 동안은 개발된 최신 버전을 마음대로 사용할 수 있도록 하는 라이선스입니다.

· **기술보증 업그레이드(technology guarantee upgrade) 라이선스**: 새로운 버전의 소프트웨어 출시가 예상되지만 아직 개발이 완료되지 않은 상태에서 새 버전이 출시되면 업그레이드 해줄 것을 약속하는 라이선스입니다.

[공급형태별 라이선스]

소프트웨어를 공급 또는 배포하는 방식에 의한 라이선스입니다.

· **패키지(package) 라이선스**: 소프트웨어가 수록된 CD, DVD 등과 설명서를 박스로 포장하여 판매하는 형태를 말합니다. 가장 일반적인 공급 방법입니다.

· **중소규모 볼륨(low volume) 라이선스**: 중소규모의 단체나 기관에 소프트웨어를 공급하는 방법입니다. 일반적으로 5명 사용자 이상 구매 시 가능한 라이선스입니다.

· **대규모 볼륨(high volume) 라이선스**: 학교, 대기업, 기관 등 수백 대 이상의 대규모 PC를 보유한 기관을 대상으로 소프트웨어를 제공하는 방식입니다.

· **서비스로서의 소프트웨어 라이선스**: 공급자가 중앙 서버에 소프트웨어를 설치해 두고, 사용자가 네트워크를 통해 접속하여 사용할 수 있도록 하는 서비스를 제공하는 방식입니다. 사용자는 접속 시간만큼 사용료를 지불하거나 월, 년 단위로 계약하여 이용료를 지불할 수도 있습니다. 클라우드 컴퓨팅(cloud computing) 기술의 발달로 서비스로서의 소프트웨어(Software-as-a-Service: SaaS)가 일반화되면서 각광을 받고 있는 방식입니다.

[사용 제한에 따른 라이선스]

상용 소프트웨어 라이선스 조건이 엄격하고 비싸서 컴퓨터 활용에 걸림돌이 되고 있어 다양한 형태의 라이선스 형식이 등장하고 있습니다. 소프트웨어의 활용을 촉진하면서 사용에 다소 제약을 주는 라이선스 형태입니다.

· **셰어웨어(shareware) 소프트웨어**: 보통 무료로 다운받아 사용 가능하지만 기능이나 이용기간 등에 제한을 둔 소프트웨어를 말합니다. 이용기간이 끝난 후에는 비용을 지불해야 지속적으로 사용할 수 있습니다. 데모 버전(demo version)이나 트라이얼 버전(trial version) 등도 이 범주에 포함된다고 볼 수 있으며, 평가판 소프트웨어나 애드웨어(adware) 소프트웨어도 사용에 일정한 조건과 제한이 있다는 의미에서 셰어웨어 소프트웨어의 범주에 속한다고 볼 수 있습니다.

· **프리웨어(freeware) 소프트웨어**: 무상으로 자유롭게 사용할 수 있도록 배포되는 소프트웨어를 말합니다. 프리웨어는 이용기간이나 기능의 제약은 없지만, 이용 목적이나 사용자를 구분 짓는 경우가 종종 있기 때문에, 구체적인 이용 허락의 범위를 확인하는 것이 좋습니다. 보통의 경우 특별한 제한이 없지만 상업용 목적으로 이용 또는 수정, 배포 등에 제한이 있을 수 있습니다.

· **번들(bundle) 소프트웨어**: 컴퓨터 또는 소프트웨어 구입 시에 부속물로 묶어서 공급되는 소프트웨어를 말하며, 해당 컴퓨터와 소프트웨어에 대해서만 효력을 가지며 다른 컴퓨터에 설치할 때에는 라이선스를 인정받지 못합니다.

· **OEM(original equipment manufacturer) 방식의 소프트웨어**: 일반적으로 컴퓨터 제조 회사가 컴퓨터 생산 시에 소프트웨어를 사용할 수 있도록 제조 회사에 제공하는 라이선스입니다. 예를 들어, 삼성 컴퓨터가 노트북 생산 시에 마이크로소프트사로부터 윈도우 운영체제를 공급받아 설치하게 되는데, 이와 같이 생산자 주문 소프트웨어 제공 방식을 말합니다. 이때, 컴퓨터 가격에 소프트웨어 비용이 포함되는 것이 일반적입니다.

· **퍼블릭 도메인(public domain) 소프트웨어**: 소프트웨어의 제한 없는 사용으로 정보사회 발전을 촉진하고자 할 목적으로, 누구든지 무료로 자유롭게 이용할 수 있도록 공개되어 있는 소프트웨어를 말합니다. 오픈 소스(open source) 소프트웨어라고도 합니다. 물론, 자유롭게 이용할 수 있는 오픈 소스 소프트웨어도 세부적으로는 다양한 라이선스 형태가 있습니다. 자유 소프트웨어 재단에서 주도하는 GPL(General Public License), 모질라 프로젝트(Mozilla Project)의 MPL(Mozilla Public License), 캘리포니아 대학교에서 개발한 BSD(Berkeley Software Distribution), 아파치 재단(Apache Software Foundation)의 AL(Apache License) 등이 있습니다. [표 9-8]에 각 라이선스의 저작권 비교를 참고하고 구체적인 라이선스 조건은 전문 자료를 참고하기 바랍니다.

[표 9-8] 주요 오픈 소스 소프트웨어 라이선스 비교

	무료 이용가능	배포 허용가능	소스코드 취득가능	소스코드 수정가능	2차적 저작물 재공개 의무	독점 SW와 결합가능
GPL	○	○	○	○	○	×
LGPL	○	○	○	○	○	○
MPL	○	○	○	○	○	○
BSD license	○	○	○	○	×	○
Apache licnse	○	○	○	○	×	○

정보기술 발전으로 새로운 소프트웨어 등장

스마트폰, 태블릿 PC 사용의 확대로 프로그램의 사용보다 앱(app: application의 준말)을 사용하는 일이 더 많아 졌습니다. 스마트폰 개발 업체는 다양한 앱을 개발하여 사용자의 스마트 기기를 지원하고 있습니다. 또한 앱 개발자와 사용자가 쉽게 앱을 보급하고 사용할 수 있도록 앱을 사고 파는 오픈 마켓을 구축하여 스마트폰 응용 생태 환경을 조성하고 있습니다. 애플의 '앱스토어', 구글의 '구글 플레이' 등 대표적인 앱 거래 오픈 마켓입니다.

실질적으로 앱은 스마트 기기에서 동작하는 특별한 소프트웨어라고 할 수 있습니다. 앱도 라이선스 조건을 준수하여 사용해야 합니다. 그런데 일부 개발자와 사용자가 앱의 저작권을 침해하는 일을 하기도 합니다.

- 개발자가 다른 앱을 모방 또는 표절하여 앱을 제작하는 경우
- 개발자가 허가 받지 않은 데이터 또는 콘텐츠로 앱을 개발하는 경우
- 개발자가 다른 앱의 데이터를 무단으로 활용하는 경우
- 사용자가 탈옥폰을 만든 후, 앱이나 콘텐츠에 무단 접근하는 경우
- 사용자가 스마트폰을 이용하여 콘텐츠를 무단으로 배포하는 경우

스마트폰을 비롯한 스마트 정보기기가 등장한 지 10년이 되지 않습니다. 스마트 정보기술은 지속적으로 발전하고 있고, 이에 따라 다양한 소프트웨어 저작권 침해 방법이 새롭게 등장하고 잇습니다.

한편, 클라우드 컴퓨팅 기술의 보편화로 서비스 형의 소프트웨어(Soft-As-A-Service:SaaS)가 확산되고 있습니다. 구글, 아마존, 조호(Zoho) 등 많은 업체가 차세대 소프트웨어 형식으로 SaaS의 중요성을 인식하고 관련 제품 개발에 노력하고 있습니다. 이미 기업, 공공 기관 등 소프트웨어를 대규모로 활용하고 있는 곳에서는 SaaS 활용이 점차 보편화 되고 있습니다. SaaS는 클라우드에 필요한 소프트웨어를 설치해 두고 필요 시에 접근하여 사용하는 형태로 소프트웨어 활용의 새로운 방향을 제시하고 있습니다. SaaS에서는 소프트웨어의 저작권 관리, 접근 통제 등 라이선스 관리를 위한 새로운 방법이 요구되고 있습니다.

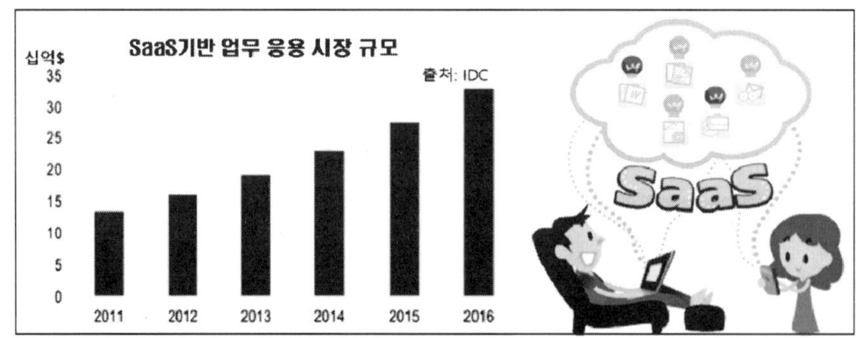

[그림 9-8] SaaS형 소프트웨어의 확산

9.3.2 소프트웨어 저작권 침해와 보호

소프트웨어 불법 복제에 대한 교육과 단속으로 소프트웨어 라이선스에 대한 인식이 크게 개선되었습니다. 바람직한 정보문화 정착과 소프트웨어 산업의 활성화에 활력이 되고 있습니다. 그럼에도 불구하고, [그림 9-9]에 보는 바와 같이 소프트웨어 불법 복제가 지속되고 있습니다. 2011년 국내 소프트웨어 불법 복제율은 약 40%로 3년 연속 세계평균 이하를 기록하였으나, 불법 복제로 인한 국내 산업 피해 규모는 약 8천 구백 억원으로 전년대비 12.9% 증가하였습니다. 고가의 소프트웨어 복제가 증가하고 있어 피해액이 늘어나고 있는 것으로 분석되고 있습니다.

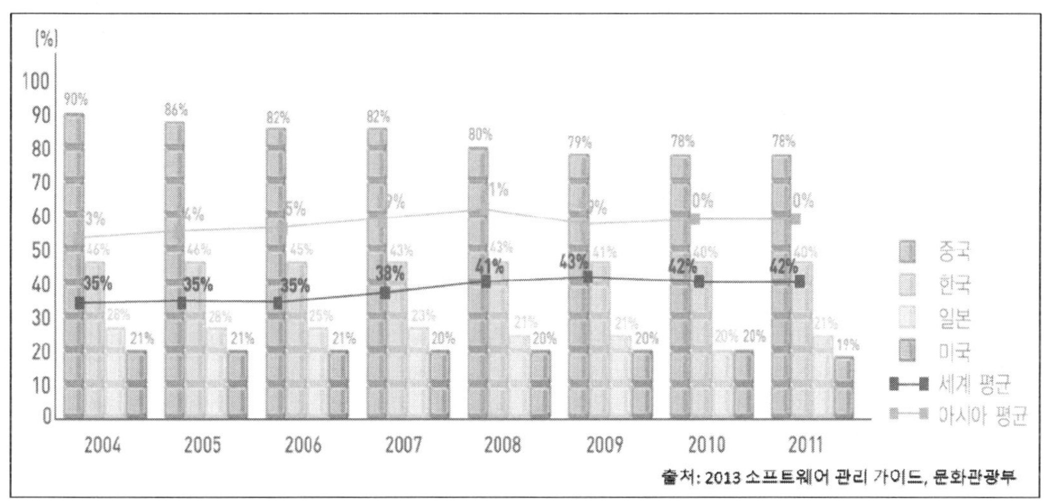

[그림 9-9] 소프트웨어 불법 복제 현황

소프트웨어 불법 사용

일반적으로 소프트웨어 라이선스를 위반하면 불법 사용이 됩니다. 대표적인 유형으로 다음과 같은 것이 있습니다.

- 정당한 라이선스 취득 없이 무단으로 사용하는 행위
- 보유한 소프트웨어의 상위버전을 사용하거나 정해진 수량을 초과하여 사용하는 행위
- 별도의 라이선스 취득 없이 네트워크를 통해 다수의 사용자가 공유하는 행위
- 번들 소프트웨어를 다른 컴퓨터에서 사용하는 행위
- 컴퓨터 판매자가 불법 소프트웨어를 설치하여 판매하는 행위
- 프리웨어 · 셰어웨어의 사용조건을 위반하는 행위
- 라이선스 장치를 크랙(crack)하여 사용하는 행위

개인에게는 무료로 제공되는 소프트웨어라고 하더라도 기업, 학교, 공공기관 및 단체 등에서 사용하는 것은 사용자가 개인적 용도로만 사용하더라도 업무상 사용으로 간주하여 저작권 침해가 됨을 유의해야 합니다.

소프트웨어 저작권 보호

소프트웨어 저작권은 일반 저작물처럼 프로그램이 공표된 다음 연도부터 70년간 보호됩니다. 앞서 설명 한 바와 같이, 글자체(font) 자체는 저작권법으로 보호받지 못하지만 글자체 파일(file)은 소프트웨어 저작물로 보호를 받습니다. 글자체 파일을 복제 및 개작하여 사용하는 것은 소프트웨어 저작권 침해가 됨을 유의해야 합니다.

소프트웨어 저작권 침해 처벌

소프트웨어 저작권 침해 판정과 규제는 일반 저작물의 경우와 유사합니다. 소프트웨어 저작권 침해 행위에 대한 처벌 규정은 다음과 같습니다.

- 복제권, 공중송신권, 배포권 등을 침해한 경우에는, 5년 이하 징역 또는 5천만원 이하의 벌금에 처하거나 이를 병과
- 불법 소프트웨어임을 알면서 이를 업무상 이용한 경우에는, 3년 이하 징역 또는 3천만원 이하의 벌금에 처하거나 이를 병과
- 소프트웨어 침해 처벌은 행위자와 소속 기관 모두를 처벌하고 민사상 손해 배상 책임

소프트웨어 불법 복제 및 저작권 침해 수사는 문화체육관광부 특별 사법 경찰관을 필두로 검찰 및 일반 경찰이 함께 철저하게 단속과 수사를 실시하고 있습니다.

9.3.3 공정한 소프트웨어 활용

우리나라는 세계적인 정보기술(IT) 강국이지만 소프트웨어 불법 복제율이 40%에 달하고 있어, 인터넷 정보기술 발전을 주도하기 위해서는 정품 소프트웨어 사용을 확산하는 등 인터넷 윤리의 생활화가 요구되고 있습니다. 소프트웨어는 인터넷 정보기술의 핵심으로, 공정하고 올바르게 사용할 때 바람직한 인터넷 문화를 꽃피울 수 있습니다. 정품 소프트웨어의 활용과 소프트웨어 저작권 보호는 인터넷 문화가 성장하기 위한 토양입니다. 다음과 같은 노력으로 공정하고 올바르게 소프트웨어를 사용하는 사회를 만들어야 하겠습니다.

- **정품 소프트웨어를 사용한다.** 일반적으로 디지털 정보 자원은 만지거나 볼 수 없어 존재하는 물체로서의 인식이 미약하고 아주 쉽게 복제될 수 있어 불법 복제의 유혹에 빠지기 쉽습니다. 개인이나 기관의 소프트웨어 구입 예산이 충분하지 않아 불법 복제를 부채질하고 있습니다. 이런 상황이 계속되면서 소프트웨어 불법 복제와 저작권 침해에 대한 윤리의식이 흐려지게 되었습니다.

이제 소프트웨어는 엄연히 창작된 지적 저작물임을 이해하고 정품 소프트웨어를 정당한 대가를 지불하고 사용해야 합니다. 소프트웨어 저작권을 보호하고 라이선스 조건대로 소프트웨어를 사용해야 할 것입니다.

[그림 9-10] 소프트웨어 공정 이용 노력

· **소프트웨어 관리 10계명을 준수한다.** 문화관광부와 한국 저작권 위원회 등에서는 소프트웨어를 효과적으로 관리하기 위한 지침을 개발, 권장하고 있습니다. 이러한 지침을 기반으로 체계적으로 소프트웨어를 관리해야 할 것입니다.

① 학교, 기업 등은 소프트웨어 관리 전담부서 및 담당자를 지정한다.

② 소프트웨어 라이선스 관리는 전담 부서에서 통합 관리한다.

③ 소프트웨어 관리를 위한 문서화된 정책을 수립한다.

④ 정기적인 소프트웨어 사용 현황조사를 실시한다.

⑤ 불법 소프트웨어 발견 시 즉각 삭제 조치한다.

⑥ 필요한 소프트웨어는 타당성 검토를 거쳐 구입 배분한다.

⑦ 소프트웨어 설치 및 라이선스 보유현황 관리를 위해 소프트웨어 관리 대장을 마련한다.

⑧ 소프트웨어 관리의 기준 확립을 위해 관련 규정을 제정한다.

⑨ 소프트웨어 공급계획을 수립하고 관련 예산을 확보한다.

⑩ 불법 복제 예방을 위한 정기적인 교육을 실시한다.

· **소프트웨어 자산 관리 시스템을 구축한다.** 소프트웨어는 동산, 부동산과 같은 지적 재산입니다. 그러므로 소프트웨어도 구매에서 배포, 활용, 폐기에 이르기까지 소프트웨어와 관련하여 이루어지는 모든 과정을 관리해야 합니다. 소프트웨어를 구매하는 경우에는 필요한 소프트웨어의 종류와 수량, 필요 예산, 계약 조건 등을 우선 검토하고, 구매 후에는 소프트웨어의 설치 및 보유 소프트웨어 관리, 소프트웨어 활용 현황

에 대한 점검 및 그에 따른 조치 등을 실시해야 합니다. 이렇게 소프트웨어 관리를 효율적으로 수행하는 것을 소프트웨어 자산 관리(software asset management)라고 합니다. 이런 시스템을 구축하여 효과적인 소프트웨어 관리, 불법 복제 근절 등 체계적으로 소프트웨어 저작권을 보호해야 할 것입니다.

· 소프트웨어 자가 진단 시스템을 활용한다. 한국 저작권 위원회(http://www.copy112.or.kr)에서는 설치된 소프트웨어를 USB 등의 외부 저장장치를 이용하여 효과적으로 관리하는 서비스를 제공하고 있습니다. 자가 점검용 소프트웨어 인스펙터(Inspector)는 PC에 설치된 소프트웨어를 독자적 점검해 주는(stand-alone) 형과, 인터넷을 기반으로 설치 소프트웨어를 검색하여 확인 할 수 있는 웹 기반 형의 두 종류가 있습니다. 한국 저작권 위원회 사이트에서 다운로드 하여 정기적으로 사용하도록 합니다.

9.4 온라인상의 저작권 침해와 보호

인터넷 웹 기술의 비약적인 발전과 스마트 기기의 보급으로 정보의 개방과 공유가 가속화 되고 있습니다. 정보가 인터넷 상에서 온라인으로 개방과 공유되면서 저작권과 관련하여 많은 문제가 야기되고 있습니다. 온라인에서 저작권 침해는 익명성이 있고 즉시 광범위하게 확산되기 때문에 심각한 문제를 야기하게 됩니다. 온라인 상에서의 저작권 침해와 보호에 대하여 살펴보겠습니다.

9.4.1 온라인에서의 저작권 침해 실태

한국 저작권 단체 연합회의 2013년 저작권 보호 연차 보고서에 의하면, 2012년 온라인 불법 복제물 유통량은 약 18억 4천만 개로 2011년에 비하여 2.5% 증가하였습니다. 온라인 불법 복제물 시장 규모는 856억원으로 감소하고 있는데, 이는 사용자들이 토렌트 등 무료 사이트로 이동하였기 때문인 것으로 분석되고 있습니다.

콘텐츠 유형별로는 음악 61.8%, 방송 19%, 영화 11.1%로 오락 분야 콘텐츠의 불법 복제가 큰 비중을 차지하고 있습니다. 전송 수단별로는 토렌트 40.5%, 웹하드 36.1%, 포털 12.1%, P2P 11.4%로 비합법적 수단에 의한 저작권 침해가 늘어나고 있습니다.

[사례 1] 소리바다 사이트는 회원에 가입하고 프로그램을 설치하면 자신이 원하는 음악을 검색하여 다운로드 하거나 공유폴더에 저장하여 다른 이용자들에게 전송할 수 있는 대표적인 음악 공유 P2P 사이트입니다. 음악 파일에 대한 저작권을 보유하고 있는 한국음반산업협회는 소리바다의 운영자가 저작권을 침해하거나 회원들의 저작권 침해를 방조하였다고 소송을 제기하였습니다. 이에 대하여 소리바다 운영자는 회원간의 구체적인 행위를 알 수가 없고, 음악 파일 공유는 개인적인 문제로 소리바다와는 관계가 없다고 주장하였습니다. 이에 대하여 법원은 회원들의 음악 파일 복사는 개인적 복사에 해당하지 않는 저작권 침해이지만, 소리바다 운영자가 저작권을 침해하였다고 할 수 없다고 판단하였습니다. 다만, 소리바다는 저작권 침해 행위를 방조한 불법 행위가 인정된다고 판시하였습니다.

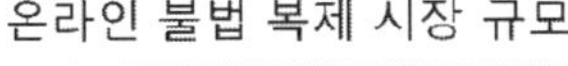

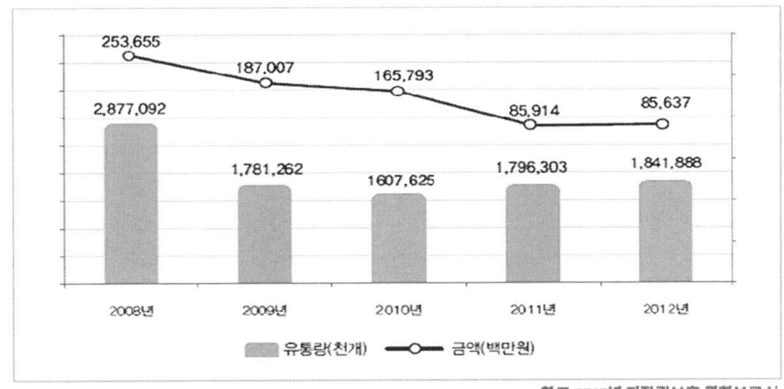

온라인 불법 복제 (전송수단별 유통량)

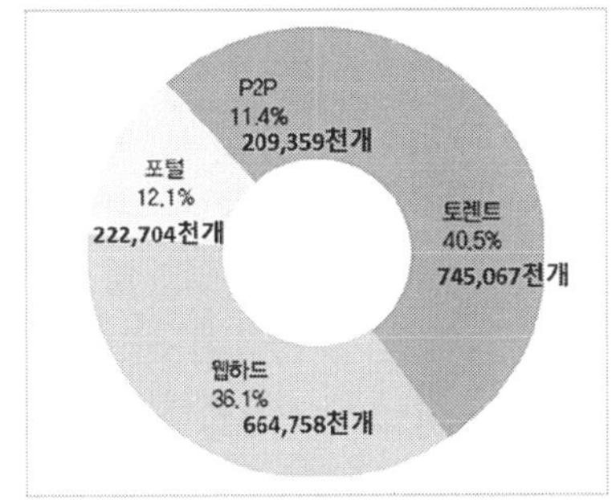

온라인 불법 복제 (콘텐츠별 유통량)

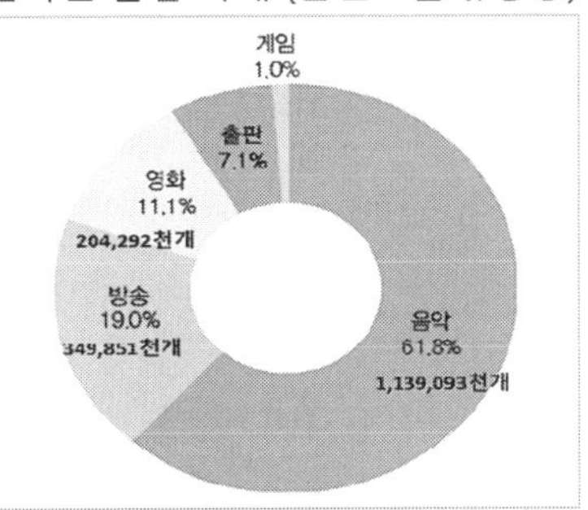

[그림 9-11] 온라인상의 콘텐츠 불법 복제 실태

[사례 2] P씨는 프리랜서 사진작가로 국내의 아름다운 자연풍경을 촬영한 후, 이를 자신의 사진집으로 출간하는 한편, 홍보 목적으로 인터넷 사이트상에 게시하였습니다. 인터넷 사이트상에는 '본 사이트의 이미지(사진작품)를 무단으로 복제하는 것을 금합니다'라는 문구도 기재하였습니다.
A씨는 P씨의 사이트에서 마음에 드는 사진 몇 장을 다운로드 하여 자신의 디렉토리에 저장하여 두었습니다. 이에 대하여 P씨는 A씨를 저작권법 위반으로 형사고소를 하였고, 법원은 벌금 20만원을 선고하였습니다.

[사례 3] K씨는 가로수 길을 사진으로 촬영하여 인터넷 네이버 닷컴 포토갤러리 코너에 '가을 속으로'라는 제목으로 게시하였습니다. 이 사진을 A씨가 회사 홈페이지의 제품 홍보 이미지로 사용하자 K씨가 이의를 제기하였고, 이에 A씨는 스크랩을 허용한 사진이므로 문제가 되지 않는다고 항변하였습니다. 법원은 K씨가 사진을 게시하면서 스크랩을 허용하였음은 인정되나 이는 블로그, 카페 등에 비영리적인 목적으로 이용하는 것을 승낙한 것이며, A씨가 자신의 회사 홈페이지에서 영리의 목적으로 사진을 사용하는 것까지 허락한 것으로 볼 수는 없다고 판단하였습니다.

[사례 4] 인터넷 포털 네이버의 회원으로서 블로그를 운영중인 P씨는 자신의 다섯 살 된 딸이 의자에 앉아 유명 가수의 노래를 부르면서 춤을 추는 모습을 촬영한 53초 분량의 UCC 동영상을 포함하는 게시물을 제작하여 블로그에 게시하였습니다. 이에 해당 음악저작권 관리자는 동영상이 저작권을 침해하였다며 네이버에 복제·전송 중단조치를 요구하였고 네이버는 해당 게시물의 게시를 중단하였습니다. P씨는 당해 조치에 항의하면서 네이버에 구두 및 서면으로 여러 차례 동영상의 재게시를 요구하였으나 받아들여 지지 않자, 법원

에 본인이 제작한 UCC는 저작권을 침해하지 아니한다는 확인을 구하는 소송을 제기하였습니다. P씨처럼 음악을 블로그에 게재한 것은 음악 저작물의 전송에 해당하여, 특별한 사정이 없는 한 복제권 및 전송권을 침해하는 행위가 됩니다. 다만, 저작권법 제28조에서는 '공표된 저작물은 보도 · 비평 · 교육 · 연구 등을 위하여는 정당한 범위 안에서 공정한 관행에 합치되게 이를 인용할 수 있다'고 규정하고 있습니다. 딸의 귀엽고 깜찍한 모습과 행동을 생동감 있게 표현한 것으로서 창작성 있는 저작물에 해당하는 점, 동영상이 영리를 목적으로 제작되거나 전송된 것이 아니라고 보이는 점, 동영상의 주된 내용은 어린 딸이 귀엽고 깜찍하게 가수의 춤 동작을 흉내 내는 것이고 반주 없이 불완전한 방법으로 인용된 점, 인용된 저작물의 양이 전체 74마디 중 7~8마디에 불과하므로 인용의 목적에 비추어 필요한 최소 한도의 인용으로 보이는 점, 음악 저작물의 시장의 수요를 영향을 주거나 그 가치를 훼손한다고 보기는 어려운 점 등을 고려하여, P씨의 동영상은 저작물 일부를 정당한 범위 안에서 공정한 관행에 합치되게 인용하였음이 인정하였습니다. 법원은 음악 저작물의 저작 재산권을 침해한 것이 아니므로, P씨는 동영상이나 게시물을 자유로이 복제, 배포는 물론 공연, 송신할 수 있다고 판시하였습니다.

9.4.2 온라인 서비스 제공자의 책임

온라인 서비스란 말 그대로 온라인을 통하여 정보를 전달하는 정보통신 서비스입니다. 우리나라는 정보통신 서비스를 기간통신 서비스, 별정통신 서비스, 부가통신 서비스, 방송 서비스로 분류하고 있는데, PC 통신이나 인터넷 통신 등을 통한 온라인 서비스는 부가통신 서비스 중 온라인 정보 제공에 해당합니다. 온라인 서비스 제공자(online service provider: OSP)는 이러한 온라인 서비스를 서비스 이용자(가입자)에게 제공하는 자를 말합니다.

온라인 서비스 제공자(OSP)의 유형

인터넷 정보기술의 혁신적인 발전으로 아주 다양한 형태의 OSP가 독특한 서비스를 제공하고 있고, 새로운 형식의 OSP도 끊임없이 등장하고 있습니다. 저작권과 밀접한 관계가 있는 OSP 형태에는 다음과 같은 것이 있습니다.

[포털(portal)]

- 인터넷 연결(접속)의 관문으로 다양한 인터넷 서비스를 제공
- 정보 검색, 이미지 및 동영상 공유, 전자 게시판, 카페, 위키, 이메일, 메세징 등 거의 모든 정보 서비스 제공
- 정보의 게시, 전달, 유통의 거점이 되고 있어 저작권과 직접적 연관이 있는 사이트
- 대표적 업체에는 다음, 네이버, 구글, 야후, 유튜브 등

[P2P]

- 개인간의 파일 공유 서비스를 제공하는 업체
- 개인 소유의 파일을 상호 공유, 복제, 전송 등이 활발하게 이루어져 불법 콘텐츠 복제와 저작권 침해의

온상으로 의심
- 대표적인 형태로 토렌트(torrent)

[웹하드(Web Hard)]

- 인터넷상에 대용량 저장 장치를 설치하고 가입자 상호간 파일을 저장, 공유할 수 있는 서비스를 제공하는 업체
- 콘텐츠의 불법 복제, 유통의 거점으로 사회문제가 되기도 함

[기타 인터넷 사이트]

- 음악, 영화 등 저작물 공유 또는 유통 기능을 제공하고 있는 개인 홈페이지, 블로그 등
- 대부분 영리를 목적으로 하지 않으며 음성적으로 운영

넓은 의미에서 서비스 이용자에게 온라인 접근을 제공하거나 접근한 이용자에게 정보의 송수신 또는 공유 서비스를 제공하는 업체를 모두 OSP라 할 수 있을 것입니다.

온라인 서비스 제공자(OSP)의 서비스 형태

OSP는 아주 다양한 형태의 서비스를 제공하고 있습니다. 이들이 제공하는 서비스를 저작권 관점에서 다음과 같이 분류할 수 있습니다.

- 인터넷 접속 서비스: 인터넷에 접속할 수 있도록 통신 네트워크로 서버까지 경로를 설정하고 이를 연결해 주는 서비스(KT, SK브로드밴드, LG U+ 등)
- 캐싱(caching) 서비스: OSP가 일정한 콘텐츠를 중앙서버와 별도로 구축된 캐시 서버에 자동적으로 임시 저장하여 이용자가 캐시 서버를 통해 해당 콘텐츠를 이용할 수 있도록 하는 서비스
- 저장 서비스: 카페, 블로그, 웹하드 등 일정한 자료를 하드 디스크나 서버에 저장, 사용할 수 있게 하는 서비스(드롭박스, N드라이브 등)
- 정보검색 도구 서비스: 인터넷에서 정보를 검색하여 정보를 제공하여 주는 서비스(다음, 네이버, 구글 등의 검색 서비스)

온라인 서비스 제공자(OSP)와 저작권

온라인 상에서 저작권 침해는 타인의 저작물을 무단으로 전송한 발신자가 책임을 지는 것이 당연합니다. 그러나 인터넷의 익명성, 발신자 식별 및 추적의 어려움, 발신자가 대부분 배상 능력이 없는 개인이라는 특수성 등으로 발신자에게 저작권 침해를 추궁하기 어려운 경우가 많습니다. 때문에, 저작권 침해 시 실효성 있는 배상을 위해 OSP에게 저작권 침해의 책임을 부과하고 침해 방지의 의무를 부가하는 문제가 제기되고 있습니다. 그러나 이용자 개인의 저작권 침해를 OSP가 책임지는 것은 부당하며, 저작권 침해 예방을 위해 OSP가 개인의 정보 전송을 모니터링 하는 것은 표

현의 자유와 통신 비밀 보호를 침해하게 됩니다. 온라인의 특수성으로 이러한 문제를 균형 있게 해결할 수 있는 방안이 요구되고 있습니다.

인터넷을 통해 저작물 등을 공유, 교환하는데 있어 중계자 역할을 담당하는 OSP는 저작권 보호의 협력자 역할을 해야 합니다. OSP는 저작권자와 이용자의 중간에 위치하여 저작물의 생산 · 유통 플랫폼을 제공하면서 서비스를 통하여 발생할 수 있는 저작권 침해를 최소화 할 수 있도록 해야 합니다. 저작권법에서는 OSP가 저작권 보호 의무에 충실하면 OSP의 안정적 사업을 지원할 수 있도록 OSP의 서비스 형태에 따라 면책 조건을 구체적으로 규정하고 있습니다. [표 9-9]는 OSP의 유형별 저작권 침해 면책 조건을 요약한 것입니다.

온라인에서는 저작권과 관련하여 예기치 못한 다양한 문제들이 파생되고 있습니다. 성숙한 인터넷 정보 문화를 정착하기 위하여 저작권자, 이용자, OSP가 윤리적 역량을 발휘해야 할 것입니다.

[표 9-9] 온라인 서비스 제공자의 저작권 침해 면책 요건

온라인 서비스 유형 / 책임 면제 요건	도관 서비스	캐싱 서비스	저장 서비스	정보검색 도구
저작물의 송신을 개시 않을 것		○	○	○
저작물과 수신자를 지정 않을 것	○	○	○	○
반복적 침해자의 개정을 해지하는 방침 채택/이행	○	○	○	
표준적인 기술조치를 권리자가 이용한 때 수용	○	○	○	
저작물 등을 수정하지 않을 것		○		
일정조검 충족하는 이용자만 캐싱된 저작물에 접금 허용		○		
복제 · 전송자가 제시한 현행화 규칙 준수(불합리한 규칙은 예외)		○		
저작물 이용에 관한 정보를 얻기 위한 업계에서 인정한 기술 사용을 방해하지 않을 것		○		
본래의 사이트에서 접근할 수 없게 조치된 자작물에 접근할 수 없도록 조치		○		
침해행위 통제 권한 있는 경우, 침해행위에서 직접적 금전적 이익 없을 것			○	○
침해행위 인지시 해당 저작물 복제 · 전송 중단			○	○
복제 · 전송 중단 요구를 받을 자를 지정하여 공지			○	○

9.4.3 온라인에서 저작물 이용

온라인 상에서의 저작물 이용은 복잡하며 예기치 못한 상황이 발생할 수 있습니다. 여기서 대표적인 사례를 통해 온라인에서의 저작물 이용 개념과 방법을 확실하게 이해할 수 있도록 대표 사례를 검토해 보겠습니다.

[저작물의 링크]

온라인상에서 마음에 드는 사진, 음악 또는 뉴스 기사 등이 있을 때 자신의 블로그나 미니 홈피로 스크랩을 하는 경우가 있습니다. 사진, 음악, 뉴스 기사는 창작물로 사용하거나 인용하기 위해서는 해당 저작권자의 허락이 필요합니다. 온라인상의 이런 저작물들을 블로그나 홈페이지에 직접 복제하여 붙여 넣기를 하는 것은 저작권법상 복제권과 전송권을 침해하는 행위가 됩니다. 그렇다면, 해당 저작물을 링크(link)로 연결할 때도 주의할 사항이 있습니다. 일반적으로 링크를 거는 방법에 따라 단순 링크(simple link), 직접 링크(deep link), 프레임 링크(frame link), 임베디드 링크(embedded link)등의 종류가 있습니다. 자세한 내용은 [표 9-10]을 참고하기 바랍니다.

[표 9-10] 인터넷 링크의 유형과 저작권

구분	내용
단순 링크 (simple link)	• 웹페이지의 주소(URL)만을 게시하여 해당 사이트로 이동할 수 있음 • 저작물의 복제나 전송이 수반되지 않아 자유롭게 이용 가능
직접 링크 (deep link)	• 저작물이 게시된 페이지로 바로 연결 • 웹사이트이 내용에 대한 복제행위가 전혀 수반되지 않아 자유롭게 이용 가능
프레임 링크 (frame link)	• 프레임 기능으로 구획을 나누어 한쪽에는 자신의 페이지가, 다른 한쪽에는 링크한 타인의 홈페이지를 동시에 표시 • 명확히 전송권이 침해된다고 볼 수는 없으나, 경우에 따라 저작인격권 침해, 불법행위 또는 부당이득이 성립할 가능성 있음
임베디드 링크 (embedded link)	• 이용자가 웹사이트에 접속했을 때, 링크가 자동적으로 실행되도록 하는 형태 • 전송으로 볼 것인지에 대한 판례가 분명하지 않지만, 저작권 관련 침해 가능

단순 링크와 직접 링크는 복제권이나 전송권과 관련하여 문제가 없지만, 프레임 링크와 임베디드 링크는 저작권 관련하여 논란이 있습니다. 이렇듯 링크의 종류에 따른 침해여부 판단이 현재까지는 명확하지 않기 때문에 온라인 상의 저작물을 링크하고자 할 때에는 단순 링크나 직접링크를 활용하는 것이 좋습니다.

[블로그, 카페 등의 운영]

인터넷에서 다운로드 한 자료를 미니 홈피나 블로그에 게재하는 것은 저작권 침해일까요? 방문객이 저작권 침해 자료를 업로드 하였을 때는 누구에게 책임이 있을까요? 미니 홈피나 블로그를 개인적인 공간으로 생각할지는 모르지만 여러 사람들이 방문하므로 공개된 장소입니다. 공개된 장소에 저작물을 무단으로 게재하는 것은 저작권 침해입니다.

만약 누군가 자신의 미니 홈피나 블로그에 다른 사람의 저작물을 올려 놓았다면, 그에 대한 법적 책임은 우선 해당 저작물을 게재한 사람에게 있으며, 미니 홈피나 블로그 운영자는 OSP로서의 책임이 있습니다. 따라서 불법 저작물이 게재되었다는 사실을 알거나 저작권자로부터 삭제 요청이 있을 경우, 이를 삭제하거나 전송을 중단하면 그 책임이 줄어들거나 면제됩니다.

['펌' 글과 저작권]

인터넷 게시판에 다른 사람의 글을 퍼다 올리는 경우가 많습니다. 자신이 직접 작성한 글은 창작물이지만, 다른 사람의 글을 퍼다 올리는 것은 불법 저작물이 됩니다. 그러므로 글을 퍼 올릴 때도 글쓴이의 허락을 받아야 하는 것이 원칙입니다. 그러나 저작권자가 자신의 글을 비영리 목적으로 자유롭게 이용해도 좋다는 공개 표시를 하거나 선언을 하였다면, 그러한 저작물은 누구나 비영리 목적의 범위 안에서 자유롭게 이용할 수 있습니다.

[음악 UCC 업로드]

소년소녀 가장 돕기 봉사에서 친구들과 기타 치면서 노래하고 춤춘 공연 동영상을 인터넷 홈페이지에 게시하였습니다. 이런 UCC 동영상도 문제가 될까요?

다른 사람의 저작물과 관련된 음악, 동영상, 사진 등을 인터넷에 게시할 경우에는 미묘한 문제가 있습니다. 저작권법에 의하면 "영리를 목적으로 하지 아니하고, 청중이나 관중 또는 제3자로부터 어떤 명목으로든지 반대 급부를 받지 아니하는 경우에는, 공표된 저작물을 공연 또는 방송할 수 있다"고 규정하고 있습니다. 때문에 실연자(공연자)에게 통상의 보수를 지급하는 경우가 아니라면, 대가를 받지 않는 학교 축제 등에서의 가요를 틀고 춤을 추는 행위는 저작권 침해에 해당하지 않습니다.

다만, 이런 장면을 촬영한 동영상 파일을 인터넷 등에 올리는 행위는 비영리의 목적이라 할지라도 배경음악이나 안무에 대한 저작권 침해 문제가 발생할 수 있습니다.

[저작권 교육조건부 기소유예 제도]

저작권에 대한 이해가 미흡한 청소년들의 저작권 침해 사례가 늘어나고 있습니다. 이에 대해 일부 법무법인은 청소년을 고소하고 과도한 합의금을 요구하는 사례가 있습니다. 문화체육관광부와 대검찰청은 저작권 관련 청소년 범법자를 방지하고 저작권 보호를 위해 저작권 교육조건부 기소유예 제도를 실시하고 있습니다.

비영리 목적으로 경미하게 저작권을 우발적으로 침해한 청소년 사범을 대상으로 검사가 한국저작권위원회가 주관하는 저작권 교육(저작권 지킴이 연수)을 이수(1일 8시간)하는 조건으로 기소를 유예하는 제도입니다.

검찰에서는 2008년 7월 청소년의 저작권법 위반 사건에 대해 제도적 정비를 추진하면서 서울중앙지검부터 청소년을 대상으로 '저작권 교육조건부 기소유예 제도'를 시범 실시하고, 이어 2009년 3월부터 문화체육관광부와 협의해 대상을 성인으로까지 넓혀 이 제도를 전국으로 확대 시행하고 있습니다. 우발적 실수로 저작권을 침해하여 법무법인으로부터 소송을 당하였다면, 당황하지 말고 저작권 교육조건부 기소유예를 활용하기 바랍니다.

9.5 퍼블리티권의 이해

인터넷 정보기술의 비약적 발전은 전자 상거래, 엔터테인먼트 산업(연예/오락 산업), 스포츠 산업 등의 확산을 가져왔습니다. 각 분야에서 수많은 유명인과 연예인들이 등장하였고 이들이 사회 전반에 막강한 영향력을 행사하고 있습니다. 실제로 아이돌 가수와 연예인들이 한류 문화를 확산하는 데 커다란 기여를 하고 있으며, 싸이의 '강남 스타일'처럼 세계적으로 큰 파급 효과를 가져 오기도 합니다. 유명 연예인, 야구 선수, 프로 골프 선수들은 국경을 넘어 대중의 우상이 되고 있습니다.

유명 연예인이나 스포츠 선수의 막강한 영향력을 상업적으로 이용하고자, 당사자의 허락 없이 사진, 음성, 동영상 등을 무단으로 사용하여 당사자의 인격을 침해하는 일이 빈번해졌습니다. 개인의 성명, 사진, 음성 등 개인을 식별할 수 있는 징표도, 개인의 존엄성 유지를 위해 저작권처럼 보호해야 할 필요성이 증대되고 있습니다. 개인이 자신의 공개적 가치를 보호받을 수 있는 권리를 퍼블리티권(right of personality)이라고 합니다.

퍼블리시티권의 정의

퍼블리시티권에 대한 사회적 관심이 증가하고 있음에도 불구하고, 아직 명확한 정의가 없고 전문 법률도 아직 제정되어 있지 않습니다. '재산적 가치가 있는 유명인의 성명 · 초상 등 프라이버시에 속하는 사항을 상업적으로 이용할 권리', '초상, 이름, 목소리 등의 사용을 독점하는 권리', '다른 사람이 자신의 표상을 상업적 목적으로 사용하는 것을 금지 또는 통제할 수 있는 권리', 등 다양한 정의가 있습니다. 일반적으로 퍼블리시티권은 개인을 식별할 수 있는 성명, 초상, 음성 등이 갖는 재산적 가치를 이용, 통제할 수 있는 권리를 의미합니다.

[표 9-11] 퍼블리시티권과 프라이버시권의 비교

퍼블리시티권	성명, 초상/사진, 목소리, 역할 등 개인을 연상 또는 식별할 수 있는 객체 재산적 성격 양도 가능	경제적 손실	손해 배상, 침해정지, 부당 이득 반환
초상권	개인의 사진/이미지 인격적 성격(재산적 성격) 개인 전속 고유 권한	정신적 손실 (경제적 손실)	명예회복, 손해 배상 등
프라이버시권	개인의 신상과 관련된 정보 인격적 성격 개인 전속 고유 권한	정신적 고통	명예회복, 침해정지, 위자료 등

퍼블리시티권은 상표권의 일종도 아니고 저작권의 영역에도 속하지 않지만, 이와 유사한 성격의 인격적 재산권이라고 할 수 있습니다. 프라이버시권은 개인의 인격과 관련된 권한이지만, 퍼블리

시티권은 인격권에 기초한 재산권이라고 할 수 있습니다. 퍼블리시티권은 흔히 초상권과 혼용되기도 하는데, 퍼블리시티권은 초상권과는 달리 재산권적 성격을 가지며, 보호의 대상도 초상 이외에 개인을 식별 또는 연상할 수 있는 성명, 초상, 캐릭터, 캐리커처, 유행어 등 많은 것을 포함하고 있습니다. 배타적 재산권에 속하는 퍼블리시티권은 양도할 수 있지만, 초상권과 프라이버시권은 개인 인격에 관한 권리로서 양도가 되지 않는다는 차이도 있습니다.

퍼블리시티권의 보호대상

퍼블리시티권으로 보호해야 할 대상에 대하여 많은 견해가 있습니다. 여기서는 일반적으로 인정된 몇 가지 객체에 대하여 살펴보겠습니다.

[성명]

성명은 특정인을 인식할 수 있는 가장 기본적인 것으로 전형적인 퍼블리시티권의 보호 대상이 됩니다. 다만, 동명이인이 얼마든지 있을 수 있기 때문에 단순히 어떤 성명을 이용하였다는 사실만으로 바로 퍼블리시티권의 침해가 되는 것은 아니며, 제반 상황을 고려할 때 특정인을 지칭함이 인정될 경우에 한하여 그 사람의 퍼블리시티권이 침해되었다고 할 수 있습니다.

사례: 배드민턴선수 박주봉은 스포츠용품 회사와 활동비 지급기간에 한해서만 박주봉 선수의 성명과 초상을 사용할 수 있도록 계약을 하였습니다. 활동비 지급기간이 경과 한 이후에도 스포츠용품 회사는 7개월 가량이나 인터넷 홈페이지 상에 '박주봉과 함께', '배드민턴의 황제 박주봉' 등의 광고 문구를 계속적으로 사용하여 광고를 하였습니다. 이에 법원은 스포츠용품 회사가 박주봉 선수의 성명권, 퍼블리시티권을 침해하였다고 판시하였습니다.

[초상/사진]

초상이나 사진의 경우에도 특정인을 인식할 수 있다면, 비록 정면의 모습이 아니더라도 퍼블리시티권의 보호대상이 됩니다. 초상의 개념 범위에는 개인을 인식할 수 있는 사진과 그림, 초상화, 이미지와 캐릭터 등을 말합니다.

사례: 법원은 "비록 이 사건의 인물화는 정씨의 실제모습과 다르고 수염 등 세부 묘사도 완전히 동일한 것은 아니지만, 드라마 주인공으로 분장한 정씨의 특징적 부분들이 대부분 표현되어 있다. 뿐만 아니라 드라마를 보았거나 정씨를 알고 있는 사람이라면, 누구나 이 사건 인물화를 보고 드라마의 임꺽정으로 분장한 정씨의 모습을 떠올리기에 충분하다. 따라서 적어도 드라마가 방영되는 동안에는 이 사건 인물화는 정씨의 초상과 동일시된다고 봄이 상당하다"고 판시하였습니다.

[음성]

음성이 독특한 특성을 간직하고 있어서 다른 사람과 구별할 수 있을 정도로 독특하다면 퍼블리시티권의 보호대상이 될 수 있습니다.

사례: 포드 자동차회사는 자동차 광고를 제작하면서 1970년대에 유행한 노래를 배경 음악으로 사용하고자 하였습니다. 그러나 가수가 허락을 하지 않자, 유사한 음성을 가진 가수로 하여금 노래를 부르게 하여 그것을 광고의 배경 음악으로 사용하였습니다. 법원은 이에 대하여, 이미 알려진 유명 가수의 특색 있는 음성을 상품 광고를 위하여 허락 없이 흉내 내어 사용하였다면, 퍼블리시티권의 침해가 있다고 판시하였습니다.

[역할 모방]

어떤 배우가 특정한 역할이나 배역을 단골로 함으로써 그 배역하면 곧 그 배우를 연상하여 인식할 수 있을 정도가 되었다면, 그 배역이나 역할을 묘사 또는 모방함으로써 그 배우의 퍼블리시티권을 침해하는 결과가 생길 수 있습니다.

사례: S전자는 자사 제품의 VCR 광고로 로봇이 출현하는 퀴즈 프로그램 광고를 만들었습니다. 로봇의 모습이 유명 TV 퀴즈 프로그램의 보조 진행자의 머리 모양, 의상, 행동과 유사하다고 저작권 침해로 제소되었습니다. 이에 대하여 법원은 "퍼블리시티권의 침해가 특정인의 성명이나 외모 등을 이용함으로써만 침해되는 것이 아니라, 자기 동일성을 인정할 수 있을 정도로 그 인물의 특정한 배역이나 역할을 묘사・모방함으로도 침해될 수 있는 것"이라고 판시하였습니다.

[일시적 공연]

유행어, 준비되지 않은 공연 등을 통해서도 특정 개인을 식별할 수 있으면 퍼블리시티권의 침해가 될 수 있습니다.

사례: 모바일 콘텐츠 업체는 개그맨의 캐릭터와 함께 유행어 "...를 두 번 죽이는 짓이에요", "...라는 편견을 버려" 등의 문구를 함께 게재하여 놓고, 개그맨이 유행시킨 유행어를 고객들이 돈을 지불하고 휴대 전화로 다운로드 받도록 하였습니다. 이에 대하여, 개그맨의 승낙 없이 초상과 성명을 상업적으로 사용함으로써 개그맨의 퍼블리시티권을 침해한 불법행위라고 판시하였습니다.

어디까지를 퍼블리시티권의 보호 대상으로 할 것인가에 대한 논란이 많습니다. 일반적으로 개인을 연상 또는 식별할 수 있는 물건, 이미지 등 모든 수단이 퍼블리시티권으로 인정될 것입니다.

임꺽정으로 분장한 배우

제약 광고의 인물화

[그림 9-12] 퍼블리시티권 관련

퍼블리시티권의 주체는 일반적으로 유명한 영화 배우, 연예인, 스포츠선수 등에 대해 인정되어 왔는데 일반인에게도 인정이 될까요? 국내외 판례를 살펴보면, 일반인에 대해서도 퍼블리시티권을 인정한 사례가 있습니다. 퍼블리시티권은 프라이버시권과 함께 개인의 고유 권리라고 할 수 있습니다.

9.6 저작권 보호 기술과 제도

사물인터넷 등 인터넷 정보기술의 비약적 발전, 스마트폰 등 스마트 정보기기를 활용한 스마트정보 서비스의 보편화, 소통의 혁신을 가져온 소셜 네트워크 서비스 등의 정보사회 환경 변화로 저작권 보호의 중요성이 더욱 강조되고 있습니다. 저작권을 체계적으로 보호하고자 기술적 측면, 제도적 측면 등 다양한 측면에서 복합적인 접근이 이루어지고 있습니다. 저작권 보호의 대표적 방안에 대하여 살펴보겠습니다.

1 저작권의 기술적 보호

저작권 보호를 위한 다양한 기술이 개발되고 있습니다. 대표적인 저작권 보호 기술에는 [그림 9-13]과 같은 것이 있습니다.

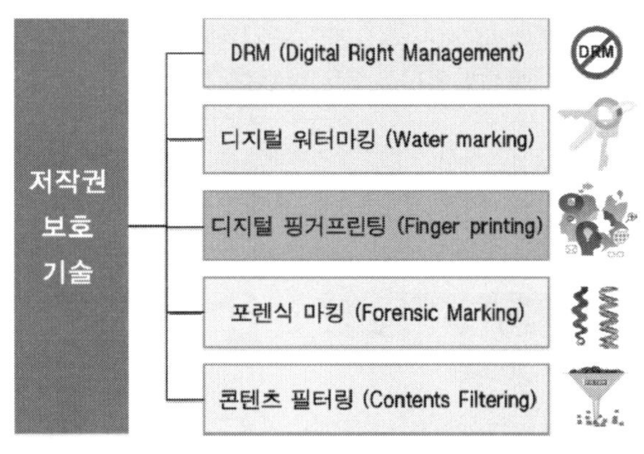

[그림 9-13] 저작권 보호 기술

[디지털 저작권 관리(Digital Rights Management: DRM)]

다양한 디지털 콘텐츠의 저작권을 관리해 주는 시스템입니다. 일반적으로 학교, 기업, 공공 기관 등에서 많은 디지털 콘텐츠를 활용하면서 저작권을 체계적으로 관리하기 위하여 DRM 시스템을 구축합니다. 디지털 저작권 관리 시스템의 구조와 동작은 [그림 9-14]와 같습니다.

콘텐츠 제공자는 콘텐츠를 암호화 하거나 라이선스 정보 추가 또는 워터 마크 삽입 등 저작권을 확인 할 수 있는 정보를 삽입하여 콘텐츠를 변환한 후에 제공합니다. 콘텐츠를 콘텐츠 서버에 탑재하면 DRM이 콘텐츠의 저작권을 관리하게 됩니다. 사용자가 콘텐츠에 접근하여 사용하고자 하면, 콘텐츠 정보가 DRM으로 보내져서 라이선스 조건, 사용 권한 등 저작권 관련 사항을 확인한 후에 사용할 수 있게 됩니다. DRM은 다양한 디지털 콘텐츠의 저작권을 체계적으로 관리하는 시스템으로 학교, 기업 등은 필수적으로 구축해야 할 것입니다.

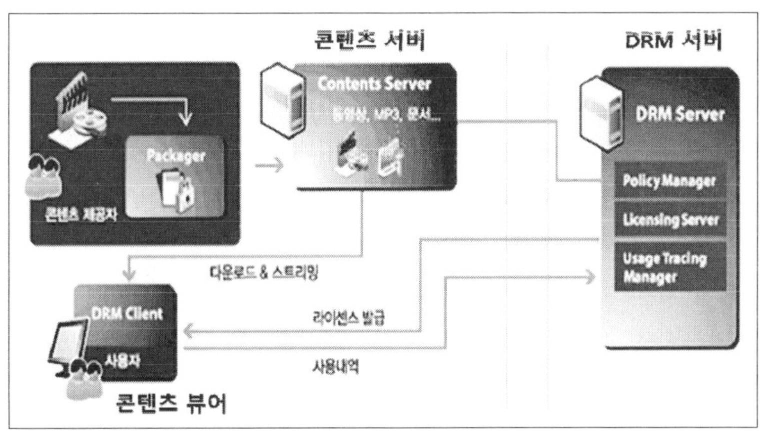

[그림 9-14] DRM 동작 구조

[디지털 워터마킹(Digital Watermarking)]

이미지, 오디오, 비디오와 같은 디지털 콘텐츠에 저작권 정보 등 비밀 정보를 인간의 지각으로는 식별할 수 없도록 삽입하는 기술입니다. [그림 9-15]처럼 원본 콘텐츠에 워터마크를 추가하여 배포한 후, 워터마크 검출기로 그 정보를 추출하도록 합니다. 콘텐츠의 저작권 보호, 정보의 위조/변조 판별, 불법 복제 추적 등에 사용되는 기술입니다.

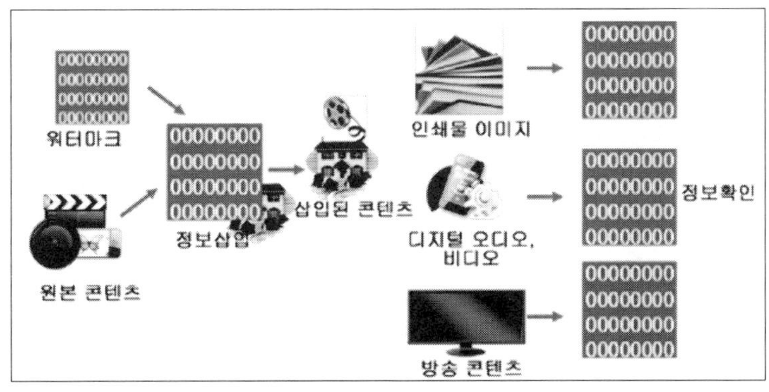

[그림 9-15] 디지털 워터마킹 기술 개요

[디지털 핑거프린팅(Fingerprinting)]

워터마킹 기술의 일종으로 비밀 정보를 콘텐츠에 삽입하는 것은 유사하지만, 저작권자나 판매자의 정보가 아닌 콘텐츠를 구매한 사용자의 정보를 삽입함으로써, 이후에 발생하게 될 콘텐츠 불법 배포자를 추적하는 데 사용하는 기술입니다. 콘텐츠를 불법적으로 재배포한 경우, 핑커프린팅된 정보를 추출하여 불법 유포자를 식별하고 법적인 조치를 가할 수 있습니다. 디지털 핑커프린팅은 저작물의 소유권에 대한 인증뿐만 아니라 사용자 개인의 식별도 가능합니다.

[포렌식 마킹(Forensic marking)]

워터마크 기술처럼 콘텐츠에 구매자 정보 및 유통경로, 사용자 정보 등을 삽입하여 콘텐츠 유포자와 배포 경로를 추적할 수 있는 기술입니다. 워터마킹이 주로 저작권자의 정보를 삽입하는데 비해, 포렌식 마킹은 콘텐츠의 불법 복제와 배포를 추적할 목적으로 콘텐츠 소유자와 구매자의 정보까지 삽입합니다. 예를 들어, IPTV에서 방영하는 영화를 다운받아 이를 웹하드나 P2P로 유통할 경우, 언제 다운받았고 언제 업로드 했으며 어느 셋톱 박스에서 복제가 이뤄졌는지를 추적할 수 있습니다.

[콘텐츠 필터링(Content Filtering)]

콘텐츠 필터링이란 파일 공유 사이트 등에서 콘텐츠의 저작권 침해 여부에 따라 파일 전송을 제어하는 기술입니다. 예를 들어, 영화 제목, 드라마 제목, 배우 이름 등 사용자가 입력한 문자열이 불법 저작물 제목과 같거나 흡사할 경우, 검색이나 다운로드가 안되도록 막는 원리입니다. 즉, 콘텐츠 필터링 기술은 불법 복제된 콘텐츠가 유통되지 못하도록 하는 역할을 맡고 있습니다.

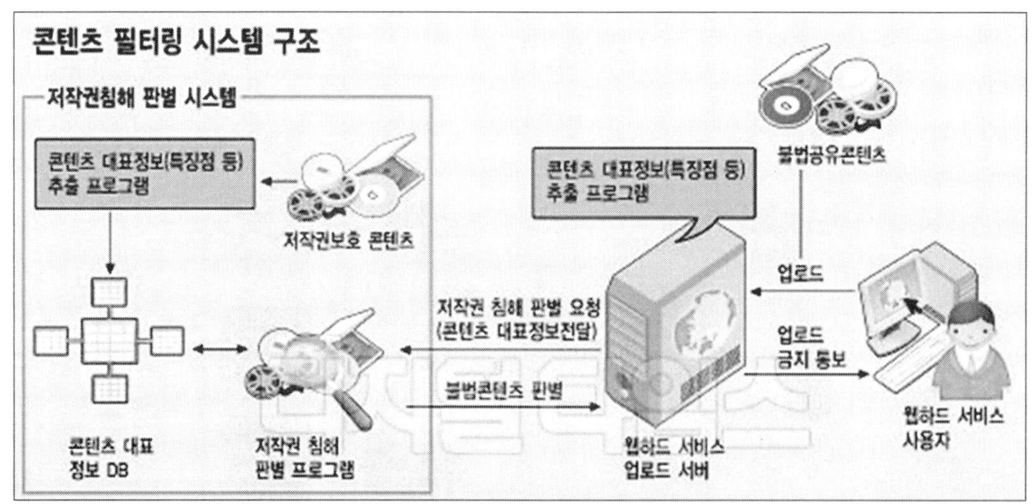

[그림 9-16] 콘텐츠 필터링 개요

저작권의 제도적 보호

우리나라의 저작권 보호체계는 문화관광부를 중심으로 공공부분과 저작권자를 중심으로 한 민간 부분으로 구성되어 있습니다. 문화관광부는 문화산업의 발전과 공정한 저작물 유통 환경 조성을 위한 저작권 보호 정책을 수립합니다. 문화관광부 소속의 저작권 특별사법 경찰은 저작권 침해에 대한 수사 업무를 맡고 있습니다. 한국 저작권 위원회는 저작물의 이용 질서 확립을 위한 사업을 수행하고 있습니다. 저작권보호 센터는 불법 복제물의 수거, 폐기 및 삭제 등의 업무로 저작권 보호를 지원하고 있습니다. 민간 부분인 저작권 신탁관리 단체는 음악, 영상, 어문, 언론 등 분야별로 저작권 신탁관리 단체를 구성하고, 저작권자 및 저작 인접권자의 권익을 보호하고 저작권 관리 업무를 수행하고 있습니다.

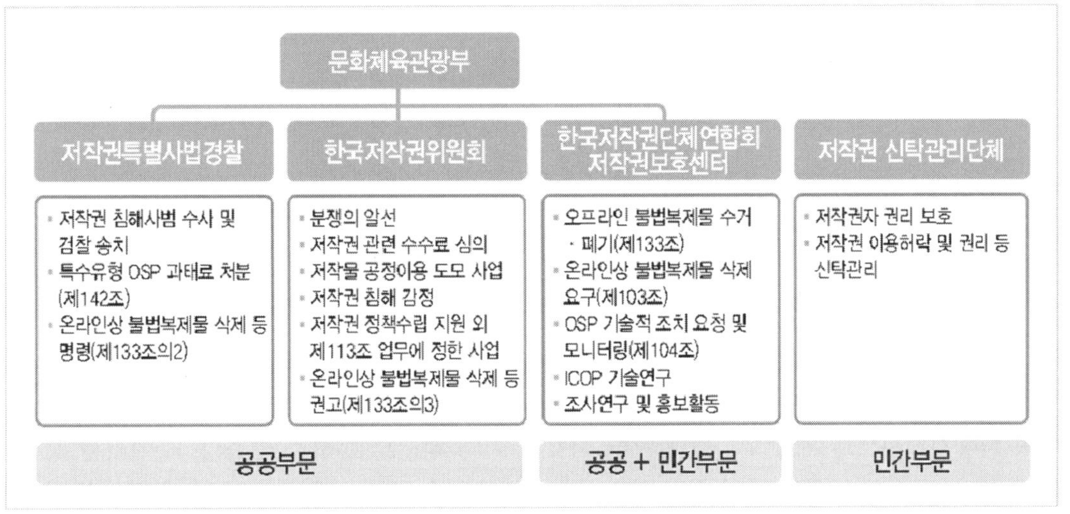

2013 저작권 보호 연차보고서 한국저작권단체연합회 저작권보호센터

[그림 9-17] 저작권 보호 체계

이외에도 Creative Commons Korea(CCKorea: https://cckorea.org), 한국 교육학술 정보원, 한국 소프트웨어 저작권 협회(https://www.spc.or.kr) 등 많은 유관 단체가 있습니다. 저작권 교육과 저작물 불법 복제와 유통 예방에 노력하고 있습니다.

[그림 9-18] 대표적 저작권 관련 기관

저작권 이용허락 표시제도

지식정보 사회를 촉진하고 정보 문화를 확산하기 위해서는 저작권 보호와 저작물의 자유로운 사용을 권장해야 합니다. 그런데, 이 두 가지는 서로 목적이 상충되는 딜레마입니다. 저작권 보호를 강화하면 저작물 활용에 제한이 있어 지시정보 확산에 지장을 초래하고, 저작물의 자유로운 사용을 허용하면 불법 복제와 전송 등으로 지식 문화 산업이 침체하게 됩니다.

인터넷은 지식정보의 개방, 공유, 활발한 이용을 기본 정신으로 하고 있습니다. 이러한 정신에 비추어 보면, 저작권 강화는 인터넷이 추구하는 이념과는 거리가 있습니다. 현재의 저작권 보호를 강력하게 비판하면서 저작물의 공공성과 공정 이용을 확대하고자 저작권(copyright)에 대응하여 카피 레프트(copyleft) 운동이 전개되고 있기도 합니다. 어쨌든 저작권자의 사적 이익과 저작물의 공정 이용이라는 공공의 이익 사이의 균형과 조화가 필요합니다.

이러한 목적을 위하여 저작권 이용 허용 표시 제도가 활용되고 있습니다. 저작자들의 자발적인 참여에 기반하여 저작물에 대한 접근권과 공공 정보 영역을 확대하는 운동입니다. 저작권을 보호하는 동시에 저작물의 접근·이용·개작 등을 허용하여 지식정보를 확산하는 것입니다. 현재의 저작권 제도와 대립하지 않으면서 저작권 강화로 초래되는 문제를 해결하고자 하는 운동입니다. 우리나라는 2001년 미국의 비영리 재단 Creative Commons(CC)가 개발한 Creative Commons License(CCL)(한국: http://cckorea.org/)와 2003년부터 정보공유연대 IPLeft(http://freeuse.or.kr)가 개발한 정보공유 라이선스의 두 종류가 활용되고 있습니다.

CCL에서는 [그림 9-19]와 같은 4가지 기호를 사용합니다. 저작자는 4가지 기호를 조합하여 자신의 저작물에 표시하여 저작물의 공정 이용을 허용합니다. 저작물을 이용하고자 하는 사람은 기호로 표시된 저작물 이용 허용 조건을 준수하여 저작물을 자유롭게 사용할 수 있습니다.

BY	Attribution	저작자 표시	저작권법에 보장된 저작 인격권 표시 저작물을 이용하고자 하는 사람은 반드시 저작자를 표시하여야 함
NC	Noncommercial	비영리	저작물의 비영리 목적의 이용을 허락
ND	No Derivative Works	변경금지	저작물을 이용한 2차 저작물의 작성, 저작물의 내용, 형식 등의 변경을 금지
SA	Share Alike	동일조건 변경허락	저작물의 2차 저작물 작성을 허용하지만, 작성된 2차 저작물은 원저작물과 동일한 라이선스를 적용하여야 함

[그림 9-19] CCL의 저작물 공정 이용 표시

국내의 정보공유연대 IPLeft가 개발한 정보공유 라이선스는 [그림 9-20]과 같은 기호를 사용하고 있습니다. 저작자는 기호를 활용하여 저작물의 저작권을 표시하고, 저작물 이용자는 표시된 기호의 저작권을 준수하여 저작물을 공정 이용할 수 있습니다.

[그림 9-20] 정보공유 라이선스의 공정 이용 표시

요 약

- 지식 재산권은 "문학 · 예술 및 과학 작품, 연출, 예술가의 공연 · 음반 및 방송, 발명, 과학적 발견, 공업 디자인 · 등록 상표 · 상호 등에 대한 보호 권리와 공업 · 과학 · 문학 또는 예술 분야의 지적 활동에서 발생하는 기타 모든 권리"로 정의하고 있습니다.
- 지식재산권의 종류로는 산업재산권, 저작권, 신지식재산권이 있습니다.
- 산업 재산권(industrial property)은 인간의 지적 발명 또는 고안 등에 대하여 그 창작자에게 일정 기간 동안 독점적, 배타적인 권리를 부여하고, 이를 일반에게 공개하도록 하고 일정 존속기간이 지나면 누구나 이용할 수 있도록 함으로써, 기술 진보와 산업 발전을 추구하기 위한 것입니다
- 저작권(copyright)이란 문학, 과학, 예술, 및 기타 학문적 영역에서의 저작자가 그 자신이 창작한 저작물에 대해서 갖는 권리를 뜻합니다.
- 과학기술의 발전과 사회 진화에 따라 새로운 분야에서 새롭게 경제적 가치를 지니게 된 새로운 지적 창작물이 등장하였습니다. 대표적인 예로 컴퓨터 프로그램, 유전자 조작 동식물, 반도체 배치 설계 기법, 데이터베이스 등이 있습니다. 새롭게 등장한 지식 재산권을 총칭하여 신지식 재산권이라고 합니다.
- 저작물의 정의에는 두 가지 중요한 개념이 포함되어 있습니다.
  - 창작성(originality)이 있어야 합니다.
  - 인간의 사상과 감정을 표현한 것이어야 합니다.
- 저작물의 종류에는 어문저작물, 음악저작물, 연극저작물, 미술저작물, 건축저작물, 사진저작물, 영상저작물, 도형저작물, 컴퓨터프로그램, 2차저작물, 편집저작물 등이 있습니다.
- 2차적 저작물은 원저작물을 번역 · 편곡 · 변형 · 각색 · 영상 제작 등의 방법으로 작성한 창작물을 의미합니다.
- 저작권법은 공공의 이익을 위해 몇몇 저작물에 관해서는 아예 보호받지 못하는 저작물로 규정하여 처음부터 일반 국민의 공유물로 하고 있습니다. 저작권법 제7조에서 저작권법상 보호를 받지 못하는 저작물을 다음과 같이 나열하고 있습니다.

  헌법 · 법률 · 조약 · 명령 · 조례 및 규칙
  - 국가나 지방자치단체의 고시 · 훈령 · 공고 등
  - 법원의 판결 · 결정 · 명령 및 심판이나 행정 심판 절차, 그 밖의 이와 유사한 절차에 의한 의결 · 결정 등
  - 국가 또는 지방자치단체가 작성한 것으로서 제①호-제③호의 편집물 또는 번역물
  - 사실의 전달에 불과한 시사 보도

- 저작물을 창작한 저작자의 권리를 저작권(copyright)이라고 하며, 다음과 같은 특성이 있습니다. 저작권은 무체 재산권입니다(intellectual property rights). 저작권은 시간적으로 제약이 있는 권리입니다(limited rights). 저작권은 배타적 권리입니다(exclusive rights). 저작권은 여러 권리들의 집합체입니다(bundle of rights).
- 저작 재산권(economic right)은 경제적 이익을 보존할 목적으로 저작자가 자신의 저작물에 대해서 갖는 재산적 권리를 말합니다.
- 저작 인격권(moral right)은 저작물은 정신적 창조물로서 저작자의 인격을 반영하며 저작물의 재산적 가치보다 저작자의 명예와 인격적인 이익을 더 귀중하게 평가되어야 한다는 생각에서 저작자의 인격적 이익을 보호하기 위한 권리입니다.
- 저작 인접권은 저작물을 직접적으로 창작하는 것은 아니지만 저작물의 실연(공연), 녹음 및 방송을 통하여 저작물의 배포, 전파에 기여한 사람들의 권리를 보호해 주기 위하여 인정된 권리입니다. 저작인접권은 저작물 혹은 저작활동에 인접된 권리라는 점에서 저작권과 관련된 권리(copyright-related right) 혹은 저작권에 이웃한 권리(neighboring right)라고도 합니다.
- 저작권은 저작물의 창작과 동시에 발생하며 저작권 등록이나 납본과 같은 절차를 필요로 하지 않습니다. 저작권법에서는 특별한 규정이 있는 경우를 제외하고는 저작자의 생존 기간과 사망 후 70년간 저작권을 보호하고 있습니다. 저작 인접권은 특별한 규정이 없는 한 50년간 존속합니다.
- 저작권 침해 유형으로는 저작 재산권 침해, 저작 인격권 침해, 출판권 침해, 저작 인접권 침해가 있습니다.
- 표절은 다른 사람의 저작물의 전부나 일부를 그대로 또는 그 형태나 내용을 다소 바꾸어 자신의 것이라며 다른 사람에게 제공하거나 제시하는 행위를 의미합니다. 타인의 저작물을 허락 없이 이용한다는 점에서는 저작권 침해와 유사하지만 표절이 반드시 저작권 침해가 되는 것은 아닙니다.
- 모방(imitation)은 다른 사람의 저작물을 본떠서 자기 나름의 방식으로 재창조하는 것을 말합니다.
- 리메이크(remake)는 이미 발표된 작품을 내용이나 형식에 부분적인 수정을 가하여 다시 만드는 것으로 대체로 원작의 의도를 충실히 따릅니다.
- 패러디(parody)는 특정 작품의 소재나 내용을 익살스럽게 또는 '풍자(비꼬아서 희화화)'적으로 표현하는 것을 말합니다.
- 인용(citation)은 다른 사람의 저작물을 합법적 또는 적절한 방법으로 자신의 저작물에 이용하는 것입니다.
- 컴퓨터 프로그램은 고도의 지적 창작물로 저작권법의 보호를 받고 있으므로, 넓은 의미의 컴퓨터 프로그램인 소프트웨어도 저작권법에 의해 보호받게 됩니다. 소프트웨어 저작권은 일반 저작물처럼 프로그램이 공표된 다음 연도부터 70년간 보호됩니다.
- 퍼블리시티권은 '재산적 가치가 있는 유명인의 성명 · 초상 등 프라이버시에 속하는 사항을 상업적으로 이용할 권리', '초상, 이름, 목소리 등의 사용을 독점하는 권리', '다른 사람이 자신의 표상을

상업적 목적으로 사용하는 것을 금지 또는 통제할 수 있는 권리', 등 다양한 정의가 있습니다만, 일반적으로 개인을 식별할 수 있는 성명, 초상, 음성 등이 갖는 재산적 가치를 이용, 통제할 수 있는 권리를 의미합니다.

- 디지털 저작권 관리(Digital Rights Management: DRM)은 다양한 디지털 콘텐츠의 저작권을 관리해 주는 시스템입니다. 일반적으로 학교, 기업, 공공 기관 등에서 많은 디지털 콘텐츠를 활용하면서 저작권을 체계적으로 관리하기 위하여 DRM 시스템을 구축합니다.
- 디지털 워터마킹(Digital Watermarking)은 이미지, 오디오, 비디오와 같은 디지털 콘텐츠에 저작권 정보 등 비밀 정보를 인간의 지각으로는 식별할 수 없도록 삽입하는 기술입니다.
- 디지털 핑거프린팅(Fingerprinting)은 워터마킹 기술의 일종으로 비밀 정보를 콘텐츠에 삽입하는 것은 유사하지만, 저작권자나 판매자의 정보가 아닌 콘텐츠를 구매한 사용자의 정보를 삽입함으로써, 이후에 발생하게 될 콘텐츠 불법 배포자를 추적하는 데 사용하는 기술입니다.
- 포렌식 마킹(Forensic marking)은 워터마크 기술처럼 콘텐츠에 구매자 정보 및 유통경로, 사용자 정보 등을 삽입하여 콘텐츠 유포자와 배포 경로를 추적할 수 있는 기술입니다.
- 콘텐츠 필터링(Content Filtering)은 파일 공유 사이트 등에서 콘텐츠의 저작권 침해 여부에 따라 파일 전송을 제어하는 기술입니다.
- 저작권 이용허락 표시제도는 2001년 미국의 비영리 재단 Creative Commons(CC)가 개발한 Creative Commons License(CCL)(한국: http://cckorea.org/)와 2003년부터 정보공유연대 IPLeft(http://freeuse.or.kr)가 개발한 정보공유 라이선스의 두 종류가 활용되고 있습니다.

참고문헌

- 한국방송통신전파진흥원 (2013), 비트토렌트 환경에서의 불법 디지털 콘텐츠 사용자 추적 및 공유 차단 방안, 방송통신기술 이슈&전망, 제5호.
- 한국지식재산연구원 (2010), 신지식재산권의 동향 조사 및 효율적 정책 대응 방안, 2010년 특허청 과제 결과보고서, 특허청.
- 김성환 (2009), 퍼블리시티권의 법리와 실제, 진원사.
- 한국저작권위원회 (2010), 판례로 풀어보는 저작권 상담사례.
- 홍승기 (2012), 퍼블리시티권 국내 실태 조사, 한국저작권위원회.
- 한국저작권위원회 (2011), 한·EU FTA 이행 개정 저작권법 해설.
- 한국저작권위원회 (2012), 저작권 기술 용어집, 저작권연구 2012-05.
- 한국저작권위원회 (2013), 2013 소프트웨어 관리 가이드.
- 한국소프트웨어저작권협회 (2012), 소프트웨어 저작권 침해 예방 가이드 1.0.
- 한국저작권위원회 (2013), 저작권 통계, 통권 제3호.
- 문화체육관광부·한국저작권위원회(2009), 개정 저작권법 해설.
- 저작권 상생 협의체 (2010), 저작물의 공정이용에 관한 가이드라인(안).
- 문화관광부 (2007), 영화 및 음악분야 표절 가이드 라인.
- 한국저작권위원회 (2009), 개정 저작권법에 따른 저작권 상담사례 100.
- 김병일 (2013), "클라우드 컴퓨팅과 저작권", 저작권 동향 제16호, 한국저작권위원회.
- 문화체육관광부·한국저작권위원회(2009), 폰트 파일에 대한 저작권 바로 알기.
- 한국저작권위원회 (2011), 한·미 FTA 이행 개정 저작권법 해설.
- 한국저작권위원회 (2012), 워터마킹과 포렌식 마킹 기술의 활용 동향, 저작권 동향 제15호.

확인학습

01. 저작권법상 보호받지 못하는 저작물은 무엇인가?

① 사진
② 연극 및 무용
③ 지도, 도표, 약도
④ 법원의 의결 · 결정

02. 자유롭게 이용할 수 있는 저작물이 아닌 것은 무엇인가?

① 헌법이나 법률
② 무료 소프트웨어
③ 사실을 전달한 시사 보도물
④ 만든 사람이 죽은 지 30년이 지난 경우

03. 저작권 침해에 해당하는 행위는 무엇인가?

① 신문의 사설을 블로그에 올리는 행위
② 국가가 만든 자료를 홈페이지에 올리는 행위
③ 프리웨어 프로그램을 다운받아 사용하는 행위
④ 유료사이트에서 구입한 MP3 파일을 자신의 스마트폰에 넣는 행위

04. 인터넷 상에서 저작권 보호와 관계 없는 것은 무엇인가?

① CCL
② I-pin
③ 워터마크
④ 포렌식 마킹

05. 저작권 침해에 해당하는 행위는 무엇인가?

① 헌법에 관한 내용을 미니홈피에 스크랩하였다.
② 사실에 불과한 신문 기사를 미니홈피에 링크시켰다.
③ 인터넷 카페에서 다운받은 사진을 블로그에 게시하였다.
④ 자신이 구입한 CD음원을 MP3파일로 변환하여 개인 PC에 저장하였다.

06. 저작권은 저작자가 생존하는 동안과 사망한 후 몇 년간 보호되는가?

① 30년
② 70년
③ 100년
④ 120년

07. 다음 사례에서 저작권 침해로 재현이에게 문제가 발생할 수 있는 사항은 무엇인가?

재현이는 얼마 전 '사운드 오브 뮤직'라는 이름의 블로그를 개설하고 배경음악으로 자신이 직접 연주한 모차르트 음악을 등록하였다. 그리고 매주 자주 듣는 음악 리스트나 동영상 제목을 게시하고, 댓글이나 쪽지를 주는 사람들에게 뮤직(mp3파일)과 동영상 파일을 이메일로 보내주었다. '사운드 오브 뮤직'은 인기 블로그가 되었다.

① 음악이나 동영상 파일을 보내는 행위는 전송권 침해로 간주될 수 있다.
② 영화제목을 인터넷 카페 명칭으로 사용한 것은 저작권 침해가 될 수 있다.
③ 모차르트와 같은 클래식음악을 카페 배경음악으로 사용할 경우 저작권을 고려해야 한다.
④ 가요나 동영상 파일을 무료로 전달하여 상업적 이득이 없으므로 저작권에 문제가 되지 않는다.

08. 저작권의 속성을 언급한 다음 내용 중에서 옳지 못한 것은?

① 저작권도 무체 재산권으로서 일반 정보와 마찬가지로 공공재적 성격을 지닌다.
② 저작권은 법률에 의한 일정 보호기간이 지난 후에는 공유에 속하게 된다.
③ 저작권도 산업재산권과 마찬가지로 기존의 저작물과 동일·유사한 저작물을 창작한 때에는 독자적 저작물로 인정받을 수 없다.
④ 저작권은 여러 권리의 집합체로서 다발의 권리로서의 지분적 권리는 기술발전에 따라 늘어날 수도 있다.

09. 다음 중 저작권법에 의하여 보호받는 저작물은?

① 법률
② 지방자치단체의 고시
③ 대법원의 판결문
④ 음란한 내용이 담긴 서적

10. 업무상 저작물에 대한 다음 설명 중에서 올바른 것은?

① 법인 등의 명의로 반드시 공표될 필요는 없다.
② 법인 등의 종업원이 직무상 작성하기만 하면 되며, 주어진 업무범위에 속하지 않는 경우에도 업무상 저작물이 될 수 있다.
③ 직무상 창작이라도 창작자의 이름으로 공표되는 경우에는 법인 등이 저작자로 되지 않는다.
④ 계약 또는 근무규칙 등에 달리 정함이 있더라도 저작권법이 우선 적용된다.

11. 현행 저작권법상 권리의 성질이 나머지와 다른 것은?

① 공표권
② 2차적저작물작성권
③ 동일성유지권
④ 성명표시권

12. 다음 중 저작인접권자와 가장 거리가 먼 존재는?

① 가수　　② 스포츠 선수
③ 방송사업자　　④ 지휘자

13. 저작권의 보호기간에 관한 다음 설명 중 옳지 못한 것은?

① 저작재산권은 원칙적으로 저작자가 사망한 후 70년간 보호된다.
② 공동저작물의 경우에는 맨 마지막으로 사망한 저작자의 사망을 기준으로 한다.
③ 컴퓨터프로그램 저작물은 공표 후 70년간 존속한다.
④ 저작권 보호기간은 사망한 다음 날부터 기산함을 원칙으로 한다.

14. 저작권법상 저작권의 제한 사유에 대하여 옳지 않게 기술한 것은?

① 변호인이 재판절차를 위하여 필요한 경우에 그 한도에서 저작물을 복제할 수 있다.
② 공개적으로 행한 정치적 연설은 동일한 저작자의 연설이나 진술을 편집하여 이용하는 경우가 아니라면 어떠한 방법으로도 이용할 수 있다.
③ 공표된 저작물은 보도 · 비평 · 교육 · 연구 등을 위해서 정당한 범위 안에서 공정한 관행에 합치되게 인용할 수 있다.
④ 대학축제에서 자선목적으로 관객에게 입장료를 받는 경우에는 비영리목적이므로 공표된 저작물을 공연 또는 방송할 수 있다

15. 대표적인 저작권침해형태를 권리 별로 예시한 것이다. 올바르게 연결된 것은?

① A백화점은 음반을 구매하여 백화점 건물내 구내에서 고객을 상대로 음악방송을 하였다(공연권)
② 강사 B의 강연을 무단으로 녹음한 학생 A는 녹음 CD를 학교에서 여러 친구들에게 나눠주었다(복제권)
③ 평소 음반을 사 모아 온 A는 자신의 소장 음반을 이용하여 대여하고 돈을 받았다(배포권)
④ A는 구매한 음악 CD에서 음원을 추출하여 자신의 블로그 배경음악으로 사용하였다(복제권)

제10장 정보 보안: 해킹과 악성코드 대응

우리는 모든 정보가 인터넷 정보 통신망을 통해 막힘 없이 전달되는 지식정보 사회에서 생활하고 있습니다. 현대의 모든 일상생활은 인터넷 정보 통신망을 이용한 정보 처리로 이루어지고 있습니다. 금융 정보, 고객 정보, 공공 기관의 행정 정보, 군사 정보뿐만 아니라, 지하철 운행 정보, 항공기 이착륙 정보, 원자력 발전소 가동 정보 등 사회는 정보에 의하여 유지, 관리되고 있습니다. 그러기 때문에 정보가 무엇보다도 중요한 가치를 가지며, 인터넷 정보 통신망은 사회의 중추 신경과 같은 역할을 하고 있습니다.

이렇게 우리 사회를 지탱하고 있는 정보, 정보 시스템, 인터넷 정보통신망이 악의적으로 동작하거나 비정상적으로 운영된다면 어떤 결과가 발생하게 될까요? 금융 정보가 유출되어 불법 계좌이체 등으로 개인의 경제 활동은 심대한 피해를 당하게 되고, 금융기관이나 관공서 등의 정보 시스템은 무력화 되어 공공 기관의 업무가 마비될 것입니다. 지하철 운행 관리 시스템, 항공기 관제 시스템 등 중요 기간 시설을 장악하고 파괴하는 사이버 테러는 사회에 극심한 혼란과 막대한 피해를 줄 수 있습니다. 이러한 국가 사회의 위기 상황은 많은 영화의 주제가 되기도 합니다. 실제로 각국에서는 국가의 중요 정보 시스템과 정보 통신망을 방어 또는 공격하기 위한 사이버 정보 부대를 운영하고 있기도 합니다.

지식정보 사회의 기반인 정보, 정보 시스템, 인터넷 정보 통신망을 불법적 또는 악의적으로 이용하여 개인적 목적이나 이득을 달성하고자 하는 불온한 시도가 늘어나고 있습니다. 해킹, 컴퓨터 바이러스, 메일 폭탄, 서비스 거부 공격 등 정보 시스템과 정보 통신망을 불법적으로 공격, 침해하는 사건이 빈번하게 발생하여 사회 안정을 위협하고 있습니다.

이 장에서는 해킹과 악성코드로 야기되는 정보 시스템과 정보 통신망의 불법적 위협에 대하여 살펴보고자 합니다. 정보 보안의 기본 개념을 살펴 안정적 시스템 운영을 위한 기본 요건을 알아보겠습니다. 해킹의 개념, 사례, 기술 동향과 해킹 대응방안을 살펴보겠습니다. 악성코드에 대한 기초 지식을 알아보고 악성코드의 유포 실태와 대응방안 등에 대하여 살펴보겠습니다. 정보 시스템의 불법 침해 기술은 날로 교묘해지고 있습니다. 정보 보안 기술의 발전 동향과 정보 윤리 등에 대하여도 알아보겠습니다.

10.1 정보 보안의 이해

해커의 공격에 의하여 정부 및 공공 기관의 서버가 다운되어 막대한 피해가 야기되는 일이 종종 발생합니다. 해커가 금융 기관에 접근하여 개인의 금융 정보를 불법적으로 절취하여 악용하는 사례가 사회문제가 되곤 합니다. 이런 일들이 발생하면, 정보 보안에 대한 경각심을 높이고 인식을 제고해야 한다는 말들을 많이 합니다. 그러면서도 정작 정보 보안에 대하여 이해하고자 하는 노력은 미흡합니다. 정보 보안과 관련된 중요 사항을 살펴보겠습니다.

10.1.1 정보 보안의 개념

정보 시스템과 이를 상호 연결하는 네트워크는 사회를 움직이는 엔진입니다. 우리는 지식정보 사회에서 생활하고 있기 때문에, 정보 시스템과 네트워크가 제대로 동작하지 않는다면, 사회는 마치 날고 있는 거대한 항공기의 엔진이 고장 난 것처럼 커다란 위험에 직면하게 됩니다. 따라서 정보 시스템과 네트워크가 안정적으로 유지되고 정상적으로 동작할 수 있도록 최선의 노력을 다해야 합니다.

정보 보호와 정보 보안

정보 시스템과 네트워크 등 정보 자원이 신뢰할 수 있도록 동작하기 위해서는 정보 보호(infortion protection)와 정보 보안(information security)의 2가지 측면을 생각할 수 있습니다. 정보 보호란 컴퓨터 시스템 내부에 저장된 데이터 또는 정보 자원에 대한 접근을 제어 하는 방법입니다. 예를 들어, 허가된 사람만이 개인정보 데이터나 고객 파일에 접근할 수 있도록 통제하는 것은 정보 보호입니다. 반면에, 정보 보안은 정보의 불법 접근 · 위조 · 변조 · 유출 · 훼손 등의 내 · 외부의 위협 요인들로부터 정보 시스템과 네트워크 등 정보 자원을 안전하게 보존 · 운영하기 위한 제반 조치를 말합니다. 정보 보호는 내부적 관점에서 정보의 접근 통제에 주안점을 둔 제한적 개념이라면, 정보 보안은 내 · 외부의 허락되지 않은 불법적 위협으로부터 정보 자원을 방어하기 위한 폭넓은 개념입니다. 따라서 정보 시스템과 네트워크를 보다 안전하게 적극적으로 유지 · 관리하기 위해서는 정보 보호와 함께 정보 보안에 심혈을 기울여야 합니다.

정보 보안의 목적과 핵심 원칙

정보 시스템과 네트워크는 상호 연결된 개방 공간에 존재하므로 항상 불법적인 위협과 공격에 노출되어 있습니다. 정보 보안은 내 · 외부의 위협과 공격으로부터 정보 자원을 안전하게 방어하고 운영하는 것을 목적으로 하는 제반 조치입니다. 이러한 조치를 통해 정보 시스템과 네트워크 안정적 운영과 데이터베이스, 응용 프로그램 등을 안전하고 신뢰성 있게 운영하여 사용자에게 원활한 정보 서비스를 제공해야 합니다. 다시 말하면, 정보, 정보 시스템, 네트워크 등 정보 자원을 허가되지 않은 불법 접근 · 사용 · 공개 · 손상 · 변경 · 파괴 등으로부터 보호함으로써 기밀성, 무결성, 가용성을 제공하고자 하는 것이 정보 보안입니다.

- **기밀성**(confidentiality): 오직 인가된(authorized) 사람이나 인가된 시스템만이 정보 자원에 접근할 수 있다는 것으로 비밀 보장의 원칙이라고 할 수 있습니다. 기밀성과 관련된 통제로는 정보 자산 분류(classification), 식별(identification), 인증(authentication), 권한 부여(authorization), 암호화(encryption), 모니터링(monitoring) 등이 있습니다. 기밀성의 위협 요소로는 도청, 사회공학(social engineering) 등이 있습니다.
- **무결성**(integrity): 정보 처리의 전 과정을 통해 정보의 정확성과 일관성이 유지되어야 합니다. 허락 되지 않은 사용자가 정보를 함부로 수정할 수 없어야 합니다. 즉, 무결성은 정보가 고의적인, 비인가된, 우연한 변경으로부터 보호되어야 한다는 원칙입니다. 무결성과 관련된 통제는 명확한 직무 구분 체계, 프로그램의 정확성 테스트, 권한 있는 사람에 의한 업데이트, 접근통제, 인증 등이 있습니다. 무결성의 위협 요소로는 트로이 목마, 바이러스, 해커 등이 있습니다.
- **가용성**(availability): 필요 시에 원하는 정보가 항상 제공되어야 합니다. 인가된 사용자는 방해 받지 않고 정보에 접근할 수 있어야 합니다. 가용성과 관련된 통제에는 바이러스에 대한 통제, 해킹 공격으로부터 방어, 침입 탐지 등이 있습니다. 최근에 빈번하게 발생하는 서비스 거부 공격(Denial of Service Attack: DoS 공격)은 시스템 접근을 차단하는 것으로 가용성을 해치는 공격입니다.

이와 같은 3원칙은 CIA에서 제안된 것으로 CIA 트라이어드(CIA triad)라고 합니다. 그러나 정보 보안은 아주 복잡한 문제로 CIA 트라이어드만으로 완벽하게 구현할 수 없어 추가적 핵심 원칙에 대한 논란이 지속되고 있습니다.

- **진본성**(authenticity): 데이터, 문서, 통신 등이 진짜임을 확실하게 보장하는 것입니다. 여기에는 디지털 서명(digital signatures) 기술 등이 필요합니다.
- **부인 봉쇄**(non-repudiation): 정보의 송 · 수신 여부를 확인하는 것으로 송 · 수신자가 정보를 송 · 수신한 사실을 부인하지 못하도록 하는 것입니다.

이처럼 정보 보안의 목적을 달성하기 위해서는 다양한 기술적 · 관리적 요소가 요구되고 있습니다. 정보 보안은 공격과 방어의 창과 방패 문제로 끊임없이 논란이 되는 지식정보 사회의 위협입니다.

정보 보안 위협

불법적인 접근이나 공격은 정보 시스템과 네트워크에 어떤 위협을 주게 될까요? 우리는 이미 이런 불법적 시도가 개인, 기업, 기관 등에 심대한 지장과 악영향을 주고, 국가 사회의 안위에도 치명적인 불안 요인이 됨을 많은 사례를 통해서 알고 있습니다. 일반적으로 정보 보안 위협은 다음과 같이 4가지 형태로 유형화 할 수 있습니다. 이런 유형을 피상적으로만 이해하지 말고, 실제로 어떤 결과가 초래될 수 있는지를 생각해 보기 바랍니다.

- 위조: 허위 정보를 정상적인 정보처럼 만듭니다. 정보의 신뢰성을 의심하게 되고, 업무에 막대한 지장을 가져 오고, 허위 정보가 정상 정보로 둔갑하여 혼란을 야기합니다.
- 변조: 정보의 일부 또는 전부를 허위 정보로 바꿉니다. 정보가 변조되어 정상적인 정보 처리가 불가능해지고 부작용을 야기합니다.
- 유출: 정보를 허가되지 않은 사용자가 접근할 수 있고, 허가되지 않은 사람이 알 수 있도록 공개합니다. 개인정보 또는 기밀정보가 유출되어 심각한 상황을 조성하게 됩니다.
- 훼손: 다양한 목적으로 정보, 소프트웨어, 통신 등을 일부 또는 전부를 변경 또는 파괴하여 정상적인 정보 활동을 방해하거나 불법적으로 활용하는 것입니다. 해커들은 컴퓨터 운영체제를 훼손하고 시스템을 장악하여 불법적 목적으로 이용하기도 합니다.

앞서 언급한 바와 같이, 정보, 정보 시스템, 네트워크 등이 이런 위협에 노출될 경우, 어떤 결과가 초래될 수 있는지 생각해 보기 바랍니다. 예를 들어, 금융 정보가 변조된다면 엉뚱한 계좌 이체들 등이 발생하여 경제 활동에 심대한 지장을 초래할 것입니다. 군사 정보가 유출되면 국가의 안전이 위협을 받게 될 것입니다.

10.2 해킹 공격과 대응방안

인터넷 정보기술은 표준화된 공개 기술입니다. 누구나 인터넷 정보기술의 내용을 속속들이 알 수가 있습니다. 한마디로 인터넷 정보기술에는 비밀이 있을 수 없습니다. 또한, 인터넷 정보기술은 소프트웨어와 같은 논리적 사고에 의존하고 있어, 불완전하고 예기치 못한 오류나 허점이 항상 존재합니다. 인터넷 정보기술의 이러한 취약점을 악용하여 불법적인 접근, 정보 훼손과 유출, 시스템 마비 등의 악의적 행위를 저지르는 일이 빈번하게 발생하고 있습니다.

대표적인 예로 해킹(hacking)이 있습니다. 해킹의 개념, 공격 방법, 해킹 피해 사례 등을 살펴보고 대응방안을 알아보겠습니다.

10.2.1 해킹이란 무엇인가?

인터넷과 언론을 통해서 자주 해킹 관련 사고를 접하게 됩니다. 대부분의 인터넷 이용자는 해킹의 개념과 해킹으로 야기되는 문제점에 대하여 알고 있습니다. 좀 더 명확하게 해킹의 개념과 실상을 이해해 보도록 하겠습니다.

[사례 1: 개인정보 해킹] 2006년 4월, 국내 유명 결혼정보 회사 D사의 인터넷 사이트가 해킹을 당하여 회원 30만명의 개인정보가 유출되었습니다. 서울 경찰청 사이버수사대는 D사와 인터넷 부동산 사이트 W사 등의

인터넷 시스템에 침입해 개인 회원정보 30만건 등 40만건을 해킹한 K씨를 정보통신망이용촉진 및 정보보호 등에 관한 법률 위반 혐의로 구속했습니다. 조사 결과 K씨 등은 상당수 네티즌이 각종 인터넷 사이트에서 똑같은 ID와 비밀번호를 사용한다는 점에 착안, 이들의 신상정보로 모 게임 사이트에 접속하여 회원들의 사이버 머니를 몰래 빼돌리기도 한 것으로 밝혀졌습니다. 개인정보를 해킹하고 이를 악용하는 사례가 늘어나고 있습니다.

[사례 2: 정부 및 공공 기관 해킹] 2013년 6월 25일, 국제해커집단 어나니머스(Anonymous)가 북한의 조선중앙통신, 로동신문, 평양상업대학 등의 홈페이지를 해킹하였습니다. 같은 날, 청와대를 비롯한 한국 정부 부처들의 홈페이지와 조선일보 등 일부 언론사 홈페이지가 해킹으로 마비되는 사태가 발생하였습니다. 이뿐만 아니라 해킹 당한 청와대 홈페이지를 통해 정당의 당원 명부와 청와대 직원, 군 장병 명부 등이 유출되었습니다. 인터넷 공간에서 상대 국가를 공격하는 사이버 전쟁이 현실화 되고 있습니다. 해킹이 미사일 등 첨단 무기보다도 더 강력한 공격 수단이 되고 있습니다.

[사례 3: 금융정보 절취 및 스마트폰 해킹] 2014년 4월, 신용카드사들이 새롭게 도입한 신종 온라인 결제 수단인 스마트폰 앱카드가 해킹 당하였습니다. 앱카드는 휴대전화 유심(USIM) 내에 카드 정보를 저장하는 종전 모바일 카드와 달리, 별도의 발급 절차 없이 기존의 신용 · 체크 · 기명식 선불 카드를 스마트폰 앱에 등록하여 온 · 오프라인 가맹점에서 사용하는 신개념 카드입니다. 도입 후에 사용자와 결제금액은 폭발적으로 늘고 있습니다. 한국은행에 따르면 2013년 모바일 신용 · 체크카드 이용금액은 하루 평균 26억원, 발급장수는 총 450만장에 이르고 있습니다(서울경제, 2014년 5월 11일). 스마트 뱅킹이 확산되면서 이와 관련된 해킹도 늘어나고 있습니다. 해킹이 사회 안정에 심대한 위협이 되고 있습니다.

[사례 4: 스마트TV 해킹] 거실에 설치한 스마트 TV을 시청하는 중에 갑자기 방송 화면이 끊기면서 이상한 영상이 뜹니다. 화면 하단에 금융기관 전산망이 마비됐다는 속보 자막이 뜹니다. 해커가 인터넷에 연결된 스마트 TV에 악성 앱을 몰래 심어 놓고, 이용자가 리모컨을 누르는 순간 해커가 TV을 장악하고 마음대로 조정하는 것입니다. 스마트 TV에 내장된 카메라와 스피커로 개인의 일상생활을 훔쳐 볼 수 있고, 홈 쇼핑 등을 사용할 때에는 개인의 금융 정보를 가로챌 수 있습니다(KBS: 2013년 9월 19일).
스마트 TV의 보급이 확대되고 있는 가운데, 독일 컴퓨터 전문잡지는 삼성전자, LG전자, 필립스가 만든 스마트 TV를 해킹하여 사용자 관련 정보를 빼냈습니다. 이 잡지는 LG전자 스마트TV에서 'LOVEFiLM' 앱 검색 기록과 아마존 로그인 정보 등을 빼냈고, 삼성전자와 필립스 스마트TV에서는 어느 웹 사이트를 방문했는지 해독해 내는데 성공했다고 밝혔습니다. 이뿐만 아니라, 대부분의 스마트기기가 해킹에 취약한 것으로 지적되고 있습니다(세계일보 2014년 3월 17일).
해킹이 일상생활에까지 침투하여 상대방을 감시하고 프라이버시를 침해하는 등 보이지 않는 감시자가 되고 있습니다.

[사례 5: 정보 유출] 해커 조나단 제임스는 1999년 앨러버마 주 헌츠빌(Huntsville)의 마샬 우주비행 센터(Marshall Space Flight Center)를 해킹해서 국제 우주정거장의 특허 소프트웨어를 다운로드 하는 데 성공하였습니다. 그때 그는 겨우 16살이었습니다. 특허 소프트웨어는 국제 우주정거장의 물리적 환경을 지탱하고 우주 생활에서 중요한 습도 및 온도를 조절하는 데 매우 중요한 역할을 하는 소프트웨어로써 약 170만달러에 달하는 것이었습니다. 정부 기관, 특히 군사 및 연구 관련 기관을 해킹하여 기밀 정보를 알아내는 스파이 도구가 되고 있습니다.

[사례 6: 보복 해킹] 2011년 6월, 어나니머스에서 파생된 핵티비스트(hacktivist) 그룹 룰즈섹(Lulzsec)은 소니 픽쳐스(Sony Pictures)를 해킹하고 수만 명의 고객들의 이름 및 비밀번호, 이 메일 주소 및 집주소가 담긴

데이터를 훔쳤습니다. 룰즈섹은 이번 공격이 소니가 플레이스테이션 3(PlayStation 3)로 탈옥한 해커 조지 호츠(George Hotz)에 대하여 취한 법적 대응에 대한 복수성 공격이었다고 밝히며, 백만 개가 넘는 계좌를 해킹했다고 말했습니다. 룰즈섹의 창립 멤버인 사부(Sabu: 진짜 이름은 헥토르 자비에 몽세귀르)는 FBI 수사관에 의해 체포되었습니다. 해킹이 보복 테러의 수단으로 사용되고 있습니다.

이외에도 다양한 유형의 해킹 사례가 얼마든지 있습니다. 위키피디어 한국판(ko.wikipedia.org)에서 '대한민국의 정보 보안 사고 목록'을 검색해 보면 많은 참고 사례를 발견할 수 있습니다.

인터넷을 통해서 해킹에 관한 전문 자료를 손쉽게 구할 수 있어, 윤리의식이 미약한 사람들이 해킹의 유혹에 쉽게 빠져 들고 있습니다. 이로 인하여 해킹 사고가 끊이지 않고 발생하고 있습니다. [그림 10-1]에서 보는 바와 같이, 해킹은 2005년 이후에 다소 감소하는 추세를 보이고 있는데, 이는 정보 보안에 대한 의식이 높아졌고, 보안 기술의 발전과 대응 체제의 강화로 인하여 해킹이 어렵게 되었기 때문입니다. 그럼에도 불구하고, 일정 수준의 해킹 공격이 지속적으로 자행되고 있습니다. 또한, 정보 보안 기술의 발전과 더불어 해킹 기술도 끊임 없이 진화되고 있습니다.

[그림 10-1] 해킹 사례

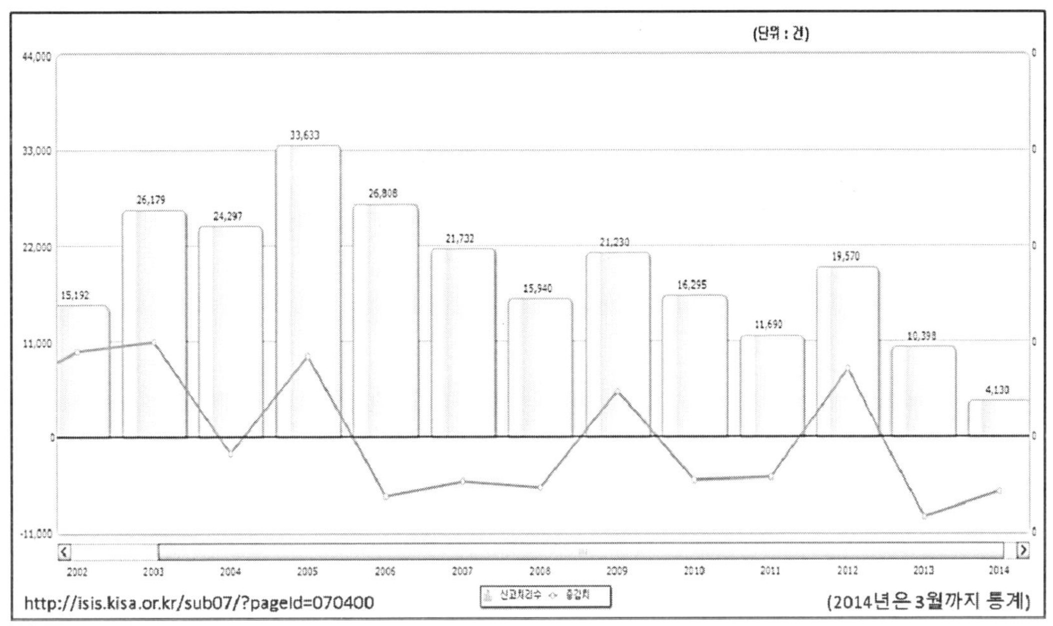

[그림 10-2] 해킹 현황

해킹의 유래와 정의

그렇다면, 해킹은 무엇이며 언제부터 시작된 것일까요? 1960년대, 미국 매사추세츠 공과대학교(MIT)의 테크 모델 레일로드 클럽(Tech Model Railroad Club: TMRC)과 인공지능 연구실 학생 사이에서 해커라는 말이 사용되기 시작하였습니다. 영어 해크(hack)는 '거칠게 자르거나 헤집다'라는 의미인데, 당시에는 프로그램 작성을 '해크'라고 하였으며, 해커는 프로그램을 작성하는 사람이라는 의미였습니다. 대부분의 학생들이 컴퓨터에 전문 지식이 있었고 열정적으로 컴퓨터를 연구 개발하는 컴퓨터광들이었습니다. 즉, 초창기에는 컴퓨터를 열정적으로 연구 개발하는 전문가를 해커라고 하였습니다. 헤커들은 컴퓨터 시스템의 불완전 부분이나 프로그램의 오류 등을 발견하여 컴퓨터 기술 발전에 커다란 기여를 하였습니다. 빌리 조이(Bill Joy), 도널드 크누스(Donald Knuth), 리처드 스톨맨(Richard M. Stallman), 리눅스 토발즈(Linus Torvalds), 켄 톰슨(Ken Thompson) 등은 컴퓨터 발전에 위대한 업적을 남긴 전설적 헤커로 추앙되고 있기도 합니다.

그러나 해킹의 의미는 컴퓨터 기술 발전에 따라 변화되어 왔는데, 컴퓨터 시스템을 교란할 목적으로 컴퓨터에 침입하는 행동이 늘어나면서, 그 의미가 퇴색되었습니다. 초창기에는 컴퓨터 시스템에 불법적으로 침입, 파괴하는 이러한 악의적 행동을 해킹과 구별하여 크래킹(cracking)이라고 하였습니다. 얼마 후, 해킹이 크래킹처럼 부정적인 의미로 사용되기 시작하였고, 현재는 일반적으로 해킹이란 컴퓨터 취약점을 악용하여 컴퓨터 시스템에 무단으로 침입하고, 정보의 불법적 접근, 복제, 유출, 변조 등의 불법 행위를 자행하는 것을 의미하게 되었습니다. 그럼에도 불구하고, 해킹 또는 해커는 불법 또는 합법에 관계 없이 가치 중립적 용어로 사용하고 있습니다. 합법적이며 윤리적인 해커나 보안 연구자를 화이트 해커(white hacker), 불법적이며 비윤리적인 해커를 블랙 해커(black hacker) 또는 크래커(cracker)로 부릅니다. 또한 화이트 해커와 블랙 해커의 중간적 성격을 띠거나 구분이 불분명한 해커를 그레이 해커(gray hacker)로 부르기도 합니다.

해커의 세대별 변천

정보기술의 발전과 더불어 해킹의 기술도 변화되어 왔습니다. 해커들의 변천을 다음과 같이 세대별로 구분하기도 합니다.

① 제1세대 해커(1960년대): 앞서 이야기한 것처럼, 미국 매사추세츠 공과대학교(MIT), 테크 모델 레일로드 클럽과 인공지능 연구실의 컴퓨터에 열광적인 학생 사이에서 해커라는 말이 사용되기 시작하였습니다. 이들은 컴퓨터 기술을 고도화 하고자 노력하였고, 정보의 개방과 공유 등을 지향하는 해커의 윤리 강령을 제정하는 등 정보기술 발전에 공헌하고자 하였습니다.

② 제2세대 해커(1970년대): 70년대는 베트남 전쟁으로 사회가 어수선한 상태였습니다. 미국은 베트남 참전 비용을 마련하기 위해 전화사용료에 세금을 별도로 부과하는 특별세법을 만들었고, 이에 항의하고자 전화망을 교란하여 공짜로 전화를 사용할 수 있는 플릭(phreak)이라는 방법을 유통시켜 전화 사용료 거부 운동을 전개하였습니다. 불법적으로 시스템을 교란하는 시초가 되었고, 이런 세대를 폰프리커(phone-phreaker) 세대라 합니다.

③ 제3세대 해커(1980년대): 1980년대에 PC 등의 컴퓨터 보급이 확산되면서 불법적으로 시스템에 침투하는 해커의 악의적 활동이 본격화되었고, 이로 인하여 해커가 크래커로 간주되기 시작합니다. 이들은 1987년 미국의 국방 네트워크에 침입하여 군사기밀을 소련에 넘긴 '카오스사건'과, 1988년 '인터넷 웜'을 유포하여 네트워크로 연결된 수천 대의 컴퓨터를 일시에 정지시키는 사건을 저지르기도 합니다.

④ 제4세대 해커(1990년대): 해커의 불법 행위를 국가 안보에 대한 위협으로 간주하기 시작하였으며, 정치적 이념을 가진 해커, 핵티비스트(hacktivist)가 등장하였고, 이에 대하여 사이버 테러라는 용어가 사용되기 시작하였습니다. 미국은 1998년 2월 핵티비스트에 의한 사이버 테러에 대응하기 위하여 FBI산하에 NIPC(National Infrastructure Protection Center)를 창설하기도 하였습니다. 1990년대 후반부터 인터넷이 대중화되면서 해킹 기술이 급속도로 발전하였습니다. 또한 인터넷을 통해 관련 정보가 공유되면서 컴퓨터 전문가뿐만 아니라 일반인도 마음만 먹으면 해킹할 수 있는 시대가 되었습니다.

해커의 등급

이제는 해킹 기술이 인터넷을 통해 공유되고 있어 컴퓨터 전문가가 아니더라도 해킹을 할 수 있게 되었습니다. 가끔 중·고생이 해킹하여 사회문제가 되기도 합니다. 해킹 기술이 보편화 되면서 정보 시스템은 아주 심각하게 위협에 노출되어 있습니다. 이런 무차별적 해킹에 대응하기 위해서는 정보 보안 기술의 개발도 중요하지만, 무엇보다도 인터넷 사용자의 윤리의식이 정립되어야 할 것입니다. 해킹의 비윤리성과 불법성을 인식하고 인터넷 정보기술을 유익하게 활용하여 지식정보 사회를 꽃 피워야 할 것입니다. 일반적으로 해커를 다음과 같이 등급 분류합니다.

① 레이머(lamer): 해커는 되고 싶지만 경험도 없고 컴퓨터 관련 지식도 많이 없는 해커

② 스크립트 키디(script kiddie): 네트워크와 운영체제에 대한 약간의 기술적인 지식을 갖고 있는 해커

③ 디벨롭트 키디(developed kiddie): 대부분의 해킹 기법을 알고 있는 해커들로서, 정보 시스템의 취약점을 새로 발견하거나 발견된 취약점을 주어진 상황에 맞게 바꿀만한 실력은 부족한 해커

④ 세미 엘리트(semi-elite): 정보기술에 대하여 포괄적인 전문 지식이 있고, 운영체제, 네트워크 등에 대한 전문 지식도 갖추고 있으며, 운영체제에 존재하는 특정 취약점을 알고 이 취약점을 공격할 수 있는 해킹 프로그램을 작성할 수 있는 해커

⑤ 엘리트(elite): 컴퓨터, 네트워크, 운영체제, 프로그래밍 등 최고 수준의 전문 지식을 가지고 있으며, 해킹하고자 하는 시스템의 새로운 취약점을 찾아내고 해킹할 수 있는 최고 수준의 해커

국내에서는 네메시스(nemesis), 전문가(expert), 숙달된 기술자(experienced technician), 기술자, 뉴비(newbie), 키드(kids) 의 7가지로 세분화된 등급이 제안되기도 하였습니다. 정보 보안 기술의 비약적 발전으로 불법 접근과 침투로부터 컴퓨터 시스템과 네트워크의 보호 강화, 침입 차단과 추적으로 해커 식별 등이 신속하게 이루어지고 있습니다. 공연한 자만심에서 불법 해킹을 시도하는 것은 한 순간에 범법자로 전락할 수 있습니다.

10.2.2 해킹 기술과 동향

해킹이 점점 교묘해지고 관련 기술도 지속적으로 변화하고 있습니다. 적을 알면 승리할 수 있다고 하였습니다. 해킹에 대한 폭넓은 이해와 해킹을 효과적으로 예방할 목적으로 해킹 기술을 간략하게 살펴보겠습니다.

1 해킹 기술의 분류

해킹은 시스템의 취약점을 발견하여 공격하기 때문에 매우 다양한 방법이 존재합니다. 정보기술의 발전과 더불어 새로운 방법이 출현하기도 하고, 시대에 따라 유행하는 방법이 있기도 합니다. 여기서는 해킹 기술을 다음과 같이 분류하겠습니다.

[시스템 해킹(system hacking)] 윈도우(Windows)나 리눅스(Linux) 등 운영체제를 해킹하는 기법입니다. 운영체제의 동작 취약점을 공격하거나 고의로 오류를 발생시켜 시스템을 교란하는 것입니다. 운영체제 해킹을 통해서 시스템 전체를 통제할 수 있게 됩니다.

[네트워크 해킹(network hacking)] 컴퓨터 통신은 데이터의 송신과 수신에 정해진 절차 또는 규약에 의하여 진행됩니다. 이를 통신 프로토콜(protocol)이라고 하는데, 대표적 예로 TCP/IP가 있습니다. 통신 프로토콜의 허점을 이용하여 전송 데이터를 훔쳐보거나(스니핑: sniffing), 신분을 위장하거나(스푸핑: spoofing), 통신을 가로채거나(하이재킹: hijacking) 하는 등의 방법으로 데이터를 도청 또는 절취하는 것입니다.

[웹 해킹(Web hacking)] 웹 사이트의 취약점을 공격하는 방법입니다. 웹 사이트 게시판의 오류, 파일 업로드 취약점, 쿠키 변조 등으로 시스템에 침투하여, 보다 높은 권한을 획득하거나 데이터베이스의 정보를 유출

하게 됩니다. 웹 기술은 사용하는 시스템의 형태와는 관계 없는 표준 기술이기 때문에 언제든지 활용할 수 있는 기법입니다.

[어플리케이션 해킹(application hacking)] 어플리케이션, 즉 응용 프로그램을 불법적으로 변조하는 것입니다. 라이선스 코드가 필요한 프로그램을 변조하여 라이선스 검사를 무력화시키거나 사용 유효 기간을 불법적으로 수정하는 것입니다. 대표적 예로서, 프로그램 크랙(crack) 또는 불법 패치(patch)가 있습니다.

[서비스 거부 공격(denial of service: DoS)] 이 해킹 방법은 시스템에 침투하거나 권한을 획득하는 것이 아니고, 시스템을 마비시키거나 정지 또는 파괴를 목적으로 합니다. 금융기관, 전자 상거래 사이트, 포털 사이트 등이 마비된다면 엄청난 혼란과 피해가 야기될 수 있습니다.

[무선 해킹(wireless hacking)] 와이파이(WiFi) 등 무선 네트워크는 액서스 포인트(access point: AP)를 사용하는데, 여기에 불법 접근하여 무선 통신을 스니핑, 스푸핑, 하이재킹 합니다. 무선 네트워크는 데이터 전송이 공개되어 있어 유선 통신보다 보안성이 아주 취약합니다. 특히 공공 장소에서의 무선 네트워크 사용은 아주 위험할 수 있습니다.

주요 해킹 기법

해킹에 관하여 확실하게 이해 할 수 있도록 대표적인 해킹 기법에 대하여 구체적으로 살펴보겠습니다. 해킹의 실태를 이해하고 해킹을 방지할 수 있는 방법을 생각해 보기 바랍니다.

[서비스 거부 공격(denial-of-service: DoS)/분산 서비스 거부 공격(distributed DoS: DDoS)]

정보 시스템을 악의적으로 공격하여 해당 시스템을 처리 불능의 다운(down) 상태로 만들어서 정상적인 업무처리를 마비시키고 다른 사용자가 이용하지 못하도록 하는 공격적 해킹을 서비스 거부 공격이라고 합니다. 마치 쉬지 않고 강한 펀치를 날려 상대방을 다운시키는 것과 같습니다. 분산 서비스 거부 공격은 이러한 공격자를 수백, 수천을 만들어 일시에 공격하는 것입니다.

해커는 사이트를 공격할 수 있는 악성코드가 포함된 바이러스 프로그램을 만들어 유포합니다. 이런 바이러스에 감염된 PC를 좀비(Zombie) PC라고 하는데, 해커의 공격 명령을 대기하게 됩니다. 해커가 수백, 수천의 충분한 좀비 PC가 확보되었다고 생각되면, 특정 사이트를 공격하도록 명령을 내리고, 이에 좀비 PC는 일시에 해당 사이트를 공격하여 처리 불능의 다운(down) 상태로 만들어 버립니다.

인터넷 정보사회에서는 컴퓨터가 다운된다면 경제, 사회의 모든 활동이 정지되고 나아가서 국가가 마비될 수도 있습니다. 인터넷 데이터 센터가 다운된다면 전세계 인터넷이 불통되는 사태도 초래될 수 있습니다. 그러기 때문에 행정, 국방, 금융, 치안, 통신, 에너지 등과 관련된 사회 주요 시설을 공격 시에는 엄중한 처벌을 받게 되어 있습니다.

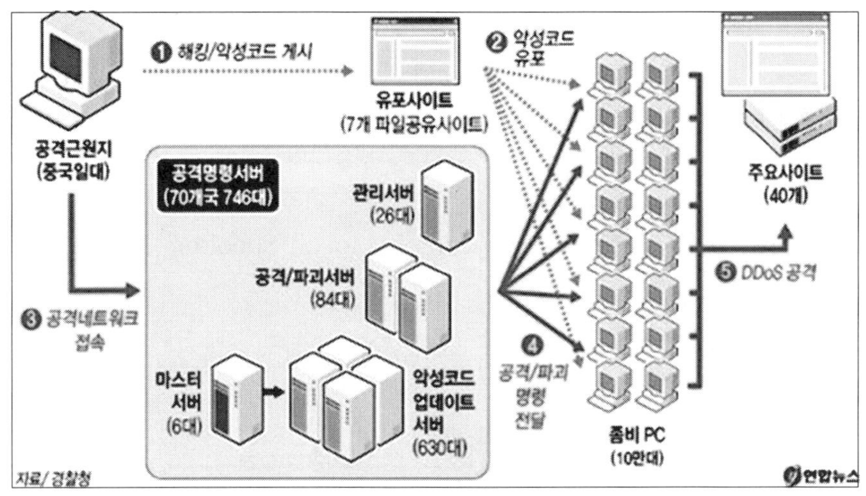

[그림 10-3] 분산 서비스 거부 공격(DDoS) 개요

[백도어(backdoor)]

원격으로 컴퓨터 시스템을 접속하였을 때, 인증을 무사 통과하고 시스템에 진입할 수 있도록 만들어 둔 뒷문 또는 비밀 통로 프로그램을 의미합니다. 즉, 원격지에서 컴퓨터 시스템에 정상적인 절차를 거치지 않고 비인가 된 접근을 가능하게 하는 프로그램을 말합니다. 때로는 트랩 도어(trap door)라고도 합니다.

백도어는 운영체제 개발자가 향후의 시스템 유지보수 작업을 위하여 일부러 만들어 두거나, 해커가 사용자를 속이고 설치하기도 합니다. 컴퓨터에 이상이 있을 때 원격지 접속(remote login)으로 고장수리 서비스를 받는 경우가 있는데, 이는 백도어를 이용한 서비스입니다.

백도어 해킹을 당하게 되면, 해커가 원격지에 있는 자신의 컴퓨터로 상대방 컴퓨터 바탕화면, 키보드 등을 실시간으로 모니터링 할 수 있고, 파일 다운로드 및 삭제, 포맷팅(formatting) 등 상대방 컴퓨터를 마음대로 통제할 수 있습니다. 일반적으로 백도어는 정상 프로그램으로 인식되기 때문에 바이러스 백신 등으로 검사하여도 발견할 수 없습니다.

백도어 프로그램에는 아주 다양한 종류가 있으며, 단일 프로그램으로는 1998년에 개발된 백오리피스(Back Orifice)가 있습니다.

[스푸핑(Spoofing)]

스푸핑(Spoof)이란 '속이다, 사기치다'는 뜻으로 해커가 자신의 신분을 위장하고 통신하는 방법입니다. 인터넷 프로토콜인 TCP/IP의 구조적 결함을 이용하여, 자신의 신분을 위장한 후에 일반 사용자들의 방문을 유도하여 사용자의 시스템 권한을 획득한 뒤 시스템에 침투해서 정보를 빼가는 해킹 수법입니다.

먼저, 해커는 목표 시스템과 신뢰 관계에 있는 제3자의 컴퓨터를 통신할 수 없게 만듭니다. 그리고 나서, 제3자 컴퓨터를 위장하여 목표 시스템에 통신을 요청합니다. 목표 시스템은 제3자에게 통신을 하지만, 이미 통신 불능 상태로 답변을 할 수가 없습니다. 이에 해커가 제3자처럼 목표 시스템과 통신하여 중요 정보를 가로챕니다. 이러한 스푸핑은 아주 고전적인 방법이지만 널리 사용되고 있으며, IP Spoofing, ARP(Address Resolution Protocol) Spoofing, DNS Spoofing 등 다양한 방법이 있습니다.

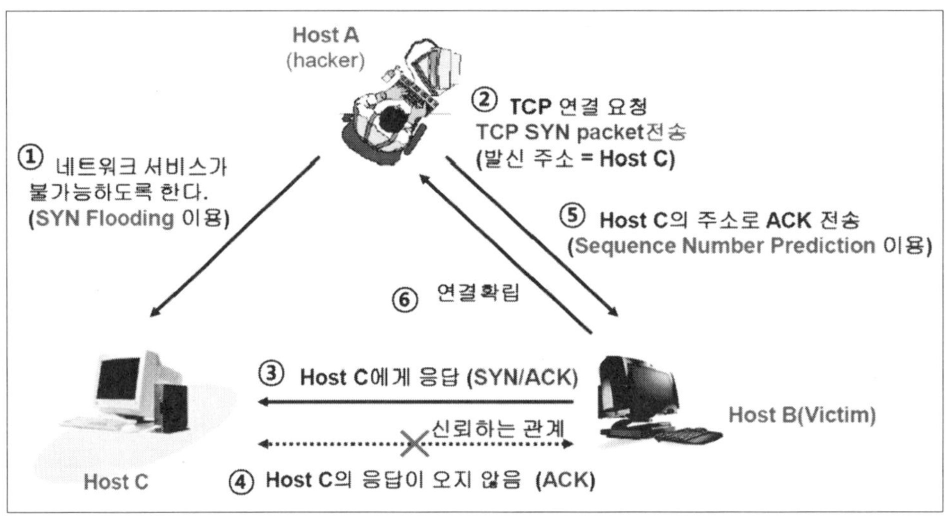

[그림 10-4] 스푸핑(Spoofing) 개요도

[제로 데이(zero-day) 공격]

제로 데이는 정보 시스템의 취약점이 공표 또는 발견된 날을 뜻합니다. 따라서 제로 데이 공격은 취약점을 해결할 시간을 주지 않고 바로 공격하는 해킹 수법입니다.

취약점에 대한 대책이 없는 상태에서는 컴퓨터는 무방비로 노출될 수밖에 없고 해킹 공격을 막을 방법이 없습니다.

[APT(Advanced Persistent Threat, 지능형 타깃 지속 공격)]

최근 커다란 현안문제로 대두되고 있는 새로운 수법의 해킹 방식으로 사회 공학적 방법을 사용합니다. APT 공격은 대상이 명확하고 해킹 가능한 모든 방법을 총동원하여 목적을 달성합니다. 목적이 달성될 때까지 지속적으로 공격하고 내부 임직원을 도용하여 정상적인 방법으로 시스템에 접근합니다. 공격 방법이 정교하고 신속하게 이루어지기 때문에 탐지나 차단이 어렵습니다. 주로 분명한 목적과 동기를 가진 해커 집단이 사전에 치밀한 준비를 하고 장기간에 걸쳐 이루어집니다.

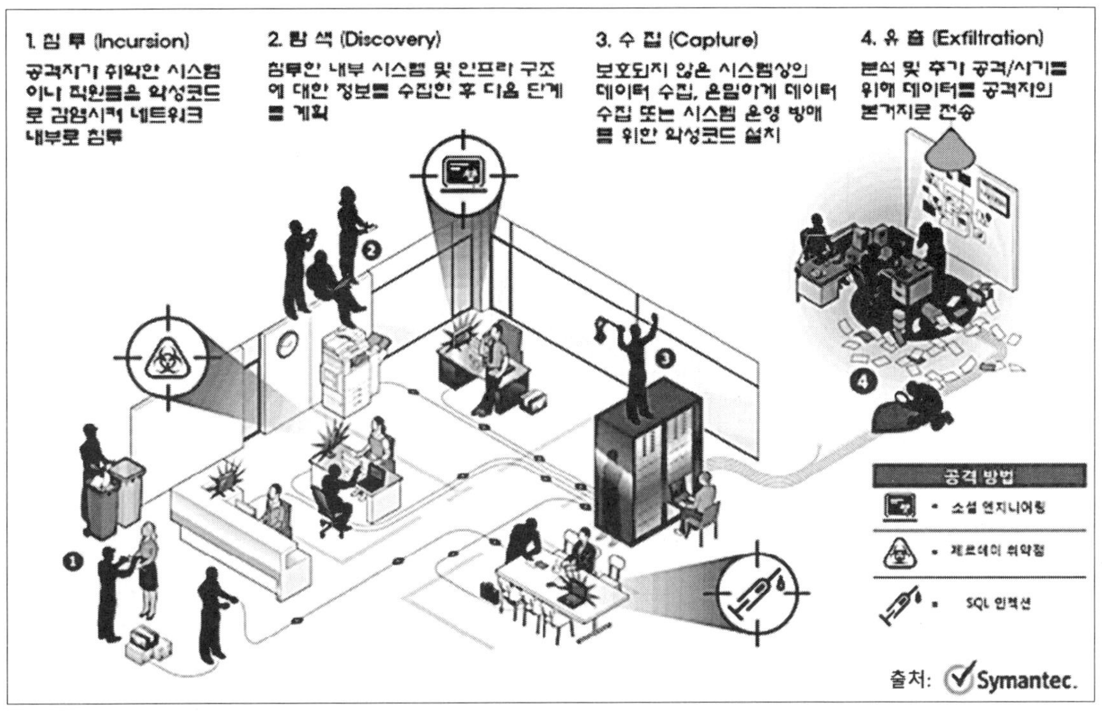

[그림 10-5] APT(지능형 타깃 지속 공격) 개요도

APT 공격은 아주 지능적으로 이루어집니다. 먼저, 해커는 목표 사이트의 취약한 컴퓨터 또는 직원 컴퓨터를 교묘한 방법으로 악성코드를 감염시켜 내부로 침투합니다. 침투 후에는, 내부 시스템의 구조, 현황 등에 대한 상세한 정보를 수집하고 다음 단계 계획을 수립합니다. 보호되지 않은 시스템 상의 데이터를 은밀하게 수집하고 시스템 운영을 방해할 악성코드 등을 설치합니다. 그 후에는 파악된 기밀 정보 등을 해커의 컴퓨터로 절취해 갑니다. 이러한 과정이 은밀하게 진행되므로, 정보 보안 담당자도 알아채지 못하는 경우가 많습니다.

2011년 4월에 농협 전산망 마비 사고를 비롯하여 최근의 수많은 해킹 사고가 APT 공격으로 발생하였습니다. 아직 기술적으로 방어할 수 있는 효과적 방법이 없는 상태입니다.

해킹 기법의 변화와 동향

인터넷의 확산과 더불어 해킹이 커다란 문제로 부각되었습니다. 초창기에는 인터넷 정보기술에 대한 전문 지식이 있어야 해킹을 할 수 있었지만, 해킹 기술이 공개되고 해킹 도구가 개발됨에 따라, 정보기술에 대한 전문 기술이 없어도 해킹을 할 수 있게 되었습니다. 호기심 또는 장난으로 해킹을 하는 사례가 증가하였고, 돈벌이를 목적으로 하는 해킹도 크게 늘어났습니다. 특히, 사이버 테러나 정보 전쟁의 차원에서 국가 사회를 위협하고자 하는 정치적 목적의 해킹도 증대되고 있습니다. 해킹 기술도 스니핑, 스쿠핑 등 전통적인 방법에서 APT 공격 같은 사회공학적 방법으로 진화하였습니다. 스마트 기기의 등장으로 최근의 해킹 기술은 더욱 지능화 되고 있습니다.

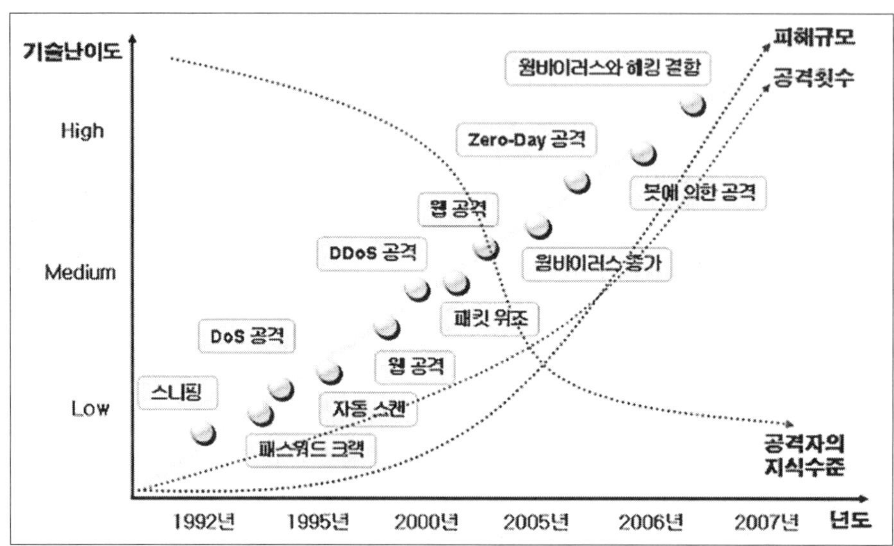

[그림 10-6] 해킹 기법의 변화

[해킹 기술과 바이러스 기술의 통합] 해킹과 바이러스 기술을 결합하여, 대용량의 네트워크 트래픽을 발생시켜 해당 서버나 라우터, 스위치 등의 네트워크 장비를 마비시켜 특정 서버를 마비시키기는 것이 아니라, 해당 네트워크 자체를 마비시키는 형태로 발전하고 있습니다. 정보를 유출해 갈 뿐만 아니라, 네트워크 자체를 마비시키는 공격적 해킹으로 변화하고 있습니다.

[핵티비즘의 확산] 과거의 해킹은 단순히 개인적 목적을 달성하기 위한 것이었는데, 현재는 정치적 목적을 달성하기 위한 핵티비즘의 양상을 띄고 있습니다. 사회적 이슈에 대한 항의, 부도덕한 기업이나 국가에 대한 공격 등 점차 정치 · 사회적 테러 형태로 나타나고 있습니다. 또한, 해커 단독으로 해킹을 하는 것이 아니라, 정치 · 사회적으로 공감대가 형성된 해커 집단을 형성하고 집단적으로 공격합니다. 대표적인 핵티비즘 해커 집단으로 어나니머스(Anonymous)나 룰즈섹(Lulzsec)이 있습니다.

[웜 바이러스 공격] 웜과 해킹 기법이 결합된 형태의 공격이 많이 등장하고 있습니다. 웜(worm)은 자기 스스로를 복제하는 컴퓨터 프로그램입니다. 컴퓨터 바이러스와 비슷한데, 바이러스가 다른 실행 프로그램에 기생하여 실행되는데 반해, 웜은 독자적으로 실행될 수 있습니다. 따라서 스스로 전체 인터넷으로 급속하게 확산될 수 있습니다. 해킹 공격이 웜과 결합하여 무차별적으로 확산될 수 있습니다.

[무선 해킹의 확산] 최근에 스마트폰, 태블릿 등 모바일 기기가 급격하게 성장하면서 스마트 기기를 대상으로 하는 해킹 공격이 증가하고 있습니다. 특히, 와이파이 등 무선 인터넷은 보안성이 취약하기 때문에 쉽게 해킹할 수 있어 대책이 필요한 상태입니다.

[사물인터넷 해킹] 스마트 TV, 스마트 냉장고, 스마트 카 등 모든 사물이 인터넷으로 연결되는 사물인터넷

시대가 도래하였습니다. 이제 해킹은 단순히 정보 시스템을 대상으로 하는 것이 아니라, 모든 사물을 대상으로 해킹이 이루어지고 있습니다. 주행중인 스마트 카를 해킹할 수도 있고 가정에서 스마트 TV를 시청하는 순간 해킹을 할 수도 있습니다. 이에 따라 해킹의 방법, 목적 등이 아주 다양해 지고 있습니다.

10.2.3 해킹 대응방안

해킹이 개인뿐만 아니라 국가 사회에 심각한 피해를 주기 때문에 철저하게 대비해야 합니다. 정보기술의 활용과 관리의 주체가 되는 일반인, 정보보안 전문가, 해킹 대응 기관, 정부 등이 합심하여 관리적 · 기술적 · 제도적으로 해킹에 대비해야 합니다.

해킹 사고는 예방이 곧 대응입니다. 무엇보다 가장 중요한 것은 언제든 해킹을 당할 수 있다는 가정하에 정보 주체는 보안 정책을 수립하여 실행해야 합니다. 대부분의 해킹 사고는 보완 정책이 수립 되어 있지 않고 보안 수칙을 지키지 않아서 발생하는 경우가 많으므로, 보안 수칙을 생활화 하는 것이 무엇보다도 필요합니다. 일반인의 경우는 자신의 PC을 해킹을 방지할 수 있도록 설정하고 해킹 방지 프로그램을 설치해야 합니다. 정보보안 전문가는 해킹 예방, 탐지, 추적을 위한 시스템을 설치하고 최신의 정보보안 기술을 활용하여 해킹 사고 대응 태세를 갖추어야 할 것입니다. 해킹 대응 센터는 해킹 발생시 신속하게 조치하여 추가 해킹 공격을 방지하고 해커를 추적하는 등 해킹 대응에 필요한 조치를 취해야 할 것입니다. 정부는 해킹을 방지하고 처벌할 수 있는 법 체계를 정비하는 등 제도적 대응방안을 수립하고 있습니다.

정보 보호 수칙

한국인터넷진흥원(http://www.kisa.or.kr) 등에서 해킹과 바이러스 등 불법적인 공격으로부터 정보 시스템을 안전하게 활용하도록 정보 보호 수칙을 제정하여 이를 실천할 것을 권고하고 있습니다. 주요 내용은 다음과 같습니다.

① 운영체제(윈도우 등) 보안 패치 자동 업데이트 설정하기

② 바이러스 백신 및 스파이웨어 제거 프로그램 설치하고 최신 버전으로 업데이트하기

③ 운영체제 로그인 패스워드 설정하기

④ 패스워드는 8자리 이상의 영문과 숫자로 만들고 주기적으로 변경하기

⑤ 신뢰할 수 있는 웹 사이트에서 제공하는 프로그램만 설치하기

⑥ 인터넷에서 다운로드 받은 파일은 바이러스 검사하기

⑦ 출처가 불분명한 메일은 바로 삭제하기

⑧ 메신저 사용 중 수신된 파일은 바이러스 검사하기

⑨ 인터넷상에서 개인 및 금융 정보를 알려주지 않기

⑩ 중요 문서 파일은 암호를 설정하고 백업 생활화하기

⑪ 정기적으로 시스템 취약성 점검하기

⑫ 정품 소프트웨어 사용하기

이와 같은 정보보호 수칙은 시스템을 안전하게 사용하기 위한 최소한의 노력이라고 할 수 있습니다. 평소에 정보보안 수칙을 준수하는 작은 노력이 해킹으로 야기 되는 큰 사고를 예방할 수 있습니다.

기술적 대응방안

해킹 기술의 고도화에 따라 해킹을 방어, 탐지, 추적하는 기술도 크게 진화하고 있습니다. 여기서는 대표적인 대응 기술에 대하여 살펴보겠습니다.

[침입 차단을 위한 방화벽(firewall)]

외부로부터의 불법적 접근을 차단할 목적으로 방화벽을 설치합니다. 방화벽은 내부 네트워크와 외부 네트워크 사이에 위치한 네트워크상의 장벽으로 허가 받지 않은 불법적 침입을 차단하여 내부 정보 시스템을 안전하게 보호하는 기술입니다.

방화벽은 네트워크를 통한 정보 시스템의 접근 통제, 사용자 또는 메시지 인증, 통신 데이터에 대한 암호화, 통신 로그 파일 생성, 감사 추적(audit) 등의 기능을 수행하여 내부 시스템을 안전하게 보호합니다. 일반 개인용 컴퓨터에도 방화벽이 설치되어 있어 외부로부터의 불법 해킹을 차단하고 있습니다.

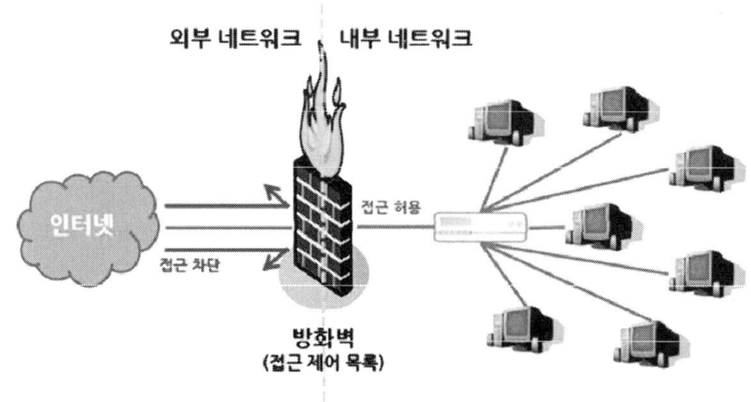

[그림 10-7] 방화벽의 개념

방화벽은 외부로부터의 침입 차단을 목적으로 하고 있기 때문에 내부로부터의 공격에는 대응할 수 없습니다. 또한, 모든 통신이 방화벽을 거쳐야 하기 때문에 통신에 병목현상을 유발할 수 있는 단점이 있습니다.

[침입 탐지 시스템(Intrusion Detection System: IDS)]

침입 탐지 시스템은 방화벽이 탐지할 수 없는 모든 종류의 불법적 접근을 탐지하는 시스템입니다. 일반적으로 침입 탐지 시스템은 정보 시스템의 비정상적인 사용, 오용, 남용 등을 실시간으로 탐지하는 시스템으로, 외부 침입자뿐만 아니라 내부 사용자의 불법적인 사용, 남용, 오용 행위를 탐지하는데 목적이 있습니다. 방화벽이 정문을 지키는 문지기라고 하면, 침입 탐지 시스템은 경찰이라고 할 수 있습니다. 방화벽을 넘어 온 해커 또는 내부의 불온한 사용자로부터 시스템을 보호하는 시스템입니다.

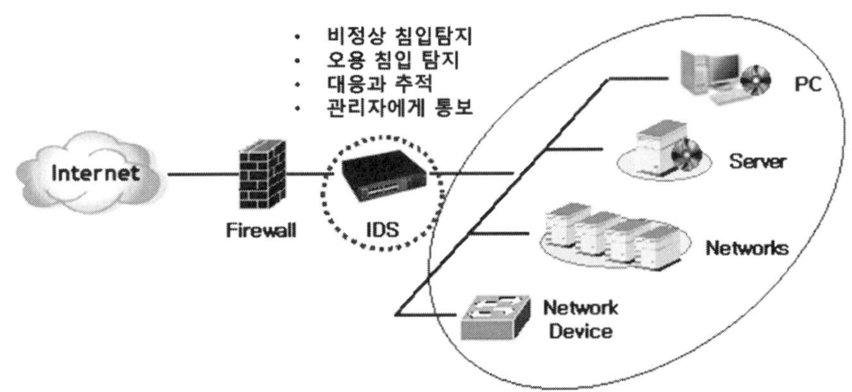

[그림 10-8] 침입 탐지 시스템 개요

[암호화(encryption)]

정보를 중간에서 도청하거나 가로채도 그 내용을 알 수 없도록 만드는 것을 암호화라고 합니다. 해킹 등으로 인해 정보가 불법 유출되어도 그 내용을 알 수 없으므로 정보를 보호할 수가 있습니다. 암호화 기술은 다방면으로 활용할 수 있어, 공개키 암호화, RSA 암호화 등 아주 다양한 방법이 있습니다. [그림 10-9]는 공개키(public key) 방식의 암호화 개념을 표현한 것입니다. 먼저, 통신하고자 하는 사람은 자신의 공개키를 인터넷 등에 공표합니다. 송신자는 전달하고자 하는 정보를 일반 형식으로 작성합니다. 이를 평문(plain text)이라고 합니다. 송신자는 평문을 수신자의 공개키를 활용하여 암호문(ciphertext)으로 만듭니다. 중간에서 암호문을 가로채도 그 내용을 알 수가 없습니다. 암호문을 수신한 수신자는 자신의 개인키(private key)를 이용해서 해독하면 송신자가 보내고자 한 평문을 볼 수 있습니다.

암호화는 정보를 보호하는 중요한 수단입니다. 기밀에 속하는 중요한 정보는 암호화하여 저장해 두는 것이 안전합니다.

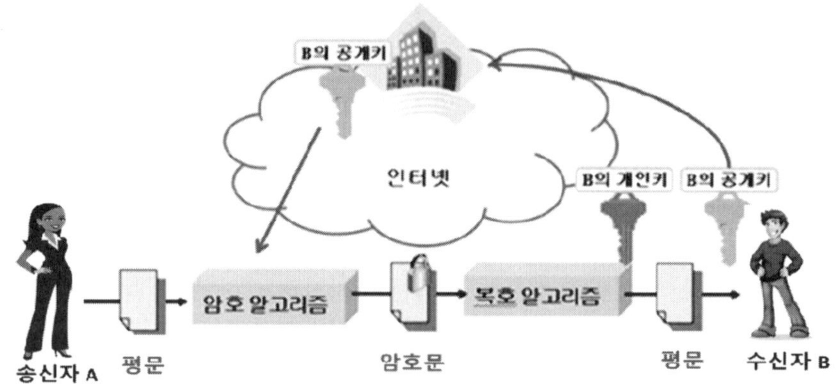

[그림 10-9] 공개키 암호화 방식

사회적 대응

해킹 피해는 개인에 국한하지 않고 국가 사회적으로 큰 영향을 미치기 때문에 전문 기관을 설립하여 대응하고 있습니다. 해킹 대응은 전문 기술이 요구되므로 전문가가 신속하게 대응할 수 있는 체계를 구비해야 합니다. 국내에는 해킹 사고를 예방, 탐지, 신속 대응을 위해 여러 기관이 활동하고 있습니다. 대표적 기관은 아래와 같습니다.

- 한국인터넷진흥원(KISA): http://www.kisa.or.kr/main.jsp
- KISA 보호나라: http://www.boho.or.kr/kor/main/main.jsp
- KISA 인터넷 침해 대응 센터: http://www.krcert.or.kr
- 경찰청 사이버 테러 대응 센터: http://www.ctrc.go.kr
- 국가 사이버 안전 센터: http://service1.nis.go.kr

해킹 사고가 발생하면, 가능한 한 사고와 관련된 내용을 그대로 보존하고, 즉시 이들 기관에 통보하여 조치를 받는 것이 좋습니다. 한국인터넷진흥원 해킹 대응팀에 분석 및 기술지원을 의뢰하고자 한다면 118 번호를 통해 신고할 수도 있습니다.

제도적 대응

정부에서는 해킹 사고에 제도적으로 대응하고자 관련 법규를 제정하여 운영하고 있습니다. 해킹은 국가 사회 안전을 위협하는 테러 공격으로 엄중하게 다스리고 있습니다. 해킹과 관련된 주요 법규는 아래와 같습니다.

- 정보통신망 이용촉진 및 정보보호 등에 관한 법률
- 정보통신기반 보호법

- 전자서명법
- 국가정보화 기본법
- 전자정부법
- 개인정보 보호법
- 정보통신망 이용촉진 및 정보보호 등에 관한 법률

10.3 악성코드 유포와 대응방안

정보 시스템의 정상적 운영에 악영향을 미치는 또 다른 형태의 위협으로 악성코드가 있습니다. 해킹과 밀접한 연관성이 있지만, 악성코드는 다른 차원에서 시스템에 위협적 요인이 되고 있습니다. 일반적으로 악성코드는 자기 복제 능력이 있어 무차별적으로 증식되는 특징이 있습니다. 또한, 시스템의 운영을 방해하고 중요 정보를 파괴 또는 유출하여 심각한 피해를 입히게 됩니다. 아마도 악성코드의 일종인 컴퓨터 바이러스에 감염되어 어려움을 겪은 경험이 있을 것입니다. 이 장에서는 악성코드의 실태와 대응방안에 대하여 살펴보겠습니다.

10.3.1 악성코드의 이해

악성코드(malicious code)는 컴퓨터에 악영향을 줄 수 있는 모든 소프트웨어를 총칭하는 말입니다. 외국에서는 악성코드라는 단어보다는 멜웨어(malicious software, malware)라는 단어를 많이 쓰고 있습니다. 정보통신망 이용촉진 및 정보보호 등에 관한 법률 제48조 제2항에서는 "정당한 사유 없이 정보통신 시스템, 데이터 또는 프로그램 등을 훼손, 멸실, 변경, 위조 또는 그 운용을 방해할 수 있는 프로그램"으로 정의하고 있습니다. 예전에는 이런 형태의 프로그램으로 컴퓨터 바이러스만이 있었는데, 인터넷 정보기술의 발달로 아주 다양한 형태의 악성코드가 생겨났습니다. 컴퓨터 바이러스가 아닌 악성코드 중에는 컴퓨터 바이러스 못지않은 파괴력과 위험성을 가진 것들도 많이 있습니다. 그래서 좀 더 넓은 개념으로 악성코드라는 개념을 사용하게 되었습니다.

악성코드의 종류

악성코드에는 다양한 종류가 있는데 다음과 같은 종류는 잘 알려진 악성코드입니다. 최근 등장하는 악성코드들은 아주 복합적인 특성을 가지고 있어 이러한 분류가 모호해지고 있습니다.

[컴퓨터 바이러스] 사용자 몰래 컴퓨터 시스템에 침입해 실행 파일에 기생하거나 부트 섹터(boot sector)를 감염시켜 시스템의 일부가 되는 악성코드입니다. 스스로를 복제할 수 있으며, 컴퓨터 바이러스에 감염된 파

일을 다른 컴퓨터에서 사용하면 그 컴퓨터도 감염됩니다. 일반적으로 컴퓨터 백신으로 치료가 가능합니다.

[웜(worm)] 컴퓨터 내부에 숨어 있는 지렁이 또는 벌레와 같은 기생충이라는 의미로 컴퓨터 바이러스처럼 사용자 몰래 활동하는 악성코드지만, 기존 프로그램을 감염시켜 기생하는 컴퓨터 바이러스와는 달리 독자적으로 활동합니다. 복제능력이 매우 뛰어나서 사용자의 이메일 주소록을 뒤져서 스스로를 첨부해 이메일을 보내는 등 네트워크를 통해 급속하게 확산됩니다. 아주 전염성이 강한 악성코드입니다.

[웜 바이러스] 웜과 컴퓨터 바이러스의 감염 방법을 동시에 갖춘 악성코드입니다.

[트로이 목마] 유용한 프로그램으로 가장하고 P2P 사이트나 포털 사이트 등에 숨어 있다가, 사용자가 다운로드 하면 사용자 컴퓨터에 침입하는 악성코드입니다. 다른 파일에 기생하지도 않고 자기 복제 능력이 없는 수동적인 악성코드인데, 주로 정보 유출이나 시스템 운영에 문제를 야기합니다. 현재는 정보를 불법적으로 취득하거나 백도어를 만들어 해킹을 할 목적으로 사용되고 있습니다.
트로이 목마는 컴퓨터 백신으로 탐지가 불가능하여 감염되었는지 알지 못하며, 해커가 컴퓨터의 모든 정보를 유출할 수 있고 해킹 공격을 할 수 있어, 가장 무서운 악성코드가 되고 있습니다.

[스파이웨어(spyware)] 사용자의 동의 없이 혹은 사용자를 속여 설치되며, 정보 시스템에 트로이 목마처럼 존재하면서 개인정보를 빼돌리거나 해를 끼치는 활동을 합니다. 초창기에는 인터넷 광고를 하는 애드웨어와 유사하였지만 그 성격이 변하였습니다.
스파이웨어는 무료 공개 프로그램, 스크린 세이버(screen saver)등을 다운로드 받으면서 함께 컴퓨터에 설치되는 경우가 일반적입니다. 또한 회원 등록을 하면서 긴 약관을 다 읽어보지 않는 것을 노려, 사용자로부터 스파이웨어 설치에 대한 동의를 받아내는 경우가 많습니다.
문제는 일반 사용자 가운데 무료 프로그램을 다운로드 받거나 약관에 동의하면 스파이웨어가 설치된다는 사실을 아는 사람은 거의 없다는 것입니다. 또한, 스파이웨어는 다른 일반 프로그램과 구분 하지 못하게 개발되는 경향이 있어, 백신 프로그램에 감지되지 않으며 발견하기 어렵습니다.

[애드웨어(adware)] 컴퓨터 사용시 자동적으로 팝업 창 또는 배너 형태로 광고 콘텐츠를 보여주는 악성코드입니다. 애드웨어의 형태는 사용자 정보를 빼가는 스파이웨어와 거의 동일 합니다. 그러나 애드웨어는 사용자 동의 하에 소프트웨어를 설치하는 과정에서 설치되며, 직접 사용자 정보를 훔쳐가는 행동은 하지 않으므로 대부분의 백신에서 악성코드로 분류하지 않으며 진단하지 않습니다.

[혹스(hoax)] 컴퓨터 바이러스의 일종으로 이메일이나 문자 메시지를 통해 잘못된 정보나 괴담, 유언비어들을 유포해 사용자를 속이는 컴퓨터 바이러스입니다 (hoax: 속이다. 골탕먹이다.). 예를 들어, 메신저로 컴퓨터의 중요한 파일이 바이러스에 감염되었으니 삭제하라고 지시하는 것이 있습니다.

[하이재커(hijacker)] 정상적으로는 어떤 사이트로 연결되어야 하는데, 이를 가로채어 특정 사이트로 연결하는 악성코드입니다. 마치 항공기를 납치(하이재킹)하듯이 사용자의 인터넷 접속을 특정 사이트로 납치하는 악성코드입니다.

악성코드의 비약적인 발전으로 이러한 분류는 사실상 의미가 없어졌다고 해도 과언이 아닙니다. 전통적인 악성코드 형태가 없어진 것은 아니지만, 복합적 성격의 악성코드가 지속적으로 출현하고 있습니다. [표 10-1]은 주요 악성코드를 요약, 정리하여 비교한 것입니다.

[표 10-1] 주요 악성코드 특성 비교

	컴퓨터 바이러스 (virus)	웜 (worm)	트로이 목마	스파이웨어 (spyware)
형태	실행 파일 또는 부트 섹터에 기생	독자적 형태	유용한 프로그램으로 위장	무료 프로그램 위장
복제/전염 능력	있음	매우 강함	없음	없음
전파 경로	감염된 프로그램에 의해 전파	스스로 전파	사용자 다운로드	사용자 다운로드
주요 증상	시스템 및 파일 손상	네트워크 성능 저하	성능 저하, 좀비	광고, 성능저하
특징	정보 파괴/손실	강한 전염성	해킹에 활용	정보 유출

10.3.2 악성코드의 유포 실태와 사례

한국인터넷진흥원(http://www.kisa.or.kr)에 의하면, 2013년에 2,415,046건의 악성코드에 감염이 탐지 되었고, 2014년 2월 한달 간 악성코드 87,508건이 탐지 되었다고 합니다. 이것은 한국인터넷진흥원에 의해 조사된 공식 통계일 뿐이며, 개인 사용의 PC를 고려하면 얼마나 더 많은 사건 사고들이 있을지 모릅니다. 악성코드의 감염 건수도 문제이지만 그에 상당한 피해가 얼마인지를 산출할 수가 없는 것도 문제입니다.

악성코드 유포 실태

유포되는 악성코드의 유형으로는 트로이 목마 형이 전체 약 3/4을 차지하고 있으며, 바이러스, 웜 등이 그 다음으로 많습니다. 일반적으로 사람들은 바이러스가 많을 것으로 생각하지만, 대부분의 악성코드는 트로이 목마 형으로 유포되고 있어 이에 대한 주의가 필요합니다. 앞서 살펴 본 바와 같이, 트로이 목마형 악성코드는 백신 등으로 발견하기 어렵기 때문에 위험성이 큽니다.

악성코드의 유포 경로로는 웹 사이트 접속이 큰 비중을 차지하고 있습니다. 포털, 카페, P2P 사이트, 전자 상거래 사이트, 성인용 사이트 등에 접속하였을 때, 자신도 모르게 감염되고 있습니다. 신뢰할 수 없는 사이트 접속을 자제하고 의심되는 프로그램을 다운로드해서는 안될 것입니다. 이 밖에도 인터넷 탐색기(IE)의 취약점을 이용한 유포, 한글 문서나 MS Word 문서 등으로 유포되고 있는 것으로 조사되고 있습니다.

일반적으로 악성코드는 다양한 방법으로 유포되고 있습니다. 게임이나 소프트웨어 등의 불법 복사, P2P 사이트 접속, 무료 게임이나 소프트웨어 다운로드, 불분명한 이메일 첨부 파일, 출처를 알 수 없는 문서 등에 대하여는 각별하게 주의해야 할 것입니다. 이런 파일이 있다면, 열지 말고 바로 삭제하는 것이 좋습니다.

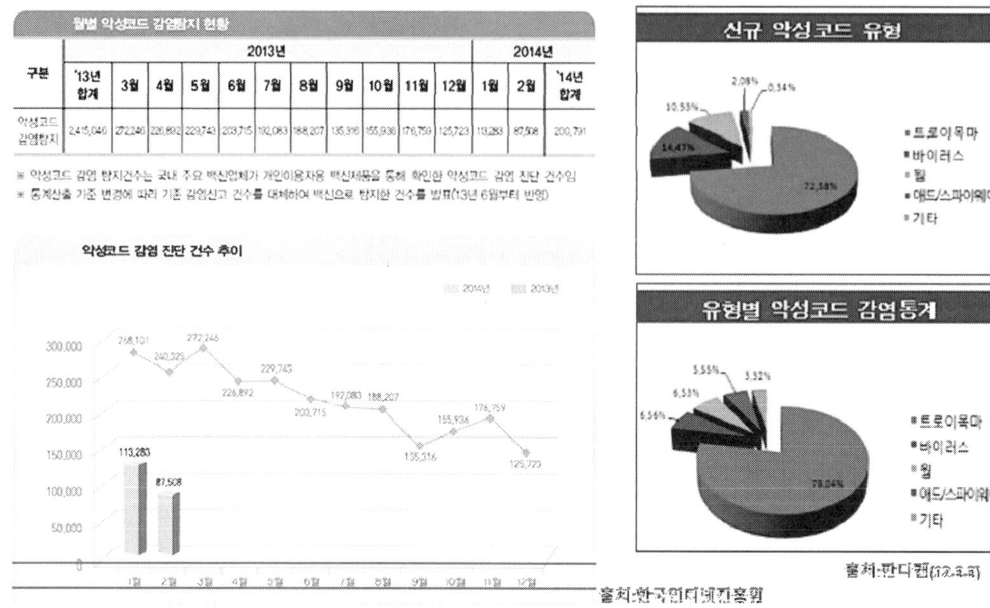

월별 악성코드 감염탐지 현황

구분	2013년											2014년		
	'13년 합계	3월	4월	5월	6월	7월	8월	9월	10월	11월	12월	1월	2월	'14년 합계
악성코드 감염탐지	2,415,046	272,240	226,892	229,743	203,715	192,083	188,207	135,316	155,936	176,759	125,723	113,283	87,508	200,791

※ 악성코드 감염 탐지건수는 국내 주요 백신업체가 개인이용자용 백신제품을 통해 확인한 악성코드 감염 진단 건수임
※ 통계산출 기준 변경에 따라 기존 감염신고 건수를 대체하여 백신으로 탐지한 건수를 발표('13년 6월부터 반영)

[그림 10-10] 악성코드 감염 탐지 현황

악성코드 피해 사례

악성코드 유포로 어떤 사건들이 발생하였을까요? 대표적 사례를 살펴보도록 하겠습니다.

[사례 1] 1988년 11월 3일 당시 코넬 대학교에 재학 중이던 로버트 모리스는 인터넷의 규모를 측정하기 위해 웜을 만들어 배포했습니다. 의도는 좋았지만, 웜은 수만대의 PC를 여러 차례 감염시키는 오류를 일으켰고, 당시 인터넷에 연결된 컴퓨터 중 약 10%에 달하는 서버 시스템을 감염시켜 인터넷을 마비 상태에 빠뜨렸습니다. 모리스는 "나의 의도는 순수하게 인터넷 규모를 측정하려던 것 뿐"이라고 주장했지만, 이 일로 집행유예 3년, 봉사활동 400시간, 벌금 1만달러를 선고 받았습니다. 모리스의 웜을 시작으로, 더욱 강력한 공격력을 갖고 있는 `쿱페이스 웜`, `컨피커 웜`, `코드레드`, `님다` 등 다양한 웜들이 출현하였습니다.

[사례 2] 스미싱(smishing)은 SMS와 fishing(낚시)의 합성어로, 최근 가장 성행하는 스마트폰을 이용한 금융사기 수법입니다. 해커는 무료 이벤트, 무료 쿠폰, 동창회 모임 안내, 결혼 청첩장 등의 메시지를 피해자의 스마트폰으로 전송합니다. 피해자기 메시지를 클릭하는 순간 악성코드가 피해자의 스마트폰에 설치되고, 해커는 이 악성코드를 이용해서 피해자의 금융 정보를 알아내어 피해자 몰래 결제를 합니다.
2014년 5월, 삼성 카드사는 자사 앱카드를 이용하는 고객이 스미싱으로 인하여 금전 피해를 봤다고 금융감독원에 신고하였습니다. 명의도용을 당해 고객 50여명이 6천만 원의 피해를 본 것으로 나타났습니다. 스미싱은 문자 메세지를 이용하기 때문에 피해가 급속하게 확산될 위험이 있습니다(출처: YTN, 2014년 5월 11일).

[사례 3] 2014년 5월, 회원 수 50만 명의 한 인터넷 화장품 쇼핑몰에서 접속만 하면 감염되는 악성코드가 발견됐습니다. 고객들이 쇼핑몰 사이트에 접속하면, 즉시 고객 컴퓨터가 악성코드에 감염되고, 해커는 감염된 컴퓨터의 웹캠을 조작하여 상대방의 일상생활을 염탐할 수가 있었습니다. 해당 업체는 한국인터넷진흥원

이 발견하여 통보해 줄 때까지 감염 사실을 전혀 몰랐습니다. 업체는 즉시 악성코드를 차단했지만 이용자들에겐 알려주지 않았습니다. 결국 백신이 나올 때까지 최소 13일 동안 고객들의 피해가 계속됐습니다. 이러한 사실을 모르고 백신 치료를 하지 않은 고객의 피해는 계속 될 것입니다(출처: MBC, 2014년 5월 1일).

[사례 4] 2010년 6월, 스턱스넷(Stuxnet)으로 불리는 새로운 형태의 웜 바이러스가 출현하여 충격을 주었습니다. 마이크로소프트 윈도를 통해 감염되어, 독일 지멘스(Siemens) 사의 자동화 시스템을 공격하는 악성 웜이 출현한 것입니다. 스턱스넷은 대규모 산업 시설을 겨냥해 제작된 악성코드로서, 원자력 발전소, 화력 발전소, 철강 회사, 반도체 회사, 화학 회사 등 주요 산업 기반 시설의 제어 시스템에 오작동을 유발함으로써 시스템 마비 및 파괴 등의 치명적인 손상을 입힐 수 있습니다. 스턱스넷은 이란의 핵시설을 공격하여, 부셰르 원전 핵발전소 운영 시스템과 운영자 PC에 침투하고, 나탄즈 우라늄 농축시설이 스턱스넷 감염으로 수 차례 오작동을 유발하기도 하였습니다. 중국은 600만대의 PC가 스턱스넷에 감염되어, 철강, 전력, 원자력 등 주요 산업시설이 공격 당하기도 하였습니다.
스턱스넷 공격으로 원자력 발전소가 오동작을 일으켰다면 어떤 결과가 초래될지 생각해 보세요. 이처럼 악성코드는 국가의 주요 시설을 파괴하는 첨단 미사일의 역할을 대신 할 수도 있습니다. 아직 누가 어떤 목적으로 스턱스넷을 만들어 유포하였는지 오리무중입니다.

[사례 5] 경찰은 인터넷 쇼핑몰의 보안 허점을 이용해 수천만원의 이득을 챙기려 한 A군(16)을 정보통신법 위반 혐의로 불구속 입건하였습니다. 경찰에 따르면 A군은 인터넷 쇼핑몰에 악성코드를 유포해 관리자 계정을 입수하여, 주문된 물품의 주소지를 허위로 변경해 수천만원의 부당이득을 챙기려 한 혐의를 받고 있습니다. 경찰 조사결과 A군은 컴퓨터 보안관련 학원에서 배운 모의 해킹 수법을 복습하면서 해킹실력을 키워왔으며, 중국 VPN(가상사설망 서비스) IP를 이용해 수사기관의 추적을 피해온 것으로 드러났습니다. 인터넷 윤리의식이 결여된 청소년은 한 순간의 유혹에 빠져 범법자가 되기도 합니다(출처: 경기매일, 2014년 5월 13일).

[사례 6] 많은 기업은 온라인 상시 채용을 시행하고 있습니다. 기업 홈페이지에 들어가 이력서와 입사 지원서 파일을 올리거나 인사 담당자에게 이메일을 보내 입사 지원을 합니다. 이때, 헤커는 악성코드가 심어져 있는 이력서와 입사 지원서를 인사 담당자에게 보냅니다. 인사 담당자가 서류를 여는 순간, 인사 담당자의 컴퓨터는 악성코드에 감염됩니다. 인사 담당자의 컴퓨터는 기업의 전산망과 연결되어 있기 때문에 기업 전체가 위협에 빠지게 됩니다. 일종의 지능형 지속 위협(APT) 공격으로 기업에 새로운 위협이 되고 있습니다(출처: 전자신문, 2014년 5월 7일).

[사례 7] 2014년 5월, 웹하드나 온라인 게임, 인터넷 방송 등의 업데이트 기능이 해커에게 악용되었습니다. 고객은 정상적으로 업데이트 하였을 뿐인데, 자신도 모르는 사이에 악성코드에 감염이 되었습니다. 특히, 웹하드 프로그램은 사용자가 웹하드 서비스를 쓰지 않아도 PC 시작과 동시에 자동 실행되므로, PC만 켜도 악성코드에 감염될 수 있습니다. 이 악성코드는 네이버와 다음, G마켓 등 유명 인터넷 사이트 접속 시 호스트 파일을 가짜 웹 사이트로 연결한 후 '금융결제원 전자인증센터' 팝업창을 띄우고 금융 정보를 빼내 갑니다(출처: 전자신문, 2014년 5월 25일).

금전을 목표로 하는 악성코드가 기승을 부리고 있습니다. 특히, 스마트폰을 대상으로 하는 악성코드와 피해 사례가 눈에 띄게 증가하고 있습니다. 또한, 악성코드는 해킹 공격의 매개체로써 아주 활발하게 이용되고 있습니다. APT 공격처럼 악성코드와 해킹은 서로 떼어 놓을 수 없는 불가분의 관계가 있습니다.

악성코드 동향

마이크로소프트가 발표한 '보안 인텔리전스 보고서(2013년 상반기 조사 결과)'에 의하면, 우리나라는 세계 3위의 악성코드 유포지로 지목되고 있으며, 악성코드 감염에 있어서도 전세계 평균치보다 4배 이상 높은 것으로 나타났습니다. IT 강국인 우리나라는 잘 갖추어진 정보 인프라를 활용한 다양한 정보 서비스와 함께 악성코드의 유포와 감염도 이에 비례하여 증대되고 있는 추세입니다. 특히, 스마트폰이 대중화 되면서 악성코드가 더욱 기승을 부르고 있습니다. 앞으로 악성코드는 어떤 형태로 변화하게 될까요?

[악성코드는 분명한 목적을 가지고 유포되고 있습니다.] 초창기 악성코드는 파일 삭제, 시스템다운 등 불특정 다수에게 피해를 주기 위해 유포되었지만, 지금은 금전이나 정치적 목적 등 분명한 목적을 가지고 유포됩니다. 악성코드를 감염시킨 후에 돈을 지불하지 않으면 시스템을 다운시키겠다고 협박하는 경우가 있습니다. 또한, 자신과 의견이 다르거나 정치 성향이 다른 기관에 타격을 주는 사이버 테러를 목적으로 특화된 악성코드를 유포하기도 합니다.
이처럼 악성코드가 칼이나 총과 같은 범죄의 도구가 되고 있습니다. 악성코드는 개인정보 유출, 금융정보 절취, 중요 정보 파괴, 시스템다운 등 다양하게 활용될 수 있어 총칼보다도 더 위협적입니다.

[새로운 형태의 악성코드가 지속적으로 개발되고 있습니다.] 웹 사이트에 접속만 해도, 인터넷 접속을 가로채는 파밍 악성코드에 감염되기도 합니다. 개인정보와 금융 정보를 노리는 파밍 악성코드가 지속적으로 증가하고 있습니다. 스마트폰의 보급으로 문자 메시지(SMS) 내에 포함된 URL을 클릭하면 스마트폰에 악성코드가 설치되어 개인정보를 빼내 가기도 하고, 소액 결제로 돈을 빼돌리는 스미싱(smishing)이 크게 늘어나고 있습니다. 수법도 교묘하여 법원 재판 출석 요구서, 예비군 훈련 통지서, 청첩장, 돌잔치 초대장, 뉴스 속보, 무료 쿠폰 등 아주 각양각색의 메시지로 사용자의 클릭을 유혹하고 있습니다. 금품 피해가 크게 늘어나고 있으며, 2차 피해도 우려되고 있는 상황입니다.
APT 해킹 공격을 지원하기 위한 악성코드도 늘어나고 있습니다. 이처럼 악성코드는 사회 공학(social engineering)적 기법을 활용하는 등 지금까지 알지 못했던 새로운 형태가 계속해서 등장할 것입니다. 앞으로 가장 주목 받는 것은 단연코 스마트폰을 목표로 하는 모바일 악성코드입니다. 대부분의 정보 생활이 스마트폰을 중심으로 이루어지고 있으므로 모바일 악성코드가 더욱 활개 칠 것입니다. 스마트폰 사용자의 주의가 요구되고 있습니다.

[새로운 악성코드를 찾거나 제거하기 더 어려워지고 있습니다.] 사용자가 의식하지 못하는 순간에 은밀하게 악성코드가 설치되고, 악성코드에 감염된 증상조차도 보이지 않는 경우가 많습니다. 발견하기 어려운 악성코드는 제거하는 것도 어렵습니다. 예를 들어, 비교적 새로운 악성코드인 제로액세스(ZeroAccess)는 사용자 시스템에 깊숙하게 파고들어 제거하기도 극도로 어려운데, 자신에게 접근하려는 프로그램을 효과적으로 차단하기도 합니다.

[스마트폰을 겨냥한 모바일 악성코드가 증가하고 있습니다.] 2013년 상반기의 경우, 모바일 악성코드가 30% 이상 증가하고 있음이 조사된 바가 있습니다. 스마트폰은 서비스를 다운해서 사용해야 하기 때문에 악성코드가 유포될 수 있는 좋은 환경을 가지고 있고, 모바일 악성코드는 전문 지식이 없어도 쉽게 만들 수 있으며, 악성코드를 이용하여 금전적 이득을 취할 수 있는 등, PC용 악성코드보다 유리한 점이 많아서 날로 증가하고 있습니다. 모바일 악성코드는 전파, 감염, 피해 수법 등이 날로 교묘해지고 있는데, 성능 좋은

모바일용 백신 개발이 지연되고 있어 심각한 상태입니다. 대표적 모바일 악성코드로 모스키토(Mosquito), 스컬스(Skulls), 컴워리어(CommWarrior) 등이 확산된 적이 있습니다.

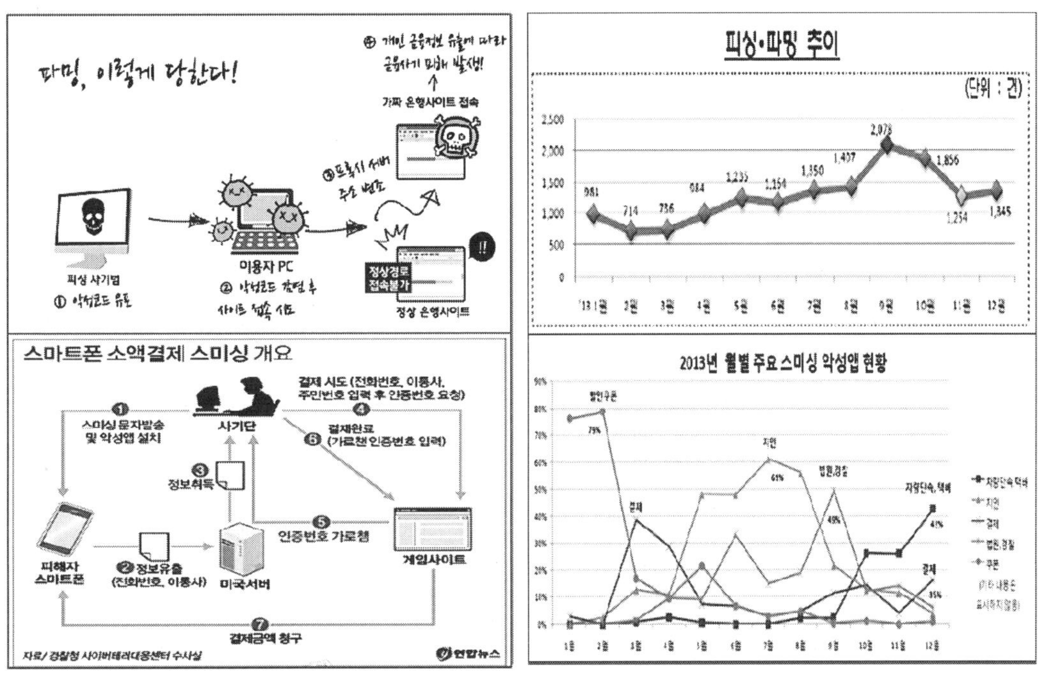

[그림 10-11] 새로운 형태의 모바일 악성코드 출현

악성코드의 진화에 대항하여 정보와 시스템을 보다 강력하게 보호하려는 정보 보안 기술도 날로 발전하고 있습니다. 악성코드와 정보 보안은 창과 방패의 관계로 끝날 수 없는 전쟁을 계속하고 있습니다.

악성코드 제작과 유포는 비윤리적이며 명백한 범법 행위입니다. 그럼에도 불구하고, 인터넷 윤리를 망각한 일부 개발자의 부도덕한 행위로 인하여 인터넷이 위협을 당하고 있습니다. 이들은 정보기술의 전문가로서 정보기술 발전에 기여할 수 있음에도 불구하고, 윤리의식의 마비로 전문가에서 범법자로 전락하게 됩니다.

10.3.3 악성코드 대응방안

PC나 스마트폰을 건강하게 사용하려면 악성코드에 감염되지 않도록 해야 합니다. 악성코드에 대응하는 최선의 방법은 예방입니다. 악성코드 속성에 대한 전문적 이해, 인터넷 윤리에 입각한 현명한 가치 판단과 올바른 정보 생활은 악성코드를 예방하고 퇴치하는 강력한 도구입니다.

악성코드 예방법

악성코드에 감염되지 않으려면 어떻게 해야 할까요? 악성코드 예방에는 특별한 기술적인 방법이 있는 것이 아니라, 사용 중에 세심한 배려가 필요할 뿐입니다. 악성코드의 감염 예방법에 대하여 살펴보겠습니다.

- 윈도우 보안 패치(patch)를 항상 최신 버전으로 유지해야 합니다. 마이크로소프트에서 지속적으로 윈도우 보안 패치를 만들어 배포하고 있으므로, 즉시 보안 취약점을 업데이트해야 합니다. 취약점을 업데이트 하지 않으면 제로 데이 공격 등을 당할 수 있습니다. 윈도우 운영체제에 업데이트 알림을 자동으로 설정해 두도록 합니다.
- 어도비 플래시 플레이어 패치를 최신 버전으로 업데이트 해야 합니다. 플래시를 사용하는 웹 사이트가 아주 많기 때문에, 플래시를 최신 버전으로 업데이트 하지 않으면 악성코드에 감염되기 쉽습니다.
- 악성코드 백신 프로그램을 설치하고 항상 최신 업데이트 버전을 사용합니다. 백신 프로그램을 사용해서 주기적으로 PC 검사를 하고, 감염이 발견되면 즉시 치료한 후에 보안 패치를 업데이트해야 합니다.
- 무료 소프트웨어, 게임, 화제가 되고 있는 동영상이나 사진 등을 다운로드 할 때는 반드시 바이러스 검사를 해야 합니다. 의심이 되거나 출처가 불분명한 자료는 다운로드 하지 않도록 합니다.
- 정체 불명의 신뢰할 수 없는 P2P 사이트, 게임 사이트, 성인용 사이트의 접속을 자제하고 방문 시에는 실시간 악성코드 감시 백신을 동작시키고 사이트의 이상한 동작에 대하여 유의합니다.
- ID와 패스워드 관리를 철저하게 하고 주기적으로 패스워드를 변경합니다. 패스워드는 특수 문자 등을 사용하여 유추할 수 없도록 합니다.
- 발신인이 불명확하거나 의심스러운 메시지나 이메일은 열지 말고 삭제합니다. 또한 불분명한 첨부 파일이나 메시지의 링크(URL)는 신중하게 생각하고 클릭합니다. 이메일과 사이트 접속은 악성코드 유포의 전형적 수단입니다.

위의 악성코드 예방 수칙은 평소에 생활화 되어 있어야 합니다. 칫솔질을 하지 않으면 충치에 걸리는 것처럼, 악성코드 예방 수칙을 실천하지 않으면 어느 순간에 악성코드에 감염되어 고생하게 됩니다. 컴퓨터 사용의 어려움뿐만 아니라, 경제적, 심리적 피해를 당하게 됨을 유의하기 바랍니다.

악성코드 진단법

악성코드는 알아채지 못하게 은밀하게 감염됩니다. 악성코드를 조기에 발견하여, 이로 인한 피해를 방지해야 할 것입니다. PC나 스마트폰이 평소와 다르게 동작하면 악성코드 감염을 의심해 볼 필요가 있습니다. 다음과 같은 증상이 발생하면 바이러스, 웜, 스파이웨어 또는 다른 종류의 악성코드에 감염됐는지 의심해 봐야 합니다.

- PC 속도가 느려지고 인터넷 속도도 느려짐
- 하드디스크에서 이상한 잡음 소리가 계속됨
- 설정된 웹브라우저의 시작 페이지가 변경

- 팝업 광고가 반복적으로 노출
- 시스템 오작동 발생
- 자신도 모르는 즐겨 찾기, 바탕화면 바로 가기, 아이콘 등의 임의 생성
- 알 수 없는 툴바가 자동 생성
- 사이트 접속이 되지 않고 다른 사이트로 이동
- 알 수 없는 이메일 전송

다른 문제로 인하여 이런 증상이 발생할 수도 있지만, 일단 악성코드 감염으로 의심하여 조치를 취하는 것이 좋습니다. 그러나 최근의 악성코드는 아무런 증상도 없는 경우가 많고, 해커가 명령할 때까지 잠복해 있는 경우가 있어 증상만으로는 악성코드를 의심할 수 없는 경우가 많습니다. 그럼에도 불구하고 실시간 악성코드 검사 백신 등을 설치하여, 악성코드 진단 체계를 구축해야 합니다.

4 악성코드 제거 방법

자신의 PC가 악성코드에 감염된 것을 발견하였을 때는 다음과 같이 조치하여 악성코드를 제거합니다.

- 1단계(안전 모드로 PC 켜기): 우선, PC의 인터넷 연결을 끊고, 악성코드를 전부 제거할 때까지 인터넷을 사용하지 않도록 합니다. 악성코드가 PC안의 정보들을 빼내 가는 것을 방지할 수 있습니다. 다음에 PC를 안전 모드로 부팅합니다(전원을 켠 후, F8 기능키를 누릅니다.).
- 2단계(임시 파일 삭제): 안전 모드로 부팅한 후에, PC 안에 저장된 임시 파일을 모두 삭제합니다. 임시 파일을 삭제하면 악성코드 탐색 속도가 빨라 지고, 어떤 경우에는 악성코드가 삭제되는 경우도 있습니다.
- 3단계(백신 프로그램 실행): 악성코드 백신 프로그램에는 두 종류가 있습니다. 하나는 실시간으로 악성코드를 검사하는 것이고, 다른 하나는 필요 시 검사하는 형태입니다. 실시간 검사형은 하나만 설치해야 하지만, 필요 시 검사형은 여러 개를 설치할 수 있습니다. 악성코드를 100% 잡아내는 백신이 없으므로, 필요 시 검사형을 여러 개 설치하여 활용하는 것이 도움이 됩니다. 그리고 백신 프로그램은 항상 최신 버전으로 업데이트 하도록 해야 최신 악성코드를 발견할 수 있습니다. 성능이 우수한 무료로 사용할 수 악성코드 탐지, 치료 프로그램이 많이 제공되므로 이들을 활용하도록 합니다.
  백신 프로그램을 실행하면 일반적으로 빠른 검사와 정밀 검사, 두 가지 모드가 제공됩니다. 빠른 검사는 최근 유행하는 악성코드와 핵심 위협 요소를 빠르게 검사하여 줍니다. 반면에, 정밀 검사는 모든 위협 요소를 검사하기 때문에 시간이 오래 걸립니다. 빠른 검사만으로도 대부분의 최신 위협을 제거할 수 있으므로, 먼저 빠른 검사를 실행합니다.
- 4단계(감염 파일 치료): 감염된 파일을 조사하여 치료합니다. 치료 시에 감염 파일을 삭제하는 경우가 있는데, 어떤 경우 시스템 파일을 삭제하면 시스템이 완전히 다운될 수가 있습니다. 시스템 파일 삭제에 유의해야 합니다. 치료 후에는 실시간 검사형 백신으로 전반적으로 다시 한번 확인하도록 합니다.
- 5단계(추가 조치): 악성코드 검사 시에 백신이 동작 중단되거나 치료 후에도 증상이 개선되지 않으면 심각한 악성코드에 감염되었을 가능성이 큽니다. 이때는 전문가에 의뢰하여 전문적인 조치를 받는 것이 좋습

니다. 때에 따라서는 중요 파일을 백업한 후에 운영체제를 재설치하는 것이 악성코드와 싸우는 것보다 효과적일 수 있습니다. 최악의 상태에 대비하도록 항상 준비하고 있는 것이 좋습니다.

악성코드 중에는 제거가 어려운 것도 많습니다. 일반 사용자는 백신으로 치료해 보고, 그래도 삭제가 되지 않는 경우에는 컴퓨터 전문가의 도움을 받는 것이 효과적입니다. 자기 스스로 해결하고자 하는 사람들이 있는데, 시간과 비용이 많이 들고 자칫하면 시스템에 악영향을 줄 수 있으므로 아주 비효율적입니다.

스마트폰 안전 수칙

정보기기 활용이 PC에서 스마트폰으로 세대 교체되고 있습니다. 이에 따라, 악성코드와 해킹도 스마트폰으로 이동하고 있습니다. 스마트폰 악성코드가 날로 늘어나고 있고 피해도 커지고 있습니다. 아직 사용자들이 스마트폰 악성코드에 대한 이해와 경험 부족으로 대수롭지 않게 생각하는 경향이 있어 피해가 심각합니다.

스마트폰을 외부의 침입으로부터 안전하게 지키려면 어떻게 해야 할까요? 여기서는 한국인터넷진흥원, 방송통신위원회, 이동 통신사 등이 권장하고 있는 스마트폰 안전 수칙을 요약, 정리하여 알아보겠습니다.

① 의심스러운 애플리케이션(앱)은 다운로드 하지 않습니다. 악성코드는 애플리케이션에 포함되어 전파되는 경우가 많으므로 앱을 설치할 때 꼭 필요하고 인증된 앱만 설치하고 의심스러운 것은 다운로드 하지 말아야 합니다. 설치하기 전에 앱에 대한 리뷰 정보를 확인하면 의심스러운 앱인지 아닌지 대략적으로 확인할 수 있습니다.

② 신뢰할 수 없는 사이트는 방문하지 않습니다. 악성코드가 있는 사이트에 접속만하여도 자신도 모르는 사이에 악성코드가 설치될 수 있으므로 신뢰할 수 없는 사이트에는 되도록 접속하지 않도록 해야 합니다. 아이폰은 [위조 경고] 항목을 활성화하고, 안드로이드폰은 [보안 경고 보기] 항목을 활성화 하여 사이트에 보안 문제가 있을 때는 경고를 표시되도록 하는 것이 좋습니다.

③ 발신인이 불명확하거나 의심스러운 메시지 및 메일은 삭제합니다. 첨부 파일을 여는 순간 또는 링크(link)를 클릭하는 순간, 악성코드에 감염될 수 있습니다. 불명확하고 의심스러운 이메일이나 메시지는 대응하지 않도록 합니다.

④ 비밀번호 설정 기능을 이용하고 정기적으로 비밀번호를 변경합니다. 비밀번호는 중요한 정보 유출이나 악성코드 침투를 예방하는 기초 수단입니다.

⑤ 출처가 불분명하거나 보안설정 없는 무선 랜(Wi-Fi)사용 시에는 주의하고, 블루투스 기능 등 무선 기능은 사용시에만 켜놓습니다. 무선 랜은 도청, 침투 등 보안에 아주 허약합니다. 신뢰할 수 없는 공개된 무선 랜을 사용하여 이메일을 확인하거나 인터넷 뱅킹을 하는 것은 삼가야 합니다. 또한, 와이파이나 블루투스는 외부의 칩입자가 접근하기 가장 좋은 통로를 제공하므로, 사용하지 않을 때는 반드시 꺼두도록 합니다.

⑥ 스마트폰용 백신 프로그램을 설치하여 악성코드를 감시하고, 다운로드한 파일은 바이러스 유무를 검사한 후 사용합니다. 앱 스토어에서 다운로드 받은 앱은 바로 바이러스 유무를 검사하여 악성코드 침입을 사전

에 방지하도록 해야 합니다. 백신 프로그램의 실시간 검사를 켜두면 앱을 다운로드 할 때 자동으로 바이러스 검사를 실행해 줍니다.

⑦ 스마트폰에서 이상한 증상이 감지되면 악성코드 감염 여부를 확인합니다. 스마트폰이 평소와는 다른 동작을 하거나 갑자기 느려졌다면 스마트폰을 재부팅 해보고, 오작동이 발생하면 이에 대한 조치를 합니다. 만약 조치를 했는데도 오작동이 발생한다면 악성코드에 감염되었을 확률이 높으므로 백신 프로그램으로 치료하거나 전문가에게 의뢰합니다.

⑧ 스마트폰 플랫폼의 구조를 임의로 변경하지 않습니다. 스마트폰을 제약 없이 사용하고자 아이폰은 탈옥(jailbreak), 안드로이드폰은 루팅(rooting)하여 개조하는 일이 있습니다. 스마트폰을 개조하면 보안에 취약해 지므로 일반 이용자는 개조하지 않는 것이 좋습니다.

⑨ 운영체제 및 백신 프로그램은 항상 최신 버전으로 업데이트합니다. 운영체제와 백신 프로그램은 새로운 악성코드에 대항하여 업데이트 되는데, 최신 버전으로 업데이트 하면 신종과 변종의 악성코드로부터 스마트폰을 안전하게 보호할 수 있습니다.

⑩ 스마트폰에는 금융 정보를 저장하지 않습니다. 대부분의 스마트폰 악성코드의 목적은 금전적 이득을 취하는데 있습니다. 스마트폰이 악성코드에 감염되면 금융 정보부터 절취하게 됩니다. 가능한 한 금융 정보는 스마트폰에 저장하지 말고 별도로 보관하도록 합니다. 스마트폰의 분실, 도난시에도 저장된 금융 정보는 위험합니다.

스마트폰이 악성코드에 감염되거나 해킹으로 인하여 피해를 당한 사례가 아주 많습니다. 이런 일들이 자신에게도 발생할 수 있음을 이해하고, 안전 수칙을 지켜야 할 것입니다.

10.4 정보 보안과 법 제도

해킹과 악성코드는 정보 시스템뿐만 아니라 사회 자체의 중대한 위협이 되고 있습니다. 서버 시스템을 다운 시키는 것은 시스템 운영을 방해하는 것에 그치지 않고 사회에 대하여 사이버 테러공격을 하는 것과 같습니다. 해킹과 악성코드가 증대되어 피해가 확산되고 있고 윤리적 접근만으로 해결하기 어려워서, 강력한 법 제도를 구축하고 엄하게 처벌하고 있습니다.

형법에서는 해킹과 악성코드에 관련된 사이버 범죄에 대응할 수 있는 규정들을 신설 · 개정하여 처벌이 가능하도록 하고 있으며, 정보통신망 이용촉진 및 정보보호 등에 관한 법률, 전기통신사업법, 정보통신기반보호법, 통신비밀보호법 등 특별법에서 해킹과 악성코드 관련 조항을 신설하여 법적 제재가 가능하도록 하고 있습니다. 관련법의 주요 내용을 살펴보도록 하겠습니다.

정보통신망 이용촉진 및 정보보호 등에 관한 법률

해킹과 악성코드에 대하여 제48조에 다음과 같이 규정되어 있습니다.

제48조(정보통신망 침해행위 등의 금지)
① 누구든지 정당한 접근권한 없이 또는 허용된 접근권한을 넘어 정보통신망에 침입하여서는 아니 된다.
② 누구든지 정당한 사유 없이 정보통신시스템, 데이터 또는 프로그램 등을 훼손·멸실·변경·위조하거나 그 운용을 방해할 수 있는 프로그램(이하 "악성프로그램"이라 한다)을 전달 또는 유포하여서는 아니 된다.
③ 누구든지 정보통신망의 안정적 운영을 방해할 목적으로 대량의 신호 또는 데이터를 보내거나 부정한 명령을 처리하도록 하는 등의 방법으로 정보통신망에 장애가 발생하게 하여서는 아니 된다.

또한, 제71조에서는 제2항을 위반하여 악성프로그램을 전달 또는 유포한 자, 제3항을 위반하여 정보통신망에 장애가 발생하게 한 자는 5년 이하의 징역 또는 5천만 원 이하의 벌금에 처하도록 하고 있습니다.

정보통신기반 보호법

해킹, 컴퓨터바이러스, 논리·메일폭탄, 서비스거부 또는 고출력 전자기파 등에 의하여 정보통신기반 시설을 공격하는 행위로부터 주요 정보통신 기반시설을 보호하고 안정적으로 운용하도록 하여 국가의 안전과 국민생활의 안정을 보장하는 목적으로 정보통신기반 보호법을 제정하였습니다. 여기에서는 국가 기간 시설에 대한 해킹과 악성코드 공격에 대한 처벌 조항이 있습니다.

제12조(주요 정보통신 기반시설 침해행위 등의 금지)
1. 접근권한을 가지지 아니하는 자가 주요 정보통신 기반시설에 접근하거나 접근권한을 가진 자가 그 권한을 초과하여 저장된 데이터를 조작·파괴·은닉 또는 유출하는 행위
2. 주요 정보통신 기반시설에 대하여 데이터를 파괴하거나 주요 정보통신 기반시설의 운영을 방해할 목적으로 컴퓨터 바이러스·논리폭탄 등의 프로그램을 투입하는 행위
3. 주요 정보통신 기반시설의 운영을 방해할 목적으로 일시에 대량의 신호를 보내거나 부정한 명령을 처리하도록 하는 등의 방법으로 정보처리에 오류를 발생하게 하는 행위

이런 규정을 위배하고 주요 정보통신 기반시설을 교란·마비 또는 파괴한 자는 10년 이하의 징역 또는 1억원 이하의 벌금에 처하도록 규정하고 있습니다.

형법

형법에서는 해킹과 악성코드에 대한 구체적 법규를 제시하고 있지 않습니다. 해킹과 악성코드는 전문 범죄 행위이므로 특별법에서 다루도록 하고 있습니다. 그러나 해킹과 악성코드와 간접적으로 관련이 있는 조항이 있습니다. [표 10-2]는 이를 요약, 정리한 것입니다.

[표 10-2] 해킹과 악성코드 관련 형법 내용

조항	제목	내용
제141조 제1항	공용서류 등의 무효, 공용물의 파괴	공무소에서 사용하는 서류 기타 물건 또는 전자기록 등 특수 매체기록을 손상 또는 은닉하거나 기타 방법으로 그 효용을 해한 자는 7년 이하의 징역 또는 1천만원 이하의 벌금에 처한다.
제227조의2	공전자기록위작·변작	사무처리를 그르치게 할 목적으로 공무원 또는 공무소의 전자기록 등 특수매체기록을 위작 또는 변작한 자는 10년 이하의 징역에 처한다.
제232조의2	사전자기록위작·변작	사무처리를 그르치게 할 목적으로 권리·의무 또는 사실 증명에 관한 타인의 전자기록 등 특수 매체기록을 위작 또는 변작한 자는 5년 이하의 징역 또는 1천만원 이하의 벌금에 처한다.
제314조의 제2항	업무방해	컴퓨터 등 정보처리장치 또는 전자기록 등 특수 매체기록을 손괴하거나 정보처리장치에 허위의 정보 또는 부정한 명령을 입력하거나 기타 방법으로 정보처리에 장애를 발생하게 하여 사람의 업무를 방해한 자도 5년 이하의 징역 또는 1천 5백만원 이하의 벌금에 처한다.

해킹과 악성코드의 위협이 개인뿐만 아니라 국가 사회에 심대한 영향을 미치기 때문에 여러 법에서 제제를 가하고 있습니다. 전문가는 자신의 전문성에 대한 윤리의식이 투철해야 하며 국가 사회 발전에 동참하고 공헌할 수 있어야 할 것입니다. 전문가가 전문 기술을 오남용 하여 해킹 공격 또는 악성코드 유포와 같은 범죄를 저지르는 것은 용납될 수 없는 비윤리적 파렴치한 행위라고 할 것입니다. 그럼에도 불구하고 피싱, 스미싱 등이 증가하고 있는 것을 보면, 전문가의 윤리의식 확립이 시급한 일임을 알 수가 있습니다.

요 약

- 정보 보호란 컴퓨터 시스템 내부에 저장된 데이터 또는 정보 자원에 대한 접근을 제어 하는 방법이고, 정보 보안은 내 · 외부의 허락되지 않은 불법적 위협으로부터 정보 자원을 방어하는 위한 폭넓은 개념입니다.
- 정보, 정보 시스템, 네트워크 등 정보 자원을 허가되지 않은 불법 접근 · 사용 · 공개 · 손상 · 변경 · 파괴 등으로부터 보호함으로써 기밀성, 무결성, 가용성을 제공하고자 하는 것이 정보 보안입니다.
- 기밀성(confidentiality): 오직 인가된(authorized) 사람이나 인가된 시스템만이 정보 자원에 접근할 수 있다는 것으로 비밀 보장의 원칙이라고 할 수 있습니다.
- 무결성(integrity): 정보 처리의 전 과정을 통해 정보의 정확성과 일관성이 유지되어야 합니다. 허락 되지 않은 사용자가 정보를 함부로 수정할 수 없어야 합니다. 즉, 무결성은 정보가 고의적인, 비인가된, 우연한 변경으로부터 보호되어야 한다는 원칙입니다.
- 가용성(availability): 필요 시에 원하는 정보가 항상 제공되어야 합니다. 인가된 사용자는 방해 받지 않고 정보에 접근할 수 있어야 합니다. 가용성과 관련된 통제에는 바이러스에 대한 통제, 해킹 공격으로부터 방어, 침입 탐지 등이 있습니다.
- 진본성(authenticity): 데이터, 문서, 통신 등이 진짜임을 확실하게 보장하는 것입니다. 여기에는 디지털 서명(digital signatures) 기술 등이 필요합니다.
- 부인 봉쇄(non-repudiation): 정보의 송 · 수신 여부를 확인하는 것으로 송 · 수신자가 정보를 송 · 수신한 사실을 부인하지 못하도록 하는 것입니다.
- 정보 보안 위협은 위조, 변조, 유출, 훼손 4가지 형태로 유형화 할 수 있습니다.
- 초창기에는 컴퓨터 시스템에 불법적으로 침입, 파괴하는 이러한 악의적 행동을 해킹과 구별하여 크래킹(cracking)이라고 하였습니다. 얼마 후, 해킹이 크래킹처럼 부정적인 의미로 사용되기 시작하였고, 현재는 일반적으로 해킹이란 컴퓨터 취약점을 악용하여 컴퓨터 시스템에 무단으로 침입하고, 정보의 불법적 접근, 복제, 유출, 변조 등의 불법 행위를 자행하는 것을 의미하게 되었습니다.
- 해킹 기술은 시스템 해킹(system hacking), 네트워크 해킹(network hacking), 웹 해킹(Web hacking), 어플리케이션 해킹(application hacking), 서비스 거부 공격(denial of service: DoS), 무선 해킹(wireless hacking) 등으로 분류합니다.
- 서비스 거부 공격(denial-of-service: DoS)/분산 서비스 거부 공격(distributed DoS: DDoS): 정보 시스템을 악의적으로 공격하여 해당 시스템을 처리 불능의 다운(down) 상태로 만들어 정상적인 업무처리를 마비시키고 다른 사용자가 이용하지 못하도록 하는 공격적 해킹을 서비스 거부 공격이라고 합니다.

- 백도어(backdoor) : 원격으로 컴퓨터 시스템을 접속하였을 때, 인증을 무사 통과하고 시스템에 진입할 수 있도록 만들어 둔 뒷문 또는 비밀 통로 프로그램을 의미합니다. 즉, 원격지에서 컴퓨터 시스템에 정상적인 절차를 거치지 않고 비인가 된 접근을 가능하게 하는 프로그램을 말합니다. 때로는 트랩 도어(trap door)라고도 합니다.

- 스푸핑(Spoofing): 스푸핑(Spoof)이란 '속이다, 사기치다'는 뜻으로 해커가 자신의 신분을 위장하고 통신하는 방법입니다. 인터넷 프로토콜인 TCP/IP의 구조적 결함을 이용하여, 자신의 신분을 위장한 후에 일반 사용자들의 방문을 유도하여 사용자의 시스템 권한을 획득한 뒤 시스템에 침투해서 정보를 빼가는 해킹 수법입니다.

- 제로 데이(zero-day) 공격: 제로 데이는 정보 시스템의 취약점이 공표 또는 발견된 날을 뜻합니다. 따라서, 제로 데이 공격은 취약점을 해결할 시간을 주지 않고 바로 공격하는 해킹 수법입니다.

- APT(Advanced Persistent Threat, 지능형 타깃 지속 공격): 최근 커다란 현안문제로 대두되고 있는 새로운 수법의 해킹 방식으로 사회 공학적 방법을 사용합니다. APT 공격은 대상이 명확하고 해킹 가능한 모든 방법을 총동원하여 목적을 달성합니다

- 침입 차단을 위한 방화벽(firewall): 외부로부터의 불법적 접근을 차단할 목적으로 방화벽을 설치합니다. 방화벽은 내부 네트워크와 외부 네트워크 사이에 위치한 네트워크상의 장벽으로 허가 받지 않은 불법적 침입을 차단하여 내부 정보 시스템을 안전하게 보호하는 기술입니다.

- 침입 탐지 시스템(Intrusion Detection System: IDS): 침입 탐지 시스템은 방화벽이 탐지할 수 없는 모든 종류의 불법적 접근을 탐지하는 시스템입니다. 일반적으로 침입 탐지 시스템은 정보 시스템의 비정상적인 사용, 오용, 남용 등을 실시간으로 탐지하는 시스템으로 외부 침입자뿐만 아니라 내부 사용자의 불법적인 사용, 남용, 오용 행위를 탐지하는데 목적이 있습니다.

- 암호화(encryption): 정보를 중간에서 도청하거나 가로채도 그 내용을 알 수 없도록 만드는 것을 암호화라고 합니다. 해킹 등으로 인하여 정보가 불법 유출되어도 그 내용을 알 수 없으므로 정보를 보호할 수가 있습니다.

- 악성코드는 멜웨어(malicious software, malware)라고도 하며, "정당한 사유 없이 정보통신 시스템, 데이터 또는 프로그램 등을 훼손, 멸실, 변경, 위조 또는 그 운용을 방해할 수 있는 프로그램"으로 정의합니다.

- 컴퓨터 바이러스: 사용자 몰래 컴퓨터 시스템에 침입해 실행 파일에 기생하거나 부트 섹터(boot sector)를 감염시켜 시스템의 일부가 되는 악성코드입니다. 스스로를 복제할 수 있으며, 컴퓨터 바이러스에 감염된 파일을 다른 컴퓨터에서 사용하면 그 컴퓨터도 감염됩니다. 일반적으로 컴퓨터 백신으로 치료가 가능합니다.

- 웜(worm): 컴퓨터 내부에 숨어 있는 지렁이 또는 벌레와 같은 기생충이라는 의미로 컴퓨터 바이러스처럼 사용자 몰래 활동하는 악성코드지만, 기존 프로그램을 감염시켜 기생하는 컴퓨터 바이러스와는 달리 독자적으로 활동합니다.

- 웜 바이러스: 웜과 컴퓨터 바이러스의 감염 방법을 동시에 갖춘 악성코드입니다.
- 트로이 목마: 유용한 프로그램으로 가장하고 P2P 사이트나 포털 사이트 등에 숨어 있다가, 사용자가 다운로드 하면 사용자 컴퓨터에 침입하는 악성코드입니다.
- 스파이웨어(spyware): 사용자의 동의 없이 혹은 사용자를 속여 설치되며, 정보 시스템에 트로이 목마처럼 존재하면서 개인정보를 빼돌리거나 해를 끼치는 활동을 활동합니다.
- 애드웨어(adware): 컴퓨터 사용시 자동적으로 팝업 창 또는 배너 형태로 광고 콘텐츠를 보여주는 악성코드입니다.
- 혹스(hoax): 컴퓨터 바이러스의 일종으로 이메일이나 문자 메시지를 통해 잘못된 정보나 괴담, 유언비어들을 유포해 사용자를 속이는 컴퓨터 바이러스입니다.
- 하이재커(hijacker): 정상적으로는 어떤 사이트로 연결되어야 하는데, 이를 가로채어 특정 사이트로 연결하는 악성코드입니다.
- 악성코드 예방법:
  - 윈도우 보안 패치(patch)를 항상 최신 버전으로 유지해야 합니다.
  - 어도비 플래시 플레이어 패치를 최신 버전으로 업데이트 해야 합니다
  - 악성코드 백신 프로그램을 설치하고 항상 최신 업데이트 버전을 사용합니다.
  - 무료 소프트웨어, 게임, 화제가 되고 있는 동영상이나 사진 등을 다운로드 할 때는 반드시 바이러스 검사를 해야 합니다.
  - 정체 불명의 신뢰할 수 없는 P2P 사이트, 게임 사이트, 성인용 사이트의 접속을 자제하고 방문시에는 실시간 악성코드 감시 백신을 동작시키고 사이트의 이상한 동작에 대하여 유의합니다.
  - ID와 패스워드 관리를 철저하게 하고 주기적으로 패스워드를 변경합니다.
  - 발신인이 불명확하거나 의심스러운 메시지나 이메일은 열지 말고 삭제합니다.
- 악성코드 진단법:
  - PC 속도가 느려지고 인터넷 속도도 느려짐
  - 하드디스크에서 이상한 잡음 소리가 계속됨
  - 설정된 웹브라우저의 시작 페이지가 변경
  - 팝업 광고가 반복적으로 노출
  - 시스템 오작동 발생
  - 자신도 모르는 즐겨 찾기, 바탕화면 바로 가기, 아이콘 등의 임의 생성
  - 알 수 없는 툴바가 자동 생성

- 사이트 접속이 되지 않고 다른 사이트로 이동
- 알 수 없는 이메일 전송

• 악성코드 제거 방법:
  - 1단계(안전 모드로 PC 켜기) - 2단계(임시 파일 삭제) - 3단계(백신 프로그램 실행) - 4단계(감염 파일 치료) - 5단계(추가 조치)

• 형법에서는 해킹과 악성코드에 관련된 사이버 범죄에 대응할 수 있는 규정들을 신설·개정하여 처벌이 가능하도록 하고 있으며, 정보통신망 이용촉진 및 정보보호 등에 관한 법률, 전기통신사업법, 정보통신기반보호법, 통신비밀보호법 등 특별법에서 해킹과 악성코드 관련 조항을 신설하여 법적 제재가 가능하도록 하고 있습니다.

참고문헌

- IDG (2013), 해킹의 시작, 악성코드의 이해와 그 대응 방법, IDG Tech Report.
- IDG (2013), 악성코드의 현황과 미래, IDG Tech Report.
- IDG (2013), 은밀하고 끈질긴 위협: APT의 이해, IDG Tech Report.
- 구자현 (2008), "서비스 거부 공격 (Denial of Service)의 유형 및 대응", 주간기술동향 통권 1377호, 정보통신연구진흥원.
- 심재홍 (2013), "금융 소비자를 위협하는 악성코드 위협사례 분석", Internet & Security Focus 2013 5월호, pp. 6-23.
- 행정안전부·한국인터넷진흥원(2012), 개인정보 암호화 조치 안내서.
- 한국인터넷진흥원(2014), 대규모 악성코드 유포 동향 분석: 주말 악성코드 유포 탐지 · 대응.
- 한국정보통신기술협회 (2010), 악성코드 감염 예방을 위한 지침.
- 한국정보보호진흥원 (2001), 해킹 · 바이러스 대응 요령.
- 최양서 · 서동일 · 손승원(2001), "해커 및 해킹 기법 수준 분류", 주간기술동향 01-32.
- 이재광 (2013), 주요 해킹기법과 대응 전략, Internet & Security Focus 2013 4월호, pp. 6-23.
- 나성욱 (2010), 스마트폰과 모바일 오피스의 보안 이슈 및 대응 전략, CIO 리포트, Vol. 26, 한국정보화진흥원.

확인학습

01. 다음 중 해킹에 해당되는 행위로 볼 수 없는 것은 무엇인가?

① 위장사이트로 유인하기 위하여 개인정보를 탈취하는 행위
② 컴퓨터 시스템에 해를 끼치는 새로운 기능을 만드는 행위
③ 컴퓨터 시스템의 정상적인 서비스의 속도를 저하시키는 행위
④ 접근을 허가 받지 않은 컴퓨터 시스템에 불법으로 침입하는 행위

02. 다음에서 설명하고 있는 해킹 기법이나 악성소프트웨어는 무엇인가?

a) 공격자(해커)의 컴퓨터로부터 목표 시스템과 그 시스템이 속한 네트워크에 대량의 데이터를 집중하여 보냄으로써 목표 시스템과 네트워크의 성능을 급격히 저하시켜 목표 시스템에서 제공하는 서비스를 일반 인터넷 사용자들이 이용하지 못하도록 만든다.
b) 시스템 보안이 제거된 비밀 통로로서 서비스 기술자가 액세스 편의를 위해 고의로 만들어 놓은 것을 말한다.
c) 자료삭제, 정보탈취 등 사이버테러를 목적으로 사용되는 악성 프로그램이다. 해킹 기능을 가지고 있어 인터넷을 통해 감염된 컴퓨터의 정보를 외부로 유출하는 것이 특징이다. 그러나 바이러스처럼 다른 파일을 전염시키지 않으므로 해당 파일만 삭제하면 치료가 가능하다.

① a) 매크로 바이러스 b) 트로이 목마 c) 스파이웨어
② a) 서비스거부공격 b) 백도어 c) 트로이 목마
③ a) 서비스거부공격 b) 스파이웨어 c) 매크로 바이러스
④ a) 스파이웨어 b) 백도어 c) 매크로 바이러스

03. 스마트폰 보안을 위한 수칙으로 틀린 것은 무엇인가?

① 문자 메시지에 있는 URL은 신중하게 클릭한다.
② 블루투스, 테더링 등을 통해 인터넷을 사용한다.
③ 아이디, 패스워드 등을 스마트폰에 저장하지 않는다.
④ 블랙마켓 등을 통해 받은 애플리케이션은 다운로드 및 설치를 자제한다.

04. 해킹에 대응하기 위한 개인차원의 대응방안으로서 적절하지 못한 태도는 무엇인가?

① 윈도 로그인 패스워드 설정하기
② 출처가 불분명한 메일은 바로 삭제하기
③ 중요 문서 파일은 암호를 설정하고 백업 생활화하기
④ 공유를 통해 문서를 교환 할 때는 C 드라이브 전체로 공유하기

05. 다음은 무엇에 대한 설명인가? 핵티비즘

- 정치적 문제제기를 위한 목적의 해킹이라고 정의한다.
- 윤리적이며 인권저항의 한 유형이라고 주장하기도 한다.
- 정치적 동기와 무관한 사이버테러라고 주장하기도 한다.

06. 정보보안의 주요 목표로 볼 수 없는 것은 무엇인가?

① 가용성
② 기밀성
③ 무결성
④ 신속성

07. 다음이 설명하는 정보보안 위협은 무엇인가?

정보자료를 허가되지 않은 사용자가 내용을 확인할 수 있거나 정보내용을 복제 또는 외부로 내보내어 악용할 수 있게 한다.

① 변조
② 유출
③ 위조
④ 훼손

08. 다음이 설명하고 있는 해킹의 유형을 바르게 나열한 것은 무엇인가?

㉠ 정보통신망에 침입이 이루어진 후에 파일을 삭제하여 서비스를 거부하도록 하는 것
㉡ 인증절차를 거치지 않거나 비정상적인 방법을 사용해 해당 정보통신망의 접근권한을 획득하는 것
㉢ 정보통신망에 침입하기 위해서 타인에게 부여된 사용자계정과 비밀번호를 권한자의 동의 없이 사용하는 것
㉣ 메일서버가 감당할 수 있는 한계를 넘는 많은 양의 메일을 일시에 보내어 장애가 발생하게 하는 것

① ㉠ 서비스 거부공격 ㉡ 단순침입 ㉢ 사용자도용 ㉣ 폭탄메일
② ㉠ 서비스 거부공격 ㉡ 사용자도용 ㉢ 폭탄메일 ㉣ 단순침입
③ ㉠ 파일삭제와 자료유출 ㉡ 단순침입 ㉢ 사용자도용 ㉣ 폭탄메일
④ ㉠ 파일삭제와 자료유출 ㉡ 사용자도용 ㉢ 폭탄메일 ㉣ 단순침입

09. 다음 중 스마트폰 보안을 위한 실천방법으로 옳은 것은 무엇인가?

① ID나 패스워드는 스마트폰에 별도로 저장한다.
② 임의로 개조하거나 복사방지 등은 해제하여 사용한다.
③ 이메일이나 문자메시지의 URL은 클릭하여 반드시 확인한다.
④ 애플리케이션을 다운로드 할 때는 다른 사람들의 평가를 먼저 확인한다.

10. 해킹 · 악성코드에 대응하기 위한 정보보호 실천수칙으로 적합한 것은 무엇인가?

① 중요문서는 백업을 하지 않는다.
② 윈도우 로그인 패스워드를 설정한다.
③ 패스워드는 6자리 이하로 간단히 설정한다.
④ 메신저로 수신된 파일은 저장 · 실행 후 악성코드 검사를 한다.

11. PC 보안을 위한 방법으로 옳은 것은 무엇인가?

① ActiveX 설치요구 시 설치 및 실행한다.
② 메일 · SNS 메시지의 불명확한 URL은 클릭하여 확인한다.
③ 윈도우 OS 및 각종 응용 프로그램의 보안 패치를 설치한다.
④ 전달받기로 한 파일 외의 첨부파일은 PC에 저장 후 열어본다.

12. 컴퓨터 시스템의 취약점을 이용하거나 기존에 알려진 공격 방법을 활용하여 컴퓨터 시스템에 해를 끼치는 새로운 기능을 만들어 내는 행위를 무엇이라 하는가?

① 저작권 침해 ② 사이버 폭력
③ 해킹 ④ 인터넷 사기

13. 컴퓨터 바이러스에 대한 예방 및 치료방법으로 적당한 것은?

① 바이러스에 감염되었을 경우에 한해서 바이러스 검사를 한다.
② 친구가 구입한 치료용 프로그램을 넘겨받아서 치료를 한다.
③ 항상 중요한 자료는 백업을 해 둔다.
④ 아는 사람이 보낸 메일에 첨부된 파일은 바이러스 감염 여부를 체크할 필요가 없다.

14. 다음과 같은 정보보안 침해행위를 무엇이라고 하는가?

> 공격자가 특정 조직을 구체적인 목표로 삼아서 꾸준한 해킹기법과 악성코드 감염시도를 통하여 결국 해당 조직으로부터 정보를 빼내가는 공격이다. 2010년 원전 가동을 중단시킨 것으로 유명해진 스턱스넷(Stuxnet Worm)으로 사람들에게 유명해졌다.

① DoS 공격 ② APT 공격
③ Hybrid 공격 ④ BOF 공격

15. 다음 중 해킹 및 악성코드 관련 법률로 보기 힘든 것은?

① 정보통신망 이용촉진 및 정보보호 등에 관한 법률
② 정보통신기반보호법
③ 형법
④ 전자상거래보호법

16. 인터넷을 통해 국내외의 유명 기관을 사칭하여 개인정보나 금융정보를 수집한 뒤 이를 이용하여 경제적 이익을 취하는 사기의 일종으로 개인정보를 낚는 것을 의미하는 용어는 무엇인가?

① 쿠키(cookie)
② 피싱(phishing)
③ 정보프라이버시
④ 체크프라이버시

17. 다음에서 설명하고 있는 악성코드는 무엇인가?

- 감염대상을 갖고 있지 않다.
- 숙주가 없어 스스로 활동하며 자기복제가 가능하다.
- 번식을 위해 메일 발송 시 스스로 자신을 첨부한다.
- 컴퓨터 시스템을 파괴하거나 작업을 지연·방해한다.

① 디도스　② 웜바이러스
③ 트로이목마　④ 컴퓨터바이러스

18. 다음에서 설명하고 있는 악성소프트웨어는 무엇인가?　트로이목마

자료삭제, 정보탈취 등 사이버테러를 목적으로 사용되는 악성 프로그램이다. 해킹 기능을 가지고 있어 인터넷을 통해 감염된 컴퓨터의 정보를 외부로 유출하는 것이 특징이다. 컴퓨터 백신으로 탐지가 불가능하여 감염되었는지 알지 못하며, 해커가 컴퓨터의 모든 정보를 유출할 수 있고 해킹 공격을 할 수 있어, 가장 무서운 악성코드가 되고 있다.

19. 다음은 어떤 증상인가?

- 사용 중 시스템이 비정상적으로 정지된다.
- 사용자 의사와 관계없이 프로그램이 실행된다.
- 파일의 길이와 작성일 등 파일의 기록정보가 변경된다.
- 화면에 예상하지 못했던 메시지 또는 그림 소리를 출력한다.
- 일반적으로 부팅 및 프로그램을 실행 시킬 때 속도가 느리다.

① 해킹　② 디도스
③ 원격제어　④ 컴퓨터 바이러스

20. 악성코드 감염경로로 거리가 먼 것은 무엇인가?

① 네트워크 드라이브 공유
② 보안프로그램 설치 및 실행
③ 자료나 소프트웨어 불법 복제
④ 악성코드 배포 주소(URL)의 접근

21. 다음 중 해킹 및 악성코드 관련 법률로 보기 힘든 것은?

① 정보통신망 이용촉진 및 정보보호 등에 관한 법률
② 정보통신기반보호법
③ 형법
④ 전자상거래보호법

22. 악성코드의 제작과 유포가 계속 증가 추세에 있는 이유로 잘못된 것은?

① 프로그래머의 무능력
② 현실세계보다 덜 한 죄책감
③ 애매한 처벌 규정
④ 윤리의식의 부족

23. 다음은 무엇에 대한 설명인가? 혹스(hoax)

컴퓨터 바이러스의 일종으로 이메일이나 문자 메시지를 통해 잘못된 정보나 괴담, 유언비어들을 유포해 사용자를 속이는 컴퓨터 바이러스입니다. 예를 들어, 메신저로 컴퓨터의 중요한 파일이 바이러스에 감염되었으니 삭제하라고 지시하는 것이 있습니다.

24. 악성코드 예방법 두 가지를 써라.

- 윈도우 보안 패치(patch)를 항상 최신 버전으로 유지해야 합니다.
- 어도비 플래시 플레이어 패치를 최신 버전으로 업데이트 해야 합니다.
- 악성코드 백신 프로그램을 설치하고 항상 최신 업데이트 버전을 사용합니다.
- 무료 소프트웨어, 게임, 화제가 되고 있는 동영상이나 사진 등을 다운로드 할 때는 반드시 바이러스 검사를 해야 합니다.
- 정체 불명의 신뢰할 수 없는 P2P 사이트, 게임 사이트, 성인용 사이트의 접속을 자제하고 방문시에는 실시간 악성코드 감시 백신을 동작시키고 사이트의 이상한 동작에 대하여 유의합니다.
- ID와 패스워드 관리를 철저하게 하고 주기적으로 패스워드를 변경합니다.
- 발신인이 불명확하거나 의심스러운 메시지나 이메일은 열지 말고 삭제합니다.

25. 다음은 무엇에 대한 설명인가? 웜(Worm)

컴퓨터 내부에 숨어 있는 지렁이 또는 벌레와 같은 기생충이라는 의미로 컴퓨터 바이러스처럼 사용자 몰래 활동하는 악성코드지만, 기존 프로그램을 감염시켜 기생하는 컴퓨터 바이러스와는 달리 독자적으로 활동한다.

제11장 인터넷 정보사회의 당면 과제와 윤리

정보기술의 비약적인 발전으로 상상 속의 일들이 실현되고 있습니다. 백화점에 가지 않고도 쇼핑할 수가 있고, 걸어가면서 TV를 보거나 게임을 할 수도 있습니다. 레스토랑에서 즐거운 식사를 하고 신용카드나 현금이 없어도 스마트폰으로 결제할 수 있으며, 강의실에 가지 않더라도 강의를 들을 수 있는 시대가 되었습니다. 사물을 연결하는 사물인터넷으로 사람, 사물, 공간, 서비스 등이 모두가 연결되는 초연결 사회가 되었기 때문에 가능한 이야기입니다.

이 장에서는 인터넷 정보기술의 현재와 미래를 고찰하여 다가오고 있는 미래사회의 모습을 조망해 보겠습니다. 이러한 인터넷 환경의 거대한 변화 속에서 부작용과 당면 과제를 살펴보고 이들의 해결 방안을 생각해 보도록 하겠습니다. 그리고 미래 인터넷 정보사회의 모습과 인터넷 윤리에 대해서도 생각해 보도록 하겠습니다.

11.1 인터넷 정보사회의 현재와 미래

인터넷 정보기술의 패러다임은 짧은 기간 동안 끊임없이 진화하여 왔습니다. 90년대에는 PC가 보급되면서 정보화 시대로 본격적인 진입이 시작됩니다. 사회 모든 분야에서 정보화가 추진되고 아날로그 시대에서 디지털 시대로 탈바꿈이 일어납니다. 2000년대, 인터넷과 웹 기술의 상용화로 온라인 시대가 됩니다. 전자상거래, 원격교육, 인터넷 뱅킹, 전자정부 등 사이버 공간에서 생활이 보편화 됩니다. 비디오 대여점, 우체통, 공중 전화 등 많은 것이 역사의 뒤안길로 사라지고 새로운 사이버 문명이 자리를 대신 합니다. 또한, 휴대폰과 곧 이어 나온 스마트폰에 의하여 모바일 시대가 도래하고 소셜 미디어가 생활의 중심을 차지하게 됩니다. 손안에서 모든 정보를 마음대로 활용할 수 있는 정보 서비스와 소통의 혁명이 일어났습니다. 2000년대 이후에, 정보기술은 더욱 가속도로 진화하여 지능화, 개인화를 넘어 사람-공간-사물-서비스가 모두 연결되는 초연결 시대로 접어 들면서 또 다른 급격한 패러다임의 변화가 일어나고 있습니다. 이제는 지능화된 정보기기가 상황을 인지하여 개인에게 적합한 서비스를 스스로 추천하는 능동적 창조시대를 열어가고 있습니다.

2000년대가 소셜 미디어로 사람과 사람을 연결하는 인터넷 시대라면, 2010년대는 사람과 사물이 연결되는 사물인터넷 시대가 되었고, 2020년대는 사람과 지능화된 사물 그리고 가상 공간이 모두 연결되는 만물인터넷 시대가 될 것이며, 더 나아가 2030년대는 생활공간의 지능 서비스가 물과 공기처럼 넘치는 환경적 지능 공간(ambient intelligent space)으로 되어 모든 사물이 연결되는 만물 지능 인터넷 시대가 될 것으로 예견하고 있습니다. 미래사회는 이처럼 정보기술을 기반으로 천지개벽할 정도로 급속하게 진화하고 있습니다. 이러한 변혁 속에 살고 있는 우리는 변화의 주체로서 의식을 새롭게 하지 않으면 안될 것입니다. 앞으로 미래사회는 인체의 신경망처럼 세상의 모든 사물이 고도로 연결된 사물인터넷 시대로 나갈 전망입니다.

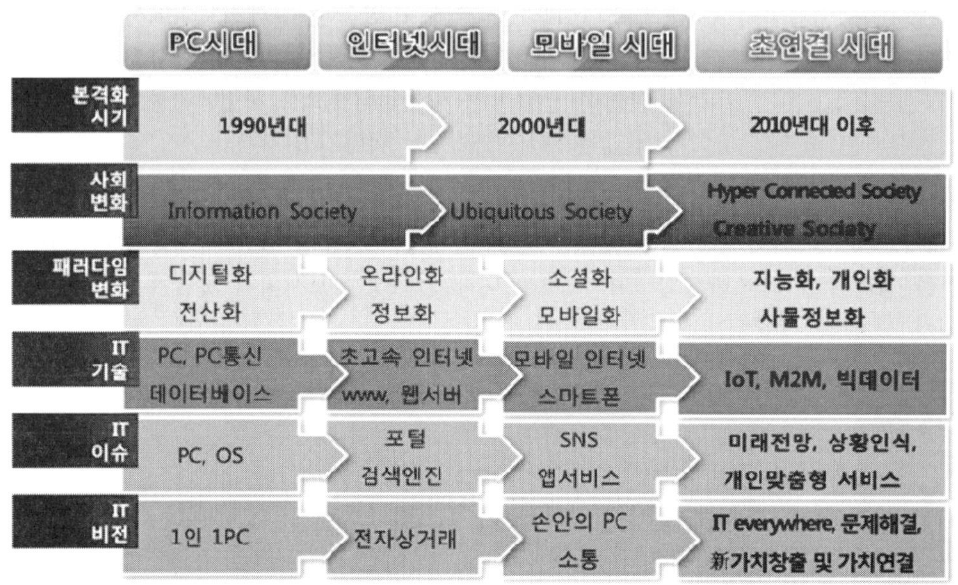

참고: IT & Future Strategy 2013. 11, 한국정보화진흥원

[그림 11-1] 정보기술의 패러다임 변천

11.1.1 사물인터넷의 개념

2005년 국제전신연합(ITU) 보고서를 비롯하여 많은 연구기관, 기업 등에서 사물인터넷 개념을 체계적으로 정립하고자 하는 노력이 계속되었습니다. 사물인터넷의 개념을 다음과 같이 요약 정리할 수 있습니다.

> 고유하게 식별 가능한 사물이 만들어낸 정보를, 인터넷을 통해 공유하는 환경으로, 현실 세계의 사물들과 가상 세계를 네트워크로 상호 연결하여, 사람과 사물, 사물과 사물 간에 언제 어디서나 서로 소통할 수 있도록 하는 미래 인터넷 기술

사물인터넷에서는 모든 사물에게 컴퓨터로 식별할 수 있는 고유 식별자를 부여합니다. 사물에게 사물번호나 웹의 URI와 같은 이름을 부여하여 식별할 수 있게 하는 것입니다. 사물을 식별할 수 있으면 개개의 사물을 하나의 컴퓨터로 생각하여 이를 모두 연결하는 네트워크를 구축할 수 있습

니다. 이렇게 구축된 네트워크는 인터넷과 통합되어 거대 네트워크를 형성하고, 사람-사물-공간-서비스 등을 연결하여 서로 정보를 주고받고 소통할 수 있게 됩니다. 이러한 미래 인터넷 정보기술을 사물인터넷이라 합니다. 한마디로 요약하면, 사람-사물-공간-서비스 등을 모두 연결하여 언제 어디서든지 정보를 주고 받을 수 있는 네트워크라 할 수 있습니다. 사람-사물-공간-서비스가 인위적인 개입 없이 스스로 정보를 수집하고 필요에 따라 스스로 정보를 교환하고 소통하는 지능적인 사물 네트워크를 구축하는 것입니다. 소셜 미디어처럼 사람만을 연결하는 것이 아니라, 식물, 동물, 스마트폰, 주택, 도로, 자전거, 냉장고, 서적, 승용차, 상품 등 세상에 존재하는 모든 사물이 연결되어 서로 정보를 주고 받고 소통하게 됩니다. 식별 가능한 모든 사물을 연결할 수 있으며, 이렇게 형성된 네트워크는 현실 사회와는 다른 가상 사회를 구축하게 되어 현실 공간과 가상 공간도 연결하게 됩니다. 고속도로를 주행하는 차량들은 표지판, 안내판, 도로에 설치된 센서 등과 정보를 교환하고 주행 중인 차량간에도 정보 교환을 통해 차량 스스로가 안전 운행을 하게 됩니다. 가정의 경우, TV, 의자, 조명등, 냉장고 등에 내장된 컴퓨터 상시 정보를 교환하면서 최적의 생활환경과 안전을 제공하게 됩니다. 모든 사물이 살아 생동하면서 상호 정보교환을 통해 안락하고 쾌적한 생활 기반을 마련해 주는 것이 사물인터넷입니다.

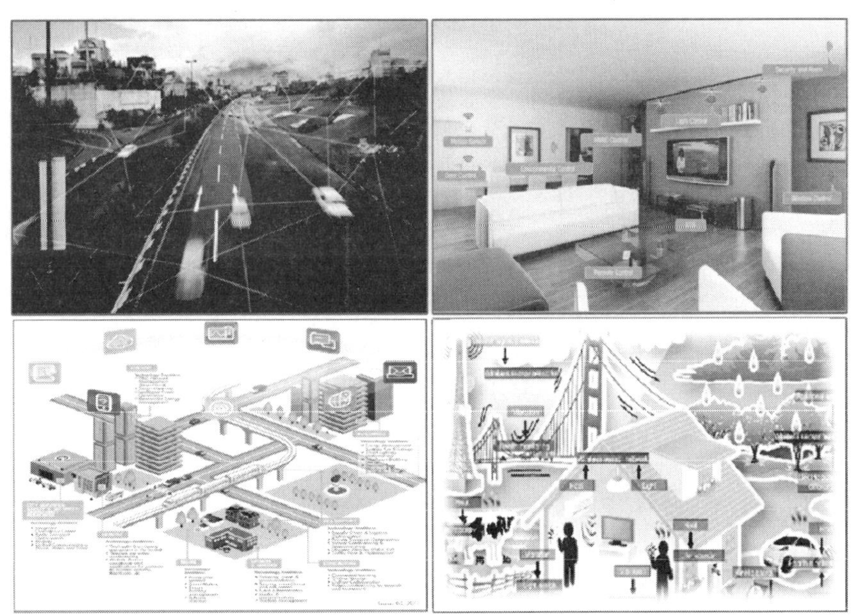

[그림 11-2] 사물인터넷의 개념

사물인터넷 시대의 사회는 지금의 사회와는 전혀 다른 새로운 사회가 될 것입니다. 세상의 모든 사물들이 연결되어 새로운 가상 사회를 만들며, 지금의 인터넷과는 비교할 수 없는 가상 사회가 조성될 것입니다. 이런 가상 사회가 현실 사회와 통합된다면, 상상을 초월하는 새로운 사회가 만들어 질 것으로 예상됩니다. 전문 컨설팅 업체인 가트너는 2020년까지 약 300억개의 기기들이 다양한 형태로 인터넷과 연결될 것이라고 전망했습니다. 전세계 인구보다도 더 많은 사물이 가상 사회를 구성하고 현실 사회와 소통하는 광경을 상상해보면 미래사회에는 엄청난 변화가 있을 것입니다. 우리가 겪고 있는 정보기술의 패러다임 변화는 선택사항이 아닙니다. 다가오는 현실임을 자각해야 합니다

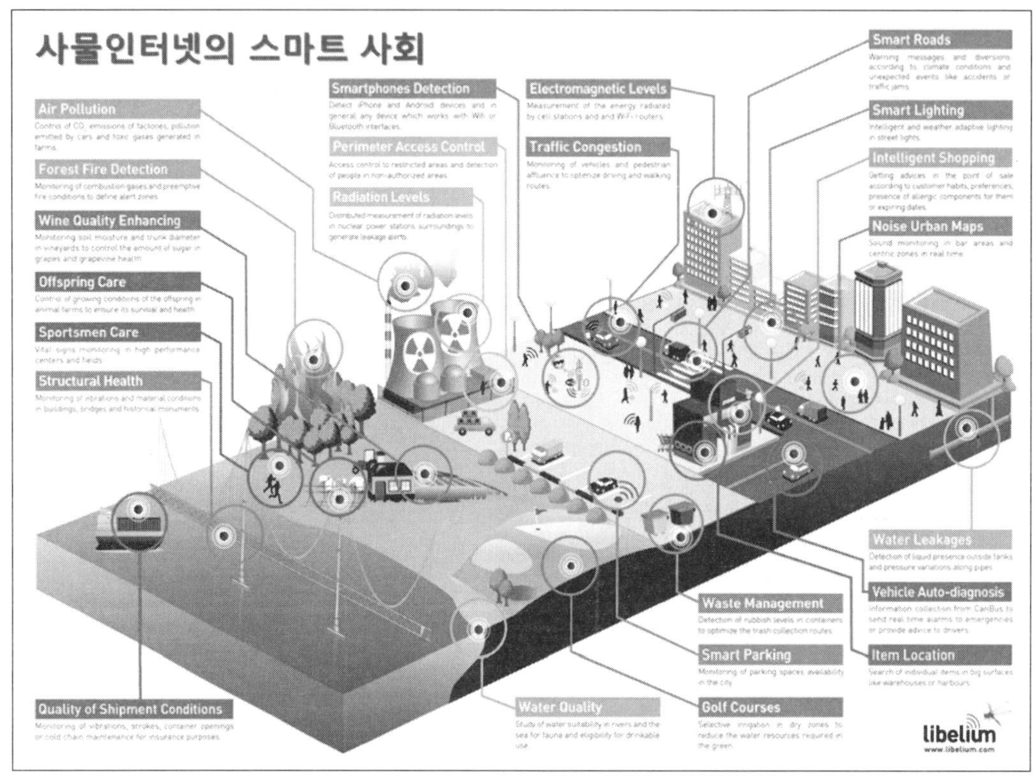

[그림 11-3] 사물인터넷의 스마트 사회

11.1.2 초연결 사회의 도래

사물인터넷이 사람-사물-공간-서비스 등을 연결하여 실현하는 새로운 미래사회는 세상의 모든 것이 연결되는 초연결 사회(hyper connected society)가 될 것입니다. 정보기술은 세상의 컴퓨터를 연결하는 인터넷, 세상의 사람들을 연결하는 소셜 미디어 등 새로운 정보사회 패러다임을 가져 왔습니다. 이제는 사람-사물-공간-서비스 등 세상의 모든 것을 연결하는 사물인터넷으로 다시 한번 패러다임 전환이 일어나고 있습니다. 세상의 사물과 사람이 모두 연결되는 사물인터넷의 등장으로 초연결 사회로 진입하게 되었습니다.

초연결 사회는 빅데이터, 사물인터넷, 소셜 미디어, 클라우드 컴퓨팅, 모바일 컴퓨팅, 스마트 컴퓨

팅, 상황인지 컴퓨팅 등 다양한 정보기술의 발전으로 세상의 모든 사물과 사람을 연결할 수 있는 기술적 기반이 마련되었고, 지식정보 사회에서 자아존중, 자아실현, 상생협력, 소통, 쾌적하고 안락한 생활에 대한 사람들의 욕구 변화가 합치하면서 자연스럽게 초연결 사회로 나아가게 되었습니다.

초연결 사회에 대하여 많은 개념들이 제시되고 있는데, 이를 다음과 같이 요약 정리해 볼 수 있습니다.

> 정보기술을 기반으로 사람, 사물, 데이터, 서비스가 서로 연결되어, 지능화된 네트워크를 구축하고, 이를 통해 새로운 가치와 혁신의 창출이 가능해지는 사회

사물인터넷에 의하여 조성될 사회가 초연결 사회라고 이해해도 될 것입니다. 초연결 사회의 주요 구성 요소는 사람, 사물, 공간이 됩니다. 물론 서비스와 같은 요소도 생각할 수 있습니다. 사람-사물-공간은 시간-공간-관계 축을 중심으로 초연결 되어 상호 작용을 하게 되고, 초연결 된 요소들은 처리-판단-인지와 같은 지능적 기능을 가진 서비스를 실행하게 됩니다. 세상의 모든 것이 연결되어 자유자재로 소통할 수 있는 사회가 초연결 사회입니다. 미래의 초연결 사회는 사물인터넷과 같은 정보기술에 의해서 창조된다는 것에 주목할 필요가 있습니다. 정보기술은 단순히 컴퓨터와 통신에 관한 기술이 아닙니다. 미래사회를 변화시키는 막강한 위력의 미래 선도 기술입니다.

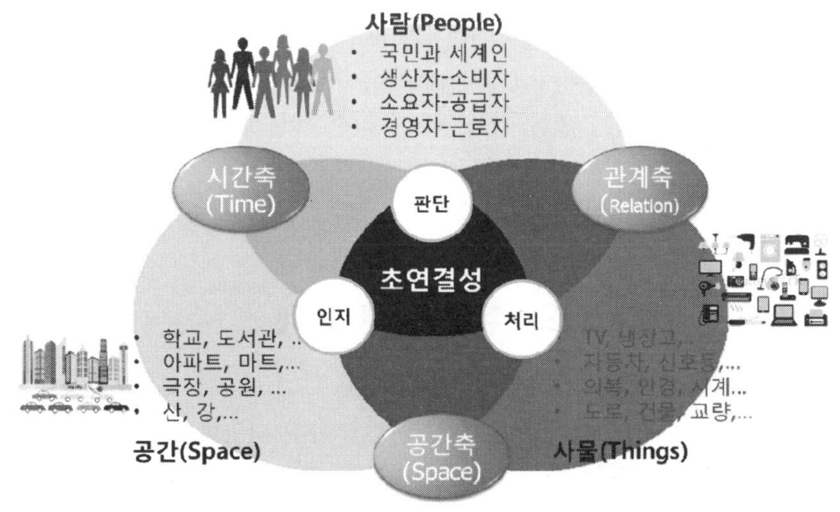

[그림 11-4] 초연결 사회의 상호 관계

그렇다면, 초연결 사회는 어떤 모습으로 다가 오고 있을까요? 초연결 사회를 선도하고 있는 정보기술은 쾌적한 생활, 소통과 상생 발전, 창조적 가치 창출을 통해서 살기 좋고 걱정 없는 사회, 쾌적하고 편리한 사회, 지속 가능한 공존 사회, 활기찬 창조경제 실현, 다채로운 다문화 창조의 5대 목표 실현에 적극 활용될 것입니다. 그리하여 지능화된 사물인터넷으로 새로운 가치와 혁신을 창

출하여, 인간 중심, 행복중심의 초연결 사회를 구현할 것입니다.

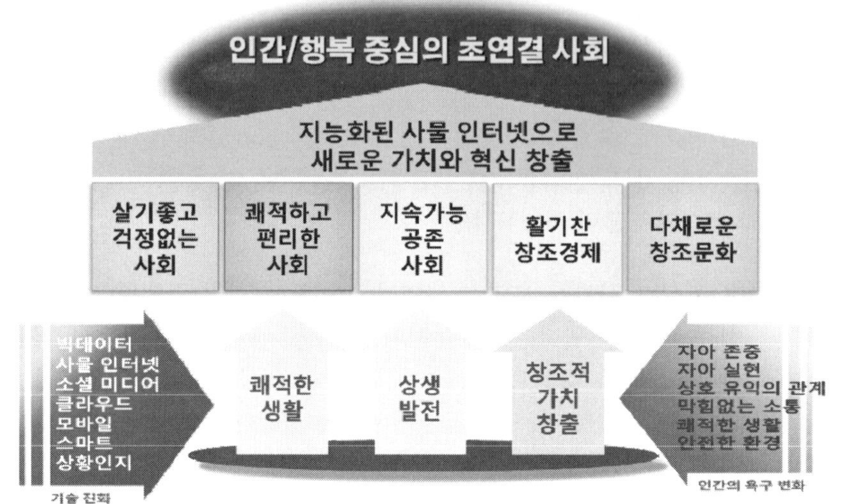

[그림 11-5] 초연결 사회의 모습

사회는 이처럼 인터넷 정보기술에 의하여 혁신적으로 진화하고 있습니다. 진화론의 다윈은 진화의 과정을 요약하여 "강한 종이 살아 남는 것이 아니라, 변화하는 환경에 적응하는 종이 살아 남는다"고 하였습니다. 급변하고 있는 사회 환경에 적응하려면 기술에 대한 적응력도 배양해야 하지만, 기술을 효과적으로 활용하기 위한 가치관과 윤리관부터 정립해야 합니다.

11.2 인터넷 정보사회의 주요 당면 과제

인터넷 정보사회는 지금까지 인류가 경험하지 못했던 아주 다양한 여러 문제에 직면하고 있습니다. 인터넷 정보기술 시간/공간의 물리적 한계를 무너트리고 있으며, 인간-사물-정보-서비스가 모두 네트워크로 연결되어 새로운 가상 세계를 만들어 가고 있습니다. 혁신적 사회 진화 발전에는 예기치 못한 부작용도 나타나고 있습니다. 인터넷 정보사회가 당면하고 있는 중요한 과제를 요약 정리해 보겠습니다. 인터넷 정보사회의 지속적 성장 발전을 위해 이런 당면 과제를 어떻게 해결해야 할지 생각해 보기 바랍니다.

11.2.1 개인정보와 프라이버시 침해

[그림 11-6] 개인정보와 프라이버시 침해 사례

[사례 1: 개인정보 유출] 2014년 1월 18일, KB국민카드, NH농협카드, 롯데카드가 보유하고 있던 개인 정보가 유출되는 충격적 사건이 발생하였습니다. 1월 18일 언론 발표가 있었지만, 유출 범행은 2012년 10월부터 2013년 12월까지 지속적으로 이루어졌습니다. 이번 개인정보 유출 사고로 KB국민카드와 롯데카드, 농협카드에서 1억 400만건의 고객 정보가 유출되었을 뿐만 아니라, 이들과 관련된 다른 금융 기관의 은행 고객 정보도 대량으로 유출되어 사실상 국내 모든 은행의 고객 정보가 노출된 셈입니다. 금번 사고는 전 세계 금융 정보 유출 사고 가운데 3번째로 큰 규모였습니다. 더욱이 이번 사고는 외부에서 해킹에 의하여 발생한 것이 아니라, 개인정보 보호를 담당하고 있는 내부 직원이 개인정보를 USB에 담아서 유출하여 윤리적으로도 큰 문제가 되었습니다.

개인정보 유출로 사회적으로 커다란 혼란이 야기되었고, 2차 피해가 발생하는 등 심각한 후유증을 가져왔습니다.

[사례 2: 신상털기] 인터넷 사이트에 웹툰을 연재하던 작가가 불륜을 저질렀다는 루머에 휩싸였습니다. 미즈넷에서 한 30대 여성이 웹툰 작가가 자신의 남편과 바람 난 뒤 그 내용을 각색해 웹툰 스토리를 썼다는 글을 올렸습니다. 해당 글은 모든 포털 사이트에 순식간에 퍼졌고, 해당 웹툰에 별점 테러와 함께 불륜을 사과하거나 해명하라는 댓글들이 무수히 올라왔으며, 심지어는 웹툰을 그만 두라거나 당장 자살해버리라는 댓글까지 올라왔습니다.

웹툰 작가가 갑작스런 사태에 너무도 무섭고 당황한 나머지 댓글을 몇 개를 지우고 최근 업로드 한 웹툰을 삭제하는 식으로 안일하게 대처하였습니다. 이에 네티즌들은 '작가도 찔리는 게 있어서 그런다' 며 더욱 신이 나서 기승을 부렸고, 결국 직장과 집 주소를 비롯한 작가의 거의 모든 신상을 털어 공개하는 상황까지 되었습니다.

그런데 알고 보니 이 모든 것은 루머를 퍼뜨린 여자의 자작극이었습니다. 이 여자는 웹툰 작가를 시샘하여 골려 줄 목적으로 루머를 퍼뜨렸다고 합니다. 웹툰 작가는 해당 루머를 퍼뜨린 여자를 고소하면서 사건은 일단락 되었지만, 작가의 신상을 털어가며 신나게 비난하던 마녀 사냥꾼들은 '아니었어? 아니면 말고' 식으로 자신들이 썼던 악플을 지우고 아무 일 없다는 듯이 튀어 버렸습니다. 이런 상황에서도 몇몇 네티즌들은 '고소 진행 결과를 보고 말하겠다'며 아직도 버티고 있습니다.

[사례 3: 개인정보 도용] A씨는 어느 날 학교 커뮤니티사이트 게시판에 자신의 아이디로 음란물이 올라와 있는 것을 보았습니다. 이 때문에 학교 선생님에게 불려가 야단을 맞고 처벌을 받는 등 여러 가지 피해를 입었습니다. 그러나 A씨는 결코 그런 게시물을 올리지 않았으며 나중에 알고 보니 A씨의 친구 중 한 명이 아이디와 비밀번호를 알아내서 음란물을 올렸던 것입니다.

[사례 4: 웹캡 훔쳐보기] 회원 수 50만 명의 한 인터넷 화장품 쇼핑몰이 접속만 하면 감염되는 악성코드에 감염되었습니다. 쇼핑몰 사이트에 접속한 회원들의 컴퓨터가 악성코드에 감염되었고, 회원들이 컴퓨터를 사용하면 웹캠을 통해 사용자의 모습이 해커 컴퓨터로 그대로 전송되었습니다. 해커가 일상생활을 그대로 훔쳐볼 수 있었습니다.

인터넷 공간에서는 이메일, 문자 메시지, 인터넷 뱅킹, 인터넷 쇼핑, 카페 활동, 정보 검색, 게임 등 모든 서비스가 개인정보를 기반으로 제공됩니다. 개인정보 없이는 이들 서비스를 활용할 수가 없고 인터넷 공간에서 생활은 막대한 지장을 받게 됩니다. 그런데 개인정보는 그 특성상 공개 · 공유되어야 하기 때문에 쉽게 노출이 되고 도용과 훼손이 용이한 문제점이 있습니다. 개인정보가 노출되고 오 · 남용된다면 사례에서 살펴 본 바와 같이 개인 생활을 심각하게 침해할 것입니다.

개인의 금융 정보가 유출되면 경제적 피해와 함께 개인의 경제 활동이 커다란 타격을 받게 될 것입니다. 개인의 의료 정보, 예를 들어, 성형 수술 기록이나 질병 치료 정보는 개인의 인격을 심대하게 침해할 수 있습니다. 또한, 여러 경로를 통해서 수집한 개인정보를 분석(팬옵틱 소트: panoptic sort)하여 교육, 고용, 신용 등에 차별 대우하기도 합니다.

페이스북, 트위터 등 소셜 네트워크 서비스가 일상화되면서 개인정보를 아주 쉽게 엿볼 수 있게 되었습니다. 이로 인하여 사회적 이슈가 있을 때마다 과도한 신상 털기가 당연한 것처럼 자행되고 있습니다. 타진요 사건 등에서 보는 바와 같이, 신상 털기는 개인에게 견디기 어려운 상처를 주고 우울증, 대인 공포증 등 말할 수 없는 고통을 남깁니다. 상황을 제대로 이해하지 못하면서 집단의식에 마취되어 마구잡이 마녀사냥식 신상 털기가 횡행하고 있습니다. 윤리의식이 마비되어 남의 고통을 즐기는 가학성 폭력이 인터넷을 떠돌고 있습니다. 개인정보 유출은 이들에게 흉기를 손에 쥐어주는 것과 같습니다.

개인정보가 폭력의 도구로 이용되기도 하고 사기, 절도, 명예훼손 등의 다양한 범죄에 활용되기도 합니다. 개인정보를 도용하여 불법으로 소액 결제, 계좌 이체, 인터넷 쇼핑 등으로 금전적 피해를 입히기도 하고, 명의를 도용하여 불법 행위를 하여 명예훼손 등의 정신적 피해를 주기도 합니다. 생각해 보세요. 자신을 사칭하면서 인터넷 공간에서 온갖 나쁜 짓을 하고 다니는 사람이 있다면, 개인의 명예가 얼마나 심각하게 훼손되고 심적인 고통을 받게 될 것인지를. 범인을 발견하기도 힘들고 피해를 복구하기도 힘든 것이 인터넷 공간의 특성입니다.

이제 사물인터넷 시대가 도래하여 스마트 TV, 냉장고, 조명 등 가전 제품에서 승용차, 애완동물 등 모든 사물이 인터넷과 연동하게 되었습니다. 사물인터넷의 확산의 큰 걸림돌은 정보보안입니다. 웹캠이나 스마트 TV를 해킹하여 개인의 일상생활을 모두 훔쳐볼 수가 있습니다. 개인의 프라이버시가 심각하게 훼손될 수 있습니다.

산업 사회에서는 개인정보가 수동적 역할을 하였지만, 인터넷 정보사회에서는 사회의 핵심 요소가 되고 프라이버시 보호의 기초가 되고 있습니다. 프라이버시의 개념도 다른 사람으로부터 간섭 받지 않을 권리의 소극적 개념에서 '자신의 개인 정보를 차단하거나 허용할 수 있는 통제권'의 주도적 의미로 변화되었습니다. 또한, 헌법에서도 프라이버시는 개인의 고유 권리로 명문화하게 되었습니다. 인터넷 공간에서의 개인정보는 개인 그 자체와 동일한 인격권이며, 프라이버시는 개인의 존엄성이라 할 수 있습니다. 이처럼, 개인정보와 프라이버시는 인터넷 공간에서 보호받아야 할 귀중한 권리이며 이를 보호할 때 비로소 인터넷은 본래의 이상을 실현할 수 있습니다.

인터넷의 중요 정보 주체인 개인, 포털 등의 인터넷 기업, 금융기업, 공공기관과 정부 등은 개인정보와 프라이버시 보호에 상호 협력하고 노력해야 합니다. 그럼에도 불구하고, 인터넷 공간에서는 개인정보와 프라이버시가 심각하게 훼손되고 있는 것이 현실입니다. 개인들은 금전 갈취, 폭력, 비방, 스토킹, 호기심 등을 위해 개인정보 유출과 프라이버시 침해를 하고 있습니다. 페이스북, 트위터 등 개인정보를 기반으로 서비스를 제공하는 SNS는 개인정보를 오남용하고 있고 '개인정보는 죽었다'가 현실이 될 정도로 개인정보를 영리목적으로 활용하고 있습니다. 구글, 야후 등 포털 기업도 프라이버시 정책을 명백하게 공개하고 있지 못합니다. 고객의 개인정보를 보관하고 있는 기업도 개인정보를 마케팅과 같은 영리 목적으로 활용하려고 노력하고 있으며, 개인의 동의 없이 무단 사용하는 사례가 많고, 철저하게 보관하지 못하여 개인정보가 누출되어 사건이 빈번하게 발생합니다. 공공기관과 정부도 각종 규제와 보이지 않는 감시 등으로 프라이버시를 침해하고 있습니다. 이러한 현상은 정보 주체가 윤리 의식이 결핍되어 있어 본연의 역할을 망각하기 때문에 야기된다 할 수 있습니다. 인터넷 공간에서 새롭게 주어지는 역할과 이에 수반하는 윤리를 실천할 때 바람직하고 성숙된 인터넷 정보사회를 조성할 수 있을 것입니다. 각 정보 주체에게는 어떠한 윤리가 필요한지 생각해 보기 바랍니다.

11.2.2 보이지 않는 상시 감시와 인권

스마트 TV를 비롯한 스마트 가전, 스마트 카, 스마트 빌딩, 스마트 시티 등 모든 사물이 인터넷으로 연결되는 사물인터넷(Internet Of Things: IoT)이 현실로 나타나고 있습니다. 도처의 사물에 컴퓨터가 내장되어 정보를 수집, 가공하고 정보 서비스를 제공하는 유비쿼터스 컴퓨팅이 빠르게 진화하고 있습니다. 이러한 인터넷 정보기술의 혁신 진화의 부작용으로 감시 · 감청이 커다란 문제로 대두되고 있습니다.

우리 주변에는 수많은 CCTV와 마이크로 센서가 설치되어 우리의 일상생활을 모두 지켜 보고 있습니다. 뿐만 아니라, 스마트 TV나 스마트 냉장고 등을 해킹하여 일상생활을 24시간 엿보기도 합니다. 각 부분에서 생산된 거대한 데이터는 빅데이터 기법으로 분석되어 우리의 성향을 낱낱이 파악할 수 있습니다. 예를 들어, 승용차 운행 정보, 신용 카드 사용 내역 등을 분석하면 지난 휴가철에 무엇을 하였는지 소상하게 파악할 수 있게 됩니다. 인터넷 쇼핑 기록을 빅데이터 분석하여 개인 성향을 파악하고 타켓 마케팅을 하기도 합니다.

이메일, 사진, 문서 등 대부분의 정보가 클라우드(cloud)에 저장되고 있어 이를 분석하면 개인의 동태를 쉽게 파악할 수 있습니다. 실제로 구글, 페이스북, 야후 등 포털 사이트와 SNS 업체는 사용자의 기록을 그대로 보관하여 다양한 목적으로 활용하기를 원하고 있습니다. 앞서 살펴 본 바와 같이, 보이지 않고 느낄 수 없게 은밀하게 개인을 감시하고 있고 프라이버시를 침해할 수 있게 됩니다. 프라이버시 논쟁은 국제적인 문제가 되고 있습니다. 유럽 연합은 구글이 자국민의 사생활을 엿보고 있다고 구글을 제재하기도 하였습니다.

보이지 않는 상시 감시는 국가 차원에서도 진행되고 있어 논란이 되고 있습니다. 미국은 9 · 11 테러를 계기로 '자국민을 테러로부터 보호한다'는 명분 아래 애국법(Patriot act)을 제정하여 무차별적인 전화 감청과 이메일 정보수집, 영장 없이 통신회사나 인터넷 서비스 업체와 금융기관에 이용자 정보 요구 등 감시 · 감청을 강화하고 있습니다. 그 결과, 에드워드 스노든이 폭로한 것처럼, 각국의 대통령, 총리 등 고위 공직자를 비롯하여 전세계인을 대상으로 무차별적 감시 · 감청이 이루어져 국제 문제가 되기도 하였습니다. 인터넷 정보기술의 발전에 따라 우려하였던 빅브라더스(Big Brothers)가 현실로 나타나고 있는 양상입니다.

[그림 11-7] 인터넷 시대의 감시 · 감청

감시 · 감청은 표현의 자유를 억압하고 프라이버시를 심각하게 침해하여 인권을 유린하게 됩니다. 개인의 동태를 파악하여 불법적으로 위해를 가하고, 정보 접근을 차단하고 통제하여 정보를 왜곡하게 됩니다. 인터넷 지식정보 사회의 근간이 되며 최고의 가치를 갖는 정보가 훼손되면 사회 자체가 위태로워질 수 있습니다. 자유 민주주의도 위태롭게 됩니다.

보이지 않는 감시와 인권은 법 제도와 밀접한 관계가 있지만 윤리와도 직결되는 문제입니다. 예를 들어, 기업에서 정보보안과 직원들의 사적인 인터넷 사용을 통제하기 위하여 서버에 인터넷 사용 감시 프로그램을 설치하여 운영하는 것은 윤리적인가? 이와 유사하게, 강의실이나 기숙사에서 특정 인터넷 사이트 접속을 차단하는 것은 윤리적인가? 가정에서 스마트 TV의 시청 내역이 통신사의 서버에 그대로 저장되는 것은 윤리적인가? 부모가 자녀의 인터넷 사용을 통제하기 위하여 PC와 스마트폰에 모니터링 프로그램을 설치하는 것은 윤리적인가? 등의 다양한 윤리적 이슈가 제기될 수 있기 때문입니다. 공공의 이익, 프라이버시와 인권 등 다양한 측면을 고려하여 윤리적 대안을 모색하여 보기 바랍니다.

11.2.3 잊혀질 권리

인터넷상에서 잊혀질 권리(right to be forgotten)가 큰 논란이 되고 있습니다. 2014년 5월 13일, 유럽 사법 재판소(ECJ)는 "구글 검색엔진을 이용하는 모든 사람은 검색에서 '잊혀질 권리'를 갖고 있다. 구글은 사용자가 시효가 지나고 부적절한 개인정보를 지워달라고 요구할 때 이를 삭제해야 한다"고 판결하였습니다. 또한, 법원은 구글에게 고객이 개인정보 삭제를 요청할 수 있는 별도의 창구를 마련할 것도 명령하였습니다. 이번 소송은 스페인 사람 마리오 곤잘레스가 요청한 개인정보 삭제를 구글이 거부하면서 시작되었습니다. 마리오 곤잘레스는 1998년에 많은 빚을 지고 있었으며 재산을 강매 당하였습니다. 이런 내용이 스페인 신문에 보도되기도 하였습니다. 지금은 모든 경제적 문제를 해결하고 정상적 생활을 하고 있는데도, 구글에서 자신의 이름을 검색하면, 아직도 1998년 신문 기사가 검색되어 개인정보 보호에 대한 권리가 침해되었다고 생각하였습니다. 이에, 구글에게 검색을 삭제하여 줄 것을 요청하였으나, 구글은 개인정보로 보기 어렵다고 거절하자 소송을 제기한 것입니다.

검색 결과에서 개인정보를 삭제할 권리를 인정하는 이번 판결로 세계적으로 '잊혀질 권리'에 대한 관심이 높아지고 있습니다. 이번 판결은 당장 유럽연합 내 28개국에만 유효하지만 국경 없는 인터넷의 특성상 전세계적으로 큰 파장이 있을 것으로 생각합니다. 또한, 구글 뿐만 아니라, 마이크로소프트, 야후, 페이스북 등의 포털과 SNS 서비스는 물론 위키피디아 같은 정보공유 서비스 등에도 큰 영향을 미칠 것으로 전망됩니다. 그 동안에는 '저작권 침해요소가 있고, 개인정보를 침해하고 있으며, 명예훼손 성격을 띠고 있을 경우' 정보 삭제 요청이 있을 때 정보 제공자가 이를 수용하여 왔습니다. 그러나 이번 판결은 한발 더 나아가 '저작권이 침해되지 않고, 명예훼손이나 개인정보 침해 등 법률적 문제가 없는 상황'에서도 개인의 요구에 따라 과거 기록을 지울 수 있게 하였습니다.

이번 판결을 두고, 개인의 사생활에 대한 권리를 최우선적으로 인정하였다는 평가와 '사적 검열'의 길이 열려 표현의 자유가 크게 위축될 것이라는 우려가 엇갈리고 있습니다. '인터넷은 누구나 자유롭게 글을 올릴 수 있다. 그리고 그 글에 대한 권한은 글을 올린 사람에 있다. 글의 내용과 글을 찾을 수 있게 도와 주는 검색 엔진과는 무관한 것으로, 이를 삭제하면 글을 올린 사람의 권리를 침해할 수 있다'라고 주장합니다. 인터넷 상에서 표현의 자유와 알 권리가 침해 될 수 있다는 것입니다. 또한, 이러한 삭제는 인터넷 검열을 노리는 억압적 정부들에게 빌미를 제공할 수 있다고 우려하고 있습니다.

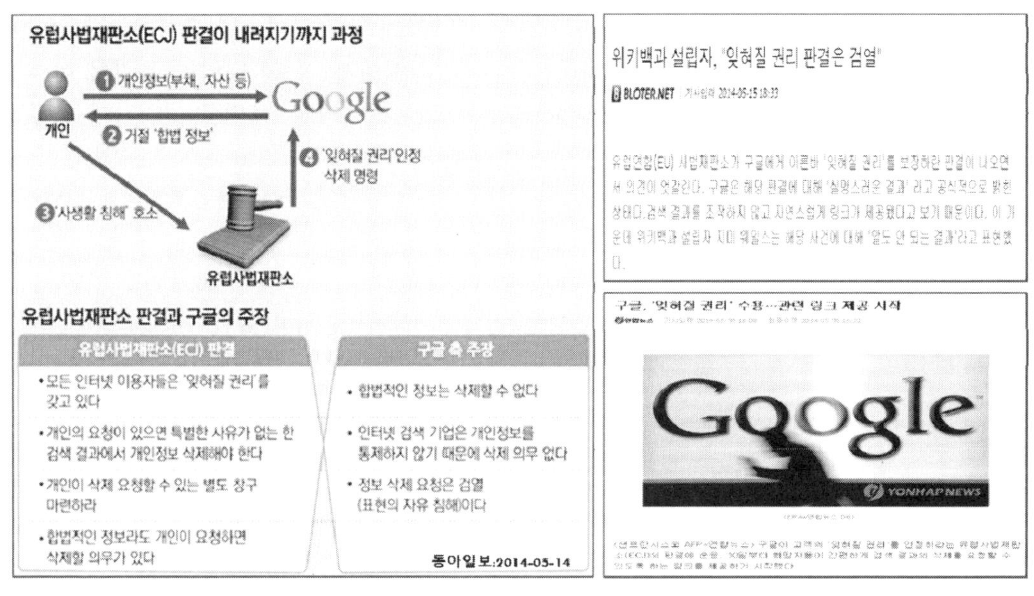

[그림 11-8] EU의 잊혀질 권리 재판

잊혀질 권리는 아주 다양하게 논란이 될 수가 있습니다. 몇 가지 사례를 살펴보면서 잊혀질 권리의 특성을 알아보겠습니다.

[사례 1] 대학생 A씨는 지난해 기업 공채에서 수 차례 연이어 떨어진 이유를 자신의 SNS 활동 탓이었다고 합니다. 면접관들이 5년 전 미국산 소고기 수입반대 촛불집회 현장에 앞장 섰던 그의 모습이 찍힌 사진 등 자신의 트윗 흔적들을 인터넷을 통해 확인하였고 수배 기록까지 보았다고 합니다(한국일보: 2013-09-28).

[사례 2] 결혼을 앞둔 예비신부 A씨는 얼마 전 말 못할 고민에 빠졌습니다. 인터넷을 검색하다 3년 전 클럽에서 찍힌 자신의 사진이 한 커뮤니티 게시판에 올라있는 사실을 발견했기 때문입니다. 사진을 '퍼간' 게시자는 A씨의 옷차림을 이용해 사진을 악의적으로 편집했고 악성 댓글을 달았습니다(서울경제: 2014-05-09).

[사례 3] 천안함 유족들은 숨진 장병의 SNS 미니홈피를 관리하길 원했지만, 운영자는 본인이 아니란 이유로 미니홈피 관리를 거부하였습니다. 장병은 숨졌지만 미니홈피는 삭제할 수가 없었습니다(SBS: 2014-03-01).

[사례 4] 고인의 개인정보로 대포폰을 구입하여 범죄에 악용하였습니다. 고인이 되었어도 개인정보는 삭제

되지 않고 인터넷에 떠돌고 있습니다. 고인의 개인정보를 악의적으로 이용하여 유족을 안타깝게 하였습니다 (SBS: 2014-03-01).

[사례 5] 인터넷 동호회 등에서 활동을 즐겼던 한 40대 남성은 시한부 암 선고를 받았습니다. 인터넷에서 활동하던 흔적을 모두 삭제한 후에 삶을 마감했습니다(SBS: 2014-03-01).

인터넷에서 활동하면 반드시 그 흔적이 어딘가에 남게 됩니다. 사례 1, 2처럼 이것이 훗날 자신의 인생에 걸림돌이 되는 경우가 있습니다. 개인의 명예와 존엄성을 위해 불적절한 정보를 삭제해야 하는데 인터넷 공간의 특성상 쉽지가 않습니다. 왜, 이런 곤란한 일들을 겪게 될까요? 인터넷의 특성을 이해하지 못하고 인터넷 윤리에 둔감하여 올바른 인터넷 공간의 생활을 하지 않았기 때문입니다. 인터넷 윤리 의식이 미약하여 서로가 서로에게 고통을 주고 있는 것입니다.

사례 3, 4, 5처럼 고인이 되어서도 인터넷 공간에서 벗어나지 못하는 경우가 있습니다. 고인이 편하게 생을 마감할 수 있도록 해야 하는데, 고인의 정보에 대한 보존 가치의 여부가 쟁점이 될 수도 있을 것입니다. 사후 개인정보 관리를 유족에게 맡기자는 법안이 국회에 제출되어 있지만, 표현의 자유, 알 권리, 정보의 공개와 공유 등 인터넷 공간의 특성과 관련하여 논란이 될 것입니다.

개인의 흔적을 삭제해 주는 '디지털 세탁소', 고인의 개인정보나 활동 기록을 삭제해 주는 '디지털 상조서비스'가 있습니다. 이런 서비스의 기술적 유용성은 논외로 하고, 잊혀질 권리에 어떻게 대응하는 것이 합리적인지 생각해 보기 바랍니다.

11.2.4 디지털 디바이드

인터넷 정보기술의 비약적 발전과 스마트 기술의 확산으로 스마트 지식 서비스가 넘쳐나는 안락한 생활을 하게 되었습니다. 손안의 마술사인 스마트폰은 우리의 동반자가 되어 오늘의 날씨, 열차 도착 시간, 모바일 쇼핑, 맛집 예약, 모바일 강의 수강 등 원하는 서비스를 즉각 제공하여 주고 있습니다. 인터넷 지식정보 사회가 성숙 단계에 접어들고 있고, 모든 사람들이 스마트 서비스를 활용할 수 있게 되었습니다. 그러나 현실은 이런 생각과는 큰 차이가 있습니다.

인터넷 지식정보 사회에서는 정보가 중요한 가치를 갖고 있습니다. 누구든지 정보를 적극 활용하여 새로운 부가 가치를 창출하고 부와 명예를 얻을 수 있습니다. 인터넷은 개방, 공유, 자유 등의 특성이 있어, 모든 사람에게 공평한 정보 서비스를 제공할 수 있을 것으로 생각하였습니다. 그러나 현실에서는 정보 차별이 야기되어 계층간의 정보 격차(information gap)가 더욱 크게 벌어지고 있어 새로운 갈등 요인으로 대두되고 있습니다. 정보 격차란 일반적으로 정보에 접근하고 이용하는데 있어서 사회적으로 공평하지 못하고 수준 차이가 발생하는 것을 의미합니다. 인터넷이 보급될 때는 정보 격차가 문제 되었지만, 소셜 네트워크와 스마트폰 등 새로운 인터넷 정보기술의 출연으로 정보 격차의 단순한 개념만으로는 인터넷 정보사회의 정보 차별 문제를 설명할 수 없게 되었습니다. 그래서 정보의 접근뿐만 아니라, 정보 역량과 정보 활용 등에서의 정보 차별 현상을 포괄적으로 표현하는 디지털 디바이드(digital divide)를 사용하고 있습니다. 디지털 디바이드는 인터넷 정보기술이 초래하는 사회적 갈등과 분화 현상을 포괄적으로 표현하는 개념입니다.

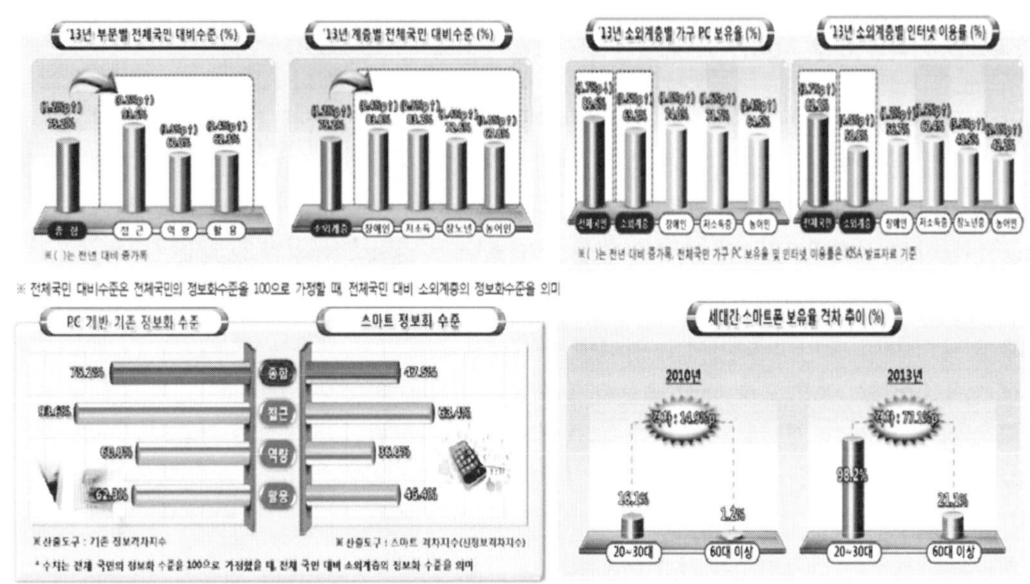

[그림 11-9] 정보 격차 지수 및 실태

디지털 디바이드의 실태에 대하여 알아 보겠습니다. 한국 정보화 진흥원에서 '2013 정보격차 지수 및 실태 조사' 보고서를 발간하였습니다. 보고서에서는 전체 국민과 소외 계층간 상대적 정보 격차 수준을 접근 · 역량 · 활용 격차로 세분화하여 질적 · 양적으로 측정 · 분석하여 정보 격차 지수를 산출하였습니다.

디지털 디바이드를 해소하기 위한 노력에도 불구하고, 장애인 · 저소득층 · 노년층 · 농어민 등 이른바 4대 정보 소외 계층이 일반 국민의 75.2% 수준입니다. PC의 보급으로 정보 접근환경은 많이 개선되었지만 정보기술에 대한 교육 환경이 미비하여 정보 역량과 활용 수준은 크게 떨어지는 것으로 조사되었습니다. 노년층과 농어촌의 인터넷 이용률은 약 50% 수준에 머물고 있습니다. 스마트 정보화 수준은 열악하여 PC 기반의 정보화의 절반 수준 정도입니다. 역시 역량과 활용에 격차가 심하여 정보화 교육이 필요함을 알 수가 있습니다. 세대간의 격차는 더욱 심각한 상태입니다. 청년층과 노년층의 스마트 정보 격차는 2010년 14.9%에서 2013년 77.1%로 심각한 격차가 발생하였습니다. 이와 같은 스마트 정보 서비스의 세대간 격차는 사회적 갈등의 또 다른 원인이 되고 있습니다.

그렇다면, 정보격차에 나아가서 디지털 디바이드가 어떤 결과를 야기하게 될까요? 선풍적 인기를 얻고 있는 외국의 유명 뮤지컬이 한국에서 공연됩니다. 정보기술에 익숙한 사람은 스마트폰으로 예매하여 도착과 동시에 입장하지만, 정보기술을 사용하지 못하는 사람은 몇 시간씩 줄을 서서 티켓을 구매해야 합니다. 어느 작은 도시에 도착하여 새로 개관한 마을 도서관을 찾아가려고 합니다. 스마트폰을 사용할 줄 아는 사람은 내비게이션 앱으로 바로 찾아 갑니다. 그러나 정보기술에 미숙한 사람은 물어 물어 고생하면서 찾아가야 합니다. 정보 역량이 생활의 수준을 결정하고 있습니다. 회사에서 디지털 미디어를 활용한 홍보 전략을 수립하고자 합니다. 정보기술을 능숙하게 활용하는 직원은 즉시 관련 자료를 검색, 수집, 분석하여 보고서를 작성하지만, 정보기술 역량이 뒤떨어지는 사람은 자료를 찾느라고 우와 좌왕 하다가 업무를 망치게 됩니다. 정보 역량이 개인의 업무 능력이 되고 있습니다. 새로 레스토랑을 개업하고 소셜 네트워크, 블로그 등으로 홍보를 한 사람은 사업이 번창하여 큰 수익을 올리지만, 고객을 무작정 기다리는 레스토랑은 문을 닫게 됩니다. 정보 활용 능력이 비즈니스의 핵심 요소가 되고 있습니다. 이 뿐만이 아닙니다. 인터넷과 스마트 정보기술을 활용하면 교육, 재테크, 의료 및 건강, 문화, 여행 등 다양한 혜택과 서비스로 생활을 윤택하게 할 수 있습니다. 그러나 정보 소외 계층은 이러한 혜택을 받을 수 없기 때문에 더욱 뒤쳐지게 됩니다. 정보 역량과 활용 능력이 경쟁력이고 막강한 힘의 원천이 됩니다.

인터넷 지식정보 사회에서는 정보가 주된 생산 요소이고 생활 방식에 막대한 영향을 미치므로 정보의 불평등, 불균형을 야기하는 디지털 디바이드는 여러 사회문제의 원인이 되고 있습니다. 정보의 접근, 공유, 활용이 편중되어 정보를 적극 활용하는 계층과 소외 계층간의 격차가 심화되어 사회 양극화 현상이 가속화되고 있습니다. 정보가 돈 이상의 힘을 발휘하므로 정보 활용에 능숙한 사람과 정보 소외자 간의 정보 격차는 빈부 격차가 되고 있습니다. 전통 시장과 동네 가게가 쇠퇴하고 있는 것은 대형 마트와의 정보 격차도 그 원인일 수 있습니다. 마트는 정보를 활용하여 질 좋은 상품을 발굴하여 싼값에 제공하는 시스템을 갖추고 있지만, 전통 시장은 그러하지 못합니다. 친환경 농산물을 생산하고 있는 농가가 오픈 마켓에 입점하고 카카오톡 등을 활용한 마케팅으로 큰 수익을 올렸습니다. 그러나 이러한 정보기술 활용 방법을 모르는 농가는 더욱 빈곤해질 수밖에 없습니다.

정보 격차는 교육에도 심각한 영향을 주고 있습니다. 인터넷과 스마트 정보 환경에서 소외된 계층은 인터넷 강의 수강, 우수한 학습 콘텐츠 접근 및 활용, 질의응답 및 토론 기회 상실 등으로 교육 혜택에서 소외되고 있습니다. 교육 격차는 정보 격차로 환원되는 악순환이 지속될 수 있습니다.

디지털 디바이드는 세대 격차를 더욱 심화시키고 있습니다. 젊은 층일수록 스마트 디지털 기기를 능숙하게 활용하지만, 노인 장년층에서는 정보 능력이 현저하게 저하되어 사회 발전에 뒤쳐지게 됩니다. 정보 격차에서 야기된 세대 격차는 세대간의 소통을 단절시키고 사회를 삭막하게 만듭니다. 정보를 효과적으로 수용하는 집단과 그렇지 못한 집단 간에는 의식과 생각의 차이가 존재할 수 있어, 사회가 이념의 논쟁에 휘말리게 되기도 합니다.

디지털 디바이드는 개인이나 사회에만 국한된 문제가 아닙니다. 국가간의 디지털 디바이드도 국제 정치, 경제, 사회에 큰 영향을 미치고 있습니다. 인터넷 지식정보 시대에는 국경을 초월한 정보의 공유, 유통, 활용이 가속화 되고 있습니다. 국가의 역사나 위치가 중요한 것이 아닙니다. 인터넷 정보기술이 국가 발전의 결정적 요소가 되고 있습니다. 정보기술에 앞서가는 국가는 커다란 경제 성장을 기록하지만 그렇지 못한 국가는 더욱 빈곤에 빠지게 됩니다. 정보기술의 혁신이 없이는 글로벌 경쟁력을 가질 수 없습니다. 우리나라가 경이적인 경제 성장을 이룩할 수 있었던 것도 정보기술이 뒷받침하여 주었기 때문입니다.

디지털 디바이드는 인터넷 지식정보 사회의 새로운 차별 문제로 대두하고 있습니다. 정보 혜택의 불평등과 불균형은 사회 양극화의 주된 원인이 되고 있으며, 다양한 정치 · 경제 · 사회 문제를 야기하고 있습니다. 정보기술의 급속한 발전에 따라 정보 격차와 차별은 더욱 심화되고 있습니다. 그런데 디지털 디바이드는 기술적 문제가 아닌 사회 윤리적 문제입니다. 예를 들어, 디지털 디바이드로 인한 세대 갈등은 정보기술의 활용 문제가 아니라 소통에 관한 문제입니다. 젊은 세대와 장년세대가 서로 역지사지(상대방의 처지나 입장에서 생각하고 이해하기)하여 상대방을 존중하면서 소통한다면 세대 격차는 해소될 수 있을 것입니다. 디지털 디바이드에 대한 여러 접근 방법이 있지만, 사회 윤리적 측면의 해결 방안이 대안이 될 수도 있을 것입니다. 우리 함께 생각해 봅시다.

11.2.5 디지털 치매

현대 의학이 아직 해결하지 못한 심각한 질병 중에 하나로 치매(dementia)가 있습니다. 주변에서 치매로 고통 받고 있는 노인들을 많이 볼 수 있고 치매가 일상적인 질병으로 크게 확산되고 있습니다. 치매는 다양한 원인에 의해 뇌신경이 파괴됨으로써 기억력장애, 언어능력 장애, 변뇨실금, 편집증적 사고, 실어증과 같은 정신 기능의 전반적인 장애가 나타나며, 진행되는 과정에서 우울증이나 인격장애, 공격성 등의 정신 의학적 증세가 동반되기도 합니다(위키피디어). 치매는 유전적 요인, 생활 습관 등에 의한 것으로 짐작되고 있지만, 아직 정확한 발병 원인과 치료법이 규명되지 않은 상태입니다. 치매는 뇌의 활동을 마비시켜 정신적, 육체적 고통을 수반하는 치명적인 질병입니다. 이런 치매가 정보기술의 발달로 사회 전반에서 표출되고 있어 심각한 사회문제가 되고 있습니다.

스마트폰의 보급으로 손안의 해결사를 항시 활용할 수 있게 되었습니다. 사람들은 일상생활에서 마주하는 다양한 문제를 스마트폰으로 쉽고 편리하게 해결할 수 있게 되었습니다. 거의 모든 일상생활을 스마트폰의 도움으로 해결할 수 있어 사람들은 스스로 생각할 필요가 없게 되었습니다. 이로 인하여, 기억, 사고, 학습 등의 두뇌 기능을 사용하지 않게 되어 치매 현상이 야기되고 있습니다.

- 부모나 친구 등 절친한 2-3명의 전화 번호 이외는 기억하지 못한다.
- 네비게이션이 없으면 운전할 수 없고, 자주 가는 곳도 찾아 갈 수 없다.
- 어제 무슨 일이 있었는지 기억할 수 없고 소지품을 자주 분실한다.
- 친한 친구의 얼굴은 생각나는데, 이름은 기억나지 않는다.
- ID와 패스워드가 생각나지 않고, 애창곡도 가사가 없으면 부르지 못한다.
- 같은 이야기를 자꾸 반복한다.

이처럼 스마트폰, 컴퓨터 등 다양한 정보기기에 의존하여 기억력, 사고력, 인지력 등이 저하되는 현상을 디지털 치매(digital dementia)라고 합니다. 2013년 7월, 설문조사 기업 두잇 서베이의 조사에 의하면, 33.7%가 부모형제의 전화 번호를 기억하지 못하며, 70% 이상이 운전시 네비게이션에 의존하고 있고, 45.4%가 가사를 아는 노래가 없는 것으로 조사 되었습니다. 전체적으로 38.9%의 사람들이 디지털 치매 증상을 보이고 있습니다. 스마트폰의 성능 고도화와 함께 다양한 기능의 앱이 제공되고 있고 스마트폰에 대한 의존도는 더욱 높아져 디지털 치매가 심화되고 있습니다. 특히, 청소년들까지 디지털 침해 증상을 보이고 있어 심각한 상태입니다. 인터넷에는 다양한 형태의 디지털 치매 자가 진단 설문이 있으므로 확인해 보기 바랍니다.

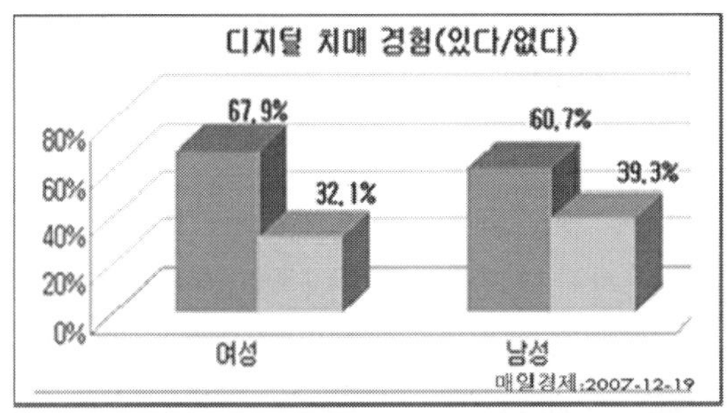

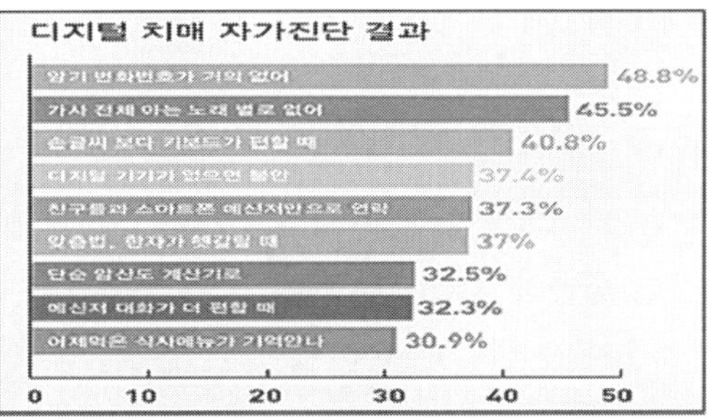

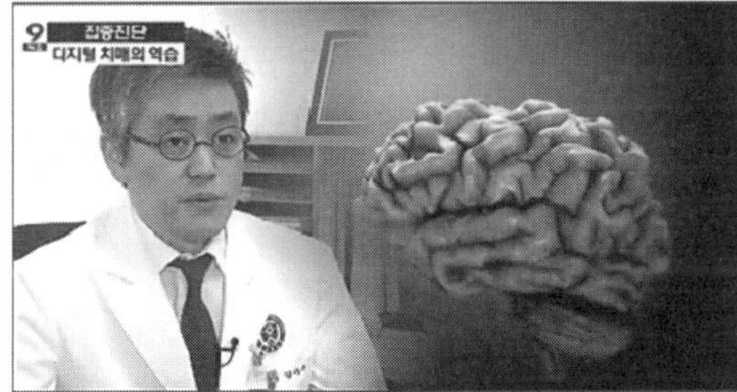

디지털 치매 예방법

- 손으로 일기 쓰기
- 디지털 기기가 아닌 자신의 감각을 이용해 무언가를 만들어 보기
- 친한 친구 몇 명의 전화번호 외워보기
- 채팅보다는 대화를 통해 언어 능력 키우기
- 손으로 쓰고, 입으로 외우고, 머리로 생각하기
- 휴대전화 단축기 사용하지 않고 직접 번호를 찾아 전화 걸기

출처:두잇서베이 등

[그림 11-10] 디지털 치매 현상

디지털 치매는 뇌에 직접적인 손상을 주지는 않지만 뇌 기능에 심각한 영향을 줍니다. 디지털 침해로 기억력이 저하되면 진짜로 치매가 될 수 있으며, 기억력 감퇴로 인한 스트레스성 공황장애, 우울증이 발병할 수 있습니다. 뇌 발달이 왕성한 시기인 청소년들은 학습 장애, 성격 장애, 주의력 결핍 및 과잉행동장애(ADHD) 등을 유발할 수 있고 사회성이 저하되어 일상에서 여러 문제가 발생할 수 있습니다. 뇌의 불완전한 발달은 더 나쁜 결과를 가져 올 수도 있습니다.

디지털 치매를 어떻게 예방하기 위해선 전문가들은 모든 것을 스마트폰에만 의존하지 말고 두뇌 활동을 많이 하여 인지 기능을 활발하게 할 것을 권장하고 있습니다. 기억력과 사고력을 향상시키기 위하여 독서하고, 일기를 쓰고, 친구들과 진지한 대화를 하는 등 두뇌의 인지 활동을 강화해야 합니다. 물건 값 등을 암산하여 계산하기, 내비게이션 없이 길 찾아 가기, 노래 가사나 시 기억하기, 퍼즐 문제 풀기 등도 디지털 치매 예방에 도움이 된다고 합니다. 이 밖에도 다양한 예방법을 인터넷 검색으로 찾을 수 있습니다.

디지털 치매는 스마트폰과 같은 정보기기에 의존성이 높아지면서 확산되고 있습니다. 결국, 디지털 치매는 스마트 정보기기를 활용하는 태도와 습관의 문제입니다. 스마트 정보기기를 활용하는 합당한 태도와 올바른 습관에 대한 가치관과 의지를 정립해야 할 것입니다. 인터넷 정보기술에 대한 가치관을 정립하지 않고 기술이 주는 편리함만을 쫓게 되면 과몰입, 중독, 디지털 치매와 같은 부작용을 야기하게 됩니다.

인터넷 정보기술의 비윤리적 활용으로 야기되는 불법 유해정보, 해킹과 악성 코드, 사이버 폭력 등이 다른 사람과의 문제라면, 디지털 치매는 자신과 관계되는 문제입니다. 인터넷 정보기술을 오남용하여 자기 스스로에게 큰 피해를 주는 현상 중의 하나가 디지털 치매입니다.

11.2.6 사이버 중독과 디지털 디톡스

사람들이 인스턴스 식품, 육류, 설탕, 소금 등 몸에 독소가 쌓이게 하는 음식을 멀리하여 몸 안의 독소를 제거하고자 하는 디톡스 건강법에 큰 관심을 가지고 있습니다. 디톡스(detox)는 '해독, 독소 제게'라는 의미입니다. 이제 몸안의 독소뿐만 아니라 정신의 독소까지 제거하여 균형 있는 생활을 해야 할 것입니다.

인터넷 정보기술의 발달로 대부분의 일상생활을 정보기기에 의존하게 되었습니다. 과도하게 정보기기에 의존하고 정보 서비스에 과몰입하다 보니, 정신적 스트레스, 인지적 부조화, 불안, 우울 등 정신적 독소에 시달리게 되었습니다.

- 인터넷 중독, 스마트폰 중독, 게임 중독(과몰입) 등으로 인한 인지 부조화
- 개인정보 침해에 대한 불안감과 보이지 않는 감시에 대한 공포감
- 지속적으로 진화하고 있는 디지털 정보기기에 적응해야 하는 디지털 피로감
- 소셜 네트워크를 관리해야 하는 강박 관념
- 인터넷 왕따, 사이버 불링(cyber bullying)에 대한 두려움
- 스마트폰이 없으면 불안해지는 노모포비아(nomophobia)
- 사회 불신과 인포데믹스(infodemics)

인터넷 정보기술로 인하여 사람들은 극도의 정신적 스트레스에 시달리고 있습니다. 이런 정신적 독소를 제거하고자 하는 것이 디지털 디톡스(digital detox)입니다. 디지털 디톡스는 일상생활에서 특정한 시간 또는 기간 동안 디지털 정보기기를 사용하지 않고 생활하자는 것입니다. 이를 통해 디지털 정보기기와 정보 서비스의 부작용으로부터 정신적, 육체적 건강을 회복하자는 것입니다.

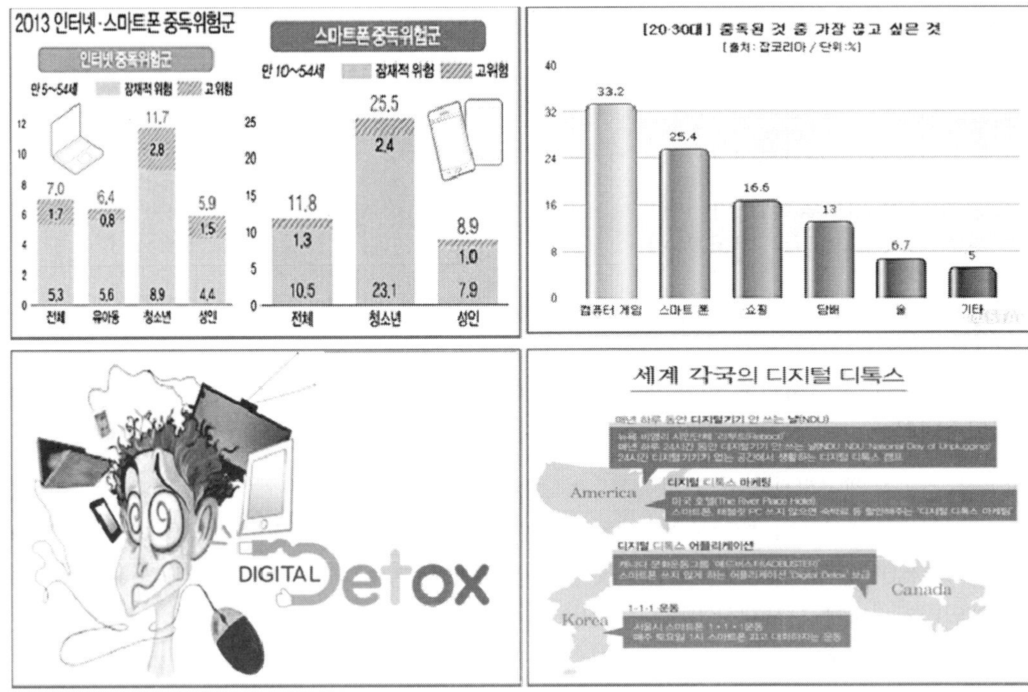

[그림 11-11] 디지털 디톡스

디지털 정보기기의 부작용과 이로 인한 정신적 독소로부터 인간을 보호하고자 하는 디지털 디톡스 운동이 확산되고 있습니다. 미국의 비영리단체 리부트(Reboot)는 24시간동안 컴퓨터와 휴대전화를 쓰지 않겠다는 서약 운동을 전개하고 있고, 3월 23일을 '디지털 없는 국경일'로 선포하였습니다. 캐나다의 문화운동 그룹 애드버스터(Adbuster)는 개인이 설정한 시간 동안 스마트폰을 사용할 수 없게 하는 'Digital Detox' 앱을 만들어 보급하고 있습니다. 국내에서도 서울시가 1주일에 한 번, 1시간씩 스마트폰을 끄자는 스마트폰 1-1-1 운동을 전개하고 있습니다.

디지털 디톡스 역시 인터넷 정보기술에 인식 부족과 주체적 가치관을 정립하지 못하여 발생하는 현상이라고 할 수 있습니다. 인터넷 정보기술이 발전할수록 편리함의 유혹은 더욱 강해져 끝이 없는 사이버 공간에 빠지기 쉽습니다. 인터넷 정보기술에 과도한 의존은 정체성의 상실을 가져오게 됩니다. 디지털 디톡스에는 여러 방법이 있지만, 무엇보다도 인터넷 정보기술에 대한 주체적 가치관을 정립해야 할 것입니다.

11.2.7 저작권 침해와 인터넷 문화

인간은 이성적 동물입니다. 인간은 오래 전부터 자신의 생각, 사상, 감정을 글, 그림, 음악 등으로 표현하여 왔습니다. 이러한 창작물이 인류 발전의 기반이 되었고 인류 문화를 풍성하게 하였습니다. 그런데 인터넷 정보기술의 발전으로 인간의 창작 환경에 큰 변화가 일어났습니다. 디지털 정보기술로 인하여 모든 창작물을 디지털 형태로 표현할 수 있고, 인터넷 기술을 활용하여 창작물의 전달, 공유, 저장, 복제 등을 아주 편리하게 할 수 있게 되었습니다. 인터넷 정보기술은 창작물이 꽃필 수 있는 환경을 만드는 기술이라고 할 수 있습니다.

인터넷 정보기술은 창작물의 영역을 크게 확대하기도 하였습니다. 서적, 음악, 미술, 신문, 잡지, 영화 등 전통적 창작물뿐만 아니라, 블로그, 웹진, 웹툰, UCC 등 새로운 형태의 창작물을 출현시켰고 이를 확산하는데 큰 기여를 하였습니다.

이처럼 인터넷 정보기술은 인간의 사상과 감정을 표현하는 다양한 형태의 창작물을 가능하게 하여 인류 문화의 새로운 장을 열어가고 있습니다. 경계가 없는 글로벌 문화 시대가 도래한 것입니다. 한류가 전세계에 알려지기도 하고 아프리카의 문학 작품이나 음악을 아주 간편하게 접할 수도 있게 되었습니다.

창작물은 소프트웨어적으로는 문화이고, 하드웨어적으로는 지적 문화 상품이기도 합니다. 창조적 문화 산업의 주 생산품이 창작물입니다. '해리 포터'와 관련된 창작 콘텐츠들의 총 수익은 약 210억 달러(약 250조원)로 우리 나라가 2000년부터 10년간 수출한 반도체 총 매출액 230조원보다 많은 금액입니다. 세계 지식재산권 기구(WIPO)의 2012년 보고서에 의하면 문화 산업은 평균적으로 GDP의 5.4%와 전체 고용의 5.9%를 차지하는 것으로 분석되었습니다. 이처럼 문화 산업이 미래의 경제 성장을 주도할 핵심 성장 산업으로 인식되고 있으며, 각국은 그 기반이 되는 저작권 보호에 심혈을 기울이고 있습니다.

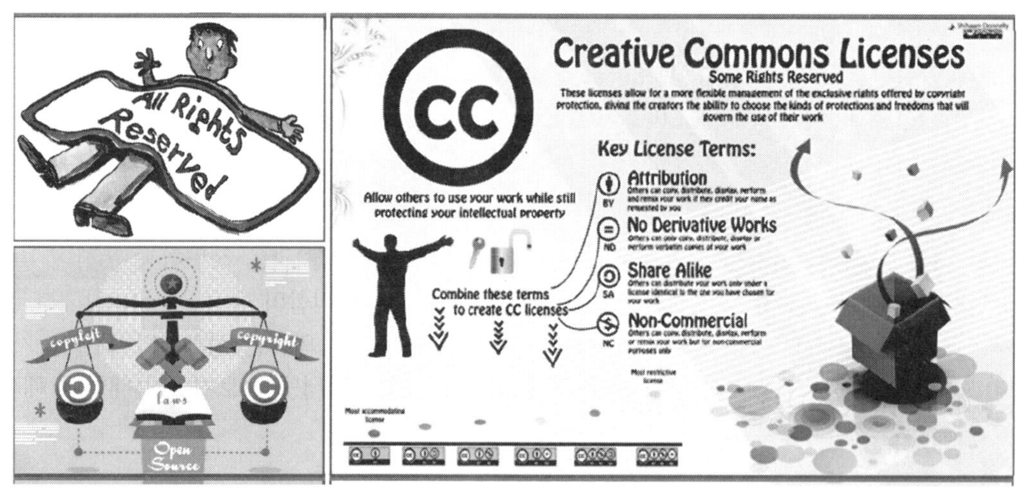

[그림 11-12] 저작권 보호와 저작물 공정 이용

풍요로운 인류 문화의 발전을 방해한 부작용도 만만치 않습니다. 인간의 사상과 감정을 표현한 창작물을 불법 복사, 전파, 훼손하는 등 창작물을 불법 사용하는 저작권 침해가 심각한 국제 사회문제가 되고 있습니다. 창작물은 창작자의 지식, 사상, 감정 등을 담고 있는 것으로 창작물에 대한 권한은 창작자에게 있습니다. 이러한 창작자의 권한을 보호하지 않는다면, 창작자의 의욕이 상실되어 훌륭한 창작물이 감소하고 문화가 황폐하게 될 것입니다. 또한, 창작물을 불법적으로 강탈하고 활용하는 해적과 같은 범죄자가 판을 치는 환경이 만들어 질 것입니다.

제9장에서 저작권과 관련된 상세 사항에 대하여 살펴보았습니다. 인터넷 사이버 공간에는 무한한 규모의 창작물 콘텐츠가 소통되고 있고, 사용에 익명성 등이 있어 저작권 침해가 지속적으로 증가되고 있음을 살펴보았습니다. 저작권 침해 기술은 날로 발전하고 있어 저작권 침해를 발견, 추적, 적발하는데 어려움을 겪고 있습니다. P2P 공유, 클라우드에서의 공유 등 창작 콘텐츠 사용 환경이 변화하면서 저작권 침해가 모호한 상황도 발생하고 있습니다. 이에 대응하여 저작권 보호를 위한 관리적, 기술적, 제도적 방안들이 강구되고 있습니다. 다양한 대응 방안과 더불어 올바른 윤리 의식의 정립이 선행되어야 할 것입니다.

저작권 보호는 여러 형태의 사회적 이슈를 제기하고 있습니다. 과도한 저작권 보호는 오히려 문화 발전을 저해할 수도 있습니다. 저작권 보호 강화는 창작물의 활용을 제한하여 문화 활동의 의욕을 저하시키고 사회 발전을 지연시키는 효과를 가져 오기도 합니다. 연구, 교육 분야 등에 저작물 활용이 어렵게 되면 새로운 창작물을 창조하기 위한 기반이 무너질 수도 있습니다. 또한, 창작물 접근 통제는 새로운 형태의 디지털 디바이드로 또 다른 차별이 될 수 있습니다. 저작권 보호 강화에 대항하여 카피레프트(copyleft) 운동이 일어나기도 하였습니다. 인터넷 정보사회 발전을 위해서는 창작물을 자유롭게 활용할 수 있는 여건이 마련되어야 합니다.

이처럼 저작권 보호와 저작물의 자유로운 활용은 서로 대립되는 딜레마입니다. 이를 현명하게 극복해야 인터넷 정보문화가 확고하게 뿌리 내릴 수 있을 것입니다. 이러한 목적으로 저작권 이용 허용 표시 제도가 활용되고 있습니다. 저작권자들이 자발적으로 참여해 저작권을 보호하는 동시에 저작물의 접근·이용·개작 등 접근권 보장과 공정 이용을 확대하는 운동입니다. 대표적인 예로 CCL, GPL 등이 있습니다. 창작물의 저작권자가 문화 발전에 적극 기여하고자 하는 노력입니다.

창작물은 문화의 꽃입니다. 창작물의 저작권 보호를 위해 관리적, 기술적, 제도적 측면에서 다양한 노력을 해야 하겠습니다. 그러나 저작권 침해는 근본적으로 윤리와 관련된 문제입니다. 여러 사람들이 많은 비용과 시간을 들여 만든 영화를 순식간에 복사하여 무단으로 사용하는 것은 윤리의식이 올바르지 못하기 때문입니다. 저작물을 활용하고자 하는 사람들은 저작권 보호의 윤리의식을 보여 주어야 합니다. 저작물의 저작권자는 CCL과 같은 저작물의 공공 이용 윤리의식을 보여 주어야 합니다. 저작물 이용자의 윤리의식과 저작권자의 윤리의식이 서로 조화 될 때 인터넷 문화는 무한하게 발전할 것입니다.

11.2.8 사이버 폭력

인터넷 사이버 공간의 대표적 특성은 익명성, 비대면성과 표현의 자유입니다. 이와 같은 특성은 정보의 개방과 공유, 자유로운 정보활동을 보장하여 인터넷 지식정보 사회의 토대가 되고 있습니다.

그러나 이런 기능을 악용하여 상대방을 해치는 사이버 폭력이 개인과 사회의 안정을 해치는 중대한 문제가 되고 있습니다.

방송통신위원회와 한국인터넷 진흥원의 '2013년 사이버폭력 실태조사' 보고서에 의하면, 초·중·고생의 29.2%와 일반인의 14.4%가 타인에게 사이버 폭력을 가한 경험이 있는 것으로 나타났습니다. 또한, 초·중·고생의 30.3%와 일반인의 33.0%가 사이버폭력을 당한 경험이 있는 것으로 나타났습니다. 특히, 사이버폭력 피해를 본 초등학생의 70.3%, 중학생의 66.0%, 고등학생의 56.2%, 일반인의 70.5%가 가해자에 대한 복수심이나 심한 불안감을 느끼는 등 부정적인 심리 변화를 겪었다고 응답하여 사이버폭력의 폐해가 심각한 것으로 나타났습니다. 제7장에 사이버 폭력으로 인하여 불안, 우울증에 시달리고 자살까지 한 여러 사례를 살펴보았습니다. 사이버 폭력은 스마트폰 등의 발달로 더욱 확산되고 있고 시간과 장소를 불문하고 자행되고 있어 심각한 사회문제입니다. 더욱이, 사이버 폭력은 육체적 고통보다도 심한 정신적 충격과 고통을 야기하며 육체까지 피폐하게 만드는 폭력 행위입니다.

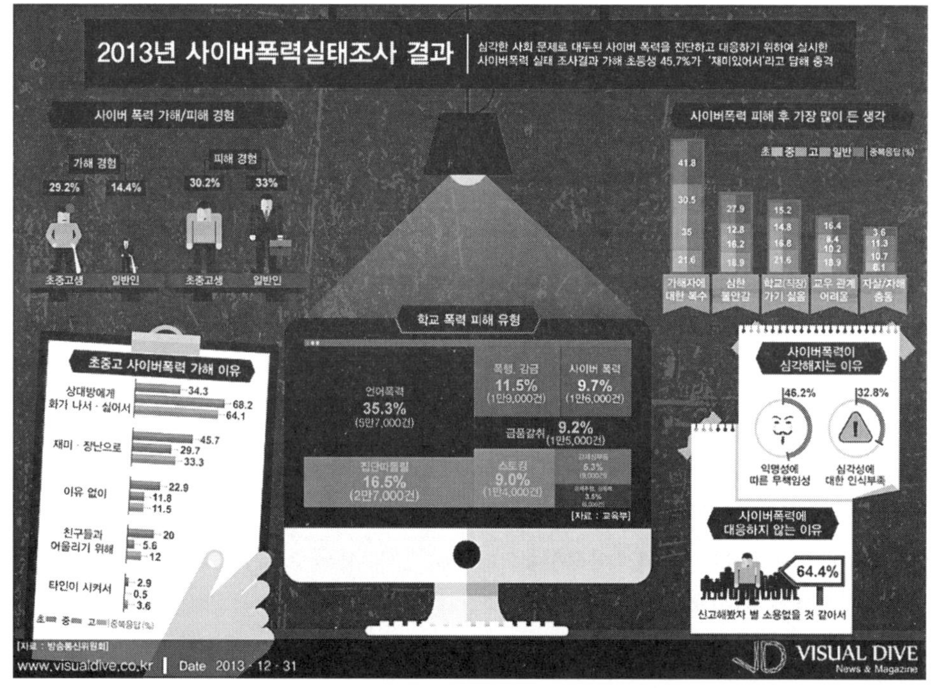

[그림 11-13] 사이버 폭력 실태

일반적으로 사이버 폭력은 인터넷 사이버 공간에서 문자, 사진, 이미지, 동영상 등을 이용하여 욕설, 비난, 위협, 유언비어, 따돌림과 괴롭힘 등으로 상대방에게 정신적, 심리적 고통을 유발하는 행위를 말합니다. 인터넷 사이버 공간에서의 정신적 폭행 행위를 사이버 폭력이라고 할 것입니다. 사이버 폭력에는 아주 다양한 유형이 있습니다.

· 사이버 언어 폭력: 인터넷, 스마트폰 문자 서비스 등을 통해 욕설, 거친 언어, 인신 공격적 발언 등으로 상대방을 모욕하는 행위

· 사이버 명예훼손: 사실여부에 상관없이 다른 사람의 명예를 훼손하는 글을 인터넷, SNS 등에 올려 아무나 볼 수 있게 하는 행위

· 사이버 스토킹: 특정인이 원치 않음에도 반복적으로 공포감, 불안감을 유발하는 이메일이나 문자 메시지를 보내거나, 블로그/미니홈피나 SNS에 방문하여 댓글 등의 흔적을 남기는 행위

· 사이버 성폭력: 특정인을 대상으로 성적인 묘사 혹은 성적 비하 발언, 성차별적 욕설 등 성적불쾌감을 느낄 수 있는 내용을 인터넷이나 스마트폰을 통해 게시하거나 음란한 동영상, 사진을 퍼트리는 행위

· 프라이버시 침해와 개인정보 유출: 개인의 사생활을 훔쳐보는 등 프라이버시 침해에 해당하는 각종 개인정보를 인터넷에 게시하거나 유포하는 행위

· 사이버 불링: 소셜 미디어, 카페, 문자 메시지 등을 이용하여 특정인을 따돌림 하는 사이버 왕따

· 유언비어 유포: 개인, 기관 또는 사회적 이슈에 대하여 확인되지 않은 사실을 공개, 공표하여 누구나 볼 수 있게 하는 행위

그러나 사이버 폭력은 하나의 수단만으로 발생하지는 않습니다. 여러 방법이 복합적으로 동원 됩니다. 그러기 때문에 아주 위험합니다. 2013년 미국 정신의학회 연례회의에서는 학교 폭력보다 사이버 왕따를 당한 학생의 자살 위험이 2-3배 높다는 연구 결과가 발표 되었습니다(연합뉴스: 2013-06-24). 최근의 사이버 폭력 동향은 여러 면에서 깊이 우려되고 있습니다.

① 최근 초중고생의 스마트폰 사용이 일반화 되면서, 사이버 왕따의 가해자 연령이 점차 낮아지고 있습니다. 10대의 악성댓글 작성은 48%, 허위사실・미확인정보 유포 경험율은 73.8%로 타 연령 대비 높게 나타나고 있습니다, 또한, 사이버모욕, 사이버스토킹, 명예쉐손, 사이버성폭력 등의 행위를 해본 경험이 있는 10대는 76%로 20대(58.2%)보다 월등히 높았으며, 초등학생의 경우도 3명중의 1명은 사이버 폭력 가해 경험이 있는 것으로 조사되었습니다.

② 사이버 폭력의 비윤리성, 범죄성을 인식하지 못하고 일종의 게임 또는 놀이로 생각하고 있고, 호기심에 사이버 폭력을 행사하고 있습니다. 또한, '아니면 말고'식의 무책임한 사이버 폭력이 증가하고 있습니다. 인터넷에 대한 이해가 미흡하고 가치관이 정립되지 않은 10대의 사이버 폭력 대부분이 죄의식 없이 저질러지고 있습니다.

③ 앞서 이야기 한 것처럼, 사이버 폭력은 스마트폰의 사진 및 동영상 촬영 기능, 소셜 네트워크 기능 등을 이용하여 다양하게 진화하고 있습니다. 사진이나 동영상을 인터넷에 유포시키거나 신상털기로 사이버 언어폭력과 성폭력을 하는가 하면, 다른 사람의 ID를 도용한 허위정보 유포로 모욕이나 명예훼손을 주는 사례도 늘어나고 있습니다.

④ 현실 세계에서의 폭력이 점차 사이버 폭력으로 대치되고 있습니다. 예전에는 학교 폭력 등이 문제가 되었지만, 최근에는 학교 폭력은 줄어드는 대신에 사이버 폭력이 증가하고 있습니다. 사이버 폭력에 노출되면 심각한 정신적, 심리적 피해를 입게 되어 현실 세계의 폭력보다도 후유증이 큽니다.

⑤ 연예인, 유명인사 또는 사회적 이슈와 관련 있는 사람 등 자신과 관계없는 사람에 대한 묻지마식 사이버 폭력이 늘어나고 있습니다. 주로 집단적 폭력 행위로 나타나기 때문에 사회 화합에 커다란 문제를 던져주

고 있습니다.

인터넷 정보기술의 올바른 활용을 이해하고 사이버 폭력의 비윤리적 폭력성에 대한 교육도 해야 하겠지만, 개개인이 인터넷 윤리 의식을 확고하게 해야 할 필요성이 있습니다. 사이버 폭력의 증가는 우리 사회의 인터넷 윤리의식이 퇴보하고 있다는 것을 의미한다고 할 것입니다.

11.2.9 사이버 범죄

현실 생활 속의 금융거래, 쇼핑, 교육, 업무 등 일상생활이 인터넷 사이버 공간으로 이전되고, 사이버 공간에서 생활하는 시간이 늘어나면서 일상생활의 범죄도 사이버 공간으로 이전하고 있습니다. 일상생활에 일어나는 대부분의 범죄가 사이버 공간에서 그대로 일어납니다.

우리는 거의 매일 사이버 범죄와 관련된 뉴스를 일상적으로 접하게 되었습니다. 이러한 사이버 범죄에 대하여 자세하게 제7장에서 살펴 본 바가 있습니다. 여기서는 사이버 범죄와 관련한 추가적 사항에 대하여 살펴보고자 합니다.

컴퓨터 기술의 등장으로 정보의 유출, 변조, 파괴와 같은 범죄가 발생하였습니다. 초창기에는 이를 컴퓨터 범죄라고 하였습니다. 인터넷과 웹 기술이 등장하면서 개인정보 침해, 해킹, 바이러스, 사기 등 인터넷을 새로운 수단으로 하는 범죄가 등장하여 이를 인터넷 범죄라고 하기도 하였습니다. 컴퓨터, 인터넷, 웹, 스마트폰 등 인터넷 정보기술이 일상생활의 기초가 되면서, 인터넷 정보기술을 활용한 범죄를 총칭하여 사이버 범죄라고 하게 되었습니다. 사이버 범죄는 컴퓨터 범죄, 인터넷 범죄를 포괄하는 확장된 개념으로 인터넷 정보기술의 진화에 따른 당연한 현상이라고 할 것입니다. 다시 말하면, 범죄도 인터넷 정보기술과의 발전과 함께 진화되고 있습니다.

사이버 범죄는 일반 범죄와는 아주 다른 특성이 있습니다. 사이버 범죄의 실체를 보다 명확하게 이해하기 위해서는 그 특성을 살펴보아야 할 것입니다.

① **익명성과 비대면성이 있습니다.** 범행이 주로 인터넷 사이버 공간에서 이루어지므로 피해자와 대면하지 않으면서 자신을 감추고 범행할 수 있습니다. 범행 시에 범죄에 대한 윤리적 가책을 느끼지 못할 수가 있습니다.

② **범행의 시공간이 무제한으로 열린 글로벌 범죄입니다.** 한밤중을 기다려 침입하거나 빈 집만을 대상으로 할 필요가 없습니다. 인터넷 사이버 공간에서 상시 제한 없이 범행을 할 수가 있습니다. 피해자와 가해자가 같은 장소에 있을 필요도 없습니다. 서로 다른 도시나 다른 국가에 있을 수도 있습니다. 대부분의 범죄에 이용되는 서버가 중국, 동남아, 호주 등 외국에 설치되어 있고 범행은 국내에서 이루어지는 경우가 많습니다. 인터넷 사이버 공간의 범죄는 실제 공간에서는 글로벌 국제 범죄로 나타납니다.

③ **범행이 아주 빠르게 이루어지고 엄청난 피해를 야기할 수 있습니다.** 인터넷 정보기술을 활용하여 신속하고 광범위하게 범행이 이루어집니다. 사이버 범죄는 특별한 육체적 노력 없이도 정보기술을 기반으로 광범위한 범행을 저지를 수 있습니다. 사이버 범죄의 피해는 사이버 공간 전체로 확산되므로 피해 규모가 광범위하고 심각합니다. 특정인을 한정하여 막대한 피해를 줄 수 있을 뿐만 아니라 불특정 다수에게 묻지

마식 범죄도 쉽게 할 수 있습니다.

④ **추적이 어렵습니다.** 인터넷 사이버 공간에서 익명성을 기반으로 이루어지므로 가해자를 추적하기 어렵습니다. 가해자가 외국에 있는 경우도 있어 검거에도 어려움이 있습니다.

⑤ **전문성이 요구됩니다.** 사이버 범죄는 일종의 '화이트 칼라 범죄(white-collar crime)'로 인터넷 정보기술에 전문성을 갖추고 있어야 범행을 할 수 있습니다. 그러나 해킹이나 바이러스 등 범행도구가 개발되어 특별한 전문성이 없어도 사이버 범죄를 할 수 있게 되었습니다. 또한, 사이버 폭력, 사이버 스토킹, 저작권 침해 등의 범죄는 전문성을 요구하지 않는 경우도 많습니다.

사이버 범죄는 사이버 폭력, 사이버 스토킹, 사이버 명예훼손, 프라이버시 침해, 사이버 공갈 · 협박, 사이버 불링(왕따), 스펨 메일, ID 도용, 인터넷 사기, 인터넷 도박, 인터넷 절도(게임 아이템, 포인트 등), 불법 물품 인터넷 거래, 사이버 성폭력, 사이버 성매매, 음란물 유포, 소프트웨어 불법복제, 저작권 침해, 해킹 및 바이러스를 활용한 다양한 형태의 범죄 등 아주 다양한 형태가 있습니다. 정보기술을 융복합하여 새로운 범죄 형태를 계속해서 만들어내고 있습니다. 사이버 범죄도 초기에는 호기심에서 남을 괴롭히는 수준이었지만 점차 체계적으로 조직화한 범죄로 변모하였습니다. 최근의 사이버 범죄의 동향을 종합해 보면 다음과 같은 특징을 보이고 있습니다.

① **범행이 목적을 가지고 실행됩니다.** 금전, 명예훼손, 시스템 파괴, 정보 유출 등 사이버 범죄가 목적을 가지고 일어납니다. 예전에는 불특정 다수에게 막연한 피해를 주었지만, 이제는 가해자 또는 범행 주도자의 이익을 위해 범행을 하게 됩니다. 사이버 범죄가 더욱 정교화되고 있습니다.

② **범행의 대상 또는 표적이 분명합니다.** 예전에는 불특정 다수를 대상으로 하는 사이버 범죄가 많았지만, 특정인 또는 특정 성향을 갖는 부류와 같이 범행의 대상을 분명하게 한정하는 경향이 있습니다. 이는 사이버 범죄의 목적을 달성하기 위해 범죄의 대상을 분명하게 하는 것입니다.

③ **스마트폰의 대중화로 스마트 기기를 활용한 모바일 서비스 범죄가 증가하고 있습니다.** 피싱, 파밍, 스미싱 등 스마트폰의 모바일 서비스를 대상으로 하는 신종 범죄가 늘어나고 있습니다. 사용자들이 이런 형태의 범죄에 익숙하지 않아서 대책 없이 범죄에 걸려드는 경우가 많습니다.

④ **해킹, 바이러스, 소셜 네트워크 등 다양한 기술을 활용하여 범행의 수단과 방법을 가리지 않고 있습니다.** 범행이 세련되어 의식하지 못하는 순간에 피해자가 될 수 있습니다.

⑤ **집단적으로 이루어지는 경향이 있습니다.** 신상 털기, 사이버 불링, 사이버 스토킹, 사이버 성폭력 등의 범죄는 집단적 형태로 표출됩니다. 대부분이 자발적으로 범행에 가담하고 있습니다.

⑥ **교묘하게 추적을 피하고 검거가 어렵습니다.** 익명성을 보장해주는 토르(Tor) 브라우저 등의 식별차단 기술을 이용하여 흔적을 남기지 않으므로 범행을 추적하고 검거하기가 더욱 어려워지고 있습니다.

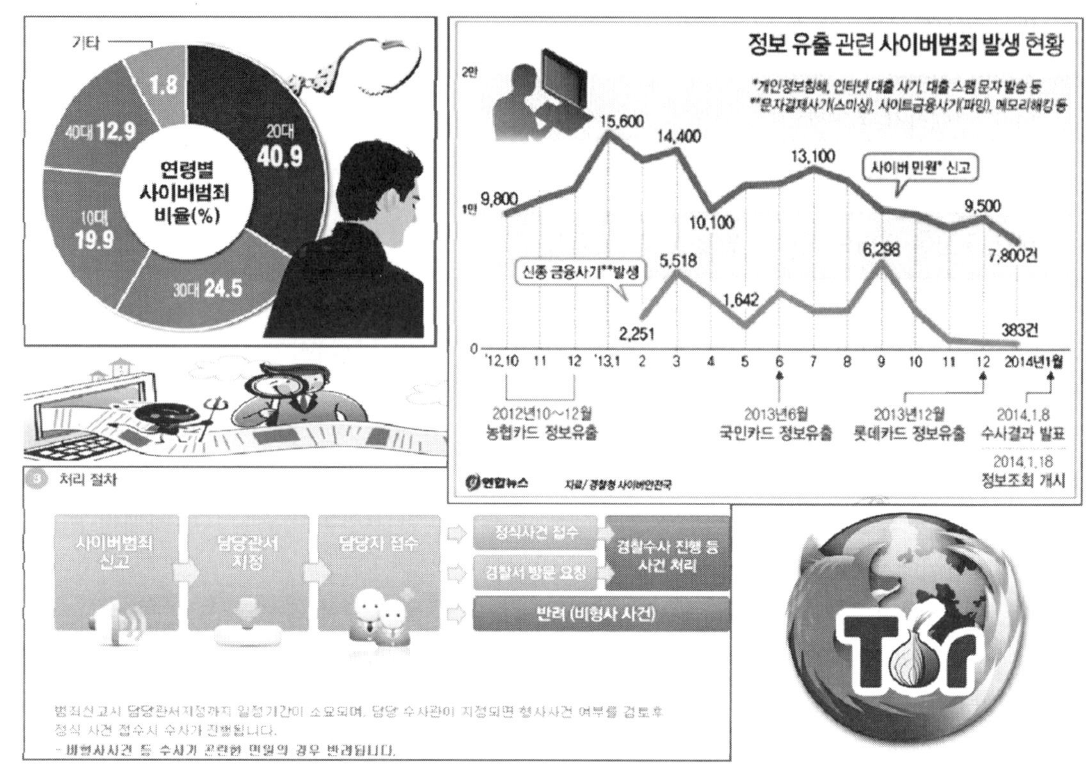

[그림 11-14] 사이버 범죄 현황

사이버 범죄는 죄의식이 미약하여 누구나 범행의 유혹에 쉽게 빠질 수 있습니다. 특히, 윤리와 가치관이 미흡한 청소년이 사이버 범죄의 가해자 또는 범법자가 되기 쉽습니다. 지속적으로 증가하고 있는 사이버 범죄의 대응 방안에는 다음과 같은 것이 있습니다.

① 법제도적 대응 방안을 생각할 수 있습니다. 사이버 범죄에 대응하는 각종 법과 처벌 규정을 마련하고 사이버 범죄 수사대와 같은 특별 수사체계를 마련하여 신속하게 단속하고 검거하여 처벌하는 것입니다. 그러나 지속적으로 변화하는 사이버 범죄에 즉각적으로 대응하는 법 제도를 확립하는 것이 어렵고, 소수의 전문 경찰로 전체 사이버 공간을 관리하는 데는 한계가 있습니다.

② 사이버 범죄를 사전에 차단하고 예방하는 기술적인 대응 방안도 생각할 수 있습니다. 방화벽, 암호화 등의 기술을 이용하여 범죄가 일어날 수 있는 환경을 미리 차단하는 것입니다. 사이버 범행을 어렵게 만들어 범죄 예방의 효과가 있을 수 있지만, 범죄와 기술은 창과 방패의 관계로 지속적 관리가 필요합니다.

③ 인터넷 윤리교육을 통한 건전한 인터넷 문화를 조성하여 사이버 범죄를 자율적으로 퇴치하는 방법이 있습니다. 대부분의 사이버 범죄는 인터넷 윤리의 결핍으로 일어나고 있습니다. 가정과 학교에서 인터넷 윤리교육을 강화하고 올바른 윤리 가치관과 바람직한 인터넷 생활을 생활화 하는 것입니다. 범죄는 윤리의식의 마비로 일어나므로 범죄를 예방하고 차단하는 효과가 있지만, 장기간의 체계적은 교육이 필요하고 가시적 성과를 얻기가 어렵습니다.

11.2.10 사이버 테러와 사이버 전쟁

인터넷 사이버 공간은 테러리즘의 인력 채용, 정치선전(propaganda), 훈련, 재정 지원, 지휘, 통제, 물자 조달 등의 테러 활동을 지원하는 수단으로 이용되었지만, 9 · 11테러 이후에는 사이버 공간이 실제적 테러 공격으로 변모하고 있습니다. 에너지, 전기, 가스, 교통, 금융 등 국가 사회의 주요 시설이나 서비스가 모든 정보 시스템에 의하여 운영, 관리되므로 이러한 시스템에 타격을 주게 되면 국가 사회는 심각한 피해를 줄 수가 있습니다. 사이버 테러는 희생이나 물리적 위협 없이 마음만 먹으면 언제 어디서든지 실행할 수 있어 정보사회의 치명적인 위험이 되고 있습니다. 사이버 테러의 가공할 만한 위력을 이해하고 있는 정치 성향을 가진 해커인 핵티비스트(hacktivist)들이 사회적 이슈에 대하여 자신들의 의견을 사이버 테러 형식으로 표출하기도 합니다. 또한, 일부 해커에 의해 정부 또는 공공기관의 홈페이지 마비, 개인정보 유출과 같은 일이 벌어지기도 합니다.

사이버 테러와 사이버 범죄, 사이버 폭력을 개념적으로 구분하기가 어려운 경우가 많습니다. 사이버 테러도 사이버 범죄의 일종이지만, 일반적으로 정치적 · 사회적 목적을 달성하고자 정부나 사회를 협박 또는 위협하기 위하여 사회의 기간 정보 시스템을 해킹 등의 수단으로 공격하는 것을 말합니다.

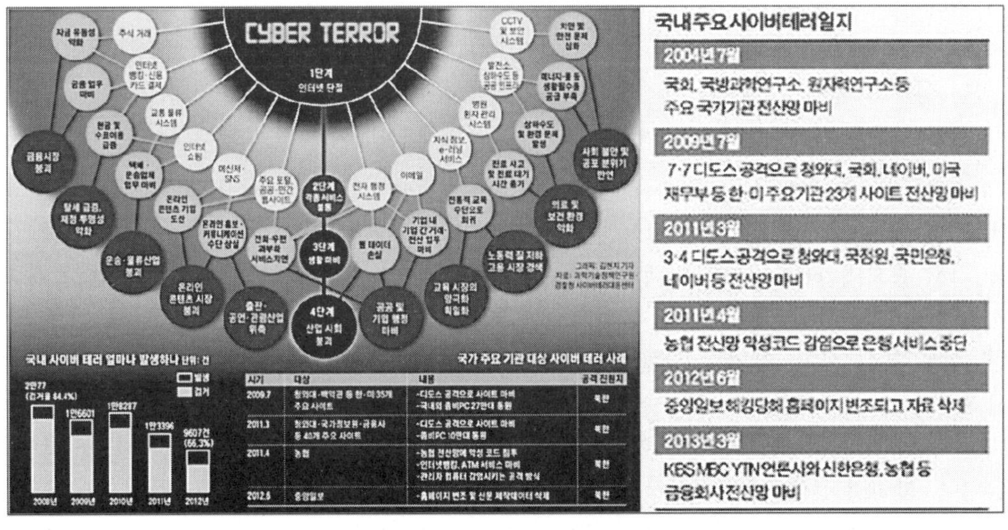

[그림 11-15] 사이버 테러 현황

[사례 1] 2003년 8월 14일, 현지시각 오후 4시 미국 역사상 최대 규모의 정전 사태가 뉴욕에서 발생하였습니다. 이날 정전 사태로 뉴욕, 뉴저지 등 미국 동북부 지역, 미시간, 오하이오 등 중서부 지역, 캐나다 온타리오 주 등 미국 7개주와 캐나다 1개주가 암흑 천지로 변했습니다. 10곳 이상의 공항이 폐쇄됐고, 10곳의 핵발전소가 가동을 멈추었습니다. 약 5000만명의 시민들이 정전 피해를 당하였습니다.

교통신호가 꺼지고 지하철이 멈추자 시민들은 걸어서 집으로 향하거나 아예 귀가를 포기하고 노숙을 택하는 진풍경이 벌어졌습니다. 어떤 사람은 엠파이어 스테이트 빌딩 전망대에 있다가 엘리베이터가 멈추자 계단을 걸어서 내려오기도 했습니다. 병원의 환자들은 큰 고통을 당하였으며, 냉장고가 꺼져 큰 손해를 입은 상인도 많았습니다.
발전소 중앙제어 시스템이 블래스터 웜 바이러스(Blaster worm virus)에 감염되어, 전력 송출의 마비로 정전 상태가 발생한 것으로 조사되었습니다.

[사례 2] 2013년 3월 20일, 주요 언론과 기업의 전산망이 마비되고 다수의 컴퓨터가 악성코드에 감염되어 피해를 입은 초유의 사태가 발생하였습니다. 방송사, 금융 기관의 약 3만 2천여 대의 시스템이 악성 코드에 감염된 것으로 알려졌습니다. KBS, MBC, YTN 등 주요 언론사는 업무에 차질이 발생하여 큰 혼란을 겪었으며, 신한은행과 제주은행의 전산망이 장애를 일으켰고, 농협도 전산망을 차단하는 등의 조치를 취하였습니다.

[사례 3] 2007년 4월 27일부터 3주간, 에스토니아의 대통령 궁, 의회, 각 부처, 정당, 언론사, 은행 등의 주요 시설에 대한 조직적인 사이버 공격이 발생하여 시스템다운, 통신 네트워크의 중단으로 큰 혼란을 겪었습니다. 에스토니아는 전국민의 60%가 인터넷금융을 이용하고 2006년 3월 총선에는 세계 최초로 인터넷 전자투표를 실시하여 'e-스토니아'로 불릴 만큼 인터넷 정보강국입니다. 이 공격으로 인하여 금융 거래가 중단이 되고 행정 업무가 마비가 되는 등 사회 전체가 불통 상태가 되었습니다.

이 외에도 사이버 테러와 관련된 사례가 너무 많습니다. 사이버 테러는 정치 · 사회적 목적을 달성하기 위하여 개인 또는 집단에 의해 조직적으로 수행되어 사회 전반에 치명적인 타격을 주게 됩니다. 더욱이, 사물인터넷 시대가 되어 모든 사물이 인터넷에 연결되면 스마트카를 해킹하여 탑승하고 있는 정부 요인에게 위해를 가하는 등의 치명적 테러를 할 수도 있습니다. 테러는 목적을 달성하기 위한 올바른 수단이 아니며 폭력은 어떤 경우에도 정당화 될 수 없기 때문에 사이버 테러 역시 근절되어야 할 것입니다.

인터넷 정보기술의 발전은 전쟁 방식에도 큰 영향을 주고 있습니다. 실제로 전쟁은 과학기술의 발전을 가져 왔으며 과학기술이 전쟁의 승패를 결정하기도 하였습니다. 탱크, 함정, 항공기 등 첨단 무기를 가지고 육지, 바다, 하늘을 누비면서 전투를 하는 시대는 점점 쇠퇴해 가고 있습니다. 정부 기관, 정보 통신 시설, 에너지 시설, 화학 산업 단지, 핵발전소, 금융기관, 방송사 등의 사이버 공격으로 핵무기 못지않은 치명적 손상을 줄 수 있고 상대 국가의 조직, 군대 기능을 무력화할 수 있습니다. 이제 국가간 전쟁에서 사이버 전쟁이 차지하는 비중이 커지고 있고 중요한 역할을 하고 있습니다. 사이버 전쟁이란, 국가가 주체가 되어 상대 국가의 기간 시설을 사이버 공격으로 타격을 주어 무력화 시키는 것을 말합니다. 국가 사회의 기간 시설을 공격하는 측면에서 사이버 테러와 유사하나, 수행의 주체가 국가인 것에 차이가 있습니다. 먼저, 사이버 전쟁의 몇 가지 사례부터 살펴보겠습니다.

[사례 1] 2010년 6월, 독일 지멘스(Siemens) 사의 자동화 시스템인 SCADA 시스템을 공격하는 악성 코드가 출현하여 전세계적으로 충격을 주었습니다. SCADA 시스템은 원자력 발전소, 화력 발전소, 철강 공장, 반도체 공장, 화학 공장 등 주요 산업 기반 시설의 제어 시스템에 널리 사용되고 있는 시스템입니다. 스턱스넷(Stuxnet)으로 불리는 신종 웜 바이러스는 SCADA 시스템을 공격하여 국가의 기간 산업을 마비시키고자 한

것으로 보입니다. 실제로 이란의 핵시설을 공격하여, 부셰르 원전 핵발전소 운영 시스템과 운영자 PC에 침투, 나탄즈 우라늄 농축시설이 스턱스넷 감염으로 수 차례 오작동을 유발하기도 하였습니다. 보안전문회사 시만텍(Symantec)의 발표 자료에 따르면, 이란 6만대, 인도네시아 1만 3천대, 인도 6천대 이상이 감염되었고, 미국, 호주, 영국, 말레이시아 등의 국가 기간 산업 시설도 스턱스넷에 감염되었던 것으로 알려지고 있습니다. 우리나라도 지하철, 지역 발전소, 산업 자동화 제어시스템(SCADA, ICS)을 사용하고 있는 산업시설에 긴급 보호 대책이 수행되기도 하였습니다. 사이버 전쟁은 전세계가 연관되어 공격하고 싶지 않은 대상에 대하여도 피해를 줄 수 있습니다.

[사례 2] 2013년 06월 25일 오전 9시 10분경, 청와대 홈페이지 및 주요 정부기관 등이 사이버 공격을 받아 웹 사이트 변조, 분산서비스거부(DDoS), 신상정보 유출 등의 사고가 발생하였습니다. 방송·신문사 서버장비 파괴, 청와대, 국무조정실 등 홈페이지 변조, 정부 통합전산센터 DDoS 공격, 경남일보 등 43개 민간기관 홈페이지 변조 등 총 69개 기관·업체 등에 대한 연쇄적인 사이버 공격이 발생하였습니다. 민·관·군 합동 대응팀은 국내 P2P·웹하드 서비스, 웹호스팅 업체 등 다중 이용 사이트를 사전에 해킹하여 6개월 이상 치밀하게 준비하여 온 북한의 소행이라고 밝혔습니다.

[사례 3] '타이탄 레인(Titan Rain)'은 2003년 이후 미국 컴퓨터 시스템에 지속적이고도 조직적인 공격을 가한 해커 집단의 별칭입니다. 이들은 록히드 마틴사, 샌디아 국립연구소, 레드스톤 군사기지, 미 항공우주국(NASA) 등의 컴퓨터 네트워크에 침입하여, 군사 헬리콥터용의 비행 미션 계획 소프트웨어나 육지 공군이 사용하는 플라이트 계획 소프트웨어 등의 군사 기밀을 훔쳐 간 것으로 보입니다. 미국의 국제 정보보호 기관인 SANS는 이들이 중국 군부가 고용한 해커일 가능성이 높다고 추정하고 있습니다.

[사례 4] 2008년 8월, 영토 분쟁으로 무력 충돌이 확산되고 있는 그루지아의 주요 정부 인터넷 사이트가 러시아로부터 무차별 공격을 당하였습니다. 그루지아 대통령 홈페이지를 비롯한 의회·국방부·외교부 사이트가 러시아의 사이버 범죄 조직인 '러시아 비즈니스 네트워크'로부터 수 차례 공격을 당하였습니다. 이런 혼란한 틈을 타서 러시아가 군사 작전을 수월하게 수행할 수 있었습니다.

[사례 5] 2010년 1월, 오로라 작전(Operation Aurora)으로 명명된 대형 해킹 사고가 발생하였습니다. 대표적인 인터넷 기업인 구글을 대상으로 소프트웨어의 소스 코드와 같은 중요한 기업의 자산을 탈취할 목적으로 수개월 동안 지속적인 공격이 있었습니다. 구글은 공격의 진원지가 중국이라고 암시하였지만 중국은 아니라고 부정하였습니다.

이처럼 사이버 전쟁은 실제로 진행되고 있는 전쟁입니다. 현재까지 알려진 대부분의 사이버 전쟁의 사례는 상대 국가의 기밀 정보를 빼내는 첩보전(espionage)의 형태에 머물고 있지만, 유사시에는 치명적인 공격이 될 것입니다. 인류의 최고 발명이라 할 수 있는 인터넷 정보기술이 전쟁의 무기로 사용되는 일은 없어야 할 것입니다.

미래의 전쟁으로 사이버 전쟁이 부가되면서 각국에서는 대응책에 고심하고 있습니다. 미국은 국방부 산하에 사이버 사령부를 설치하고 사이버 방호부대, 국가임무부대, 전투임무부대 등을 창설하였고, 국토안보부 산하에는 사이버 예비군을 창설하였습니다. 중국도 인민 해방군 총참모부 소속 61398부대에 1만 3천명으로 추정되는 해커 부대를 만들었습니다. 북한은 1990년대부터 사이버 전쟁을 위한 인력을 양성하여 왔으며, 2009년 정찰총국 산하에 약 3천명으로 구성된 사이버전 지도국(121국)을 창설하였습니다. 우리나라도 2009년 사이버 사령부를 창성하여 약 500명의 전문

인력을 보유하고 있습니다.

사이버 전쟁은 군 관련자나 일부 전문가들의 문제가 아닌 현대를 살아가는 우리 모두의 문제입니다. 안정되고 평화로운 인터넷 정보사회를 위해서 비극적인 사태가 발생하지 않도록 역량을 강화해야 할 것입니다.

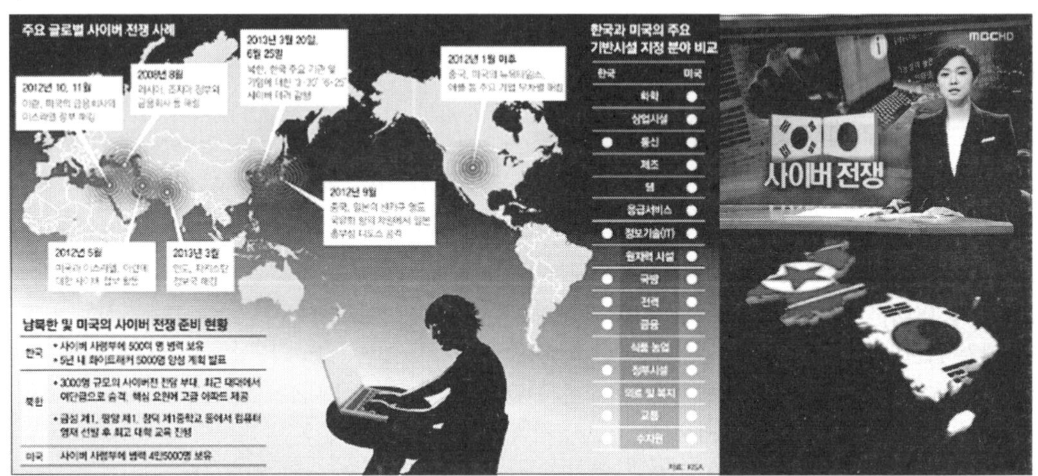

[그림 11-16] 사이버 전쟁

11.2.11 표현의 자유와 민주주의

인터넷에 음란물과 같은 유해 콘텐츠가 난무하여 사회문제가 되고 있고 스팸 메일과 같은 무분별한 정보의 과잉으로 심각한 위기 상황에 직면해 있습니다. 또한, 악성 댓글, 사이버 언어 폭력, 사이버 명예 훼손 등 사이버 범죄도 꾸준하게 증가하고 있습니다. 이러한 인터넷의 역기능에 대한 대응 방안의 하나로 인터넷 실명제가 거론되기도 하였습니다. 인터넷의 익명성을 악용한 역기능과 사이버 범죄를 예방하여 개인의 피해를 방지하고 이로 인한 사회적 비용을 절감하고자 하는 것입니다. 그러나 실명제는 표현의 자유를 제한하고 프라이버시를 침해하는 문제가 있어 헌법 재판소에서 위헌 판정을 내렸습니다. 표현의 자유는 민주주의의 소중한 가치입니다. 또한, 사회의 안녕과 질서 역시 소중한 가치입니다. 인터넷의 익명성을 악용한 악성 댓글 작성, 근거 없는 타인 비방, 허위 정보와 유언비어 유포, 음란물 유통 등 공중 도덕과 사회 윤리를 침해하는 행위는 어떻게 해야 할까요?

일부 법무법인이 내용증명을 발송하여 폰트, 이미지 등이 저작권을 침해하였다고 합의금을 종용하는 사례가 종종 있습니다. 영화관에 가면 불법 영화 다운로드를 근절하기 위한 '굿 다운로더(Good Downloader)' 캠페인 홍보를 보기도 합니다. 대중 가요의 경우에도 저작권 침해나 표절 시비가 종종 있습니다. 인터넷 정보기술이 발전함에 따라 저작권 보호와 침해 문제가 첨예하게 대립하고 있습니다.

창의적 지식 콘텐츠는 지식정보 사회의 문화를 이끌어 가는 꽃입니다. 꽃(지식 콘텐츠)을 잘 가꾸고 보호할 때, 우리 사회는 더 풍요롭고 아름다울 수 있을 것입니다. 인터넷 정보기술은 창의적 저작물을 효과적으로 개발하여 빠르게 전파할 수 있는 기회를 제공하여, 저작자에게 문화적, 경제적 권리를 행사할 수 있는 새로운 기회를 제공하고 있습니다. 또한, 인터넷 정보기술은 지식 콘텐츠의 복제, 공유, 전파 등으로 저작권자를 위협하는 양날의 칼이 되고 있기도 합니다. 이런 행위에 대하여 저작권자는 자신의 창의적 저작물의 보호를 강력하게 주장하게 되었습니다. 그런데 일반인들이 인터넷을 통해 자유롭게 지식과 문화에 접근하기를 원하고 있고, 이를 통해 새로운 지식 문화 콘텐츠를 재창조하고자 합니다. 더욱이, 인터넷은 열린 공간으로 자유로운 지식정보 접근을 표방하고 있기도 합니다. 저작권자는 일반인들의 이러한 생각을 부당하다고 생각하기도 합니다. 저작권 보호가 창의적 문화 활동을 격려하고 민주사회 발전을 가져 올 수 있을까요? 아니면, 지식 문화 접근을 제한하여 사회 발전에 걸림돌이 될까요? 막강한 지식 재산권을 축적하고 있는 강대국의 권리 주장은 저개발 국가의 문화 발전에 새로운 갈등 요인이 되지 않을까요?

제9장에서 살펴 본 바와 같이 저작권 보호와 인터넷상의 지식 문화 콘텐츠를 자유롭게 사용할 수 있는 이용자의 권리가 상충하면서, 저작권 문제를 법 제도와 같은 공권력의 해결이 아닌 자율적으로 해결하고자 하는 크리에이티브 커먼즈 라이선스(Creative Commons License, CCL)가 보급되고 있습니다. 인터넷 상에서의 저작권 보호는 독특한 문제가 내포되어 있어 이에 대한 현명한 접근과 해결 방안이 요청되고 있습니다.

2014년 4월, 미국의 최대 온라인 동영상 기업 넷플릭스(Netflex)가 통신사 버라이즌(Verizon)에게 망 사용료를 지불하기로 하면서 망 중립성(network neutrality) 문제가 새삼 부각되고 있습니다. 넷플릭스는 이용자에게 더 빠른 속도로 영상 콘텐츠를 제공할 수 있게 되었고, 버라이즌은 안정적으로 망 관리를 할 수 있게 되었습니다. 그러나 이러한 절충은 네트워크를 통제할 수 있는 권한을 부여한 것으로, 인터넷의 차별 없는 자유로운 이용과 정보 접근을 제한할 수 있어 논란이 되고 있습니다. 인류의 공유물인 인터넷 이용에 상업적 논리를 도입하게 되면 인터넷의 근간이 흔들릴 수도 있습니다. 망 중립성을 실현 할 수 있는 혁신적 방안을 모색해 보아야 할 것입니다.

2010년부터 2011년에 걸쳐 튀니지에서 24년간 독재 통치를 해온 대통령을 추출하는 혁명이 있었습니다. 튀니지의 재스민 혁명(Jasmine Revolution)은 이웃 아랍 국가로 전파되어, 이집트의 30년 독재 정권과 리비아의 42년 독재 정권을 붕괴시켰습니다. 이 과정에서 페이스북, 트위터 등 소셜 네트워크 서비스가 지대한 역할을 하였습니다. 페이스북과 트위터는 독재 정권의 언론 통제를 피하여 자유로운 의사 소통과 신속한 뉴스 전파를 통하여 민주주의 실현에 획기적 기여를 하였습니다. 페이스북과 트위터를 풀뿌리 민주주의의 꽃이라고도 할 수 있을 것입니다.

반면에, 아직도 일부 독재 국가에서는 인터넷 접속 차단, 서비스 접속 제한 등을 통해서 표현의 자유, 언론의 자유를 통제하려고 합니다. 뿐만 아니라, 에셜론(ECHELON)이나 스노든의 폭로에서 보는 것처럼 감시와 감청으로 빅 브라더(Big Brother)가 되고자 합니다.

[그림 11-17] 인터넷과 민주주의

이처럼 인터넷 정보기술은 민주주의의 축복이 되기도 하고 민주주의의 저주가 되기도 합니다. 인터넷 정보기술이 사회 발전에 기여할 수 있도록 활용하는 윤리의식과 지혜가 필요한 때입니다. 2014년 3월 25일, 브라질 하원 의회에서는 인터넷 이용자의 표현의 자유, 개인정보 보호, 망중립성 보장을 골자로 하는 세계 최초의 인터넷 권리장전(Bill Of Rights)인 '마르코 시빌 다 인터넷(Marco Civil da Internet)'을 5년 동안의 긴 논의 끝에 통과시켰습니다. 이러한 노력은 인터넷 이용자 권리 보호와 민주주의 발전에 새로운 방향을 제시하였다고 할 것입니다.

11.3 인터넷 정보사회의 미래와 윤리

인터넷 정보기술이 주도하는 우리 사회의 미래를 우려하는 목소리가 있습니다. 인터넷의 역기능과 부작용이 지식정보 사회 발전을 위태롭게 하고, 기술 중독으로 사람들은 정체성을 상실하게 되며 새로운 빅브라더가 출현하는 디스토피아(dystopia: 어두운 미래)가 될 것으로 예상하기도 합니다. 인터넷은 자체가 갖고 있는 다양한 부정적 요인에 의하여 괴물로 전락하게 될까요?

인터넷의 표준, 교육, 정책을 주도하기 위해 992년에 설립된 비영리 기관 인터넷 소사이어티(Internet Society: http://InternetSociety.org)sms)는 2009년 10월 6일, 10년 후의 인터넷 모습이 어떻게 될 것인가를 예측하는 보고서를 발표하였습니다. 보고서에서는 앞으로 인터넷이 4가지 가능한 시나리오의 형태로 발전할 것으로 예상하고 있습니다. 여기서 이 4가지 시나리오를 요약 정리해 보겠습니다. 4가지 시나리오를 살펴보면서, 인터넷이 향후 어떤 시나리오로 발전하는 것이 바람직한지를 생각해 보기 바랍니다.

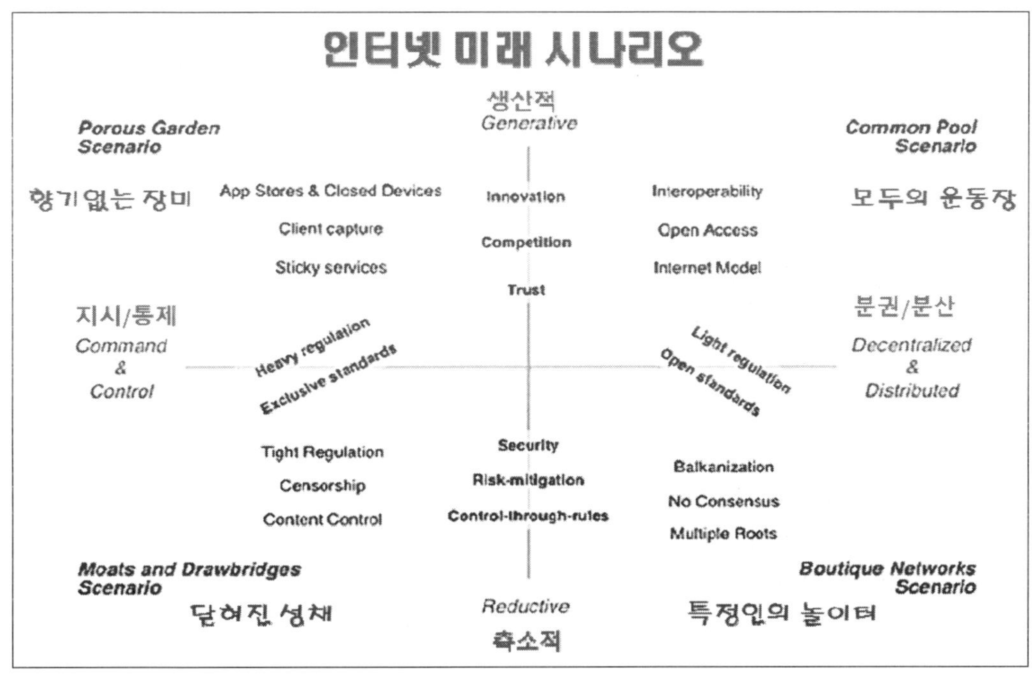

[그림 11-18] 인터넷 미래의 4가지 시나리오

모두의 운동장(Common Pool Scenario)

인터넷은 긍정적이며 생산적 공간으로 탈권위적 분권의 특성을 갖게 될 것입니다. 이를 통해 새로운 기회와 지속적인 성장 발전을 이룩할 것입니다. 제기되는 문제와 도전은 상호 경쟁과 효율성을 실현하고자 하는 욕구로 극복할 것이며, 건강한 기술 생태 환경을 구축할 것입니다. 개방화된 수평사회가 되어 상호 네트워크 협력으로 시너지 효과를 창출할 것입니다. 그러나 사이버 공간에서 정체성의 상실과 사회보다는 과도한 개인 보호가 야기될 수 있을 것입니다.

특정인의 놀이터(Boutique Networks Scenario)

표준화된 인터넷 기술의 보급에 차질이 발생하고 정보 시스템간의 호환성에 문제가 발생합니다. 정치적, 지역적 상황으로 인하여 인터넷 접속이 제한되기도 합니다. 인터넷 이용자는 정부가 보여주고자 하는 정보에만 접근할 수 있습니다. 정보 시스템의 인터넷 연결이 계속 되겠지만, 인터넷 사용자의 정치적, 경제적, 문화적 자유 역시 제한될 수 있습니다.

닫혀진 성채(Moats and Drawbridges Scenario)

인터넷 정보기술의 특성을 이용하여 중앙 집중체제를 구축하고 국가 또는 거대 기업 등 소수의 사람들에 의하여 감시와 통제가 이루어집니다. 사람들은 정해진 규율을 준수하는 범위 내에서만 인터넷 연결이 가능해지고, 국가는 공공의 이익과 의무를 강제합니다. 국가는 거대 기업과 밀착하여 기술과 제도를 이용하여 정보 공유의 제한과 강력한 지적 소유권 보호 등을 강제합니다. 혁신이 더디게 이루어지며, 망 중립성 논란, 보안, 청소년 보호, 정치적 불안 등이 야기되기도 합니다.

향기없는 장미(Porous Garden Scenario)

인터넷 기술 발전이 거대 기업에 의해 주도되며, 콘텐츠의 종류, 가격 정책, 라이선스 등 게임의 규칙이 이들 기업에 의하여 좌우됩니다. 인터넷이 연결되어 있지만, 호환성이 없는 재래적 애플리케이션이 지배적인 표준이 되면 정보 접근과 서비스는 특정 네트워크에서만 가능하게 됩니다. 규제와 통제가 존재하지만, 경제적 인센티브에 의한 생산적 혁신이 이루어집니다. 그러나 이러한 독점적 혁신은 민주주의의 관점에서 볼 때 효율성이 떨어지는 방법입니다.

이런 4가지 시나리오 중에서 어떤 것이 인터넷의 미래가 되어야 한다고 생각하는 지요? 그런 시나리오가 실제로 실현되기 위해서는 어떤 것들이 필요할까요? 인터넷은 밝은 면과 어두운 면을 함께 가지고 있는 양날의 칼입니다. 인터넷의 부작용과 역기능은 분명히 인터넷의 미래를 어둡게 하고 있습니다. 이런 문제점을 극복하기 위해서는 기술적 · 제도적 · 윤리적 대응방안이 마련되어야 할 것입니다.

인터넷 정보기술은 나날이 스마트하게 진화하고 있고, 해킹과 악성 코드 등에 대항할 수 있는 기술 개발도 이루어지고 있습니다. 미래의 진화된 인터넷은 틈새 없이 스마트 서비스를 제공하게 될 것입니다. 제도적 대응 방안도 착실하게 준비되고 있습니다. 개인정보 보호법의 강화 등 법 제도 체계를 세련되게 하고 사이버 안전국과 같은 전담 기관을 설립하여 안전하고 깨끗한 인터넷 환경을 만들기 위해 노력하고 있습니다. 사회 단체에서도 게임 중독 예방, 사이버 폭력 근절 등 바람직한 인터넷 환경 조성에 적극 동참하고 있습니다. 한편으로는 인터넷 윤리교육을 강화하고 전문가를 양성하여 인터넷 정보시대의 새로운 가치관과 윤리관이 정립될 수 있도록 하고 있습니다.

인류는 늘 도전과 역경에 직면해 왔으며 이를 슬기롭게 극복하여 왔습니다. 미래사회를 주도한 인터넷 정보기술이 당면하고 있는 다양한 도전과 시련도 지혜롭게 극복할 수 있을 것으로 생각합니다. 그런데 기술적 · 제도적 해결 방안이 타율적 접근 방식이라고 한다면, 윤리적 해결 방안은 자율적 해결 방안이라고 할 것입니다. 인터넷 정보기술의 혁신적 진보를 고려한다면, 타율적 해결 방안은 항상 뒤쳐질 수밖에 없습니다. 또한, 예기치 못한 부작용을 적시에 효과적으로 대응하는 데는 한계가 있을 밖에 없습니다. 자율적 접근은 가시적 성과가 다소 더디게 나타나고 이를 추진하는데 많은 어려움이 있을 수 있습니다. 그러나 새로운 인터넷 정보시대에는 이에 적합한 윤리의식이 정착되어야 지속적인 성장 발전을 기대할 수 있습니다. 인터넷 정보시대를 선도할 수 있는 성숙된 윤리의식을 가지고 자율적으로 해결해 나갈 때 새로운 인터넷 문화를 꽃 피울 수 있을 것입니다.

요 약

- 사물인터넷은 고유하게 식별 가능한 사물이 만들어낸 정보를, 인터넷을 통해 공유하는 환경으로, 현실 세계의 사물들과 가상 세계를 네트워크로 상호 연결하여, 사람과 사물, 사물과 사물 간에 언제 어디서나 서로 소통할 수 있도록 하는 미래 인터넷 기술입니다.
- 초연결사회는 정보기술을 기반으로 사람, 사물, 데이터, 서비스가 서로 연결되어, 지능화된 네트워크를 구축하고, 이를 통해 새로운 가치와 혁신의 창출이 가능해지는 사회입니다.
- 산업 사회에서는 개인정보가 수동적 역할을 하였지만, 인터넷 정보사회에서는 사회의 핵심 요소가 되고 프라이버시 보호의 기초가 되고 있습니다. 프라이버시의 개념도 다른 사람으로부터 간섭 받지 않을 권리의 소극적 개념에서 '자신의 개인 정보를 차단하거나 허용할 수 있는 통제권'의 주도적 의미로 변화되었습니다.
- 감시 · 감청은 표현의 자유를 억압하고 프라이버시를 심각하게 침해하여 인권을 유린하게 됩니다. 개인의 동태를 파악하여 불법적으로 위해를 가하고, 정보 접근을 차단하고 통제하여 정보를 왜곡하게 됩니다. 인터넷 지식정보 사회의 근간이 되며 최고의 가치를 갖는 정보가 훼손되면 사회 자체가 위태로워질 수 있습니다.
- 잊혀질 권리(right to be forgotten)는 개인의 사생활에 대한 권리를 최우선적으로 인정하였다는 평가와 '사적 검열'의 길이 열려 표현의 자유가 크게 위축될 것이라는 우려가 엇갈리고 있습니다.
- 소셜 네트워크와 스마트폰 등 새로운 인터넷 정보기술의 출연으로 정보 격차의 단순한 개념만으로는 인터넷 정보사회의 정보 차별 문제를 설명할 수 없게 되었습니다. 그래서 정보의 접근 뿐만 아니라, 정보 역량과 정보 활용 등에서의 정보 차별 현상을 포괄적으로 표현하는 디지털 디바이드(digital divide)를 사용하고 있습니다.
- 스마트폰, 컴퓨터 등 다양한 정보기기에 의존하여 기억력, 사고력, 인지력 등이 저하되는 현상을 디지털 치매(digital dementia)라고 합니다.
- 디지털 정보기기의 부작용과 이로 인한 정신적 독소로부터 인간을 보호하고자 하는 디지털 디톡스 운동이 확산되고 있습니다.
- 저작권 보호 강화는 창작물의 활용을 제한하여 문화 활동의 의욕을 저하시키고 사회 발전을 지연시키는 효과를 가져 오기도 합니다. 연구, 교육 분야 등에 저작물 활용이 어렵게 되면 새로운 창작물을 창조하기 위한 기반이 무너질 수도 있습니다. 또한, 창작물 접근 통제는 새로운 형태의 디지털 디바이드로 또 다른 차별이 될 수 있습니다.
- 사이버 폭력은 인터넷 사이버 공간에서 문자, 사진, 이미지, 동영상 등을 이용하여 욕설, 비난, 위협, 유언비어, 따돌림과 괴롭힘 등으로 상대방에게 정신적, 심리적 고통을 유발하는 행위를 말합니다. 인터넷 사이버 공간에서의 정신적 폭행 행위를 사이버 폭력이라고 할 것입니다.
- 사이버 범죄는 사이버 폭력, 사이버 스토킹, 사이버 명예훼손, 프라이버시 침해, 사이버 공갈 · 협박,

사이버 불링(왕따), 스펨 메일, ID 도용, 인터넷 사기, 인터넷 도박, 인터넷 절도(게임 아이템, 포인트 등), 불법 물품 인터넷 거래, 사이버 성폭력, 사이버 성매매, 음란물 유포, 소프트웨어 불법 복제, 저작권 침해, 해킹 및 바이러스를 활용한 다양한 형태의 범죄 등 아주 다양한 형태가 있습니다.

- 사이버 테러도 사이버 범죄의 일종이지만, 일반적으로 정치적 · 사회적 목적을 달성하고자 정부나 사회를 협박 또는 위협하기 위하여 사회의 기간 정보 시스템을 해킹 등의 수단으로 공격하는 것을 말합니다.
- 같이 저작권 보호와 인터넷상의 지식 문화 콘텐츠를 자유롭게 사용할 수 있는 이용자의 권리가 상충하면서, 저작권 문제를 법 제도와 같은 공권력의 해결이 아닌 자율적으로 해결하고자 하는 크리에이티브 커먼즈 라이선스(Creative Commons License, CCL)가 보급되고 있습니다.
- 미래사회를 주도한 인터넷 정보기술이 당면하고 있는 다양한 도전과 시련도 지혜롭게 극복할 수 있을 것으로 생각합니다. 그런데 기술적 · 제도적 해결 방안이 타율적 접근 방식이라고 한다면, 윤리적 해결 방안은 자율적 해결 방안이라고 할 것입니다.

참고문헌

- Internet Society (2009), Internet Futures Scenarios, 2009.10.
- 추병완 (2009), "미래 인터넷(Future Internet) 기술의 윤리 문제", 서강대학교 철학연구소 논문집, 철학논집, 제19집.
- 임상수 (2007), "유비쿼터스 환경에서 대두되는 정보윤리의 새로운 이슈", 이슈 심층분석, 통권 44호, 한국정보문화진흥원.
- 한국정보문화진흥원 (2005), 사이버범죄 국내외 동향 및 방지를 위한 정책적 개선 방안, 연구보고서 05-01.
- 임종인 (2013), "외국의 사이버 공격전 대비 현황", 과학과 기술, 2013년 5월.
- 윤해성 (2012), 사이버 테러의 동향과 대응 방안에 관한 연구, 연구총서 12-B-03, 한국형사정책연구원.
- 미래창조과학부 · 한국정보화진흥원 (2014), 2013 정보격차지수 및 실태조사.
- 한국정보화진흥원 (2014), 2013 스마트 시대의 신 정보격차 현황 분석 및 제언.
- 조화순 · 박유라 (2012), 디지털 위험사회와 디지털 디톡스 운동, Internet and Information Security, 제3권 제4호(2012년 제4호), pp. 03-20.

01. 인터넷 정보기술의 진화 발전에 관한 설명 중 거리가 먼 것은?

① 2000년는 사람간의 네트워크를 구축한 소셜 네트워크가 각광을 받았다.
② 1990년대는 PC의 시대로 모든 분야에서 전산화가 이루어졌다.
③ 컴퓨터와 컴퓨터를 연결하는 초연결 사회가 도래할 것이다.
④ 스마트폰을 비롯한 스마트 기기의 등장으로 Post-PC 시대가 도래하였다.

02. 사물인터넷의 설명 중 잘못된 것은?

① 사람-사물-공간-서비스 등을 연결하여 거대 네트워크를 형성한다.
② 언제 어디서든지 유비쿼터스 정보 서비스를 지원한다.
③ 사물인터넷의 사물에는 고유 식별자가 있어야 한다.
④ 사물인터넷은 기존 인터넷을 확장하여 새로운 사물웹을 형성한다.

03. 초연결 사회와 관련이 적은 것은?

① 클라우드 컴퓨팅
② 빅데이터
③ 하이퍼 컴퓨팅
④ 스마트 컴퓨팅

04. 팬옵틱 소트(panoptic sort)와 관련 있는 것은?

① 사이버 폭력
② 개인정보보호
③ 사이버 범죄
④ 저작권 침해

05. 사물인터넷 시대에서 가장 중요한 역기능과 부작용으로 생각되는 것은?

① 정보 보안
② 사이버 범죄
③ 디지털 디바이드
④ 인터넷 중독

06. 정보의 접근뿐만 아니라, 정보 역량과 정보 활용 등에서의 차별을 포괄적으로 지칭하는 것은?

① 디지털 디바이드
② 디지털 네이티브
③ 디지털 세탁소
④ 디지털 갭

07. 디지털 치매의 원인과 관계가 있는 것은?

① 나이가 들어 치매가 오면 디지털 치매가 된다.
② 인터넷 중독이 발전하여 디지털 치매가 된다.
③ 장시간 컴퓨터를 사용하여 운동 부족이 치매를 일으킨다.
④ 일상생활을 정보 기기에 과도하게 의존한다.

08. 다음 중 인터넷 정보기술에 의한 정신적 독소로 볼 수 없는 것은?

① 스마트폰이 없으면 불안해지는 노모포비아(nomophobia)
② 사이버 불링(cyber bullying)에 대한 두려움
③ 이해할 수 없는 단축된 인터넷 언어의 사용
④ 게임 중독(과몰입) 등으로 인한 인지 부조화

09. 디지털 디톡스 방법으로 적당하지 않은 것은?

① 스마트폰-PC의 사용 목적을 정해두고 일정 시간 동안만 사용한다.
② 카카오톡, 페이스북의 메시지 도착 알림 기능을 꺼둔다.
③ 불필요한 앱을 삭제한다.
④ 독소를 제거하고 두뇌 활동에 유익한 음식을 섭취한다.

10. 저작권 보호의 강화에 대응하여 저작물의 공정 사용을 주장하는 저작권 운동을 (　　)라고 한다.

카피 레프트

11. 사이버 범죄의 특징이라고 할 수 없는 것은?

- 전문성이 요구되는 화이트 컬러 범죄로 대부분 컴퓨터 전문가가 범인이다.
- 증거를 찾기 어렵고 추적이 힘들다.
- 인터넷 공간에서 이루어지므로 글로벌 범죄의 성격이 갖는다.
- 엄청난 피해를 야기할 수 있다.

12. 정치적 성향을 가진 해커를 (　　)라 한다. 핵티비스트

13. 아랍 지역에서 독재자를 추출하는데 커다란 기여를 하여 재스민 혁명(Jasmine Revolution)의 원동력이 되었던 것은?

- 스마트폰
- 소셜 네트워크 서비스
- 인터넷 검색 서비스
- 인터넷 포털 사이트

(A)~(Z)

(ㄱ)

(ㄴ)

(ㄷ)

(ㅁ)

(ㅂ)

(ㅅ)

(ㅇ)

(ㅈ)

(ㅊ)

(ㅋ)

(ㅍ)

(ㅎ)

최진탁 | 인천대학교 컴퓨터공학부, 교수, 공학박사
컴퓨터공학, 데이터베이스 전공
융복합지식학회 회장
인천대학교 정보기술대학장

문희경 | 원광대학교 컴퓨터공학과, 강사
온톨로지, 소셜 미디어, 인공지능 전공
스마트기술 연구실 실장

김주리 | 원광대학교 후마니타스칼리지, 교수, 공학박사
컴퓨터 그래픽스, 시맨틱웹 전공
시맨틱웹 연구실 실장

한성국 | 원광대학교 컴퓨터공학과, 교수, 공학박사
인공지능, 온톨로지, 스마트 기술 전공
국제의미기술협의회 운영위원
한국정보과학회 부회장

인터넷 윤리

지 은 이 | 최진탁 · 문희경 · 김주리 · 한성국

펴 낸 이 | 김형근

펴 낸 곳 | 도서출판 기한재

주 소 | 경기도 파주시 회동길 56
(파주출판문화정보단지)

전 화 | 031)955-0900~2

팩 스 | 031)955-0100

등 록 | 1990년 3월 15일 제2-968호

발 행 | 2016년 9월 7일 1판 2쇄

정 가 | 24,000원

Published by Kihanjae Co.
ISBN 978-89-7018-754-9
http://www.kihanjae.com
E-mail : kihanjae@hanmail.net